20世紀の
災害と
建築防災の
技術

財団法人 日本建築防災協会 編

技報堂出版

まえがき

　20世紀がもうじき終わろうとしていた頃，建築防災協会の機関誌である「建築防災」誌の編集委員会で，建築防災に関して20世紀を振り返ってみようという企画案がでました．そして1999年7月号から2000年12月号まで，ほぼ毎号に「20世紀の建築防災－災害と技術」というテーマで特集を掲載し，その記事の合計は64編に昇りました．

　そうすると，編集委員会でも欲が出てきて，せっかくのこれらの記事がバックナンバーの中に埋もれてしまうのはもったいない，また，「建築防災」を読んでいない人にもきっと有益であろうという話になり，単行本として出版することになりました．その際，この特集ではあえて除外した阪神・淡路大震災関係を，以前に掲載した記事から補うことにしました．そのほか，この出版の機会に追加したものもあります．結果的に67編の記事となっています．

　最初の企画の時点では，体系的な構成は考えず，まとまった記事になりやすいものから順次執筆をお願いする形で連載を進め，時々，肝心なことが抜けていないか，この人にも書いていただくべきではないか，というふうに全体のまとまりを考えていきました．その結果，全く落ちがない訳ではありませんが，20世紀の建築防災に関するトピックは一通り拾い上げられたものと思います．

　そこで，単行本にするにあたり，全部の記事を並べ替えて，第Ⅰ編「災害とその教訓」と第Ⅱ編「建築防災の歩み」に分け，Ⅰ編には，地震災害・気象災害・火災・都市火災を，Ⅱ編には，構造設計技術の変遷・建築技術開発の動向・防災設計技術の変遷・建築防災の施策とその周辺という章を設けました．

　この本の全体を眺めて感じることは，20世紀は災害とそれに対する戦いの世紀だったということです．地震・台風と火災の世紀でしたが，これらの災害は19世紀以前にもあったものです．しかし，20世紀に入る少し前，つまり明治維新以降は，西洋から導入された近代科学技術の力によって，これらの災害に立ち向かってきた歴史であったといえます．そして，その成果としてたとえば大きな都市火災が影をひそめましたが，その反面，阪神・淡路大震災のような大災害を抑えることはできませんでした．そういった意味では，建築の防災にはまだまだやらなければならないことがたくさんあります．また，更に社会や建築そのものの変化によって，新しい災害が起こる可能性もありますので，それらに対する対策も必要です．

　すでに21世紀に入っていますが，この世紀も災害に対する戦いは続けなければなりません．そのような災害との戦いのために，本書が少しでも役に立てば幸いです．

2002年6月

建築防災編集委員会委員長
坂本　功

執筆者一覧

青山　博之	東京大学名誉教授
阿部　道彦	工学院大学工学部
飯田　汲事（故）	名古屋大学名誉教授，愛知工業大学客員教授
飯野　雅章	日本ファシリティマネジメント推進協会
石井　一夫	横浜国立大学名誉教授
石山　祐二	北海道大学大学院工学研究科
和泉　正哲	清水建設顧問，東北大学，東北芸術工科大学名誉教授
今泉　　晋	日本建築防災協会
江平　昭夫	前 東京都都市計画局開発計画部
大熊　武司	神奈川大学工学部
大月　敏雄	東京理科大学工学部
大橋　好光	熊本県立大学環境共生学部
大屋　道夫	東海興業更生管財人代理兼取締役
岡田　恒男	芝浦工業大学工学部，日本建築防災協会
沖塩荘一郎	元 東京理科大学火災科学研究所
小野　直樹	酒田市建設部
桂　　順治	京都大学名誉教授
川口　　衞	法政大学工学部
菊岡　倶也	建設文化研究所
熊谷　良雄	筑波大学社会工学系
小林　恭一	総務省消防庁予防課長
齋藤　正弘	酒田市都市開発部
坂本　　功	東京大学大学院工学系研究科
佐藤　博臣	鹿島技術研究所
柴田　明徳	東北文化学園大学科学技術学部
清水　真一	奈良文化財研究所
白井　和雄	元 消防博物館館長
次郎丸誠男	日本防炎協会理事長
菅原　進一	東京大学大学院工学系研究科
杉山　英男	東京大学名誉教授
鈴木　隆雄	マヌ都市建築研究所
鈴木　弘昭	ベル アソシエイツ主宰
関沢　　愛	消防研究所基盤研究部
高野　公男	東北芸術工科大学・マヌ都市建築研究所
武村　雅之	鹿島小堀研究室地震地盤研究部
田中彌壽雄	早稲田大学名誉教授
塚越　　功	慶應義塾大学大学院政策・メディア研究科
塚田　幹夫	東京理科大学工学部
苫米地　司	北海道工業大学工学部
長田　正至	横浜国立大学大学院工学研究院

執筆者一覧

根本　直樹	北海道教育大学教育学部函館校
	能代市総務部総務課
芳賀　保夫	福山大学工学部
長谷見雄二	早稲田大学理工学部
濱田　信義	濱田防災計画研究室
平野　道勝	東京理科大学嘱託教授
広沢　雅也	工学院大学工学部
北後　明彦	神戸大学都市安全研究センター
牧野　　稔	九州大学名誉教授
南　　宏一	福山大学工学部
峰政　克義	住宅総合研究財団，東洋大学
宮坂　征夫	日本消防設備安全センター
村上　雅也	千葉大学工学部
村田麟太郎	山下設計特別顧問
村松　照男	気象庁予報課
室崎　益輝	神戸大学都市安全研究センター
本杉　省三	日本大学理工学部
矢代　嘉郎	清水建設技術研究所
山東　和朗	日本膜構造協会専務理事
吉田　克之	竹中工務店設計本部
吉田　倬郎	工学院大学工学部
吉見　吉昭	東京工業大学名誉教授
若松加寿江	東京大学生産技術研究所
若松　孝旺	東京理科大学理工学部

（五十音順）

20世紀の災害と建築防災の技術 ●目　次

第Ⅰ編　災害とその教訓

第1章　地震災害

- 1.1　関東地震(1)――大震災を引き起こした強震動(1923年) ……4
- 1.2　関東地震(2)――建物被害の記録(1923年) ……9
- 1.3　鳥取地震とその被害(1943年) ……14
- 1.4　東南海地震・南海地震とその被害(1944・1946年) ……18
- 1.5　福井地震とその被害(1948年) ……27
- 1.6　新潟地震(1)――地震と液状化現象(1964年) ……33
- 1.7　新潟地震(2)――建築物の被害(1964年) ……40
- 1.8　十勝沖地震と鉄筋コンクリート造建物(1968年) ……48
- 1.9　宮城県沖地震とその被害(1978年) ……54
- 1.10　阪神・淡路大震災(1)――木造の被害とその教訓(1995年) ……60
- 1.11　阪神・淡路大震災(2)――RC造の被害とその教訓(1995年) ……72
- 1.12　三陸沿岸の津波被害とその対策 ……87

第2章　気象災害

- 2.1　室戸台風と第2室戸台風とその被害(1934・1961年) ……94
- 2.2　洞爺丸台風とその被害(1954年) ……100
- 2.3　伊勢湾台風とその被害(1959年) ……106
- 2.4　豪雪と建物の雪害 ……112

第3章　火　災

- 3.1　白木屋火災(1932年) ……120
- 3.2　千日デパート火災(1972年) ……133
- 3.3　ホテルニュージャパン火災(1982年) ……141
- 3.4　長崎屋尼崎店火災(1990年) ……147
- 3.5　デパート火災 ……153
- 3.6　ホテル・旅館火災 ……168
- 3.7　劇場建築の防災理念 ……176
- 3.8　大規模木造建築火災 ……194
- 3.9　ガス爆発・中毒事故 ……205
- 3.10　統計からみた戦後の火災 ……214
- 3.11　ビル火災の記録 ……221
- 3.12　火災事故調査 ……227

第4章　都市大火

- 4.1　関東大震災における火災(1923年) ……244
- 4.2　函館の大火史と都市形成 ……252
- 4.3　能代大火(1949年) ……259
- 4.4　酒田大火(1976年) ……267
- 4.5　都市大火と復興 ……274
- 4.6　空襲火災 ……280

第Ⅱ編　建築防災の歩み

第5章　構造設計技術の変遷
- 5.1　耐震構造に関連する技術・基準の変遷 …………………………………292
- 5.2　耐震診断・耐震改修法の開発 …………………………………………298
- 5.3　耐震診断の発展と今後の展開 …………………………………………305
- 5.4　耐風設計基準の変遷 ……………………………………………………312
- 5.5　木造構法の原点 …………………………………………………………321
- 5.6　鉄骨造建物の変遷 ………………………………………………………331
- 5.7　鉄筋コンクリート構造の耐震設計技術の発達 ………………………339
- 5.8　SRC構造の設計技術とSRC規準の変遷 ……………………………355
- 5.9　地盤・建築基礎技術の20世紀──回顧と点描 ………………………367

第6章　建築技術開発の動向
- 6.1　同潤会アパートの防災性 ………………………………………………376
- 6.2　東京タワーの構造設計 …………………………………………………382
- 6.3　東京オリンピック・大阪万国博覧会の構造設計と安全技術 ………390
- 6.4　霞が関ビル（1）──超高層ビルの耐震設計技術の発展 ……………399
- 6.5　霞が関ビル（2）──建設当時の防災計画 ……………………………408
- 6.6　東京都における防災都市づくりの軌跡 ………………………………414
- 6.7　膜構造技術の発展と防災 ………………………………………………421
- 6.8　制震・免震技術の発展 …………………………………………………428
- 6.9　建築物の維持保全技術の現状と展望 …………………………………439

第7章　防災設計技術の変遷
- 7.1　防火試験法と防火材料 …………………………………………………446
- 7.2　コンクリート ……………………………………………………………456
- 7.3　建築防災とガラス ………………………………………………………463
- 7.4　耐火構造 …………………………………………………………………470
- 7.5　煙流動と制御 ……………………………………………………………482
- 7.6　住宅の防災 ………………………………………………………………487
- 7.7　消防用設備 ………………………………………………………………494
- 7.8　インテリジェント消防防災システム …………………………………500

第8章　建築防災の施策とその周辺
- 8.1　防災関係建築法規の変遷と防災計画 …………………………………506
- 8.2　戦後復興期における防災研究の一側面 ………………………………513
- 8.3　文化財建造物の防災100年 ……………………………………………516
- 8.4　東京の消防119年の歩み ………………………………………………523
- 8.5　応急危険度判定（1）──判定法の制定から実行まで ………………531
- 8.6　応急危険度判定（2）──阪神・淡路大震災における支援本部の活動 ……534
- 8.7　応急危険度判定（3）──阪神・淡路大震災における支援会議の活動 ……539

第Ⅰ編
災害とその教訓

- 第1章　地震災害 ——— 3
- 第2章　気象災害 ——— 93
- 第3章　火　　災 ——— 119
- 第4章　都市大火 ——— 243

情報のモード論

第1章
地震災害

1.1 関東地震(1)
——大震災を引き起した強震動(1923年)

1999年9月号

武村 雅之
鹿島小堀研究室地震地盤研究部

1.1.1 はじめに

　建物や高速道路が関東地震の何倍かの地震動にも大丈夫なように設計されているという話をよく聞いた．また1995（平成7）年の兵庫県南部地震の際には予想だにしなかった関東地震の3倍もの強さの地震動が来襲した，等という話も聞いたことがある．もちろんここでいう関東地震というのは1923（大正12）年に発生し，南関東一円で死者行方不明者14万3000人，全半壊家屋25万4000戸，焼失家屋44万7000戸を出した関東大地震のことである．関東地震による揺れは東京では震度6と兵庫県南部地震で大きな被害を出した神戸市中心部の震度7に比べやや弱いとされているが，震源に近い小田原や鎌倉や館山等ではもっと強い揺れに襲われたことは被害の状況からほぼ間違いない[1]．小田原城には**図-1.1.1**に示す写真のように，今でも当時の被害を伝える石垣の残骸が残っている．しかしながら関東地震による揺れは，いろいろな場面で引き合いに出される割にはよく分かっていない．

　1923（大正12）年にマグニチュード$M＝7.9$の関東地震が発生し，約75年が経過する．その間多くの地震学的・地震工学的研究が行われてきたが，それらはおおまかに3つの時期に分けることができる．第1期は言うまでもなく地震発生直後の約十年で，そこでの成果やデータは震災予防調査会報告100号の甲－戊をはじめ多くの論文にまとめられている．また，地震被害の特徴をまとめた被害調査報告書や震災誌もこの時期に数多く発刊され，今日でも関東地震についての研究をする際の貴重なデータベースとなっている．

　次に，関東地震についての研究が盛んに行われた時期は発生後約50年程経った1970年代前半からである．この時期が第2期である．この間地震の正体が地下で動く断層であること，さらにその断層運動の性質を決めるのに地球を取り巻くプレートの運動が大きなかかわりをもっていることが分かってきた．関東地震に関しても，相模トラフから日本列島下に潜り込むフィリピン海プレートの動きと関連させて震源断層およびその動きが明らかにされ，多くの断層モデルが提唱されている[2]．

　その後20年が過ぎ，発生から70年後の1990年代に入り，ふたたび関東地震についての研究が盛んに行われつつある．第3期の到来である．第3期の特徴は，関東地震による強震動を解明し地震工学的研究に結びつけようという点にある．地震被害についての研究は地震発生直後にも数多く行われたが，地震の正体もよくわからない時代であったため，震源と地震被害との関係を詳しく論じるところまでにはいたらなかった．第2期の地震学的研究成果をベースにそれらをさらに発展させて詳細な震源の性質の解明や余震活動の解明等を

図-1.1.1 関東地震による大きな被害を今に伝える小田原城の石垣の残骸

行い，さらに第1期のデータベースの見直しおよび解釈を通じて強震動の研究が行われつつある．

関東地震の強震動に関する最近の研究のレビューは，武村[3]に詳しい．本稿では，その内容の要点をまとめ75年前に南関東地域を襲った強震動の性質を明らかにする．

1.1.2 震源断層の動きと揺れの地域性

関東地震発生当時，すでに日本には，世界でも有数の高密度地震観測網が敷かれており，全国各地の測候所や大学に地震計が配置されていた．そのうちもっとも数が多い地震計は簡単微動計といわれるもので，地面の揺れを10〜100倍位に拡大して記録するものであった．

最近の調査によれば，図-1.1.2に示す地点で，地震計により観測された関東地震の記録が何らかの形で現存していることが分かっている．ほとんどの地点で，記録が振り切れているが，その中で＊印を付した地点では，地面の動きを完全にとらえた記録が残っている．これらはすべて今村式強震計と呼ばれる倍率が2倍の地震計で記録されたものである．

全国各地で観測された地動の波形や陸軍の陸地測量部による地震直後の測量結果，さらには世界のいくつかの地点で得られている地震記録をもとに，関東地震の原因である震源断層のすべりの詳細がわかりつつある．図-1.1.3にその様子を示す．関東地震の断層面は，相模湾から南関東直下に潜り込むフィリピン海プレートの上面に沿って

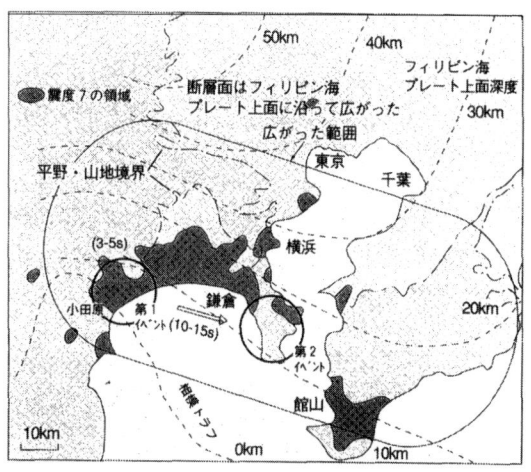

1923年関東地震の多重震源の位置と震度7の分布

同じ縮尺で示した兵庫県南部地震（$M=7.2$）の場合

図-1.1.3 震度7の分布と震源断層の破壊過程．一点鎖線は平野と山地の境界，細い点線はもぐり込むフィリピン海プレートの上面の等深度線を示す．震源断層はほぼだ円で示す領域でこれに沿って存在する．大きい丸印は第一イベントと第二イベントの位置（本文参照）．比較のために兵庫県南部地震の場合も示す．

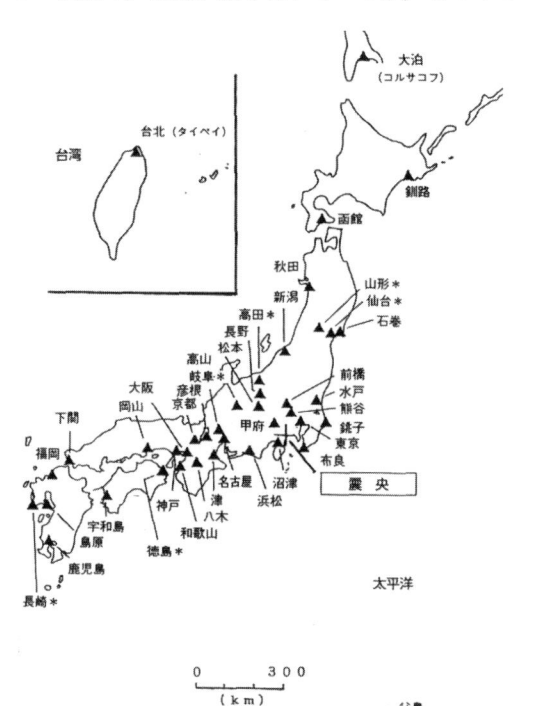

図-1.1.2 関東地震本震の記録が残されていることが確認されている日本周辺の観測点［武村[3]に加筆］．＊印は，振り切れていない記録があるところを示す．仙台は東北帝国大学向山観象所，東京は中央気象台と東京帝国大学本郷，島原は京都帝国大学の観測点で，他は測候所ならびに気象台を示す．

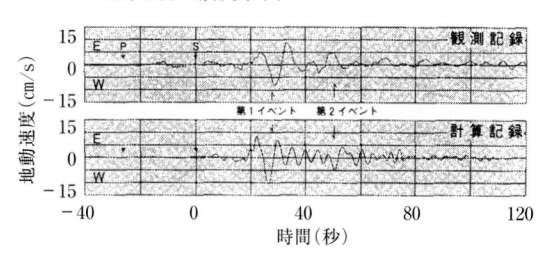

図-1.1.4 岐阜測候所の地震記録とシミュレーション結果

いる（図中のだ円で囲われた地域の下）．その面上ですべりはまず小田原の北約10kmの松田付近の直下で始まり，3～5秒後小田原付近で大きなすべりに成長した（第一イベント）．さらにそこから領域を東に拡大して10～15秒後に三浦半島の直下でふたたび大きくすべった（第二イベント）．それぞれすべりは最大で10m近くにも達したと推定されている（大きくすべった地点は図中の○印付近の直下）．このような震源断層の動きをモデル化し，計算すれば，**図-1.1.4**のように揺れを完全にとらえた岐阜測候所の記録をシミュレーションすることもできる．

震源断層の動きは，各地を襲った強震動にも反映し，その様子は体験談に現れている．**図-1.1.3**に示すように住家の全壊率から震度7と判定された地域は，同時に示す兵庫県南部地震の場合とは，比べものにならない位に広い．その内，第一イベントの直上の小田原付近では，その影響で，揺れ初めてすぐに上下動を交えた猛烈な揺れとなったのに対し，第二イベントに近い鎌倉付近では，揺れ初めてしばらくしてから第二イベントの影響で，強い上下動さらには猛烈な揺れへと移り変わったことが記されている．兵庫県南部地震では震度7の揺れに襲われた地域は，いずれも10秒以内の一瞬の揺れで大きな被害を出したが，関東地震では震源断層の大きさを反映し各地で30秒以上もの継続時間をもつ揺れに襲われ，その間の揺れの様子は，地域によってさまざまであったと推定される．

1.1.3　一度だけでなかった強い揺れ

「大正十二年の関東地震の時の大揺れは，この三回までであったと思う．だが三回のうちでも第一回目が一番猛烈で，上下，左右の動きが迅速だった．二回目は一回目よりすこし弱く，第三回目は二回目より大分弱かったと思う．だがその後，たびたび東京で私は地震に遭ったが，このときの三回目ほどのものはついぞ出逢わない．」これは，東京の京橋で地震に遭遇した秋山　清が1977（昭和52）年に出版した自伝「わが大正」（第三文明社）に出てくる一節である．

「昨年の九月一日の地震とはむろん比較にはな

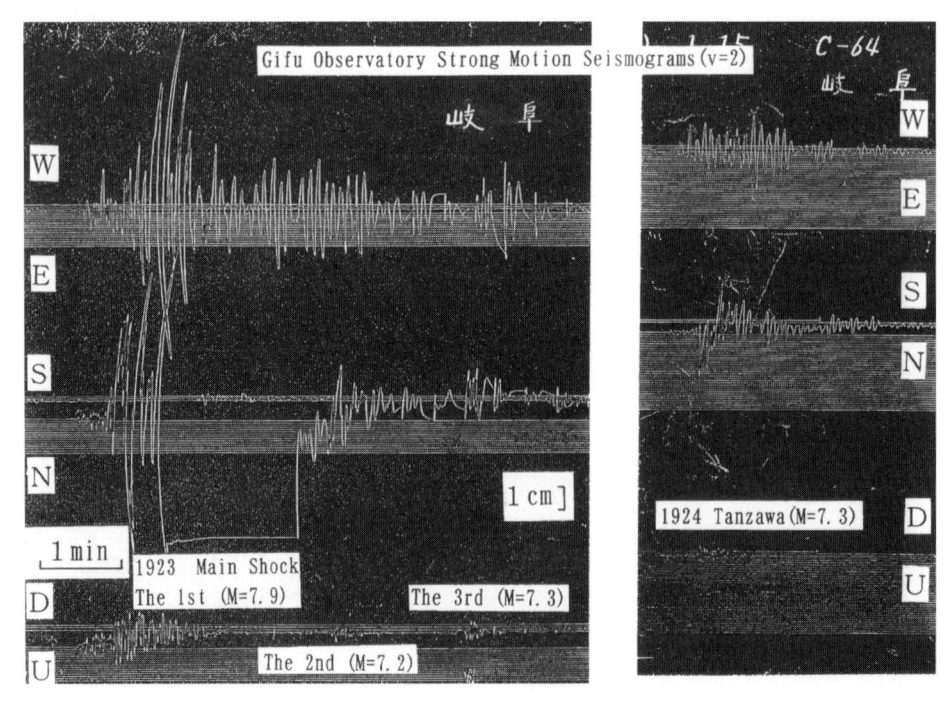

図-1.1.5　岐阜測候所における関東地震本震および直後の余震の記録と丹沢の余震の記録［武村（1998）］．今村式2倍強震計による．

らぬ．あの時は連続的に強いのが三回ばかり襲うて来た」これは，関東地震の翌年の1月15日に丹沢山地で発生した余震の際に，大阪朝日新聞に掲載された中央気象台地震掛の中村左衛門太郎のコメントの一部である．

いずれの記述も，関東地震の際に，強い揺れが3回来たことを示している．なぜだろうか．この謎を解く鍵は，岐阜測候所に残る観測記録にあった．**図-1.1.5**は岐阜測候所で，今村式強震計により観測された本震およびその直後の揺れの記録である．先に述べた翌年1月15日の丹沢の余震（$M=7.3$）の記録も比較のために示されている．どちらも上から東西，南北の水平2方向と上下方向の揺れを記録したものである．

方向成分ごとに地震計の性質が違うため，比較的長周期成分を記録している水平動では，本震の後続波が長く続いている．これに対し比較的短周期成分を記録している上下動では本震（第一震）の直後5分以内に2つの余震（第二震と第三震）による波形が分離して見える．丹沢の余震（$M=7.3$）の波形と比較すると振幅や継続時間はほとんど変らず，2つともマグニチュードMが7を越える地震であったと推定される（詳しい解析によれば$M=7.2$と$M=7.3$）．余震といえども兵庫県南部地震（$M=7.2$）に匹敵する規模の地震である．

このことから先に示した体験談での3度の揺れは，本震とこれら2つの余震によるものと思われる．この他，600に及ぶ体験談を詳しく調べたところ，東京での2度目の揺れは本震の揺れにも匹敵するもので，東京では関東地震の際に2度も震度6クラスの揺れを経験していたことが分かってきた．さらに詳しく調べると，神奈川県西部や静岡県東部さらには山梨県では，2度目より3度目の揺れの方が強く，ところによっては本震と同じあるいはより強く揺れたという体験談があることも分かってきた．残された地震記録や体験談から推定される揺れの違いから2度目の揺れは東京湾北部，3度目の揺れは神奈川・山梨県境付近で発生した大規模余震の影響によるものと考えられている．

このように地域によって揺れの様子は異なるが，南関東各地では，本震の強い揺れが30秒以上も続いた後も，5分間に及び大規模な余震による強い揺れが断続的に襲ってきたものと推定される．

関東地震のように$M=8$クラスの規模の地震が発生した場合，$M=7$クラスの余震が発生することはそれ程珍しいことではないが，関東地震は他の地震に比べその数が異常に多い．**図-1.1.6**は日本付近で発生した$M=8$クラスの地震の発生後2日間の余震の発生状況を示したものである．関東地震は翌年の丹沢の余震を含めると実に6つの$M=7$以上の余震を伴っていたことがわかる．大きな地震の後は揺り返しに注意しろとよく言われ

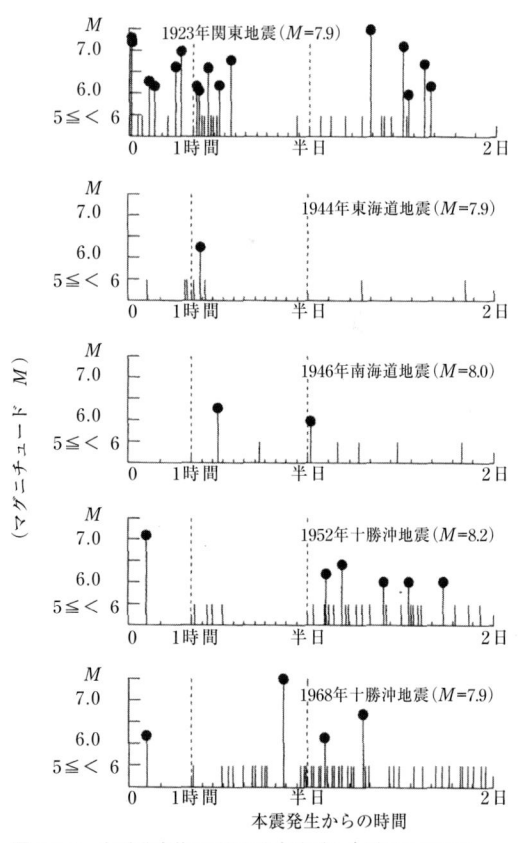

図-1.1.6 本震発生後2日間の関東地震の余震のマグニチュードMと発生時刻．日本付近における他の$M8$クラスの地震と比較．発生時刻のスケールが途中で変化しているのに注意．

るが,関東地震はその中でもとくに注意が必要な地震だったのである.

1.1.4 まとめ

1923(大正12)年関東地震は首都圏に有史以来もっとも大きな被害をもたらした地震であり,首都圏における地震防災を考える上でもっとも重要視すべき地震である.都市直下地震の代表とされる1995(平成7)年の兵庫県南部地震と比較して,震源近傍での揺れの特徴をまとめると次のようになる.

① 本震による震動の継続時間は非常に長く30秒から1分程度もある.またその間の揺れ方は震源断層のすべり方に応じて地域差があり,例えば小田原と鎌倉では揺れの特徴が異なっている.

② 本震直後に大きな余震が発生し,ところによっては本震の揺れと同じ程度の影響があったと推定される.その結果,30秒以上も続いた本震による強い揺れの後で,さらに5分間に渡り断続的に余震による強い揺れに襲われた.

③ 震度7の範囲にみられるように,強い揺れの影響を受けた地域は非常に広く,南関東一円に及んでおり,それに応じて大きな被害を被った地域の広がりは兵庫県南部地震とは比べものにならない位に大きい.

兵庫県南部地震後,都市直下で発生する地震の脅威が叫ばれ,各地でその経験が震災対策に生かされつつある.その際,関東地域については,それに加えて是非関東地震による①～③に示すような揺れの性質も考慮した防災対策が必要である.関東地震が将来ふたたび南関東地域を襲うことは間違いない.その際の揺れ方は,けっして兵庫県南部地震と同じではないことに我々は注意すべきである.

◎参考文献

1) 鹿島都市防災研究会編著:大地震と都市災害,都市・建築防災シリーズ1,p.128,鹿島出版会(1996).
2) 佐藤良輔編著:日本の地震断層パラメータハンドブック,p.390,鹿島出版会(1989).
3) 武村雅之:1923年関東地震の本震・余震の強震動に関する最近の研究-強震記録・住家被害・体験談の解析,東京大学地震研究所彙報,Vol.73,pp.125-149(1998).

1.2 関東地震(2)——建物被害の記録(1923年)

2000年9月号

武村 雅之
鹿島小堀研究室地震地盤研究部

1.2.1 はじめに

1.1節では関東大地震の震源断層が相模湾直下を中心に広がり，とくに神奈川県西部の小田原付近と南東部の三浦半島付近の下では10m近くもすべった部分があったこと，それらを反映して南関東各地で継続時間が30秒以上にもなる長くて強い揺れがあったこと，さらには本震発生後5分以内に2度もマグニチュード7クラスの余震があり，各地に強い揺れの追い打ちをかけたこと等，最近の研究で新しく分かった事実を紹介した．本節では，関東大地震による被害，とくに一般住家の全潰数のデータから何が言えるのか，またこれらの被害の経験を貴重な教訓として将来の防災対策に活かすための課題は何かについて考えてみたい．

関東大地震の被害は，関東地方全域と山梨，静岡，長野の各県に及び，あまりに被害地域が広いため，ここでは，最近テレビや新聞などで話題となっている埼玉新都心を含む，浦和，与野，大宮の3市に地域を限り，それらを例に話を進めることにする．3市は合併して"さいたま市"となるようであるが，77年前の"さいたま市"は関東大地震の際にどのような状況だったのだろうか．

1.2.2 "さいたま市"の被害

関東大地震と言えば，東京，横浜での大火災による被害や神奈川県や千葉県南部を襲った強烈な揺れによる被害がよく知られているが，埼玉県もとくに東部を中心に大きな被害を出した．埼玉県は，先に述べた震源断層の中心からは100km程度離れ，明石海峡付近に震源のあった1995（平成7）年の兵庫県南部地震の場合に置き換えると，滋賀県ないしは岡山県位の位置にあるにもかかわらず，死者は300名余り，全潰家屋は約9200棟の被害を出した．火災による死者が多かった東京，横浜とは異なり，死者の多くは，家屋の全潰に伴う圧死と推定される．

もちろん，"さいたま市"を構成する浦和，与野，大宮の各市域でも被害が出た．図-1.2.1に"さいたま市"を構成する3市の位置を示す．浦和市は当時浦和町と9村，大宮市は大宮町と10村よりなり，与野市は，現在と同じ地域で與野町と称していた．ちなみに当時の埼玉県で市制が敷かれていたのは川越市だけである．

表-1.2.1に当時の各町村別の住家の全潰数と総戸数を示す．現在の浦和市に属する六辻村では大字（おおあざ）ごとの集計も示されている．データは地質調査所[1]の報告書による．全潰とは一言で言えばペシャンコの状態，つまり平屋では屋根が

図-1.2.1 "さいたま市"を構成する浦和，与野，大宮3市と旧埼玉村の位置

地につく，二階屋では一階の軒が地に付く状態といわれている．一般に建物の総数はよくわからないので，住家1棟に1戸，つまり1世帯が住んでいると仮定して，住家全潰棟数/総戸数を住家全潰率とする場合が多い．表にもこのようにして求めた全潰率が百分率で示されている．同じ"さいたま市"の中でも全潰率に大きな差があることがわかる．

当然全潰率は揺れの強さを反映するので，このような表を見せられると，地震の際にどこがよく揺れたのかを知りたくなるのは人情である．とくに現在，浦和，与野，大宮の3市に住んでいる人やこれから住もうとする人にとっては切実な問題である．そこでさっそく，埼玉県の市街地図を取り出して，表にある町村の位置を調べようとする人もあると思うが，これがどうしてそう簡単ではない．與野町はそのまま与野市となっているのでいいのだが，浦和市，大宮市では当時の町村の位置を探索する必要がある．町村名がそのまま今も町名として残っているところもあるが，そうでないところも多い．そんな場合，小学校を探すと意外に当時の町村名が見つかることが多い．これらの小学校は明治に学制が敷かれた結果，一村にほぼ一校の割で設立され，村名を冠したものが多い．周りの地名が改変されても，小学校だけは卒業生の心情や地域の人々の心情を考えてか，校名が変更されていないのである．

表-1.2.1には，残存・地名として，市名，町名，小学校名に当時の町村名（六辻村では大字名も）が残っているかどうかを整理して示した．○が残っているところである．浦和市の六辻村の名前は町名にも小学校名にも残っていないが，よくみるとこのような場合でも主要道の交差点名やバス停さらには農協の名前などに旧村名が残っていることがある．しかしながら，これら点の情報だけでは，旧町村がどの地域を締めていたかは良くわからず，結局，一般の人にとって，今自分が住んでいる場所がどの旧町村に属していたかを知ることはなかなか難しいのである．また，中には現在の川越市に属す植木村や田面澤村のように，地名の

表-1.2.1 関東大震災時の"さいたま市"域内の町村における被害と震度．旧町村名残存の有無も示す

現・市名	旧・町村名	旧・大字名	全戸数	全壊住家数	全壊率(％)	震度階	残存・地名 市	町	小学
浦和市	浦和町		2450	25	1.02	6弱	○		
	大久保村		577	8	1.39	6弱		○	○
	土合村		680	14	2.06	6弱			○
	六辻村		663	229	34.54	7			
		沼影	40	23	57.5	7		○	○
		辻	173	104	60.12	7		○	
		文蔵	80	47	58.75	7		○	
		根岸	100	42	42	7		○	
		白幡	165	7	4.24	6弱		○	
		別所	105	6	5.71	6弱		○	○
	谷田村		538	10	1.88	6弱			○
	尾間木村		450	38	8.44	6弱			○
	三室村		366	0	0	5弱		○	
	木崎村		821	0	0	5弱			○
	大門村		425	14	3.53	6弱		○	○
	野田村		435	21	4.83	6弱			○
与野市	與野村		1021	0	0	5弱	○		
大宮市	大宮町		3581	4	0.11	5強	○		○
	三橋村		680	0	0	5弱		○	○
	植水村		465	4	0.86	5強			○
	日進村		822	0	0	5弱		○	○
	馬宮村		505	5	0.99	5強			○
	宮原村		492	0	0	5弱			○
	大砂土村		598	0	0	5弱			○
	春岡村		434	11	2.53	6弱			○
	片柳村		609	0	0	5弱		○	○
	七里村		428	1	0.23	5強			○
	指扇村		652	1	0.15	5強		○	○

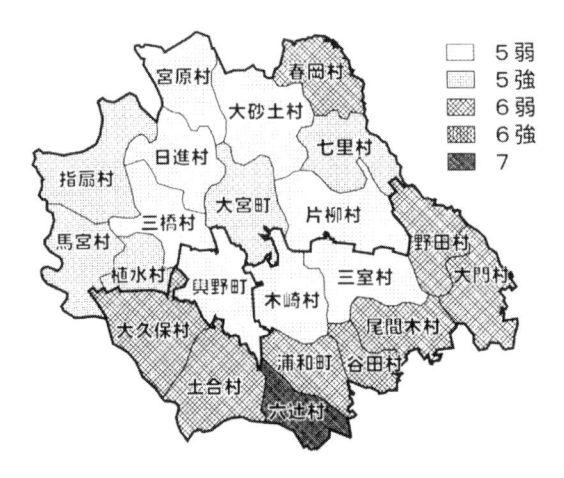

図-1.2.2 関東大地震時の"さいたま市"域内の震度分布

片鱗を見つけるのも難しそうな村もある．

1.2.3 震度分布と地盤

話をもとに戻して，全潰率から地震の揺れの強さを表す震度を求めてみる．気象庁は兵庫県南部地震後の1996（平成8）年から地震計により観測された揺れの記録をもとに震度を決め，計測震度として発表している．しかし，元々震度は，人体感覚や揺れによる周りの様子，さらには被害程度から決められ，その定義に合致するように計測震度も決められたと言える．1996（平成8）年以前に使われていた，震度を定義する表によれば，家屋の倒潰率（ここでの倒潰率は全潰率と同じ）が30％以上の状態は震度7とある．また被害と揺れに関する研究により震度6は全潰率1％以上とする場合が多い．そこで全潰率10％で震度6を強と弱に分け，さらに全潰率1％未満0.1％以上を震度5強，0.1未満を震度5弱として，全潰率から震度を評価した．結果は**表-1.2.1**に示されている．表には示してないが，実際には，住家全潰数以外の他の被害情報も震度を決定する際の参考にしている．

図-1.2.2に評価した震度分布を示す．浦和市南部の六辻村では，極端に震度が大きく7となっていることがわかる．震度7と言えば，兵庫県南部地震の際に神戸市から西宮市にかけて猛烈な被害を生じたいわゆる震災の帯の地域と同じ震度である

る．これに対して，北部の大宮市は一般に震度が小さいがその中では東部の春岡村が震度がやや大きい地域である．被害の大きい六辻村では表に示している通り大字ごとのデータもある．浦和町に近い北部の白幡，別所で比較的震度が小さいが，南部の4地区は震度が大きく，半数の住家が全潰するという凄まじい被害を出したことがわかる．

図-1.2.1をみると，"さいたま市"の南には荒川，東には，元荒川，古利根川，中川などが流れ，それぞれ沖積低地を形成している．これに対し，浦和市北部，与野市，大宮市はほぼ大宮台地といわれる洪積地盤上にある．このような地質条件が上記の震度分布と深くかかわっていることは間違いない．しかしながら，例えば荒川低地には，浦和市の南に戸田市や川口市等があるが，これらの地域の震度と比べてもとくに旧六辻村付近の震度は高い．このことは単に地表地質のみでは説明できない要素もあることを示している．おそらくより深い地盤構造の影響であると思われるが，通常深い所まで地盤構造が分かっている地域はきわめて稀であり，その意味でここに示すようなすでに発生した地震の被害分布や震度分布は，経験的に地盤の揺れ易さを教えてくれる有益な情報源であると言える．

1.2.4 来るべき地震に備えての課題

関東大地震は，関東地方および周辺地域を大きな振動台に載せて揺すったようなもので，被害分布を細かくみれば，将来の地震の際に良く揺れる地域を探し出すことができる．つまり過去の地震による被害データは地震の揺れを予測するための重要な実験データなのである．このような貴重なデータを将来に渡って活かすために，我々が解決しなければならない課題について考えてみよう．

この点に関してまず第一に，我々が認めざるを得ないのは，大きな犠牲を払って得た折角のデータが，きちんと保存されず，十分活用されないまま見捨てられてきたという現実である．**表-1.2.1**は先に述べたように地質調査所[1]が関東大地震の

直後に調査した報告書を基に作成したものである．関東大地震の被害データとしては，震災予防調査会報告にある松沢データと政府の最終報告である大正震災志に納められた内務省データが有名であるが，これらはいずれも町村単位で集計された被害データであり，防災上使用するには，やや粗い地域分けといわざるを得ない．これに対し，地質調査所データは，**表-1.2.1**の六辻村のように，被害が大きい地域だけではあるが町村に比べより細かい大字単位で被害の集計値が記載されている．関東大地震当時の大字はほぼ現在の町丁目の広さに対応し，町村単位のデータに比べ，より細かく，地震時の揺れ易さの分布を知ることができる．しかしながら，残念なことに地質調査所データは，千葉，埼玉，東京，茨城，群馬，栃木の各県の調査結果のみが報告書として出版され残っているが，被害の大きかった神奈川や周辺の山梨，静岡の各県の調査結果は，出版されず日の目をみないまま行方不明となっている．関東大地震直後の日本は不況下にあり，政府の省庁再編計画によって予算の削減や人員整理が行われたことがその原因と推定される．誠に残念の極みといわざるを得ない．

これら被害データは元を正せば，何れも地方自治体や警察により調べられたものである．地方自治体や警察が行う地震被害の集計は，自治体の場合は，地震後の住民救済や復興のための公的扶助等の実施，警察は，当面の警察としての活動の他，死亡者の原因の特定などに使う目的で行われるものと思われる．その意味では，個人の家ごとに調査し，字単位，大字単位の集計が行われているはずである．したがってそのままデータが保管されていれば，今日，関東地方および周辺地域にとって，地震防災上，もっとも役立つデータの一つになっていたはずである．

被害データに限らずすべてのデータは，当初ある特定の目的を設定し，調査や観測を通じて得られるのが通例である．しかしその目的を達成し，データを取った人や機関にとって用済みになった後も，異なる人の手に渡れば，別の目的で活用される可能性がある．また，時代が下り学問や技術レベルが上がれば，データのもつ別の要素が引き出され，思わぬ発見に繋がることもある．77年前に地方自治体や警察が集計した関東大地震に対する被害データが，今日，関東地方の地震防災上，掛け替えのないものになっているというのも，その一例である．

しかしながら，日本では地震関連のデータは，被害データに限らず，地震観測記録についても，データを取った機関が自主的に半ばボランティアで保存している場合が多い．このため当初の目的を達した後は，例えば被害データであれば，地方自治体や警察にとっての価値は無くなり，場合によっては，庁舎の空間を占有する邪魔者になりかねない．このため長い年月の間には社会情勢の変化にも左右され，廃棄されてしまうこともある．さらに大きな機関に属さないデータは，自然に散逸し失われていく危険性がより高くなるのは言うまでもない．

一方，関東大地震のような地震はめったに起らない，したがって，それに関するあらゆるデータは，二度と手に入らないに等しいものである．当初の目的のためにだけ使い，後は捨ててしまうというのではあまりにもったいないのではないか．データの価値は，それらが取られた時が最低で，その後の学問や技術の進歩によって，どんどん上がってゆくということを，我々は改めて認識する必要がある．そこで，私は，これら地震関連のデータを十分活用するため，データを収集，整理し，永久に保管する"地震博物館"の設立の必要性を強く主張したい．

日本で"博物館行き"と言われたらゴミ捨て場に捨てられるような響きがあるし，データの保管整理に予算を付けて欲しいと言えば，「何に役に立つか理由を言え」と声高に言われるに違いない．そこには，自分達の先達が苦労して収集し蓄積してきたものを次世代に伝えて行くことを義務であり当り前だとする価値観はない．要は，目先のこ

と，せいぜい自分達がこの世に居る間のこと位しか将来と見なせない人たちが，この国をリードする人に多すぎるということかも知れない．しかしながら，ことは急を要するのである．こうしているうちにも掛け替えの無いデータが失われているかもしれない．

次に我々が考えるべき課題は，地名改変についてである．過去の地震の被害データが保管され整理されていても，地名が大きく改変されていれば，それらを直接役立てることは難しい．被害データの分析を研究テーマの1つとしている私にとっても，たかだか77年前の関東大地震でさえ，新旧の地名の対応は実に骨の折れる作業である．ましてや，一般の人たちや行政の方々が過去の地震における被害データをもとに，自分達の町の地震防災を考えようとする時に大きな障害となることはいう迄もない．

今回，浦和市，与野市，大宮市が合併してできる"さいたま市"に関しても，多方面に渡る十分な検討の上での結論であると思うが，新しい地名に関し，問題は無いのだろうか．**図-1.2.1**に示すように元々"埼玉"という地名は北埼玉郡にあった．関東大地震の際の埼玉村での住家全壊は4棟，全壊率は0.6％である．現在の行田市埼玉の地がそれに当る．現在の行田市では埼玉を"さきたま"と読むが，昔の村名は"さいたま"と読んだようである．

今回のように歴史上まったく異なる場所にあった地名と同じ読みの名前を新しい合併都市につけるということが，我々の次の世代に混乱を与えないか，歴史上の混乱を覚悟した上でも，なおかつ"さいたま市"という命名が必要かどうかを，今一度考える必要があるように思う．自分達の町だから自分達の好きなように名前を付ければいいと思う方もおられるかもしれない．しかしながら，自分達の住む地域は，今を生きる我々だけのものではない．長い歴史の中で培われたさまざまな蓄積を，前の世代から受け継ぎ，より良いものを付加して，次の世代にバトンタッチするからこそ，我々が生きている価値があるのではないだろうか．これを機会に地名改変のルール造りをさまざまな面から検討する必要があると思う．

我々が相手にしなければならない地震は，我々の一生に比べて遙かに長い間隔でしかも確実にやって来る大敵である．このような，息の長い敵に対して，せいぜい自分達の生きている間のことしか考えずに対抗できるはずがない．過去の地震に対し残された記録や資料を十分活用して震災軽減に役立てることは，今を生きるもの責務である．同時に，歴史的に無用な混乱を引き起すことは極力回避し，前の世代が残してくれた記録や資料に，我々が新しく得たものを付け加え，確実に次の世代に伝えてゆく，そして我々の能力の足りない部分を将来に託すということも重要な我々の責務である．たかだか100年にも満たない寿命しかない我々が，100年に一度1000年に一度の間隔で何万年にも渡って襲ってくる地震に対抗するためには，幾世代にも渡る連続した取り組みが必要である．77年前に起った関東大地震の教訓を生かすべく設けられた防災の日にあたり，地震博物館と地名改変の2つの課題について共に考えていただければ幸いである．

謝辞：本原稿をまとめるにあたり，鹿島建設小堀研究室企画管理部課長　諸井孝文氏に御協力頂いた．心より感謝いたします．

◎参考文献

1) 地質調査所：関東地震調査報告第一，第二，地質調査所特別報告(1925).

1.3 鳥取地震とその被害(1943年)

1999年7月号

芳賀 保夫
福山大学工学部

1.3.1 はじめに

1943(昭和18)年9月10日17時37分に鳥取市北部に$M=7.2$，震源の深さ10kmの直下型地震が発生した．これが鳥取地震である．戦時下で報道管制が行われていたため当時の記録はたいへん少なく，**表-1.3.1**の文献1，2のみである．地震発生の40年後に始めて総合調査報告書(**表-1.3.1**の文献3)が刊行され，その全容がかなり明らかになった．これらの資料をもとに地震の概要と発生後の対応について紹介する．

1.3.2 地震の概要(図-1.3.1参照)

1943年の3月4日から5日にかけて鳥取市中心部で$M=3.5～6.2$の前震が発生しており，この時にも若干の被害があった．本震は同年9月10日17時37分に発生，震源は前震よりやや北寄りの海岸線で$M=7.2$震源の深さ10kmの直下型地震である．

地震の数日前から地鳴り，地下水異常，発光現象などの異常現象がみられ，流言飛語も聞かれたという．

余震は10月10日頃まで続いたが最大のものは9

図-1.3.1 鳥取地震の概要[3]

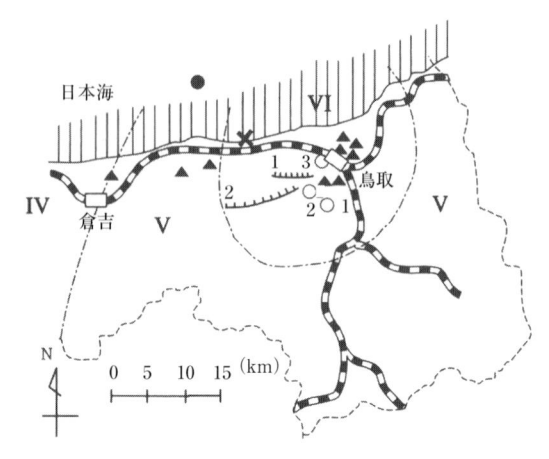

×：震源　　9月10日　$M7.2$
○：前震源　1. 3月4日　$M6.2$
　　　　　　2. 3月4日　$M5.7$
　　　　　　3. 3月5日　$M3.5$
●：余震源　9月10日　$M6.0$

▲：砂の液状化発生地点
　　：地震断層
1. 吉岡断層
2. 鹿野断層
Ⅳ～Ⅵ 震度階(気象庁による)

表-1.3.1 文献資料一覧

(災害報告書)
1. 鳥取県震災小誌：鳥取県，A5版，172頁(1944)
2. 鳥取県震災調査報告：日本建築学会，建築雑誌1944年2・3月号，B5版，67頁(1944)

(総合調査資料)
3. 鳥取地震災害資料：鳥取県建築士会他，A4版，230頁(1983)
　(地盤調査，活断層，地震資料)
4. 山陰臨海平野地盤図：中国地方基礎地盤研究会，A4版，252頁，付図28枚(1995)
5. 新編日本の活断層：東京大学出版会，pp288～289(1991)
6. 日本被害地震総覧：宇佐美龍夫，東京大学出版会(1997)

月10日に発生した日本海を震源とする$M=6.0$の地震である．

地震によって2本の地震断層が発生した．

当時，測候所に地震計は設置されておらず，地震後急遽取寄せて余震の波形が測定された．鳥取市役所(鳥取駅より北東へ1km)の余震記録によると卓越周期は0.8秒および1.2秒である．同地点の沖積層の厚さは約23mであり，常時微動測定による卓越周期は0.4秒と0.7秒である．

気象庁の記録による震度は鳥取市中心部でⅥ，周辺部でⅤであるが，アンケートによると中心部はⅦ相当の体感震度であったという回答も多い．

ゆるい沖積砂層の液状化現象も県内各地で発生している．上記の卓越周期の差異には液状化も影響しているものと思われる．

1.3.3 被害の状況

公式発表による被害集計は**表-1.3.3**の上段のようになる．家屋被害のほとんどは木造建物で，鉄筋コンクリート造や鉄骨造の多くは無被害であった．鉄道，道路，橋梁などインフラも図-1.3.1の震度V～VIの区域で大きな被害を受けている．木造建物の被害率分布図は**図-1.3.2**のようであり，市の中心部は全壊家屋が75％を越えほぼ全滅に近い．その原因は次の2点と考えられる．

(1) 軟弱地盤による

鳥取市は千代川の河口三角州上に発達した市街地で**図-1.3.3**に示すように市の中心部から北にかけて軟弱な沖積層が厚く堆積している．軟弱地盤の卓越周期は上述のように0.8～1.0秒で老朽化した木造家屋の固有周期に近いため共振が起った可能性が高い．また液状化のために表層の地盤強度が低下して建物に不同沈下が起り被害を増加させたとも思われる．

(2) 構造による

当時の木造家屋は葺土のある瓦屋根が用いられ，頭が重い状態になっていた．また軸組も耐震的考慮はなされておらず，基礎土台もしっかりしたものではなかった．このため耐震的な強度はほとんど期待できず，地震の一撃から10～20秒で倒壊し，脱出するのが困難であったという．

地震の発生が夕方の炊事時間帯であったが，当時の燃料はかまどに薪であるため，家が倒壊すると葺土が上をおおって火を消してしまったという．夏で暖房が使われていないことも幸いであった．

出火59か所のうち大きくなったもの22か所も間もなく消止められ，大火になったのは3か所にとどまった．**表-1.3.3**の家屋被害のうち倒壊数に比べて焼失数の少ないのはこのためであろう．

1.3.4 地震発生後の対応

戦時下であったため県知事のもと一貫した行政の指揮命令系統が存在した．成人男子の多くは出征していたが各地には軍隊が駐屯しており，その機動力と通信機能が多いに役立った．

市内全域に隣組，警防団などの組織が結成されていた．防火・避難訓練も定期的に実施され，市民の団結心は現在よりもはるかに高いものであった．県職員の中には過労死した人もあったという．

地震直後は倒壊家屋が道路を塞いだために消防車が入れず，初期消火には市民のバケツリレーが

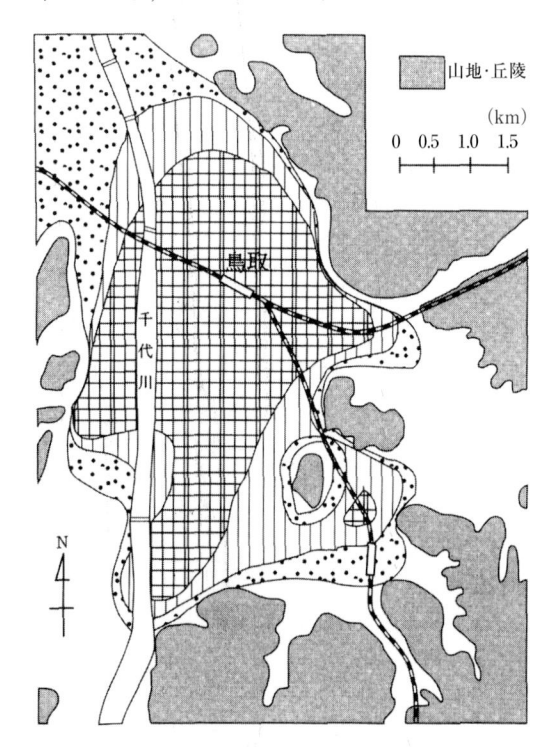

表-1.3.2 地震断層の概要

断層名	長さ	上下変動	横ズレ
吉岡断層	5.0km	南側が0.5m隆起	北側が東へ0.9m動く
鹿野断層	8.0km	南側が0.35～1.0m隆起	北側が東へ1.5m動く

表-1.3.3 被害の集計

文献名	人的被害			家屋被害			
	死者	重傷	軽傷	全壊	半壊	全焼	半焼
文献1	1 210人	828人	3 032人	7 164戸	6 901戸	183戸	7戸
文献6	1 083人	669人	2 590人	7 485戸	6 158戸	251戸	16戸

注）文献1の家屋被害は件数のみ集計

被害率 = 全壊家屋数 / 総戸数

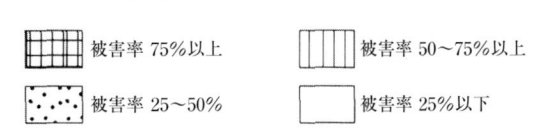

被害率75％以上　　被害率50～75％以上
被害率25～50％　　被害率25％以下

図-1.3.2 木造建物被害率分布図．文献2)より作成

山地・丘陵

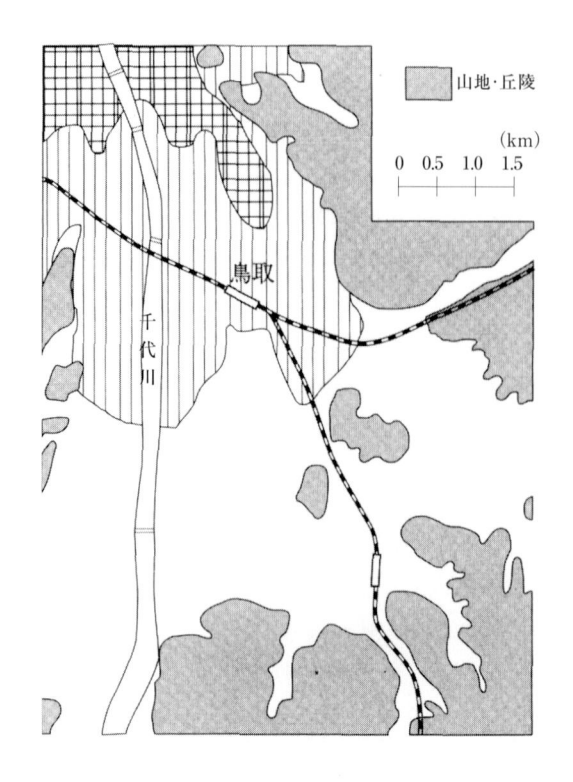

0 0.5 1.0 1.5 (km)

鳥取

千代川

沖積層の厚さ 30m 以上

沖積層の厚さ 15～30m

沖積層の厚さ 15m 以下

図-1.3.3　沖積層厚さの分布図[4]

活躍した．水道管は破損して使えず，防火用水の水を使い果すと下水溝の水までが使用された．

ただちに軍隊が出勤し，その夜のうちに主要道路の障害物を取除き，家の下敷きになった人々の救出にあたった．道路や橋の応急復旧も行われ，まず交通が確保された．救援物資の運搬にはトラックの他に船舶も利用された．警察・消防も活躍したことは言うまでもない．

近隣の市町村からは警察，消防団，在郷軍人などが動員され食糧や器材を持参して徒歩で市内に入った．

避難所には倒壊をまぬがれた寺社，学校，倉庫などあらゆる建物が利用されている．自力で倒壊家屋の木材を利用して堀立小屋を造った人もあった．しかし被災者の多くは近郊の身内を頼って避難したと思われる．

今よりも人情が厚かったので可能であったのであろう．避難所ではどこもトイレに困ったようである．

炊出しには隣組が活躍した．水道は止まっても各所に井戸があり，薪は倒壊家屋の木材が使えるので，米と塩があればにぎり飯を配ることができた．鳥取駅には名産の梨が出荷できずに大量に保管されていたが，これも被災者に配られた．

負傷者の手当には日赤と軍が中心となってあたったが，人員，薬品，器材などすべてが不足してたいへんであった．市内の消毒は入念に行われたので，残暑がきびしいにもかかわらず伝染病の発生数は例年と変らなかった．

暑さのため死体を放置できないので，倒壊家屋から運び出して千代川の河原でだびにした．薪は倒壊家屋の木材を用い，軍および応援に駆けつけた諸団体がこの作業にあたった．

1.3.5　復旧対策

応急住宅888戸が軍および近隣県の応援により建設された．9月22日には一部使用開始，10月3日にはすべてが完成した．

残存住宅は判定検査を行い，使用可能なものについては勤労奉仕隊などが補強工事にあたった．

倒壊家屋の後片付けも勤労奉仕隊が中心になって行われたが人手が十分とは云えなかったようである．木材は薪に，瓦礫は低湿地に埋立てられた．

自力による住宅建設は市外においては本建築の，市内においては仮設住宅の建築を認め，必要な資材の供給を行った（当時は統制経済下にあった．）

しかし多くの人々は近郊の親類・知人の所へ身を寄せたものと思われる．

主要なインフラの復旧状況は次のようである．

道路：主要道路は9月12日開通，11月13日には修理完了

鉄道：9月14日一部開通，9月22日全線復旧

電信：9月11日幹線開通，9月15日に全線復旧
電気：9月12日官公署通電，10月3日に全域復旧
水道：9月16日一部送水開始，9月22日復旧

復旧への立上がりはかなり早かったようである．しかし市街地としての本格的復興は大戦後の1945（昭和20）年8月以降のこととなる．さらに1952（昭和27）年4月17日に起った鳥取の大火は復興した旧市街地の約2/3を焼尽くしたのである．

度重なる災害にもめげず立派に復興した鳥取市市街地をみると，市民の不屈の精神が感じられる．

1.3.6 まとめ

地震の発生を止めることはできないが，発生後の対応いかんでは被害の拡大を最小限度にとどめることが可能である．

鳥取地震は発生後の危機管理が成功した例と思われる．この成功は一貫した行政の指揮命令系統，軍隊の機動力，住民の団結心によるところが大きい．また官僚として関東大震災の惨禍を体験した知事と，実戦で鍛えられた軍の将校など優れた指揮者を得たことも幸いであった．

この経験は間もなく始まる都市の空爆への対応策としても役だった．

過去の災害の経験に学ぶという謙虚な気持ちがあれば阪神大震災時の被害と社会的混乱を軽減できたと考えられ残念でならない．

地震に備えるためには設備・人員などのハードウェアだけでなく，それを使いこなす指揮命令系統や情報伝達システムなどのソフトウェアの整備と訓練が大切であることを痛感した次第である．

1.4 東南海地震・南海地震とその被害（1944・1946年）

飯田 汲事
名古屋大学名誉教授・愛知工業大学客員教授

1.4.1 はじめに

　東南海地震は遠州灘から紀伊半島南東沖を震源域として発生した巨大地震で，愛知・三重・静岡・岐阜・和歌山・大阪の各府県に被害が多かった．静岡県太田川・菊川流域・木曽三川下流域・伊勢湾臨海域等の沖積地や埋立地では，地盤の液状化がおこり，その地盤の不等沈下による家屋の倒壊が多く，名古屋南部・浜松では工場の被害が著しかった．大津波が熊野灘沿岸を襲い，臨海部の沈降地変と相待って大災害を生じ，遠く伊豆下田付近にも被害があった．

　南海地震は東南海地震の震源域の西に隣接した紀伊半島沖から四国沖を震源域として，東南海地震後に続発した巨大地震で，南海トラフ沿いの巨大地震の特性を示した．被害は，岐阜・愛知各県以西の各地に及び，紀伊半島から四国にかけて東南海地震と同様に河川流域や臨海域・埋立地では地盤液状化が発生し，その不等沈下等により建物に大被害を与えた．この地震で室戸岬・足摺岬・潮岬などの岬の先端が隆起して南上がりの傾動を示し，土佐沿岸は沈降したため，大津波により大被害を受けた．

1.4.2 東南海地震名および震央の推移

　1944（昭和19）年12月7日13時35分頃熊野灘から遠州灘にかけてを震源とした大地震が発生し，大津波を伴い，愛知・三重・静岡・岐阜・和歌山・大阪の各府県に多大の地震災害を与えた．この地震は東海道と南海道とに被害を与えたというので，当時中央気象台によって東南海地震と命名されたのである．地震直後中央気象台は秘の朱印のある遠州灘地震概報その1，その2をガリ版刷りで出し，1945（昭和20）年2月に朱印の極秘付の東南海大地震調査概報を出した．したがって，この地震は遠州灘地震から東南海地震となり，震央は調査概報で東経137°，北緯34°とされ，志摩半島南々東約20km沖の地点で，震源の深さは10数kmで，地震規模は1923年関東地震と同程度かやや大きいと考えられた（マグニチュード $M = 7.9$，$8.0 \sim 8.3$）．1957年頃の気象庁の印刷物では $M = 8.3$ となっていたが，1958年頃から震央は $136.2°$ E，$33.7°$ N，$M = 8.0$ とされ，熊野灘の新宮東方沖に移った．その後1982年頃から震央は $136.62°$ E，$33.8°$ N，$M = 7.9$，震源の深さ30kmと変り，熊野市東方約60km沖となり現在に至っている．筆者は，この地震の震央は中央気象台発表の最初の位置がよいと考えている．過去の地震，特性の検討からであり，地震規模 M も8.0くらいが適当と扱っている．

1.4.3 東南海地震の被害

　この地震発生の当時は戦時中であり，その社会情勢上，地震の被害については，どの新聞も小さなスペースで軽微程度の報道しかされず，また出された調査報告書にも極秘印が押されており，一般の人にはどの程度の地震被害があったのか，地震がどこにあったのかもあまり知らされなかった．むしろアメリカでは地震被害が大きく報道されたくらいといわれている．わが国ではいわゆる隠された地震であった．1979年頃地震被害調査中佐夜の中山で知ったことであるが，被害の大きかった静岡県袋井や掛川地方では磐田地震と呼んでいたし，長野県諏訪では諏訪地震といっていたようである．地方では，統一的地震名も発表されな

表-1.4.1 1944年東南海地震の被害表

府県名	死者(内行方不明)	負傷者	住家		非住家		流失家屋	浸水家屋	工場全半壊
			全壊	半壊	全壊	半壊			
愛知県	462	1188	6991	19701	10178	4951		150	2091
静岡県	316	877	6970	9522	4862	5563		208	240
三重県	391(内109)	609	1637	4217	1103	2229	2759	7579	4
岐阜県	16	43	441	623	494	448			
奈良県	3	21	89	177	234	214			
滋賀県			7	76	28	38			
和歌山県	51(内12)	74	121	604	46	63	153	1978	
大阪府	14	135	199	1629	124	63			
山梨県			13	11	14	3			
石川県			3	11	6	8			
福井県			1	2	7	3			
兵庫県		2	3		23	9			
長野県			13	49	1	2			
合　計	1253(内121)	2949	16488	36622	17115	13594	2912	12156	2335

かったことから，勝手に被害の大きかったところを地震名と考えていたようである．名古屋・浜松およびその周辺では，工場の被害が大きくとくに飛行機などの軍需産業・重工業等に与えた大打撃の影響はきわめて大きく，わが国の運命を左右するほどであったともいわれるに至ったが，その状況は公表されなかった．また，せっかく災害を記録した関係市町村でも，戦時中の空襲や戦後の米軍の進駐を恐れて，極秘の文書を墨で塗りつぶしたり焼却したりしたので，貴重な被害資料を失ったところも少なくなかった．しかし，この地震の性質や災害の実態を知ることは，地震災害史上からも防災対策をたてるためにも重要と考えられるので，市町村史などに掲げられたものの他の資料の発掘につとめ，従来の公表結果と新資料を吟味総合して，取りまとめた結果を表-1.4.1に示した．東南海地震の人的・物的被害として，死者1253人（内不明121人）負傷者2949人，住家全壊1万6488戸，住家半壊3万6622戸，非住家全壊1万7115棟，非住家半壊1万3594棟，流失家屋2912戸，船舶流失・破損1989隻，浸水家屋1万2156棟，火災は少なかったが，焼失家屋13戸（火災発生26か所）である．なお，堤防欠壊155か所，道路破壊510か所，岸壁破壊84か所，橋梁流失61橋，鉄道は各地で路盤沈下，橋梁損壊など，約数10か所の被害で交通途絶，貨車脱線転覆もあった．住家被害率を全壊戸数に半壊戸数の半分を加え全戸数で割った値の百分率とすると，もっとも大きかったのは静岡県であり，今井村および南御厨村の100％，田原村の89％，山梨村の60％，西浅羽村の59％，平田村の57％，横地村の54％，向笠村の53％などは50％以上の被害率となっている．太田川流域の被害はもっとも著しく，袋井周辺の家屋の全壊率が80％以上となっている．この地域では軟弱な泥層の厚さが30mを越えている．菊川流域にもやや被害率の大きいところがみられ，表層に泥層の卓越区域がある．被害率の分布は御前崎周辺から浜名湖周辺の町村と清水市から吉原市に至る地域に限られている．伊豆地方から磐田・榛原・安倍などの郡では，山地周辺では被害はあまりなかった．

愛知県の住家被害率は，幡豆郡がもっとも大きく，50％以上の被害率は福地村の75％が最大で，これに次ぐのは知多郡富貴村・海部郡飛島村での31％である．全体として幡豆郡17％，渥美郡9％，碧海郡8％等で，三河湾および伊勢湾の臨海域に

被害が大きかった．これらは地盤の液状化とも関係が深い．名古屋市内では港区の14.1％，南区の10.3％は被害率として大きい方で，その他の区では1％以下のものが多い．熱田区1.6％，中川区の0.9％，中村区および瑞穂区の0.2％，昭和・中村の各区は0.1％の被害率で，その他の区では0.1％に満たない．東部の丘陵地や北部では1％未満となっており小さい．

三重県における住家被害率の多いところは錦町の29.1％，島津村の16.2％，吉津村の14.9％，須賀利村の14.8％，九鬼村の14.6％，五ヶ所町の10.4％である．これらのうち熊野灘に位置するところでは津波による流失家屋が多く，その流失住家率（流失住家に対する全住家の割合）は錦町の33.0％を最大に，新鹿村の18.8％，南輪内村の15.9％，尾鷲町の13.2％，三野瀬村の12.2％などが多い方である．伊勢湾臨海域では家屋の被害は地震動によるものが主体をなすが，被害率の多いのは伊曽島村の9.8％，七取村の7.7％，木曽崎村の7.3％，宇治山田市6.9％，松坂市3.8％，桑名市2.5％，四日市市2.1％等で何れも10％以下であった．

家屋の被害のあったのは以上のほか，岐阜県・大阪府・和歌山県・奈良県・長野県・山梨県・滋賀県・石川県・兵庫県・福井県等で，その順序で住家全壊数が少なくなっている．5％以上の住家被害率があったところは，岐阜県海津郡の西江村18.4％，大江村6.3％，石津村6.4％，養良郡上多度村8.1％，笠郷村14.3％，広幡村8.7％，池辺村5.6％等であって，その他は4％以下であった．住家被害率分布を図-1.4.1に示した．また気象台の定めた全壊家屋が30％以上にところを震度7，30％以下のところを震度6，煙突や石垣などの破壊したところを震度5として，震度分布を定めると図-1.4.2のようになる．伊勢湾臨海域から遠州灘の地域には，震度が6から7と高くなったところがみられる．

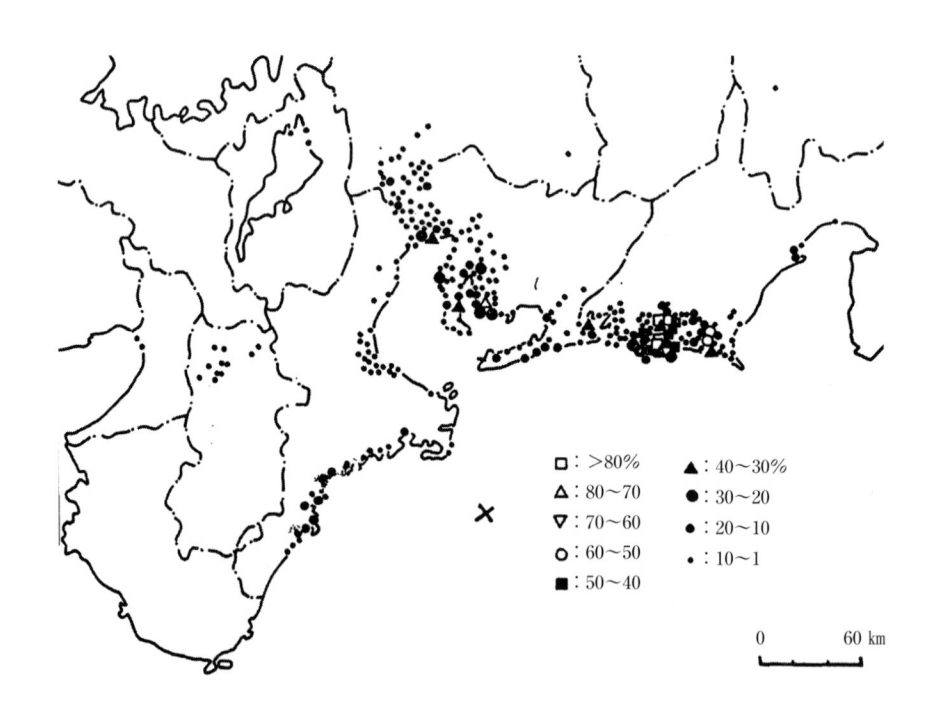

図-1.4.1 1944年東海道地震の住家被害率分布図(×震央)

1.4.4 東南海地震の地変および液状化地点

愛知県では三河沿岸から伊勢湾北岸の臨海部にかけて20～30cmの沈降で，最大40cmの沈降を示した．三重県では愛知県同様沈降域に属し，木曽川流域で最大1mに達した．伊勢湾沿岸および熊野灘沿岸では30～50cmの沈降，最大80cmを示した．静岡県では清水港域に50cm，浜松西部に20cm程度の沈降があったが，浜松東部から磐田，相良，御前崎にかけて隆起がみられ，その量の最大は30cmであった．この隆起量は過去の1707年宝永地震や1854年安政地震のときの隆起量の3分の1～6分の1と小さかった．これらの地変量を液状化地点とともに**図-1.4.3**に示した．この地震では地面の隆起・沈降・亀裂などの地変のほか，地面から噴砂・噴泥・噴水の地盤液状化が多くみられた．静岡県では県西部の天竜川流域，太田川・菊川・新野川流域等の軟弱沖積地にもっとも激しい地盤液状化がみられ約300か所に達した．このほか浜名湖周辺や清水港付近にもみられた．

愛知県では名古屋市南部の堀川・中川運河沿いの地域，木曽川東部地域，三河湾沿岸域などに多くみられ約110か所くらいとなっている．三重県では伊勢湾西部の桑名・四日市地域に2～3か所，岐阜県では木曽三川中流域に約数か所，大阪湾臨海部に2か所ほどに噴泥砂地がみられた．このような地盤液状他地域では，地盤の不等沈下，移動・傾斜などのため家屋など構造物の被害を多くしている．名古屋市南部や浜松市付近では，このような地盤液状化の発生地域における紡績工場から急造の軍需工場が多数倒壊し，そこでの従業員のほか各地から動員された学徒・女子挺身隊・徴用工などが，倒壊してきた煉瓦壁や堀の下敷になって死亡した者の多かったのは，特殊な事情とはいえ痛ましいことであった．工場の全半壊数は名古屋市で1 150棟（愛知県全体で2 091棟），静岡県で240棟，三重県4棟となっており，全体で動員学徒は125人亡くなっている．

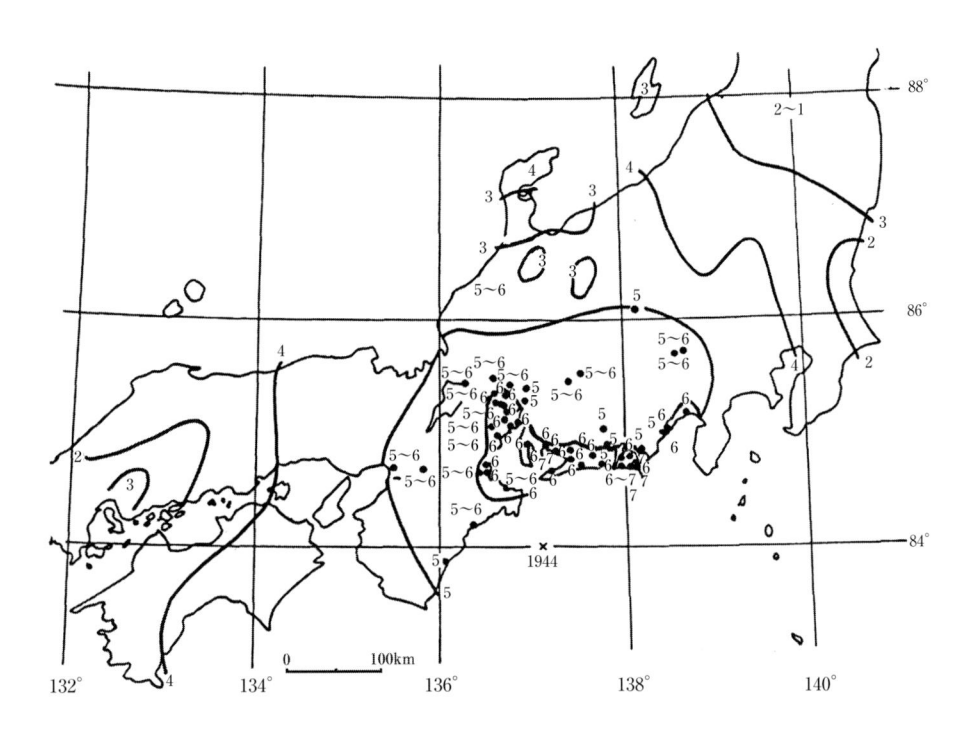

図-1.4.2 東南海地震の震度分布

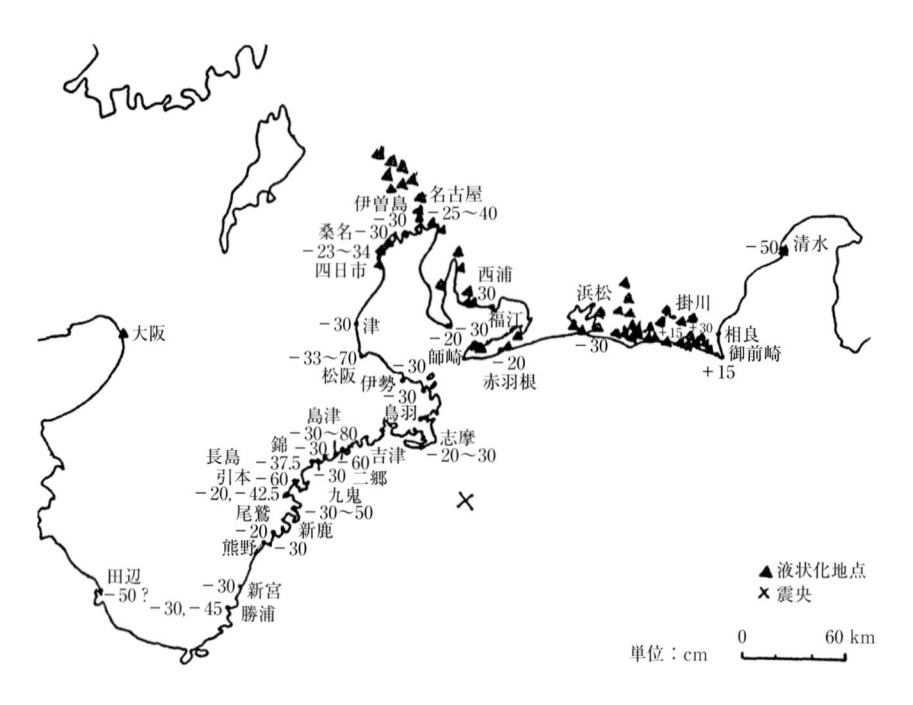

図-1.4.3 東南海地震の地変分布

1.4.5 津波

　津波は東海道および南海道の太平洋各地を地震後数分から数十分して襲い，三重県に多大の被害を与えた．津波の最高は尾鷲の8～10mで，熊野灘沿岸で5～6m，志摩半島沿岸・潮岬付近で2～3m，伊勢湾沿岸で0.5～2m，駿河湾沿岸で0.5～2mとなっている．伊勢湾や三河湾では津波は30分から100分以上もかかって来ているが，駿河湾では10分くらいで来たという．駿河湾内内浦の検潮記録では15分で引波がみられているので，波源が駿河湾の近くであったことを示している．名古屋湾では1時間余で津波がきたが，船舶の被害や家屋の床上浸水などがあり，1～1.5mの高さの津波がきたものと思われる．三重県では熊野灘はリアス式海岸のため津波は高くなり，多数の溺死者や流失家屋を出している．死者・行方不明者のうち津波によるものは全体の83％になり，家屋の被害も津波によるものが多く，全被害の約60％余にもなっている．静岡県では，津波被害のあったのは，下田町付近で，2m余の高さとなり，住家に浸水，船舶に沈設・破損を与えている．

和歌山県では新宮が3mの高さの津波で材木の流失があり，勝浦では4mの高さで，家屋の流失・浸水があった．また，天満では4～5mの高さで勝浦同様に，家屋の流失・浸水が多かった．

1.4.6 南海道地震の震央と規模

　1946（昭和21）年12月21日4時19分頃紀伊半島南方沖の南海道沖に震源をもった大地震が発生し，大津波を伴い，被害は中部地方の愛知・岐阜・三重の各県から和歌山・兵庫・大阪・岡山・島根の各府県，四国の徳島・香川・愛媛・高知の各県および九州の熊本・大分の各県に及んで，地震災害や津波災害を与えた．この地震は1944年東南海地震発生の後2年余を経て発生したもので，過去においては，南海トラフ沿いの巨大地震は東海沖と南海沖に続発して対をなして発生する場合が多かった．両者の発生間隔は同日の2時間くらいから長いので2年余となっている．稀には東海道沖だけまたは南海道沖だけで続発のない地震もある．

　この地震は戦後に起ったので，中央気象台から

発表された震央および地震の大きさ等の値がある．すなわち，地震の震央は135.6°E, 33.0°Nの地点で，震源の深さが30km，地震規模$M=8.1$，有感半径750kmとなっている．しかし，その後1982年に新しく再計算により発表され，理科年表には1988年に発表されたが，それによると震央は135°37′E, 33°2′N，震源の深さ20km，地震規模$M=8.0$となっている．現在ではこの値が用いられている．

1.4.7 南海道地震の被害

地震の被害は出版物によりいろいろ異なるので，各市町村誌や県の報告書などを用い検討した結果を総合し，**表-1.4.2**に示した．その結果，愛知・三重各県以外は宇佐美博士の示した内務省警保局の資料と同様になった．被害のもっとも大きかったのは高知県で，高知県西部の中村町では，2177世帯（2338戸）に対し全壊1621戸，焼失163戸，半壊696戸，死者273人に及んだ．また，四万十川の鉄橋9スパン中6スパンが墜落した．新宮（和歌山）での火災が大きく焼失2399戸を数えた．人的・物的被害は全体として，死者1341人，傷者3852人，行方不明者113人，住家全壊9089戸，半壊1万9210戸，非住家全壊2521戸，半壊4283戸，家屋流失1453，焼失2598，浸水2万8879，船舶損失2349，道路損壊1532か所，橋梁損壊180か所，堤防損壊650か所となっている．

当時の中央気象台によるこの地震の震度に加筆したのを**図-1.4.4**に示した．震度5以上のところは三河湾西部域から木曽三川下流域，紀伊半島の大部分，四国の太平洋沿岸地域，瀬戸内海沿岸地域の一部であった．しかし高知県西部の中村地域では家屋全壊率が69％にもなっているので，震度は6以上になったと考えられる．

1.4.8 南海地震の地変および地盤液状化地点

地震時に地変の著しかったところは，**図-1.4.5**に示すように紀伊半島から四国の太平洋臨海地域にかけての地域であった．これらの地域の岬の先端が南上がりの傾動を示し，潮岬で0.7m，室戸岬で1.27m，足摺岬で0.6mそれぞれ隆起した．これらの岬の北側では沈降し，和歌山県では田辺から和歌山にかけて沈降し，最大1mの沈降量を示した．室戸岬の北東方の太平洋岸では，高知県甲浦で1.0m，徳島県日和差で0.9mそれぞれ沈降した．また，室戸岬に西方の太平洋臨海域の高地や須崎では1.2mの沈降を示し，これらの地域では海水が侵入した．浸水域の面積は高地で0.3km²，須崎で3.0km²となった．足摺岬の北北西の宿毛では0.7mほどの沈下があり，3.0km²の面積に海水が浸入した．また，足摺岬の北方，四万十川河口の下田では0.5mの沈下があった．港の埋立地では相対的に沈下を生じた．

この地震による地盤の液状化地点は広範囲に及んでいる．岐阜県で羽島郡正木村三ツ柳で地震直後30分間くらい土砂泥水噴出し，三重県北牟婁郡引本町では海岸から100m離れた地点で噴砂泥水を噴出し地鳴りを伴った．和歌山港埋立地では

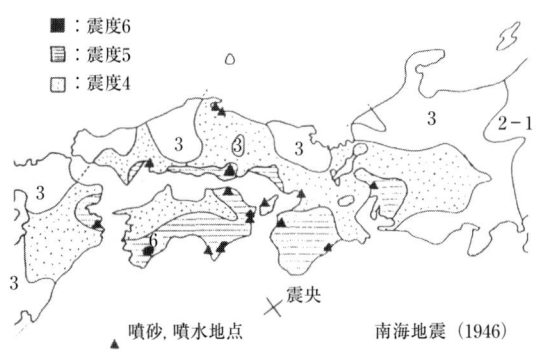

図-1.4.4 1946年12月21日南海道地震震度分布

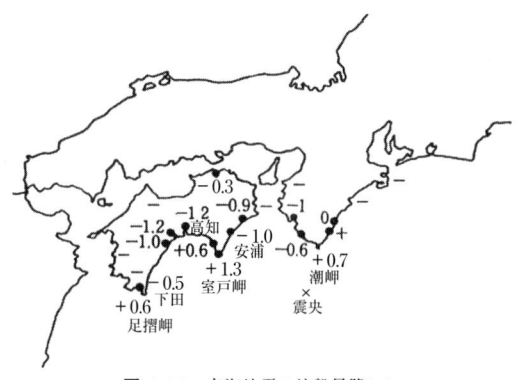

図-1.4.5 南海地震の地盤昇降(m)

表-1.4.2　1946年東南海地震の被害表

府県名	死者(内不明者)	負傷者	住家		非住家		家屋			工場全半壊
			全壊	半壊	全壊	半壊	浸水	流失	焼失	
岐　阜	32	46	340	720	246	232		1	1	14
愛　知	11	19	84	128	81	69		1		24
三　重	21	45	75	92	71	18	1435	25		
静　岡		2		1			296			
長　野			2	4		5				
滋　賀	3	1	9	23						
大　阪	32	46	234	194	27				1	
兵　庫	50	91	330	759	370	242				6
奈　良		13	37	46	106	350				9
和歌山	260(内74)	562	969	2442			14102	325	2399	
岡　山	51	187	478	1959	614	1798			1	3
鳥　取	2	3	16	8	6	5				
島　根	9	16	71	161	202	84				
広　島		3	19	42	30	32				
山　口				2		1				
徳　島	211(内30)	665	1076	1523	301	456	5562	536		
高　知	679(内9)	1836	4834	9041			5608	566	196	53
香　川	52	273	317	1569	291	840	505			40
愛　媛	26	32	155	425	147	118	320			
大　分	4	10	36	91	21	18				
宮　崎		1		1		2	265			
福　岡			1		5					
熊　本	2	1	6	6	3					
長　崎				2						
合　計	1454(内113)	3852	9089	19210	2521	4283	28879	1453	2598	149

亀裂から噴水，大阪湾の岸壁裏から泥水噴出，兵庫県西淡町脇田付近の成相川下流水田で青砂噴出，岡山県高梁川の下流右岸の亀裂から細砂水噴出，広島県宇品の埋立地畑で濁水湧出，鳥取県弓浜半島の水田が全面的に陥没し，所々から噴泥した．鳥取県米子市彦名町彦名新田で噴泥水，香川県香東川下流域の噴水，徳島県では徳島港埋立地で亀裂から噴砂し，小松島市の国民学校庭で青砂噴出，川内村の吉野川河口宮島で，噴砂水があり，高知県では野根町二本松の田から粘度・砂礫噴出，奈半利川海岸の砂地から泥水噴出した．大分県では佐賀関臼杵町海岸の埋立地で地割から砂塩水噴出した．以上のように地盤液状化は埋立地や河川流域の沖積軟弱地において生じており，海域に震源のある巨大地震の特性としての地震動周期がやや長かったことによるものと思われる．地盤液状化地点を震度分布図の**図-1.4.4**に示した．

1.4.9　南海地震の津波

津波は房総半島から九州に至る沿岸を襲い，波高は紀伊の南端串本町の北，袋で最高の6.9mに達し，三重・和歌山・徳島・高知県の沿岸で4〜6mとなった．地震後早く津波が来たところは10分以内であって，流速は一般に緩く，大人の駆足程度といわれ，周期は10〜20分のものが多かった．

三重県では津波高さが賀田で3.6m，新鹿3.0m，尾鷲2.0mなどで，賀田では家屋の流失被害があ

った．和歌山県では津波の被害は地震動によるものとともに大きかった．田辺市新庄村では全戸数630のうち79戸流失，浸水401，全壊50，半壊35，死者26，負傷者30となっている．田辺での津波の高さは5.0mで，富田で5.8m，御防で6.1m，印南で5.5m，南海で4mとなり，各地で家屋の流失・浸水の被害があった．全体で家屋流失325，浸水1万4102に達した．徳島県では日和佐・穴喰ではともに4.5m，浅川で4.7m，海南5.6m等の波高があり，家屋の流失は536，浸水5562となった．高知県では津波の高いところは佐喜浜で5m，佐賀で4.7m，興津で4.3m，須崎で5.9m等で，家屋の流失566，浸水5608に達した．なお，香川・愛媛の各県では，地震後瀬戸内海沿岸の地域で地盤の沈降変動があり，最大約30cmの低下により海水が侵入し，家屋に浸水被害を与えた．香川県では505棟，愛媛県では320棟が浸水した．静岡県では，下田で津波の高さ1.5m，須崎で1.0m，新居で1.0m等となり，駿河湾西岸域で家屋浸水296，船舶の損失105を出した．**図-1.4.6**に水路部による各地の津波の高さを示した．

1.4.10 東南海地震・南海地震の震害について

2つの巨大地震は，南海トラフ沿いの海域で続発した規模$M=8$級のもので，フィリピン海プレートがユーラシア大陸のプレート下への沈み込みによって発生したプレート間地震とされている．このような地震は過去においては，887年の仁和地震，1096年の永長地震，1605年の慶長地震，1707年の宝永地震，1854年の安政地震の5回ある．これらの地震では，東海沖と南海沖でほとんど同時（仁和・慶長・宝永の各地震）ないし1日（安政地震），約2年（永長地震）の間隔で続発し，陸域に隆起・沈降の地変を，河川沖積地や臨海埋立地に地盤液状化の地盤破壊による家屋被害を与えるとともに，海底での地殻変動による大津波に

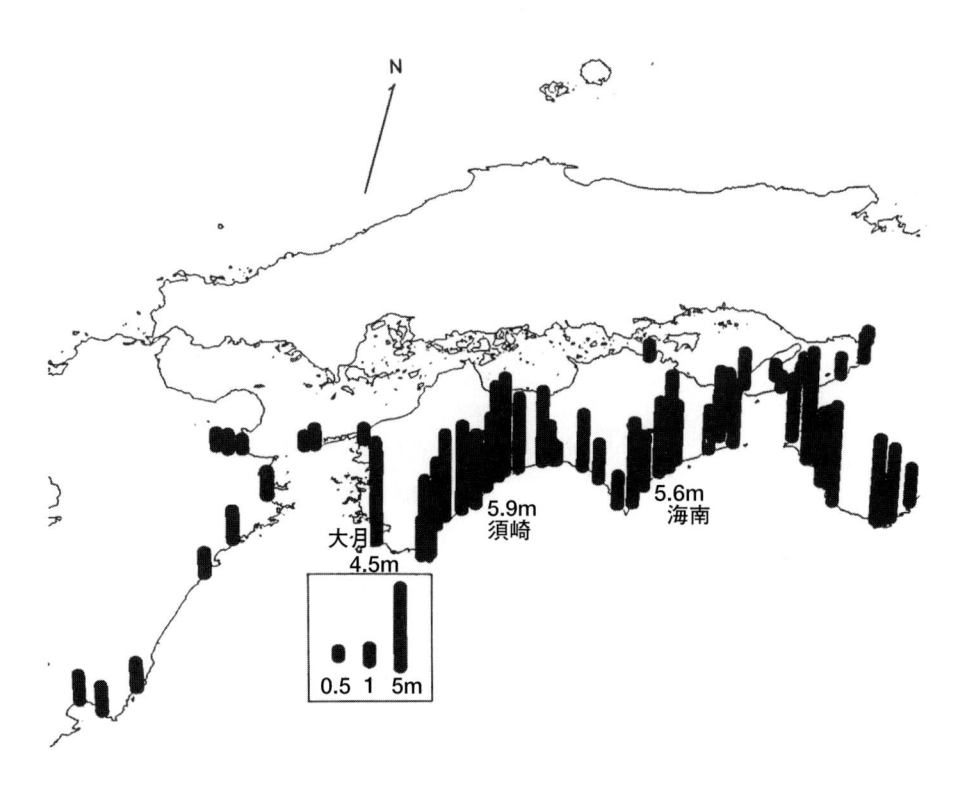

図-1.4.6 南海地震による各地の津波の高さ(水路部による)

より，家屋の流失破壊・浸水等の被害を与えている．震源に近い沿岸地域では強い地震動を感じた直後早いところでは数分以内で津波が来ている．慶長地震のように地震動をほとんど感じないのに，津波だけ発生することもあるので注意を要することである．津波は第1波が大きい場合もあり，第2波以降が大きいこともあるので，津波から身を守る上では避難が第一である．また，津波による家屋の流失や破壊を防止するには，基礎を深くした堅牢な鉄筋コンクリート造りが最良と思われる．このような構造物が津波災害から免れているからである．

地震の被害は地震発生の状態と地盤・構造物の状態・人間活動の状況等からきまると考えている．地震の発生はある範囲の地下の岩石が急激に破壊（断層運動に相当）により発生するが，この震源破壊域内では，有限変形による塑性波や衝撃波が発生し，破壊的な震裂波動が伝播する．地震の規模が大きく震源の範囲が大きいと，震源が浅い場合，地盤がその破壊的な波動の影響を受けて地盤破壊が発生する．ただ地震時に発生した有限変形の塑性波や衝撃波，無限小変形の弾性的地震波の発生・伝播には方向性があり，場所によってはその影響の大きいところと小さいところがある．

また，これらの波動エネルギーの輻射的作用による集中効果が発生して地盤破壊・構造物破壊が著しいところとそうでないところとある．

地盤破壊は地盤の隆起・沈降・亀裂・断層等のほか，砂質地盤では液状化が発生しやすく，沈下・移動・傾斜等が発生するので，家屋等の構造物は基礎の不等沈下や移動・傾斜などによって破壊的被害が発生する．震害は地震の震源の状態・発生する波動と地盤の構造・構成状態など地域的特性にもよることが多いので，このような震害を少なくするには地域地盤の状態とその地域の地震特性を知り，地域に適した防災対策をすることが大切である．

◎参考文献

1) 中央気象台：昭和19年12月7日東南海大地震調査概報(1945).
2) 飯田汲事：昭和19年12月7日東南海地震の震害と震度分布，愛知県防災会議(1977).
3) 飯田汲事：1944年東南海地震の地変，震害および発生について，愛知工業大学研究報告，No.11，pp.85-94(1976).
4) 中央気象台：昭和21年12月21日南海道大地震調査概報(1954).
5) 飯田汲事：本邦地震の地盤液状化記録，自然災害科学中部地区シンポジウム講演，中部地区部会(1992.12).
6) 宇佐美龍夫：新編日本被害地震総覧，東京大学出版会(1996).
7) 水路部：昭和21年南海道大地震調査報告，水路要報増刊号(1948).

1.5 福井地震とその被害(1948年)

坂本 功
東京大学大学院工学系研究科

1.5.1 はじめに

阪神・淡路大震災を引き起こした兵庫県南部地震が発生した直後，その犠牲者の数が，福井地震の約3900人を越えるまでは，マスコミの報道でも，この福井地震とその被害がしばしば引き合いに出されていた．しかし，その数が逆転したあとは，福井地震のことは，ほとんど話題にされなくなった．

しかし，この福井地震は，64年間にわたる昭和の間に起きた地震としては，もっとも多数の犠牲者を出した地震である．昨年は，この福井地震からちょうど50年すなわち半世紀が経ったということで，福井市で「世界震災都市会議」が開かれた．本稿では，20世紀のまさにほぼ真ん中で起ったこの地震と震災について，当時の報告書[1]などを手がかりとして，解説することにしたい．

1.5.2 福井地震の概要

(1) 福井地震の諸元など

福井地震の地震そのものの諸元は，次のとおりである．

発生日時　1948（昭和23）年6月28日
　　　　　午後4時13分
震央　　　福井平野　北緯　36度17分
　　　　　　　　　　東経　136度20分
マグニチュード　7.1
震度（最大）　6（ただし当時の震度階による）

この地震のマグニチュードは7.1であり，兵庫県南部地震の7.2とほぼ同じである．また，いずれもいわゆる直下地震である点でも，共通している．

この地震は，福井平野の頭部をほぼ南北に走る潜在断層が，長さ約25〜30km，幅（深さ）約13kmにわたって，落差約50〜60cmで，約2mの左横ずれ運動を起したために発生したと考えられている．この断層は，1891年に発生した濃尾地震（マグニチュード8.4＝推定）を引き起した根尾谷断層系の延長部にあたっている．もちろん活断層である．

この地震の震度の分布を図-1.5.1に示す．この地震では，震央付近では，震度6とされている．しかし，全壊率が100％の集落もあり，それらの地点における揺れ方が，きわめて激しかったと推定されたことから，この地震をきっかけとして，気象庁震度階に「7」が追加された．ちなみに震度7とは，家屋の倒壊30％以上，参考値として最大加速度400gal以上である．

この地震の後，新潟地震（1964），十勝沖地震（1968），宮城県沖地震（1973），日本海中部地震（1983）など，大きな被害をもたらした地震が発生したが，それらの地震における震度でもっとも大きかったものでも，震度6止まりであった．兵庫県南部地震にいたって，はじめて「震度7」が適用された．福井・兵庫県南部の両地震は，局地的に非常に強い揺れをもたらしたのである．

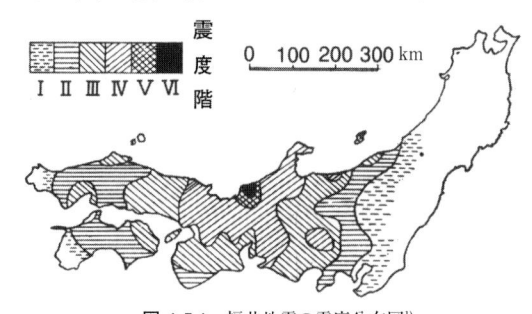

図-1.5.1　福井地震の震度分布図[1]

(2) 福井地震の被害の概要

福井地震の人的，物的被害の概要は，**表-1.5.1**のとおりである．

福井地震の犠牲者の数は，約3900人である．ちなみに，兵庫県南部地震における犠牲者の数は，現時点までで関連死を含めて6000人を越えているが，直接犠牲になったと思われる地震後数日間の犠牲者の数は，約5300人である．それぞれの地震が発生した時に，その被害を直接受けた範囲における人口に対する割合を考えてみると，福井地震のほうがはるかに死者の割合が高い．福井地震は，福井県全体で人口約37万人に対して約3700人（県内のみ），兵庫県南部地震は，神戸・芦屋・西宮・宝塚の合計約210万人に対して約5300人である．

どちらの地震でも，犠牲者の大部分は木造住宅の倒壊によるものと思われるが，地震の発生時刻が，福井地震は夕方，兵庫県南部地震は早朝という点も考えあわせると，この間に木造住宅の耐震性が向上したといってよいだろう．

なおこの地震では，農作業中の女性1人が地割れに挟まれて死亡したという珍しい例の報告がある．

建物（家屋）の被害は，全壊が4万弱，半壊が2万弱となっている．全壊・半壊の定義は，必ずしも統一されていないが，おおざっぱな比較はできるとして，兵庫県南部地震では，全壊・半壊そ

図-1.5.2 福井地震の全壊分布図[1]

表-1.5.1 福井地震の被害総括表[1]

	市，郡名	全戸数	全壊	半壊	焼失	全人口	死者	傷者
福井県	福井市	15 525	12 425	4 418	1 859		930	10 000
	足羽郡	5 450	2 328	980	2		134	344
	吉田郡	10 343	6 713	707	156		861	4 992
	坂井郡	25 000	13 707	3 399	1 832		1 747	6 305
	大野郡		0	0	0		6	0
	今立郡	9 461	194	865	0		30	118
	丹生郡	6 476	15	173	2		34	31
	小　計	72 465	35 382	10 542	3 851	368 039	3 728	21 750
石川県	江沼郡	14 842	791	1 231		72 411	39	451
	能美郡	7 704	7	35		38 987	0	1
	河北郡	1 952	1	2		10 152	0	0
	小松市	12 684	3	6		61 898	2	1
	金沢市	50 650	−	−		231 441	−	−
	小　計	87 832	802	1 274		414 889	41	453
	総　　計	160 297	36 184	11 816	3 851	782 928	3 869	22 203

れぞれ約10万棟づつである．

建物の被害の分布状況を**図-1.5.2**に示す．断層は，福井平野の東の縁に沿っているが，被害率の高いところは，福井平野の中心部である．全壊率が30％を越える範囲は，東西約12km，南北約25kmにわたっている．これは，この福井平野が厚い沖積層に覆われていることと深い関係があると考えられている．それに対して，平野の周辺の丘（山地）では，建物の被害が少ない．

建物の被害は，鉄筋コンクリート造などのいわゆるビルもの・校舎や庁舎などやや規模の大きい木造建物・一般の戸建て木造住宅の破壊と，木造建物の火災による焼失に分けられる．

1.5.3 建物の被害

（1） 鉄筋コンクリート造の被害

福井市は地方都市であり，また今から50年も前であったということもあり，市内には4階建てを越えるような大きなビルはほとんどなかった．ちなみに，福井市内で調査された鉄筋コンクリートの建物の数は，約50棟である．まして，周辺の市町村には，皆無といってよい．しかし，その数少ないビルのなかでも，最大級である大和（だいわ）百貨店が崩壊した．その崩壊は，福井地震の象徴的なできごとであり，その被害写真（**図-1.5.3**）は，福井地震に関する印刷物にはしばしば登場している．

大和百貨店は，1937（昭和12）年に竣工した6階建て，軒高約24mの鉄筋コンクリート造の建物である．中央部分のラーメンの被害状況のスケッチを**図-1.5.4**に示す．

このビルの被害の原因はいくつかあげられているが，耐震基準で要求される耐震性が今より低かったことによるのは当然である．そのほかにも，戦災で焼けたいわゆる焼けビルであり，コンクリート強度・鉄筋の付着強度（当時の表現で，鋼筋応滑力度）が半分以下に低下していたこと，壁が少なく強度にゆとりがなかったこと，フープのディテールが悪かったこと，地盤条件が悪かったこ

となどがあげられている．

（2） 規模の大きい木造建物の被害

この地震では，建物の被害に関する詳細な調査がなされたことが，参考文献にあげた「震害調査報告」からわかる．また，当時この調査に参加した研究者の回顧談からもうかがわれる．たとえば，木造建物の被害状況については，それ以降の報告書のように，写真ばかりではなくて，克明なスケッチが描かれている．**図-1.5.5**, **1.5.6**はその例である．

平面的に類型化している木造校舎の被害状況は，興味深い．1923（大正12）年の関東地震や，とくに1934（昭和9）年室戸台風のあと，木造校舎の耐震・耐風設計の基準づくりが行われており，その観点からみていくつかのタイプがあった．そのタイプごとに被害の状況と耐震性の検討が行われている．

なお，この地震で被害の激しかった丸岡町にあ

図-1.5.3　崩壊した大和百貨店[1]

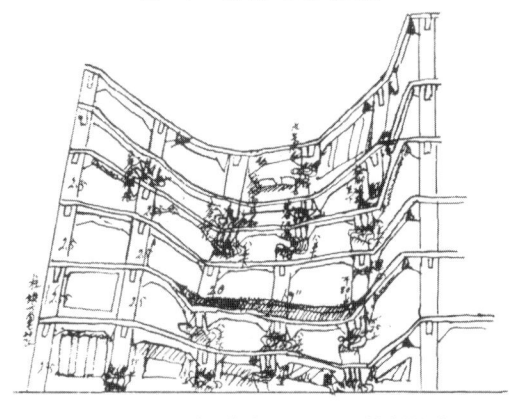

図-1.5.4　大和百貨店のCラーメンの被害状況[1]

る丸岡城は，その石垣が崩れ，建物本体はすべて崩壊落下している．現在の丸岡城は，その部材を使って復元したものである．

(3) 戸建て木造住宅の被害

この地震で被害をうけた建物は，数からいえばほとんどが木造住宅である．少なくとも，3万棟を越える木造住宅が全壊している．

当時は，戦前からの市街地建築物法の時代で，一般の戸建て木造住宅の耐震性に関する基準はなかった．言い換えれば，これらの木造住宅は，耐震性という観点からみると，野放しであったといえる．

しかし，この地震における木造住宅の被害について，詳しい調査が行われた．とくに，当時の建設省建築研究所の竹山謙三郎と久田俊彦を中心とした調査チームによって，木造住宅の壁率と被害程度の間には，**図-1.5.7**に示すように，大きな（逆の）相関性があることが明らかにされた．

この調査結果は，戦前からの木造耐力壁（筋交いの入った壁など）の実験結果とともに，1950（昭和25）年に建築基準法ができたときに，その施行令の中に「壁率」の規程として採り入れられることになった．この「壁率」は，その後何度か改訂されているが，日本の木造住宅を中心とする木造建築物の耐震性を高めるのに，非常に大きな

図-1.5.5　福井第二高校の被害[1]

図-1.5.6　大石小学校の教室の被害[1]

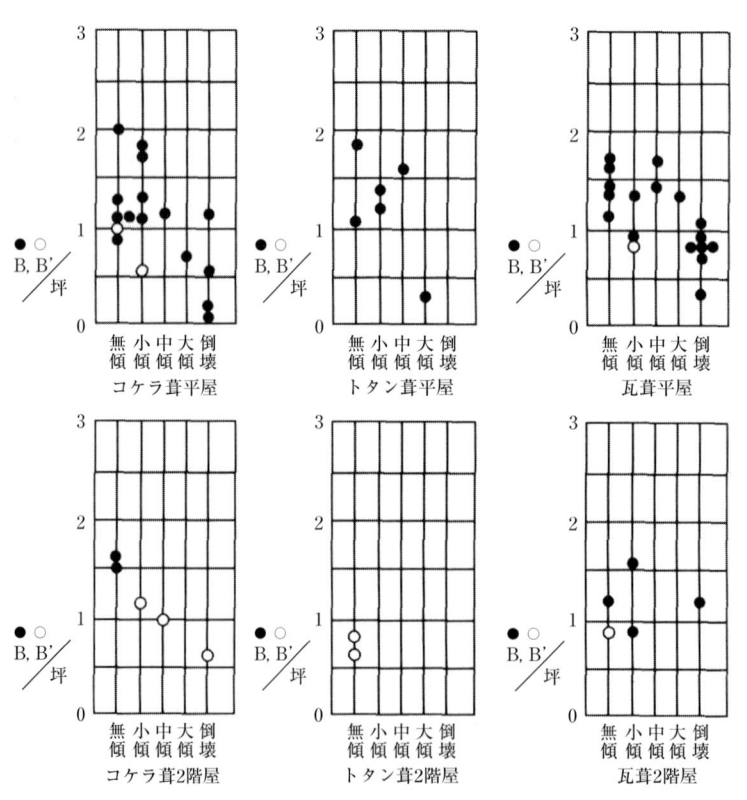

図-1.5.7　木造の被害程度と壁の量との関係（壁の量は，坪当たり壁（3尺）数，Bは真壁，B'は大壁）[1]

役割を果したといえる．また今回，建築基準法が性能規定化に向けて改正されたが，この壁率による方法は，耐震設計法のひとつとして残ることになっている．

(4) 火災による被害

福井市は戦時中に空襲をうけて，市街の主要部分が焼失している．そして，この福井地震でも地震火災により，市街の主要部分が焼失した（**図-1.5.8**）．

この地震では，福井市内では24か所から出火し，総住戸数約1万6000棟のうち，約2000棟が焼失している．また坂井郡丸岡町では，4件の火災が発生し，約1400棟が焼失しており，総住戸数約1800棟に対する割合は，福井市よりも大きい．

(5) 土木構造物の被害

建物だけではなく，もちろん土木構造物にも大きな被害が生じた．道路橋・鉄橋の転落，道路の

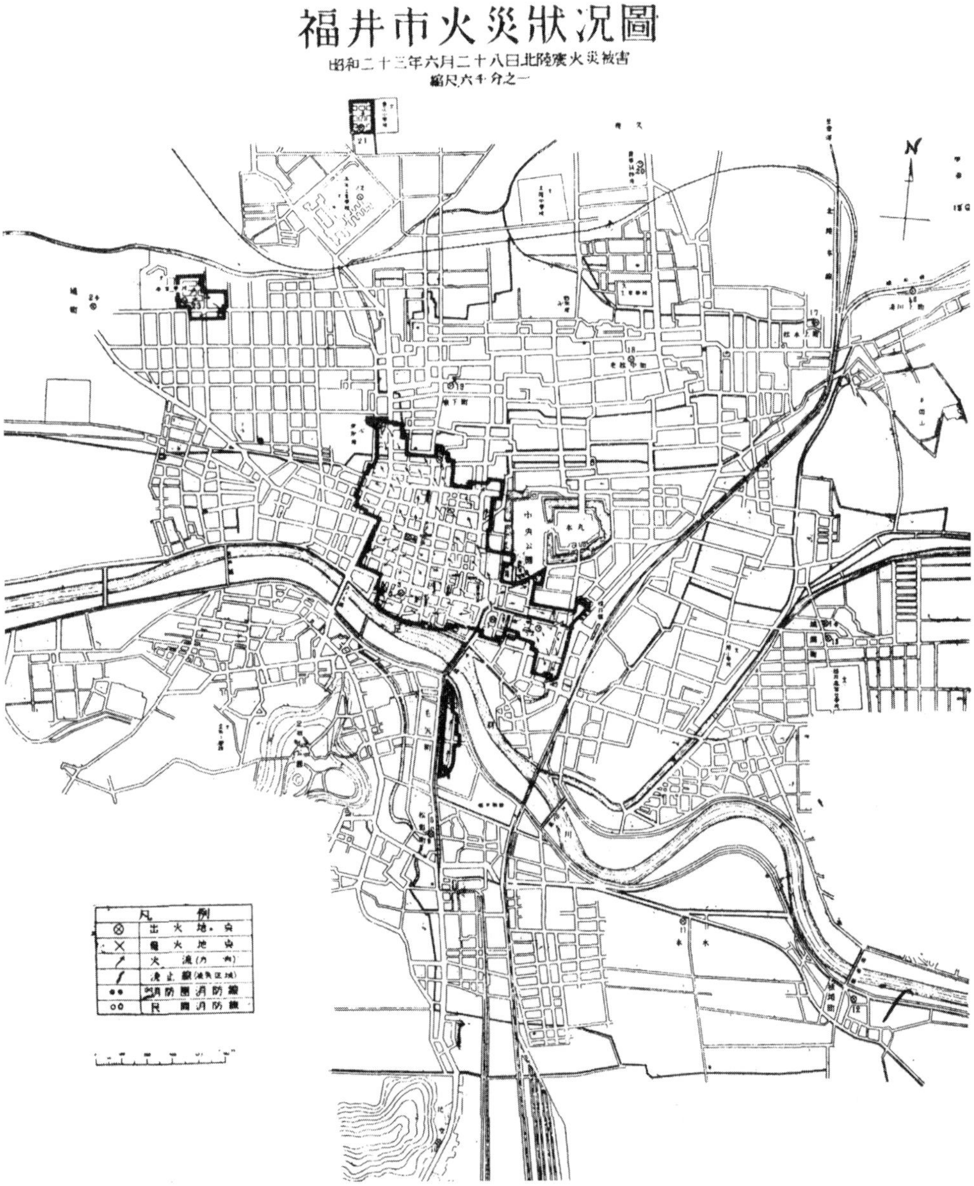

図-1.5.8　福井市の火災の状況[1]

陥没，堤防の崩壊などが，広範に発生した．

◎引用・参考文献

本稿の執筆にあたっては，主につぎの文献を参考にした．被害等の数値は，文献によって多少の異同があるので，本稿では概数で示したものがある．また，1)の地震震害調査報告書から転載した図や写真は，やや不鮮明なものがあるが，情報の正確さよりも，当時の報告書の雰囲気を伝えるために，そのまま複写したものもあるが，ご了解願いたい．なお，文献2)には，鮮明な被害写真が多数載っている．

1) 昭和23年福井地震震害調査報告書 II 建築部門　北陸震災調査特別委員会　1951.
2) よみがえる福井震災全2巻，編集・解説谷口仁士，発行福井震災50周年記念事業「世界震災都市会議」開催実行委員会(1998).

1.6 新潟地震(1)——地震と液状化現象(1964年)

1999年7月号

若松 加寿江
東京大学生産技術研究所

1.6.1 現実となった「砂上の楼閣」

1964年6月17日の朝刊は一斉に，横倒しになった鉄筋コンクリート造アパートの写真とともに，日本海側の中核都市である新潟に壊滅的な地震被害が発生したことを大きく報じた．折しも，日本は高度成長期，大都市周辺には大規模な埋立地が次々と造成され，臨海工業地帯が建設されていったさなかである．この年の10月にはわが国初のオリンピック大会が東京で開催されることになっており，これに合せて東海道新幹線や東京モノレールの建設が急ピッチで進められていた．建設業界は建設ラッシュの好景気で沸いていた．「もはや戦後は終った」，そんな自信にみちた言葉も盛んに交わされていたおりに，耐震建築の代表と目されていた鉄筋コンクリート造のビルが根こそぎ倒れたり，転倒寸前まで傾いたりして無様な姿をさらしたのである（**図-1.6.1，1.6.2**）．当時の建設技術者に与えた衝撃はいかばかりかと察する．

前置きが長くなったが1964年6月16日に発生した新潟地震は，砂地盤の液状化によって構造物に甚大な被害をもたらした．液状化の発生は，新潟，山形，秋田，福島の4県にわたり，中でも被害が集中したのは信濃川と阿賀野川の下流域に発展した新潟市とその周辺部である．至る所に砂水の噴出，地割れ，陥没を生じ，多くの建物が沈下傾斜し，また完成して1ヵ月しか経っていない信濃川にかかる昭和大橋は5スパンにわたって橋桁が落ちた（**図-1.6.3**）．信濃川の堤防は液状化が原因で多くのか所で決壊しゼロメートル地帯が浸水した．これに波高1.3〜2.4mの津波が追い討ちをかけ，約9500棟の家屋が床上浸水の被害を蒙った．

図-1.6.1 転倒・傾斜した川岸町アパート（新潟日報社提供）

図-1.6.2 鉄筋コンクリート造建物の傾斜と衝突による木造家屋の被害（新潟市弁天町）

図-1.6.3 橋桁が落ちた昭和大橋

1.6.2 地震の概要

新潟地震は前述のように1964年6月16日13時1分40秒ごろ，新潟市の北北東約55km，日本海に浮ぶ粟島の南西約8kmの海底に発生した．地震の諸元は次のようである．

震央：東経139°11'，北緯38°21'

震源深さ：約40km

マグニチュード：7.5

気象庁発表の各地の震度は，鶴岡（山形県）で震度6，新潟・相川・酒田・仙台で震度5であった．新潟，相川，秋田，山形などでは1倍強震計（気象台型変位計）の記録が得られた．また，新潟市の川岸町の県営アパート，秋田県庁舎では共に地下1階でSMAC-A型強震計による記録が得られた．最大加速度は以下のとおりである[1]．

- 川岸町：155cm/s^2（NS），159cm/s^2（EW），50cm/s^2（UD）
- 秋田県庁：90.6cm/s^2（NS），81.5cm/s^2（EW），50cm/s^2（UD）

1.6.3 液状化現象について

「液状化」，この言葉は最近大地震のたびに耳にされる．この10年間でも1993年の釧路沖地震（$M=7.8$），能登半島沖地震（$M=6.6$），北海道南西沖地震（$M=7.8$），1994年の北海道東方沖地震（$M=8.1$），三陸はるか沖地震（$M=7.5$），1995年兵庫県南部地震（阪神淡路大震災）（$M=7.2$），1996年3月と5月に2回発生した鹿児島県北西部地震（$M=6.3$，6.2），1999年2月の秋田県沖の地震（$M=5.4$），2000年鳥取県西部地震（$M=7.3$）そして2001年芸予地震（$M=6.4$）と，液状化災害を伴った地震が頻発している．

液状化現象は，地下水位が浅く（高く）ゆるい砂がちの地盤特有の現象である．ふだんはゆるいなりにも，砂粒子同士がスクラムを組んで建物などを支えているが，ひとたび地震が来て地盤が強く揺すられると容易に砂の粒子のスクラムは崩れ，地下水の中に砂粒子が浮いた「泥水」の状態となる．このとき地盤には物を支える力がなくなる．土質力学的には，粘着力をもたない（あるいはきわめて小さい），水で飽和された砂質土が，地震などの振動によりせん断変形を受けることによって，土粒子の間にある間隙水の圧力が上昇して有効応力（土粒子の間に働く力）が減少する結果，せん断抵抗力を失う現象と説明される．

液状化により構造物が甚大な被害を受けることが認識され，わが国内外で広く研究が行われる契機となったのは，新潟地震と，同じ年の3月に米国で発生したアラスカ地震である．アラスカ地震では新潟のようにビルが軒並み大きく傾くといった光景はみられなかったが，アンカレッジ市をはじめとする各地で傾斜地盤中に存在する砂の薄層やレンズ状の砂層が液状化して地盤が大崩壊した．

「液状化」現象が，新潟地震とアラスカ地震までまったく知られていなかったのか，というと実はそうではない．理論上このような現象が起りうるということはわかっていたし，簡単な装置で液状化を起し，砂の表面上にのった物体が沈んでいくという実験も一部では行われていた．しかし，このような現象が実際の地震の時に市街地で広範囲に起り，ありとあらゆる構造物に大被害を与えるとは夢想だにしなかったのである．

この地震を契機に古い震害資料を調べてみると，液状化現象は，「噴砂」，「噴水」という言葉でしばしば登場していたことがわかった．例えば，1948年の福井地震では福井平野の広範な地域に噴砂を生じ，その状況は地震直後にGHQが撮影した航空写真にも写し出されている．

1.6.4 建物の被害状況

新潟市には地震当時1530棟の鉄筋コンクリート造の建物があり，その22%にあたる340棟が被害を受けた．そのうち，151棟は基礎構造と上部構造の両方に何らかの損傷が認められたが，残りの189棟は上部構造はまったく被害を受けず，そのまま沈下したり，傾斜した[1]．もっとも甚だしい被害例が冒頭で述べた川岸町の県営アパート

（全8棟）である．このアパートは地上3ないし4階，半地下1階（5～8号棟は半地下室なし）の壁式鉄筋コンクリート構造で，連続基礎（布基礎）で支持されていた．このうち，敷地中央に建つ4号棟は無傷のまま完全に横倒しになってしまった（**図-1.6.1**）．その北側の3号棟（写真左奥）も150cm以上地中にめりこみ，転倒寸前の状態まで大傾斜した．1号棟（写真最奥）は大傾斜を免れたが2m近く沈下した[1],[2]．

横倒しになった4号棟の東隣に建つ2号棟の地下室に，前述のように，たまたま強震計が据え付けてあり，わが国初の加速度地震計による強震動記録が得られた．これは，世界で最初の液状化サイトでの記録でもあった（**図-1.6.4**）．この加速度波形をみると，最初は短周期の振動が続いているが，8～10秒くらいで様相が一変して周期が5秒以上もあるゆっくりした振動になっている．これは，地盤が液状化したことにより長周期化したためと一般には解釈されており，また液状化が発生したために地盤が非線形化し，加速度の増幅が押さえられたと考えられてきた．最近になって川岸町の記録の長周期地動は液状化のみが原因ではなく，7秒付近で最初に現れる長周期の波形は新潟平野のやや深い（数km）軟弱な堆積層により励起された直達S波であるとの説[3],[4]も出されている．

市内では想像もできない光景がつぎつぎに出現した．地面からは砂を含んだ水が一斉に噴きあがり，その跡にはクレータのような大小の穴があいた．信濃川の川岸には無数の地割れが走り，地盤全体が川方向に大きく滑り出した．**図-1.6.5**は信濃川右岸の流作場（現在の八千代2丁目）に建っ

図-1.6.5 バス車庫の被害（新潟市流作場）[5]

ていた新潟交通のバス車庫の被害状況である．一見，天井が倒壊して落下したように見えるがそうではない．天井を支える柱が1.5mも沈下したため，天井が低くなりバスを直撃したものである．

市街地の北東，阿賀野川河口にほど近い所にある新潟空港でも激しい液状化が発生した．その様子は新潟市在住の写真家，弓削持福夫氏によって8ミリ動画に撮影されている．1年前に完成したばかりの空港ビルの周りから地下水がガボガボと噴き出して，ビルがみるみるうちに沈んでいく様子が生々しく記録されている．

液状化による被害は沈下ばかりではない．**図-1.6.6**は新潟駅の北方，流作場（現在の万代5丁目）に建っていたホテルの駐車場の様子である．この下には実は大型の浄化槽が埋め込まれていた．地震前には段差がまったくなかったが，基礎地盤が液状化して泥水状態になったため浄化槽（べた基礎）の埋設されていた部分が駐車中の車を載せたまま1.2mも浮き上がってしまった．地盤がひとたび液状化すると比重が1.8～2.0の泥水と化し，構造物に作用する浮力が大きくなるので，見かけの密度がこれより小さい構造物はたやすく浮き上

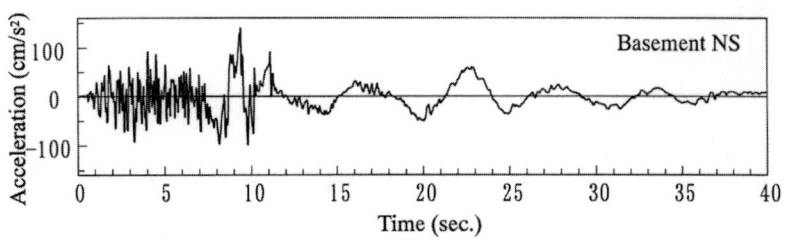

図-1.6.4 川岸町における強震記録（NS成分）[3]

図-1.6.6 ホテル新潟の浄化槽の浮上（新潟市流作場）（新潟日報社提供）

がってしまうのである．このほか新潟市内では，新潟鉄道病院本館の浄化槽が2m浮き上がったのをはじめとして，マンホールなどの浮き上がりがあちこちでみられた．

この地震による地割れ，噴砂，陥没，建物の傾斜などの発生位置は茅原一也氏をはじめとする新潟大学理学部のメンバーにより調査され，縮尺3 000分の1の地図7面に克明に記録されている[6]．

1.6.5 被害と地盤

以上で紹介したような液状化被害が新潟市内全域にみられたかというと，そうではない．大被害を受けた建物は比較的限られた地域に集中していた．大崎[1),7)]はこれらの建物の傾斜角によって新潟市をA（無被害），B（小被害），C（大被害）地域に分けた（図-1.6.7）．A地域は，主に海岸の砂丘地帯で，傾斜角が1°を越える建物がまったくなかったのに対して，信濃川沿岸のC地域では2.5°以上傾斜した建物が多かった．C地域の土地の履歴を古い地形図をもとに調べた結果，この地域の信濃川沿岸は1934（昭和9）年以降埋め立てられた地盤を含み，さらに古地図（絵図）を基に古い時代にまでさかのぼると，過去300年間に信濃川の蛇行によって河道になったことがある地域と合致することがわかった[1),2)]．

地震当時，標準貫入試験が一般に行われるようになってきた時代であり，新潟市内にも100本以

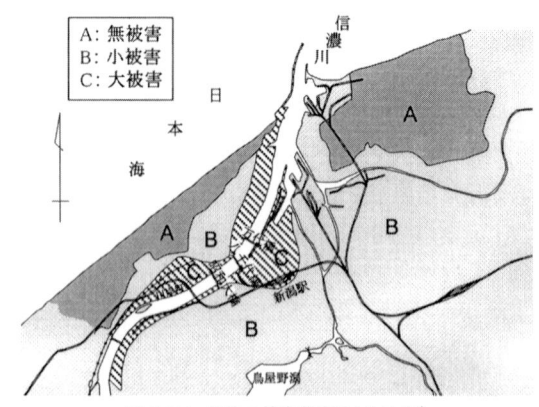

図-1.6.7 建物の被害程度による区分[1)]

上の地震前のN値のデータが存在していた．これをもとに市内の地盤条件を調べた結果，被害が大きかったC地域ではN値5以下の砂層が地表付近より深さ5〜10mまで堆積していることが判明した[1),7)]．つまり，液状化した土は信濃川によって運ばれてきた砂であり，堆積後の年月が浅いためしまり具合がきわめてルーズであったと言える．

ところで，少し専門的な話になるが，砂のような粒状体の土には，せん断変形を受けることによりゆるい砂は密な状態に，密な砂は逆にゆるい状態に変化しようとする性質がある．これこそ砂地盤を液状化至らしめる性質なのであるが，この性質を念頭において，地震の前後に同じ場所で行われた標準貫入試験のN値を比較した結果，あるN値を境にして，地震前のN値がこれより小さい場合は地震後にN値が増加し，逆に大きい場合は地震後N値が低下したことが判明した[1),8)]．地震前後でほとんど変化しなかったN値の深度分布を描くと図-1.6.8の実線のようになった．これは限界N値と呼ばれており，深度が大きくなるほど限界N値も大きくなる．地震前のN値が限界N値より小さいところでは液状化したために地震後のN値が大きくなったと解釈すれば，この限界N値によって液状化発生の有無を判別することができる（ただし，地震動の強さが新潟地震と同程度で，砂の性質も新潟のそれと同じという条件付きで）．この限界N値による液状化発生の判定法は1974年に改定された建築基礎構造設計規準・同解説

（日本建築学会）に取り入れられ，その後1988年により詳細な判定法に置き換えられるまで建築分野の実務で広く使われていた．

1.6.6 被害と基礎構造

新潟市内では，前述のように多数の鉄筋コンクリート造建物が液状化による被害を受けたが，被害の程度は基礎の形式や寸法によって異なっていた．岸田[1),10)]は鉄筋コンクリート造建物の被害程度を最大沈下量と傾斜角によって，無被害，軽微，中位，大被害の4つに分類し，前述のC地域（大被害）における杭基礎と直接基礎の被害程度別の度数分布を調べた．その結果，無被害ないし軽微な被害は杭基礎の方が多かったのに対して，大被害は直接基礎の方が多く，杭基礎が液状化に対して有効であることを示した．また，C地域内の直接基礎と杭基礎の基礎最下端の深さ（直接基礎ではその底面，杭基礎では杭下端）における砂のN値と被害程度との関係を調べた結果，図-1.6.8の破線を境に，その左側では被害が大きく（50cmを越える沈下または1.0°を越える傾斜），その右側では被害が小さいことが明らかになった．この線も基礎の支持層に対する一種の限界N値を表していることになる．

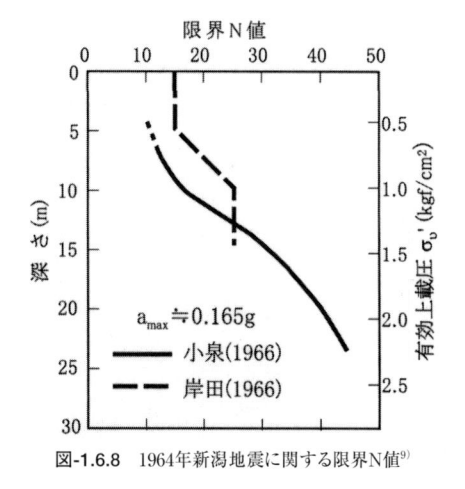

1.6.7 新たな課題――側方流動

新潟地震とアラスカ地震において構造物が液状化による大被害を受けて以来，液状化の予測と対策方法の開発に多くの力が注がれてきた．これらの地震から数年も経たないうちに，前述の限界N値法や締固めによる地盤改良といった基本的な予測・対策方法が開発された．これで一件落着と思えたが，1983年に発生した日本海中部地震を契機に新たに厄介な事実が見つかった．地盤が液状化すると支持力がなくなるだけではなく，水平方向にも数メートルのオーダーで大きく移動する現象である．この現象は側方流動とか液状化に伴う流動と呼ばれている．日本海中部地震で液状化被害が広範に発生した秋田県能代市について，地震前と後に撮影された航空写真を用いて精密な測量を行った結果，砂丘の裾の緩斜面では地震後最大5mも地表面が水平方向に移動していたことが突き止められた[11)]．この地盤の移動によって，能代市では家屋の基礎が破断したり，土台が基礎からはずれて上屋が大きく変形した．また，ガス管などの埋設管の破断や座屈が発生した．

1964年の新潟地震の際にも国道7号線が新潟市海老ヶ瀬地区などで大きく蛇行・変形したのは確認されていたが，地盤の移動量や移動の方向，分布，構造物被害との関係が定量的に明らかにされたのは日本海中部地震が最初である．これを契機に，新潟地震による地表面の水平変位を測定したところ，なんと最大12mを越す変位が信濃川沿岸で生じていたことがわかった[12)]．この測定結果

図-1.6.8　1964年新潟地震に関する限界N値[9)]

図-1.6.9　NHK放送会館の基礎杭の被害（新潟市弁天町）[13)]

をもとに構造物の被害原因を再検討した結果，前述の昭和大橋（**図-1.6.3**）の被害も，沿岸および河床地盤の水平変位が主原因である可能性が高いことが判明した[12]．そのほかにも，建物の基礎杭が折れたり，地下のパイプ類が座屈して地上へ突出するなど，構造物被害の直接的原因となっていた証拠が次々と見つかった．

図-1.6.9は，新潟地震からちょうど20年後の1984年に見つかった鉄筋コンクリート造2階建て，一部3階建て建物（NHK新潟放送会館）の杭の破損状況である．この建物は信濃川と新潟駅のほぼ中間点に位置しており，新潟地震で液状化による被害がもっとも甚だしかった地域内にある．新潟地震で最大約50cmの不同沈下を生じたが，地震後建物を建て起こすことはせずに床だけ水平に張り直して，1984年の解体まで使用していた．建て替えのため基礎地盤を掘削したところ，直径35cmの基礎杭（既製鉄筋コンクリート杭，$L = 11〜12m$）がことごとく折れていたことがわかった[13]．**図-1.6.10**に示すように，どの杭も上下2か所，ほぼ同じ深さでコンクリートの圧壊・鉄筋の座屈を伴うひどい破損を生じていた．また，杭先端と杭頭部の水平変位は1.0〜1.2mであり，杭の変形の方向はすべて南東の方向であった．

以上のような杭の被害状況と，建物付近の水平変位ベクトル分布図＊と照らし合せてみたところ，地表面の水平変位も1.0〜1.2mであり，杭の相対変位と同程度であった．地表面の変位の方向も杭の変形と同様に南東方向を向いていた．地盤の永久変位の大きさと方向が杭の変形と一致していること，また杭が推定液状化層の底面と非液状化層の境界部付近にあたる杭先端に近い部分でも破壊されていることなどから，被害の主原因は流動した地盤から受ける強制変位によるものと推測された[13]．

この事例から，基礎の設計に際して杭に作用する地震力としては，通常上部構造から伝達される慣性力のみを考えてきたが，液状化による側方流動の発生が予想されるような地盤では，地盤から受ける強制変位も考慮することが必要であることが示唆された．

上述のビルのように，地震後20年以上を経て建物基礎杭の被害の詳細が調査され，側方流動の影響が明らかにされた事例は，新潟市内にわずか5件しかない[13]-[17]．これは杭の被害状況の調査には多大な費用を要するためである．しかし，この地震で液状化による不同沈下の被害を蒙ったの多くの建物が同じ状況にあると推察される．

1.6.8 新潟地震――その後

1995年の兵庫県南部地震の際には，ポートアイランドをはじめとする神戸から大阪にかけてのきわめて広範な地域に液状化が発生したが，新潟地震の時のように軒並み建物が大傾斜するといった光景はみられなかった．これは新潟地震の経験を踏まえて1974年改訂の建築基礎構造設計規準・同解説（日本建築学会）に「砂地盤の液状化」の項が付け加えられ，1988年に建築基礎構造設計指

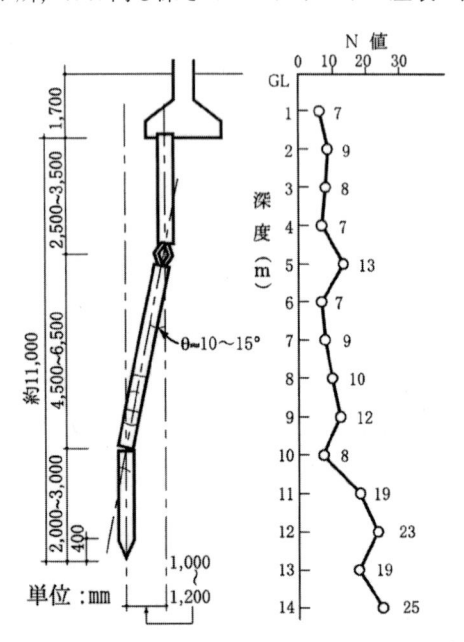

図-1.6.10 NHK放送会館の基礎杭の被害と地盤のN値[13]

＊地震による地表面の残留変位量の大きさと方向をベクトル表示したもの．一般には地震前と後に撮影した航空写真を用いて測定される．

針として改訂された際に，さらに詳細な液状化判定法が示されたこと，これらの規準や指針を受けて有効な液状化対策工法が多数開発されたことが功を奏したためと思われる．

しかしながら現時点では液状化に関する課題は完全に解決されたとは言えない．2001年10月1日に改訂された建築基礎構造設計指針には，護岸近傍の地盤の側方流動による地盤変位の予測についての項目が新たに盛り込まれたが，前述の杭の被害が見つかった緩やかな傾斜地盤での流動については変位量の予測方法が提示されていない．流動のメカニズムや構造物に与える影響についての研究は各方面で鋭意進行中であり，早期の解明・解決を祈ってやまない．

◎参考文献

1) 建設省建築研究所：新潟地震による建築物の被害―とくに新潟市における鉄筋コンクリート造建物の被害について―，建築研究報告，No.42, p.180(1965).
2) 日本建築学会：新潟地震災害調査報告，p.550(1966).
3) Kudo,K., Uetake,T. and Kanno,T.: Re-evaluation of Nonlinear Site Response During the 1964 Niigata Earthquake Using the Strong Motion Records at Kawagishi-cho, Niigata City, Proc., 12th World Conf. on Earthquake Engineering, Oakland, CD-ROM, Paper No. 0969, 2000.
4) 吉田望，工藤一嘉：1964年新潟地震における川岸町の液状化に関する地盤工学的再検討，日本建築学会学術講演概要集（東北）構造II, pp.293-294(2000).
5) Editorial Committee of General Report on the Niigata Earthquake: General Report on the Niigata Earthquake, 東京電機大学出版会, p.550(1968).
6) 新潟大学理学部地質鉱物学教室：新潟地震地盤災害図(1964).
7) Ohsaki, Y.: Niigata Earthquake,1964 – Building Damage and Soil Condition, Soil and Foundation, Vol.6, No.2, pp.14-37(1966).
8) Koizumi,Y.: Change in Density of Sand Subsoil Caused by Niigata Earthquake, Soil and Foundation, Vol.10, No.2, pp.38-44(1966).
9) 吉見吉昭：砂地盤の液状化（第二版），p.170，技報堂出版(1991).
10) Kishida,H.: Damage to Reinforced Concrete Building in Niigata City with Special Reference to Foundation Engineering, Soil and Foundation, Vol.6, No.1, pp.71-88(1966).
11) 濱田政則，安田進，磯山龍二，恵本克利：液状化による地盤の永久変位の測定と考察，土木学会論文集 第376号/III-6, pp.211-220(1986).
12) Hamada, M.: Large Ground Deformation and Their Effects on Lifelines: 1964 Niigata Earthquake, Case Study of Liquefaction and Lifeline Performance during Past Earthquake, Vol.1 Japanese Case Studies, Technical Report NCEER-92-001, pp.3.1-3.123(1992).
13) 河村壮一，西沢敏明，和田曄芙：20年後の発掘調査で分かった液状化による杭の被害，日経アーキテクチャー(1985).
14) 河村壮一，西沢敏明，田尻貞夫：液状化で破損した杭の調査，基礎工，第12巻，第7号，pp.120-124(1984).
15) 栗原修三，大藤辰雄，仲山博：ホテル新潟建設工事―新潟特有の砂地盤における山留め工事例―，基礎工，第16巻，3号，pp.80-87(1988).
16) 吉田望，小林恒一，中村晋：1964年新潟地震で被害を受けたS建物の基礎杭の調査，土と基礎，Vol.38, No.6, pp.39-44(1990).
17) コンクリートパイル建設技術協会，地震予知総合研究振興会，佐藤工業：Aビル基礎杭の被害調査報告，p.36(1989).

1.7 新潟地震(2)——建築物の被害(1964年)

2000年8月号

広沢 雅也
工学院大学工学部

1.7.1 概　要

1964年6月16日午後1時過ぎ，新潟県粟島東方沖を震源とする$M=7.5$の地震が発生，新潟市を中心とする新潟県北部や山形県，秋田県の沿岸部の各地で多くの土木，建築構造物に被害をもたらした．また，地震後約15分で津波が各地に来襲した．新潟市の石油基地では火災が発生し，7月1日まで燃え続けた．

各地の震度は最大5止まりであったが，各地で大規模な砂質地盤の液状化が発生し，これにより土木建築物には傾斜や沈下ならびに不同沈下による被害が発生した．

この地震による建築物の振動による被害は比較的少なかったために，設計用地震荷重の見直しや耐震設計規準の改定は行われなかったが，著しい傾斜や沈下を生じた建物が多かったために，日本建築学会により，これらの建物の復旧のために技術指導が行われた[1]．また，この地震を契機に砂質地盤の液状化に関する研究が広く行われ，その成果は1974年の日本建築学会，建築基礎構造設計規準（第2次改定版）および1988年の同規準（第3次改定版）に反映された．

以下，本節では，地震被害の概要の他，建築物に生じた傾斜や沈下に関する資料ならびに建築構造体の被害状況について紹介する．

1.7.2 地震概要

新潟地震の概要を各地の震度とともに**表-1.7.1**に示す．震央は新潟市の略北方約50kmで，山形県の酒田市や鶴岡市からも約40〜50kmの距離にある．また，震源深さは約40kmである．

この地震では，わが国で初めて強震計による加

表-1.7.1　1964年新潟地震の概要

発震時	1964年6月16日13時01分
震央	38.4°N, 139.2°E（粟島南南西約10km）
震源深さ	約40km
規模	$M=7.5$
各地の震度	V　新潟, 酒田, 相川 VI　秋田, 山形, 福島, 白河, 前橋, 高田, 輪島

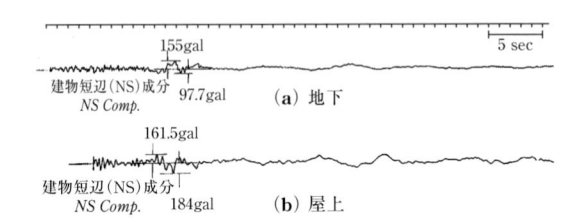

図-1.7.1　新潟地震強震度計加速度記録　川岸町アパート2号館[2]

速度記録が新潟市と秋田市で得られている．地表部での最大加速度は新潟で159gal（EW方向），秋田市（秋田県庁地下1階）で90.6gal（NS方向）であり，とくに強い地動ではなかった．この内，新潟市の県営川岸町アパート2号棟（RC造4階建）の地下階と屋上で得られた記録を**図-1.7.1**に示す．この建物は新潟駅の西方約3km信濃川沿いに建ち，砂質地盤上に直接支持された建物であるが，液状化により約4°傾いた．なお西隣りの4号棟はほぼ北側へ転倒し，その北側の3号棟は北側へ24度の傾斜を生じている（**図-1.7.2，1.7.3**参照）．

図-1.7.1に示した強震記録では始動から7秒以降2〜3秒の記録が長周期化し，またその後はまったく特殊な波形となっており，発震後約10秒位経過したころ，液状化が生じて傾き始めたことがわかる．

なお秋田県庁の記録では地上部の水平動の最大加速度が67.5, 81.5gal（EW方向），87.6, 90.6gal（NS方向）であったのに対し，屋上ではそれぞれ

1.7 新潟地震(2)－建築物の被害(1964年)

表1.7.2 新潟地震による被害と他の略同規模地震による被害

	発生年月日	マグニチュード	震源深さ	震央から都市迄の距離	死者数	全壊家屋数
福井地震	1948.6.28	7.1	10	福井市の北西約10km	3728人	35382戸
新潟地震	1964.6.16	7.5	40	新潟市の北約50km	26人	1960戸
宮城県沖地震	1978.6.12	7.4	40	仙台市の東方約100km	27人	1183戸
兵庫県南部地震	1995.1.17	7.2	0	神戸市の西約10km	6307人	約10万戸

図-1.7.2 転倒した新潟県営川岸町アパート4号棟

図-1.7.3 約30度傾いた3号棟

193, 240gal（EW方向），250, 295gal（NS方向）となり，約3倍前後の増幅が初めて記録された．

1.7.3 被害概要

新潟地震による人的被害および全壊家屋数について，近年のほぼ同様な規模の都市被災型地震の被害とともに表-1.7.2に示す．表に示すように新潟地震の被害は，それより規模（M）の大きい1948年福井地震や1995年兵庫県南部地震に比べて，死者数，全壊家屋数共に格段に少なくなっている．このことは震源が深く，また震央近くに大きな都市がなかったことによるが，これに加えもっとも被害の大きかった新潟市では砂質地盤の液状化が広い範囲に起り，多くの建物の傾斜や沈下は生じたものの，建物への振動入力が小さくなり，建物自体の損壊が少なかったことによる．

なお，構造物の傾斜，沈下や振動以外の被害としては津波による浸水，地盤変動による水道網の大被害ならびに石油備蓄タンクの大火災等が特記される．

1.7.4 建築物の被害[2),3)]

(1) 各地の被害の概要

建築物の被害は表-1.7.3に示したように新潟県を中心に，山形県，秋田県の日本海沿岸部の広い範囲に及んでいる．新潟地震による建築物の被害はこれまでの地震被害とは異なり，以下のように地盤の変状に伴う被害が大半を占める所に大きな特徴がある．

a. 振動による被害　比較的震央に近い，村上市，酒田市などの地域で振動による被害がみられた．RC造では，村上市の村上中学校その他における柱や壁のせん断破壊がみられている．また，鉄骨造や木造建物については全体的に地盤の良い

表-1.7.3 新潟地震による県別被害[2)]

県 名	死 者(人)	全壊家屋(棟)	半壊家屋(棟)	非住家被害(棟)
新潟県	13	1443	5323	10546
山形県	9	650	840	2767
秋田県	4	18	65	3859
他 県	1	14	10	96
計	26	3125	6238	17268

地域が多かったことから，被害は一般に少なかったが，やや軟弱な地盤の所などは倒壊した木造家屋も少なくなかった．

b. 著しい地盤の変状に伴う被害　新潟地震の被災地域の沿岸線は，砂丘や砂質堆積層の多い地域であり，とくに河川の河口附近には砂質堆積層が多い．信濃川の河口域に発達した新潟市の市街地の大半は，日本海沿岸部の砂丘と信濃川沿岸の砂質堆積層上に立地している．このような地盤条件の地域では大規模な地滑り，地割れ，噴砂，陥没などの著しい地盤変状が生じ，砂質地盤の流動化現象を伴って建築物に種々の強制変形による著しい被害を生じた．

緩い砂質地盤上に建つRC造建物には転倒した建物をはじめ，著しい傾斜や，2mを越える沈下などの被害が多数に及んだ．これらの傾斜，沈下したRC造建物については詳細な調査が行われたが，一部の例外を除き，構造躯体の被害は軽微もしくは無被害のものが少なくなかった[1]．

また，著しい地盤変状をうけた鉄骨造や木造建物の被害状況は，不同沈下等の地盤変化による基礎部分の被害はRC造と共通するものの上部構造体や内外装の被害はRC造よりも著しいものがあり，全壊に近い被害が多くみられた．

(2) 建物の傾斜や沈下

新潟市内では地震により傾斜や沈下を生じた建物が続出した．被害建物の多くは市の中心部を流れる信濃川沿いに建つ建物であり，構造方法の別を問わず，被害がみられたがとくに重量の大きい鉄筋コンクリート（以下RC）造で3階もしくは4階建ての建物の被害は著しかった．このため，建設省建築研究所（現，独立法人建築研究所）は新潟市内のすべてのRC造建物（棟数は推計で1530棟）について傾斜と沈下の有無・程度を計測し，建物規模や支持方法などの資料とともにとりまとめて報告した[2]．**表-1.7.4～1.7.6**および**図-1.7.4, 1.7.5**はこの資料の分析結果である．

表-1.7.4は傾斜したRC造建物の棟数を示している．**表-1.7.4**では傾斜の程度の分類が傾斜角1°と2.5°でなされている．傾斜角1°は何ら補修をせずに使用できる限界，2.5°は床の張り替えを行えば心理的に耐えられる限界とされており，2.5°を越えると建物全体の建て起しが必要とされている．

表-1.7.4にみるように全棟数の20％を越える建物で何らかの傾斜または沈下を生じているが，その内の約55％では上部構造は無被害となっている．**表-1.7.6**には傾斜角1/10（5.7°）以上の被害建物例を示しているが，2棟は転倒に近く（**図-1.7.2, 1.7.3**参照），また9棟は5°以上傾いている．建て起しが望ましい建物は55棟（全体の3.6％）に及んでいる．

表-1.7.5には沈下した建物の棟数を示している．沈下量は最大値を記しているが，200cm以上のもの6棟をはじめ1530棟中140棟（9.2％）に達している．これらの中には一様に沈下したもの，一様な傾斜を伴って沈下したものの他に局部的な沈下を生じた建物も含まれている．後述のように局部的な沈下（不同沈下）を生じた建物では構造躯体の被害も大きくなっている．

図-1.7.4は個々の建物で観測された沈下量と傾斜角（いずれも最大値）の関係を示す．両者の間には比例関係など明確な相関性はなく，沈下のみまたは傾斜のみといった被害も少なくない．

図-1.7.5は傾斜や沈下のみられた建物の分布状

表-1.7.4　新潟市内の傾斜したRC造建物数[2]

傾斜角	上部構造		計(比[*1])
	被害有	被害無	
1°以下	92	107	199　(13.0)
1°～2.5°	37	49	86　(5.6)
2.5°以上	22	33	55　(3.6)
計	151(9.8)	189(12.4)	340　(22.2)

注）　*1　比は市内のRC建物の推定総数1530棟に対する百分率

表-1.7.5　新潟市内の沈下を生じたRC造建物数[2]

沈下量	棟数(総数に対する比:％)
50cm以下	56　(3.7)
50～100cm	35　(2.3)
100～150cm	26　(1.7)
150～200cm	17　(1.1)
200cm以上	6　(0.4)
計	140　(9.2)

表-1.7.6 著しい傾斜や沈下が認められた新潟市内のRC造建物の例[*1]

No.[*1]	建物名	所在地(地区)[*2]	構造[*3]・階数(地上/地下)・平面形[*4]	基礎・杭[*5]	沈下 (cm)	傾斜 (°)	構造体の被害度[*6]
1-2	ニューヒノマル	花園町1-5 (C)	F (3/1)	25×13	W-8.6		6.4°	A
1-28	清水商店	明石通り1-3 (C)	F (4/0)	8×7	BW-5.9	200	14.8°	A
1-50	子宝靴店	弁天町3-22 (C)	F (3/0)	11×9	W-7.5	300	9.3°	A
2-1	県営アパート1号棟	川岸町3-17 (C)	W (4/1)	38×7	直	190	5.7°	A
2-3	県営アパート3号棟	川岸町3-17 (C)	W (4/1)	38×7	直	152	50°	A
2-4	県営アパート4号棟	川岸町3-17 (C)	W (4/1)	38×7	直	300	70°	A
2-5	県営アパート8号棟	川岸町3-17 (C)	W (4/0)	39×6	直	105	9.0°	A
4-7	白山高校	1番通り (C)	F (4/1)	10×40	W-7.0	150	19.3°	A
5-46	佐藤商会	東町2-7 (C)	F (2/0)	9×14	?-5.7	170	4.8°	B
6-22	北陸鉱泉KK宿舎	下所島280-4 (C)	F (3/0)	23×6	直	250	7.3°	C

注)
- [*1] 本表の建物No.他資料は文献2)による.
- [*2] 図-1.7.3に示したゾーニングでCは被害の著しい地域.
- [*3] 構造のFはラーメン式,Wは壁式を示す.
- [*4] 平面形はEW方向の辺長×NS方向の辺長(m)で示す.
- [*5] 基礎種類はB(ベタ基礎)以外は独立基礎.
  杭種類は直(直接支持),W(木杭),?(不明),値は杭長(m).
- [*6] 構造体の被害度は表-1.7.6の分類によりA(無被害)〜D(大破).

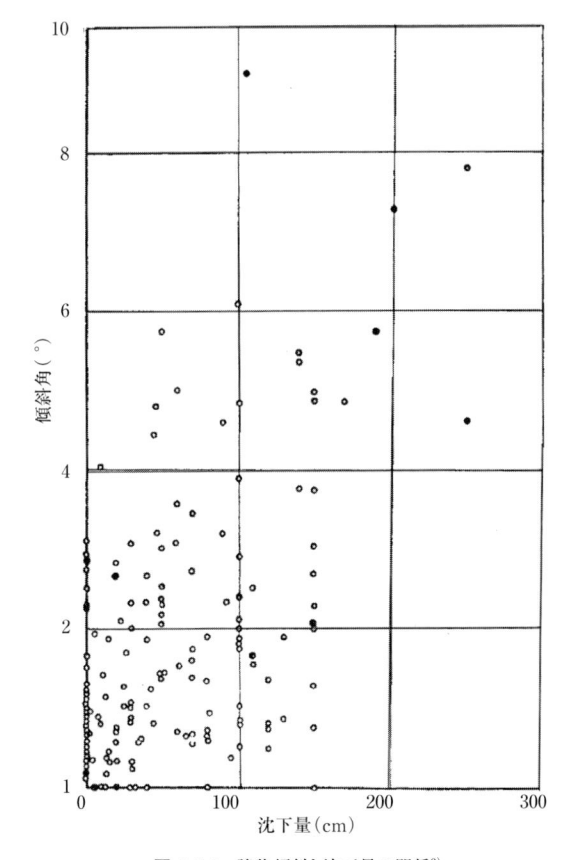

図-1.7.4 建物傾斜と沈下量の関係[2)]

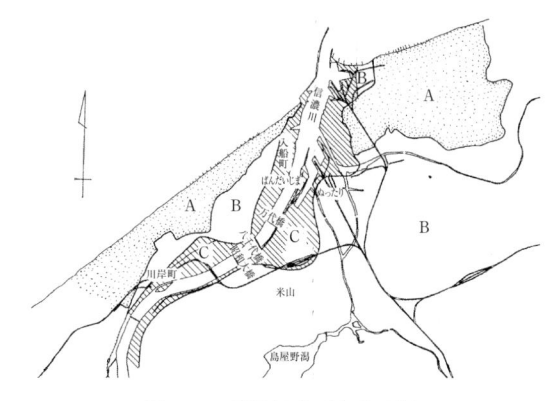

図-1.7.5 新潟市周辺地盤変更状況

態を地盤の地質調査結果から分類し,被害の著しい地域(C)と少ない地域(A)およびその中間地域(B)とに分類して示したものである[2)]. **表-1.7.4**および**表-1.7.5**に示した建物の大半はC地域(1部はB地域)に分布している.このC地域はかつて信濃川が蛇行していた旧河川敷であり,締まり具合のゆるい砂が分布している地域である.

表-1.7.6には大きな傾斜(傾斜角1/10 = 5.7°)がみられた建物を,建物の構造諸元や構造体の被害度とともに示した.この表から大きな傾斜を生

じた建物の共通事項として以下の事項が指摘できる．

① 建物階数は3階建または4階建である（10棟中9棟）．
② 建物の平面形は短辺長さ10m以下である（10棟中9棟）．
③ 建物の支持方法として支持杭はなく，すべて直接支持または長さ8m以下の摩擦杭支持である．
④ 沈下，傾斜共に大きい場合が多い（10棟中9棟）．
⑤ 構造躯体の被害は無被害のものが多い（10棟中8棟）．

すなわち，液状化による被害の平均像としては，比較的に短辺長さの短い3,4階建て建物でゆるい砂質地盤上に直接支持または摩擦杭支持された建物に，顕著な沈下を伴う傾斜の被害を生じたが，構造躯体は被害軽微なものが多かったと要約される．

（3） 構造躯体の被害

前項に記したようにRC造建物の場合，短辺長さが短い建物では建物が剛体状に沈下および傾斜を生じ，構造躯体としては無被害の建物が少なくなかった．これに対し，**図-1.7.5**のC地域に在る建物で，木造住宅もしくは平面的に長大な建物の場合には，沈下や傾斜が建物全体に一様に生じることなく，不同沈下が生じて，これが原因となって構造躯体に顕著な被害が生じた例が少なくない．こうした被害建物を被害型式別に分類して**図-1.7.6**に示した．図には地割れや噴砂などの地盤変状とその発生部位により構造体のひび割れなど被害状況に異なってくることが示されている[2]．

主 要 因	被害形式	推定作用力	構造被害の特色	被害建物例	
				建 物 名	主な被害状態
A地割れ等地盤の水平移動	1 両端移動型	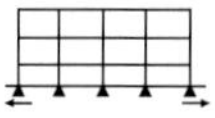	a柱せん断型 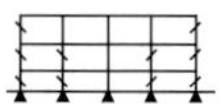	1-8 帝石ビル 2-38 県立高校体育館 4-40 済生会病院旧館	耐力壁（せん断亀裂） 柱（せん断亀裂）地中梁（引張亀裂） 柱（せん断亀裂）
			b水平材破断 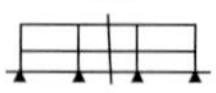	1-100 通信病院（1層部分） 3-7 丸肥運輸倉庫 4-55 豊照小学校体育館	床スラブ梁壁（引張亀裂） 梁，壁（引張亀裂） 屋根はトラス 梁，壁（引張亀裂）（同上）
B噴砂，地辷り不同沈下等地盤（杭）支持力の局部的減少	2 中央沈下型	 自重 支持力減少	a柱せん断型 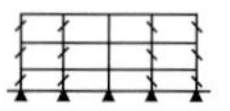	4-66 磯小学校B棟	柱，梁（せん断および曲げ亀裂）
			b下部が平材の破断 	4-70 大洋漁業新潟支店	地中梁，壁（破断）
	3 端部沈下型	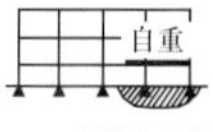 自重 支持力減少	a柱せん断型 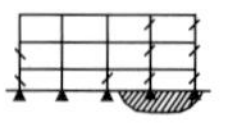	1-43 宮浦中学校A棟 4-41 新潟漁業協組倉庫 2-45 新潟鉄工小針アパート	柱（せん断亀裂） 柱梁（1部崩壊残余せん断亀裂） 壁（せん断亀裂）
			b上部水平材の破断 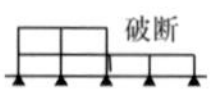	3-25 明治乳業新潟工場	梁壁，スラブ（破断）
	4 捩れ型	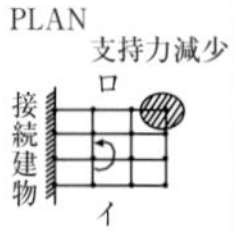 PLAN 支持力減少 接続建物	イ面と口面で亀裂の方向が異なる 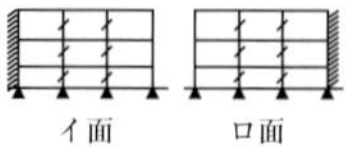	1-43 宮浦中学校C棟 2-20 家裁判所 4-55 豊照小学校 4-7 白山小学校	柱（せん断亀裂） 柱，梁（せん断亀裂） 柱壁梁，床スラブ（せん断亀裂） 柱，梁（せん断亀裂）

図-1.7.6 構造被害形式

被害原因となる地割れの幅が大きい場合や噴砂の範囲が広い場合には構造体の損傷も非常に著しい．図-1.7.8および図-1.7.9に示した県立新潟高校体育館の場合，建物の直下に幅の広い地割れの発生により1階柱脚部が外側に広げられた結果，写真のような顕著なひび割れが発生したものと推定されている．また，図-1.7.6に記した新潟通信病院の場合には帯状に噴砂が発生し，平家建築物の屋根スラブに幅1cmを越える4～5本のひび割れが貫通した．

また，局地的に生じた噴砂によりその部分に地盤沈下が生じて，建物に図-1.7.6のように種々のタイプの不同沈下が生じた例が多かった．これに伴って柱や壁に図-1.7.8のような特定の傾向をもつひび割れが発生した建物が多くみられた．

表-1.7.8はこのような地表部の変状と構造体の被害との相関を，新潟市内のRC造建物について調べた結果について示している[2]．表に示すように上部，下部（基礎）共に被害が殆んどみられなかった130棟を除けば，約1500棟中約330棟（22％）の建物で何らかの被害が確認されている．しかし，この内の約半数（160棟）は上部構造の被害はなく下部構造のみの被害となっているのに対し，その反面，下部構造に被害はなく上部構造のみに被害を生じた建物は53棟（330棟の16％）にとどまっている．

1.7.5　地震被害の復旧など

（1）　砂質地盤における建物の基礎設計

新潟地震による建築物の被害の大半が砂質地盤の変状によるものであったことから，新築建物の基礎の設計に関する当面の対策として，以下の諸事項が建築研究所から災害対策本部長（建設大臣）に答申され各行政庁に通知された．

① 直接基礎は軽量かつ小規模の建物を除き，N値が5以下で地下水位以深にある砂質層上に設けてはならない．ただし，適切な地盤改良工法を適用してその効果が確認された場合を除く．

② 杭基礎の場合，杭の先端はN値15以上（で

図-1.7.7　不同沈下によって生じた新潟済生会病院の新館と旧館の隙間

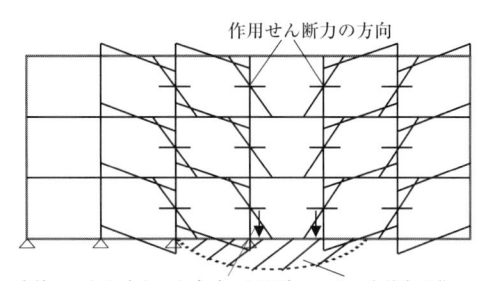

図-1.7.8　中央部沈下による各部応力状態

図-1.7.9　新潟県立高校体育館の1階柱に生じたつなぎ梁の伸びを伴った著しいひび割れ

表-1.7.7　新潟市内のRC造建物の基礎構造と上部構造の被害度別棟数[2]

		下部構造の被害度				計
		A	B	C	D	
上の部被構害造度	A	130	50	49	61	290(19.0)
	B	45	26	33	26	130(8.5)
	C	5	8	7	8	28(1.8)
	D	3	3	6	4	16(1.0)
計		183(12.0)	87(5.7)	95(6.2)	99(6.5)	464(30.3)

注）　*1　下部構造の被害度は表-1.7.4の傾斜と表-1.7.5の沈下の内の著しい方のランク．
　　　*2　上部構造の被害度は表-1.7.8の分類による．
　　　*3　（　）内の数値は新潟市内のRC造建物の推定棟数1530棟に対する比．

表-1.7.8　構造体の被害度の分類[2]

記号	被害の程度
A	無被害，または放置しても差支えない程度のもの
B	構造上または使用上の支障が軽微であるが修理を必要とするもの
C	かなりの部分に構造上または使用上の支障を生じたもの
D	きわめて大規模な修理を必要とするもの

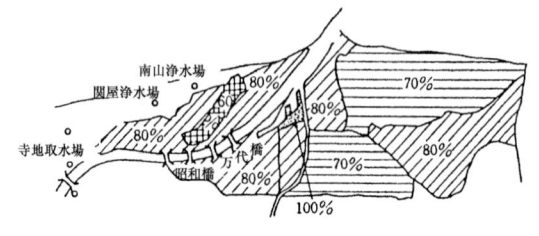

図-1.7.10　新潟地震被害図S.39（％：管路被災率）

きれば20以上）の地層に到達させること．
③　基礎底面の根入深さはなるべく深くし，杭頭は基礎スラブに十分埋め込んで定着する．また，杭に継手を設ける場合，継手は溶接，またはボルトによる継手とする．

(2)　地震後に確認されたコンクリート支持杭の折損

地震による地変で，顕著な沈下や傾斜を生じた建物は調査した範囲内では地盤による直接支持または摩擦杭による建物で，支持杭によって支持された建物は沈下や傾斜も著しくなく，地震直後には安全と判断された．しかし，その後20年以上経過して，被災したRC造建物の建て替え事例がみられるようになり，複数の建物で，多数の支持杭の折損が確認された．長さ13.5mのRCパイル300φが用いられたNHK新潟放送会館（RC造2階建一部3階建）では地震により生じた傾斜は0.8°にとどまっていたが，全数73本の杭の引抜き調査の結果，大多数の杭が地表面下2.0m～10.0mの間で1～2か所で折れていることが確認されている[4]．1995年の兵庫県南部地震では，地震直後の調査で，海沿いに建つ建物の支持杭に砂質地盤の液状化による杭の折損が多数確認されており，この種の被害の確認が必要であることを示している[5]．

(3)　傾斜，沈下した建物の復旧[1]

新潟地震では著しい傾斜や沈下を生じながら，構造躯体の被害が軽微にとどまった建物が多発したため，これらの復旧工事の技術指導が日本建築学会によって行われた[1]．主な復旧工法としては基礎杭または1階（場合により地階）部の柱を切断して嵩上げし，杭や柱を継ぐという方法が採用されたが，復旧工事費用は，傾斜や沈下の程度にやや依存するもののおおむね建て替え新築する費用の40～60％以上に達する例が多くみられた．

なお，これらの被害程度と復旧費用との関係の分析結果はその後まとめられた被災建物の被害度判定基準の根拠として参照されている[6]．

(4)　水道網の被害と復旧[7]

新潟地震では水道施設に大きな被害が生じた．この内，取水施設や浄水施設などのRC造構造物や配水池など主要構造物の構造被害は一般のRC

造建物と同様に軽微であった．これに対し，配水管を中心とする管路施設は**図-1.7.1**に示すように市内到る所で寸断され，管路総延長470kmの約70％，330kmで配水不能となった．この復旧に際しては5.5ヵ月を要している．復旧に際しては，重要な施設や管路は単一系から複数系に変えるとともに，これに伴って1955年以前に建設された施設や管路については廃止し，改めて新設するなど全面的な耐震対策が講じられた．この耐震対策をもりこんだ復旧計画はその後，日本各地の水道事業の改善に貴重な資料となった[7]．

1.7.6 むすび

1964年新潟地震による建築物の被害状況の概要を記すとともに，わが国における建築物の耐震設計上の位置付けについて簡単にふれた．要旨は以下の通りである．

① 強震計による加速度記録が初めて得られた．その記録によれば地表面での地震動強度はおおむね200gal程度と推定される．

② このため，建築物の振動による構造被害は一般的に軽微であったが，新潟市内をはじめ，砂質地盤に液状化を中心とする大規模な地盤変状が生じ，多数の建築物に著しい沈下や傾斜が生じた．

③ 地震による建築物の被害は，新潟市の場合，信濃川流域に集中しており1°以上の傾斜を生じたRC造建物は約140棟で全RC造建物の約10％弱，また，50cm以上の沈下を生じたRC造建物は約80棟（同5.5％）に及んだ．これらの被災建物の多くは日本建築学会の指導により復旧された．

④ 地震動が小さく，また建築物の構造被害が軽微であったことから，設計用地震荷重や耐震設計手法の見直しは行われなかった．

⑤ この地震を契機に砂質地盤の液状化に関する研究が進み，その成果は日本建築学会の関連規準の改訂にもりこまれた．

⑥ 傾斜または沈下建物の復旧に関する費用の分析結果などから，この種の被害の被災度の判定基準が策定された．

◎参考文献

1) 日本建築学会：震害建物復旧の記録—新潟地震で被災した鉄筋コンクリート造建物—(1966).
2) 建設省建築研究所：新潟地震による建築物の被害—とくに新潟市における鉄筋コンクリート造建物の被害について—，建築研究報告No.42(1965).
3) 日本建築学会：新潟地震災害調査報告(1964).
4) 河村壮一他：20年後の発掘で分かった液状化による杭の被害，日経アーキテクチュア，1985年7月21日号(1985).
5) 飯場正紀：液状化による建築物基礎の被害，建設省建築研究所1991年度春季講演会資料(1991).
6) 建築研究振興協会：建築物の震災復旧技術マニュアル（案）(1986).
7) 武田光夫：甦った新潟市の水道－震災の教訓－，水道協会雑誌(1980).

1.8 十勝沖地震と鉄筋コンクリート造建物（1968年）

2000年12月号

岡田　恒男
芝浦工業大学工学部・日本建築防災協会

1.8.1 まえがき

1981年濃尾地震による災害が耐震工学研究の，また，1923年関東大震災が耐震設計規準導入のきっかけとなったように，1968年十勝沖地震による被害，とくに，当時の耐震規準により耐震設計された鉄筋コンクリート造（以下，RC造と略記）建物の被害は，その後の耐震工学の発展に非常に強いインパクトを与えた出来事であった．耐震工学の研究者として駆け出しであった筆者にとっても，極論すれば一生の研究生活の方向が定まったと感じたほどの地震被害であった．この地震による被害の報告，被害原因究明のための分析，解析，実験などは多く発表されているが，あらためてこの地震被害を振り返り整理してみたい．

1.8.2 地震気象

気象庁によれば，地震が発生したのは，1968年5月16日午前9時45分過ぎ，震源は，青森県八戸市東方約180km，北海道襟裳岬南方約160km，深さ約20kmで，規模は$M=7.8$であった．震央位置および，気象庁発表の各地の震度は図-1.8.1に示したとおりである．震度は苫小牧のⅥが最大で，被害の大きかった青森県および北海道の太平洋沿岸のいくつかの市・町でⅤであったが，現地調査を行った際の印象では八戸市の一部などでは震度Ⅵ相当の被害であった．

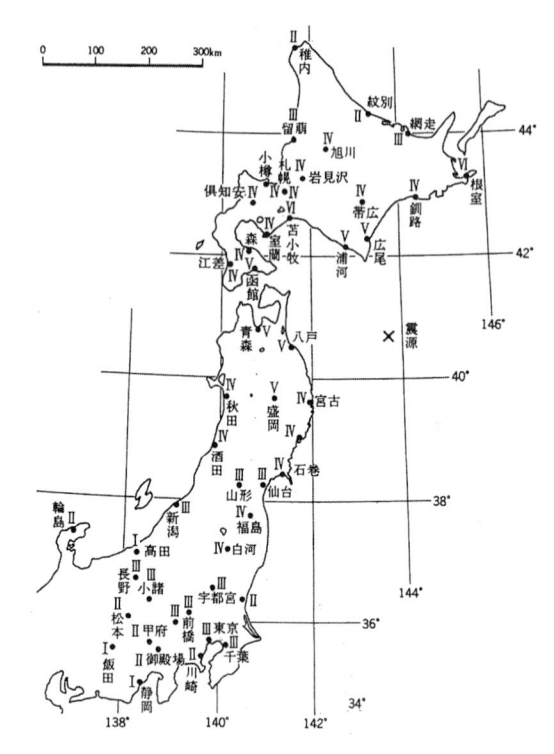

図-1.8.1　1968年十勝沖地震震央および各地の震度[1]

1.8.3 強震記録

十勝沖地震で特筆されることの一つは，多くの強震記録が採取されたことである．文献1)によれば，北海道地区には19台，東方地方には32台の強震計が設置されており，本震，余震合せて17個の50gal以上の加速度が記録されたとされている．わが国における強震計の設置は1950年初頭から開始され，1964年新潟地震の際にもいくつかの記録が採取されているが，これだけの数の強震記録が採取されたのは初めてのことであった．しかしながら，被害の激しかった地区での記録は，運輸省港湾技術研究所が八戸港湾に設置していた強震計の記録が唯一のものであった．図-1.8.2に応答加速度スペクトルの例を示したが，中・低層建物では弾性応答が1Gを超える可能性が示された．

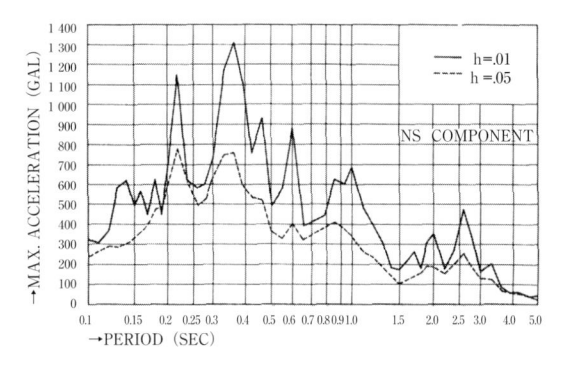

図-1.8.2 1968年十勝沖地震 八戸港湾強震記録応答

1.8.4 被害状況

人的被害は，死者48名，行方不明4名，負傷者329名であった．建物被害は，全壊棟数676，半壊棟数2944，一部破損棟数1万5483であった．

被害建物でとくに目立ったのは，1960年代に建設された（建築後10年以内）低層のRC造公共建物の被害であった．RC造建物の被害の特徴は，柱，とくに，短柱のせん断破壊に起因した場合が多く，長柱の場合も柱頭，柱脚部での曲げ・せん断破壊を生じたものが多い．文献1)によれば，大破以上の被害を受けたものは15棟とされているが，以下に，代表的な大破建物の被害の概要を示す．

① 八戸高専：1963～1967年の建設の地上3階のRC造校舎群（校舎3棟とそれらの連絡棟）．桁行き方向（耐震壁のほとんど無い方向）の短柱の多くがせん断破壊した（図-1.8.3）．

② 八戸市役所：1960年建設のRC地上4階，地下1階，5層ペントハウス付きの庁舎．一部の柱，壁がせん断破壊し，ペントハウスの最上階が倒壊，落下した（図-1.8.4）．

③ 八戸図書館：1961年建設のRC造平屋建て．桁行き方向に耐震壁が偏心配置されていたので，建物全体として平面的なねじれ振動破壊した．耐震壁にはせん断きれつが生じ，柱（長柱）の柱頭，柱脚部が曲げせん断破壊した（図-1.8.5，-1.8.6）．

④ 八戸東高：1963年建設のRC3階建て．基礎梁と基礎フーチングの間の短柱部分がせん断破壊した．

⑤ 三沢商高：1964年建設の地上3階のRC造校舎．短柱が桁行き方向にせん断破壊した．

⑥ むつ市役所：1962年建設の地上3階の庁舎．3階の一部の柱が崩壊し，屋根スラブが沈下した（図-1.8.7）．

⑦ 上北農協：1965年建設のRC3階建て．1階の柱がせん断破壊した．

⑧ 野辺地消防署望楼：1967年建設のRC2階建て庁舎に5層の望楼が付属．望楼の脚部が破壊した．

⑨ 函館大学：1964～1966年建設の地上4階のRC造校舎．一階が破壊した（図-1.8.8）．

1.8.5 被害の原因と得られた教訓

地震直後から，多くの研究機関により被害の詳細とともに，被害原因についての調査が行われている．文献1)は被害調査を主体としているが，個別建物の被害原因について触れられている箇所も多い．文献2)には，日本建築学会論文報告集に発表された十勝沖地震関係の21編の論文と8編の討論が収録されているので参考となる．文献3)は壁率ならびに柱率と被害との関係を調査したもので，壁の少ない建物ほど被害が大きい事を被害建物のみならず無被害建物の調査結果も含めて実

図-1.8.3 八戸高専短柱のせん断破壊[1]

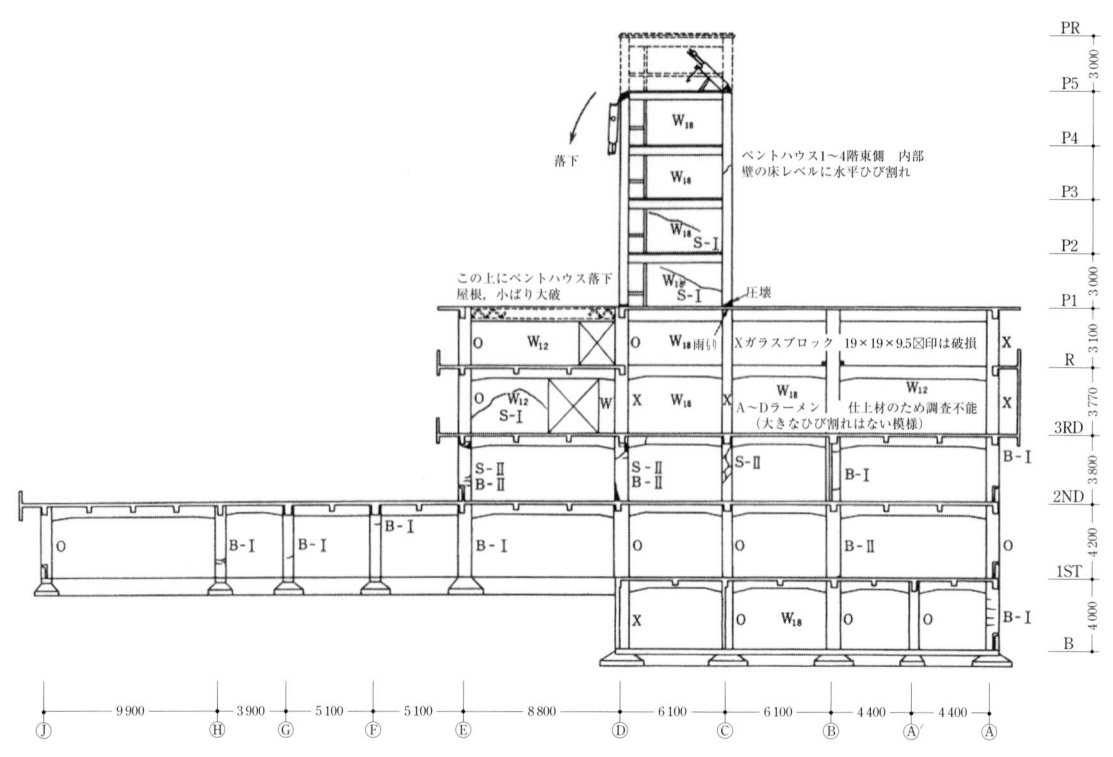

図-1.8.4 八戸市役所被害図[1]

証的に示した論文である．また，これらの調査結果に基づき，十勝沖地震での被害の状況と原因をマクロにとらえたのが文献4），文献5）ならびに，文献6）である．

ここでは，これらの文献に基づき十勝沖地震で得られた教訓を取りまとめた例を3つ紹介しておく．

(1) 剛性，強度，靱性と応答変位[4]

図-1.8.9は，RC造建物が水平地震力を受けたときの水平力—変位関係を模式化したものである[4]．ここでは建物の性質が強度と剛性ならびに変形限界により4種類に分類されている．図で，Ⅰ，Ⅱ，Ⅲは鉄筋コンクリート建物の場合である．また，印は地震時の予想応答変位，×印は変形限界である．

Ⅰに分類される建物は剛性の非常に高い建物で，壁の多い建物では通常，設計震度0.2で設計されているにもかかわらず終局強度が非常に高いので被害が少ない．しかし，この種の建物あるいはⅡに分類される建物で強度あるいは変形限界が中途半端な建物の場合には破線で示したように，設計震度より強度が高くても，十勝沖地震時の激震地での入力震度には耐えられず大被害を生じた．文献2），文献3）などによれば，短柱の多い建物（先に述べた被害建物では，八戸高専，八戸市役所，八戸東高など）が代表的な例で，終局強度が設計震度の2倍以上ある建物でも大破している．

Ⅲは壁の少ないラーメン構造で，終局強度は設計震度に比べてあまり高くない．もし，変形限界（×印）が予想応答変位（印）より大きければ破壊には至らないはずであるが，大破建物（八戸図書館，むつ市役所，函館大学など）では靱性に乏しく，変形限界と応答変位との関係が逆転して被害を受けたものと考えられている．

Ⅳは参考までに超高層建物を想定し記入したもので，丁度この年にわが国はじめての超高層建物である霞ヶ関ビルが完成している．

(2) 壁量，柱量と強度，被害[3,6]

図-1.8.10は，壁量，柱量と被害の関係を示し

た文献3)のいわゆる志賀マップに，文献6)の第一次診断法によるIs値の推定値を重ね合せることにより壁量，柱量と強度，被害との関係を解釈しようとしたものである．すなわち，志賀マップによれば，被害は横軸が小さく，縦軸が大きいゾーンの建物，すなわち，壁量が少なく柱量の小さい建物に生じていることを示している．一方，図中に左下がりに記入されている曲線は，文献6)の第一次診断法によるIs値の推定値，すなわち，終局強度の概算値で，図の左上ほどIs値が低いことを示しており，志賀マップに示された被害建物ゾーンは終局強度の低いゾーンであったと解釈できよう．

(3) 破壊形式と耐震設計の考え方[5]

図-1.8.11は，上記，図-1.8.9および図-1.8.10で得られた結果を参考にしながら，破壊形式に応じて建物に要求される終局強度ならびに設計の考え方を筆者が整理したもので文献5)に示されているものである．すなわち，横軸には建物が曲げ破壊するとした時の終局強度が，縦軸にはせん断破壊するとした時の終局強度が，いずれも一階のせん断力係数で示されている．この図上に建物の曲げ強度とせん断強度をプロットすれば，45°線より上部に位置する建物は曲げ破壊形（原図では曲げ降伏形）で，下部はせん断破壊形であると分類できる．

せん断破壊形の建物の場合には，**図-1.8.9**，および，**図-1.8.10**の結果からもかなり高い強度がなければ地震時に被害が予想されるので，このときに必要とされる強度を（CE）とし，この強度

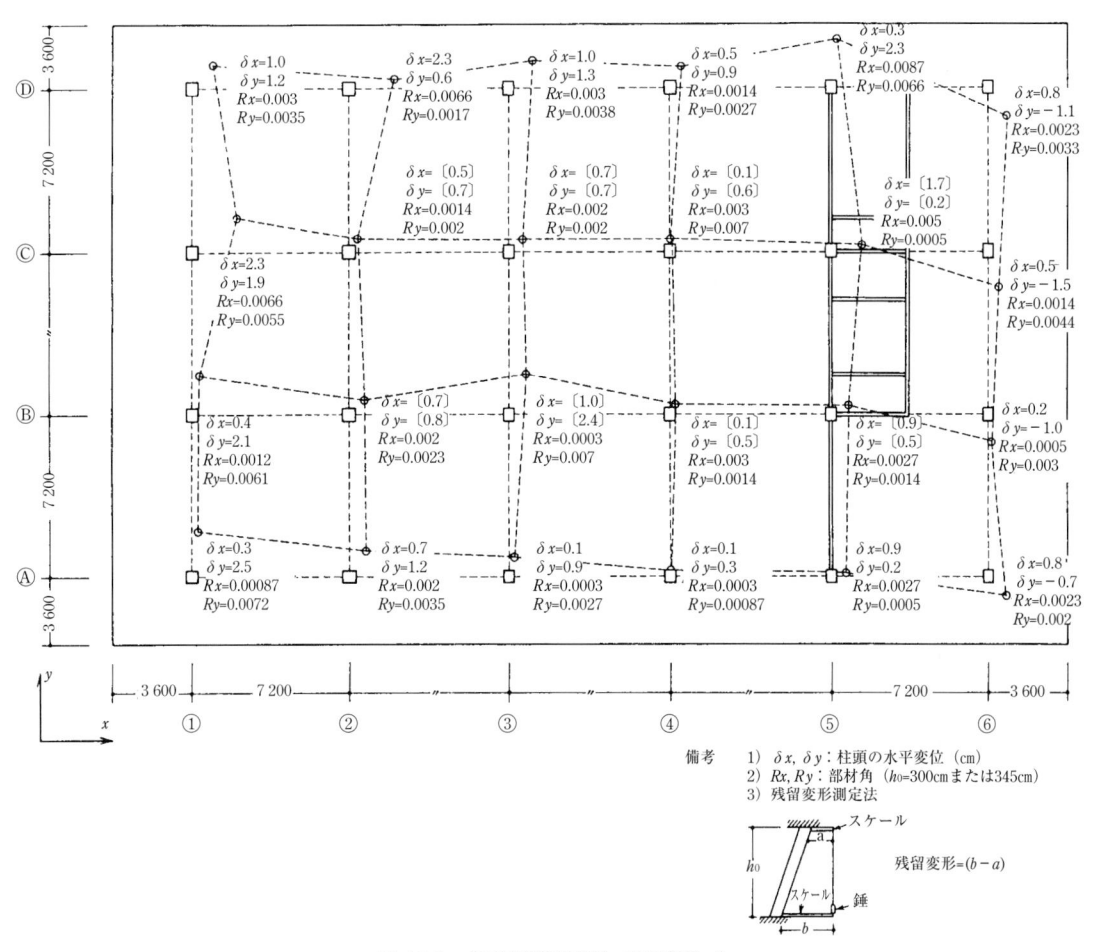

図-1.8.5 八戸図書館被害図—残留変形—[1]

図-1.8.6 八戸図書館柱曲げ・せん断破壊[1]

図-1.8.7 むつ市役所3階被害[1]

図-1.8.8 函館大学校舎被害[1]

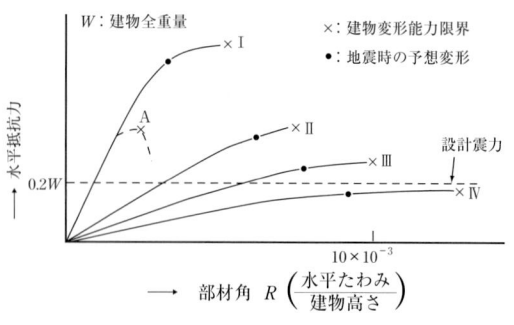

図-1.8.9 建物の強度と靭性[1]

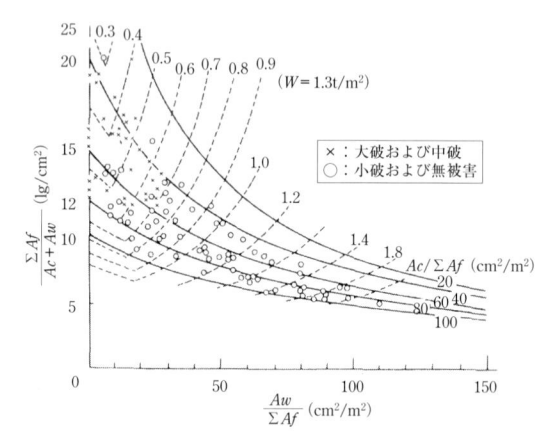

図-1.8.10 志賀マップと第一次耐震診断Is値[6]

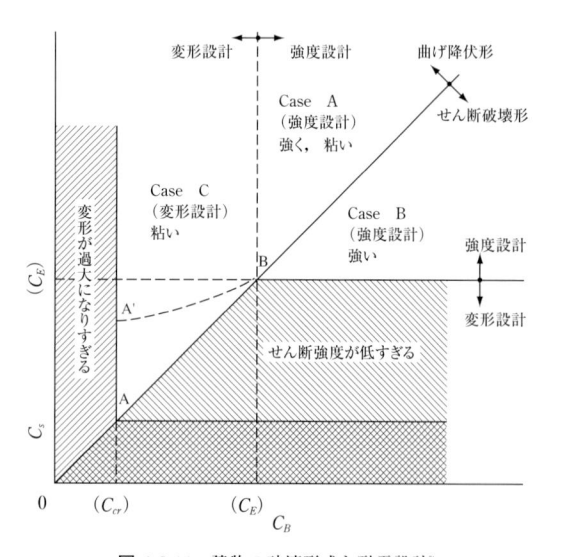

図-1.8.11 建物の破壊形式と耐震設計[5]

に満たないゾーンを斜線で示し，「せん断強度が低すぎる」と記入している．

曲げ破壊形の場合には靭性が期待できるので強度はせん断破壊形の場合より低くても良いが，あまり低いと地震時の変形が過大になりすぎるので限界が必要であろう．図ではこの限界を（C_{cr}）とし，被害が予測されるゾーンを斜線で示している．さらに破壊形式には無関係に強度がC_E以上の範囲を強度設計のゾーン，それ以外を変形設計のゾーンとしている．また，変形設計のゾーンでは大変形時の曲げ・せん断破壊を避けるために，図中のA－B線をA′－B線のようにせん断破壊に対して安全側に移動させることも考慮すべきであるとしている．

図-1.8.12は，いくつかの仮定に基づき**図-1.8.11**を定量化し，さらに，十勝沖地震での被害および無被害建物の性質を予測しながらプロットしたものである．仮定条件などの詳細はここでは省略するが，十勝沖地震での被害・無被害建物の分類がある程度できること，破壊形式を考慮した耐震設計の必要性などが示されている．

1.8.6 耐震設計，耐震診断への反映

以上，概要を述べたように十勝沖地震によるRC造建物の被害は，一律に設計震度0.2に対する許容応力度設計（強度設計）という当時の耐震設計法に大きな警鐘を鳴らした．これを受けて，建築基準法施行令の一部改正が，柱の帯筋規定を強化することを主眼として1970年に改定され，日本建築学会の鉄筋コンクリート造計算規準も柱のせん断破壊を防止し靭性を高めることを目的とした改訂が行われた．さらに，1981年には，建物の靭性に応じて水平力に対する終局強度を建物に保有させる，いわゆる，新耐震設計法が建築基準法施行令に採用されることとなった．

また，これらの動きと並行して既存建物の耐震診断・耐震補強の研究開発も促進され，1977年には，建物の終局強度と靭性とを組み合わせて耐震性能を一つの指標で評価する「既存鉄筋コンクリート造建築物の耐震診断基準，耐震改修設計指針・同解説」が刊行された．

◎参考文献

1) 日本建築学会 編：1968年十勝沖地震災害調査報告書(1968.12).
2) 日本建築学会 編：1968年十勝沖地震調査研究論文集(1971.09).
3) 志賀敏男，柴田明徳，高橋純一：鉄筋コンクリート造建物の震害と壁率，日本建築学会東北支部研究報告，No.12(1968).
4) 日本建築学会：鉄筋コンクリート構造計算規準(1971).
5) 梅村魁編 著：鉄筋コンクリート建物の動的耐震設計法，技報堂出版(1973.08).
6) 日本建築防災協会：既存鉄筋コンクリート造建築物の耐震診断基準・同解説(1977(初版))，(1990(改訂)).

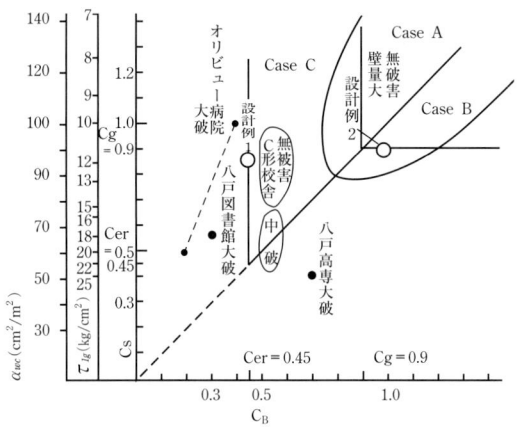

図-1.8.12 建物の破壊形式と被害

1.9 宮城県沖地震とその被害（1978年）

2000年4月号

柴 田 明 徳
東北文化学園大学科学技術学部

1.9.1 はじめに

1978（昭和53）年6月12日に仙台を直撃した宮城県沖地震（マグニチュード $M=7.4$）は，建築物や土木構造物に大きな被害を与えるとともに，ガス，電気，水道，通信，交通などの都市機能にさまざまな障害をもたらした"都市直撃型"の地震であった．宮城県での死者は27人，負傷者1万1 000人を数えた．死者のうち19人はブロック塀，石塀などの倒壊によるものである．

宮城県沖地震の被害は地震工学，耐震工学，都市防災のさまざまな面で大きな影響を与えた．この地震の10年前に起った1968（昭和43）年十勝沖地震が建築構造の分野に与えた衝撃はきわめて大きく，耐震工学研究の急速な発展をもたらしたが，宮城県沖地震はその成果を検証し，実際へ応用するきっかけを与えたと言えよう．

なお，仙台に大被害をもたらした6月12日地震の4ヵ月前に2月27日宮城県沖地震（マグニチュード $M=6.8$）が起り，宮城県北部と岩手県南部の内陸部でRC建物の被害が生じ，仙台市内でガラス割れが多発した．この地震は全国的に取り上げられることはなかったが，強震動や被害に関して重要な知見を与える地震である．

本稿では，宮城県沖地震の被害とそれが地震防災技術に与えたさまざまな影響について考えてみる．

1.9.2 強震記録

宮城県沖地震では宮城県および東北地域で多くの強震記録が得られた．仙台市中心部の強震計による地盤最大加速度は2月の地震で100〜170gal程度，6月の地震で250〜440gal程度であった．

図-1.9.1は，6月宮城県沖地震で得られた東北大学工学部建設系研究棟（SRC造9階建て）の1階と9階における南北梁間方向の記録である．

1階の最大加速度は258gal，9階は1 040galを示している．建物の応答で1G以上の記録が得られたのはこれが世界最初であろう．構造的には軽微な被害であったが，ガラス割れや家具の転倒などの被害は大きかった．

この建物について，柱，梁，壁などの各部材ごとの弾塑性特性を考慮した骨組モデルにより地震応答解析が行われた．図-1.9.1の実線が観測結果，点線が応答結果であるが，観測と解析の結果はおおむね一致しており，大きくゆれて非線形に入り周期が伸びてゆく様子が解析でよくシミュレートされていることがわかる．図-1.9.2はこの解析に用いられた弾塑性部材モデル，図-1.9.3は梁間耐震コア構面の部材塑性率を示したものである．弾塑性応答解析が実際建物に強い地震が作用した時の応答性状をよく表せることを立証した例である．

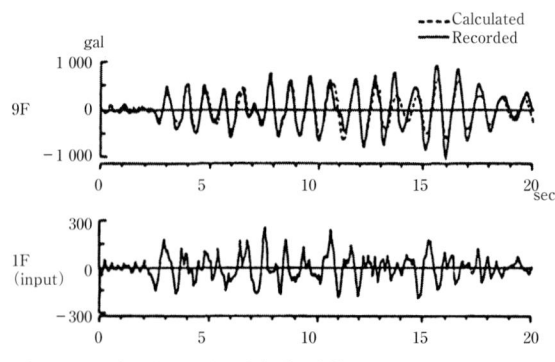

図-1.9.1 東北大学工学部建設系研究棟1階および9階の強震記録

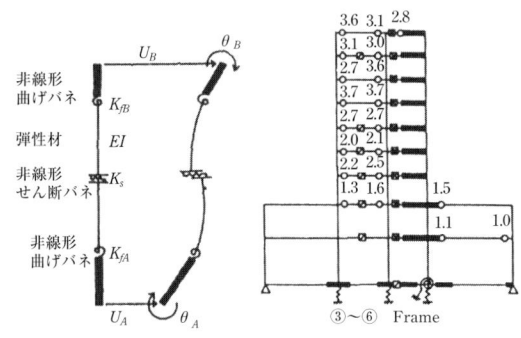

図-1.9.2 弾塑性部材モデル　　図-1.9.3 骨組の応答塑性率

1.9.3 建物の被害
(1) 2月宮城県地震

2月の宮城県沖地震では宮城県北部と岩手県南部で低層RC建物に十勝沖地震と良く似た建物被害が生じた．ただちにいくつかの建物に対して補修・補強が行われたが，これが6月の地震でも強い地動をうけ，震災対策上興味ある事例を提供することとなった．例えば，宮城県石越公民館（RC造2階建て）は2月の地震で柱，壁に顕著なせん断破壊が生じ，東北工大阿部良洋博士の指導により耐震壁を増設して復旧されたが，6月の地震では無被害であった．

2月の地震による建物のガラス被害は岩手県から福島県までのかなり広い範囲にわたって生じた．ガラス割れが20枚以上の建物は全体で約40棟あり，その約半分が仙台市とその周辺である．被害を受けたガラス窓の大部分ははめころしパテ止めで，ガスケット，シーリング材のガラス窓はほとんど無被害であった．

仙台市内でもっとも顕著なガラス被害を生じた仙台富士ビル（SRC造8階建て）では148枚のガラスが割れ，破片が目抜き通りの歩道に降ったが，幸い怪我人はなかった．都市に潜む災害の危険性が露呈した例である．

また，建物ではないが，当時建設中だった東北新幹線の高架橋のシューが破損し，RC桁がかなりの長区間にわたってずれるという被害が生じた．開業後だったらたいへんなことであった．

2月地震は志賀敏男博士の言を借りれば「自然が手心を加えながら行ってくれた耐震診断」と言えよう．

(2) 6月宮城県沖地震

6月の地震におけるRC造の被害は崩壊が5棟，大破が10棟余で，いずれも壁が少なく，柱に粘りのない低層建物であった．また，被害を大きくした要因として，ピロティ構造と耐震壁配置の偏り（偏心）が指摘される．

図-1.9.4は仙台市卸町のRC造3階建ての事務所ビルの倒壊で，1階が4本の柱からなるピロティ構造である．

被害建物のほとんどは1971（昭和46）年のRC規準改定以前のものであったが，その中で泉高校（RC造3階建て）は改定後の規準によるもので，柱帯筋間隔が10cmの設計であったが，図-1.9.5のようなきびしい被害を受けた．柱のコンクリートはせん断破壊しているが，帯筋のおかげで軸縮みはあまりみられない．

また，規準改定以前の粗い帯筋間隔の柱をもつ図南高校（RC3階建て）の被害を図-1.9.6に示す．軸方向の変形が大きく，軸力保持が難しい様子がわかる．その後，泉高校は耐震壁を増設して補修・補強が行われ，図南高校は取り壊しとなった．泉高校の被害は帯筋の効果により柱の軸力保持能力が大きく増すことを示した貴重な実例と言える．せん断破壊した後軸力を保持できない柱は，RC建物の耐震診断基準では第2種構造要素と呼ばれて特別な注意が必要になっている．

また，6月宮城県沖地震の際には，個々の建物の被害調査とともに，ある区域内全体の建物全部を被害，無被害にかかわらず調べるという全数被害調査がさまざまなグループにより行われたことが大きな特色である．建物群の全数被害調査を行って，建物被害率を詳しく調べることはそれまでの震害調査ではほとんど行われていなかった．

とくに，東北大と東北工大のグループは，被害が集中的に生じた仙台市卸町団地のRC造建物を対象とした全数調査を綿密に行い，興味ある成果を得た．たまたま，卸商団地の事務局にほとんど

の建物の設計図書が保存されていたので，これをお借りして，それぞれの建物の耐震性能と被害の関係，耐震性能指標のばらつきなどについて，これまでになかった研究を行うことが出来た．

卸商団地は，仙台駅の東方約4kmにある敷地約55万m²の計画商業団地であり，1966年より団地の造成が開始されたもので，1970年頃に建設のピークを迎え，1973年頃にはほぼ完成している．

敷地のほとんどが沖積扇状地にあり，完成前は湿田であった．団地内の建物283棟のうちRC造は193棟（68％）であり，その被害程度の内訳は無被害75.6％，小破15.5％，中破4.7％，大破2.6％，全壊1.6％であった．建物の設計図から柱・壁量に基づく耐震性能指標を算出して団地内の建物群の耐震性能分布を推定し，地震力の確率的特性も考慮して建物被害率の予測を行い，実際の被害率と比較した所，両者は良く一致した．小野瀬順一博士によるRC造低層建物の耐震性能の確率分布を図-1.9.7に示す．

この図はRC造2階建て，3階建て，6階建てのそれぞれについて，志賀敏男博士の柱・壁量による終局せん断力係数で表した耐震指標の確率分布を対数正規分布でモデル化したもので，縦軸は確率密度関数，横軸は耐震性能指標である．階数が多いほど平均の終局せん断力係数は低くなること，ばらつきは変動係数にしていづれも0.4程度であること，などがわかる

図-1.9.4　ピロティ建物の倒壊

図-1.9.5　泉高校の柱被害

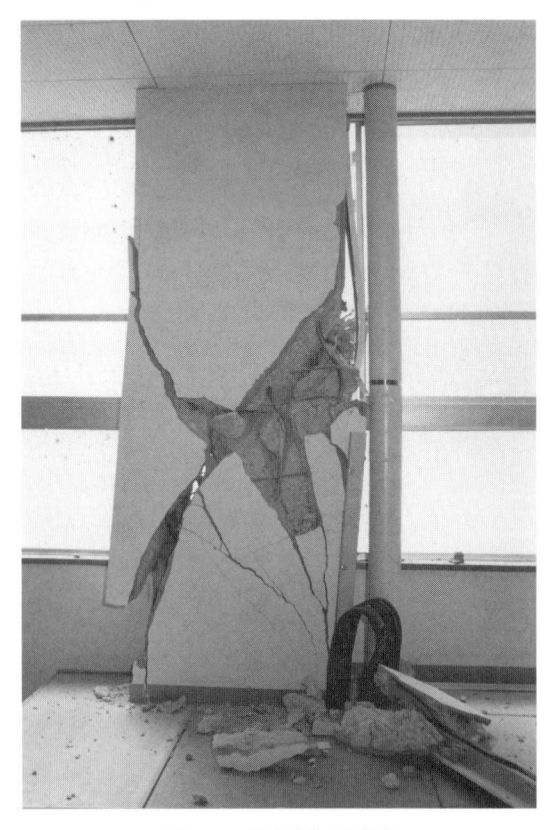

図-1.9.6　図南高校の柱被害

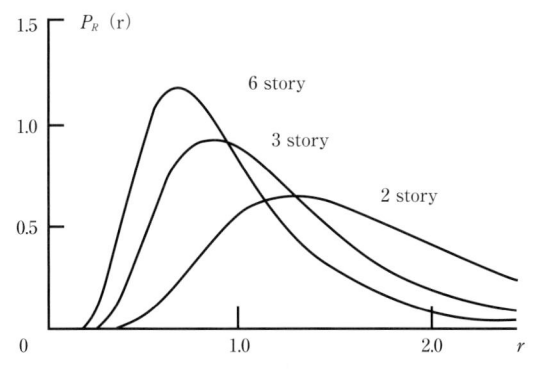

図-1.9.7　RC造建物の耐震性能の確率分布モデル

その後，東北工大の阿部良洋博士等の調査により6月宮城県沖地震による仙台の他地区の被害率も明らかになった．硬い洪積地盤上の上杉地区，軟弱な沖積地盤上の卸町地区，複雑な沖積地盤上の長町地区の3地域におけるRC造建物の被害率を被害レベルごとに示したのが図-1.9.8である．中破（レベルⅡ）以上の被害は上杉で3.4％，卸町で8.9％，長町で10.2％，大破（レベルⅢ）以上の被害は上杉で0，卸町で4.2％，長町で5.1％となり，あきらかに沖積地盤での被害が大きいことが定量的に示された．

また，6月宮城県沖地震で始めて注目されたことの一つに，基礎杭の被害がある．仙台市長町のSRC造11階建てアパートでは基礎杭の頭部が圧壊し，1/100の傾きが生じた．志賀敏男博士の指導で当時山下設計仙台支社の小堀好之氏が復旧計画に取り組まれ，まず戸境壁の下にRCピアを設けて建物を支え，基礎下を砂礫層まで掘削して直接基礎を新設し，建物をジャッキでもち上げて水平にし，基礎上部と新設基礎梁を打設する，という手順で復旧が行われた．仙台市営の共同住宅であったが，完成後の売れ行きは良く，完売だったとのことである．杭基礎の被害は1995年兵庫県南部地震でも多数現れており，基礎構造の耐震設計は今後のきわめて重要な課題と言えよう．

また，造成宅地の被害も著しいものがあり，仙台市緑ヶ丘や白石市寿山で大規模な地滑り被害が生じ，建物にも被害が生じた．この後宅地造成の規制が強化され，さまざまな行政的指導が行われるようになった．

1.9.4　宮城県沖地震と地震防災技術

宮城県沖地震は，その10年前に起った十勝沖地震をきっかけに始まった耐震工学，地震工学における研究，技術開発の急速な発展を更に推し進めると同時に，まったく新たな課題をわれわれに指し示した．以下では，それらのいくつかを振り返ってみたい．

(1)　新耐震設計法

十勝沖地震の後，1972（昭和47）年から1977（昭和52）年までの5年間にわたって，建設省は大規模な研究プロジェクトを実施し，その成果に基づいて1977年に土木および建築構造物の新しい耐震設計法の考え方が「新耐震設計法（案）」

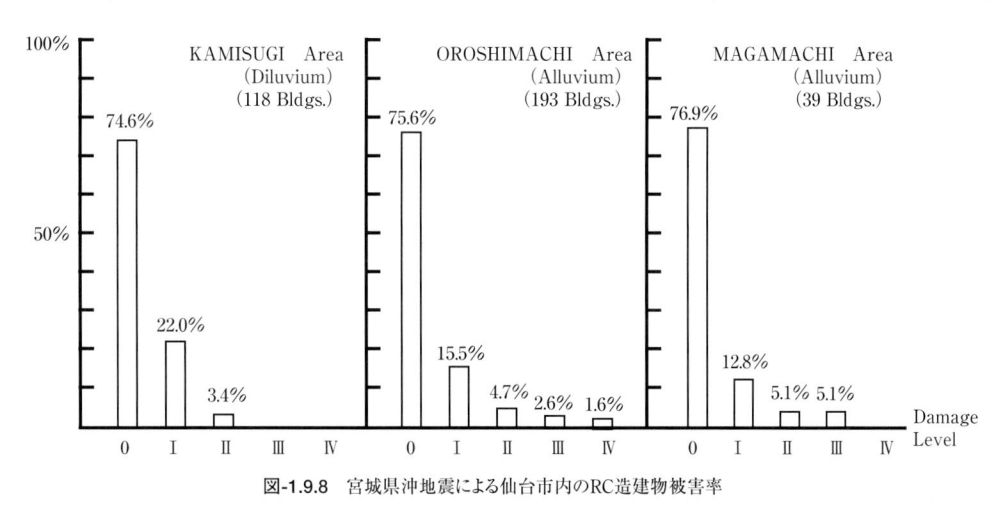

図-1.9.8　宮城県沖地震による仙台市内のRC造建物被害率

としてまとめられた．その翌年に宮城県沖地震が起り，これも大きな契機となって，1980（昭和55）年7月には建築基準法施行令が改正され，11月には告示が出されて，いずれも1981（昭和56）年6月より施行され，新耐震設計法が実施に移された．

建築物の新しい耐震規定では，従来の規定に相当するせん断力係数0.2による許容応力度設計を中地震に対する1次設計と位置づけ，新たに大地震に対する終局耐震性の検討を2次設計として定め，その地震力をせん断力係数1.0とし，これに対して弾塑性の地震応答性状を考慮した構造特性係数による低減を行うこととなった．十勝沖地震および宮城県沖地震の経験から，被害地震のレベルでは建物の応答加速度が短周期域で1G程度になる，という共通認識が確立されたことがその背景にあると思われる．新耐震規定の成立は，渡部丹博士を始め当時の建築研究所の方々による多大な尽力の賜物であるが，設計地震力を0.2から5倍の1.0へというのは思い切った決断であった．

また，十勝沖地震から発想されたRC造建物の耐震性に関する「志賀マップ」が宮城県沖地震できわめて良く適合し有効性が確かめられたことから，その考え方が新耐震規定に盛り込まれ，壁・柱量が十分ある低層RC造建物は詳細な2次設計をしなくてよいということになった．従来の震害経験からしばしば言われてきた「耐震壁」の重要性や「余力」の大切さが単純明快な形で規定に取り入れられたことは，建物の耐震性向上のために非常に意義深いことであった．

新耐震設計法はわが国の建築物の耐震性能を大きく高めることとなり，これは1995（平成7）年兵庫県南部地震で明確に示された．同時に，十勝沖や宮城県沖の地震で被害を受けた古くて耐震性の十分でない建物の問題が日本のすべての都市に共通する問題であることも兵庫県南部地震の経験からはっきりした．岡田恒男博士等によるRC造建物の耐震診断基準が初めて出たのは宮城県沖地震の前年の1977（昭和52）年である．その後，耐震診断・耐震改修の技術は大きく発展し，全国的な展開が図られてきている．建築という社会的資産の保全を時間的経過の中でどのように実現して行くかが今後の大きな問題である．

(2) ライフラインの耐震性

宮城県沖地震による近代都市のさまざまな生活機能の被害は，地震防災の新しい問題を我々に提示した．仙台では電気と水道は翌日か数日後には何とか復旧したが，ガスの復旧には1ヵ月位かかった．当時，電柱の上のトランスは木枠の上にただのせてあるだけで，ずれたり落ちたりしたものが多かった．後で東北電力からの依頼があり，青葉山の東北大学建築実験所の大型振動台に実大の電柱をたて，どうしたらうまく止められるかをいろいろ実験した．結局，番線を数回巻いてトランスを電柱にくくり付けるというもっとも単純な方法が一番有効だということになり，後にすべてのトランスがこのやり方で固定されることになった．

ガスの復旧は一番の問題であった．この頃の風呂はガス風呂が多いので水だけあっても沸かせない．仙台は秋保，作並など温泉がすぐ郊外にあるのでその点便利であった．ガス管の被害は地盤の変形によるので，造成宅地などでは切り土と盛り土の境に被害が多いという調査の結果なども出された．また，早く復旧するための戦略等についてもいろいろな議論がなされ，野村希晶（現 東北大助教授）はシステムダイナミックス（SD）の手法を用いて復旧過程に関する新しい研究分野を開拓した．

宮城県沖地震の後，ガス，水道，電気などのライフラインにおける耐震性の向上は目覚しいものがある．いわゆるブロック化の考えが各方面で採用され，万一の時の復旧戦略が考慮されるようになった．また，耐震配管の開発も進み，管路の更新も年を追って進められ，この分野における都市の耐震化の努力は大きく実っている．

また，現代では情報も生活に欠かせない重要なライフラインである．地震後の電話の錯綜はたい

へんであった．地震後の情報伝達に関して，ラジオとテレビの活躍が大きかった．個人的な消息情報まで精力的に流し続けたことで，人々の気持はずいぶん落ち着き，一種の社会的な連帯感も生れたように思う．この地震では危機における情報の流通や管理の重要性を改めて考えさせられた．

　(3)　都市の地震防災

　宮城県沖地震の残した大きな課題は「近代都市機能の地震被害」にかかわる問題であろう．地震により蒙る都市生活の被害は多種多様であるから，あらかじめ将来の地震に対する都市災害の様相を全体的に把握し，効率的な対策を考えて行く必要がある．

　宮城県では，地震後に東北大学土木の河上房義博士を委員長とする委員会により，県内のボーリング資料の収集，新しいボーリング調査，県内の表層地盤図および断面図の作成，ならびにこれらの資料に基づく想定地震に対する加速度分布図の作成が行われ，1984年度にはその成果が「宮城県地震地盤図」として刊行された．また，この資料を基礎として，宮城県内の地震被害想定の作業が行われ，1988年度には5つの想定地震に対する建物被害の予測，火災や死傷者の予測，都市の諸機能被害予測などの被害想定調査の結果が宮城県から公にされた．

　このような，各地域の自然および社会的条件に根差した防災対策，安全な都市づくりのための都市被害予測は，東海地震の危険性が指摘されていた関東・東海地域の東京都，静岡県，埼玉県などでまず始められていたが，宮城県の場合には実際生じた被害と予測とを対比することにより，将来の地震に対する予測の精度と信頼性を高めることが出来たという点で非常に貴重なケースであったといえよう．

　阪神淡路大震災の後，都市直下地震の危険性が認識され，国内の多数の自治体で地震被害想定の作業が行われた．宮城県でも長町・利府断層を対象とした被害想定が1995年から96年にかけて行われている．このような都市の地盤構造および地震危険度の情報とそれに基づく被害想定の結果が広く一般に公開され，将来の地震対策に有効に活用されることが強く望まれる．

1.9.5　むすび

　私は小学生の頃，愛知県で1945年の三河地震を経験し，家の庭門が目の前で倒れたのを憶えている．1965年に仙台へ来て，1968年の十勝沖地震の調査に出かけ，1978年の宮城県沖地震を直接体験し，また1983年には日本海中部地震の調査で東北を回るという巡り合せになった．誰でも一生のうち何度か経験するであろう災害に対して，個人と社会は常に事前の準備をしておかなければならない．とくに重要なのは，子供への災害教育と社会の防災意識である．

　また，新しい世紀は環境の時代であり，建築においても環境倫理が厳しく問われることになる．日本建築学会の1997年声明でも，建物の生涯二酸化炭素30％削減および建物寿命の3倍増（100年）が提起されている．また，建築基準法が1998年に改正，1999年に施行され，性能設計の考え方が取り入れられた．建築物に要求される耐震性能も環境倫理，環境経済との関係で考える時代である．過去の地震被害を振り返りつつ，既存建築物の耐震性能の診断・改修および新規建築物の耐震性能の合理的な確保の双方を含めて，都市の建築物ストック全体の安全性と経済性を総合的に考えて行く必要がある．

◎参考文献

1) 柴田明徳：宮城県沖地震20周年－宮城県沖地震と地震工学－，地震工学振興会ニュースNo.162，(1998)．
2) 柴田明徳：都市地域における建築群の震害確率の予測に関する考察，第6回日本地震工学シンポジウム(1982)．

1.10 阪神・淡路大震災(1)
——木造の被害とその教訓(1995年)

1995年11月号

大橋　好光　　東京大学工学部建築学科
　　　　　　　現 熊本県立大学環境共生学部
坂本　功　　　東京大学工学部建築学科
　　　　　　　現 東京大学大学院工学系研究科

1.10.1　はじめに

兵庫県南部地震では，20万棟に及ぶ家屋が全半壊したが，その大部分が木造の家屋であった．また，直後に亡くなった5300人あまりのうち，9割近くが建物の下敷きになったといわれており，木造建物の耐震性が改めて問われている．どういう建物が壊れ，どういう建物が被害を免れたのか，いわゆる在来構法すなわち軸組構法を中心に，これまでの調査からわかったことを整理してみたい．

1.10.2　軸組構法の多様性

被害の分析に入る前に断っておきたいのは，「軸組構法」は，現在では単一の構法とは言えないということである．とくにストックとして残っている住宅全体を眺めると，とても1つの構法としては扱えない．それは以下のような理由による．第一に，もともと住宅の構法は地域によって大きな差があったこと．第二に，高度成長期以降，都市部を中心に住宅構法が大きく変容したこと．そして最後に，近年の生産の合理化や材料の多様化に伴って，さらに構法が変りつつあることである．

神戸の軸組構法についてもいくつかの分類が示されているが，耐震性からみて，大きく3つに分けることができる．これらを同一視することで，大きな誤解が生れた．それぞれについて，被害を整理してみる．

(1)　伝統的な木造

1つは伝統的な構法の建物で，屋根は土で覆った上に瓦を載せた，土葺きという葺き方がなされていた．壁は土塗り真壁で，2段ないし3段の貫が入れられ，筋かいは入っていない．これらは，ほとんど例外なく大きな被害を受けた（図-1.10.1）．この種の建物の耐震性が不十分なことは明らかで，過去にも地震のたびに指摘されてきた．神戸の悲劇は，これらの建物が大量に残っていたことで，とくに長田区などでは，木造建物の半数近くが1960（昭和35）年以前のもので，これらのほとんどがこの伝統的な構法の建物であったと思われる．

(2)　伝統的構法と筋かいの折衷構法

次に，軸組の基本的な構法は前述の伝統的な構

図-1.10.1　伝統的構法の被害例．土塗り壁が剥落している

図-1.10.2　伝統的構法に筋かいを組み合せたもの

法であるが，筋かいが設けられているものがある（**図-1.10.2**）．これは，本来きちんと施工されていれば，大きな被害は受けなかったはずである．しかし，実態はやはり大きな被害を受けたものである．

その理由は，大工などの施工者にとって，依然としてこの種の建物は基本的に貫構造と認識されていたのであろう．概して筋かいは，量的にもディテール的にも不十分であった．これは不幸な組合せで，貫構造と筋かい構造は，強さの発揮の仕方が異なっている．貫構造は靱性は高いが，初期剛性は低い．一方，筋かいや合板を用いた構法は初期剛性が高い．こうした建物では，地震時に，まずほとんどの水平力を筋かいが負担しなければならない．しかし，不十分な筋かいでは支えきれない．筋かいの踏み外しや，**図-1.10.3**のような座屈が大量にみられたのはこのためである．異なった2つのシステムを，中途半端に折衷したために問題が生じたのである．異なったシステムは，強さの発揮の仕方を理解して完全に乗り換えないといけない．このことが大工などにはきちんと説明されてきたか，反省すべき点がある．

(3) 現代的な構法

現代的な構法には被害が少なかったといわれるが，その理由は理解していただけたと思う．内装にせっこうボードや合板等の免罪を用い，筋かいをきちんと入れたものには，被害は少なかったのである．

以上のように，単に「古いものが壊れた」というのでは不十分である．構法が異なっており，古いタイプの構法は耐震性がなかった，だから壊れたのである．**図-1.10.4**のように，新しい建物は壊れても2階部分が形を保ったままのものが多い．

その意味で，被害率の議論をするときは，プレハブやツーバイフォーには古い建物・古い構法はないということも指摘しておかねばならないだろう．

とはいえ，在来構法には比較的新しい建物でも被害を受けたものがあることも確かである．以下に，それらの建物の原因を述べる．

1.10.3 壁量と構造計画上の問題

被害をうけたものには，壁量の不足や構造計画上の不備がみられる．

(1) 壁量の不足

まず，絶対的な壁量不足のものがある．これは現在の必要壁量に照らして足りないばかりか，建設当時の法規と比較しても足りないと考えられるものが多い．また後から壁を外してしまったと考えられるものも少なくない．

壁量に関して，非耐力壁の不足もあわせて指摘しておきたい．少し話はそれるが，木造建物の壁量計算は，日本建築学会の出版物の説明によれば，

図-1.10.3 伝統的構法に筋かいを組み合せたもの．筋かいが座屈している

図-1.10.4 比較的新しい住宅の破壊例．壊れても2階は形を保っている

図-1.10.5 商店街は壊滅的な被害を受けた

各階の水平力の1/3は耐力壁以外の部分が負担することになっている．そして，最近のごく一般的な木造住宅は，むしろこれらの非耐力部分が1/3よりも大きな耐力を負担していることもわかっている．今回の地震では，この非耐力壁の多寡が被害に大きく影響したことは間違いない．絶対的な壁量の不足は，非耐力壁量の不足にもつながっている．

そして，問題なのは，これら壁量の少ない建物は，同時に次に述べる構造計画的な問題をも抱えたものが多いことである．

(2) 壁の片寄り

まず，耐力壁の配置に問題のあるものである．その第一は，**図-1.10.5**にみるような商店である．西宮市から灘区に至る地域の古くからの木造の商店街は，ほとんどの場合壊滅的な被害を受けた．1階が完全に潰れたものも多い．間口に壁がほとんどない商店を，今後どのような構法で建てていくのか，現実的な構法の開発が求められる．

第二は，ミニ開発にみられるような狭小敷地の住宅である（**図-1.10.6**）．2間か2間半程度の間口に，玄関と1間幅の開口を設けると，ほとんど筋かいの入る余地がない．今後この種の建物は増えることが予想されるうえ，コスト的にも切り詰められたものが多いだけに，問題の根は深い．

第三は，1階に車庫などを設けたために，壁配置のバランスが悪くなったものである（**図-1.10.7**）．

図-1.10.6 ミニ開発の建売住宅の被害．間口に壁がないと被害を免れない

図-1.10.7 建物がねじれて倒壊した住宅．壁のバランスが悪い

第四は，淡路島などにみられる南面に大きな開口が並んでいる住宅である．この場合，間取りの関係から壁量が不足しているものも多い．さらに，構法的にも各部の構法が古いタイプのものがある．

耐力壁の配置は，建築基準法施行令に「釣合い

よく」入れることが謳われている．しかし，具体的な計算手順としては何のチェックも行われていないのが現状である．この問題を改善しない限り，今後も地震の被害がなくならないのは明らかで，何らかの対策が必要である．

(3) 増築における下階の補強不足

2階や3階を増築したもので，大変形したもの，倒壊したものが多くみられた．上階に増築を行うと，下階の耐力・剛性はそのままでは足りないのが一般的であろう．しかし，下階の補強を十分に行うことは，構法的にもコスト的にも難しい場合が多く，ほとんどの場合，下階の補強は不十分なままである．

現在，新耐震設計法以前の「既存不適格」建物をどうしたらよいかが重要な課題として浮び上がっている．しかし，1981（昭和56）年以降増築された建物は，基本的に「適格」でなければならない．不十分な補強の増築が横行しているのは問題である．設計図上は壁量は確保されていても，現場で施工されない場合も多いと聞く（**図-1.10.8**）．

1.10.4 ディテールの問題

次にディテールに問題のあるものをいくつか述べる．

(1) 筋かいの留付け

まず筋かいの留付け方が，金物がないか，あっても簡易なものが多い．これらに筋かいの踏み外しが大量にみられた．

筋かいを「ゲンゾウ」で留め，釘打ちする方法

図-1.10.8 3階を増築した住宅．隣に建売当時の建物が並んでいる

は，繰返しの揺れで足元がはずれやすく，それでまかなえる耐力には限界がある．壁倍率に応じた留付けディテールを整備する必要があろう（**図-1.10.9**）．なお，倒壊した建物に使われていた筋かいは，厚さが3cm未満で，圧縮には容易に座屈し，留付けが上記のようでは引張にも利かず，筋かいの役割を果していない．また，**図-1.10.10**に示すように筋かいを片方の向きにしか入れないなど，初歩的な間違いもみられる．

(2) 柱の横架材への留付け

次に，土台や桁などの横架材への柱の留付けの問題がある．ほとんどは**図-1.10.11**のような短ほぞ差しのみで，金物はおろか込み栓なども一切用いられていない．これでは，引抜き力が生じた場合，ひとたまりもない．金物を併用する必要がある．

ただし，ここで注意すべきことは，筋かいの留付けや柱の留付けを，単に金物を併用すればそれ

図-1.10.9　筋かいが踏み外している

図-1.10.11　柱が土台から抜けている

図-1.10.10　筋かいが片方にしか入っていないために，それが引張りになる方向に傾いている

図-1.10.12　筋かい金物が横架材を引き裂いている

で事足りるわけではないということである．それに応じた構造計画をあわせて行う必要がある．

　筆者の理解では，現在の接合金物は，それほど大きな力を想定してはできていない．壁倍率で1.5か，せいぜい3.0くらいまでと考えている．したがって，筋かい壁は，倍率の低いものをたくさん使って，それぞれの耐力壁に過大な応力が生じないようにすべきである．さもないと筋かい端部や柱には大きな引抜け力が加わり，図-1.10.12のように，たとえ金物を付けていても横架材が裂けてしまうことになる．

　なお上下動が大きかったことが，今回の地震の特徴として大きく取り上げられた．そのため，今回の地震の被害が，あたかも大きな上下動によるものと考えている方もいるかも知れない．しかし，筆者は，やはり基本的には水平動によるものと考えている．例えば，柱が引き抜けた例がたくさん報告されているが，その多くは筋かいによる突き上げや，細長い壁の転倒モーメントにより引抜けが生じたものと考えている．

(3)　基礎の断面と鉄筋の有無

　次に，基礎に被害を受けた建物では，鉄筋が入っていないものがほとんどであった．神戸では，長い間れんがで基礎をつくることが行われてきた．図-1.10.13のように，現在でも，被害を受けた建物には，それをみることができる．また，基礎の断面もフーチングのないものや，コンクリートブロックの基礎があり，割れて転倒している例がみられる．

　建物全体の耐震性の強化を考えたとき，フーチング付きの鉄筋コンクリート基礎にすることはも

図-1.10.13　れんが積みの基礎

図-1.10.15　周囲が焼失した中で、燃え残った住宅。ラスモルタルが剥落しなかった

図-1.10.14　塗厚が小さく、ワイヤの力骨が見える。モルタルの剥落はほとんどない

図-1.10.16　無機系の外壁は、金物に引っ掛けられているだけで下地合板がない

っともコストパフォーマンスのよい手段と言えよう。その仕様が担当程度普及しているという現状を考えれば、完全義務化すべきであろう。

(4) ラスモルタル構法

今回の地震でも、ラスモルタルの被害が目立った。モルタル厚が大きく、簡単なタッカー釘（いわゆるホチキス状のもの）で留めてあるもの、あるいは留付け間隔が非常に大きいものもみられた。メタルラスは、JIS製品がほとんど市中に存在しないことなど、耐震性の点では、多くの問題を抱えている。図-1.10.14はある倒壊建物のモルタルのディテールであるが、力骨が入っており、また薄く塗ってあったために、モルタル自体の剥落はほとんどない。

また、今回の地震では、モルタルの脱落はもう1つの大きな問題を投げかけた。モルタルの脱落により内部の木材が露出してしまったことと、延焼との関連についてである。この点については、防火の観点からの詳細な調査が行われているので、その結果をもちたいが、防火材料である外壁は、地震によっても少なくとも脱落してはならない。

図-1.10.15は、長田区の焼失地域によって1つ焼け残った住宅である。建物が比較的新しく、ラスモルタルが脱落しなかったことが幸いした。メタルラスの材料やモルタルの塗り厚などの改良構法が紹介されており、それらへの認識を高める必要がある。

また、ラスモルタル塗りの外壁は、壁体内結露が腐朽・蟻害を招いていることも、これまでにも指摘されてきた。これに関しては、通気構法などがすでに実用化されている。

(5) 壁の材料と構法

また、ここで注意しなければならないのは、壁

図-1.10.17 葺き土のある瓦屋根．多くの瓦が落下した

材料が前述の「非耐力部分の負担率1/3」を本当に負担できるようなものか，という点である．近年，無機系あるいは金属系のサイディングが普及しているが，その中には，下地に打ち付けた金具に掛けるだけのものがある．こうした構法では，それだけではまったく水平力を負担できないので，合板を下張りする必要がある．しかし，その下張りを省略したものがある．図-1.10.16にその例を示す．この建物は，新築2ヵ月で1階が倒壊した．こうした外壁は，自重が大きい分いっそう問題が大きい．

(6) 瓦の留付け方

図-1.10.17に示すように葺き土があり，瓦の落下対策のないものが大量に被害を受けた．とくに「土葺き」と呼ばれる，屋根一面に土を塗った上に瓦を敷いた構法に，瓦の被害，建物の被害が数多くみられた．

そこで，一部にはこの土葺きの大きな荷重が家を潰したのではないかという見方が広まった．しかし，これには，注意しなければならないことが2点がある．

第一は，いくら重くとも基本的には荷重の扱い方の問題で，設計の中で考慮すればよい問題だということである．適正に荷重を評価すれば，重い軽いは問題ではないはずである．

第二は，土葺きが古い構法の建物に載せられていたことである．水平耐力の小さい躯体に載っていたために顕在化したが，現在のほとんどの住宅が目指している耐震性は，それほど小さくはないはずだということである．屋根の荷重と軸組の水平耐力の相対的な関係の問題であり，屋根の荷重だけを指摘するのは妥当ではない．

ただし，瓦の留付け自体に明らかに欠陥があった．土葺きは現在は行われていないとのことであるが，釘や番線で瓦を留め付ける脱落防止を徹底する必要があろう．

1.10.5 地盤の破壊に伴う被害

今回の地震では建物自身の振動による被害が大きく，地盤の破壊に伴う被害は目立たなかったが，実際には非常に広範に生じている．

(1) 液状化地域住宅の被害

ポートアイランドや六甲アイランド，それに芦屋市の海岸付近では，広範囲に液状化が起ったと報告されている．

芦屋市の潮見町・緑町について，有馬孝禮（東京大学）が詳細に調べている．これまでの集計によれば，両地域はいずれも液状化が起ったとされるが，被害には微妙な差があるという．アンケート回答によると，潮見町ではほとんどすべての住宅で建物の傾斜が認められ，その率は緑町よりも高い．一方，内外壁などの被害は，逆に緑町の住宅のほうが大きいという．地盤が液状化することにより，建物全体が傾斜したが，建物への入力自体は軽減されたということかもしれない．

(2) 傾斜地住宅の被害

近年の地震被害の特徴は，建物自身の振動による被害は少なく，大部分が地盤の崩壊によるものであったことである．しかし，今回の地震では，とりわけ軟弱とは言えない地盤のうえで多くの被害が生じたため，傾斜地の被害は大きくは取り上げられていない．しかし，緩斜面の住宅は，東灘区・灘区のように"はで"な倒壊はしていなくとも，実質的に修復不能で全壊の建物が多い．長田区の前原町・房王寺町，兵庫区の会下山町を調査したが，3月末の調査時点で，人が住んでいる家は前原町1丁目は6軒，房王寺町1丁目は5軒だけ

である．正確な全壊率はわからないが，両町とも80％を超えているのではないだろうか．まわりが空き家ばかりで物騒だというのもうなずける．

前原町・房王寺町は，長田区の焼失地域に近い．小高い丘をなしているが，少なくとも数十年以上を経た住宅地である．ここでは，道路の至るところで地割れを生じていた．また，擁壁の崩壊も多い．敷地裏の擁壁が建物側に崩れてきたものや，地盤崩壊もみられた．古い住宅は，ほとんどが鉄筋のない基礎であるため，地盤が崩壊してしまうとひとたまりもない（図-1.10.18）．前述のように，鉄筋コンクリート基礎を徹底すべきであろう．

なお，この地域以外にも須磨区や西宮市などで傾斜地の被害が報告されている．

図-1.10.18 前原町の傾斜地．地盤の崩壊で建物が崩れている

図-1.10.19 蟻害で柱がなくなってしまった住宅

1.10.6 腐朽・蟻害と木造の被害

被害を受けた建物で，腐朽・蟻害を受けているものが多くみられた．土台が腐ってしまったものや，それが上部にも及んだ例がある．中には，図-1.10.19のように，柱がほとんど跡形もなくなっているものもみられる．大阪市立大学の宮野助教授の調査によれば，腐朽・蟻害と建物躯体の地震被害とには有意な関係があるという．既存のモルタル外壁は，この点で，問題のあるものが多い．

また，一部に木材の経年劣化による強度低下の影響を指摘する向きもある．しかし，筆者は，その影響は無視できる程度のものと考えている．やはり，基本的には，構法の問題と理解している．

1.10.7 用途・形態等による被害の違い

軸組構造法の中でも，いわゆる「文化住宅」のようにきわめて大きな被害をうけたものがある半面，公庫融資住宅や3階建には被害は少なかった．

(1)「文化住宅」の被害

いわゆる文化住宅が数多く倒壊して，下敷きとなって亡くなった人が多い．ただし，戸建てのものも文化住宅と呼ぶ人もあるが，ここで言う文化住宅は，アパートタイプのものである．

今回の地震で，震度7地域のほとんどすべての「××文化」と呼ばれる建物は全壊したのではないかと思われるが，この種の建物は，基本的に桁

図-1.10.20 完全に倒壊した文化住宅（アパート）

行方向の壁量が絶対的に少ない．1戸の間口は，1間半か2間のものがほとんどであろう．この場合，裏側は，玄関と便所や浴室の窓が並んでおり，無開口壁はほとんどない．また，南面には掃出し窓や腰窓が開けられ，筋かいはかろうじて戸袋部分に入れられている程度である．ミニ開発の建売住宅を，さらに間口を狭くしてくっつけたものと考えればよい．

また，壁の仕様も，前述の土塗り壁と筋かいの折衷や，それから土塗り壁を取り去ったようなものが多い．時代的にみても壁の水平耐力は不十分だった可能性が高いうえに，絶対量も少ない．これらは，図-1.10.20に示すように，1階が崩壊したものが多い．

(2) 住宅金融公庫融資住宅の被害

調査した建物のうち，住宅金融公庫融資住宅について整理してみると，次のようなことが言える．

まず，比較的新しい住宅の被害率は，相当低いということができる．この種の建物だけを取り出してみれば，けっして軸組構法が他の構法に劣るということはないと思われた．もちろん，公庫融資住宅は住宅規模などの点で問題の少ない住宅に用いられていることを考慮しなければならない．公庫住宅でも，建売住宅は，いわゆる注文住宅よりも被害が大きい．

また，これまでの分析によれば，公庫住宅でも，被害を受けている建物の割合や被害の程度は，古い建物ほど大きくなる傾向がある．

(3) 木造3階建住宅の被害

都市部の木造3階建住宅が建設されるようになってから，本格的な地震を経験したのは今回が初めてであった．その意味でも，筆者は注目して調査を行ってきた．当初，周囲の瓦礫のなかに，ほとんど無傷で建っている3階建がみられ，頼もしくも印象的であった．確かに，きちんと計算された3階建は，ほとんどが軽微な被害に留まっているようである．

しかし，問題がないわけではない．1つは構造計画に問題のあるもので，図-1.10.21は新しいにもかかわらず倒壊した3階建住宅である．この建物は，隣の建物が寄り掛かってきて倒れた可能性が高いが，この建物自身1階正面の壁が少ない．また，角の柱脚には，ホールダウン金物が取り付けられていなかったことがわかっている．

ところで，前述の図-1.10.21は，両側の建物から類推すると，以前は建売住宅が建っていたと考えられる．今後，3階建の住宅は，こうした狭小敷地に建てられる可能性が高い．現状の進め方できちんとした設計・施工が確保されるのか，いささか心許ない．

なお，以前から建てられてきた，1階が車庫で鉄筋コンクリート造の混構造3階建がある．これらの法的な扱いは，車庫の扱いや地盤レベルとの関係で，2階なのか3階なのか判断が難しい．いずれにしても，建てた当時は2階建として扱われていたと考えられる．それらが大きな被害を受けた．図-1.10.22は，3階建であったものが，2階が

図-1.10.21　3階建住宅の倒壊

図-1.10.22　2階部分が完全に潰れた混構造3階建住宅

完全に潰れてしまった例である．これらの被害原因は2階建ての住宅と同様で，壁量のバランスが悪いものが多い．また，調査によれば，公庫融資住宅でも比較的古い3階建の被害は大きくなる傾向がみられた．

なお，前述のように，3階部分を増築した建物では大きな被害を生じている．図-1.10.23はその例である．3階へさえも，安易に増築してしまうのには驚きを禁じえない．

1.10.8　ツーバイフォーとプレハブの被害

ツーバイフォーとプレハブは，今回のような強い地震に対しても，概して耐震性を示したと云える．

(1)　ツーバイフォー構法住宅の被害

ツーバイフォー建築協会の報告によれば，全壊建物はみられず，半壊が若干みられたとのことである．総じて今回の地震で大きな被害は生じていないようである．ただし，同時に地盤による被害はかなりの数に上っており，先の数字はいくらか割り引いてみる必要があろう．

図-1.10.24は，1階が大きく傾斜した建物でこのメーカーのものとしては，もっとも被害の大きいものである．

ツーバイフォー住宅では，告示により，例えば耐力壁線に開口の占める割合は3/4以内などの規定があり，これにより著しい偏心を防いできた．構法もさることながら，こうした設計ルールが大きな効果があったことは間違いない．逆に言えば，ツーバイフォーやプレハブでは建たないような，壁のアンバランスな建物を軸組構法がつくってきたという事情もあるようだ．皮肉にも，今回，そうした建物が多くの被害を受け，軸組構法の被害率を押し上げた．

(2)　木質プレハブ住宅の被害

木質プレハブ住宅は，ツーバイフォーと並んで被害が小さかったといわれる．確かに，被災地を廻ってみると，プレハブ住宅が純粋に振動で倒壊したというようなものはほとんどないようである．プレハブ建築協会の調査でも全壊はゼロであるという．ただし，ツーバイフォーと同様に，地盤に起因する被害は相当数報告されている．

また，隣家が倒れかかった建物では，図-1.10.25のように1階が倒壊したものもみられる．

なお，プレハブは昭和30年代後半から本格的な生産が始まっており，プレハブやツーバイフォーには軸組構法のような古い建物はないというこ

図-1.10.23　3階部分を増築した住宅の倒壊

図-1.10.24　大きく傾斜したツーバイフォー住宅

図-1.10.25　1階が倒壊した木質系パネル構造住宅．隣の建物が寄り掛かっている

とも指摘しておこう．

いずれにしても，ツーバイフォーや木質プレハブが実験を重ね，データに基づいて設計を行ってきた努力は，正当に評価されてしかるべきであろう．もちろん，軸組構法にもそうした姿勢の企業は現れており，自主的に壁率を上げたり，偏心率をチェックしているところがあり，そうした企業の住宅の被害率はおおむね低いようである．軸組構法は業者による性能の差が大きい．

1.10.9　その他の木造の被害

最後に，現代的な木造としての集成材建築と，それと対照的な伝統的構法による社寺建築の状況を示す．

（1）　集成材建築の被害

集成材を用いた建物には，一般の軸組構法の柱や梁などの一部に集成材を用いたものと，架構全体を集成材とし，個別に構造計算を行ったいわゆる大断面木造のような建物がある．ここでいう集成材建築とは後者を指しているが，今回の揺れの大きかった地域の集成材建築はそれほど多くない．

これまでの情報によれば，ある集成材製造メーカーが関係物件役10棟を調査した範囲では，大きな被害はなかったとのことである．なお，先の分類の前者のような建物，すなわち一部に集成材を用いた建物では，宝塚市に全壊した例があるという．

（2）　社寺建築の被害

住宅を離れるが，伝統的な社寺建築の被害について触れてみたい．神戸市街地の社寺建築の多くは戦災を受けており，その多くは，鉄筋コンクリート造などで再建されている．したがって，木造の社寺には，戦前からのものと少ないが戦後再建されたものとがある．

しかし，戦前・戦後を問わず，木造の社寺建築は大きな被害を受けた（**図-1.10.26**）．何らかの被害を受けた地域的な広がりも一般の住宅よりも大きいようである．とくに，庫裡などの住居系の建

図-1.10.26　軸組が完全に倒壊して，屋根のみとなった寺院

図-1.10.27　同寺院詳細．小壁が落ちかかっている

物は壁が少なく，倒壊したものが多い．**図-1.10.27**は長田区の金楽寺本堂の例であるが，大変形して小壁が落ちかかっている．これらの壁が落ちてしまえば，倒壊は免れない．

なお，門などで，大きな部材でしっかり接合されたものでは，脚元が礎石からはずれ，動いたものもみられた．

1.10.10　むすび

地震は，どの構法に対しても平等にやってくる．結局，「このようにすべきだ」ということが守られていない，問題のある建物が壊れており，それはどの構法でも大きな差はない．「プレハブは」

とか「在来構法は」といった構法そのものに，短絡した結論を導き出すのは正しくない．「××構法が弱い」という意味は，構法それ自体に致命的な欠陥があるということではなく，その構法の設計ルールあるいは施工の確実性において，問題のある建物が生れやすい仕組みになっているということであろう．あるいは，設計者・施工者の地震に対する認識の問題だといってもよかろう．

　軸組構法は設計の自由度が高い分，設計者に地震への対策・理解が求められる．金融公庫仕様の建物は被害が少なかったといわれているが，その最大の理由は，現場チェックの有無にあるという．残念なことである．

　その意味で，プレハブやツーバイフォーに盛り込まれた設計ルールは，軸組構法も参考とすべき点が多い．また，それらの構法が，各種の実験データを整備しながら設計の自由度を獲得してきた姿勢はきちんと評価しなければならない．

　今回の調査を通して，設計者・施工者の，住宅の耐震性に関する理解の不足を強く感じた．一方，そうしたことについて，これまで十分な説明が行われてこなかったのではないかと反省させられた．現場関係者がもう一度勉強するためのプログラムが必要だと思われる．

　なお，住宅メーカーの被害状況に関する報告はツーバイフォーに関するM社のものを除いて，ほとんど行われていない．プレハブ住宅メーカーをはじめとして，それぞれのメーカーは把握している被害の内容を何らかの形で公にすることを強く期待したい．

　本稿は，大橋が「建築技術」1995年8月号に執筆した記事をもとに，坂本が加筆等をし，かつ，一部の写真の差し替え等を行ったものである．

　なお，この兵庫県南部地震における木造の被害についてまとめられた報告書としての代表的なものは，以下のものである．筆者らは，このうち日本住宅・木材技術センターのもの[1]の作成に参加しているが，本稿はその内容を参考にしつつも，独自の調査結果を中心に書いたものである．

追記：「建築防災」誌掲載時以降に，本稿に関連する多くの動きがあったが，ここでは，法令改正関係のみについて，以下に紹介しておく．

　1998(平成10)年の建築基準法の改正をうけて，構造関係の規定も改正，新設された．その中では，耐力壁の配置ルールの新設と，接合部の補強方法の具体化が特筆される．

◎参考文献

1) 木造住宅等震災調査委員会：平成7年阪神・淡路大震災木造住宅等震災調査報告書，日本住宅・木材技術センター (1995.10)．
2) 日本建築学会近畿支部：1995年兵庫県南部地震—木造建築の被害—(1995.9)．
3) 三井ホーム株式会社，1995年兵庫県南部地震　阪神・淡路大震災　2×4住宅　3,568棟の記録(1995.6)

1.11 阪神・淡路大震災(2)
——RC造の被害とその教訓(1995年)

1995年11月号

広沢 雅也
工学院大学工学部

1.11.1 はじめに

地震から約10ヵ月強を経過した1995(平成7)年10月27日,「建築物の耐震改修の促進に関する法律(法律第123号)」が公布され,3ヵ月以内に施行されることになった.兵庫県南部地震による類稀な被災経験がこの法令公布の端緒であることはいうまでもないが,本節では鉄筋コンクリート造を中心に被害状況の要約とその分析を記すとともに,上記の法令に代表されるような地震後において討議されてきた今後の対策についてふれる.

1.11.2 被害の概要

(1) 被害の全体概要

全体的な建築物の被害状況は日本建築学会および日本都市計画学会によって調査され,その結果が図-1.11.1および図-1.11.2のように建設省建築研究所によってまとめられている[1].この調査結果によれば被災地のおおむね全建築物にあたる34万7000棟(うち,2階建以下の低層建築物が約31万棟を占める)の中で,全壊または大破は約5万2000棟(約15%),中程度の損傷を受けた建築物は約4万2000棟(約12%)となっている.このデータでは建築物の構造種別による分類がなされていないが,共同住宅を主対象として行われた応急危険度判定にかかわる約4万6000棟についての調査結果(以下"応急危険度調査"という)の内,構造種別が明確な約3万5000棟についての判定結果を構造種別ごとに分類すると図-1.11.3のように「危険」と判定された建物の割合は鉄筋コンクリート造(以下RC造)で2.7%,鉄骨鉄筋コンクリート造(SRC)で4.8%,鉄骨造(S)で11.0%および木造(W)で30.0%となっており,構造種別により大きな違いがあることが判明した[2].

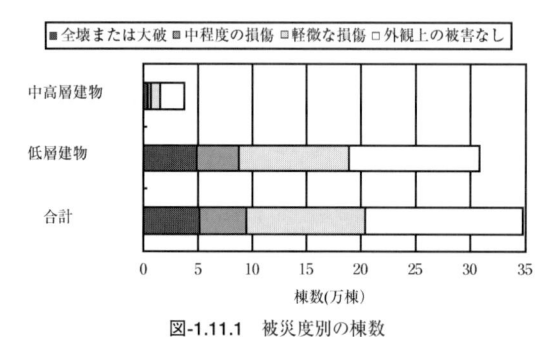

(2) 地震動の特徴と被害の傾向

この地震については次のような地動の特徴が指摘できる.

a. 建築物の密集地を直撃した地動としてはかつて経験したことのない強い地動であったこ

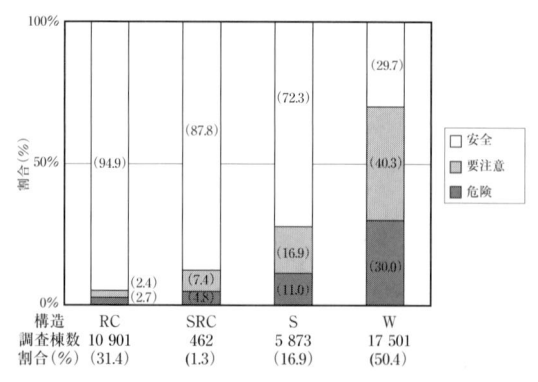

図-1.11.1 被災度別の棟数

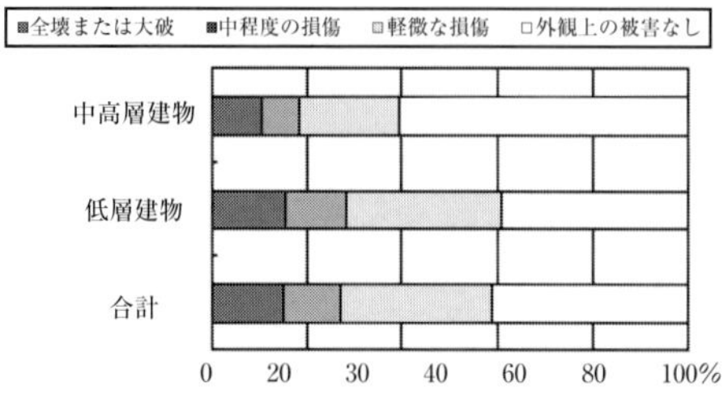

図-1.11.2 被災度別の棟数比

図-1.11.3 応急危険度判定された各種構造建物34 737棟を構造別に見た「危険」,「要注意」建物の割合[2]

と．

　b．その中でもとくに強い地動が，東西に細長く発展する神戸市およびその周辺都市のほぼ中央の帯状の地帯に作用した．これに対し北側の山地では地動の減衰が大きく，また南側の海岸沿いの地帯は広い範囲で液状化現象が起ったものの，地動の速度，加速度は比較的小さかった．

　c．震源深さが比較的浅かったため，上下動がかなり大きかった．しかしその反面，地表面に現れた地盤変動は小さかった．

　d．神戸市の中心部周辺の激震地では南北方向の地動が東西方向の地動よりかなり大きかった．

　e．主要の継続時間は約10秒内外とかなり短かった．

　f．地動の加速度応答の周期特性は1秒前後の長周期成分が卓越するものであった．

建築物の被害の傾向の中には，上記の地動の特徴に関連するものが多い．すなわち，**表-1.11.1**に示すように，

　a．非常に強い地動のため，**図-1.11.1**，**1.11.2**に示したように莫大な数の建物に著しい被害が生じた．大破以上の被害建物数は約5万2000棟で歴代の被害地震の中で，関東地震（1923），濃尾地震（1891）に次いで3番目にあたる．

　b．神戸市の市街地の北側に位置する六甲山地以北の北区や西区では建物の振動被害は少なく，また南側沿岸部の人工島を含む一帯では広い範囲で液状化を生じたものの，大破建物は多くはない．

　c．上下動による直接的な被害や，地変による被害は少ない．しかし，緩傾斜地の地盤の変動やそれに伴う杭の折損ならびに平地部での杭の圧潰が多く認められており，これらには上下動の影響が少なくない．

　d．一般に学校校舎，病院，集合住宅の多くは東西方向に長くRC造で建てられるため，地動が強かった南北方向には壁が多く，このためこの種の建物の被害率は他の被害率より小さい．

　e．主要動が短かったため，地動加速度が500～800galと大きかった割には，b項の事と併せて各構造の被害率は地動の値から想定される程には大きくならなかった．

　f．短周期成分よりも長周期成分の方が卓越したため，RC造では**図-1.11.4**にみるように4階建以下の中低層建物の被害率よりも5階建以上の中高層建物の被害率の方が大きい．

(3) 鉄筋コンクリート系建物の各構造形式と特徴的な被害

　被災RC建物を構造別に大別するとRCラーメン構造（有壁ラーメンを含む，以下RCFと略記），壁式鉄筋コンクリート造（WRC），中高層壁式ラーメン鉄筋コンクリート造（HFW），壁式プレキャスト鉄筋コンクリート造（WPC）および中型

表-1.11.1　地震動の特徴と関連する被害の傾向

地震動の特徴	関連する被害の傾向
a．建物密集地に非常に強い地動	●中破～崩壊の建物数は約10万棟(総数の約27%)に及ぶ
b．強い地動は帯状で，その北側と南側では差がある	●神戸の北側の西区や北区ならびに南のポートアイランド等の沿岸部では大被害建物少ない
c．震源深さはやや浅く，地表面の変動は大きくはない	●上下動は大きく，地盤変動は局部的で関連する被害の割合は小さい
d．神戸市中心部の激震地では東西方向に比べ南北方向の地動が大きい	●南北方向に耐力壁が多い学校，病院，集合住宅は他に比べると被害率が小さい
e．地動の継続時間は短い	●地動の割には被害率が小さい
f．加速度や速度は1秒前後が卓越している	●RC造では低層建物より中高層建物の被害率が大きい

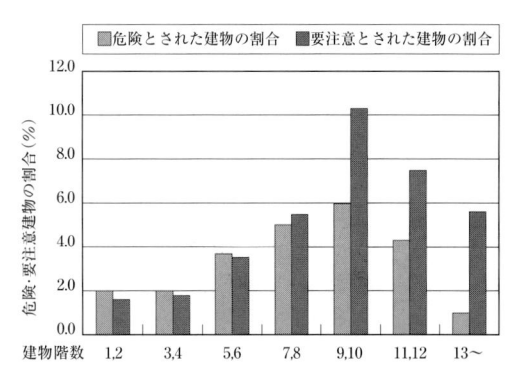

図-1.11.4 応急危険度判定された鉄筋コンクリート造建物11 779棟の内の「危険」，「要注意」建物の割合と地上階数の関係[2]

プレキャスト鉄筋コンクリート造（WPCM）となる．この内，HFWは1987年にはじめて設計指針が公にされた新しい構造方法で，神戸市や尼崎市などに計14棟（いずれも6〜15階建前後）が建てられており，わが国で初めての被災となった．その他の構造による建物はいずれも2000棟以上建てられているものと推定される．また，用途別にみるとRCFが事務所，庁舎，学校，住宅など広い用途に用いられているのに対し，WRC，HFW，WPCおよびWPCMはいずれも住宅のみに用いられている．これらの各種構造による建物の被害には顕著な相違点がみられるが，その比較を**表-1.11.2**, 1.11.3に示す．また，**図-1.11.5**は応急危険度調査によって得られたRCF系と壁式系の被害率の比較を示す．すなわち，要注意または危険と判定された建物の割合はRCF計では6.7％で壁式系の2.1％の3倍以上となっているが，一方ではRC系の被害率自体は**図-1.11.3**と同じく共にかなり小さな値となっている．それにしても

WRC以下の共同住宅や個人住宅の被害はおおむね不同沈下による中破以下の被害に限定されているのに対し，RCFでは新しいタイプの被害パターンである中間層の崩壊をはじめ，種々の被害がみられている（**図-1.11.6 (a)〜(d)**，**図-1.11.7 (a)〜(d)**）．

表-1.11.3に示したRCフレーム構造の各種の被害パターンはこれまでの調査結果によれば，建物用途によって異なることが多い（**表-1.11.4**）．す

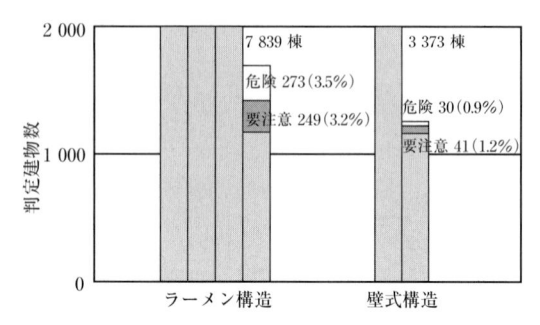

図-1.11.5 応急危険度判定を実施した鉄筋コンクリート造住宅などの構法別危険度判定結果[1]

表-1.11.2 鉄筋コンクリート系の各構造形式による建物の被害とその要因

構造形式	被害の大小	被害要因とその影響度			
		地域差[*2]	建設年次	特殊形状[*3]	特殊地盤[*4]
ラーメン構造(RCF)	大〜小	大	大	大	中程度
壁式構造(WRC)	小	一般に小	なし	一般になし	中程度
中高層壁式ラーメン構造(HFW)	小(中)[*1]				中程度
壁式プレキャスト大型板構造(WPC)	小				中程度
同中型板構造(WPCM)	小				中程度

注）*1　1棟が激しい地震変動により大破している．
　　*2　気象庁の震度階すなわち地震入力の差．
　　*3　剛性率が小さい建物や偏心率の大きい建物など．
　　*4　人工造成(丘陵)地や液状化を生じやすい地盤など．

表-1.11.3 各構造形式による建物に多く見られる被害パターン

建物の構造形式	代表的な被害パターンと(主たる建物用途)	
RCF	〔a. 中間層崩壊〕[*1]	（事務所）
	b. 1階層崩壊	（ピロティ付中層住宅）
	c. 下層階被害[*2]	（学校や2次壁，短柱付集合住宅）
	d. 不同沈下による被害	（造成地の集合住宅）
WPC, WRC	e. 不同沈下による被害	（造成地の集合住宅）

注）*1　〔　〕は過去にあまり見られなかったタイプの被害．
　　*2　柱，壁や接合部など下階程著しい被害．

(a) 中間層の落階　　　　　　　　　(b) 1階の層崩壊

(c) 下層程激しい被害　　　　　　　(d) 不同沈下による1方向のみのひび割れ

図-1.11.6　鉄筋コンクリート造建物の典型的な被害パターン

表-1.11.4　旧基準によるRC系建物の各種用途別の典型的な被害

用　途	条　件	典型的な被害
学　校	―	長辺方向における柱のせん断破壊(廊下側の下階程被害著しい)
事務所・庁舎	壁が少ない場合	中間階での層崩壊(柱せん断破壊または柱梁接合部のせん断破壊) 下層階の柱のせん断破壊
集合住宅	全体ピロティ	ピロティ階(大部分は1階)の層崩壊(柱のせん断破壊)
	部分ピロティ	ねじりによるピロティ部分の柱せん断破壊と壁のせん断破壊
	ピロティなし	学校校舎に類似の短柱を中心とするせん断破壊
	造成地上	造成地の緩みによる不同沈下を原因とする柱や壁せん断ひび割れ, 杭の折損
各種の中高層建物(新基準によるものを含む)	震度7地域	振動による杭の曲げせん断圧壊
	液状化地域	液状化および液状化による地盤の側方流動による杭の折損
	造成地上	造成地の緩みによる杭の折損

(a) 場所打ちの壁式鉄筋コンクリート造アパート(5階建)

(b) 壁式プレキャスト鉄筋コンクリート造アパート(5階建)

(c) 中高層壁式ラーメン鉄筋コンクリート造アパート(8階建)

(d) 中型パネルによる壁式プレキャスト鉄筋コンクリート造住宅(2階建)

図-1.11.7 被害の少なかった壁式系の建物

なわち,中間層の崩壊は一般に壁の少ない5階建以上の中層事務所建物に多いのに対し,壁の多い集合住宅や学校ではほとんどみられない.1階での層崩壊は1階を駐車場や商店など壁の少ない用途とする集合住宅に多く,事務所にはみられない.さらに下階ほど被害の多いタイプの被害は学校に多く,また,二次壁が多く短柱のある集合住宅にもみられる.

なお,この地震によるRC系の建物の被害については,事務所建物の中間層の層崩壊やピロティ付集合住宅の1階での層崩壊についての報道や報告が多いのに対して,過去の地震で目立った学校の校舎についての報告は多くない.学校校舎の多くが被災者の避難場所として用いられるなど地震動が大きかった割には被害は比較的少なかったともいえる.このことについては,前述のように校舎が東西方向を長軸として配置される学校が多いのに対し,地震動は南北方向の成分の方がかなり強いとされる地域が広く,学校建物の弱点である長軸方向に大きな入力をうけた建物は比較的少数にとどまったことが大きな原因の1つとして指摘される.しかしながら,現在までに明らかにされた資料[3]によれば各自治体から依頼されて調査した184棟中,倒壊14棟(7.6%),大破23棟(12.5%),中破83棟(45.1%)となっており,これまでの地震による被害と同様に,この地震でも学校校舎の被害はかなり顕著であるといえる.

1.11 阪神・淡路大震災(2)－RC造の被害とその教訓(1995年)

(a) 柱のせん断破壊

(b) 柱の付着割裂ひび割れ

(c) 柱の曲げ圧縮破壊

(d) 梁端の曲げ降伏後の圧潰

(e) 柱・梁接合部の圧潰

(f) 耐力壁のせん断破壊

図-1.11.8 鉄筋コンクリート造建物に見られる各構造部材の破壊モード(1)

77

(g) 杭頭の圧潰

(h) 二次壁のせん断破壊

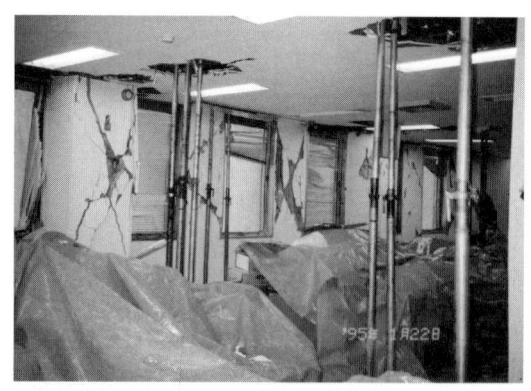

(i) 柱と二次壁のせん断破壊

図-1.11.8 鉄筋コンクリート造建物に見られる各構造部材の破壊モード(2)

(4) RC造建物における主要構造部材の崩壊モード

この地震でRC造建物の主要構造部材に多数みられた代表的な破壊モードを表-1.11.5および図-1.11.8(a)～(i)に示す．これらの内でもっとも多くみられた破壊モードは過去の地震と同じく，脆性的な破壊モードである柱と壁のせん断破壊であった．また，杭の被害例の報告も最近になって増えており，注目されている[4]．

これに対し，これまでわが国ではあまりみられなかった柱の付着割裂破壊や曲げ圧縮破壊，柱・梁接合部のせん断破壊の非常に顕著な例がいくつかみられている．これらの比較的新しい破壊モードは表-1.11.6に示したように現行規定によって設計された建物でみられたモードでいずれも靭性に乏しい破壊モードであり，現在でも構造設計上の対応が必ずしも十分とは言いきれない．

表-1.11.5 各構造部材に多く見られる破壊モード

構造部材	破壊モード
柱	a. せん断破壊 〔b. 付着割裂破壊〕*1 〔c. 曲げ圧壊など〕
耐震壁	d. せん断破壊
柱・梁接合部	〔e. せん断破壊〕
杭	f. せん断破壊 g. 圧潰

注) *1 〔 〕は我が国では過去にあまり見られなかった破壊モード．

表-1.11.6 現行(新)基準によるRC系建物でみられた新しいタイプの被害

新しいタイプの被害	状況
柱・梁接合部のせん断破壊	壁の少ない純ラーメン建物で柱や梁が細いがせん断補強が多い場合，柱や梁にせん断ひび割れが生じても破壊には至らず，その代わりに接合部の損傷が進む
柱や梁の付着割裂破壊	せん断補強は多くても，柱や梁の主筋比が多い場合にはかぶり部分のコンクリートが剥落する
2次壁スリットのひび割れ	中高層壁式ラーメン建物では詳細規定に準拠したスリットが2次壁の被害を適度なものにとどめた

1.11.2 被害原因についての考察

(1) 建設年次による建物の耐震性能の違い

この地震による被害については，図-1.11.10に示したRC造ばかりではなく鉄骨造や木造についても，個々の建物の建設時期による被害の違いが注目されている．この場合の節目となる建設年次としては1971年（木造を除く）および1981年がとりあげられているがこれはいずれも地震時における建物のねばり強さの違いをもたらした次のような耐震規定の改正によるものである．

a. 1971年の通達 1968年の十勝沖地震の被害経験（学校校舎などでのせん断破壊の多発）により，柱に用いる横筋間隔（従来は規定なし）を計算結果の如何によらず15cm（柱頭，柱脚では10cm）以下とした．

b. 1981年の施行令改正（表-1.11.7参照）

① 設計用地震力算定用の標準せん断力係数 C_0 を従来の0.2以上から0.2以上（中地震動対応）および1.0以上（大地震動対応）の2本立てとした．

② 各階における地震外力分布を従来の等分布から倒立三角形分布に近い A_i 分布とした．

③ 大地震動に対する設計方法を終局強度設計法とし，靱性に富む構造とする場合には $C_0=1.0$ 以上とする代りに $C_0=1.0\times D_s$ としてよいとし，$D_s=0.3\sim0.55$ とした．

④ 壁が多い建物や整形な建物の場合には大地震動に対する検討を省略できるとする一方，不

表-1.11.7 1981年の施行令改正前後の比較

対策項目	改正前	改正後
建物が倒壊しない限界の地震動	不明確	関東大震災程度 (350～600gal)
地震時に働く水平方向の慣用力の分布	等分布	逆三角形に近い分布
建物の抵抗力	強さのみ	強さのみ，または強さと粘り強さ（選択可）
不整形建物対策	なし	平面または立面が不整形の場合，強さの割増し
その他の対策（重要度係数，地形係数，上下動の影響）	なし	なし

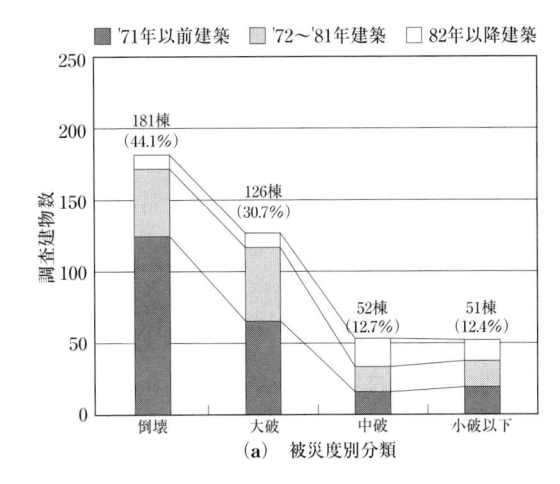

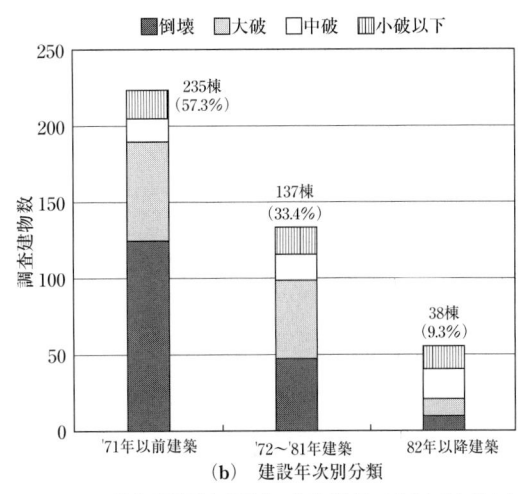

図-1.11.9 建築震災調査委員会の緊急調査による「立入り禁止」とされたRC造建物410棟の被災度別，建設年次別分類[2]

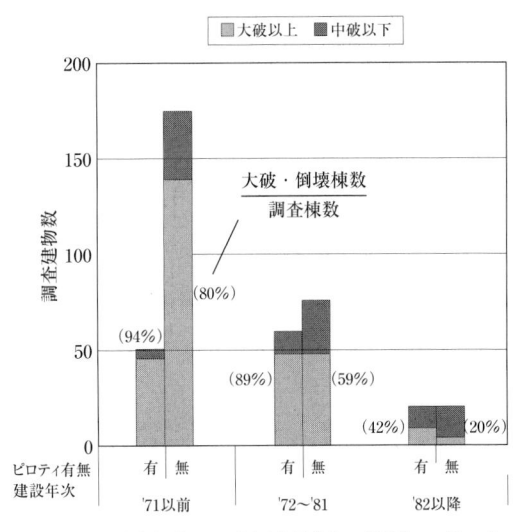

図-1.11.10 緊急調査による「立入り禁止」RC造建物400棟のピロティの有無による建設年次別被災度の分類[2]

整形な建物の場合には必要な耐力を整形な場合の1.5倍以上とすることとした．

以上の法令がらみの設計法の改正による建物の耐震性能への影響は非常に大きく，これらの法令の改正前後における建物の耐震性能の下限値をおおまかに推定すると表-1.11.8に記したように大きな差異があることになる．これを更に単純化し，建物の耐震性能が概略（水平強度/建物重量：C）と（粘り強さによるエネルギー吸収能力に基づく割増係数：F）の積で表されるとして上記の諸条件等を考慮の上，下限値に近い値として定量的に示したものが表-1.11.9である．なお，この表で（ ）内に記した$I's$の値はピロティ付建物や偏心付建物での応力集中による耐力低下を見込み，その影響を1/1.5として評価した．この表に記したように建設時期による建物の耐震性能の違いは主として柱の横筋比の所要値の変化による建物の粘り強さの違いや顕著な応力集中の有無によるものであり，これが旧規準による多数の建物において柱や耐震壁のせん断破壊などに代表される脆性的な破壊の大きな原因の1つとして指摘することができる．また，中層建物の場合にはピロティの有無などの建物形状の評価の違いおよび地震時の水平方向の作用慣用力の高さ方向の分布（すなわち，設計用地震力の高さ方向の分布）の変更による中間層以上での保有水平耐力の違いが，建設年次によるこの種の建物の被害の違いをもたらしている（図-1.11.10参照）．

(2) 地震入力に対する建物の保有耐力の比に基づく被災度推定指標値I_Dによる検討

a．指標値I_Dの算出 個々の建物の被害程度は建物への地震入力（I_E）の大きい程，また建物の保有性能（I_S）の小さい程大きくなることは明らかである．このことから，I_S/I_Eの比I_Dを（建物の被害程度を推定するための指標値）と定義し，実際に個々の建物について観察された被災度区分とI_Dとを比較してみる．この場合，I_Sは表-1.11.9のI_Sまたは$I's$の値をとることとするが，I_Eも個々の建物について明らかにしなければならない．ここでは，気象庁の各震度階に対して，その参考値として示されている地表加速度の平均値および建物−地盤間の相互作用による応答倍率の平均的な値（2.5とした）をとることとし，I_Eは表-1.11.10に記した値とした．また，I_Sの算定では，1980年以前に建設された不整形な建物として，1階部分が部分的にまたは全体にピロティとなっている集合住宅や長辺方向が地震動の強かった南北方向になっている学校が該当するとして表-1.11.9の$I's$の値を用いることとした．

表-1.11.8　建設年次によるRC造建物の構造性能推定値

建設年次	耐震強度(C)[*1]	変形性能(F)[*2]	建物形状(S_D)[*3]
a. 1971年以前	Cは概ね0.3以上ただし中間層以上はそれより下回る	Fは概ね1程度のものが多い	ピロティ付建物や偏心の大きい建物の対応がないまたは不十分
b. 1971〜1980年	同　上	Fは上記をやや上回る	同　上
c. 1981年以降	Cは概ね0.3以上中間層以上についても0.3以上	FはCの値に応じて$F \geq 1.0/C$を満たす	建物形状に関する検討は折り込み済み

注）
*1 Cは1階の降伏せん断力係数で(建物1階の水平耐力)/(建物の1階の重量)．
*2 Fは建物の粘り強さの指標でせん断破壊を生じる建物で1とし，粘りのある曲げ破壊では最大3.3まで評価できる．
*3 建物形状が，地震時に特定の階や部分に被害を生じやすいような形をしている時に建物の水平耐力を割増する必要がある．

表-1.11.9　建物の建設年次別の保有耐震性能指標概算下限値I_S

建設年次	保有性能		$I_S (I's)$[*3]
	C[*1]	F[*2]	
'70年以前	0.3	1.5	0.45 (0.30)
'71〜'80	0.3	2.0	0.60 (0.40)
'81年以降	0.3	3.3	1.0 (1.0)

注）
*1 耐震強度指標(水平耐力/重力)
*2 余力や靭性による係数
*3 I_Sは$C \times F$，$I's$は形状不良建物用で$C \times F/1.5$(ただし，'81年以降では1.5→1とする)

表-1.11.10　入力指標I_E

気象庁震度階	a_C[*1]	a_R[*2]	I_E
5	80〜250	165×2.5	0.42
6	250〜400	325×2.5	0.82
7	400以上	500×2.5	1.28

注）
*1 各震度階の地動加速度参考値．
*2 入力加速度概算値=(*1の平均)×(応答倍率概算値)
*3 (*2)/980

表-1.11.11 被害度推定指標値 $I_D(I'_D)$

建設年次	震度階 5	6	7
〜'70	1.07(0.71)	0.55(0.37)	0.35(0.23)
'71〜'80	1.43(0.95)	0.73(0.49)	0.47(0.31)
'81〜	2.38(2.38)	1.22(1.22)	0.78(0.78)

その結果，I_S と I_E の比により I_D を個々の建物の建設時期と経験震度階とのマトリックスによって表示し，さらにこれに建物形状の良否による影響を加味して表-1.11.11を得た．すなわち，I_D の値は1を上回ると顕著な被害が生じない可能性が高いことを意味し，1を下回り小さな値となるほど大きな被害を生じる可能性が高いことを意味する．

この指標は，表-1.11.9に示した強度指標 C の仮定値からもわかるように一般の建物が保有する耐震性能についてその下限に近い概算値を表そうとするものであって，とくに1981年以前の建物では例えばアパートの場合のように主として壁が多い建物についての指標は表-1.11.11の値より大きくなる．逆にこの指標よりも小さな値となる建物があるとすれば，その建物については設計ミス，施工ミスもしくは耐久劣化といったような因子が考えられることになる．

b. 指標値 I_D を用いた検討による問題点の抽出
不特定多数の建物について観察された被災度区分の妥当性を検討するため，上記の指標値 I_E を用いて分析した．検討に用いたデータは検討に必要な諸元が明らかにされている文献5),6)に記されたデータである．ここで文献5)は公共建物および分譲住宅を対象として使用者や居住者から申請された建物について行われた構造被害の詳細調査のためのボランティア活動による資料であり，その内，ここでは学校16棟，病院1棟，集合住宅22棟のデータを含む．また文献6)は日本建築学会によって行われた基礎調査データをもとに東京大学が再調査して得た85棟のデータの内，建設年次が明らかな12棟のデータを用いた．なお，I_E の算出の際に用いた個々の建物の地点の震度について

は，震度VIIは気象庁の発表によりその他については文献5)では原則として当該建物の周囲半径約50mの範囲についての被害度の観察結果によることとしており，また文献6)のデータについては一律にVIIとした．また，個々の建物の被災度区分は原則として文献7)の方法によっている．

対象建物について実際に観察された被災度区分と被災度推定指標値 I_D との関係を表-1.11.12に示す．表にみるように51例中22例（43％）が一致し，15例（29％）が1ランク違いなど多くの建物についての両者の値が近い値となっており，建物の保有性能の下限値が表-1.11.11のように，おおむね建物の建設時期と建物の特殊形状とによって大別できることがわかる．表-1.11.12には両者が一致しない建物群として甲，乙2つのグループが示したが，甲は実際の被災度が推定値よりも軽かった——いわば安全側の建物群であり，その原因としては地震動の強かった南北方向に壁の多い建物などが典型的な例としてあげられる．

問題として注目すべきことは推定値よりも2段階以上大きな被害のあった乙の建物群の存在である．これらの原因としては前述のように設計不良その他の原因が考えられるが，これを明らかにす

表-1.11.12 被災度推定指標値(I_D)と調査建物について観察された被災度区分の関係(⓪,$\boxed{N}$,mは調査した建物番号[*1])

I_Dによる区分	観察された被災度区分 軽微以下	小破	中破	大破	倒壊
A (0.8以上)	11 13	17 21	② ⑰ ⑲ ⑳	②'	
B (0.7〜0.79)	14 14'	27	⑭ ⑮ ⑲ ⑳ 1 2 9	⑦ 2 11	30 215 316 386
C (0.45〜0.69)	16		⑤ ⑤ ⑥ ⑥ ⑦ ⑨ ⑩ ⑱ ⑲ ㉑ 8	16 24 30	
D (0.35〜0.44)	10	3		334	
E (0.35未満)					334 118 144 248 343 345 348

注) *1 $\boxed{N}$ はボランティアチームISPROVERの調査建物n（○は公共建物，□は集合住宅）[5] mは東大小谷研究室による調査建物m（全て集合住宅）[6]

表-1.11.13 被災度推定指標よりも大きな被害を生じた建物の条件

建物記号	階数	用途	建設地	建設時期*1	特殊形状*2	震度階	ID I'D	被災度区分	主な被害*3	被害の差をもたらした条件(推定)
2	4	学校	伊丹市	I	—	V	1.07	中破	IV(柱せん断)	震度階V
2'	4	〃	〃	〃	〃	〃	〃	大破	V(同上)	〃
17	3	〃	尼崎市	〃	〃	〃	〃	中破	V(梁引張り)	〃(液状化)
19	4	〃	〃	〃	〃	〃	〃	〃	IV(柱せん断)	震度階V
20	4	〃	〃	〃	〃	〃	〃	〃	IV(同上)	〃
6	7	集合住宅	灘区	III	p	VII	0.78	倒壊	1階崩壊	1階ピロティ(新耐震)
7	5	〃	東灘区	〃	pp	〃	〃	大破	1階柱曲げ大破	同上
211	3	〃	灘区	III	pp	VII	0.78	大破	同上	〃
215	4	〃	〃	〃	p	〃	〃	倒壊	1階崩壊	〃
316	8	〃	東灘区	〃	p	〃	〃	〃	同上	〃
386	3	〃	〃	〃	p	〃	〃	〃	同上	〃

注) *1 I(1970年以前), II(1971〜1980年), III(1981年以降).
*2 —(該当事項なし), p(ピロティ), pp(部分ピロティまたは事務所).
*3 IV, Vは柱の損傷度区分.

るため乙の建物群の諸元を表-1.11.13に示した．表に記したように，11棟中6棟が震度VIIの地域に建つ新耐震によるピロティ付の集合住宅，残り5棟が震度Vの地域に建つ学校校舎となっている．この内，校舎の5棟の学校については作用方向をはじめ地震動そのものが推定値より更に大きかった，もしくは北側構面の短柱への応力集中が更に大きかった可能性が考えられる一方，新耐震ではすでに対応済みとなっており，残る問題は既存校舎全体にかかわる耐震診断の推進などの問題が残されている．

これに対し，6棟の集合住宅はいずれもピロティ付集合住宅で，1棟は大破であるが，5棟は倒壊となっており，その内3棟では柱頭が大破その他は層崩壊のため，破壊モードは必ずしも明確ではない．なお，これに類した現行規定による大被害建物の例は文献2)にも多数記されている．これらの建物の被害原因としては入力過大または耐力過小が考えられることになるが，後者の内容としては，ピロティ部分の剛性評価の不適切などの設計上の問題と，曲げせん断圧縮破壊や柱・梁接合部のせん断破壊についての詳細設計の不十分さなどが推定される．

(3) 材料施工面からの検討

この地震による建物の被害と材料・施工の関係については，S造では大きな課題が残されたものの，RC造についてはS造のように全体にかかわる程の大きな問題は指摘されていない．しかし，主として① コンクリート強度不足，② コンクリートの塩分と鋼材の腐食，③ 主筋圧接不良，④ せん断補強筋の端部形状の不良などの諸点についていくつかの指摘がなされている．

コンクリート強度については文献2)で8つの建物のコア試験の報告があり，その内3件についてはコア試験結果が設計基準強度の約60〜80％止まりであったとされているが，被害との直接的関係は不明確とされている．未だ調査事例も少ないが，静岡県その他で行われている学校等の耐震診断にかかわるコンクリート試験結果によれば，昭和40年前後に建てられた建物のコンクリート強度は設計をかなり下回る例が少なくない事が確認されており，多かれ少なかれコンクリートの実強度が被災建物の被害程度に影響していると推定される．

また，せん断補強筋，とくに帯筋の形状不良については文献6)において丹念に調査されており，

(a) 付着割裂ひび割れ　　　　　　　　(b) 付着割裂によるコンクリートの剥落

図-1.11.11　新しいタイプの破壊モードである付着割裂ひび割れと破壊

その結果適切な事例がきわめて少ないことが報告されている．

いずれにしても，建築物の検査制度の不十分さが問題となる．

1.11.3　今後の検討課題
(1) 被害の分析により明らかにされた問題点

今回の地震による建物被害は非常に甚大であり，今後も引き続き多くの事項が検討されると思われるが，鉄筋コンクリート造建物の被害と前項までに記した検討結果から次のような事項が明らかにされた．

a. 鉄筋コンクリート系の各種構造形式の内，各種の壁式鉄筋コンクリート造や壁式プレキャスト鉄筋コンクリート造建物は無被害ないし軽微な被害にとどまったのに対し，鉄筋コンクリートラーメン構造による建物は崩壊をはじめとする著しい被害から無被害までの非常に幅の広い被害を生じた．

b. 被害の原因としては，入力地震動が現行の設計用地震力を大きく上回った地域が狭くなかったことに加え，1981年に改正された現行の耐震設計基準（新耐震）ではなく，旧基準によって設計された建物の耐震性能が十分ではない上に，旧基準による建物の割合が全体の7割程度に及ぶことによるところが大きい．

c. 新耐震設計法による建物はおおむね中破以下の被害にとどまったが，2次壁に著しい被害を生じた建物が多いことに加え，少数だが大破や倒壊に至ったピロティ付建物などがみられた．

これらの分析結果によれば，今後の検討課題として次の事項が指摘できる．

a. 建物の用途による被害恕限度の再検討：病院，庁舎，学校等の建物は震度Ⅶの地震動に対しても，機能が保持できるよう，入力地震動のレベルアップや変形制限の強化．

b. 地盤条件による入力地震動の再検討：今回の震度Ⅶを生じた地盤条件の明確化と設計用地震動へのとりこみ．

c. 耐震診断基準の見直しと診断事業の推進．

d. 現行耐震設計法の見直し．

上記各項の内，a，bおよび耐震診断事業の推進は政令や制度にかかわる問題であることから，ここではその他の事項について補足する．

(2) 現行耐震設計法の問題点

上記の分析結果から現行の耐震設計法の問題点として次の事項が指摘される．

a. ピロティを有する建築物の設計法　　現行

設計法による建物の中で顕著な被害をうけた建物は，ピロティ付のものが多数を占める．現行の剛性率の評価方法や柱の崩壊防止のための配筋詳細など再検討が必要である．

b．柱の脆性破壊の防止 靭性の改善を主目的とした現行設計法への移行により，柱などのせん断破壊の防止については明らかな効果があったと思われる．しかしながら，せん断破壊以外の曲げ圧縮破壊に対処するための中子筋の推奨や付着割裂破壊の防止のための主筋比の制限など新しい脆性破壊の防止のために有効な構造規定の整備が望まれる．

c．柱梁接合部のせん断破壊 鉄筋コンクリート造建物の柱・梁接合部のせん断破壊は，主として梁の曲げ応力によって接合部パネルのコンクリートに斜め圧縮破壊が生じる破壊モードである．柱や梁の断面が小さく，梁の主筋比が大きい接合部に生じる脆性的な破壊であり，この破壊に対しては接合部のせん断補強の効果があまり期待できないことも1つの問題である．この破壊モードは柱や梁の断面設計が終了した状態で評価する仕組みとなっているため，許容応力度設計レベルで設計を終了する建物ではまったく検討されていないばかりではなく，超高層RCなど一部を除いて保有水平耐力の検討段階でも未検討になっているものと思われる．すでに公表されている技術資

(a) 建物全景（1スパン×6スパンの6階）

(d) 十字型接合部のひび割れの詳細

(b) ひび割れの生じた十字型接合部の内側（躊躇なひび割れは見られない）

(c) 各階の十字型接合部と柱に生じたひび割れ

(e) 各階のト型接合部に生じたひび割れ

図-1.11.12 新しいタイプの破壊モードである柱・梁接合部せん断破壊の生じた鉄筋コンクリート造建物

料$^{8),9),10)}$の活用が望まれる（**図-1.11.12(a)～(d)**参照）．

d．電算ソフトの未整理　現在，鉄筋コンクリート造建物の耐震設計はどの設計ルートによる場合でもコンピュータを利用する場合が多いと思われるが，現在のところ，上記の柱の曲げ圧縮破壊，柱や梁の付着割裂破壊および柱・梁接合部のせん断破壊に対する検討を盛り込んだ電算ソフトはほとんど市販されていない．このことも改善を要する大きな課題である．

(3) 既存建物の耐震診断技術指針の充実

この地震により，既存建物のうちとくに旧設計法による建物は震度Ⅵ～Ⅶの強地震動で顕著な被害を受ける可能性が高いことが明らかになった．このことより，全国各地において，既存鉄筋コンクリート造建物の耐震診断をより一層推進する必要が明白になった．このことから，冒頭に記したような「建築物の耐震改修の促進に関する法律」が公布され，施行される運びになったことは誠に時宜を得たものである．

この場合，検討対象建物としては旧基準による建物ばかりではなく，新基準による建物でも例えばピロティ付建物や柱・梁接合部破壊の可能性のある建物の中には問題となりやすい建物があることに注意が必要である．

また，既存建物の耐震診断や耐震補強に関する技術指針$^{11)}$は既に広く用いられている．しかしながら，次の諸点についての充実が必要と思われる．

a． 一次診断，二次診断での形状指標S_Dの評価法の再検討と強化

b． 柱の付着割裂破壊，曲げ圧縮破壊および柱梁接合部のせん断破壊などの評価方法の確立と，一次～三次診断での強度指標C，靭性指標Fに対する導入

c． 曲げ圧縮破壊に対する補強方法の見直し（鉄板補強など）

d． 柱・梁接合部の補強方法の確立と導入

被災建物の被災度判定基準および復旧技術指針は今回の地震に対して広く活用され，また活用されつつある．今回の適用が始めての経験であり，次の事項も含め，広く再検討することが必要である．

a． 柱の損傷度区分判定に対する梁および柱・梁接合部損傷の考慮

b． 柱の大破した建物の常時荷重に対する応急補強の必要性の追加

(4) 検査制度の確立

鉄骨造建物の溶接やRC造建物のコンクリートの打設に代表される構造上主要な部分の現場施工の不良工事対策には，少なくとも第三者による施工検査制度の確立と普及が不可欠である．

1.11.4　むすび

鉄筋コンクリート造建物の被害状況をその分類とともに示し，あわせて主な被害原因の分析結果について記した．最大の原因は既存建物の耐震性能が一般に十分とはいえない上にその対応が十分とはいえない上に，その対応が十分でなかったことによるが，新耐震規定による建物でも被害がみられた点については，構造設計技術者などへの警鐘とも思われる．既存建物の診断補強の問題は構造担当者にとって必ずしも歓迎されない傾向がみられるが，今回の貴重な体験を無にしないためには，関係者1人1人がそれぞれの立場でこの問題に積極的に取り組むことが望まれる．

◎**参考文献**

1) 建設省建築研究所：RRI NEWS Epistula Vol.10(1995.10).
2) 建設省建築研究所：平成7年兵庫県南部地震被害調査中間報告書(1995.8月).
3) 岡田恒男，壁谷澤寿海 他：1995年兵庫県南部地震により被災した文教施設の被害調査報告（その1～その7），日本建築学会大会梗概集(1995.8).
4) 仁木幹夫，田村昌仁：阪神・淡路大震災－基礎および宅地地盤の被害，建築技術，(1995.8).
5) ボランティア活動主体(JSPROVER)：1995年1月17日兵庫県南部地震による被災建物の構造被害に関する詳細調査報告書(A1～A27，C1～C43).
6) 東京大学小谷研究室報告：1995年兵庫県南部地震による神戸市灘区および東灘区における鉄筋コンクリート造共同住宅の被害（その1：調査結果の概要）(1995.4).
7) 日本建築防災協会：被災建築物等の被災度判定基準およ

8) 日本建築学会：鉄筋コンクリート造建物の終局強度型耐震設計指針・同解説(1990.11).
9) 広沢雅也,秋山友昭：柱・梁接合部のせん断破壊および付着割裂破壊の略算的検討方法（耐震設計および耐震診断に考慮されるべき最近の研究成果），建築防災, (1993.8).
10) 広沢雅也：細めの柱・梁に潜む「接合部破壊の危険性」, 日経アーキテクチュア(1994.8.11).
11) 日本建築防災協会：既存鉄筋コンクリート建築物の耐震診断基準・改修設計指針・同解説（改訂版）(1990.12).

（冒頭）び復旧技術指針（鉄筋コンクリート造編）(1991.2).

1.12 三陸沿岸の津波被害とその対策

新掲載

牧野　稔
九州大学名誉教授

1.12.1　はじめに

日本列島に沿う日本海溝や南海トラフは海洋底に潜んでいる巨大地震の傷跡とも言えるが、ここでの巨大地震は、その度に大津波を送りだし、沿岸に被害を与えてきた。

とくに三陸沿岸は、リアス式海岸で、山が海に迫り、山裾にわずかに広がる平地に人が集まり住むので、津波の被害が著しい。

明治以降の大きい津波の犠牲者は、**表-1.12.1**のようにまとめられる[1]。同じ文献1）から波高を抄録すると**表-1.12.2**のようになる。大船渡市と志津川町で、1960（昭和35）年のチリ地震津波の波高が記載されてない理由は明らかでないが、2001（平成13）年に現地で5.3m（地上2.5m程）とか地上2.4mの標識を見たので1896（明治29）年の津波を上回るものがあったと言える。

三陸沿岸には木造建物が多く、激浪に曝されると壊滅的な被害を受けやすい。死者数/流出戸数の比が大きいのは、逃げ遅れている証拠である。

津波の勢力は、1896年の津波がもっとも強く、次は1933（昭和8）年の津波、チリ地震津波は周期が長く、ゆっくりした津波であったが、大船渡や志津川では、前2者を上回る激しさがあった。

1.12.2　津波対策

津波は高所に居住している人には危害が及ばない。しかし利便のため海浜に住まう人は絶えず、津波を阻止したり無力化する手段が必要である。無力化には限度もあるので、避難が欠かせない。津波対策は、これらの組合せで成り立つ。

高所居住は対策の基本である。船越湾に臨む旧船越村の山の内と小谷鳥の集落は、役の行者の教えを守り、高所居住を続けてきたという[2]。1896年の惨禍を契機に、集落の高所移転が最善と、有志が努力していくつかの集落は自発的に移転に成功した[3]。船越村船越、吉浜村本郷など、今に残る景観がこのとき形成された。

しかし被災した多くの集落は、高所移転が挫折したりして、旧地に復興して、1933年の津波でふたたび大きい被害を受けた。筆頭は田老村であろう。

1933年の被災後、今度は行政が指導して、預金部より低利資金を借り、利子補給を受けて住宅適地造成事業が行われた。宮城県と岩手県で合計3 000戸の事業は、500戸の田老村を除き高所移転であった[4]。岩手県の事業地を**図-1.12.1**に示す。戸数の多い集落は円を大きくしている。ただし重なるので比例させていない。大槌町吉里吉里の景観は、このとき造られた。

1960年チリ地震津波以後は、堤防で津波を防ぐ

表-1.12.1　明治以降の大津波の犠牲者(名)

		青森県	岩手県	宮城県
1896年 津波	死者数	343	22 565	3 452
	流失1戸当り死者数	0.57	3.67	1.11
1933年 津波	死者数	30	2 658	307
	流失1戸当り死者数	0.35	0.69	0.32
1960年 チリ津波	死者数	3	61	54
	流失1戸当り死者数	0.30	0.13	0.15

表-1.12.2　各地の波高(m)

	1896年	1933年	1960年
田老町田老	14.6	10.1	2.6
宮古市宮古	4.6	3.6	2.2
山田町山田	5.5	4.5	3.3
大槌町吉里吉里	10.7	6.0	3.1
三陸町吉浜本郷	24.4	9.0	3.7
大船渡市茶屋前	3.2	1.8	—
志津川町	2.1	1.7	—

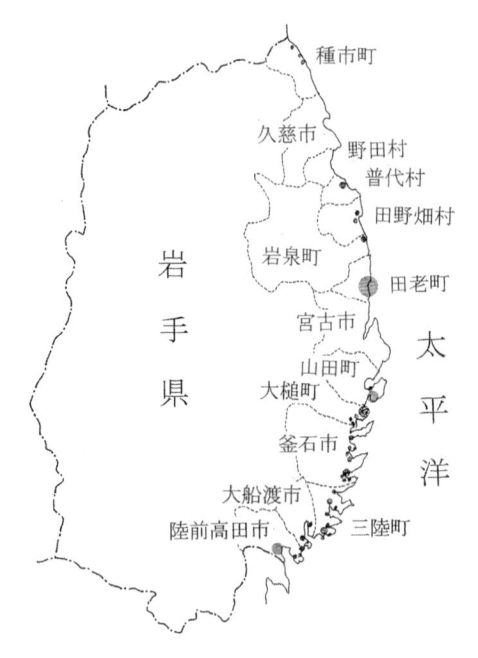

図-1.12.1 岩手県で住宅適地造成事業の行われた集落

手法が主流となり，一時奨励された防潮林と高所移転は廃れた．

1933年の津波後，釜石など大きい市街地は防浪陸堤で津波を防ぐ方策を採用した．その圧巻は田老村で，村費で建設を始め，その後国庫補助を受け，海面から高さ10.65mの大堤防を1958（昭和33）年までかかって完成させた．チリ地震津波後は，防浪壁の構築が各地で行われている．ところで海岸に高い防浪壁を築くと，港湾機能の妨げになる．大船渡では，湾口に津波の波高を低下させる津波防波堤を設置した．

津波の犠牲者には，避難路が無くて避難途中で津波に攫われた事例も多い．避難対策については市町村によって熱意に差があるように感じる．警報は伝わりやすくなったという安心感の為かも知れない．

1.12.3 津波対策のケーススタディ
(1) 田老村（現田老町）

田老の集落は1896年の大津波で壊滅した．死者・行方不明者は，1859人という[5]．集落は，高所移転が挫折して旧位置に復旧した[3]．1933年の大津波では，高所に再建されていた小学校，村役場などを除いてふたたび壊滅した．犠牲者は，911人に達したという[5]．太平洋に面して広い低地が開けていたのが災いしている．

田老村は耕地整理法で集落の敷地を山際に寄せ，集落を囲むように大堤防を建設した[4]．最初は，田老川と長内川の川筋の流域が緩衝地帯に充てられた．その後堤防が増設され，防浪ゲートで川筋を防ぎ，平野部を防護する形態となった．最初の堤防が囲った集落は，国道45号線を中軸に，全戸が道路に面するように袋小路を避けた道路網とし，隅切を大きく取って見通しを良くし，山裾には道路を巡らせて，高所に登る避難路に連絡させるなど避難を重視した計画が実現している．毎年3月3日には避難訓練を行っていることで有名で，町役場には，港を見渡す監視カメラが見張り，警報設備も充実している．

惜しむらくは，増設された堤防内の地域で，道路整備が進まず，袋小路があり，無秩序に建物の建設が進んでいることである．壮大な防浪堤で行き止まる新街区の道路を**図-1.12.2**に示す．

港の北側の急崖に1896年と1933年の津波の波高を示す15mと10mの標識が設置されている．大堤防の高さは1933年の波高に対応する．大堤防を越える津波を警告しているのに，新街区は避難を忘れているのは寂しい．ならば建物を鉄筋コンクリート造の3階建以上にするなど，いわゆる防浪建築を強制するべきである．

図-1.12.2 大防浪堤で行き止まる道路（田老町）（2001年）

田老町には都市計画区域の指定が無い．噂によれば，整備された旧集落の建物の多くが，区域の指定で既存不適格になるおそれがあるとか．

(2) 山田町山田

巾着形の山田湾の奥に位置する山田の市街地は，1933年の津波では南部で浸水が大きかった．北部には護岸があって，南部に無かった為ではないかといわれる[7]．県は海岸を埋め立て，護岸を築き，これと国道45号線との中間に居住地域と港湾施設の非居住地域とを分ける地上高さ2m，長さ840mの防浪壁を設置した．交差する道路部分には，跳上防浪扉が計画され[6]，壁は断続していた[8]．跳上防浪扉は実現しなかったようであるがチリ地震津波では，壁がかなり機能して海側でも木造建物が残存し，港湾地区の機能を考えた対応として評価されている[9]．

防浪壁の設置当時，壁の両側には更地が多い[6]．1960年には，海側にも普通の木造建築が進出していた．当初の港湾機能を活かす意図と異なった使われ方になったわけで，建物規制と連動しないと目的が果せないという例であろう．新しい防浪壁は巨大となり海岸寄りに造られ，その先の埋立地に魚市場が設けられた．旧防浪壁は2001年現在建物に埋もれた部分で一部残存している．

(3) 大槌町

大槌町の昔からの町並みは，大槌川と小鎚川が北と南を流れる山裾に沿っている．南から海岸線を辿る道路は小鎚川の河口の小鎚橋を渡って約500mで市街中心地に達する．

1896年の津波も1933年の津波も，この二つの川筋を溯り，山際近くまで浸水している[10]．1933年当時，海岸付近は未開発で市街地を外れると，家屋は小鎚橋への道路に沿ってのみ地図にあり，建物被害は多くここで発生している．

被災後，小鎚川の左岸と大槌川の右岸を円弧状で結ぶ防浪陸堤が計画され，海岸の砂州には黒松の防潮林が植栽された模様である．やがて大槌町は，沖に集まる漁船の基地を目指して安渡の地先を埋め立てて港湾の整備を図ることになる[11]．そ

図-1.12.3　大槌川左岸の町営住宅団地（1960年）

の途中でチリ地震津波に襲われた．

平屋建の町営住宅が，堤防が途切れた大槌川の左岸に図-1.12.3のように建設されていた．過去いずれも浸水した場所である．水は鴨居の上15cm位に達し，切妻の壁を破って逃げた跡のある家があった．高所移転が忘れ去られていた．

2001年にここを訪れたとき，防潮林は消え，大槌川の堤防は，港湾地区を護る見上げるような防浪壁と同じ高さに整備され，町営住宅も同じ位置で2階建に建て替っていた．ただしJR山田線の鉄橋は昔のままで，図-1.12.4のように堤防の完成が妨げられていた．山田線が廃線になるまで，このまま推移するような気がする．

(4) 大船渡市

大船渡湾の湾奥には，かなり広い盛川の三角州がある．1896年の津波とチリ地震津波は，2km程陸上に侵入している．三角州の浸水地は農地であったので，チリ地震津波の建物の被害は，湾奥の両岸に著しかった．

チリ地震津波後，湾口に津波防波堤が建設され，この助けを借りて，港湾機能を妨げないようにと港湾の防浪壁は低く造られている．この港湾機能を利用して，農地であった低地が，1995（平成7）年に工業地域および工業専用地域に指定された．

工業専用地域に進出した合板工場の原材料の原木は，船で運ばれ，防浪壁の前後の岸壁に壁よりも高く図-1.12.5のように積み上げられていた．流木を浮べた水流の破壊力は凄まじい．計画通り

図-1.12.4　大槌川左岸堤防と町営住宅（2001年）

図-1.12.5　大船渡港埠頭の原木（2001年）

に津波が防げなかったときの対策が欲しい．

1.12.4　地域開発と津波対策

岩手県は，1933年の津波後，対策事業について震浪災地工作物築造要項を定めた[6]．その中に「防浪海堤，防浪陸堤，耐浪建築，防浪壁等津波に対する障害物を築造する場合は，他方に十分なる緩衝地帯を存せしむること」がある．予測の難しい現象に対応するため，水理上の洞察から導かれたものであろう．

田老町や大槌町の防浪陸堤は，これに従っていた．やがて地域の発展に眼が向くと，まともに津波を阻止する堤防が築かれて，緩衝地帯が開発の対象になる．緩衝地帯を失えば，堤防に達する津波の波高は高くなるであろう．これを相殺するために，湾口防波堤が築かれたり，消波堤が設置されることになる．残念ながら，さまざまな費用を掛けて開発した地域の整備は遅れている．

大船渡市においては，緩衝地帯になっていた農業用地が工業用地に変身した．湾口防波堤に頼った原木の山のような野積みは，不気味さがある．

開発は，吉里々々や船越の高所に住居を構え，低地を耕地とする津波に対処した景観にも及ぶ気配で，米の減反政策が耕地を商業地などに転換するのを加速するであろう．

地域開発と津波対策が釣り合っていない．低地を利用するのであれば，そこには津波に耐える建築，あるいは津波を避ける建築が考えられてよい．

1.12.5　災害危険区域の活用

昔から宅地の高所移転をしても，跡地の始末ができていないと，他所から跡地に移り住む人が出て，高所移転の意味が失なわれた事例も多い．1933年にふたたび同じ場所が惨禍を受けたのをみれば，危険な場所に弱い家を建てるのを制限するべきだと考えるのは当然であろう．津波後岩手県は津波被害地住居制限法を陳情した[6]．これは実現しなかったようである．しかし伏線になったのか，戦後建築基準法第39条で災害危険区域の設定ができるようになった．

津波を対象とする災害危険区域の設定は，チリ地震津波後，ようやく志津川町の条例で実現した．これを梃子に志津川町は，いわゆる耐浪建築で津波を防ぐ建築帯を設けることを計画したといわれているが[12]，こちらは残念ながら実現されていない．

1.12.6　むすび

チリ地震津波のとき，津波警報が数時間前に，サイレン，ラジオ，テレビなどで告知されたにもかかわらず，ハワイ島のヒロ市で，61名の犠牲者が出た[8]．熟睡していたり，自分は安全と思ったり，サイレンの意味が理解できなかった人が居た訳である．

大津波は稀な現象である．しかし必ずくるので，

被災地は備えを欠かせない．多くの施設は，これまでの波高に備えて設計されているが，「慶長16（1611）年の津波は，明治29（1896）年度の4割増しの高さで襲来した証跡がある」と今村は戒めている[13]．地域開発と津波対策は釣り合って行わなければならない．堤防があるからと油断している気配があるのが怖い．

◎参考文献

1) 宇佐美龍夫：新編日本被害地震総覧，東京大学出版会(1987).
2) 今村明恒，地震漫談（其の一）役小角と津波除け，地震第5巻，第4号(1933.4).
3) 山下文夫：哀史三陸大津波，青磁社(1982).
4) わが国の災害誌，全国防災協会(1965).
5) 地域ガイド－津波と防災～語り継ぐ体験，田老町，平成7年．
6) 震浪災害土木誌，岩手県土木課，(1936).
7) 二宮三郎：山田町田老村方面災害地踏査報告，検震時報第7巻第2号別冊，中央気象台(1933).
8) 気象庁技術報告第8号，昭和35年5月24日チリ地震津波調査報告(1961).
9) 岩崎敏夫，堀川清司：チリ地震津波とこれによる三陸地方災害の概況，土木学会誌45-8，(1960.8).
10) 松尾春男：三陸津波調査報告，土木試験所報告第24号，内務省土木試験所(1933).
11) 大槌町史，下巻(1984).
12) 亀井勇：津波被害の復旧予防対策，建築雑誌(1960.11).
13) 今村明恒：三陸沿岸浪災復興並に豫防施設現況，地震第8巻，第5号(1936.5).

第2章
気象災害

2.1 室戸台風と第2室戸台風とその被害（1934・1961年）

1999年12月号

桂　順治
京都大学防災研究所
現 京都大学名誉教授

2.1.1　はじめに

　1934年9月21日（金），湾奥に発達した大都会大阪が超大型台風に襲われるという未曾有の事態が発生した．多くの家が倒れ，多くの死者を出したが，70年近くを経た今日，この室戸台風の災害について語れる人も少なく，詳しい記録も見当らないので，新聞記事[1),2),3)]に頼ることにした．新聞記事はニュースが届いた順番に書かれるため，断片的になっている．それを事象の発生順に並べ変えると，何とか物事の筋道が見えるのではなかろうかと考えた．27年後の1961（昭和36）年9月16日（土），ほぼ同じ程度の台風（6118号）がほぼ同じコースをとり，第2室戸台風と命名された．こちらの方はいくらかの資料[4),5)]があるが，最初のものと体裁を整えるため，やはり記事[6)]中心のものとした．死者の数からすれば1/10以下に，大阪だけならば1/70近くに激減するが，それが何故だったのか読者は容易に見抜かれるだろう．しかし果してそれでよいのかという問題を忘れないでほしい．

　なお死者不明者の全体統計は気象協会のもの[7)]で最終集計であり，文章内の地区的なものは新聞からのものなので，致命傷者は含まれていない．またできれば近畿の地図を手元に用意していただけるとありがたい．

2.1.2　室戸台風とその災害

　大災害の洗礼は前日20日の午後3時，台風がまだ奄美大島の南東100kmのところにあるとき，後の上陸地点から遠くない高知県安芸郡西合村で竜巻が発生し，15戸の家が壊された．その14時間後の21日午前5時10分室戸岬測候所の気圧が

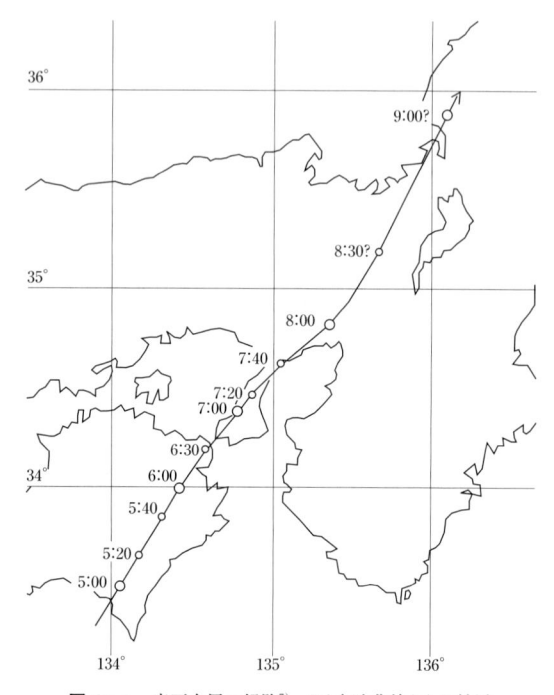

図-2.1.1　室戸台風の経路[7)]　?は走時曲線からの外挿

最低値911.9hpaを示し，5時30分近辺の漁村は壊滅的な被害を受け，室戸岬町，室戸町を中心に高知県下で113名の死者が出た．このため当地は陸の孤島と化し，室戸岬測候所の記録的な最低気圧値が東京の中央気象台へ届くのは24日のことである．

　その後，台風は60km/h以上の高速で徳島方面に向かうが，鳴門海峡を渡るあたりで40km/hに減速し，紀淡海峡を吹き抜ける南寄りの風が続いた．淡路島を縦断した台風はその後60km/hと速度回復し，明石海峡の東側を通って神戸の和田岬の辺りに本州上陸した．

　当時の気象予報機関は東京に中央気象台，大阪には中央気象台の大阪支台，それとは別に府立の

大阪測候所があり，別々の情報を流していた．中央気象台では20日の午前6時に沖縄本島の東100kmに暴風半径300kmの台風が北進していることを察知している．そしてこれが北東に進みそれが中部以西のどこかに上陸することを予測している．しかしまさかそれが大災害につながることはわからず，むしろ通過後の好天のことが新聞記事の見出しになっている．大阪測候所では高知県の竜巻と同時の前日の午後3時と直前の21日午前2時55分に暴風警報を出している．しかし当時一般家庭におけるラジオの普及はほとんどなく，人々が台風について知り得るのは新聞であるが，朝刊では間に合うはずもなく，20日の夕刊（当時は翌日の日付になっている）が唯一のものであったと考えられる．その大阪朝日の夕刊に載せられている中央気象台大阪支台と大阪測候所の記事を注意深く読めば，「……725ミリ（mmHg，966hpa）の台風は20日朝沖縄県那覇地方間近まで迫り，琉球，大島方向を20米の裂風と豪雨に押し包みコースは北東，今夜中に鹿児島地方から日向灘に出るはずで，あすは四国南方を荒らしつつ紀州沖に走るか，四国北岸から瀬戸内海を抜け近畿をつくか，いづれにしても異常な緊張のもとに警戒を要するわけで……」とあり，たいへんなことになるかも知れないということがわかるようには書かれている．というのは当日台風によってもたらされる南からの熱気のために午前11時で32.3℃という26年ぶりの暑さになっていた．そしてその熱源がその台風であるというように読め，おそらく書く方も経験のないことを予言するわけにもいかず，むしろそちらの方を強調したかったのも無理もないことである．要するに一般の人々は台風のことなど気に留めることもなく，東寄りの横なぐりの雨を避けながら出勤，登校し日常の業に就いたことであろう．

強風の魔の手は四国上陸後1時間を経た6時頃から和歌山市に現れ，1時間ほどの間に最大風速39m/sec（当時は20分間平均）となり倒壊建物による死傷者が出た．続いて強風は泉南地方を荒らし，正確な時刻はわからないが堺市三宝海岸地帯を高潮が襲い，250名の死者を出した．続いて大阪湾内の潮位が上がり，本州上陸の7時50分頃から阪神工業地帯を高潮が襲って低地の工場群を一呑みにした．このとき中之島公園が完全に水没してわずかに樹木が浮んでいた．増水位は築港でOP＋5.15m（8時20分），10km上流にある毛馬閘門で3.64m（9時20分）であった．（OP；Osaka Pail，大阪湾の平均潮位）

安治川河口の南にあった中央気象台支台も水没し無用となったが，城東線（今の環状線東側）より東の勝山通りにあった大阪測候所では必死の風観測が続けられ，7時25分頃から風速が上がり始め，8時02分に60m/secに達して，計測器が飛散，地上30尺（9.09m）の観測台がそばの高さ40mの無線鉄塔倒壊のあおりで危険状態に陥った，というものである．新聞記事から推して瞬間値に近いものと思われるが，これが唯一の大阪市内での最大風速データである．このとき台風の中心は20km北西の伊丹付近にあったと思われる．

この強風は一般の住宅はもちろん測候所から西1.6kmにある四天王寺の塔を8時頃に倒した他，大阪府下で70棟にのぼる校舎を倒したことが特長の一つであった．このため大阪府府下の死者不明者1888人のうち700人近くは学童学徒であった．また，この強風と高潮は電力供給を完全に止めたため，予備電源のあった大阪朝日新聞の3版にわたる号外と，ニュース番組だけに絞ったJOBKの放送を除いて，電信電話，交通機関，水道といったインフラ機構が麻痺してしまった．9時30分には水が引きはじめたそうだから大阪中心部の災害は8時頃から1時間程度のそれも大部分は前半の出来事だったと思われる．

大阪の惨事の20～30分後に京都が襲われる．前日の京都測候所の予測コースは西に200kmほどはずれていて，京都はまず大丈夫であろうということであった．それでも夜9時には山城丹波地方に暴風雨警報を出していた．しかし人々の翌朝の行動は大阪の場合と変らない．こちらの測候所

での観測業務は強風中にも正常に行われており，最大風速28m/sec，最低気圧957.8hpaとなっているが，観測時刻がわからないため，台風の中心位置の推定は難しい．被害の発生時刻から午前8時30分頃とすると，測候所から北西に20kmぐらいの現在の京北町近くの山中だったと思われる．風速値28.0m/secは大阪のものに比してずいぶん低いように感じられる．大阪の60m/secが瞬時値であることから文字通りの開きはなかったようで，台風上陸後の衰弱など考え合せると瞬間風速で大阪の7割，風圧で半分ぐらいではなかったかと思われる．それでもこの風速値は京都では最高記録であった．そして府内の死者不明者232人のうち133人は学童学徒で，4名の教員も8棟の校舎の倒壊（うち焼失1）の犠牲であった．このうち大阪にもっとも近い八幡小の倒壊がもっとも遅い8時40分であった．上立売大宮東にあった西陣小（今の乾隆小）の裏の露地沿いには41人の名標があり，上の新聞による30人より11人多い．したがって新聞の数字133人はもっと多く，後日重傷者が亡くなったと思われる．当日の洛北の被害状況については中島暢太郎[8]先生が御自身の体験を述べられておられる．

琵琶湖の南端瀬田川鉄橋上で8時25分下り急行が上り線に横倒しになり，9人が死亡したことや，若狭湾の船舶の被害は京都被災の延長だとしても，この台風による被害は東は東海関東を含め東北にもおよび，西は岡山鳥取に前夜来の豪雨をもたらし，河川があふれて153人が死亡した．

2.1.3 第2室戸台風とその災害

この台風の強風災害もまた室戸上陸に先立つとまる1日前の15日10時15分愛知県知多郡大府町での竜巻による12人の負傷で幕があく．またその前の7時25分には赤穂で前夜からの雨で土砂崩れが発生し，2人の死者が出た．また岐阜の長良川，石川県白山手取で増水による事故が発生している．このころ台風は午前10時に竜巻地点から南西に1000km以上離れた種子島の南30kmの

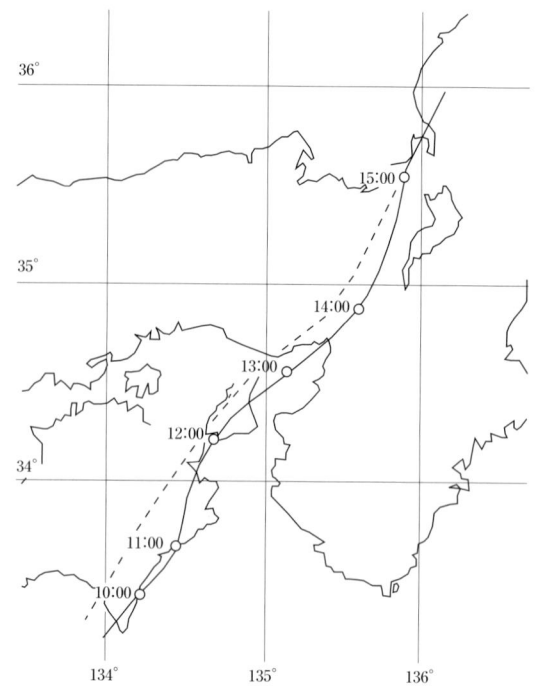

図-2.1.2 第2室戸台風の経路[8] 破線は室戸台風

北緯31°，東経131°にあって奄美大島を強風で荒らした後，進路を北から北北東に変え，40km/hの速さで本土に向かいつつあった．大阪管区気象台では15日0時に九州に向かう公算ということだが，午前9時に少し進路を東にし，九州南部から四国，中国，そして正午に近畿を予測した．さらにその後16日午前2時半の発表では大阪の南に来る可能性が強いが，北へ行って高潮の恐れは残っているので，十分注意する必要があるとしている．

台風の直接影響の最初は田辺市扇ヶ浜の海岸から4m離れた鉄筋コンクリート造の旅館で，早朝からの高波で基礎のまわりがえぐられ，午前8時の満潮時に2階の屋根まで達する高波によって客室がもぎとられる様子が現場に居合せた記者により述べられている（朝日9月16日夕版）．9時過ぎになって，台風が目前に迫った高知県安芸郡奈半利町の漁村39戸が高波にさらわれた．台風は室戸岬のすぐ西側に9時38分上陸し，室戸岬測候所における気圧930.9hPa，最大風速は午前9時に45.5m/sec（10分間平均），瞬間最大風速は11時

47分に生じ，84.5m/secであった．

徳島市では早朝から南東の風が強く，台風最接近時の午前10時に満潮と重なり，市内中心部は1m近い浸水となった．また和歌山市の海岸沿いの民家は高波のため，人々は近所の小学校や県庁に避難した．

大阪では16日午前9時30分にそれまでに出ていた暴風雨警報に加えて高潮注意報を警報に格上げした．港湾局では前日の午後から沈下した防潮堤の嵩上げに懸命で，最低でOP＋3.0mになるよう努力した．また低地に住む人々は安全なところへ避難移動し，他交通機関が運休する中を避難用のバスだけは危険地帯と無線連絡をとりながら増便し，36万人が避難した．阪神間の尼崎，西宮，芦屋の各市にも避難勧告が出て，住民はそれに従った．

生野区のかつての測候所のところが管区気象台となっていたが，1時28分，50.6m/secの最大瞬間風速を，29分には937.3hPaの最低気圧を記録し，台風の襲来を告げた．このとき窓ガラスが破れて，一時危機に陥るが，業務は続行された．このときの様子も当気象台で活躍された中島暢太郎[8]先生の前記の本に述べられている．このときより少し前の1時20分頃，中之島の南の土佐堀川で水があふれ出し，その後1時45分，港湾局のある港区では堰を切ったような水があふれ，4，5分のうちに民家の軒の高さにまでなった．このときの水位はOP＋4.15mで最高値を示した．しかしその後も河口から離れた部分では増水が続いていた．2時45分には台風はすでに琵琶湖の北端近くまで進んでいたが，淀川本流の下流付近が危くなり，知事は自衛隊の出動を要請した．このような状況で西大阪ではいつ危険がなくなるのかわからなかったが，結局死者は港区で午後4時頃1mの浸水中を転倒し発作を起したとみられる男性1人だった．大阪府の死者29人のうち残り28人は泉南と山側の強風による倒壊家屋の犠牲者だった．

強風帯は京都府南部に延び綴喜郡井手町から田辺町山中に木津川を渡る送電線の大型鉄塔を10数基倒して，大阪の工場への給電を激減させた．京都府での死者8人は現在の宇治市を中心とした家屋倒壊によるもので，京都市内では国宝重要文化財20件に被害が出たが，人命の損失はなかった．この台風による他の目立つ被害は新潟県で36人の死者を出したことだ．新潟市内で午後7時半ごろから強風が吹き出し，9時には瞬間最大風速45.5m/secを示した．災いはこの強風で倒れてきた煙突や家屋の下敷きによるものである．

2.1.4　両台風災害からの教訓

両方の台風は同じ呼称をもつだけあって，その規模の大きさといい，経路といい，よく似たものであった．その違いを探すならば，第2台風の方の経路が東に10〜20km東寄りであったこと，進行速度が2/3程度で遅かったことであろう．経路の違いはともかくとして，進行速度が早ければ，風が強く，雨が弱い傾向がある．その点で第1台風に風台風的要素が強かった．またわずかな経路の違いは第2台風の強風地帯が市街地を外れている様子もある．

予知能力という点では航空機やアメリカ軍の施設といった遠距離のものから，レーダー網の完備により，接近時の情報はより詳しくなった第2台風の場合がよくなっていることは明らかだ．しかしそれに対する適切な対応がなければ，駄目だという例はその2年前の伊勢湾台風の悲劇が物語っている．

第1台風が提起した問題を整理すると，強風対策と高潮対策であろう．強風対策としては校舎の鉄筋コンクリート化が進み大阪府での倒壊棟が70棟から6棟に減って功を奏したかのように思われる．しかし戦後，情報伝達機構が発達すると，危険時に学童は登校しなくなった．だから倒れてもよいということにはならないだろうが，前提が崩れている．第1台風後，校舎を鉄筋コンクリート化すべきだという意見と，きちんと設計すれば木造でもよいという意見，部分的に鉄筋コンクリート化するという意見が専門家の間で議論されて

おり，結論は出ていない．それはそのどれもが強風対策として有効であって，一律にどうすべきかという問題ではないからである．しかしこの時代にこのような議論があったということは後の世代にとって重要である．結局，府の行政的判断から校舎の70％は鉄筋コンクリート化するということになったが，それもそれで間違っていない．一般住宅に関しては，戦災で焼失した市街地はオフィスビルに代り，経済成長とともに人々は郊外に移り住むようになっている．建築基準法は1950年に制定されていたが，一般住宅には適用されず，第2台風の時代になっても耐風性能が向上していたという要因はとくに見当たらない．住宅が本当に風に強くなるのは昭和40年代に入って，プレハブ住宅が現れ，開口部の金属枠が普通の木造家屋にも使われだしてからである．

高潮に対する堤防建設もまた第1台風のときから考えられていた．軍事産業を維持するためにも部分的には進められていたであろうが，河口や多くの水路がある都会で，これを完成することは難題であった．しかし，建設は終戦直後から，徐々に進められ，1950年9月3日の台風28号（ジェーン）来襲後一応の完成をみた．ところが第2台風時の状況は前節に述べた通りである．ここで活躍するのが避難場所としての鉄筋コンクリート造の校舎であった．このシェルターとして利用するという発想は第1台風時の一主婦の新聞投書，「学校を安全地帯に」にすでにみられたものである．

第1室戸と第2室戸との被害の違いは3 000人と200人という死者の数から判然としている．これを27年間の時代の進歩とみるか台風慣れとみるか，不幸中の幸運とみることもある．2年前の伊勢湾台風の死者不明者が5 098人と室戸台風の3 036人をはるかに越えていることを取り上げると，時代の進歩はそれほどでもないということができる．第2室戸台風の襲来が伊勢湾台風と違って昼間であったことは人間の努力ではどうにもならない幸運ということになるであろう．昭和20年代の相次ぐ台風の襲来から大阪人の台風慣れとよく言われているが，避難方法などを徹底訓練していた努力の賜物で，人間が賢くなるという意味では最先端技術とは言えなくても時代の進歩といえよう．そこでは情報伝達は不可欠の要素であるし，室戸台風時代とは比べものにならない．要するに情報には科学技術の進歩によるコンピュータ的な身近なものと，経験による息の長いものとがあるということなのである．

27年という間隔の2つの事象をとってみて，災害に関する長期予測というものがいかに難しいかがわかる．これを克服にするには地味ではあるが自然をよくみて，現象の因果関係をはっきり知っておくことである．そのためには災害の調査をデータとして残すことであると思われる．例えば第1台風の直後，大阪府の建築係員が行った調査があり，新聞記事から抜き出すと「……また，市内密集地よりも郊外に，旧校舎よりも新校舎に被害の多かった点も新校舎は多く付近の空地中に建てられているためとみられ，一概に建築上のよし悪しの点から断定し難いことが判った．また，不思議なことはあれほど惨憺たる倒壊をみた天王寺五重塔がわずか西方の西門ではごく小数の瓦が飛んでいるだけで，五重塔より東北に向かって天王寺第五小学校，プール女学院など一直線上の被害をみており，これはおそらく同方向に局部的旋風が巻き起ったのではないかという意見が一致した．……」と述べられている．前半の空地で風当りが強いということは経験的にわかり，地表面粗度ということで，現在の設計規準に盛り込まれている．しかし後半の強風帯の存在については，その後の被害調査でもよく遭遇するが原因はまだよくわからない．この時代にこれを見出す炯眼は敬服に値する．この種の貴重な観察が積み重なって，自然を理解し，地形や風土に合ったきめ細かな方策が生れるのであって，すぐに鉄筋コンクリートに短絡してしまうのは疑問である．しかし現実に木造の校舎などほとんどなくなってしまった．また大阪湾の海岸も水門式という際どい方法ではあるが，室戸，伊勢湾級の台風に耐えられるようにな

っている．このようになると多くの人々が台風などの異常気象の恐さを忘れてしまわないかと心配になる．両災害後の復旧過程をみてもう一つ気付くことはわれわれの生活の異常なまでの電力依存である．この傾向は現在まで加速されており，この解消の糸口が見つからなければ，自然との共存も危うくなる時が訪れるに違いない．

◎参考文献

1) 大阪朝日新聞　昭和9年9月21日〜11月27日
2) 東京日日新聞　昭和9年9月21日〜9月29日
3) 京都日出新聞　昭和9年9月21日〜9月28日
4) 山本龍三郎，光田　寧，宮田賢二：第2室戸台風の強風分布について，京都大学 防災研究所年報，6，pp.113-127(1962).
5) 石崎溌雄，原田悦彦，桂　順治：第2室戸台風による家屋の風害について，京都大学 防災研究所年報，6，pp.81-99(1962).
6) 朝日新聞　昭和36年9月14日〜9月20日
7) 財団法人気象協会編：台風災害を防ごう，昭和38年9月．
8) 中島暢太郎：気象と災害，新潮選書(1986).

2.2 洞爺丸台風とその被害（1954年）

1999年7月号

村松　照男
気象庁予報課

2.2.1 はじめに

1954（昭和29）年9月26日夜，中心気圧956hPa（ヘクトパスカル），中心付近の最大風速40m/sに発達した台風第15号が北海道を襲った．当時最新鋭の青函連絡船で津軽海峡の女王と呼ばれた洞爺丸が，函館港外で暴風と激浪の中で遭難，同じころ湾内で沈没した4隻の連絡船の乗客乗員をあわせて1430人の犠牲者をだした．1912年のタイタニック号遭難に次ぐ世界第2の海難となった．

のちに洞爺丸台風と呼ばれたこの台風には当時，気象学的に4つの未解明の謎が残され，3つの特徴的な暴風災害がもたらされた．すなわち，① なぜ北海道南西海上で台風が急減速したのか，② なぜ冷たい日本海北部で再発達したのか，③ 眼の通過と誤認された偽りの晴れ間とはなにか，④ 台風の中心付近でなぜ大火が発生したか，の4点と，① なぜ洞爺丸が沈んだか，函館湾の213°方向の弱点になぜ波浪が集中したのか，② なぜ台風の中心付近での岩内大火か，③ 未曾有の風倒木被害とは，の3点である．この一連の謎は，25年後の1979年の台風第20号の温帯低気圧に変身する構造の変化過程を解明することで一挙に解決した．

2.2.2 洞爺丸台風のなぞの解明

もし伊勢湾台風のコースがもう少し東を通っていれば，もし大潮でなかったなら，もし満潮の時刻と少しずれていれば，もし……ならばの悪条件が幾重にも重なって過去100年で最悪の高潮被害となってしまった．ほんのわずかなコースやタイミングのズレは大災害を招く別れ道となっている．1954（昭和29）年，魔の9月26日の夜，台風第15号の暴風雨と激浪に巻き込まれた5隻の青函連絡船が函館湾で遭難し，岩内町で大火が発生した．のちに洞爺丸台風と呼ばれたこの台風には，もしわずかでも条件がずれていれば悲劇は起らなかっただろうという4つの気象に関する未解明のナゾが残された．

図-2.2.1は洞爺丸が激浪と戦っている真最中の9月26日21時の天気図である．前線が中心付近までのび温帯低気圧そのもののように描かれている．第2図，第3図は洞爺丸台風および後で述べる1979（昭和54）年の台風第20号のそれぞれ経路と移動速度の変化を示している．西日本を縦断

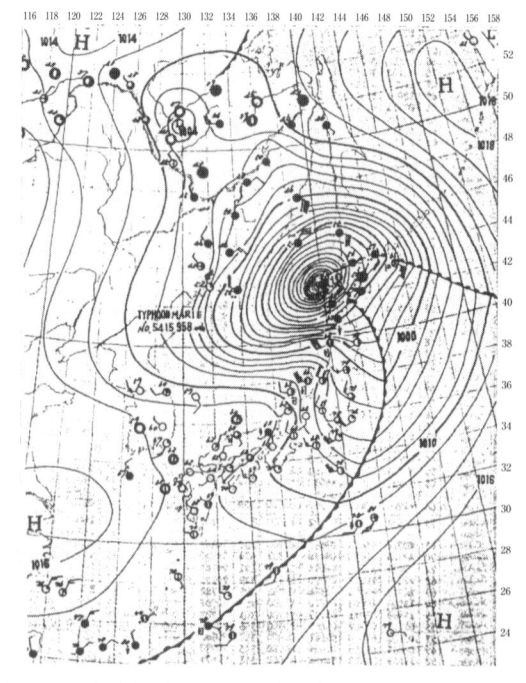

図-2.2.1　洞爺丸遭難時の地上天気図（1954年9月26日21時）．洞爺丸の出航は18時39分，遭難は22時40分

し偏西風に乗って時速120kmの韋駄天走りに日本海を北上した台風第15号マリー（以下，洞爺丸台風）が，北海道の南西部，渡島半島の南西から西海上にかけて突如として時速40kmまで速度を落した「ナゾの急減速」が第1点である．さらに台風にとって冷たい日本海の上を移動しながら中心気圧が深まり，暴風域がなぜ増大し続けたのかという「ナゾの再発達」が第2点である．第3点は，嵐のなかのつかの間の静寂と雲の切れ間からの一筋に陽光を見せ，幻の台風の目の通過を誤認させ，出航の決断のひとつになったといわれている「偽りの晴れ間」のナゾである．さらに台風の中心付近でなぜ岩内大火がおこったのだろうか，の4点である．

洞爺丸台風から25年たった1979年，台風第20号が北日本周辺で温帯低気圧に変る過程で，再発達と同時現象である急減速がおこり，南西暴風が継続するという独特な振舞をすることを，登場2年後の気象衛星ひまわりがとらえた．この台風を解明する過程で洞爺丸台風にかかる謎が一挙に解決されたのである．

台風第20号は，秋台風特有のコースをたどり，大型の勢力を保ちながら日本列島を直撃，縦断してオホーツク海に抜けた．上空の気圧の谷の前面を偏西風に乗って北西に加速しながら進んだ台風は，本州中部を縦断通過する頃には，衰えながら時速100kmを超す猛スピードになっていた．しかし八戸沖に抜ける頃から，速度を急に落すとともに，いったん972hPaまで衰えた中心気圧がふたたび深まり始めた．北海道に再上陸してオホーツク海南部に抜けて952hPaと猛烈に再発達し，15m/sの強風域に近い1000hPaの範囲も直径にして2倍に拡大していた．

大型の勢力を維持したまま日本付近に来襲した台風が，偏西風の強い領域に侵入すると温帯低気圧に変身する．上空の気圧の谷と関係すると，新鮮な寒気を吸い込んで再発達し，急減速するという独特な変化をすることがわかった．温帯低気圧は温帯で生れ育ち南北の温暖差をエネルギー源にしているのに対し，台風は暖かな海面からの水蒸気を吸いこみ雨に変えて，そのときの放出される潜熱をエネルギー源にしている．熱帯生れの台風が温帯の環境の中に侵入すると，周辺から急速に変質を受け，衣替えを強いられる．この過程を台風の温帯低気圧化といい，エネルギー源も南北の温度差を燃料とするようにしだいにかわっていくのである．

台風第20号の南東象限に入った北海道東部の釧路港付近では，韓国漁船が大量遭難し，死者67人の犠牲がでたのも洞爺丸台風の惨事と酷似している．同じように温帯低気圧への変身とともに再発達・急減速する例として洞爺丸台風が浮び上がって来たのである．気象衛星ひまわり時代に入って高層気象観測，レーダー観測など飛躍的に情報が充実した観測網のなかで洞爺丸台風の見直しを図ることができたのである．

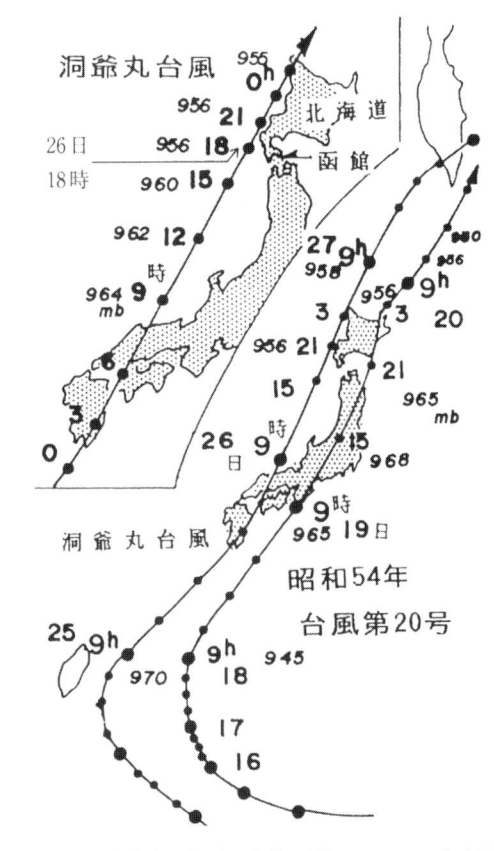

図-2.2.2 洞爺丸台風（昭和29年第15号）および，1979年台風第20号の経路（村松1983，合成）

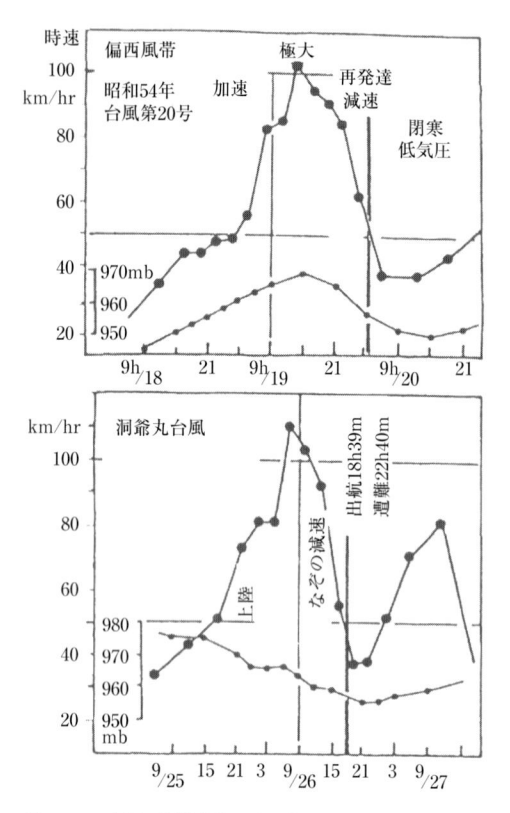

図-2.2.3 台風の温帯低気圧化に伴う移動速度と中心気圧の変化（第2図の両台風，村松，1983を合成）

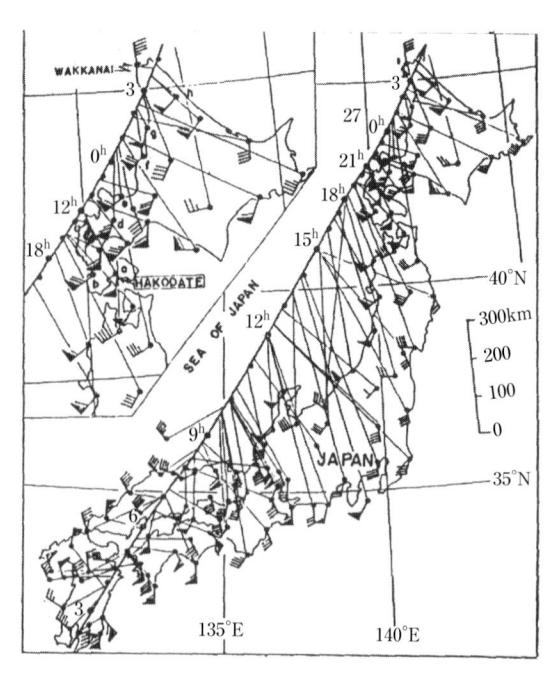

図-2.2.4 洞爺丸台風による各観測所の最大風速の発生時とそのときの風向風速（村松，1983）．三角の矢羽根が25m/s

　この第20号台風の変化過程は，**図-2.2.2，-2.2.3**で示すように洞爺丸台風の変化と見事に一致する．9月26日の朝，日本海に抜けた洞爺丸台風は，時速120kmの猛スピードの韋駄天台風であったが，渡島半島の南西から西海上に進んだごろに突如として速度を落し，新鮮な寒気の流入とともに遷移過程が進み急激な再発達をとげている．**図-2.2.4**は，洞爺丸台風による各観測所で最大風速を記入したものである．西日本を縦断した26日昼頃までは，最大風速の風向がほとんど南東であったが，15時を過ぎる頃には，最大風速が増大傾向となり南東象限での南西風向の暴風にそろってきた．函館湾の弱点の南西風である．

　この特徴的な変化に加えて，もう一つの重要な点は，暴風域のドーナツ化現象で，中心から外への拡大である．台風から温帯低気圧の熟年期である閉塞期の低気圧構造に一足飛びに変身してしまうため，最大風速の吹く半径が，台風の時の中心付近から，外側に100km以上も離れてしまうことである．このことは洞爺丸台風にも共通し，温帯低気圧化・再発達とともに，最大風速域が外側に移った．その結果，18時39分に出航した洞爺丸は，この拡大した南東象限の最強風域に取り込まれ，再発達による風速の増大，移動速度の減速による同じ南西風向の暴風に長時間さらされ，三重の悪条件のなかでの遭難となった．なお，洞爺丸台風も台風20号も北日本およびその周辺で温帯低気圧に構造的には変わっているが，防災上の対策のため，温帯低気圧化判定は日本列島を離れてからにしていることが一般的である．

　図-2.2.5が函館海洋気象台で観測された，風向風速の記録である．確かに17時から18時の間にそれまで瞬間風速で25m/sを越えていた東よりの風が10m/sを切るほどに弱まった．「風が止み，南の空に晴れ間が拡がり陽ざしで函館山の緑の木々が光で輝き，夕焼けが美しかった」と，"つかの間の晴れ間"とも"偽りの晴れ間"ともいわれて，台風眼の通過と誤認させたという．しかしながら，台風の目が通過した九州南端の佐田岬で

の記録（**図-2.2.6**）でみると目の中で風が弱いのは函館の記録と共通しているが，気圧の漏斗状の降下，風向が南東から北西に変り吹き返し暴風が顕著であることがまったく違う点である．函館は南西風向の暴風が続き，中心はまだ函館の北西方向に残っている．この風の変化は，温帯低気圧特有の閉塞点の通過とみれば矛盾なく説明ができるのである．

2.2.3 3つの暴風害

(1) 台風に伴う函館湾の激浪

―213°の方向から来る波浪で沈んだ5隻の青函連絡船―

函館湾の北西海上での再発達と移動速度の急減速は，湾の周辺一帯がもっとも危険な南島象限に入り，南西―南南西の猛烈な風雨と波浪が予想以上に長く続くことを意味する．天然の良港である函館湾は南西に湾口が開らいており，津軽半島の北端の竜飛崎と函館を結ぶ213°の方向に唯一最大の弱点を抱えていた．この線上の狭い範囲のみ，日本海から津軽海峡を越えて吹く風と波浪を遮るものがない．この弱点を台風によって巧妙に突かれたのである．

海峡を越えて侵入してきた高い波浪を40m/sを超す南西―南南西の猛烈な風が追い撃ちをかけ，激浪となって5隻の連絡船をこの線上に並ぶように沈めた．なぜ，そのように波浪が高くなったのか，台風の経路と，それに基づく波浪の推算を行ったものを**図-2.2.7**に示す．台風の進行方向と南東象限の最大風速の南西風もともに，213°の方向とほぼ一致し，台風の接近とともに，この方向からの波の振幅を増大させながら，日本海から竜飛崎の北を通り津軽海峡を越えて，函館湾に直接侵入させた．この計算結果では，函館湾口で南西方向からのうねりで，もっとも高い波は22時で波高7.3m，周期7秒である．湾内の屈折，水深などを考慮した波浪の推算では，湾の入り口で22時をピークに南西7.2m，湾の奥で，5m，いずれも周期7秒前後である．波高は大小のバラツキが大

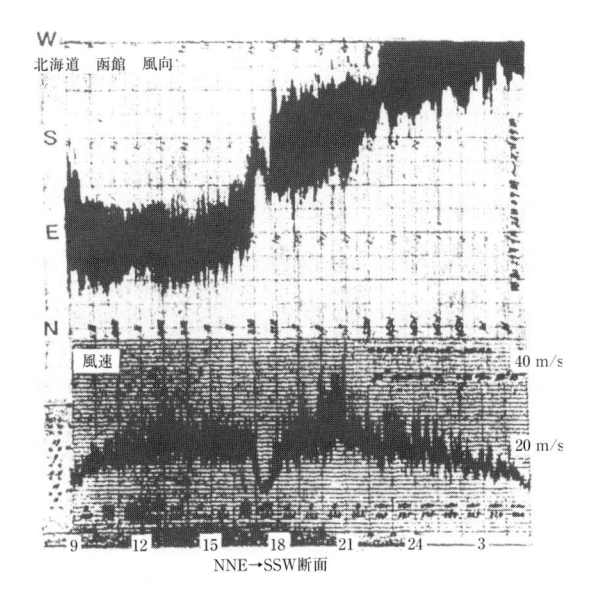

図-2.2.5 洞爺丸台風接近時の函館海洋気象台の風向風速の自記記録（1954年9月26日9時から27日5時）．左からの右の時間軸で，台風の中心の東150kmの，北北東―南南西の断面

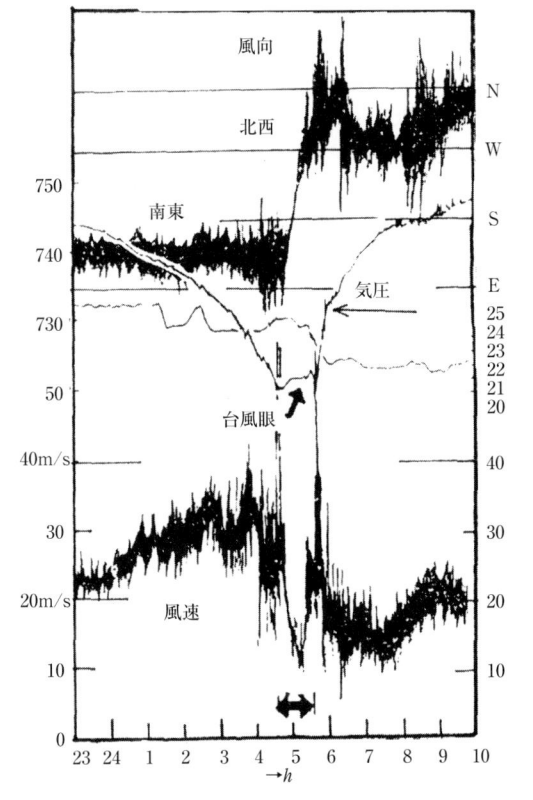

図-2.2.6 洞爺丸台風の目が通過した九州南端，佐田岬の気圧，気温，風向・風速の自記記録（1954年9月25～26日）．台風の目を通る北北東―南南西断面

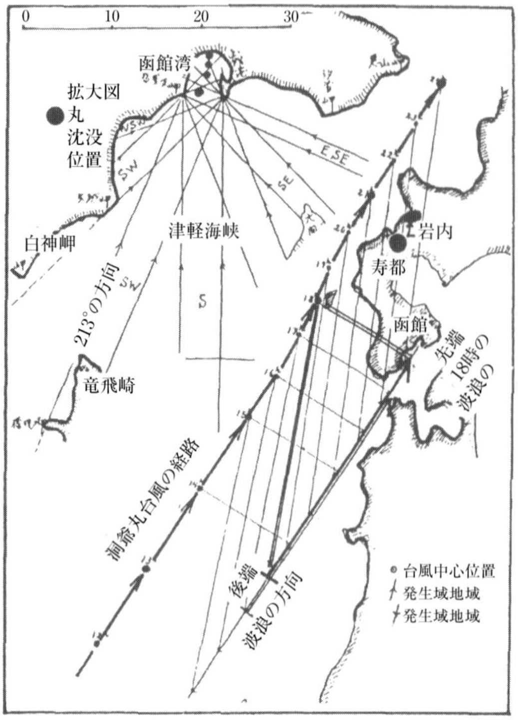

図-2.2.7　台風の北東進に伴う，213°の方向からの波浪の振幅増大と函館湾への侵入

きく，高い方から10個とって平均する10分の1最大波高の最大値が9mとなった．この推算値は実際の調査結果と一致していた．

函館湾に侵入したうねりと暴風のなかで，洞爺丸は船体後部の開口部に海水が侵入，エンジン停止をもたらし操掃不能に陥り遭難にいたったのである．**表-2.2.1**が波高の計算結果である．湾口で一瞬のうちに沈没した北見丸は，波浪としては最大級の9mを超す激浪のなかでの転覆遭難となった．もし台風が急減速せず，再発達もなくに韋駄天走りに去ったら，もし偽りの晴れ間が台風の目であったなら，台風の進路が少しでも東によっていればといずれの条件一つでもナゾが欠ければこれほどまでの悲劇は起らなかった．洞爺丸遭難は22時40分，最大浪高の出現した直後であった．

(2) 風倒木と最大風速

この台風は，北海道付近で最低気圧956hPaを記録するとともに，積丹半島先端の神威岬灯台で，最大風速63.3m/sを記録した．これは現在の気象官署の最大風速の第1位の記録である室戸岬の69.8m/sに匹敵するほどの猛烈なものであった．北海道では，大半が冬や春先の猛烈に発達した旋風，温帯低気圧によるものだが，室蘭で37.2m/sなどをはじめ南西部，中央部を中心に，最大風速第1位の記録がこの台風で塗りかえられた．山間部でも40m/sを超す暴風が吹き荒れた北海道では，中央部の大雪山系を中心に，7 947万石（2 688万立方m）の膨大な風倒木被害がでた．

この量は，当時の北海道の蓄材総量の5％にあたり，北海道の全伐採量の3年分に相当し，10数年にわたって処理がつづけられた．大雪山系を広く管轄している層雲峡営林署は，実に30％の甚大な被害を被った．風倒木は，風でねじられ，折られ倒されたもので，材木の中に「す」が入ってしまい，商品価値は著しく低下し，紙パルプのチップ材にしかならないのも多かった．いかにすさまじい風害だったかわかる．

(3) 岩内大火

洞爺丸が函館湾で激浪と戦っていた時，100km北に離れた岩内において大火が発生していた．洞爺丸台風が札幌南西海上を速度を落しながら北上して，中心気圧がもっとも低い958hPaを記録した21時の直前の20時15分，台風の中心からわずか70kmしか離れていない岩内町の民家から火の手が上がった．

表-2.2.2の岩内町消防署の風の記録によれば，

表-2.2.1　函館湾内，各船の遭難地点での最大波高の推算値

地　点	1/3最大波高の最大値(m)	1/10最大波高の最大値(m)	波高最大時の平均周期(s)
北見丸沈没地点	7.3	9.3	7.2
日高丸他2隻沈没地点	5.4	6.9	6.7
洞爺丸沈没地点	4.6	5.8	6.7

表-2.2.2　岩内大火時の岩内消防署の風向風速の毎時記録

日	時	風　　向	風速m/s
26	14	SE	8.4
	16	SSE	10.3
	18	SSE	8.9
	20	SW	21.7

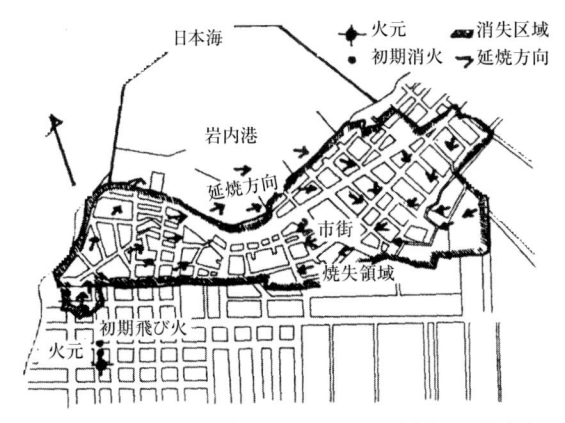

図-2.2.8 岩内大火（1954年9月26日20時15分頃出火）による焼失地域

18時頃で，8.9m/sとまだ弱かったが19時頃から急激に強まり，火災発生の直前の20時では平均風速，南西21.7m/sまで強まり30m/sを超す突風が吹いていた．この後は消防署から全員が消火活動に出動したため記録がないが，岩内南西約30kmに位置する寿都測候所の記録でみると，寿都では最大瞬間風速が50m/s近く，風向も台風の北上につれて，南南東から南，南西へと時計回りに変化していた．はじめ，海に向かって延焼した火災が，西よりに変った烈風で，海岸線の沿って東向きに燃え広がり，市街の大半が延焼した．

さらに岩内漁港の船の燃料油のドラム缶の引火爆発が相次ぎ，市街にまき散らされ火勢をあおってしまうという最悪な状況となった．火災は港の係留されていた船に燃え移り，燃えさかる炎を載せながら港内を横切り対岸の部落にまで火災が及んでしまった．烈風にあおられ延焼，全町の約8割にあたる3 300戸を焼き尽くし，沈没，焼失した船，94隻，死者行方不明者は63名にものぼった．この大火と連絡船遭難事件を材料として，"層雲丸遭難"，"岩幌町大火"を序幕とした，水上勉のサスペンス小説の傑作「飢餓海峡」が生れた．

なぜ，台風の中心付近でこのような大火が起きたのだろうか．時間を追って周辺の観測記録を調べると，台風中心から半径150kmくらいまで，風はほとんど降っておらず，雲が切れ晴れ間が見えていたと，多くの観測所の観測野帖に記録が残

されている．中心付近で激しい対流活動による暴風雨をもたらすという，台風特有の特性がすでに失われて温帯低気圧に変った証拠でもある．発達した閉塞期の温帯低気圧では，閉塞前線が中心から北―東象限に遠く離れ南西風が強く，中心付近で天気がよいのが普通である．まさに典型的な状況下での大火発生であった．減速して暴風が長く継続し，台風から変った低気圧のわずかな北上で風向が南西から西にかわったのも，悪条件の重なりである．災害とは，このような悪魔のささやきのように悪条件が重なるのである．

2.2.4 おわりに

このように，台風が温帯低気圧化とともに，再発達するケースは，けっして特異なことではなく，日本付近に来る台風の中で全体の3割程度がこの過程をたどるという統計結果が出ている．日本付近を台風がその勢力を十分に維持しながら，上空の気圧の谷の前面を北東もしくは北北東進する場合にのみ，再発達，急減速が起る．韋駄天のごとく走り抜ける台風が，衰えたがごとく見せかけて速度を落す台風こそが，北日本およびその周辺海域で，より大きな脅威となる．このことを洞爺丸台風や第20号台風が教えてくれたのである．普通の低気圧に変りましたと発表されたとしても，その後に続く情報を注意深く聞いて欲しいものである．災害は，悪条件が，幾重にも重なったときに，一瞬の隙間を突かれたときに起っている．最近このような災害が起らないのは，悪条件のいくつかを予想精度の向上とその正確な情報を素早く伝えることで，未然に災害の目を取り去っているからである．油断は禁物である．

◎参考文献

1) 昭和29年台風第15号報告，気象庁彙報第39分冊第3号1－234(1956)．
2) 村松照男：洞爺丸台風の温帯低気圧化における移動速度の変化ついて，天気，30，37-44(1983)．
3) 村松照男：台風の温帯低気圧化について，1983，天気，30，447-460，468．
4) 上前淳一郎：洞爺丸台風はなぜ沈んだか，1980，文藝春秋社．

2.3 伊勢湾台風とその被害（1959年）

牧野　稔
九州大学名誉教授

2.3.1　はじめに

1959（昭和34）年9月26日夕刻，枕崎付近に上陸した台風15号は，稀にみる発達したもので，全国的に被害をもたらしたが，とくに伊勢湾を中心とする高潮の被害は著しく，名古屋市周辺で1881名の命を奪い，伊勢湾台風と呼ばれることになった．

大きい被害を招いた要因は，名古屋港の後背地となった旧干拓地が市街地化していくとき，国土計画・都市計画に防災の視点からの働きかけがなく，無秩序に行われたことにある．市街地化が進み下水道が整備されると，いわゆるゼロメートル地帯に住まう実感が失われ，避難行動を鈍らせたのではなかろうか．これを契機に，同様のゼロメートル地帯を抱える東京や大阪でも，防潮堤が整備され，防災力の向上が計られているが，住まう人々に関心がなければ，予警報は進歩しても，ふたたび危険を招く恐れは多い．伊勢湾台風の悲劇は，長く記憶されるべきであろう．

2.3.2　伊勢湾台風

1959年9月20日9時に，北緯11°，東経160°付近に発生した弱い熱帯低気圧は，西に向かい，21日，北緯15°，東経150°付近で台風15号となり，これから発達して23日15時には北緯19°，東経143°付近において，中心気圧894hPa，最大風速70m/s以上の非常に強烈な台風に成長した．この後1000hPaの等圧線の最大半径は，700kmに達し規模も超大型であった[1]．

この強烈な台風が，あまり衰えずに北進して26日18時過ぎ潮岬付近に上陸し，潮岬で929.5hPaの気圧を記録した．その後速度を早めて，21時頃亀山付近を通過，27日0時頃，富山付近で日本海に抜けた．中心の経路が図-2.3.1である．

伊勢湾台風を，他の超大型といわれる室戸台風，枕崎台風および第2室戸台風と比較すると，表-2.3.1のようになろう[1]．伊勢湾台風は，勢力的には，室戸，枕崎に次ぐものであるが，死者・行方不明者はもっとも多い．稀にみる高潮で，貯木池から大量のラワンなどの原木が溢れだし，夜間に，旧干拓地の市街地を襲ったという悪い条件が重なった．高潮による被害の割合を求めた報告は，表-2.3.2のように記している[1]．人命の喪失の割合が，負傷者数の割合に比べて非常に大きいのが，高潮被害の特徴で，第2室戸台風で犠牲者が少な

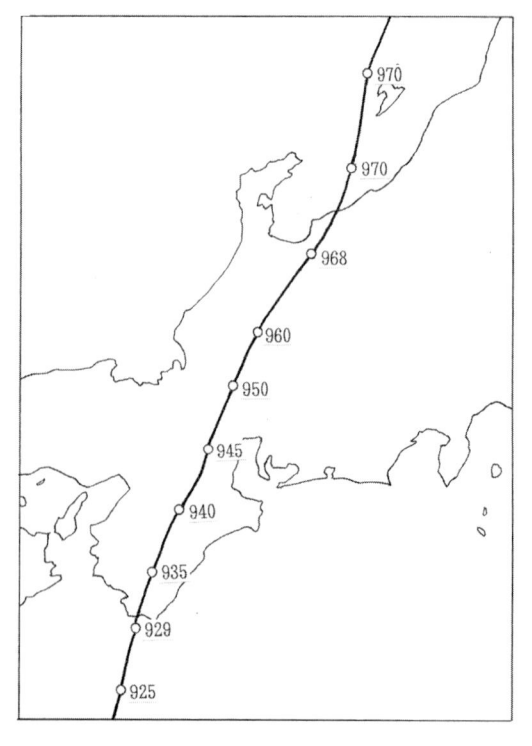

図-2.3.1　伊勢湾台風の経路　26日17時～27日2時（数字：中心気圧(hPa)）

表-2.3.1 超大型台風の比較[1]

台風名	室戸	枕崎	伊勢湾	第2室戸
上陸年月日	1934. 9. 21	1945. 9. 17	1959. 9. 26	1961. 9. 16
陸上での最低気圧(hPa)	911.9(室戸岬)	916.6(枕崎)	929.5(潮岬)	930.9(室戸岬)
高潮 (m)	3.1(大阪湾)	2.0(鹿児島)	3.5(名古屋)	2.2(大阪湾)
最大風速 (m/s)	S48 (大阪)	ESE40.0(枕崎)	S45.4(伊良湖)	SSE33.3(大阪)
死者・行方不明者	3 036	4 229	5 101	202
全壊家屋 (棟)	38 771	55 934	36 138	46 662
流失 (棟)	4 277	2 394	4 703	557

表-2.3.2 伊勢湾台風被害の高潮の割合[1]

被害の種類	死者・行方不明者(名)	負傷者(名)	全壊・流失家屋数(棟)
高潮によるもの	3 675	12 281	11 199
全被害	5 101	38 917	40 841
割合（%）	72	32	27

かったのは，来襲が昼間で防災活動が適切であった為とされている．溢水はしても防潮堤の大掛かりな破堤がなく，流出戸数が少なく，高潮の被害を防げたのがもっとも効果があった．室戸，枕崎，ジェーン台風と浸水の苦い経験を経たことが生きたように思われる．

2.3.3 風 害

伊勢湾台風によって，西は山口県の萩から，北は北海道の浦河まで，広い範囲で25m/sを越える最大風速が記録された．このため九州を除く全国に家屋損壊の風害が発生し，局地的に風害の大きいところが散在した．しかし当然とは言え，台風の進路の東側で，南寄りの強風が吹き込んだ愛知・三重の両県に被害が集中している．注目されるのは，建築基準法が1950（昭和25）年に施行されて以来の大型台風で，ある意味では，施行後10年近く，強風に対する法の技術水準が本格的に試されたことであろう．

名古屋市内の丘陵地で，新築中あるいは新築されたばかりの住宅の被害を調査した結果では，開口部，外装材，屋根葺材の損傷が目立ち，鉄骨造，鉄筋コンクリート造，補強コンクリートブロック造では，構造体への被害は無く，木造でも構造軸組に及ぶ損傷は少なかった[2]．住宅金融公庫仕様のものは，南斜面で強風が吹き付けたと思われるのに，強風によく耐え，法の規定は，軸組については適切と言えた．

図-2.3.2 倒壊建物の柱脚

倒壊建物には，倒壊の原因となる構造的な誤りが認められた．**図-2.3.2**は，ピロチイ式の建物で，柱脚が土台から抜け出して吹き倒されたときの土台回りで，復元図が**図-2.3.3**である[2]．この柱脚の接合法では解析モデルの応力を処理できないといわざるを得ない．

図-2.3.4は，伊勢高校の倒壊した体育館の骨組を示す．山形骨組の柱脚のベースプレートと鉄筋コンクリート造の側壁に埋め込まれていた鉄骨骨組のトッププレートは，ピンプレートを挟んで2本のボルトで接合されていた．柱脚ピンと仮定しているが回転能力が少なく，骨組を構成するラチス部材は華奢で，剛性が低くボルトに無理な応力が加わり千切られたらしく吹き倒された[3]．

集合住宅では雨戸が敬遠されているので，鉄筋コンクリート造でもガラスの破損が報告されている[1]．強風下に看板や屋根材などが破損すると，飛散物となって破壊力が倍増する．低層の建物や高層の建物でも低層部は，ガラスの防護が必要である．

低層の集合住宅の屋根に用いられるようになる和小屋に大波スレートを直葺する工法は，まだ登

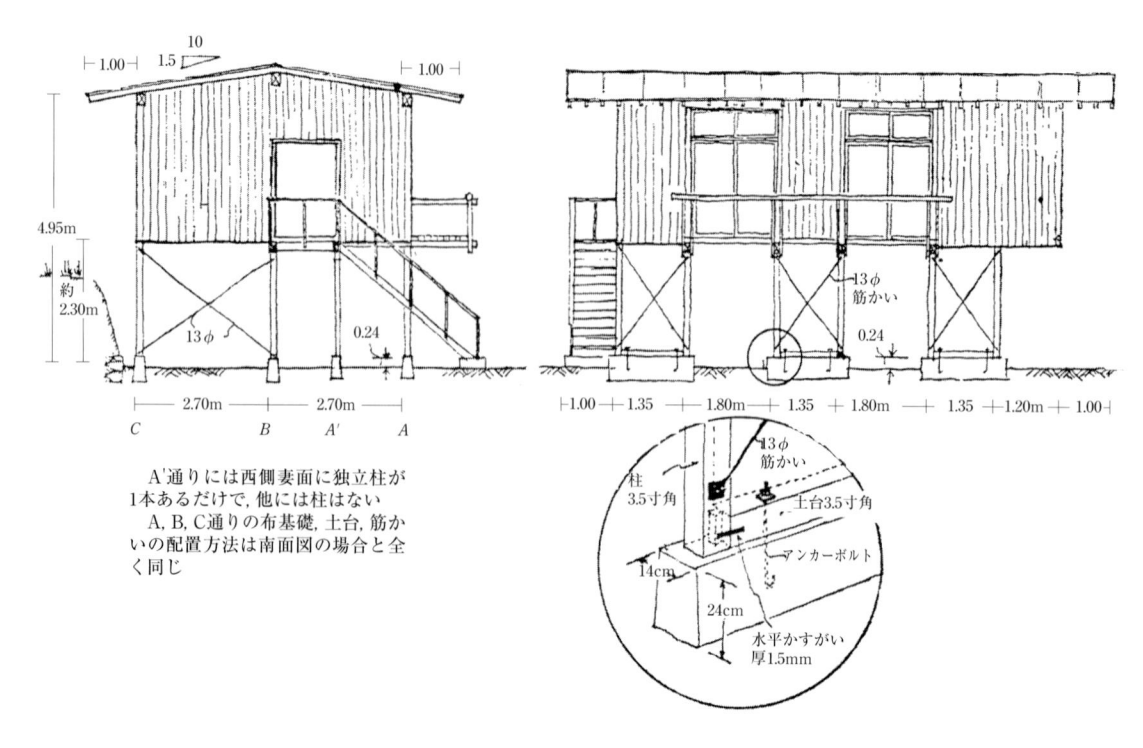

図-2.3.3 倒壊建物の復元図[2]

図-2.3.4 倒壊した伊勢高校体育館

場して居なかった．その脆弱性は第2室戸台風によって2年後に露呈されることになる．

2.3.4 高潮の被害

伊勢湾台風では，未曾有の高潮が伊勢湾，知多湾，渥美湾沿岸を襲った．これらの沿岸には，干拓地や干拓地が市街地化した低地が広がっていて，ここに住む人が，堤防を信頼し，あるいは，異常な高潮に気付くのが遅く避難に遅れて，犠牲者になった．高潮は，低気圧である台風による海面の盛り上がりと，強風の湾奥への吹送による海水の吹き寄せで生じる．海岸堤防には，これに風浪が加わって押し寄せることになる．名古屋港での検潮記録は，図-2.3.5のように報告されている[1]．最高潮位では，付近の海岸堤防の高さを0.5m越えたという．

名古屋港周辺の浸水最高水位は図-2.3.6のように調査されている[4]．熱田神宮の位置を図に付け加えているが，西に伸びる旧海岸線は，このあたりから西に水深1mあたりになる．ゼロメートル地帯は広大である．

悲惨な被害を受けたのは，干拓地では農林省の直轄工事で3年前から入植の始まっていた木曽川左岸にあたる約640haの弥富町の鍋田干拓地で，288人中125名が犠牲者となった．7.5kmの護岸のうち7kmが目茶々々になったという．県外からの移植者には，高潮について警戒心が無く，状況判断ができなかったように思われる．

旧干拓地では，天白川右岸の白水学区の被害が

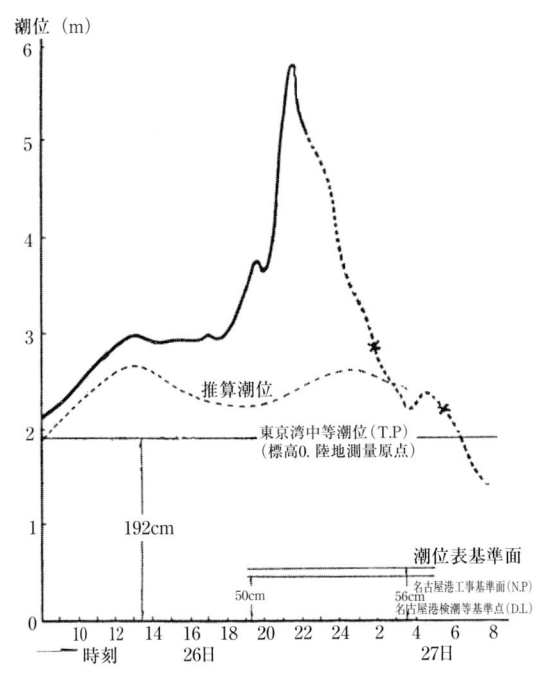

図-2.3.5　名古屋港の検潮記録[1]

図-2.3.6　名古屋港周辺の最高浸水水位[4]

痛ましい．白水小分校の児童548名中69名が遭難した．この地区は敷地を埋立で高くした名古屋港の後背地で，標高の低いまま戦中から戦後にかけて干拓地が市街地に変貌したところである．海岸堤防を越えた高潮は，付近の貯木池と港内にも係留されていた28万m³に及ぶラワンなどの原木を浮べて破壊力を増し，旧干拓地に雪崩れ込んで犠牲者を増やした．

忘れてならないのは，暴風雨の夜間，浸水が50cmを越すと，女性では避難不能になったという調査である[3]．高潮のとき，危険が迫ってからの緊急避難は，不可能ということを周知しておく必要がある．

2.3.5　高潮対策

わが国では，高潮は太平洋に面した奥行きのある浅い大阪湾，伊勢湾，東京湾などの湾奥で生じ易い．問題は，これらの湾奥には，大都市がありゼロメートル地帯が広がり，市街地化が進んでいることである．

名古屋港の建設は，県が1898（明治31）年に干拓地の地先に着手した．背後の干拓地の区画整理については，満潮面まで嵩上げする案と港湾地区に続けて防潮堤で囲む案が検討され，後者が採用されたという．嵩上げは原則として地権者の負担で行うことになるためである．

港湾を利用して工場が干拓地に進出し始めるが，大企業は敷地の嵩上げをしている．もっとも著名な例は住友軽金属工場で，室戸台風の時の大阪での経験で，工場敷地を道路より1.8m高く土盛りして，併せて工場を取り巻く堀川運河沿いに平均干潮面より5mの防潮堤を構築していた[1]．台風の来襲を聞いて，水が入ると危険なアルミ合金の溶融炉を空にして，また水に浸かりそうなモータ類はクレーンで天井に吊り上げ，地下室まわりには土嚢を積むなど，万全の準備をしていて，被害を最小限に食い止めたという．

大阪港も高潮の被害を度々受けている．室戸台風の時は，港内で多数の船舶が沈没した．**表-2.3.1**に示した死者・行方不明者の多くは高潮によるといわれる．被災後の対策は名古屋と同様に当初は防潮堤に頼るものであった．地下水の汲み上げに規制の無かった昔は，沖積地の地盤沈下は激しく，枕崎台風では西大阪が冠水した．地盤沈下で港の機能に支障が出始めたので，戦災復興事業として国庫の補助を受け，港湾の掘削で生じる土砂で港湾地区とその後背地の嵩上げをする方針

を採った[5]．この工事途中の1950（昭和25）年のジェーン台風では，それまでの記録を上回る61.2km^{2}が水没し，多大な被害がでたが，地盤の嵩上げの効果が認められて，基本方針が貫かれ，ゼロメートル地帯がかなり改善された．

名古屋市は，伊勢湾台風後の対策で，貯木池の移転整備などを行ったが，もっとも効果のある地盤の嵩上げは，一部を除いて行えなかった．代りに港外に高潮の潮位を低下させる防潮堤が築かれた．そして市条例で，港湾地域とほぼ旧干拓地を，建築基準法第39条に基づく，災害危険区域に指定して，この区域に建てる建築物について，いくつかの規制をした．その一つは，貯木が暴れることが無く，比較的ゆっくりした浸水では，木造でも軸組が浸水に対してとくに堅固にしてあれば，倒壊しないという判断があって，平屋建ての建築物の場合，小屋裏あるいは天井裏に避難室の設置を義務付けて不測の浸水に備えさせたことであった．

2.3.6　災害を招く兆し

伊勢湾台風後，東京の当時35.5km^{2}にも及ぶというゼロメートル地帯が気がかりとなり，満潮時に見に行ったことがある．この時写した旧中川が図-2.3.7である．水位は総武線を走る電車のすぐ下に迫り，いわゆる剃刀堤防が守る工場群の軒先に近い．途中で見た亀戸と城東の消防署には，高潮の水位標が設置されていた．図-2.3.8は城東消防署のもので，標尺に，この付近の堤防の高さと，その位置から0.5mほど上に東京湾で過去最高であった1917（大正6）年の高潮の潮位が記されていて，その位置は車庫の庇に達していた．このような状況を反映して，1階を吹き抜けにして，浸水に備えた集合住宅が建設されていた．これは現在に引き継がれて，図-2.3.9のように1階を居住に使わない高層の集合住宅も建設されている．しかし，これらは一部に過ぎず，都市としての防災力が充実している印象は無い．

2000（平成12）年，亀戸消防署を尋ねて見たが，庁舎は城東消防署として建て替り，ゼロメートル地帯を示す標尺は無くなっていた．江東区はゼロメートル地帯の中心であるが，名古屋市のような

図-2.3.7　満潮時の旧中川（江東新橋付近）

図-2.3.8　旧城東消防署と水位標識

図-2.3.9　東京都江東区のある高層集合住宅

図-2.3.10 柴田小学校校庭の最高浸水位標識

災害危険区域の規制は無いと伺った．近年堤防と水門で地域を囲み，下水道の整備でポンプで排水して，域内の河川の水面を低下させていて，旧中川もゼロメートル地帯を忘れさせる景観に変っている．これではゼロメートル地帯に住んでいるという意識は育たないであろう．わが国では，公共事業に強い信頼感がある．伊勢湾台風で高潮をまともに受けた鍋田干拓地に住んでいた人が，あんな立派な堤防が崩れるとは思わなかった，と話すのを聞いた．市街地化された旧干拓地の住民は，地の人ばかりではない．治水が進展すれば，ゼロメートル地帯に住んでいることすら忘れている可能性がある．

名古屋市は，高潮災害の記憶を風化させないように，被災30年にあたり，市内24か所に，その地帯一帯の最高水深を示す伊勢湾台風浸水位標識を設置した．**図-2.3.10**は，白水小分校の後身の柴田小学校の校庭にあるもので，最高水位は地上3mである．ところで，標識を設置するとき，ある地区は，地域の発展を害すると拒否したという．

柴田小学校を訪れたとき，伊勢湾台風についての特別な行事は行っていないと伺った．30年は世代交代の年数にあたる．犠牲者の多かったところでも伊勢湾台風は昔の事となりつつあるようで，災害を招く兆しが各地でほのかに感じられる．

2.3.7 むすび

干拓地は農業生産のために造成された．それが都市周辺では，ゼロメートル地帯のまま容易に住宅地や工場用地に変換されてきた．高潮の被害が集中し易い場所に変換されたわけである．

高潮で犠牲者を生じないようにするには，高所に避難できればよい．堅牢な建物の2階でも構わない．都市計画に防災を基本にした視点が欠けていたことを知らしめたのが，伊勢湾台風の高潮被害であった．

1999（平成11）年9月24日，台風9918号は，八代海に高潮をもたらし，不知火町の安政2年に造成されたという松合地区の旧干拓地を水没させ12名の命を奪った．内4名は2棟4戸の軒先まで水没した比較的新しい平屋建の町営住宅で失われた．名古屋で避難室を設けた教訓は伝えられていなかった．旧干拓地のような低地では，公営住宅こそ高潮に対応するモデル住宅で建てて，範を示して欲しかった．防災システムを監視するNGOが必要のようである．

◎参考文献

1) 気象庁技術報告，第7号，伊勢湾台風調査報告，昭和36年3月．
2) 杉山英男 他：伊勢湾台風（1959年9月26日）による名古屋市某団地の木造建物の被害について，日本建築学会論文報告集，第68号，昭和36年6月．
3) 日本建築学会：伊勢湾台風災害調査報告(1961)．
4) 建築研究報告，第33号，伊勢湾台風による名古屋市の市街地および建築物被害調査と防災計画，建設省建築研究所，昭和35年6月．
5) 大阪府・大阪市：西大阪高潮対策事業誌，昭和35年3月．

2.4 豪雪と建物の雪害

2000年11月号

苫米地　司
北海道工業大学教授

2.4.1　はじめに

　降積雪による災害は，他の自然災害と異なり，北海道，東北および北陸の地域で決った時期に毎年発生する事に特徴づけられる．これらの地域では冬になると，降積雪とともに大なり小なり何らかの被害が発生し，春まで継続的に続く．豪雪に見舞われると，その被害は人的な面まで広がり，被害の規模が拡大する．本項では，降積雪による災害の歴史的な流れを概観し，これらの災害と建築技術とのかかわりについて述べる．

2.4.2　豪雪による雪害の状況

　降積雪による災害は，一般的に「雪害」といわれる．この「雪害」という言葉が使われ始めたのは大正期で，公の場で用いられたのは1926（大正15）年のことである．山形県選出の代議士松岡俊三（1880～1955）により帝国議会内に「帝国雪害調査会」が創設され，間接的被害を含む幅広い雪害対策の必要性が取り上げられた．後に作成された「雪害建白書」は雪害を社会的問題としてとらえ，国政の問題としてみなされるに至った[1]．この松岡の雪害防除運動が実を結び，1933（昭和8）年には現在の山形県新庄市に農林省付置の積雪地方農村調査所が発足し，わが国の雪氷の科学的研究が系統的に始まった[2]．しかし，「雪害」という言葉が一般の人々に認識されるのは，これよりさらに遅れてのことで，1954年以前に出版された国語辞典には雪害という言葉は掲載されていない[3]．ここで，雪害を岩波書店刊の広辞苑の説明でみると次のようになる．

・1957年版
　雪害：降雪のために受ける農作物などの被害

・1986年版
　雪害：豪雪・積雪・雪崩のために交通機関・農作物・構築物などが受ける被害

　このように「雪害」という言葉に表される被害の範囲はさまざまで，時代によっての定義が変化していることがわかる．雪害は社会構造や生活様式の変化に敏感に反応しながらその影響を広範囲に及ぼすといわれ，将来的にも被害形態が変化していくと予測される[4]．1986年度版の広辞苑をみても明らかなように，雪害は降積雪により発生する一次的雪害だけを示すものではなく，地域社会への影響などの二次的雪害を含む定義へと変ってきている[5]．

　1960年以降の豪雪をみると，1961年，1963年（38豪雪），1974年，1977年，1981年，1984年（56豪雪），1985年，1986年に発生している．その概要を表-2.4.1に示す．同表のように建築物の全半壊は，「38豪雪」といわれる1963年の豪雪で1735棟，「56豪雪」といわれる1984年の豪雪で466棟と際だって多く発生している[6]．38豪雪では，12月30日から1月末まで約1ヵ月にわたって降雪が持続し，降雪地域も東北地域から九州に至る非常に広範囲に及んでいる．最深積雪深も各地で記録を更新した．この豪雪による建築物の全壊・半壊は，学校に集中した．この要因として降雪が1ヵ月余り続き，人々が自宅の雪下ろしで手一杯な上に交通機関も止まり，人手が集めにくく雪下ろしが公共建築物に十分及ばなかったことが指摘されている．全壊・半壊の主な原因として以下の点があげられている[7]．

①建築物の配置計画で除雪や屋根雪処理が考慮されていないこと．

表-2.4.1 近年の豪雪被害の概要

豪雪の年	被害地域	期間	人的被害(人)		建築物被害棟数(棟)
			死者・行方不明	負傷者	全半壊
1961年	北陸地方	1960年12月下旬〜1961年1月	119	92	119
1963年	北陸, 山陰, 山形, 滋賀, 岐阜	1963年1, 2月	231	356	1735
1974年	東北地方	1974年1, 2月	26	106	41
1977年	東北, 近畿北部, 北陸地方	1976年12月〜1977年3月	101	834	139
1981年	東北, 北陸地方	1980年12月〜1981年3月	152	2158	466
1984年	東北, 北陸地方, 特に新潟, 富山県	1983年12月〜1984年3月	131	1368	189
1985年	北陸地方を中心とする日本海側	1984年12月〜1985年4月	90	736	30
1986年	北海道, 北陸, 東北地方, 特に新潟県	1985年12月中	90	678	27

② 屋根面に吹きだまりが発生し，屋根上積雪荷重が偏分布になったこと．

③ 屋根の雪下ろしが規定通り実施されず，設計荷重を上回ったこと．

④ 雪下ろしを含めた管理上の問題があったこと等．

56豪雪では，12月下旬から1月中旬まで北陸地方を中心に降雪が持続し，最深積雪深も各地で記録を更新した．この豪雪による建築物の全壊・半壊は，38豪雪と同様に学校の屋内体育館などの公共建築物に集中した．これらの被害をみると，設計荷重を越える積雪があって崩壊した建築物が大部分であった．この要因として，38豪雪と同様に雪下ろしを含めた屋根雪処理方法の問題があげられ，再度，雪下ろしを前提とした設計荷重の設定に問題があることが指摘された[8]．

38豪雪や56豪雪で発生した建築物の倒壊は，それほどの豪雪でない場合にも毎年のように発生している．北海道の帯広市では，2000年1月7日〜18日にかけて断続的に降雪が続き，約90cmの積雪深に達した．この積雪深は積雪荷重算出に用いる行政指導値の100cm以下である．この状況の中でも図-2.4.1に示すような建築物の倒壊が多く発生した[9]．図-2.4.2に示すような落雪障害は至る所で発生した．このように，豪雪における建築物の倒壊の大きな要因として，雪下ろしを含めた屋根雪処理が円滑に行われていないことにある．

図-2.4.1 建築物の倒壊

図-2.4.2 屋根雪の落雪障害

2.4.3 屋根雪処理方法

屋根雪処理方法には，図-2.4.3に示すように「屋根雪の滑落」，「雪下ろし」，「融滑雪」および「融雪」の4種類に大別される．これらの中で，人工的なエネルギーを必要としないもっともシンプルな方法である「屋根雪の滑落」による処理は，

滑雪に必要な屋根勾配を有した建築物に適応しやすい．この方法は，屋根雪処理に人間や機械装置等が介入しないため，ヒューマンエラーや装置の作動不良への配慮を必要としないことが大きな特徴である．問題点としては，屋根葺き材の劣化による屋根雪処理の性能低下があげられる．つぎにシンプルな方法として「雪下ろし」がある．人力による「雪下ろし」は簡便で確実な処理方法であるが，高齢化や人手不足等の社会情勢の変化による豪雪時の対応が危惧される．さらに，小・中学校の体育館などの中規模な建築物では，作業面積が大きくなり，雪下ろしの作業量が膨大になる．熱エネルギーを用いる「融滑雪」および「融雪」による処理では，豪雪時のエネルギー途絶による装置の作動停止が危惧される．機械力を用いた「雪下ろし」でも同様の問題が残る．

このように積雪荷重の評価に間接的な影響を及ぼす「災害」，「社会情勢への対応」を考えると，「屋根雪の滑落」による処理方法は，他の屋根雪処理に比べて有効な屋根雪処理手法と考える．しかし，屋根雪の処理性能は，**図-2.4.3**に示すように建設地の温度条件や屋根葺材の種別に大きく依存するため，建設地の温度条件，屋根葺材の種別および劣化を十分に考慮する必要がある．

2.4.4 屋根雪処理と積雪荷重に関する法令との関係

滑落処理に関する技術資料が提示されるようになった1935年代以降の積雪荷重に関連する法令・規準をみると次のようになる．**表-2.4.2**に現代仮名使いに修正した臨時日本基準規格第532号[10]（以下，規格532）を示す．この規格は，戦時下の物資節約を主な目的として1944年に公布されている．表のように，積雪荷重は屋根勾配30°以上になると，勾配60°まで勾配の増加に応じて荷重低減が可能で60°以上で荷重0とすることができる．この規格は，戦後，1948年に制定された日本建築規格3001[11]に受け継がれている．ここで，これら法令と同時期に行われた雪の滑落に関する研究をみると，鋼板瓦棒・平葺の5〜6寸勾配（27〜31°）以上において雪の滑落が顕著に発生すること，セメント瓦では屋根勾配50°においても滑落が発生しないこと等が報告されている[12,13,14]．また，規格3001の解説文をみると，前述の研究

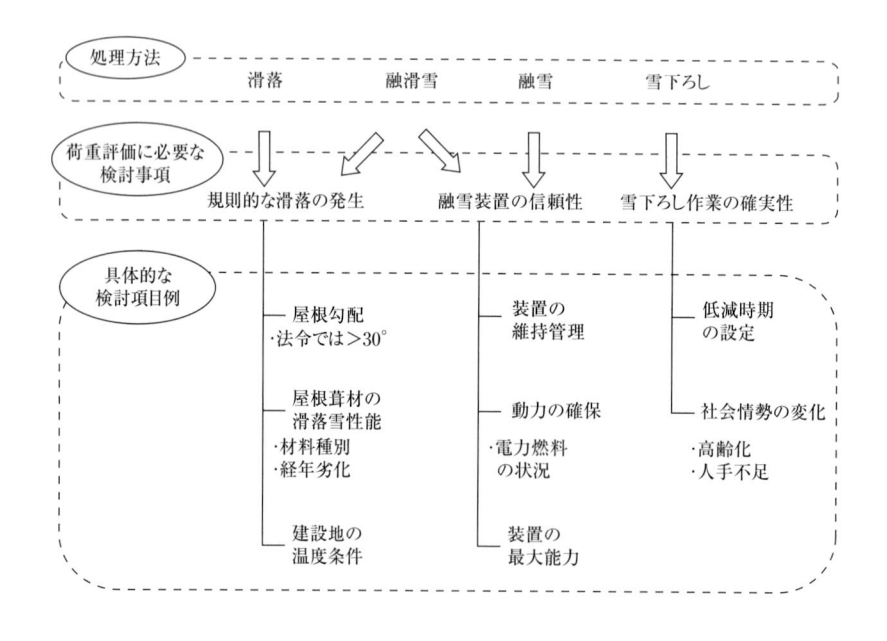

図-2.4.3 屋根雪処理の方法と荷重評価の際に必要な検討項目

表-2.4.2 臨時日本建築規格第532号の概要

第1条
　本規格は，戦時下建築せらるる一般建築物の強度計算につき，主要資材の節約を得る目的を以て採用すべき荷重(以下単に建築物の荷重と称す)を制定したるものとす．本規格は特に重要なる建築物に対しては，その荷重を適当に増大してこれを適用するものとし，仮設建築物又小規模なる建築物に対しては，これを適用せざるものとす．

第9条(積雪荷重)
　積雪荷重，左の各号に基づきこれを算定するものとす．
1. 積雪量は，その土地の実況に応じてこれを定む．
2. 雪の重量は水平面につき，積雪1cm毎に2kg/m²とす．但し長期に亘る積雪については，これを3kg/m²とす．
3. 勾配屋根の水平投射面に加わる積雪荷重は，通常，第11表の割合にまでこれを低減することを得．

表11表

勾配	30°以下	30°〜60°	60°以上
％	100	中間値は直線的に補間す	0

4. 屋根の両側における積雪量著しく異なる場合に在りては，片側荷重に依る影響を考慮するものとす．
5. 雪の集積する部分に在りては，特に荷重を増大するものとす．

結果を引用しながら勾配屋根の積雪荷重評価手法が説明されている[15]．屋根勾配による積雪荷重の低減が法制化された背景は十分に明らかとなっていないものの，何らかの形で当時の滑落処理に関する研究結果が反映されていると考える．規格532以後に公布された法令・指針での評価基準の変遷をみると，図-2.4.4となる．図のように，法令以外の指針(日本建築学会建築物荷重指針[16])では，近年の研究結果を反映して，「屋根勾配を指標とした滑落の評価」から「雪の滑落性能を個々の建物ごとに調査・実験して評価する手法」へと勾配屋根の積雪荷重評価が移り変わってきている．一方，法令における積雪荷重評価では，規格532の公布以降，現行法令まで継続的に屋根勾配を指標として雪の滑落を評価している．

　これらのことから，屋根雪と積雪荷重との関係に関する法令は，1944年当時の材料，技術水準から得られた結果に基づいて定められており，その後，抜本的な修正を経ずに現在まで継続的に用いられていると考える．

2.4.5 近年の研究成果を考慮した荷重評価

　屋根雪の滑落を考慮した積雪荷重の低減に関する研究をみると，滑落は屋根勾配の他に雪質や屋根葺材の粗度，建設地域の寒暖に大きく影響を受けることが明らかとなっている[17]．最近では，このような研究成果に基づいて，屋根雪の滑落処理に要する日数を予測し，処理日数内の積雪量から，

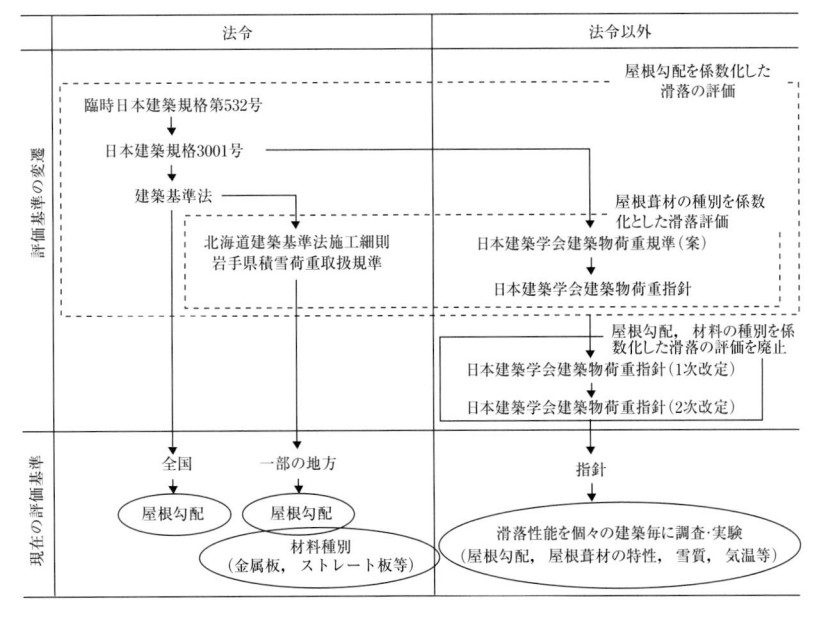

図-2.4.4 勾配屋根における積雪荷重の評価基準の変遷

積雪荷重を算定する試みが行われている[18]. ここで, 札幌市内の大規模な膜構造建築物を対象とした滑落現象の観測結果をみると, 図-2.4.5に示すように外気温がマイナス時においても頻繁に発生しているが, その発生状況は勾配によって異なる. 写真に示した勾配20°以上の部位では降雪直後に滑落現象が発生するのに対し, 勾配10°前後の部位では滑落まで2～3日を要している. 滑落時の外気温と膜材裏面温度との関係をみると, 図-2.4.6となる. 図のように, 膜材裏面温度がマイナスの範囲でも滑落現象が多く発生していることがわかる. このような滑落を繰り返すことにより, 地上の1/2以下の積雪深で推移している. 金属屋根の滑落状況をみると, 膜構造物とは異なった現象も多くみられ, 葺き工法の差異により滑落現象が大きく異なってくる. これらの結果をみると, 積雪荷重の評価は, 勾配のみではなく滑落雪を支配する複数の要因を考慮する必要があるといえる.

2.4.6 融雪装置等による積雪荷重の低減について

融雪装置等の機械的な方法には, 豪雪時のエネルギー途絶による装置の作動停止が危惧される. これらの方法による積雪荷重低減を行う場合には, 融雪装置等の性能評価と同時に作動停止になった場合の復旧についても十分に考慮しなければならない. さらに, 運用の仕方によっては屋根面と雪との界面に空洞が発生し, 融雪装置の性能を十分に発揮できない場合もある. 融雪装置等を用いた積雪荷重低減には上記のような問題があることから, 融雪装置等の機械力のみに依存した方法ではなく, 屋根勾配を利用した滑落と併用した積雪荷重低減を模索するのが現実的と考える. 融雪以外の機械力による積雪荷重低減においても, 他の屋根雪処理方法と併用する考え方が必要であろう.

2.4.7 おわりに

積雪地域では, 毎年のように雪による何らかの被害が発生している. 38豪雪や56豪雪を経験して耐雪構造の考え方や信頼性の高い屋根雪処理方法の検討が行われ, 1990年代以降, 積雪地域に建設されている大スパン構造物等の積雪荷重評価や

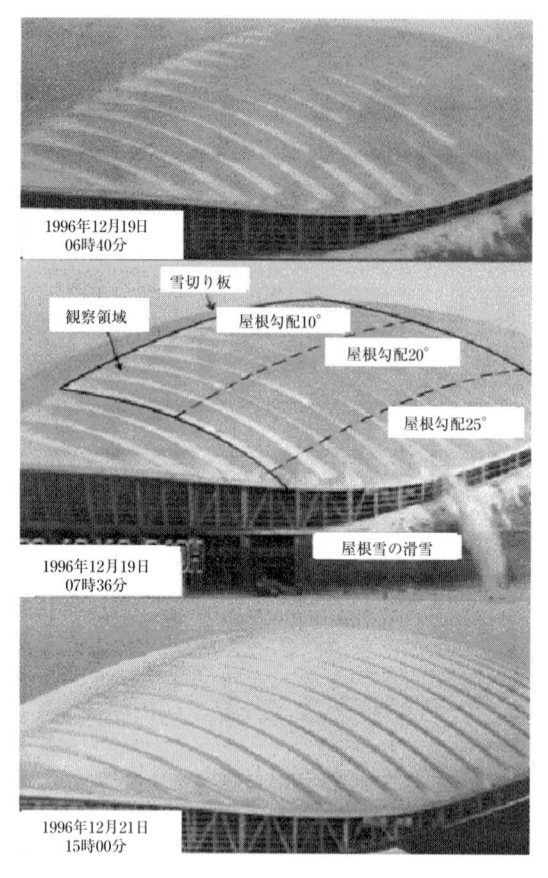

図-2.4.5 札幌コミュニティドームの滑雪状況 (1996年12年19日, 外気温-3℃前後)

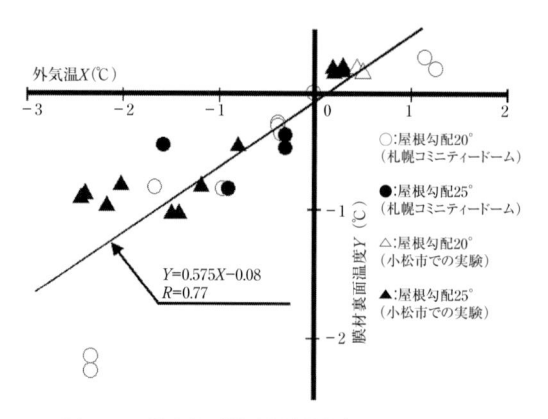

図-2.4.6 滑雪時の外気温と膜材料裏面温度との関係

屋根雪処理方法に反映されている．これらの考え方を積雪地域における建築物の計画に反映させるべきであろう．

◎参考文献

1) 西川泰：日本の災害，北海道タイムス社刊(1971.7)．
2) 中村勉：雪氷研究の歴史と現況，土と基礎，30号(294)，pp.94-102(1982)．
3) 秋田谷英治：寒さと雪氷現象－雪害について－，北海道の雪氷第2号，pp.20-21, (1983.6)．
4) 高橋博他：雪氷防災，白亜書房刊(1986.2)．
5) 沼野夏生：雪と地域社会，地理雑誌，Vol.98, No.5, pp.126-140, (1989.9)．
6) 国土庁地方振興局編：豪雪地帯の現状と対策，平成3年3月
7) 豪雪調査研究会：豪雪被害概要，日本建築学会建築雑誌，Vol.78, No.927, pp.333-336．
8) 日本建築学会 編：昭和56年豪雪被害調査報告，昭和56年12月．
9) 細川和彦 他3名：十勝地方における豪雪による農業施設の被害状況について，2000年度農業施設学会講演要旨，pp.144-145．
10) 日本建築学会 編：戦時建築規格欄（第1報），建築雑誌，第58輯，第712-3号，pp.281-284(1944.9)．
11) 日本建築学会 編：日本建築規格，建築3001，建築雑誌，第62輯，第730-1号，pp.13-18(1947.3)．
12) 木村幸一郎：屋上積雪の防御に関する研究（第1報），建築学会論文集，第25号，pp.114-120(1942.4)．
13) 木村幸一郎：屋根積雪の自然落下について，日本雪氷学会誌，第5巻，第7号，pp.6-9, (1943.7)．
14) 木村幸一郎：屋上積雪の防御に関する研究（第2報），屋根葺材と屋根雪との摩擦について，日本雪氷学会誌，第8巻，第5号(1946.12)．
15) 松下清夫：雪荷重について，日本建築学会論文集，第39号，pp.27-37(1949.11)．
16) 日本建築学会 編：建築物荷重指針・同解説，第5章 積雪荷重，pp.168-235(1993)．
17) 高倉政寛 他2名：経時的に雪質の変化した屋根上積雪と塗装鋼板との摩擦特性，日本建築学会構造系論文集，No.510, pp.45-50, (1998.8)．
18) 高倉正寛 他3名：制御積雪荷重を用いる屋根勾配における制御日数について，日本建築学会構造系論文集，No.528, pp.53-57, (2000.2)．

第3章
火　　　災

3.1 白木屋火災（1932年）

1999年8月号

高野　公男
東北芸術工科大学・マヌ都市建築研究所

3.1.1　はじめに

　1932（昭和7）年，東京・日本橋，百貨店白木屋で発生した火災は，東京市民を震駭させ，わが国の火災史上初めての高層建築火災，また社会史にも残る今世紀最大級の災害となった．1995年に出版された小松左京・堺屋太一監修『増補版・20世紀全記録（クロニック）』（講談社）の1932年12月の項には，＜客席6200，超ビッグな劇場・ニューヨークの「ラジオシティ」誕生＞の記事とともに，この白木屋の火災が次のように大きく取り上げられている．
＜白木屋，全焼，7階建ての高層建築に放水とどかず＞
　「12.16　午前9時すぎ，帝都五大百貨店のひとつ，東京・日本橋の白木屋呉服店4階の玩具売場から火災が発生，火は3時間にわたって燃え続け，3982坪を全焼，死者14人，重傷者百十数人を出す惨事となった．出火原因は装飾用豆電球のスパークで，警視庁でははしご車3台，ポンプ車3台を動員して消火に努めたが，7階建ての高層建築のため放水がとどかず，困難を極めた．正午過ぎにはようやく鎮火したが，4階以上はほぼ全焼，被害総額は700万円にのぼる．なお，すそを気にして逃げおくれた女性が出たことから，女性のズロース着用が普及することになる．」
　白木屋火災は多くの教訓，エピソードを残し，その後の高層建築防災のエポックとなった火災である．この火災を再現し，その経緯や教訓，その後の対応等を検証してみることは，今日の建築防災を考える上でも有意義なことと考えられる．なお，白木屋火災については多くの資料が残されている．当時の報道記事のほか，建築分野では日本建築学会が火災後の調査をもとに『建築雑誌』1933（昭和8）年3月号に「白木屋百貨店の火災」としてまとめたものをはじめ，各種の調査・研究論考などがある．また，東京消防庁が1980（昭和55）年に編纂した『東京の消防百年の歩み』でも，多くのページを割きその概要を解説している．本稿では，これらの資料を援用し白木屋火災の再現を試みるとともに，この火災の現代的な意味について考察を加えるものである．

3.1.2　都市の近代化・高層建築時代の幕開け

　白木屋の火災は，わが国の都市の近代化の過程で生じた火災であった．
　大正時代から昭和初期にかけて，都心では近代的なビルが続々と建設されるようになり，東京は高層建築の幕開けというべき時代を迎えていた．1914（大正3）年に三越本店が建ち，1918（大正7）年には東京海上ビル，1923（大正12）年には丸ビルが竣工した．1927（昭和2）年に営団地下鉄・銀座線が開通すると，それに伴いその沿線やターミナルにモダンな容姿と近代装備を備えた百貨店が次々に建設されていった．1925（大正14）年に銀座松屋（設計：大熊喜邦，施工：木田組）が竣工し，1929（昭和4）年には上野松坂屋（設計：鈴木禎次，施工：竹中工務店），浅草松屋（設計：久野節，施工：清水組）が竣工，1930（昭和5）年，日本橋高島屋（設計：片岡安ほか，施工：大林組），そして1931（昭和6）年に白木屋（設計：石本喜久治，施工：清水組）が竣工している．
　白木屋は江戸では越後屋と並ぶ大呉服店で，1662（寛文2）年創業，江戸時代にすでに1000坪

近い大店舗を日本橋に築いていた．明治以降，数度にわたる大改築により店舗が拡張され，1920（大正）9年にはルネッサンス様式による4階建て一部5階地下室付き（2400坪）に改修された．1923（大正12）年の関東大震災でこの本館が焼失したため，1927（昭和2）年より2期にわたる復興工事が始まり，近代ビルという新たな装いをもって1931（昭和6）年に竣工したものである．地上100尺，延べ面積10万89坪，53人乗りエレベータを含む11基，エスカレータ5基を設置する竣工当時では東洋一を誇る百貨店となった．

新装なったこれらの百貨店では，関東大震災で耐震・耐火性が実証された鉄筋コンクリート造やSRC造が採用され，内部には豪華な大理石，ステンドグラスの吹き抜け大空間（日本橋三越，銀座松屋など）とともに外国製のエスカレータ，エレベータなどの昇降設備，スパイラルシュートなどの搬送設備，電気時計などが装備されていた（図-3.1.2）．しかしその一方，防災に関する認識はまだ希薄で，防災設備については屋内消火栓が装備されるにとどまっていた．鋼鉄製のローリングシャッター（防火シャッター）は1986（明治29）年日本銀行（設計：辰野金吾）より導入されていたが，それは主として外部開口部の防火・防犯の用に供され，内部の防災施設としては装備されていなかった．

華やかな近代化の陰には，災害危険も潜在化する．白木屋火災が発生する以前にも，大災害の前兆ともいうべき小規模なビル火災が頻発していた．例えば，1923（大正12）年の有楽町，三菱仲八号館の火災（341坪焼失）が，1932（昭和7）年には新宿松屋の火災（117坪焼失）などが起っていた．これらの相次ぐ耐火建築の火災に対し，消防関係者は高層建築の火災危険を危惧し，その対策の必要性をアピールしていた．東京府警視庁消防部の機関誌「帝都消防」1930（昭和5）年11月号には，東野正明丸の内消防署長による以下の論説がみられている．

「我国ではビルヂングの出現後未だ幾星霜も経ない関係上，是等の火災に対しては，ほとんど無経験といって云うても敢えて誣言ではあるまいと思います．したがってビルヂング火災に対しては，未だ国民が冷淡であって，さらに顧みられないのは，喰わないのにその味を語る様なものではありますまいか．非常事変に際会したならば，必ずやビルヂング火災の発生を見るに到る事でありませ

図-3.1.1 昭和初期の日本橋界隈[2] 昭和2年頃の日本橋界隈，中央が白木屋（一期工事完了）左手は呉服橋，大手町方面，上方は日本橋をはさんで三越方面

図-3.1.2 百貨店の吹き抜け空間[2] 豪華な大理石，ステンドグラスの吹き抜け大空間，エスカレータ，エレベータなどの近代装備がなされた百貨店（銀座松屋）

う．而して是等の火災は居住者が多いのと，煙の排出が少ないことにより，多数の犠牲者を葬り去るのであろう事は云ふまでもない次第であります」．

3.1.3　火災の展開と消防活動

そして白木屋の火災はその竣工の翌年，歳末商戦たけなわの1932（昭和7）年12月16日に発生した．

（1）　火災の発生

出火時刻は開店直後の午前9時15分頃とされている．出火場所は歳末大売り出しとクリスマスデコレーションに飾られた4階の玩具売場．出火原因は電気系統に起因するものであった．詳記すれば，装飾用電球の修理中に豆電球がスパークし，クリスマスツリーにかかった金モールを伝わって売場に陳列されていた大量のセルロイド玩具に引火，延焼拡大していったものである．火災の展開は急速であった．出火まもなく出火階の4階売場に延焼拡大した．火勢は階段室やエレベータを伝送経路として上階延焼し，5階家具，美術品売場，6階特売場，さらに7階食堂，8階店員食堂へと拡大していった．

出火当時店内には店員，入店客含めて約1900名の人がいたということである．そのうち開店まもないこともあって入店客は少なく300名くらい，残り1600名が店員など店舗関係者であった．出火階である4階以上には6階の呉服反物売場をのぞいては客はほとんどおらず，火災階在館者は総計およそ700名ぐらいと推定されている．火災の急速な展開は，これらの在館者を恐怖と混乱の極に陥れていった．

火災の発見は午前9時23分，日本橋消防署の火の見櫓当番員によるものであった．また，望楼発見の直後から，火災現場付近の火災報知器や火災専用電話から日本橋消防署への火災通報が相次いでいる．高度な情報通信技術が未発達な時代は，望楼監視が火災発見の最有力の手段であったのであろう．当時の市街地写真をみても視界を遮るものはまだ少なく，火災発見は迅速，確実であったと考えられる（図-3.1.1）．ただ，冬期のため窓を閉め切っていたので，窓から煙が噴出するまでには相当な時間を要し，発見時にはすでに火勢は熾烈をきわめていたといわれている．

（2）　救助活動

火災発見により日本橋消防署はただちに白木屋出火を各方面に報ずるとともに，当番，非当番の消防署員全員が出場した．先頭のポンプ車が白木屋前に到着した時には，すでに4，5階の窓から盛んに火炎が吹き出し，また，各階のバルコニーから救助を求める多数の人が認められた．このため消防隊はただちに主力を人命救助に集中し，必死の救助活動が開始される．救助活動はたいへん困難を極めたようである．「東京の消防百年の歩み」では，このときの消防隊の活動の様子を次のように解説している．

「日本橋消防署のはしご車は，まず4階に架梯し，医師，看護婦，医務室にいた14人を救出し，さらに5階に梯子を延伸して救助袋を下げ，バルコニーにいた20人を救助，6階にはロープを投げて要救助者に手すりにしばってもらい，それを伝わって6階に上り，救助袋を引張り上げ，20余人を救助した．はしご車は7階まで届かないため，鉤付きはしごを7階のベランダにかけたが，鉤付きはしごは短くて宙に浮いた状態であったので，10数人の逃げおくれたものは恐怖で動けなかったため仕方なく一人一人を胴を綱で結び，6階まで下ろし，そこから救助袋で救出した……．

丸の内消防署のはしご車は新館東側を担当した．現場到着時，6，7階から避雷針や窓からつるした反物を伝わって降りようとして，力尽きて墜落する者もいた．下では降りろ降りろと叫ぶなど騒然たるありさまであった．そこで，ただちにこれを制する一方で6階に架梯し，待ちかまえていた男女約70人を救助し，さらに場所を移動し同じく6階から25人を救助した．

神田消防署は北側側面に部署し，はしご車を6階に架梯しようとした．ところが，進入路も狭く

電線障害もあって完全には架梯できなかったので，先端の消防手が窓にロープを投げようとしたところ，周囲にいた人たちがはしごの支索を無理に引っ張ったのではしごはおれてしまい，消防手は墜落し重傷を負った……．

屋上でも多くの人が助けを求めていた．屋上の避難者は恐怖で混乱の極に達していた．消防隊は防煙マスクをつけ，店員専用の階段を上って屋上に達し，店員に水にひたしたハンカチを口にあてさせ誘導した……．軍隊の飛行機が救助にきてロープを投下したのは鎮火近くなってからであるが，かくも切迫した状態で店員がロープでを使用し屋上から避難することは，きわめて困難なことであったであろう」．

「東京の消防百年の歩み」に大きく掲載されている写真は火災現場の緊迫した臨場感を伝えている（**図-3.1.3**）．この報道写真は消防活動が始まって間もない時期に撮影されたものであろう．交差点付近では，群衆が固唾をのんで見守る中で，は

しごと救助袋が5階に設置されている．この後，救助袋は6階に移設され，避難者多数を救出した．そしてその救出の直後焼け落ちたと報告されている．7階ベランダや屋上に見えているのは避難者であろう．この時点で内部ではどのような事態が展開されていたのであろうか．

(3) 消火活動

消火活動は人命救助と並行して，日本橋消防署のポンプ車到着と同時に開始された．従来警視庁消防部が高層建築物火災に対してとっていた消火方針は，下階の火事をその上階より抑え延焼を防ぐことであった．しかし消防隊が到着したときはすでに上階に延焼拡大しており，所定の方針を実行することはできなかった．消防隊は7本の階段から内部に進入し，転戦をしつつ消火活動を行った．筒先は4階に42口，5階に31口，6階に31口，7階に21口，注水量は126万ガロン（4770トン）に達する膨大なものであった．これは火災当初に消防部が緊急要請し，水道局が給水弁を操作して水圧を確保したので，水量に不足することはなかった．また白木屋の従業員も消防隊の到着に先立って屋内消火栓から放水し初期消火を行っている．火災は警視庁消防部が総力をあげた消防活動と各機関との連携により，出火約2時間半後，8階店員食堂を残す4階以上を焼き尽くして，午前11時40分ようやく鎮火した．

火災に出場した消防車は，ポンプ車・水管車34台，はしご車3台，消防人員は消防官22名，消防手337名，消防組員300名，計799人であった．はしご車や救助袋で救助された人員は280人にのぼり，屋上から誘導したものは130名を数えた．死亡した14人うち13人は店員，そのうち8人は17才から26才の若い女性で，残り1人は問屋派遣員であった．死亡原因は初期消火にあたって煙に巻かれて窒息死した1名（男）をのぞき，5名が窓からの飛び降りによる死亡（男1，女4），残り8名が帯や反物をつなぎ合せて降下途中，あるいは雨樋，旗竿，避雷針などを伝わって降下中力尽きて落下し死亡（男4，女4）したものである．

図-3.1.3　炎上する白木屋[3]

3.1.4 社会的衝撃

白木屋火災の東京市民に与えた衝撃は甚大なものがあった．すでに午前10時には号外が市中にとびかい，火災のニュースは海外にも即刻報道された．白木屋火災については世間は同情的で，皇室からの異例の弔慰金の沙汰もあった．しかし，そのなかでもセンセーショナルに報道されたことは女店員の避難や墜落死にかかわるものであった．

(1) 女店員の避難行動と服装革命

「東京の消防百年の歩み」ではこの時の女店員の避難行動について次のように描写している．

「白木屋の店員の多くは和服に上っ張りの姿であった．だが火災の場合，和服ではどうしても迅速な行動がとれず，救助袋で避難する場合，両足で袋を引っ張らなければならなかったために，躊躇する店員もいた．また反物をロープがわりにして降りようとすると，その下には野次馬が大勢騒いでおり，火事場風で裾があおられてあられもない姿をさらすことを恥じた若い女性のこととて，思わず片手で裾を押さえたりしたため手が緩んで墜落し惨事を招いた者もいた」．

これらの白昼，高層，衆人環視の中の女店員の避難行動は，市民，大衆に強く印象づけるものがあった．白木屋の火災が女性に洋服を普及させるとともに，下着の着用をひろめたことがよくいわれている．事実，白木屋は翌1919（昭和8）年社内規定を設けて女店員はなるべく洋服を着用することとし，一定の範囲で補助金を支給している．しかし，女性にとって下着が必需品となったのは，必ずしも白木屋火災を契機としてではなく，戦争，とりわけ空襲の影響の方が大であったようである．とはいえ，この火災が「服装革命」として，働く女性の近代化に寄与したことも否めない事実であろう．それはともかく，何よりもこの白木屋の火災が社会に衝撃を与えた最大の理由は，人々が漠然と抱いていた鉄筋コンクリート造りの建物は燃えないというイメージを破って，日本橋際にそびえ立つ大百貨店が，かくも簡単に炎上し，多数の死傷者を出したことにあった．

(2) 建築学会の建議書

白木屋火災の建築分野に与えたインパクトも多大なものがあった．衝撃を受けた日本建築学会（会長：大熊喜邦）はこの火災に迅速に対応し，火災直後の12月20日の午後「時局に関する委員会」の委員を中心に1時間半に亘る火災現場の実地調査を行っている．そして，その調査結果をふまえて災害防止のための緊急研究審議を行い，同月26日学会長名で「百貨店防火施設に関する建議」と題した建議書を内務大臣宛（男爵 山本達雄）に提出している．この建議書の内容は以下のものであった．

まず，冒頭には高層建築物の防災に関する現状認識が次のように記されている．

「今回百貨店白木屋に於いて突発せる大火災は，本邦大都市に於いて近来激増せる高層建築物の防火施設に対する一大警鐘にして，防火施設に関し幾多の考慮すべき貴重なる資料を提供せり．従来，鉄骨鉄筋コンクリート造は耐火構造として一般に認められ，今回の火災に於いても十分に其の耐火的効力を発揮せるは多言を要さるも，延焼数階に亘り死傷者約八十名を数ふるに至るは，惟ふに多量の「セルロイド」の極めて急速なる燃焼に基因するものなりと雖も，一面建築物の防火施設に於いて，消火避難設備に於いて，或いは又店員の火災における訓練に於いて，聊か遺憾の点ありしを認めさるを得す（原文はカタカナ文，句読点は筆者）」．

つづいて，今後実施を要する百貨店の防火施設として以下の項目を提言している．

一、防火区画
二、階段室の防火設備
三、避難階段の設置
四、昇降機，自動階段等の開口部の防火設備
五、窓の構造
六、天井吹き抜けの制限
七、売場通路の取締
八、避難用具の設備

九、消火栓及び其の他消火設備の整備
十、「セルロイド」製品其の他引火性物品の取締

　この意見書では防火区画や階段室の防火構造をプライオリティの高い施策として提示し、また、縦穴区画や吹き抜け構造の安全性についても言及している。当時の「新物質製品」セルロイドの危険性について取り上げているのも興味深い。短期間の緊急提言とはいえ、この建議書はかなり的を射た提言であったといえる。この政策的提言は、その後の高層建築の防災、ことにビル内部の防災のあり方に大きな方向性を与えている。

3.1.5　災害と調査研究

　大きな建築災害の後には、警察・司直による司法調査と消防・建築基準等からの行政調査、保険機関による損害査定調査などが行われる。これらに加えて、最近では研究者による独自な見地からの学術調査も盛んに行われるようになっている。それは司法・行政上の視点とは別に、広く災害を研究し、その成果を建築技術向上に生かす必要性があるからである。白木屋の火災は、こうした学術調査・研究の先駆けとなった火災でもあった。

（1）建築学会の調査研究

　火災の翌年、1919（昭和8）年に「建築雑誌」ならびに「建築論文集」に掲載された調査報告、研究論文には以下の5本がみられる。

- 松本禄寿，水原旭，池口凌ほか：「昭和7年12月16日火災に依る白木屋百貨店の災害について」，建築雑誌，昭和8年3月号（資-1）
- 江口胤治：「白木屋の火災と建築付属設備に就いて」，建築雑誌，昭和8年3月号（資-2）
- 北沢五郎：「百貨店防火施設改造私案」，建築学会論文集，昭和8年4月（資-3）
- 北沢五郎：「百貨店の火災に於いて人は如何に逃げたか」，建築雑誌，昭和8年9月号（資-4）
- 北沢五郎：「百貨店，アパート建築規則および高層建築物の防火避難設備に関する法律の制定について」，建築雑誌，昭和8年8月号（資-5）

　「白木屋百貨店の災害について（資-1）」は、松本禄寿（多田工務店代表社員）ら学会員・準会員10名による共同執筆で、火災当日より数日間の実地調査と消防、避難等に関与した関係者のヒアリングをもとに、それらの情報を分析、総合してとりまとめた報告である。現場被害写真26葉を含む大部、詳細な報告書で、序説（火災概要、建築物の概要など）、消防状況、避難状況、延焼状況、被害詳説、結語の7章による構成でまとめられ、火災の全体概要ならびにとくに延焼経路や建築構造の物的被害について知る上で貴重な技術資料となっている。

　「白木屋の火災と建築付属設備に就いて（資-2）」は、警視庁の建築物付属設備担当者である江口建築技師が、建築学会の依頼を受け寄稿したもので、白木屋火災の建築設備面からの災害実態の分析と防災計画の課題を報告している。

　「百貨店防火施設改造私案（資-3）」は、北沢五郎（正会員）の個人研究であり、白木屋火災の災害拡大の主要因となった階段や昇降機の縦穴、防火区画に着目し、その防災計画上のあり方を提示するとともに、日本橋三越など東京市内の百貨店、13店舗の平面計画を分析し、防災計画上の問題点を指摘するとともに、避難計画から見たかなり大胆な改善策を提案している。

　「百貨店の火災に於いて人は如何に逃げたか（資-4）」も、同じ北沢による研究で、アンケート調査により在館者の階別火災覚知時間や避難経路等、避難行動の再現を試みている。この調査は、その後の避難研究の先駆けとなった調査研究といえる。「百貨店，アパート建築規則及び高層建築物の防火避難設備に関する法律の制定について（資-5）」は北沢による講演録で、法律制定の趣旨や経緯を逐条解説している。北沢は警視庁技師、当時の建築課長であり、この火災に関して建築学会会員としての学術活動と行政府の官僚活動とを同時にこなし、まさに官学一体の獅子奮迅の活躍

をしている.

ここで，これらの研究・調査報告をレビューすることにより，災害の実態と問題点をもう少し詳しく浮き彫りしてみたい.

(2) 複合ビルとしての白木屋

白木屋百貨店は，鉄骨鉄筋コンクリート造，地上8階，地上2階，延べ床面積（1万395坪）と，市街地建築物法による特殊建築物，現在の消防法でいう大規模複合用途防火対象物に相当する施設であった．階別の主な用途は以下の通りである.

地下2階：店員室，機械室，地下鉄連絡通路
地下1階：売場，食堂，その他
1階：売場，郵便局，その他
中2階：事務室，その他
2階：売場，その他
3階：売場，日本間，その他
4階：売場，歯科室，写真室，美容室，婦人休憩室，その他
5階：売場，会議室，その他
6階：売場，事務室，電話交換室，その他
7階：食堂，厨房，特別室，余興場，その他
8階：店員食堂，同厨房
屋上階：機械室，階段室

建築空間の構成は，3階までエスカレータが設置されており，11基のエレベータと7か所の直通階段（そのうち1か所は3階まで）が設置されていた．サッシは鋼製，床はリノリュウム貼り（一部木造床），柱（一部装飾大理石），梁，天井は漆喰塗り仕上げ，内部間仕切りは木製だった.

(3) 火災の展開と避難階段

白木屋の火災はなぜかくも急速に展開し，大量の要救助避難者を生じせしめたのか．その主要因は，そもそも縦穴等の防火区画が未形成であったこと，そして，なによりも階段の火災に対する防護や避難行動への配慮がほとんどなされていなかったことに起因する．4階以上の階では階段6か所のうち5か所が売場に直結・開放された客用階

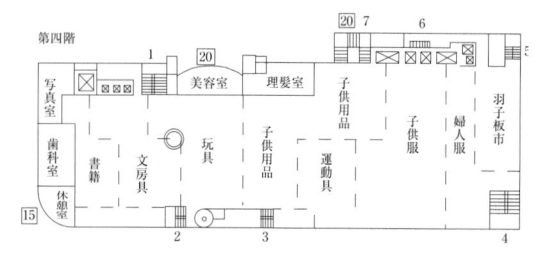

図-3.1.4 出火階・4階の平面図[5]

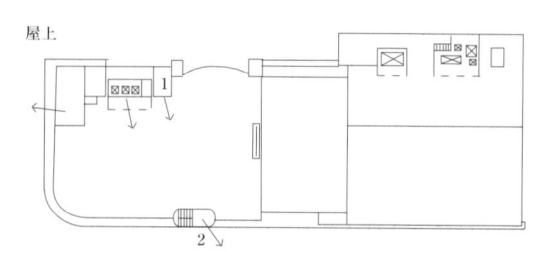

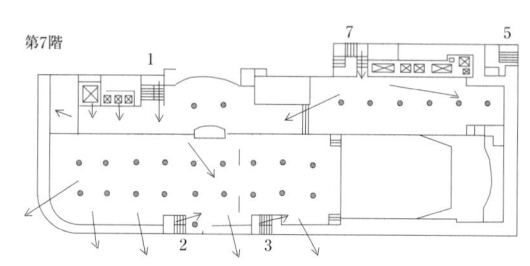

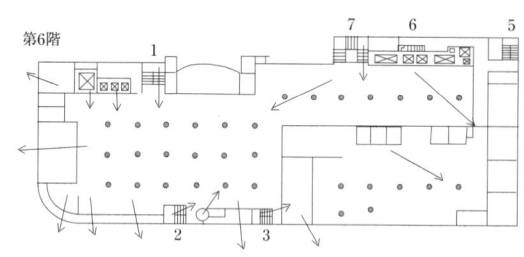

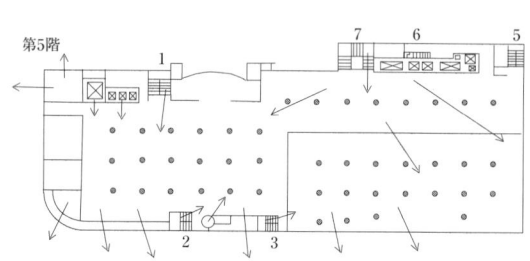

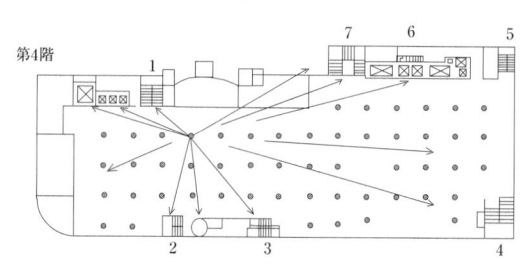

図-3.1.5 火焔の移行推移状況図（松本ほか[5]）

段であり，しかもその配置はかなり偏在したものであった．残りの1か所はエレベータシャフトの奥まったところに配置された従業員用の階段であり，最後まで火災の影響を受けなかった唯一安全な階段，そして後述するように多数の避難者の命を救った避難階段であった（**図-3.1.5**の階段6）．従業員階段で想起されることは戦後の千日デパート火災の場合である．この火災でも，従業員用階段が火災の災禍から免れた唯一安全な階段であったが，日常利用されていなかったために従業員はその存在に気づかず，結局火災時には役に立たなかった．

ところで，松本らの報告（資-1）には，火災の展開について次のような解説がみられる．

「出火後まもなくセルロイド製品の急速な燃焼並びに飛散によって，濛々たる煙と強烈な火焔と多量な瓦斯とは一時にドット四方に拡散した．4階が旧館より新館へと漸次火焔に包まれていく一方，出火点近くに位置していた階段①，②，③，スパイラルシュート，旧館のエレベータ・シャフトは直ちに煙道となり，黒煙火焔を速やかに上昇せしめた．火焔が各階において水平に拡散するにつれて，他の階段，エレベータ・シャフト，其の他すべての垂直円筒部も亦順次に煙道の作用をしたので延焼の速度をますます大にした．……」

図-3.1.5は松本らが示した火焔移行状況の推定図である．この図から，⑤，⑥をのぞく階段，エレベータシャフトからの火焔の伝搬が急速であったことが推測される．この報告書では，階段の安全性について次のようにアピールしている．「高層建築の火災の場合には，火煩に対して完全に防護されていない階段はいくらあってあまり役に立たないこと，および火煩の煩いから絶対安全な適当数の避難階段が絶対必要であることが今回の経験から痛感された」．

白木屋火災が提起した防災問題のうち最大のものは人命の安全，すなわち避難安全性の問題であった．このことに注目した北沢は，火災の分析をふまえ高層建築の防火対策として次の提案を行っている（資-3）．

① 上階への延焼を絶対に阻止し，火災は発火の階に局限すること．

② 発火の階に在る人員は速やかに，かつ安全に地上に避難しうる設備を設けること，発火の階以上の人員もまた速やかにかつ安全に地上に避難しうる設備を講ずること．

③ 逃げ遅れたる人員もまた閉鎖さることなきよう別に逃げ路を設くること．

これらの原則は現在の防災計画でいう「階層別の防火ゾーニング」や「地上避難の原則」，「フェイルセーフ」の考え方である．そして，階段室の防火設備として，防火シャッターなどの防火戸を設けた階段の防護対策，ならびに火災の影響を受けない避難階段の提案を行っている．**図-3.1.8**はそのうちの一つで，現在の特別避難階段の原型ともいえる階段室の提案である．この提案で特筆すべき点は，防災面からの一方的な提案ではなく，百貨店の営業上の特殊性に配慮しているところにあろう．日常性と非常性のバランスをどうとるのか，この悩ましい問題にもしっかりと対応している．当時の建築技術者の総合的な判断力と優れた見識を示すところのものであろう．

(4) 白木屋の防災設備

建築設備面から問題提起した江口の報告（資-2）も，当時の百貨店建築の建築設備の様子や防災設備のあり方を知る上で興味深い．この報告書では，その冒頭からエレベータ（客用，店員用，貨物用，小荷物用），エスカレータ，スパイラルシュートなどの垂直搬送設備についてかなり比重を置いた記述がなされている．その理由は何だったのだろうか．おそらく，これらの各種搬送設備が文明の利器として高層の近代百貨店を成立させる基幹設備であることを認識し，そしてこれらの設備空間が火災時に火煙をも伝送する経路になったことを重視して取り扱ったものではなかったかと推察される．つぎに消火栓設備を大きく取り上げ，火災時における実際上の効果について考察を加えている．そのほか，排水ポンプ，換気設備，避雷針な

どについても若干のコメントがみられる．

江口はエレベータに関して，次の要旨の防火上の問題点を指摘している．「11台の客用エレベーターはその出入り口（昇降機扉と各階扉）は，網入りガラスをはめ込んだ鋼製パネルドアで，そのうち主要なエレベーターの出入り口の上部には高さ1尺，幅6尺の欄間が設置されており，その欄間が夏期の通風を得るための施設として利用されていた．火炎が上階に急速に伝播・拡散したのはこの開放的な欄間の介在と，エレベーターや出入口扉の脆弱性が原因したものであり，ビルの火災安全性を確保するためにはこれらの昇降機設備の防火性能を向上させる必要がある」．

消火栓設備については，しっかりした設備が設置されていたにもかかわらず，日常の訓練がなかったために初期消火に有効に活用されなかったことを問題視している．そして，十全をはかるために百貨店が具備すべき防災設備として，自動消防装置であるスプリンクラーやドレンチャー，自動警報装置の設置の必要性を強調し，それら設備の効用について詳細な解説を行っている．さらに興味深いことは，火災時にも安全な耐火昇降機の提案である．この耐火昇降機とは，強制換気設備やドレンチャー設備を付属させ火災から絶対安全の構造とした避難および救護に供するエレベータの提案であった．現在の消防隊専用エレベータの発想の原型がここにみられる．

3.1.6 人はいかに逃げたか

火災時に人はいかに逃げたのだろうか．火災時の対応行動に着目した北沢は火災の翌月（1月），白木屋の従業員1600人に対してアンケート調査を実施し1101票の回答（回答率67％）を得ている（資-4）．その調査票は，氏名，年齢，男女の別，学歴の個人属性に関する項目に次いで，覚知時刻，覚知直後にとった対応行動，受けもち売場の位置，避難方法，避難路または避難口，地上に避難した時刻，その他参考となるべき事項の7項目による簡潔な調査票で，下段には各階の略図が

図-3.1.6 救助される避難者[3]

示されたものであった．この調査の結果から，火災の覚知時間についておよそ以下の状況が明らかにされている．

- 4階：65％が出火とほぼ同時刻（9時15分頃）に覚知，15％が5分以内（9時20分頃）
- 1～3階：20～30％が出火と同時刻，40～60％が5分以内
- 5階：30％が出火と同時刻，30％が5分以内
- 6階：35％が5分以内，45％が15分以内
- 7階：35％が5分以内，35％が15分以内
- 8階：30％が5分以内，55％が15分以内

覚知時間は当然のことながら出火階の4階がもっとも早く，出火後5分以内には同階在館者の80％が火災を覚知していた．次いで覚知が早かったのは，出火階の下階（1～3階）で5分以内覚知が60～70％，直上階（5階）60％，6，7階35％の順となっている．下階の覚知が早かったのは4階からの大量の避難者の情報によるものと思われる．6階以上の階では覚知が遅れている．その理由は火災拡大の時間差と間仕切りなどによ

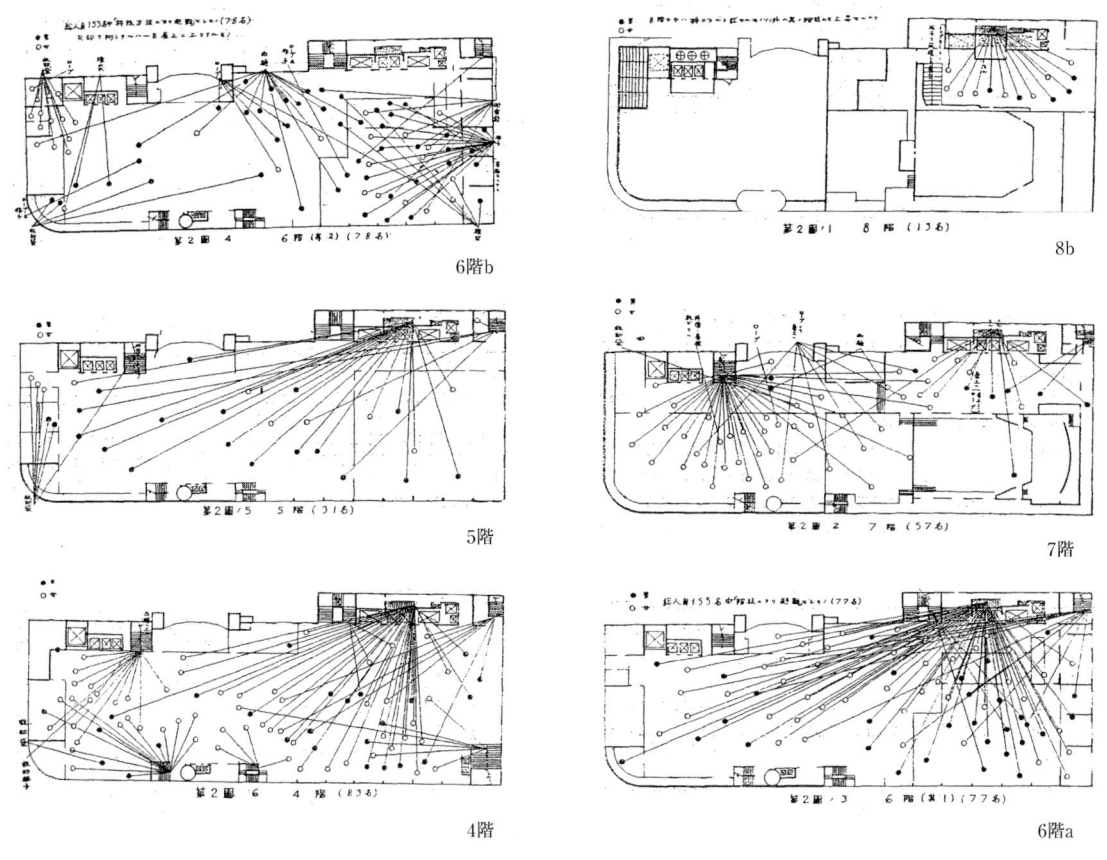

図-3.1.7 各階の避難経路（文献8）より作成）

る空間構成の違いによるものであろう．火災報知設備が普及していなかった当時は，火焔，煙，におい，人声等の直接的な情報によるほかに火災覚知の方法はなかった．このため，売場などの見通しの利く大空間の方が覚知が早く，一方，区画された小部屋では覚知がかなり遅れたものと考えられる．また，覚知直後の対応行動については，4階以上はほとんどが覚知と同時に避難している．下階では防火，救護，商品整理など従業員として比較的冷静・沈着な対応行動をとっていたことがこの調査から伺える．

では避難行動はどうだったのか．

図-3.1.7は出火当時，4階以上にいたアンケート回答者の各階における避難経路を示すものである．4階をみると，ほとんどが至近位置にある階段および先に述べた従業員階段を使って下階に逃げている．従業員階段による避難者が多いのは，多数の避難者が普段からこの階段を熟知しており，かつ安全であることを知っていたからと考えられる．しかし，火災初期にすでに一部の階段は火災に汚染され，避難不能になっていたこともこの図から推察される．

直上階の5階ではほとんどが従業員階段を使って下階に逃げている．西側コーナーに救助袋による避難者6名がいるが，これらの人は医務室等間仕切りで囲われた部屋におり，そのため覚知が遅れた避難者と考えられる．

もっとも混乱し，凄惨を極めた火災階は6階だったようである．客用階段を利用した避難者はきわめて少なく，階段避難ができたほとんどは，北側の従業員階段を利用している．しかし，覚知が遅れ，逃げ場を失った避難者も多数いた．これらの避難者は，火焔に追われ，火災汚染の影響の少ない小区画された窓際の部屋等に逃げ込んだ．そしてそこから梯子，救助袋などで救出された他，煙突，避雷針，ロープなどでアクロバティックな

表-3.1.1 特殊な方法による避難[8]

方法	人数	男	女
ロープを伝う	9	6	3
ロープおよび梯子	3	3	-
避雷針	9	5	4
救助袋	24	8	16
雨樋	17	13	4
窓より跳躍	1	1	-
救助梯子	22	15	7
旗竿を伝う	6	4	2
つなぎたる呉服	1	1	-
煙突を伝う	3	2	1
計	95	57	38

自力の「特殊避難」を敢行している（**表-3.1.1**）．売場と隔壁で区画されていた事務室にいた人たちは，覚知が大分遅れたようである．

表は回答者による特殊な方法により避難した人の内訳である．この表は高層建築火災の避難行動の極限を示している．このような窓からの脱出などの特殊避難は，椿温泉ホテル火災，千日デパート火災など，戦後のビル火災でも繰り返された．防災対策が不十分な高層建築火災特有の災害現象として明記しておかねばならない．それにしても，白木屋火災では煙による窒息死や中毒死，焼死などの被害者がほとんどでなかった．その理由として，二重天井，ダクト配管などによって現代のビル空間が複雑化しているのに比べて，当時の建物は比較的簡明で，したがって火災の展開も単純だったことが考えられる．

3.1.7 白木屋火災その後

白木屋火災はその後の防災対策にどのような影響を与えたのだろうか．

建築学会の建議書をはじめ，火災後の各方面からの意見，調査，研究をふまえて，警視庁は1933（昭和8）年6月，警視庁令第20号をもって「百貨店建築規則」を制定し，また一般建築物に対しても「高層建築物の防火避難設備に関する取り扱いの件」（警視庁告示第213号）を示した．そして，1936（昭和11）年9月内務省はこれを継承し，省令第31号として次のような規制を行った．

① 大規模百貨店は，2方向において道路に面すること．
② 1500平方メートルごとに防火区画をもうけること．
③ 屋上避難広場をもうけること．
④ 階段は避難階段とし，売場の各部分よりの避難距離は30メートル以内とする．
⑤ 1万平方メートル以上のものにはスプリンクラーを設備すること．
⑥ 売場の天井は吹き抜けとしてはならないこと．
⑦ 地方長官が保安上必要と認めたときは，消防設備，防火上または避難上必要な措置を命ずることができること．

これらは今日でも，大規模耐火建築物における防火避難対策の基本方針として生かされている．白木屋の火災は被害も大きかったが，反面，この火災によって大規模建築物の火災対策は大きな進歩を見たといえる．白木屋は被災後の12月24日から一部を開店して営業を始める一方，改修工事を進めた．火災の貴重な経験を生かして防火，避難対策に重点を置き，各階を防火区画し，床は木製から大理石やコンクリートとし，警報機，消火栓を完備して窓は上下窓にし，警備隊を新設するなどの措置を講じた．**図-3.1.9**は火災前に撮影された写真と，火災後防災改修された白木屋の外観写真を比較したものである．改修後の写真には，防災上の工夫として，各階外周に避難バルコニーが鉢巻状に設置されているのが見える．

消防について，白木屋火災での消防当局の活動

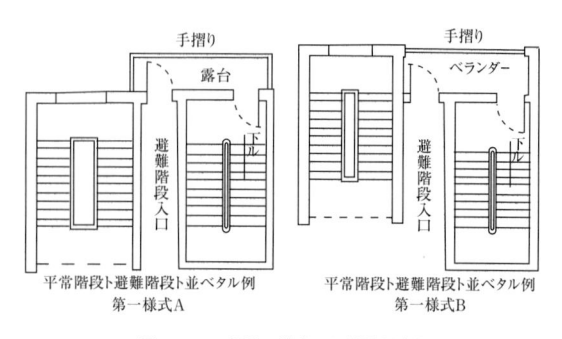

図-3.1.8 北沢の提案した避難階段[7]

図-3.1.9 火災前の白木屋(上)と改修後の白木屋(下)[2]

は，事情が許す範囲内で最善を尽くしたものとして高く評価された．その反面，装備面などその消防力の高層建築に対する防御能力に改善の余地があることも強く印象づけられたようである．この火災の直後，物理学者寺田寅彦は「火事教育」と題する随筆を書き，市民に対する火災教育の必要性を説いている．

「白木屋の火災は日本の火災史にちょっと類例のない新記録を残した．犠牲は大きかったがこの災厄が東京市民に与えた教訓もまたはなはだ貴重なものである．しかしせっかくの教訓も肝心な市民の耳に入らず，また心にしみなければあれだけの犠牲は全く何の役にも立たず煙になってしまったことになるだろう．（中略）……あの際，もしもあの建物の中で火災に遭遇した人たちにもう少し火災に関する一般的知識が普及しており，そうして平素の訓練がもう少し行き届いていたならば少なくも死傷者の数を実際にあったよりも著しく減ずることができただろうことは誰しも異論のないことであろうと思われる．そうしてまた実に驚くべく非科学的なる市民，逆上したる街頭のあるものが，物理学も生理学も一切無視した五階飛び降りを激励するようなことがなかったら，あたら美しい青春の花のつぼみを舗道の石畳に散らすような惨事もなくてすんだであろう．……」

この寺田寅彦の随筆は，文学の力ともいえるその筆致で，その後の防災教育に多くの示唆を与えている．都市の近代化は，そこに住む市民に対しても安全に暮らすための意識や知識，ライフスタイルの変革を要請した．白木屋火災の火災は建築防災のみならず，社会のさまざまな側面に影響を与えた火災であった．白木屋は戦後も都心百貨店として多くの購買客と集めたが，しだいに経営不振に陥り1999（平成11）年1月，老舗百貨店としての幕を閉じた．

3.1.8 むすび

筆者はかつて，昭和40～50年代にかけて頻発したビル火災，椿温泉ホテル火災，千日ビル火災，大洋デパート火災，済生会病院火災，ホテルニュージャパン火災などの火災の現地調査や災害研究を行う機会に恵まれた．いま，これらの火災に照らして白木屋火災を改めて検証してみると，この白木屋火災の教訓が，戦後のビル防災に必ずしも生かされていなかったのではないかという疑念が生ずることも否めない．もし，白木屋の火災が「下着革命」などのセンセーショナルな側面だけではなく，火災のメカニズムや防火対策の要諦も含めて，その教訓が技術情報として広く建築関係者に周知されていたなら，またさらに寺田寅彦が唱えるような防災教育が普及していたならば，ビル火災の発生件数や被害規模は少なく，戦後のビル火災史はもう少し穏やかなものになっていたのではないかと思う．教訓を生かすということは，必ずしも法令や技術基準を整備することだけにあるのではない．大事なことは，その災害の実態やその災害を契機に整備された法令・基準の背後にある精神やポリシー，防災にかかわる蘊蓄を理解することにあるのではないだろうか．防災意識が風化しないためにも，過去の災害を正しく検

証するとともに災害と人間のかかわり理解し，そのことを記憶にとどめ，物語として永く後世に伝えていく必要があるだろう．

◎参考文献

1) 小松左京・堺屋太一 監修：増補版・20世紀全記録（クロニック），講談社(1995).
2) 村松貞次郎 監修：街・明治，大正，昭和?絵はがきに見る日本近代都市の歩み1902→1941 関東編，都市研究会，尾形光彦(1980.11).
3) 東京消防庁：東京の消防百年の歩み(1980.6).
4) 高野公男，米村敦子：防火戸を考える，予防時報125号(1981.4).
5) 松本禄寿，水原旭，池口凌 他：昭和7年12月16日火災に依る白木屋百貨店の災害について，建築雑誌，1933年3月号.
6) 江口胤治：白木屋の火災と建築付属設備に就いて，建築雑誌，1933年3月号.
7) 北沢五郎：百貨店防火施設改造私案，建築学会論文集，1933年4月号.
8) 北沢五郎：百貨店の火災に於いて人は如何に逃げたか』建築雑誌，1933年9月号.
9) 北沢五郎：百貨店，アパート建築規則及び高層建築物の防火避難設備に関する法律の制定について，建築雑誌，1933年8月号.

3.2 千日デパート火災(1972年)

1999年9月号

鈴木　隆雄
マヌ都市建築研究所

3.2.1 はじめに

1972（昭和47）年5月13日の午後10時半頃、大阪ミナミの繁華街で衝撃的な火災が発生した。それが、千日デパート火災である。3階、改装工事中のデパート衣料品売場付近から出火し、急速に燃え広がり、エスカレータ部分を介して2階と4階を焼損した。煙は、エレベータシャフト、空調ダクト、階段室から上階へ急速に伝搬し、何の火災連絡もないまま、7階で営業していたチャイナサロン・プレイタウンのお客や従業員が、噴き出す濃煙でパニック状態となり、逃げ場をなくし、118人の生命が失われた。

このビルは1932（昭和7）年に大阪歌舞伎座として建てられたものであり、戦災を免れ、何度も改築・改装を行いながら利用されてきた7階建ての複合ビルである。

当時、国外では超高層ビル火災が相次ぎ、国内では雑居ビル火災が問題とされていた中で発生した火災である。ハードおよびソフトにわたる建築防火問題のみならず、既存不適格建築物への対応問題など幅広い論議を引き起した火災であり、翌1933（昭和48）年の死者103名を数えた大洋デパート火災とともに、以後の法令改正の契機となった火災である。

戦後の驚異的な復興と高度経済成長という時代と21世紀初頭とでは、社会的な背景は違うが、こうした複合ビル火災に関する潜在的な危険性は内包されていると思われる。こうした観点から、千日デパートビル火災を見直してみる。

3.2.2 千日デパート火災の概要

(1) 千日デパートビルの概要

a．大阪歌舞伎座としてスタート　千日デパートビルは、もとは1932（昭和7）年に大阪歌舞伎座として建てられたものである。空襲により一部が被災するものの、戦後も営業を継続している。

図-3.2.1　千日デパート火災の様子（共同通信社提供）

1953（昭和28）年当時の建物の利用状況をみると，地階は歌舞伎地下劇場，1～4階は大阪歌舞伎座，5階はダンスホールと事務所，6階はキャバレー，7階は進駐軍専用キャバレーとなっている．戦前から戦後にかけて，大阪ミナミを代表する娯楽施設であった．

その後，N観光株式会社が建物を取得し，15億円の費用をかけて改造し，1958（昭和33）年，千日デパートとして開業する．また，火元になったニチイの出店したのは1967（昭和42）年3月，多数の死傷者を出したチャイナサロン・プレイタウンが開業したのは1967（昭和42）年5月のことである．大阪歌舞伎座から，時代の変化にあわせ，用途を変え，改築・模様替えを繰り返してきた複合ビルである．

■火災当時の建物概要
- 構造：鉄骨鉄筋コンクリート造，一部鉄骨造
- 階数：地下1階，地上7階，塔屋3階
- 面積：建築面積3770m²，延べ面積2万5924m²
- 階別の用途（図-3.2.2）

b. 防火管理と消防用設備等　防火管理者については，千日デパートおよびプレイタウンともに選任され，消防計画も提出されている．千日デパートの自衛消防隊組織表および防火管理責任表は，毎年1回，5～6月に改正更新されており，1971（昭和46）年5月のものでは，両表ともに7階プレイタウンは含まれておらず，千日デパートとプレイタウン相互の連絡体制についても明確な取り決めはない．

なお，自衛消防訓練は，千日デパートは，1963（昭和38）年以降延べ16回，延べ参加人員1393名，プレイタウンは，1967（昭和42）年以降，延べ7回，延べ参加人員222名を数える．

消防用設備は，消火器，屋内消火栓，スプリンクラー（1階と地下1階および6階の旧劇場部分），警報設備，避難設備等があり，1971（昭和46）年12月8日に実施した消防の立ち入り検査では，千日デパートで14項目，プレイタウンで9項目の改善指示が出されている．12月20日の再検査で未完のものとしてあげられた項目は，千日デパートでは，誘導灯等避難設備の設置管理や各階パイプシャフトの防火区画などがあり，プレイタウンでは，救助袋の補修や誘導灯設置などである．

(2) 千日デパート火災の概要

千日デパート火災は，1972（昭和47）年5月13日午後10時27分頃（推定），電気の配線工事が行われていた3階のニチイ衣料品売場付近から出火した．

出火当時，ビル内には，3階の電気工事関係者6名のほか，6階にボーリング場の改装工事関係者6名，7階のプレイタウンに客やホステス・従業員181名，そのほかにビルの保安係4名と電気機械係2名，合計199名程度の人たちが在館していた．

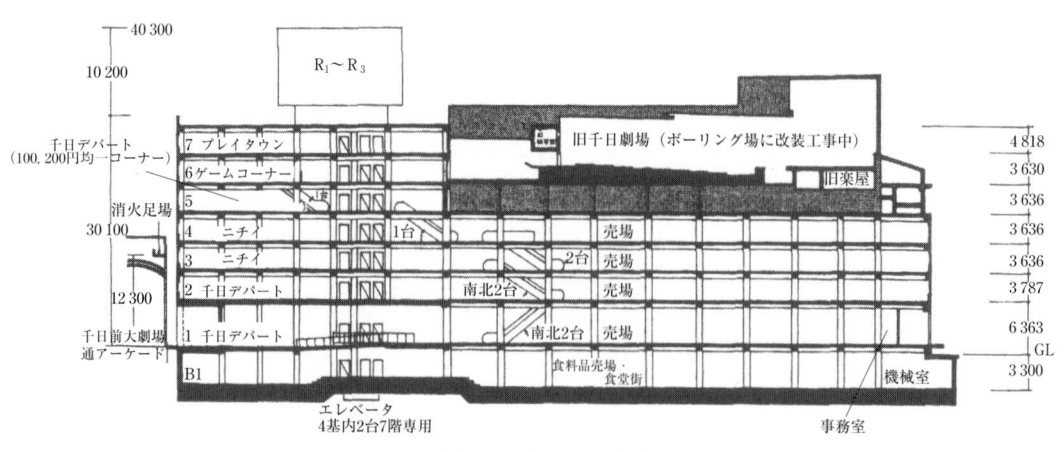

図-3.2.2 階別の用途：断面図[2]

119番通報は，出火13分後の午後10時40分，千日デパートの保安係からである．消防の先着隊が到着したのは午後10時43分．この時，3，4階の北側の窓2か所ぐらいから黒煙が盛んに噴出し，北側5，6，7階の窓からは若干薄い白煙が漂っている状況であったという．その後，続々とポンプ車やレスキュー車等，各種の消防車両が到着し，合計85台，出場人員は596名となった．

火災鎮圧は5月14日午前5時43分，鎮火時刻は5月15日午後5時30分，2，3，4階がほぼ燃え，焼損面積の合計は8763m^2，死者118名，負傷者81名（内，消防職員27名）という，わが国最悪のビル火災となった．

なお，死者はすべて7階プレイタウンにいた人たちであり，死因は，一酸化炭素中毒によるものが93名，胸腹部圧迫によるものが3名，飛び降りによるものが22名となっている．

3.2.2 千日デパート火災は過去のものか？

千日デパート火災が起る前，海外では，大燃閣ホテルの火災（死者163名，ソウル市，1971（昭和46）年12月），31階建てアンドラウスビルの火災（死者16名，サンパウロ市，1972（昭和47）年2月）と高層ビル火災が続いて起きていた．このような衝撃的な火災は，当時，建築・ビル関係者や国民が「日本では起らない」と考えていたのかどうか，筆者にはわからない．

その後，千日デパート火災の与えたビル火災の現実と恐怖は，時間の経過とともに薄れ，一方で複合ビルは増加の一途をたどっている．以下に，建設省が設置した千日デパート火災調査委員会（委員長，東京大学名誉教授 星野昌一）の調査報告等をもとに，千日デパート火災の経過を追いながら，問題点を整理してみる．

(1) 火災拡大と煙拡散

出火の原因は，3階ニチイの電気工事関係者が捨てたタバコ（あるいはマッチ）が衣料品に着火したものではないかと推定されている（**図-3.2.3**，出火場所）．

火災の発見者も工事関係者であり，「幅約40cm，高さ約70cmの赤黒い炎」を視認している．知らせを受けた工事監督は火災報知機のボタンを押し，保安室にいた保安係員によって確認されている（午後10時34分頃）．その後，工事関係者は，保安係に使い方を教えられて消火器を使用し，保安係は1階の屋内消火栓で放水しているが，濃煙

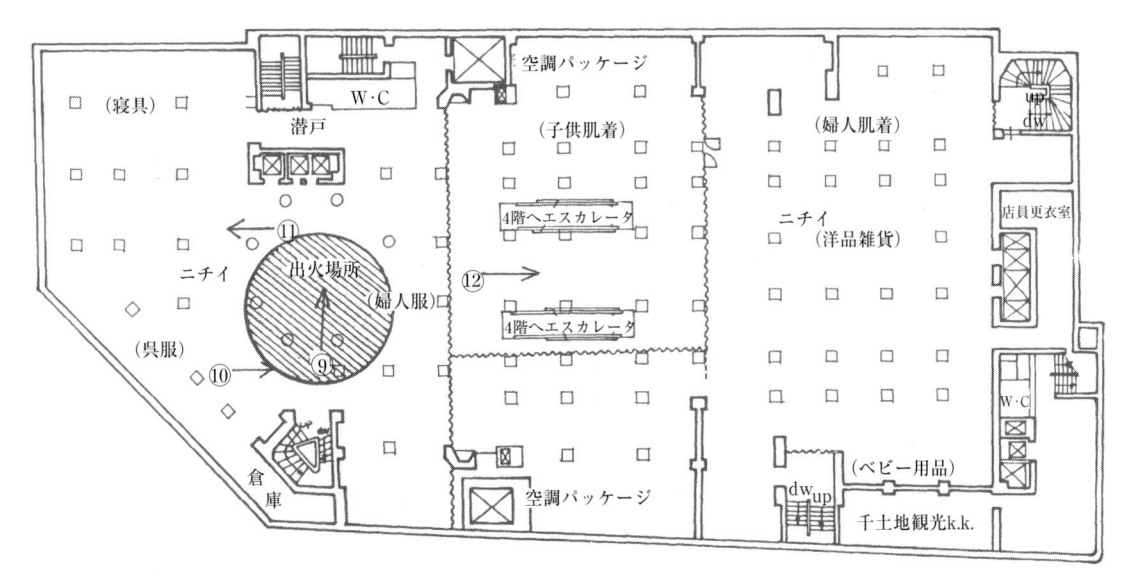

図-3.2.3　出火場所:3階平面図[2]

が充満しほとんど効果がない.

消防先着隊が到着したとき(午後10時43分),閉じられていた正面シャッターを保安係員が開放し,2階へホースを延長し放水する(午後10時46分放水開始).この時点で,2階もすでに燃え,3階への進入は不可能な状況であったと報告されている.

出火から消防隊到着までのおよそ16分程度の時間に,火災は2階と4階へ延焼拡大し,煙は7階まで拡散していく.フラッシュオーバーまでは17分程度と推定され,売場空間のような大空間火災としては一般的であるという報告もなされている.

火災拡大の原因は,衣料品等,大量の可燃物にあることはいうまでもない.また,4階および2階への延焼経路となったものはエスカレータである.煙の伝搬経路として,空調ダクト,エレベータシャフト,区画の不完全な階段があげられている.いわゆる「たて穴」区画の不備である.

エスカレータに関しては,1,2階が区画シャッター,3,4階が蛇腹シャッターが設置されていたが開放されていたこと,ダクトに設置されていた3か所の防火ダンパが落ちていないこと,階段室のシャッター開放など,たて穴の状況については詳細な報告がなされている.

こうした可燃物の量や空間の性状をもとに,物理的な火災と煙の性状予測は,今では,詳細なシミュレーションも可能となり,防災センターでは防災設備の作動状況もモニターできる時代となっている.

しかし,現在でも,悲惨な複合ビル火災が起りうると思っているのは筆者だけであろうか.これは,ビルのメンテナンスや防火管理など,ビルの安全管理にかかわるヒト・体制というソフトの問題があるからである.こうした面から,人間の行動を検討してみよう.

(2) 3階出火と7階プレイタウンの死傷者

火災発見後,ビル管理側から7階には連絡が一

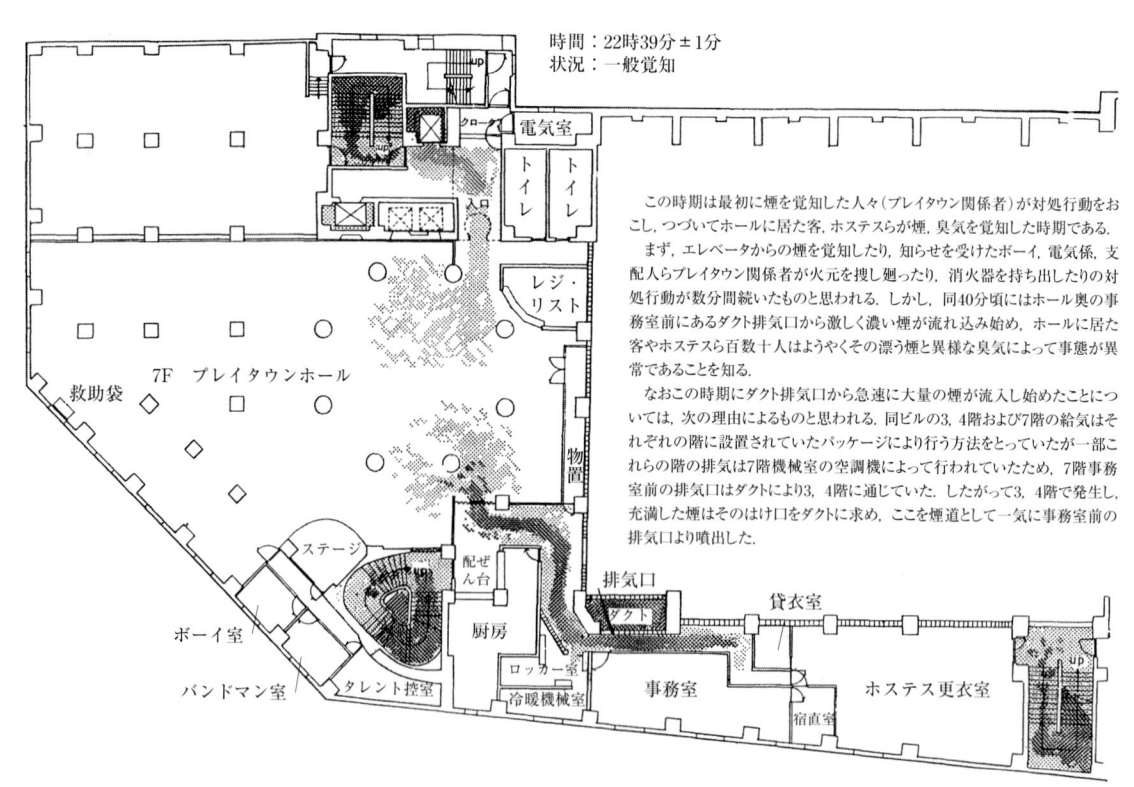

時間:22時39分±1分
状況:一般覚知

この時期は最初に煙を覚知した人々(プレイタウン関係者)が対処行動をおこし,つづいてホールに居た客,ホステスらが煙,臭気を覚知した時期である.
まず,エレベータからの煙を覚知したり,知らせを受けたボーイ,電気係,支配人らプレイタウン関係者が火元を捜し廻ったり,消火器を持ち出したりの対処行動が数分間続いたものと思われる.しかし,同40分頃にはホール奥の事務室前にあるダクト排気口から激しく濃い煙が流れ込み始め,ホールに居た客やホステスら百数十人はようやくその漂う煙と異様な臭気によって事態が異常であることを知る.
なおこの時期にダクト排気口から急激に大量の煙が流入し始めたことについては,次の理由によるものと思われる.同ビルの3,4階および7階の給気はそれぞれの階に設置されていたパッケージにより行う方法をとっていたが一部これらの階の排気は7階機械室の空調機によって行われていたため,7階事務室前の排気口はダクトにより3,4階に通じていた.したがって3,4階で発生し,充満した煙はそのはけ口をダクトに求め,ここを煙道として一気に事務室前の排気口より噴出した.

図-3.2.4　7階の煙拡散(1)火災に気づいた頃[2]

切入っていない．

7階プレイタウンの従業員が異変に気づいたのは，午後10時36分頃，エレベータ付近に薄い白煙をみてのことである．その後，消火器をもち出し，火元を探すが，この時点では何もわからない．7階にいた人たちがはっきりと異常に気がつくのは，午後10時40分頃，バックヤードのダクトから黒い煙が激しく吹き出し，客席ホールに流れ出したためである（図-3.2.4）．

そして，客やホステスたちの叫び声が飛び交う中，店内放送もされたが，多くの人たちは，通常の出入り口であるエレベータへ殺到した．しかし，エレベータ付近からの煙も激しさを増し，ふたたび客席ホールにもどることになる．こうして，逃げ場をなくした人たちで客席ホールは大混乱となる中，プレイタウンの電気が切れ，煙と熱気の満ちてくる暗闇の中に人たちが閉じこめられた（図-3.2.5）．

消防隊到着後ほどなく，7階の窓を破壊し，救助を求める人たちが続々と認められ，午後11時20分頃まで，懸命の救助活動が続けられた．その結果，はしご車やサルベージシートによる救助者が53名，自力脱出者が10名，そして，死者は118名を数えることとなった．当時のマスコミが「ガス室火災」と報じたプレイタウン，7階での死者96名の大部分が一酸化中毒死であり，また，飛び降りによる死者は22名であった（図-3.2.6）．

なお，出火当時，7階の避難階段の内，エレベータ横のA階段と更衣室横のE階段は施錠，F階段はシャッターが降り，クローク後ろのB階段は入り口がカーテンで隠されていた．B階段からは従業員2名が避難したにとどまり，F階段のシャッターを上げ屋上へ向かった人たちは，屋上出口が閉鎖されていたため引き返している．その他の階段の鍵は保管されていた事務室からもち出されていない．

こうした経緯を検証するにつれ，構造や設備等のハードに問題はあったにせよ，所有者・管理者

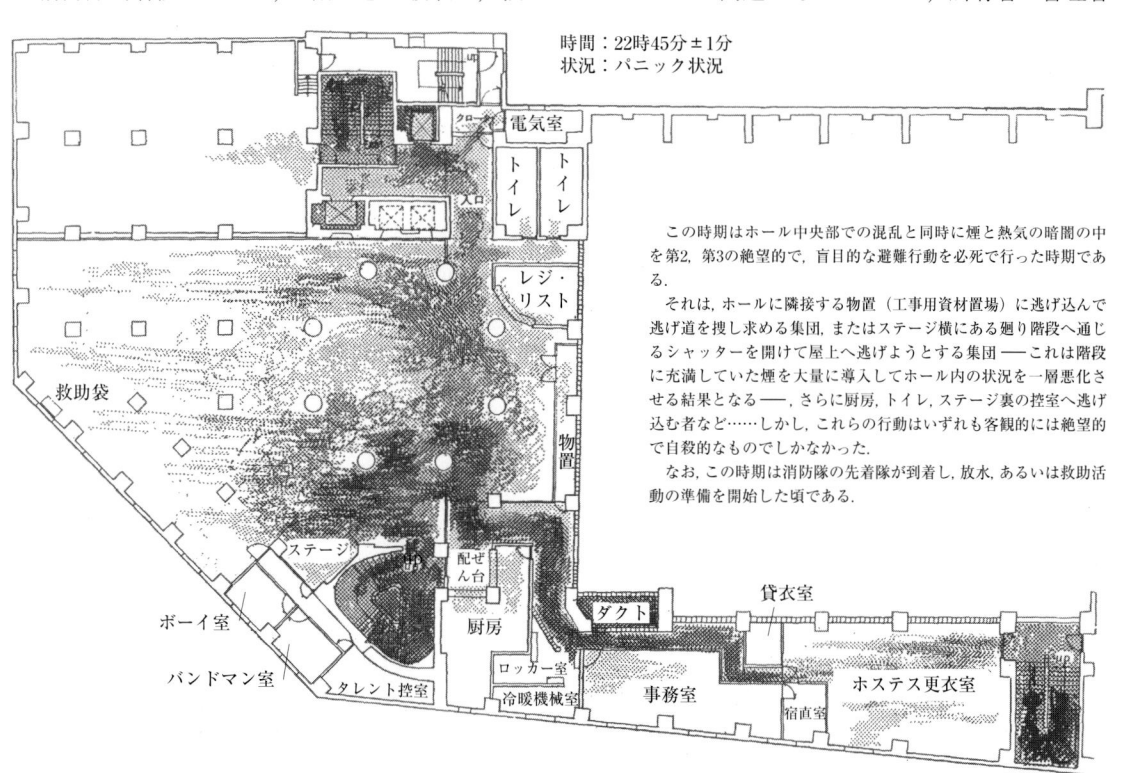

時間：22時45分±1分
状況：パニック状況

この時期はホール中央部での混乱と同時に煙と熱気の暗闇の中を第2，第3の絶望的で，盲目的な避難行動を必死に行った時期である．

それは，ホールに隣接する物置（工事用資材置場）に逃げ込んで逃げ道を捜し求める集団，またはステージ横にある廻り階段へ通じるシャッターを開けて屋上へ逃げようとする集団——これは階段に充満していた煙を大量に導入してホール内の状況を一層悪化させる結果となる——，さらに厨房，トイレ，ステージ裏の控室へ逃げ込む者など……しかし，これらの行動はいずれも客観的には絶望的で自殺的なものでしかなかった．

なお，この時期は消防隊の先着隊が到着し，放水，あるいは救助活動の準備を開始した頃である．

図-3.2.5　7階の煙拡散（2）逃げ場をなくした頃

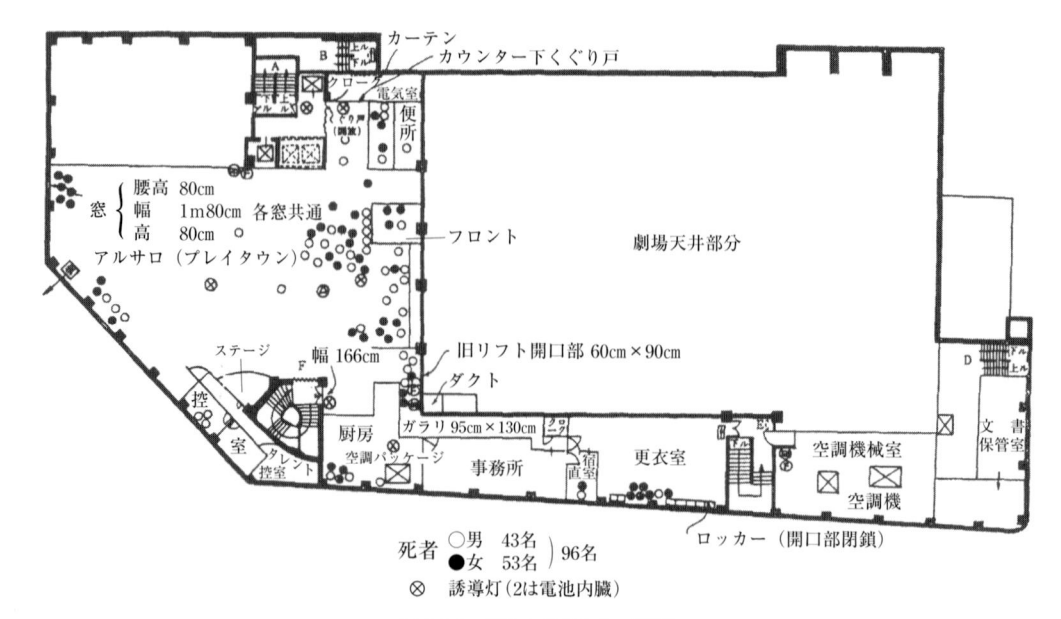

図-3.2.6 7階における死者の位置[1]

が自分のビルの構造と危険性を正しく認識し，的確な情報伝達と避難誘導が実施できれば犠牲者を減らすことは可能であったと考えられる．

3.2.3 千日デパート火災その後，そして，今
(1) 千日デパート火災その後

火災後，およそ1ヵ月を過ぎた1972（昭和47）年6月22日，東京で，日本科学防火協会の主催により，千日デパート火災に関する公開報告会・討論会が開催された．討論会では，以下の論点も補足された．

- 化学繊維/建築材料等と煙の毒性
- 模様替え等工事中の防火管理と防火区画・たて穴区画
- 病院等災害弱者施設の避難施設と避難誘導体制
- 共同防火管理/自衛消防活動と消防活動の限界
- 救助活動と野次馬や違法駐車問題
- 老朽建物の改造と査察指導・是正命令
- 適法建物の安全性と既存不適格対応，等

これらの事項に関しては，火災のたびに指摘されていた問題点であり，法令等の整備が進む一方，時間の経過とともに危険性を忘れていくという防災特有の循環現象が繰り返されている．

火災後，東京消防庁は，1442件の雑居ビルを対象に特別査察を実施した．その結果は，安全が確保されていると思えるものは，わずか7％に過ぎないと報告されている．ハードの部分的な不備や防火管理問題による灰色判定は52％，黒判定は41％，この中には既存不適格のものばかりでなく，違法なものも含まれている．報告書の最後は，「自ら住み，生活する場の安全維持はその居住者全員の責任であり義務である．……（中略）……共同防火管理，特に不特定多数の人が集合する事業所にあっては，その業務範囲は複雑で大きい．しかし，それは，やらなければならない企業の命題である」と結んでいる．

また，国会や審議会などでは，危険な建築物への建築基準法の遡及適用，高層ビル・複合用途ビル・地下街などの用途制限を含む防火基準の強化，有毒ガス発生の恐れのある建材・調度品などの規制などに関して議論がなされ，建築基準法の改正案は，翌1973（昭和48）年3月に閣議決定される．しかし，国会で継続審議となり，日影規制の導入等を含め，1976（昭和51）年の公布となった．

その間に，翌1973（昭和48）年8月に建築基準

法施行令の改正があり，防煙対策の強化がなされた．具体的には，防火区画に用いる防火戸の構造，ダクト等の防火ダンパーの構造，2以上の直通階段を必要とする建築物の範囲の拡大，内装制限の強化，既存不適格建築物への遡及適用である．遡及対象は，百貨店，ホテル，病院，地下街など，とくに火災時において利用者などの安全確保に重大な支障が生ずると考えられるものに限定されている．

また，消防法の一部改正は，1974（昭和49）年にあり，スプリンクラー設備や屋内消火栓の非常電源等の設置，既存建物への遡及適用が規定された．既存遡及は，1979（昭和54）年4月1日から実施するもの（1979年3月31日までに改修）として，5年の猶予期間が設けられた．例えば，スプリンクラー設置の対象となる既存建物には，スプリンクラー設置か代替防火区画の設置を5年以内としたものである．

千日デパートビル火災から10年後の1982（昭和57）年2月に発生したホテル・ニュージャパン火災，119番通報や防火管理の問題と並んで，スプリンクラー未設置や防火区画不備が問題となった．この建物は1960（昭和35）年使用開始のものであり，消防指導が繰り返されるなか，遡及期間を過ぎても改修対応をしなかったビルである．

(2) そして，今

1968（昭和43）年，4月に霞が関ビルが完成し，12月には国民総生産が自由世界第2位になった．大都市への人と機能の集中が進む一方，公害問題や日照権問題などが噴出した時代でもある．そして，千日デパートビル火災が起きた1972（昭和47）年は，日本列島改造論が出された年でもある．

前述の討論会で，当時の社会経済的な構造から，千日デパートビル火災をはじめとするビル火災の危険性にふれた次のような指摘もある．「火災の根本的な原因は都市の過密性にあるといわれております．その大都市の中にさらに過密した盛り場を持っている．その盛り場の中に，さらにたくさんの人たち，たくさんのものが1ヶ所に集約した施設をつくる．そこでお金を儲ける．……（中略）……しかも，そのときどきの時勢に応じて用途変更をやる，模様替えをやる，増改築をしていく結果，非常にわかりにくい，住みにくいものができています」（味岡健二東京消防庁予防部長）．

また，防火管理に関しても，「共同体という意識が薄弱であります．住宅においてももちろんそうですが，事業所におきましても，隣の事業所については全く関知しない．あるいは上の階は何があるかわからないという現象が極めて顕著であります．……（中略）……そういう国民の意識をなんとか改めてもらおうというので，防火管理上，複合用途につきましては共同防火管理の協議会をつくっていただいて粗組織化してやってもらおう」（味岡）という，共同防火管理制度（1969（昭和44）年の消防法改正）の趣旨が報告されている．

20世紀を終え，建築防火に関して，各種の研究と技術開発が進み，ハード・ソフトにわたる法令規定が強化されている．しかし，一方で，都市は高層高密化し，ビルは大規模・複合化し，ビルは年齢を重ねていく．消防の査察対象である建物は増加し続け，改善指導を繰り返しているビルも少なくない．

また，低成長経済下，規制緩和と経営合理化・コスト削減が至上命題化しているような時代であるからこそ，ビルの所有者・管理者やテナントに高い防災意識が求められ，ビル利用者の人命安全を担保する技術のあり方や社会的な枠組みを検討する必要がある．

とくに，建築や情報化等に関する技術が高度化すればするほど，防火管理に携わる人たちの能力も必要とされる．一方で，火災対応に携わる人間はスーパーマンにはなりえない．

そのために，火災を起こさないシステム，起きても対応しうるシステムを，ヒトとモノの総合的なシステムとしてつくっていくことが重要である．いわゆるフェール・セーフやフール・プルー

フという冗長性のあるシステムを各ビルに応じてつくっていく．それも，設計・施工の段階から利用・管理・処分の段階まで，現実的につくり，履歴に応じて再構築するプロセスとして考えていくことが大きな課題である．

また，所有者・管理者の防火管理責任も法定されているが，千日デパート火災をみるまでもなく，犠牲となるのはビルの実態を知らない利用者である．利用者からみて安全なビルづくりやビル管理という視点が必要である．建築基準法改正によって確認・検査の民間開放や性能規定が導入されたが，今後，建物履歴過程における安全性のチェックと表示に関して，社会的な仕組みの検討も必要となろう．

最後に，時間とともに変化する建築と都市の安全性を動態的に保持していくために，何を見つめていく必要があるのか．以下に，千日デパート火災後の1972（昭和47）年12月の建築学会誌・主集/防災の巻頭文を引用する．

「高密度化，高層化，地下開発化，工業化，合理化，省力化，無人化，高度システム化……など，都市がその構造，形態，機構において著しい変貌を遂げ，さらに大きな加速度を持って，人工環境化，特殊化されつつある現実があります．このような変容の過程で人々の生活圏は拡大され，意識世界の多様深化，物質的欲求充足などのさまざまな利便慰楽を得てきています．しかし，それと同時に深刻な環境問題，福祉問題を抱え込み，かえってストレスや不安が増長され，安心や落ち着き，あるいは将来に対する確実な目標や見通しを失ったまま，不可知な未来社会への突入を余儀なくされているようでもあります．……（中略）……現在の都市，建築あるいはこれから構築されようとする施設物はどれほど「安全」なのでしょうか．それぞれの施設物はどのような論理，どのような考え方でつくられているのでしょうか．……防災とは一体何でしょうか．日常環境，生存環境の原点から防災をとらえなおしてみる必要があります」．

◎参考文献

1) 日本科学防火協会：建築防火/臨時増刊 千日デパート火災総集号（1972.11）．
2) 防災都市計画研究所・マヌ都市建築研究所：千日デパート火災研究調査報告書（1972.10）．
3) 日本建築学会：建築雑誌，主集/防災，Vol.87，No.1059（1972.12）．

3.3 ホテルニュージャパン火災(1982年)

2000年11月号

沖塩　荘一郎
元 東京理科大学火災科学研究所

塚田　幹夫
東京理科大学工学部

3.3.1　はじめに

　33名の死者を出したホテルニュージャパン火災は，20世紀のわが国ホテル火災の歴史の中でもっとも多くの人の関心を呼んだ事件といえよう．1966年3月の水上菊富士ホテル火災，1968年11月の有馬温泉池坊満月城旅館火災，1969年2月の磐梯熱海温泉磐光ホテル火災は，いずれも30名の死者を数えている．また，1980年11月の川治プリンスホテル火災は死者45名という大惨事であった．

　そのような中でホテルニュージャパン火災が大きい話題となった理由には，経済的にも防災技術や施策の面でもわが国が世界のトップクラスになったと皆が思うようになってきていた時期に，政治の中枢永田町の衆参両議長公邸近くに立地する，鉄骨鉄筋コンクリート造の本格的都市ホテルとみられていた建築での大惨事であったことが第一にあげられよう．また，続々と遺体が運び出されている中でのホテル経営者の不遜な挨拶，外国人死傷者の多さ，多数の消防車による消火活動にもかかわらず9時間にわたり燃え続ける様子がテレビで全国に実況中継されたこと，焼けた残骸が長期にわたり東京都心部で多くの人の目に晒され続けたこと（図-3.3.1）なども関係あろう．

3.3.2　建物と火災の概要

　ホテルニュージャパン建物概要：鉄骨鉄筋コンクリート造地下2階地上10階建．1960年完成．客室数約500．スプリンクラーシステム無し．

　火災概要：1982年2月8日（月）深夜9階938号室から出火．9階および10階のほとんどを焼失し，宿泊者33人が死亡．当夜の宿泊者約350人．

図-3.3.1　ホテルニュージャパンは，鎮火後も長期にわたり東京都心部にその残骸を晒した

消防への電話連絡午前3時39分50秒．先着消防車の現場到着は3時44分．

3.3.3　調査概要

　火災後，警察より東京理科大学火災科学研究所に本火災に関する鑑定依頼があった．

　筆者らは，当時東京理科大学工学部建築学科教員の立場で，この鑑定への協力を依頼された．筆者らの役割は，警察が本火災時に宿泊していた生存者256名から聴取した調書をもとに，火災や在館者の避難の状況を調べることであった．

3.3.4　本火災が大惨事となった原因

　a．警報設備不作動　このホテルに設置されていた自動火災報知設備は，非火災報による宿泊客の苦情を防ぐため元で切られていた．非常ベルは鳴らず放送もなかったため，出火階の9階と10階の宿泊者の多くは，火災に気がついたときすでに廊下は煙が充満していたり火の海となっていた．

　b．防災訓練の不備と通報の遅れ　ホテル従

業員の証言によれば，従業員の一人が9階で白煙を発見，938号室からであることを確認，1階に戻る．他の従業員二人がマスターキーをもってこの部屋のドアを開け火炎を見，手もちの消火器を噴射するも充分でなく，他の消火器を取りに8階に降りるなど，初期消火に失敗，消防署への通報は遅れ，避難誘導もテープの故障などでまったく不適切であった．従業員は，非常時の対応を身につけていなかった．

c. 防火区画の不完全 廊下の各所に設けられていた自動閉鎖の防火扉には，閉まらないものが多く，廊下を伝って延焼する．また，客室間の間仕切壁の多くはコンクリートブロック壁で，その上部などに穴や空隙があり，そこからも隣室への延焼が認められた．

d. スプリンクラー未設置

3.3.5　避難および救助の特異性

上述のように，非常ベルも鳴らず，ホテル側からの放送や通報がなかったため，9階と10階の宿泊客には，火災に気が付いてドアを開けたら，廊下は煙が充満していたり火の海で，廊下からの避難を諦め，窓からの脱出を図った客が多かった．何枚かのシーツを結び合せてそれを窓から垂らし，それに伝って降り，下階の部屋の窓を靴で蹴破って助かった人が15人を数えた．窓は普通ではとても伝い歩きできないような形であったが，窓枠を掴み蟹の横這いのようにして火から遠い方へ避難した人も少なくなかった（**図-3.3.2**）．

3.3.6　非常口ドア，避難バルコニー，避難はしごの問題

このホテルの客室階には，4か所に階段があるほか，廊下の突き当り2か所には，非常口ドアを開けるとバルコニーがあり，そこに各階に通じる避難はしごが設置されていた．その鋼製ドアは施錠されておらず，ドアの握玉を回せば開くようになっていた．

本火災では，この避難はしごを用いて逃げよう

図-3.3.2 煙や炎で廊下からの脱出を諦めた多くの宿泊客は，窓から外に出，窓枠につかまって蟹の横這いのようにして安全な側に避難した．下が見える昼間なら，怖くてとてもできなかったかも知れない．鎮火後，その様子を再現したが，筆者は2階のレベルでも恐くて横這いできなかった．

とした客は数人いたが，これにより助かった人は一人もいなかった．

a. 非常用バルコニーの下に転落死 出火室の隣，940号室の客は，このバルコニーの下に転落して死んでいた．何故転落したのか不明であるが，当時の東京理科大学火災科学研究所の半田隆所長は，非常口ドアを開けたことにより新鮮空気が入り，フラッシュオーバーが起ってその爆風で吹き飛ばされたとの説をとられた．

b. 非常口ドアの握玉発見できず 1016号室の客は用心深い人で，客室に入るときそのそばにあるこの非常口ドアを開けバルコニーと避難はしごまで確認していた．彼は，火災に気付き客室のドアを開くと，すでに廊下には煙が充満していた．彼はすぐに確認してあった非常口に行きドアを開けようとした．しかし，煙の中でいくらドアを手探りしても，ドアの握玉が見つからなかった．彼は，隣室の宿泊客が窓からシーツを垂らして下階に降りていくのを部屋を出る前に窓からみており，非常口ドアを開けるのを諦め，客室に戻り窓伝いに隣室に入り，そこから垂らしてあったシーツを伝って下階に降りて助かった．

c. 荷物のためはしご利用できず 焼けなかった下階の宿泊客の中には，この非常口ドアを開けてみたが，荷物をもってははしごを降りられないので，階段を探して避難した人がいた．

3.3.7 火災時の人間行動の特異性

a. Convergence Cluster 1980年Las VegasのMGM Grand Hotel火災と1982年HoustonのWestchase Hilton Hotel火災における人間行動調査で，John L.BRYANは，避難者が避難途中に人に出会うと，逃げるのを止めて集まって房を作る現象を見出し，これをConvergence Clusterと名づけている[1),2)]．ホテルニュージャパン火災でも，この現象がみられた．とくに窓伝いに避難した971号室，972号室，974号室の5人は，976号室での宿泊客をみてそれ以上逃げるのを止めてしまう．逃げ続けないと危険にもかかわらず．幸い彼等は消防隊に発見され，屋上からロープを垂らして救助された．

b. Affiliative Behavior 1973年英国Summerland火災の調査を行ったJonathan D.SIMEは，死者の多くが避難路の狭さなどからのパニックによるのではなく，差し迫った危険に気が付かず忘れ物を取りに戻ったり同行者を探したりして時期を失したことによるとし，この人間行動をAffiliative Behaviorと名づけている[3),4)]．ホテルニュージャパン火災でも，この現象がいくつもみられた．窓伝いに避難したのに，忘れ物を取りに戻ろうとして転落死した人もいた．焼けずに助かった8階以下の避難者には，避難途中で忘れ物を取りに戻ったり身内の人探しに戻った人は数多い．また結婚式で上京した親戚が久しぶりと男同士や女同士で家族ばらばらに宿泊したグループがあったが，この場合すぐに避難したりせず，夫は妻を妻は夫をと右往左往する[5)]．

3.3.8 行動調査から[6)]

a. 非常口事前確認の度合い 火災前に非常口を確認したかどうかの質問に答えた宿泊客は138人おり，その内50人が確認したと答えている（表-3.3.1）．

b. 目覚めた理由 非常ベルなど警報設備が作動せず，避難の指示もなかったため，調査対象

表-3.3.1 事前の非常口確認の有無

	非常口を事前に確認した	非常口を確認しなかった
男	33	64
女	17	24
年齢 10〜19	3	10
20〜29	6	13
30〜39	6	26
40〜49	11	17
50〜59	8	12
60〜69	11	8
70〜79	4	1
日本人	32	58
外国人	18	30
シングル客室	20	39
ツイン客室，畳客室	30	49
回答数計	50	88

となった就寝中の宿泊客204人の目覚めた理由で上位を占めたのは次の5つであった．

① 窓ガラスの割れる音23％，② ドアをノックする音17％，③ 煙の匂い14％，④ 息苦しさ10.8％，⑤ 叫び声8.6％．

c. 避難状況 宿泊者の避難状況を図-3.3.3に示す．

3.3.9 3Y平面の問題

火災後，筆者らは調査のためこのホテルに何度も足を運んだ．9階と10階はドアなど焼けてなくなっていて，廊下から外の景色の見える場所が多いにもかかわらず，筆者たちは自分のいる場所がわからなくなることがしばしばあった（図-3.3.4）．

これは，このホテルの平面形がY字を3つ繋げた形になっていることに関係があると思うと，災害心理学の安倍北夫先生にお話ししたところ，「Y字路の組み合せは心理学のほうから言うと，ネズミの迷路をY字迷路というんですね．Y字迷路の5つユニットとか，あるいはシックスユニットなどで迷路の難しさを決めるわけですが，あれを見たときはネズミの迷路を作っているなと思いました」との話をされた[7)]．

このホテルが完成したとき，沖塩は見学に行き，多数の客室をもつホテルの場合，一本の中廊下だけでは廊下が長くなり過ぎるし，十字型平面では

第3章 火　　災

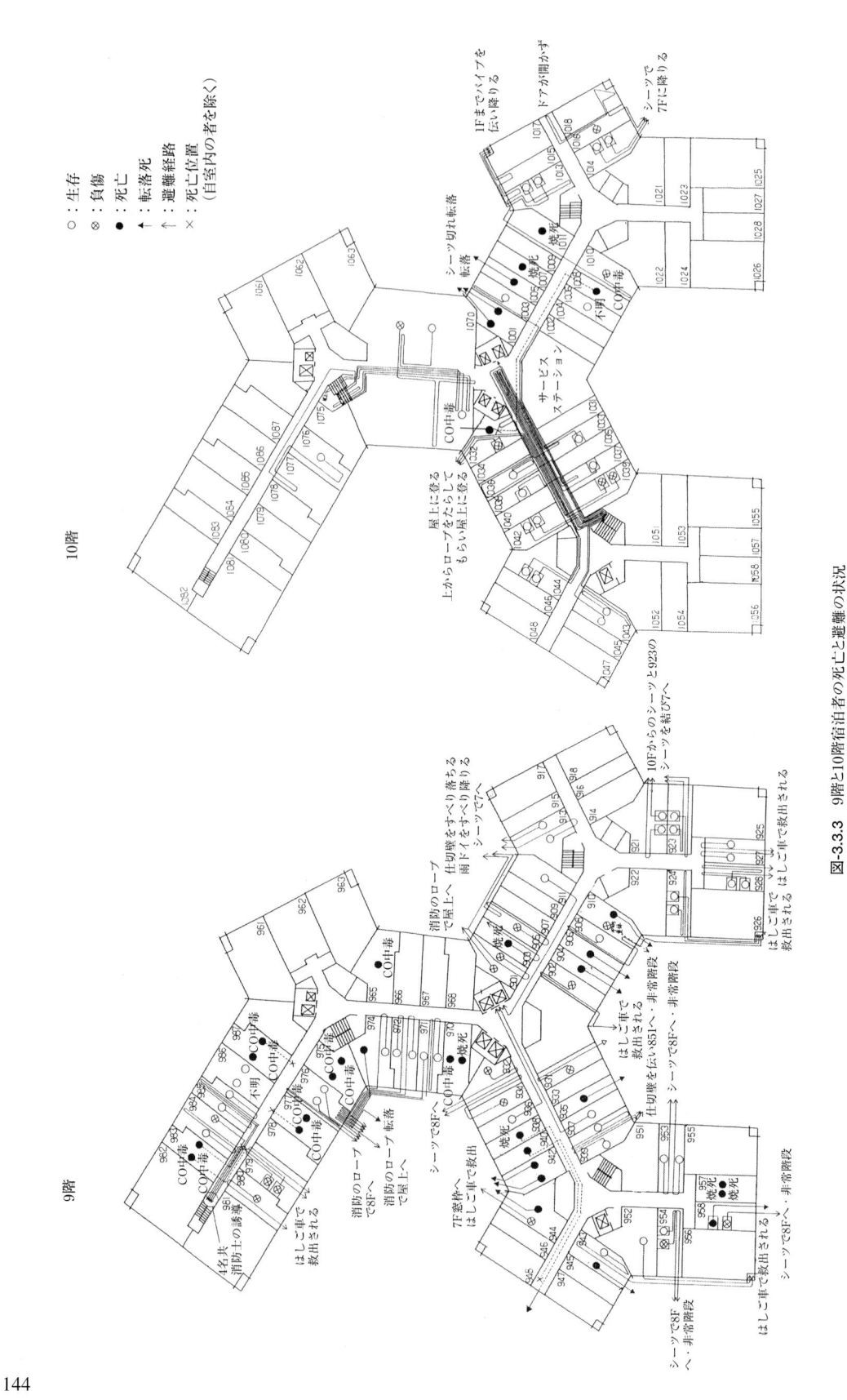

図-3.3.3　9階と10階宿泊者の死亡と避難の状況

図-3.3.4 焼けた室内．廊下から外が見えても，自分のいる場所がわからなくなることが多かった．

客室が覗かれる心配があり，Y字それも三つ組み合せるとは良い解決法だと感心した記憶があった．

Y字三つの組み合せ，しかも階段やエレベータがその廊下に対して30°振れているため階段から廊下に出ると方向感覚がわからなくなることを，このホテルの焼け跡で体験した．

3.3.10 非常ベルの問題

この火災調査では，当時東京理科大学の久我新一教授により非常ベルが正常に作動した場合の音量調査がなされた．その結果，非常ベルが鳴動してもそれがほとんど聞こえない部屋があったとのことだった．その結果を聞いた時には，このホテルは経営者が特殊な人なので例外であろうと思っていた．

ところが，1983年2月の蔵王観光ホテル火災の鑑定に絡み，東京理科大学沖塩研究室で焼けたホテル近くの類似の木造旅館で非常ベルの音量調査を行ったところ，非常ベルから1m離れた位置では規定通りの音量を出しているのに，客室ではほとんど聞こえない部屋が少なくないのに驚いた[8]．

そのため，沖塩研究室で都内の4つの宿泊施設について非常警報設備の調査を行った．その結果，そのいずれにおいても非常ベルは規定通りの音量を出しているのに，それがほとんど聞こえない部屋があった[9,10]．

3.3.11 まだ大丈夫と思っているとき起るフラッシュオーバー——東京理科大学での実験から

鑑定を委託された東京理科大学では，野田にある火災実験棟にこのホテルの客室を再現して実験を行った．そのときの状況を重倉祐光教授は次のように書いている[11]．「ドア上部から光沢ある火焔が廊下にも噴出し始め，……1名の助手と共に観測していた筆者の頭上に迫ってきた．さあ逃げようと腰を浮かした時である．密閉された室内でのF.O.を目前で体験したのは全く初めてのことであった．……室内から噴き出した黒煙が，あっという間に迫って来て，命からがら実験室の外に逃げ出したのである」．外で観測していた筆者らも，まだ大丈夫と思っていたときのF.O.で，重倉先生たちがどうなったかと一瞬ひやりとした．

3.3.12 本火災からの教訓

a．煙の中でも開けられる非常口ドアに

事前に確認していた非常口ドアのところまで来ながら，煙の中でドアノブ（握玉）が発見できなかった宿泊客のことを3.3.6 b.項で紹介した．この話を，当時自治省消防研究所の神忠久氏にしたところ，彼自身の体験を話して下さった．「私は素人でははないので，相当濃い煙までがんばれますが，一度どのくらいがんばれるのかとやってみました．灯油を燃やして，足元も手も見えなくなったので，限界だと思い出口に行ったわけです．……手探りでしたが，どうしてもノブがないんです．……そうしたらそれまで冷静だったのが，カァーッとなりまして，落ち着かなくてはと思っても，もう止まらないんです．……ノブというのは火事のときは難しい．ましてあの中で鍵を外そうというのは不可能に近いですね」[7]．

現在，避難階段からの侵入者を防ぐため常時施錠で「避難の際はカバーを破ってレバーを引く」方式の非常口ドアを採用している宿泊施設は少なくない．煙の中で，この種のドアを開けることは

まず不可能であろう．米国でよく用いられるドア幅一杯の横棒を押せばドアが開くパニックバー方式なら，煙の中でも手に触れよう．

b. 非常口ドア1枚で外部は危険　非常口ドアを開けて新鮮空気が室内に入りフラッシュオーバーを引き起こしたと考えられる事例を **3.3.6 a.**項で紹介した．非常口ドアを開けると屋外避難階段があったり避難はしご設置のバルコニーがあるといった建築は，すでに多数あり，現在も設計されている．これらの再考も必要であろう．

c. 人間行動の特異性を考えた避難計画と火災の怖さのPRを　避難時の人間行動については，① 既知の経路を使用する傾向が強い，② 明るい方に向かう，など種々知られている．しかし，**3.3.7**項で紹介したように，どんどん逃げれば助かるのに，忘れ物や人探しのため逆行する人や右往左往する人がでる現象（Affiliative Behavior），また他の人をみると安心して逃げるのを中断し溜まってしまう現象（Convergence Cluster）などについても配慮が必要である．とくに**3.3.11**項で紹介したように，「まだ大丈夫」と思っているときにフラッシュオーバーが起る火災の怖さについて，一般の人たちの理解を深めることが重要であろう．

3.3.13　おわりに

本火災については，東京理科大学火災科学研究所が警視庁から鑑定を委託され，多くの関係者が調査・実験を行い，ほぼ本火災の全貌を明らかにした．しかし事件鑑定委託の性質上，守秘義務があり，その内容はほとんど公表されていない．一方，調査結果には，今後の防災計画の参考にすべき内容が多く含まれており，裁判も結審したことであり，本稿では，筆者らが直接関係し，差し障りがないと考えたものについて述べた．

本調査では，当時火災科学研究所の故 半田隆教授，故 川越邦雄教授，重倉祐光教授，上原孝雄教授，建築学科大学院生石橋敦之君らにたいへんな協力を頂いた．この場を借りて感謝の意を表したい．

◎参考文献

1) BRYAN, John L.：Human Behavior in the MGM Grand Hotel Fire；Fire Journal 1982.3, pp.37-48.
2) BRYAN, John L.：A Review of the Examination and Analysis of the Dynamics of Human Behavior in the Fire at the MGM Grand Hotel, Clark County, Nevada, as Determined from a Selected Questionnaire Population；Fire Safety Journal 5, p.233(1983).
3) SIME, Jonathan D.：Affiliative Behavior during Escape to Building Exits；Journal of Environmental Psychology 1983.3, pp.21-41.
4) SIME, Jonathan D.：The Outcome of Escape Behavior in the Summerland Fire-Panic or Affiliation?；Proceedings of the Internaational Conference on Building Use and Safety Technology 1985, pp.81-90.
5) 沖塩荘一郎，小野彰子：ホテル火災時の避難行動に関する研究－アフィリエイションの影響を中心に；日本建築学会昭和63年度大会（関東）学術講演梗概集E，pp.577-578(1988).
6) OKISHIO, Soichiro and HANDA, Takashi：An Example of Human Behavior in a Hotel Fire；Fire Science and Technology Vol.3, No.2, pp.131-140(1983.12.20).
7) 安倍北夫，神忠久，沖塩荘一郎：座談会「火災時の人間の心理と行動」，SUT Bulletin, Vol.1, No.6, pp.37-44(1984.12).
8) 沖塩荘一郎，塚田幹夫他：宿泊施設における火災警報ベルの音圧に関する調査；日本建築学会大会学術講演梗概集（関東）昭和59年10月，pp.2865-2866(1984).
9) 沖塩荘一郎，塚田幹夫他：宿泊施設における警報設備の音圧に関する調査・その2；日本建築学会大会学術講演梗概集（東海）昭和60年10月，pp.677-678(1985).
10) 沖塩荘一郎，塚田幹夫：火災警報システム調査－就寝中の客には役立たない非常ベルの実態まざまざと；日経アーキテクチュア 1985.1.28, pp.138-141.
11) 重倉祐光：ホテルニュー・ジャパン火災を回顧して；SAスレート第13号，pp.1-3(1984.10).

3.4 長崎屋尼崎店火災（1990年）

室崎　益輝
神戸大学都市安全研究センター

3.4.1 はじめに

1990（平成2）年3月に尼崎市で発生した「長崎屋火災」は，法規に従うだけでは十分な安全性が得られないことを教えるとともに，初期対応のあり方，査察点検のあり方，維持管理のあり方，原因調査のあり方など，防災におけるソフトを原点から問い直すものであった．そこで本稿では，改めて長崎屋火災の投げ掛けた問題点を探るとともに，その教訓がいかに生かされているかについて考察する．

3.4.2 長崎屋火災の位置づけ

この長崎屋火災は死者数でみるかぎり，スーパー・百貨店火災としては，平成に入ってからのわが国における最大の惨事であり，千日デパート火災，大洋デパート火災に次ぐ歴史上3番目の惨事である．

さて，昭和30年代の後半から昭和40年代にかけて，日本ではデパートなど物販店舗の火災が相次いで発生した．そのなかで，100名を超える死者を出した1972（昭和47）年の千日デパート火災と1973（昭和48）年の大洋デパート火災は，物販店舗のもつ火災の危険性を如実に示したものとして注目を浴び，それ以降さまざまな側面から物販店舗に対する防火対策の強化が図られてきた．そのため昭和50年代以降においては，多数の死者をだす物販店舗の火災は影をひそめ，維持管理の強化や消防設備の遡及適用等によって物販店舗の火災の問題は，克服されたかに思われていた．その矢先に，発生したのが「長崎屋火災」である．

この長崎屋火災は，改めて物販店舗のもつ潜在的な火災の危険性を思い知らせると同時に，比較的小規模の物販店舗におおいては，その安全化への取り組みがまだまだ不十分であることを教えるものであった．そこで，この長崎屋火災を契機として，スプリンクラーの設置の基準面積が6 000m^{2}から3 000m^{2}に引き下げられ，その遡及適用がはかられることになったのである．

3.4.3 長崎屋火災の概要と特徴

長崎屋火災の概要を，表-3.4.1に示す．

火災は，日曜日の昼過ぎ，5階建てディスカウントショップの4階の寝具売場付近で発生している．従業員が，消火栓等初期消火を試みるも火の廻りが速くて失敗し，結果的に4階全体約800m^{2}を焼き尽くしている．この火災では，有毒ガスを含む煙が階段やエレベータシャフトを伝って上階に急速に拡散したため，5階の事務室や従業員食堂さらにはゲームセンターにいた，従業員や客の大半が逃げ遅れて死亡している．

(1) 被害の規模

火災の概要にかかわって，特筆すべきことをいくつか補足しておきたい．まず，被害の規模をみると，死者15名，負傷者6名，焼損面積約800m^2，損害額約1.7億円となっている．これを大洋デパート火災と比較すると，被害の規模はおおむね1/10程度でしかない．大洋デパート火災より遥に小規模な火災だといっても，物販店舗等に対する防火対策が積極的に講じられた後においてなお，15名もの命が奪われたことに注目したい．なお，死者15人のうち12人がパートを含む従業員で，犠牲者の大半が従業員であったことが，筆される．

表-3.4.1　長崎屋火災の概況

火災の概要	
・出火日時等	
出火日	平成2年3月18日(日)
出火時間	12時30分頃
覚知時間	12時37分(119番)
鎮火時間	17時06分
・出火場所	兵庫県尼崎市神田中通4丁目116番地
	株式会社　長崎屋尼崎店　4階
・建物概要	店舗(4項)
	鉄筋コンクリート造
	地階1階　地上5階
	建築面積　814m²
	延面積　5140m²
	使用開始　昭和45年4月6日
	収容人員　971人(客906人・従業員65人)
・気象状況	天気:晴　　気温:11.9℃
	風向:西南西　湿度:50%
	風速:9m/sec
	気象情報:強風波浪注意報発令中
・死傷者	死者15人(従業員12人・客3人)
	負傷者6人(従業員4人・客2人)
・焼損程度	4階(寝具、インテリア売場)
	814m²焼損
	その他の階消火損害
・出火原因	不明

尼崎市消防局「長崎屋尼崎店火災概要」

(2) 火災の原因

さて、火災の原因については、原因を断定できる証拠が得られないため、公式には「不明」とされている。しかし、目撃証言や火の廻りの速さ等からして放火と判断すべきではないか、と私は考えている。物販店舗火災では、この長崎屋火災に限らず放火または放火の疑いのものが非常に多いが、この放火が原因ということを重大な警告として受けとめなければならない。

(3) 発生の時間

また、火災の発生時間は、日曜日の昼過ぎの12時半頃と推定されている。火災の発生が営業中ということでは、大洋デパート火災や白木屋デパート火災と同様である。死者が比較的多かったのは、この火災の発生が昼間で営業中であったことに、密接にかかわっている。と同時に、火災の発生が昼休みの時間帯と重なっていたことに注目したい。昼休みで比較的客が少なかった時間帯ということではラッキーといえるが、他方で従業員も休憩を取っており手薄な時間帯であったことはアンラッキーといえる。先に述べた休憩中の従業員の死者が多かったということも、この昼休みの発生にかかわっている。なお、原因を放火とするならば、なぜそれが人目のある時間帯に「白昼堂々」と行われたのか、発生時間を都市の死角という面から問い直す火災でもあった。

(4) 建物の規模

さらに、火元建物の規模についてみると、地下1階、地上5階、延床面積約5000m²の中規模の物販店舗であった。スプリンクラーの設置基準が6000m²以上ということで、その設置を免れていたことに象徴されるように、中規模ということで防災にかかわる規制が緩められており、それゆえに惨事を招いたことができる。規制の厳しい大規模な建物より、規制の緩い中小規模の建物に、大きな危険が潜んでいることを教えるものであった。

3.4.4　火災建物の状況とその問題点

火災の発生した建物の概要を表-3.4.2および表-3.4.3に、火災階等の平面図を図-3.4.1に示しておく。避難階段は東側の南と北に2か所設置されており、西側中央部にエスカレータ、北側階段横にエレベータが設置されていた。

ワンフロアの床面積が約800m²ということで、ワンフロア1面積区画の構成になっていた。階段室に関しては、当初は熱感知器連動の防火扉であったものを、煙感知器連動の扉に改修して遮煙性能の向上がはかられていた。エレベータやエスカレータの区画に関しては、現在のような建築防災計画書による指導が実施される以前のものであったため、当然のことながら遮煙性のある区画として構成されていない。この平面構成を延焼遮断という視点でみるとき、ワンフロア1区画の売場にエレベータシャフトが直接面する形となっており、いかに合法であったとしても、煙の拡散には抵抗できない弱点をもった建物であったとみなされる。

他方、この平面を避難という視点でみると、安

表-3.4.2　長崎屋売場の概況

階　別	用　　　　　途
5 階	事務室　食堂　倉庫　ゲームコーナー等
4 階	寝具　インテリア　婦人用肌着等
3 階	紳士服　紳士用肌着　カッターシャツ等
2 階	婦人服　和服　子供服　手芸等
1 階	日用雑貨　化粧品　時計等
地下1階	家電製品　靴等

表-3.4.3　消防用設備および防火管理の概況

消防用設備および防火管理の状況
（1）消防用設備等
① 消化器
② 屋内消火栓各階2か所）
③ 自動火災報知設備（受信機：5階の事務所　副受信機：地階の仮眠室）
④ 非常放送設備5階の事務所）
⑤ 誘導灯各階）
⑥ 避難器具
・梯　子（3階1基）
・救助袋（4階1基・屋上1基）
⑦ 連結散水設備地階1階）
（2）防火管理状況
① 使用開始届　　　　　　昭和45年4月6日
② 防火管理者選解任届　　昭和54年■月16日
③ 消防計画届変更）　　　平成2年2月16日
④ 消防設備等点検結果報告書
平成2年■13日
⑤ 適ーク交付
第1回　　　　　　昭和59年■月27日
最　終　　　　　　平成元年■月7日

尼崎市消防局「長崎屋尼崎店火災概況」

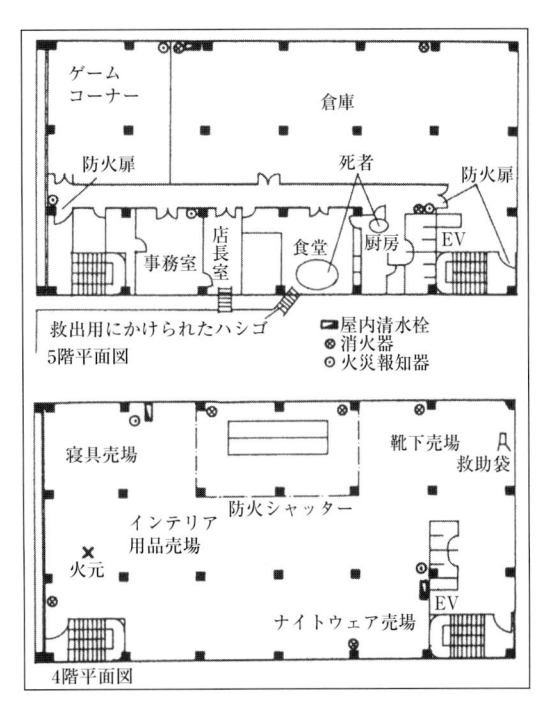

図-3.4.1　長崎屋4，5階平面図　吉村秀實「検証・長崎屋尼崎店の火災」（月刊消防第12巻5号）

全度の高い避難階段がバランスよく2か所に配置されており，また5階の南側に部分的ではあるがバルコニーが設置されていた．バルコニーが各階しかも全周にはりめぐらされていないという問題点があるものの，類似の店舗と比較すると，避難については比較的安全度の高い平面構成であったといえる．ただ，3階には避難梯子，4階と屋上には救助袋が設置されていたにもかかわらず，肝心の5階には避難器具が一切設置されていなかった．

さらに，防火管理や初期対応という点でこの建物をみると，収納スペースと事務室の位置が問題となる．収納スペース（倉庫）は売場と同じ階ではなく5階に設置されていた．となると，必然的に物品は身近な階段室の踊り場に置かれてしまう．また，防災センターとしての役割を果す事務所も5階にあった．この位置が，最後まで死守する場所としても，また消防が最初に寄りつく場所としても，問題のある場所であることはいうまでもない．1階の警備員と事務室の従業員との連携がうまく行かなかったのも，この位置が関係している．

ところで，延床面積が500m²をこえる物販店舗には排煙設備の設置が要求されるが，物販店舗特有の窓の少ない建物で，設置されていた折角の窓も商品の展示等の関係でベニヤ板その他で塞がれており，有効な排煙口もしくは排煙設備が確保されていない状況にあった．設計図面で窓が確認されたとしても，物販店舗では利用上その窓が塞がれる可能性はきわめて高く，それを排煙口としてみなすには無理があるといえよう．何れにしても，有効な排煙口が確保されておらず，建築基準法上の既存不適格状態にあったといって過言ではない．

排煙設備だけではなく，内装制限においても既存不適格状態にあった．3階以上を売場とする物販店舗については，天井を不燃材とすることが要求されるが，排煙設備と同様に基準法改正以前の建物であったため内装制限にひっかからず，天井材等が合板で仕上げられていた．延焼拡大が速かったことおよび大量の煙が発生したことは，内装が合板であったことと密接に関連しており，既存不適格ということで黙認していてよいかどうか，疑念の残るところである．

消火設備でみると，屋内消火栓が2か所設置されていたが，先に述べたようにスプリンクラーは，当時の要求基準面積の6000m²未満であったために，設置されていなかった．内装制限も不十分，かつ排煙性能も欠けるとなれば，初期消火に期待するしかないが，消火設備もまた不十分であった．中規模の物販店舗ということで法規制の谷間にあり，それゆえ防災設備面では遅れた状態にあった．

3.4.5 火災拡大と初期対応の状況

さて，なぜ15人もの死者が発生したか？ 火災の拡大と在館者の対応の過程を少し詳しくみることにより，その原因を探ることにしたい．

(1) 火煙の拡大の状況

火災は，12時30分頃4階南側の寝具インテリア売場で発生した．4階の従業員が火災を確認した33分頃には，炎はすでに天井近くまで立ち上がっていたという．停電その他の状況から，火災発見の4～5分後には，フラッシュオーバーと見なしうる爆発的燃焼が生じたとみてよい．ここで特徴的なことは，火災の立ち上がりの速さである．原因が放火かもしれないこと，カーテン等に着炎したこと，天井の内装が合板であったこと，スプリンクラーが設置されていなかったこと等が合さって，この火の回りの速さをもたらしたと推察される．

火の回りとともに，有毒ガスを含む煙の回りも速かった．煙は，**図-3.4.2**に示すように2つの階

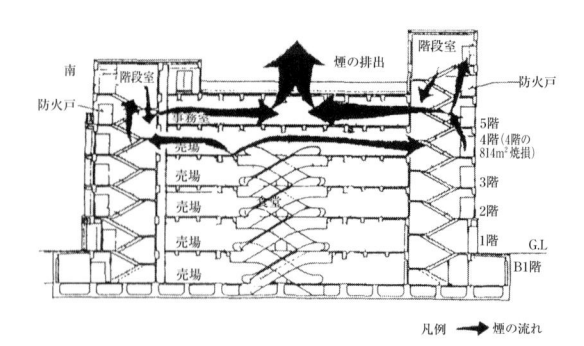

図-3.4.2 煙の伝播経路　吉村秀實「検証・長崎屋尼崎店の火災」
（月刊消防第12巻5号）

段を主な経路として拡散している．証言等から煙の拡散時期を推定すると，発見直後において南側階段に，発見2～3分後に北側階段に，すでに薄い煙が侵入していた，と考えられる．またさらにその2分後のフラッシュオーバーの頃に，濃い煙が少なくとも北側階段に侵入していたことが確認されている．ともかく，火災発見後3～4分の時点で，煙の侵入によって，階段からの避難が困難となっていたとみなすことができる．

この煙の素早い拡散については，4階エスカレータ付近から北側階段さらには5階食堂にいたる強い煙の流れができていた，と推定される．強い流れが形成されるためには，煙の排出口とともに空気の流入口の存在が不可欠であるが，4階のエスカレータ付近には50cm角程度の2つの換気口があり，また4階のエスカレータのシャッターも完全に閉まっていなかったとみられることから，この換気口から給気がはかられたとみてよい．

排出口については，5階東側に換気口があったことに加えて，煙を排出しようとして食堂の窓が開放されたことによって，形成されたものと考えられる．ところで問題は，5階従業員食堂に通じる拡散経路がなぜ形成されたかである．この食堂に至るまでには，4階階段，5階階段，さらには倉庫と廊下間の3か所の防火扉を突破しなければならない．がしかし，その扉すべてが開放状態にあったことが，煙の拡散を容易にしたのである．

(2) 在館者の対応行動

出火1～2分後に事務室の防災盤が鳴動した．

さらにその直後に地区ベルが2〜3回鳴動したという証言もあるが，これは不確かである．いずれにしても，5階事務室から4階に問い合せて，火災が発見されたのは出火後3〜4分である．その後4階から5階へ火災の旨の報せがあり，その報せを聞いて従業員の1人は5階から4階へ避難誘導等に向かっている．その後，5階事務室から非常放送および消防署への通報が行われている．ここでの問題は，放送や通報が遅れたということである．火災発見後，3〜4分が経過していた．4階の避難については，非常放送前から行われていたため問題はないが，5階のゲームセンターの客の避難は，非常放送を聞いてからと考えられるため，この放送の遅れが逃げ遅れを生んだとみることもできる．防災盤の鳴動から4階への確認電話まで，また火災確認から非常放送まで，それぞれ2〜3分程度の空白時間があるが，なぜ空白時間ができたのか，今後の教訓として明らかにする必要がある．

4階の従業員は，5階からの電話による問い合せによって火災の発生を確認し，ただちに1階から駆けつけた警備員とともに，消火活動にあたっている．ただ，火の回りが速かったことと，消火栓の操作になれていなかったため，フラッシュオーバー直前に消火活動を断念し，避難している．ここで問題となるのは，なぜ5階からの確認電話まで，火災に気がつかなかったのか，である．布団等が過密状態で積まれていたために死角となって発見できなかったのか，それとも，地区ベルを聞きながらも誤報と思って確認を省略したのか，今となってはその真実はわからない．なお，最後に警備員が北側階段から避難しているが，階段扉が開放状態にあったにもかかわらず，それを閉鎖することをしていない．閉鎖する必要を感じていなかったのか，慌てて失念してしまったのか，これまた確かなことはわからない．何れにしても，従業員の初動対応にミスのあったことだけは確かである．

さて，逃げ遅れた人々の行動についてみてみよう．4階の客は従業員の火災確認とほぼ同時に，階段およびエスカレータを使って避難している．4階で消火活動にあたった警備員を含む従業員の4人は，北側階段から避難しているが，煙の中を避難したため何れも一酸化炭素中毒にかかっていない．3階以下の客は，4階の客が避難しているのをみて，また従業員の誘導に従って同様にエスカレータと階段から避難している．4階は火災階のため比較的早く避難が開始されたこと，また3階以下は下階のため煙の影響が少なかったことにより，大事にいたらなかった．

火災時に5階には，ゲームセンターにいた客5名を含む22名がいたが，そのうち食堂にいた1人の従業員は火災の報せを受けて，発見後すぐに4階に下り客の誘導をしながら避難している．残りの21人のうち事務室内の会議室に逃げ込んだ3人と食堂にいた1人は，消防の救助隊に梯子により救出されている．食堂に逃げ込んだ残りの17人のうち2人が飛び下り重傷を負ったが一命を取り止めた．結局，退路を断たれて最後まで食堂に止まった15名が犠牲者となっている．死因は煙に含まれていた有毒ガスによる窒息死とみなされているが，酸素のない空気が入り込んだために，一瞬にして失神して命を絶ったという見方もある．1人を除き5階の人達が避難を開始しようとしたのは発見後4分後頃で，そのときには2つの階段とも煙がすでに充満しており，食堂や会議室に閉じ籠もるより他に道はなかったといえる．

3.4.6 教訓と問題点
(1) 法規制の基準の問題

内装不燃化など既存不適格という問題があるにしても，おおむね基準を満足している建物で，多数の死者が発生したことは重大である．ここでは基準そのものが不備であるという問題，例えばスプリンクラーの設置を義務づけるべきであったのに，それがなされていなかったという問題と，基準通りにつくられていたとしても管理その他に問題があって結果として法が求める必要な性能がな

かったという問題，例えば防火扉が開放状態にあったという問題を分けて考える必要がある．

前者については，法は最低限度の要求をするという建前からすると，どうしても法の網にかからないものが出てくる，と考えざるをえない．広く網をかけるように，規制を強化して目配りをすることも必要ではあるが，それは今回の事例のように災害が起きてから後追い的に，基準を強化するといった「いたちごっこ」でしかない．これについては，モラルや教育の問題かもしれないが，法で規制されるか否かにかかわらず，建物の実態に則して必要な対策は講じるような，美しき慣習をつくるしかない，と考える．この点で，建築防災計画書による指導は，恣意的な指導が強制されるとの批判もあるが，こうした法の不備を補ううえでは有意義な手続きで，廃止することなく何らかの形で継承されることを希望する．

(2) 査察システムの問題

後者については，維持管理や点検査察のシステムのあり方を見直す必要があろう．防火扉の前に物が置かれていたことは論外として，窓がベニヤ板等で塞がれていたこと，5階の一部がゲームセンターに用途変更されていたことなど，どうして事前にチェックできなかったのか，防災にかかわる検査や査察のあり方を抜本的に見直す必要があると考える．抜き打ち検査を常習化すること，違反行為や危険行為には厳罰をもって望むこと，民間のインスペクターの養成をはかることなど，改善すべき課題は無数に残されている．なお，この検査システムの見直しにおいては，建築と消防の緊密な連携をどうつくりあげるかについても，前向きに検討する必要を痛感している．

(3) 初動対応体制の問題

長崎屋火災では「もしこうしてたら助かったのに」ということがあまりにも多い．結果論ではあるが，初動対応のミスが多くの人の命を奪った，ということができる．それだけに，初動対応の適正化をいかにしてはかるかを，真剣に考える必要がある．そのためには，まず初動対応マニュアルの緻密化やフェイルセーフ化を徹底してはかる必要がある．さらには，それに基づく訓練の緻密化と多頻度化をはかる必要がある．これに関連して，企業や事業所における危機管理教育の充実を望みたい．

(4) 火災原因調査の問題

この報告のなかで，幾度も確かなことはわからない，と記述せざるを得なかった．それは，科学的で中立的な原因調査をやる体制にないため，予防にいかすべき事実の解明が図られないからである．この火災で，火災学会などが調査団を派遣したが，中に入ることを拒否された．専門家に現場が公開されたのは，あらゆる証拠がもち去られ，綺麗に掃除されてからのことであった．そのため，消防機関の概要報告と，一部の専門家の印象記はあっても，科学的な報告はどこにも発表されることはなかった．刑事責任を明らかにすることも大切だが，予防のために原因を明らかにすることも大切である．予防という見地からの科学的調査を行う道が閉ざされたままであるが，この問題を解決しなければ防火科学の発展も建物の安全化もなしえないと思うだけに，航空機事故の時のような第3者による災害調査委員会などのシステムをつくりあげる必要がある，と考える．

3.5 デパート火災

1999年8月号

吉田　克之
竹中工務店設計本部

3.5.1　はじめに

わが国には百貨店，スーパーマーケット，連続式店舗，専門店街，ショッピングセンター，ディスカウントストア，コンビニエンスストアなど実に多様な呼び名の物販店舗がある．これらの呼称は建物の規模や販売形式によって使い分けられているが，かならずしも同じ切り口で分類されてはいないようだ．中には百貨店のように「物品販売業（物品加工修理業を含む）であって，これを営むための店舗のうちに，同一の店舗で床面積の合計が1500平方メートル（都の特別区および地方自治法（昭和22年法律第67号）第252条の19第1項の指定都市の区域内においては，3000平方メートル）以上のものを含むものをいう」（百貨店法より）と定められているものもある．これについてはさらに日本百貨店協会が「百貨店」のことを「百貨店業」を営む業者で，「日本百貨店協会の理事会において入会を承認したものである」[1] としている．とはいうものの，実際にはこういった定義とは無関係に名乗っている「自称百貨店」などもあるのだろう．

これら個々の呼称や定義はともかくとして，火災事例を取り上げて歴史を振り返ったり，その実態を分析するときには百貨店でも専門店街でも，あるいはスーパーでもコンビニでも変わりはない．この記事の題を「百貨店火災の……」とせずにあいまいな「デパート火災の……」としたのは，法律や販売形式にこだわらずに「百貨店的」なすべての建物の火災を対象としたかったからである．

3.5.2　今世紀のデパート火災の年譜

上のような考え方で今世紀に起きたデパート火災を集計したのが**表-3.5.1**と**表-3.5.2**である．

表-3.5.1は戦前（ただし資料の関係から1940年まで）の火災事例である．これを戦後の火災と分けたのは参照した文献2）に示されたデータが，例えば建物概要や死傷者数が記載されていないなど，戦後火災と同じ書式に組み込むには無理と判断したためである．この文献に収録された火災は西暦552年以降で，10万円以上の損害または100戸以上に延焼した火災に，その他の著名な火災を加えたもので，膨大な事例が列挙されている．したがってその大半は市街地大火である（もっとも，この時代の市街地は木造がほとんどであったのだから，ひとたび火災が起きれば大火になるのは当然なのかもしれない）．この中から「……百貨店」や老舗百貨店の当時の名称，例えば「……呉服店」，そしてデパートの前身である勘工場（かんこうば：後述）に関する事例を抽出した．この文献の収録方針からみて，記載されていないデパート火災があった可能性も捨て切れないほか，デパートに相当しない建物火災を拾った可能性もあるなど，デパート火災のすべてを網羅したとは言い切れないことをお断りしておく．ただし「……呉服店」については初田亨氏の文献[3]によれば，これらのほとんどは，すでにこの時期には株式会社として近代的経営に移行しており，その建物も1920年代にはほとんど洋風の耐火建築物になっていたので，その名称から連想されるような和風の木造店舗はごく少なかったと思われる．

戦後の火災については多くの記録が残っている．**表-3.5.2**は文献4）〜7）に掲載された火災のリストの中からデパート火災に関するものを抽出し，文献8）〜15）の記録を加えたものである．掲

表-3.5.1 20世紀のデパート火災・戦前編

都府県別	年月日		場所	罹災戸数	摘要	損害額(万円)
北海道	1907.5.10	明治40年	札幌市	370	南3条西1丁目の勘工場より出火.	−
大阪	1918.3.29	大正7年	東区	1	高麗橋の三越支店.	120
大阪	1919.5.20	大正8年	南区	22	心斎橋の高島屋呉服店出火延焼.	200
大阪	1920.2.26	大正9年	南区	1	心斎橋の大丸呉服店.	200
大阪	1920.3.3	大正9年	大阪市	1	西区八幡屋町, 三越呉服店加工部.	60
神奈川	1921.1.30	大正10年	横浜市	1	亀の橋, 鶴屋呉服店全焼.	80
京都	1921.8.16	大正10年	京都市	11	大丸呉服店出火延焼.	70
宮城	1925.6.30	大正14年	仙台市	6	大町の勘工場出火延焼.	10
京都	1926.12.12	昭和1年	下京区	1	高島屋呉服店.	85
東京	1929.1.30	昭和4年	下谷区	1	上野広小路の上野松坂屋.	20
京都	1931.12.1	昭和6年	京都市	1	新京極の白木屋京都支店全焼.	10
東京	1932.6.12	昭和7年	四谷区	1	新宿3丁目百貨店松屋.	25
静岡	1932.12.2	昭和7年	静岡市	7	呉服店の田中百貨店より出火, 遠州銀行支店, 立見屋呉服店, 魚安旅館等に延焼.	100
東京	1932.12.16	昭和7年	日本橋区	1	白木屋百貨店4階より出火, 7階に延焼, 延坪3500坪焼失. 死者14名.	500
静岡	1934.5.5	昭和9年	熱海市	7	銀座通り渡辺呉服店より出火, 郵便局も類焼. 原因竈(かまど).	13
京都	1934.5.5	昭和9年	京都市	1	下京区四条通寺町, 藤井大丸呉服店.	10
熊本	1935.2.2	昭和10年	熊本市	1	花畑町の大百貨店.	12
岡山	1936.3.11	昭和11年	岡山市	9	下之町の天満屋百貨店より出火延焼15棟.	110
岐阜	1936.7.28	昭和11年	高山市	50	安川坂道白川屋旅館より出火, 劇場京極座, 京極百貨店, 富山銀行支店等焼失66棟.	310
福岡	1936.10.27	昭和11年	飯塚市	11	昭和通りの中林家具店より出火, 京屋百貨店等に延焼10棟.	25
京都	1938.8.28	昭和13年	京都市	1	大丸百貨店新館.	50
兵庫	1938.12.2	昭和13年	神戸市	1	新開地の湊川百貨店内八百丑食堂外4件.	10
大阪	1939.4.2	昭和14年	大阪市	1	南区心斎橋筋の十合百貨店6階より出火. 7,8階へ延焼.	30

注) 外地の火災は除外した.
[出典] 日本火災史と外国火災史, 日本消防新聞社編, 原書房, 1977

表-3.5.2 20世紀のデパート火災・戦後編(1)(ただし白木屋は戦前)

建物名称	発生日	所在地	構造・階数 地上/地下	焼損面積 延べ面積 (m²)	焼損階	死者数 傷者数	開店○ 閉店●	スプリンクラー	工事中	被害の特徴・主な問題点, 出典(表末参照)
白木屋百貨店	1932.12.16	東京市	耐火・8/2	13140 / 34306	4, 5, 6, 7, 8	14 / 40	○	×	−	開店直後のデパートの4階おもちゃ売場で, クリスマスツリーの豆電球のスパークが周囲のセルロイドに引火して急激に燃焼. 階段, エレベータの竪穴を通じて上階に延焼. わが国最初の大規模ビル火災として社会に衝撃を与えた. 3, 4階で各1人, 5, 6階で各6人が死亡. ①,④,⑦,⑪,⑫
かねやす百貨店	1952.11.30	小倉市	耐火・6/1 木・6/0	4096 / 4096	6	0 / 5	●	×	−	木造店舗にRC6階建てを増築した際に木造部分も6階に増築. 屋外のごみ箱付近から出火. 建物外周部の店舗と市場との間に防火区画がなく, 延焼. 全焼して各地にセンセーションを引き起こした. ①,⑤
丸光百貨店	1956.5.5	仙台市	耐火・5/0 木・3/0	2400 / 5145	1〜5	0 / 4	○	×	−	旧館木造3階(全焼)と新館RC造5階(3〜5階焼). 旧館1階で石油こんろ給油中の失火. 熱変形によって新旧館間の防火シャッターが閉鎖せず. 新館の客は耐火建築物であることに安心し, 避難が遅れたが犠牲者なし. ①,⑤
上野松坂屋	1958.7.12	東京都	耐火・7/1	26 / ?	7	0 / 3	●	?	○	7階の階段区画防火シャッターの補修工事の火花により出火. 天井材やダクトの断熱材延焼し, 7階の一部を焼く. ⑤
佐世保玉屋	1958.7.23	佐世保市	耐火・6/0	990 / 7213	2	0 / 15	●	?	−	2階作業室から出火し, 2階の過半を焼く. 原因不明. 上階延焼なし. 発見の遅れ, 施錠による進入困難. 無窓による消火困難. ⑤
いちむら	1960.8.15	長岡市	防火・一部耐火	1978 / 2409	?	0 / 0	?	?	?	都市ガスまたはたばこ. ②
大丸百貨店	1961.7.2	大阪市	耐火・8/3	1231 / 45826	M2, 3, 4, 5, 6, 7	0 / 32	○	×	○	中2階の階段隣室付近, 扇風機のスパークがゴム糊に引火. ①,②
丸光百貨店	1961.11.30	長野市	耐火・8/1	492 / 6568	B1	0 / 7	○	×	−	地下1階喫茶室カウンター内, ガスこんろの消し忘れ. ①,②
西武百貨店	1963.8.22	東京都	耐火・8/3	10250 / 69346	7, 8	7 / 195	●	×	○	昼間・改修中の7階の可燃性溶液にマッチの火が引火し, 7, 8階の過半を焼失. 煙の急速な拡大による. 煙によって7階で7人が死亡. エレベータを利用した従業員3名が死亡. ダクトおよび窓から噴出した炎が上階に延焼. 防火シャッターが避難障害. 自動閉鎖機構のない防火シャッター. 7時間延焼. ⑤,⑥,⑦,⑧

表-3.5.2 20世紀のデパート火災・戦後編(2)

建物名称	発生日	所在地	構造・階数 地上/地下	焼損面積 延べ面積 (m²)	焼損階	死者数 傷者数	開店○ 閉店●	スプリンクラー	工事中	被害の特徴・主な問題点, 出典(表末参照)
淵上百貨店	1963.12.21	福岡市	木・2/0 木・2/0 耐火・5/0	5465 7377	1～5	0 9	●	×	ー	複数の木造2階建て部分とRC造6階の店舗. 閉店後まもなく木造部1階から出火. 原因はたばこの疑い. 木造部と耐火造部との間のシャッターが開放されていたため大部分を焼失. RC部分では階段から上階延焼. ①,⑤
松屋銀座店	1964.2.13	東京都	耐火・8/3	3862 45505	5, 6, 7	0 24	●	○ 工事中 未完成	○	模様替え中の5階売り場から出火し, 階段のシャッターを突破して6,7階に延焼. シャッターに接近して商品が置かれていたためシャッターは閉鎖したが熱で変形し, 煙を拡大させた. 原因は増築工事中の火花の疑い. ①,⑤,⑥
山崎百貨店	1964.4.23	宇都宮市	耐火・5/1	4362 4362	B1～5	0 0				隣接の木造2階建てキャバレー(全焼)の火災が百貨店3階から侵入類焼. 3階床が木造, エスカレーター, 階段の区画が開放されていたためRC5階建て店舗を全焼. シャッターによる進入困難. ⑤
銀ビルストア	1965.1.3	姫路市	?	2611 ?	?	0 2	?	?	?	閉店直後, 練炭コンロ. ④
渋谷東急ビル	1965.4.10	東京都	耐火・9/2	3087 28600	7, 8	0 36	●		○	新築工事中の原因不明の火災. 内装工事の段階. 7階と8階の半分を焼失. 窓から噴出した炎が上階延焼. はしご車の接近が容易であったため死者を出さずに済んだ. 吹き抜け, ダクト等の竪穴区画不備. ①,⑥
キンカ堂	1965.6.3	東京都	?	266 ?	?	0 0	?	?	?	3階衣料売場, 漏電. ④
いづみ屋	1965.11.27	大阪市	耐火・5/1	1526 3579	1, 2, 3	0 13	●	×		1, 2階店舗, 3～5階共同住宅. 衣料スーパーマーケット1階から出火. 原因不明. 店舗全体を焼失. 階段の防火シャッターが開放の疑い. ダストシュートから煙拡大. 住宅部分にも煙が侵入. 住宅床に埋め戻し不良による小さな開口があり延焼. ①,④,⑤
三井百貨店	1966.1.15	川口市	?	2185 ?	?	0 0	?	?	?	不明. ④
まるしん長町店	1966.2.7	仙台市	耐火・4/0	510 3085	2, 3, 4	2 0	●	×		4階建てのスーパーマーケット. 階段に並べた商品(マットレス)が照明器具の熱で発火. 4階建ての2,3,4階を延焼. 3階で美容室の従業員2名が死亡. ①,⑤
長崎屋立川店	1966.2.26	東京都	?	837 ?	?	0 0	?	?	?	たばこ. ④
つつじ丘会館	1966.4.2	東京都	?	340 ?	?	0 0	?	?	?	地階より出火. ④
徳島商店街	1967.6.10	徳島市	?	1332 ?	?	0 0	?	?	?	夜半出火. 早期覚知. ④
寝屋川第一センター	1967.9.13	寝屋川市	簡耐・2/0 一部木	996 996	1, 2	5 2	●			1階店舗中央部北側より出火. 原因不明. ①,②
玉屋百貨店	1967.11.29	北九州市	耐火・8/1	700 15977	6	0 4	●	?	○ (7階)	売り場の模様替え作業中, 6階から出火. 原因不明. 防火シャッターが効果を発揮し, 出火階の6階の半分で鎮火. 上階延焼なし. ⑥
東光デパート	1967.12.31	盛岡市	?	3017 ?	?	0 2	?	?	?	取灰の余熱から出火. ④
小田急OX町田店	1968.1.15	町田市	耐火・3/1	887 3115	3	0 7	○			営業時間中食堂厨房出火. ①,②,④
奈良屋	1968.2.27	千葉市	?	1780 ?	?	0 0	?	?	?	隣接建物工事中類焼. ④
太陽百貨店	1968.6.12	宇部市	?	2651 ?	?	0 3	?	?	?	不明. ④
日佑百貨店	1968.7.29	佐賀市	?	1360 ?	?	0 7	?	?	?	不明. ④
イトーヨーカドー(蒲田)	1969.5.1	東京都	耐火・5/1	1782 6314	2, 3	0 13	?	?	?	隣接の野積みの段ボール置場より類焼. たばこの投げ捨て. ④
旭川ステーションデパート	1969.7.10	旭川市	耐火・2/1	830 5114	B1	0 4	●	×	ー	地下店舗の火災. 原因不明. 閉店中のためシャッターが降下しており, 進入困難. 排煙困難. ④,⑤
西友ストアー所沢店	1969.11.2	所沢市	?	2485 ?	?	0 0	●			深夜出火. 原因不明. ④
東急百貨店	1969.12.5	東京都	?	189 ?	?	0 0	?	?	?	従業員のたばこの投げ捨て. ④
豊栄百貨店	1970.2.6	豊橋市	耐火・7/1	2382 3494	B1～5	0 3	●	×		地下1階スナックのガスコンロの消し忘れ. 無人のため発見遅れ. 4階までは区画のないエスカレーター竪穴から, これ以上は階段が延焼経路. 防火戸・シャッターの閉鎖障害. 階段室内に可燃物を集積. ①,⑤,⑥
さとり百貨店	1970.3.5	渋川市	?	1630 ?	?	0 1	?	?	?	ガスコンロの消し忘れ. ③,④
門真ニューデパート	1970.6.16	門真市	?	1397 ?	?	0 0	?	?	?	不明. ④

表-3.5.2　20世紀のデパート火災・戦後編(3)

建物名称	所在地	所在地	構造・階数 地上/地下	焼損面積 延べ面積 (m²)	焼損階	死者数 傷者数	開店○ 閉店●	スプリンクラー	工事中	被害の特徴・主な問題点, 出典(表末参照)
野澤屋デパート	1970.9.9	横浜市	耐火・7/1	182 / 21 950	6, 7, R	1 / 1	●	○ 一部×	―	休店中のたばこの投げ捨て. 5階以上の一部を焼失. 無窓による消火・排煙困難. 理容・美容室などはスプリンクラー設置対象から除外. この部分のスプレーなどが激しく燃焼. 可燃物が集積された階段室から隣接のエレベーターホールから出火. スプリンクラーと防火区画のために売り場への延焼は阻止. 当直責任者が7階で熱症を受け,翌日病院で死亡. ①,④,⑤,⑥
福田屋百貨店	1970.9.10	宇都宮市	耐火・8/2	12 991 / 14 381	B1～8	/ 9	●	○ 工事中未完成	○	増改築工事による消防用設備等の停止中の火災(夜間閉店中). 原因不明. 通報の遅れ, 竪穴区画の防火戸は温度ヒューズ式. 一部未設置. シャッターに接した区画分のみ延焼. 工事部分と売り場の区画はベニヤ板. 階段, エレベータ, エスカレータが延焼経路になり地下2階を除く8階まで全焼. 当時としては戦後最大規模の百貨店火災. ④,⑤,⑥
中央ビルディング	1970.12.26	水戸市	耐火・7/2	10 476 / 12 112	B1～7	2 / 18	○	×	―	飲食, 事務所などとの複合用途ビル. 開店中(在館者推定1 100人)の地下1階厨房天井内部から出火, 防火区画の不備(階段区画, 竪穴区画, 天井裏のシャッター区画など)によって7階まで全焼. 原因不明. 自火報のベル停止, 避難誘導なし. 無窓による消火困難. ビル営繕係とアルバイト女子高校生(当日初出勤)が地下1階で死亡. ①,⑤,⑥
田畑百貨店	1971.5.12	千葉市	耐火・8/3	9 380 / 15 178	1～8	1 / 63	●	新館○ 旧館×	―	屋外の物置から出火し, スプリンクラーのない旧館内部に延焼. スプリンクラーは同一区画内の新館部分のみ設置. エスカレータ, ダクトの竪穴区画不備のため上階に延焼. 無窓による消火・排煙困難により鎮火まで16時間を要した長時間火災. 4階に宿泊していた社長が死亡. ①,④,⑤,⑥
A百貨店	1971.12.5	O市	耐火・8/2	? / 85 140	2	? / ?	●	○	○	増築工事現場2階から溶接の火花が侵入, 倉庫内の商品箱に着火. 仮設の簡易式のスプリンクラーが奏効し, 局所火災に止まる. 定刻に開店. ⑨
十字屋デパート	1971.12.26	宇都宮市	耐火・4/1	230 / 6 803	4, 5	0 / 0	●	○	―	閉店中の原因不明の火災. 自主設置のスプリンクラーが功を奏した事例. 防火シャッター上部の区画欠損(開口部埋め戻し不良). シャッターに接近した商品に延焼. 広い階段の内部を売り場に利用. 警備員の対応不適切. ⑤,⑥
ユニー太田川ショッピングセンター	1972.2.7	東海市	耐火・5/0	617 / 12 318	2	0 / 0	●	○	―	閉店後の2店舗から出火し2階の一部を焼損. 上階には煙が侵入. 原因不明. 全館スプリンクラー設置. 散水障害のためか多数のヘッドが開放(2階で98個)したが消火に失敗. 無窓による消火・排煙困難. ④,⑤
中部ユニー栄さが美	1972.3.30	名古屋市	耐火・6/1	785 / 1 125	1～6	2 / 1	○	×	―	開店中の店舗1階階段横の物置から出火. 原因は放火. 防火戸・シャッターの閉鎖障害により全館に延焼. 階段内部の可燃性仕上, 1本だけの避難階段. 女子店員1名が3階で, 4階にいた男子店員1名が5階で死亡. 無窓による消火・排煙困難. ①,④,⑤
千日デパート	1972.5.13	大阪市	耐火・7/1	8 763 / 25 924	2, 3, 4	118 / 81	●	×	○	改装工事中の夜間無人の3階売場から出火し, 竪穴区画の不備, 避難階段の施錠, 避難誘導の不適切により, 最上階のキャバレーの客と従業員のうち96人が7階で煙により, 22人が飛び降りにより死亡. 今世紀最大の死亡者数. 管理者の初期対応の不備. ①,④,⑤,⑩
B百貨店	1972.8.17	N市	耐火・10/3	? / 70 800	5	? / ?	○	○	―	放火火災. スプリンクラーが奏効し, 倉庫と売場の一部で鎮火. ⑨
ニチイ伏見店	1973.9.15	京都市	?	1 133 / ?	?	0 / 0	?	?	?	3階寝具売場. ④
西武高槻ショッピングセンター	1973.9.25	高槻市	耐火・6/1	28 658 / 59 145	B1～6	6 / 14	●	×(停止)	○	開店直前のスプリンクラー等消防用設備が使用できない状態で商品を搬入中に出火. 原因不明. エスカレータ竪穴を経由して上階延焼. 無窓による消火・排煙困難により鎮火まで20時間の長時間火災となり, 構造体も大きな損傷を受けた. 地下1階で4人, 4階で2人が死亡. ①,④,⑤,⑥
大洋デパート	1973.11.29	熊本市	耐火・9/1	13 687 / 19 074	3～9	100 / 123	○	×(停止)	○	開店中のデパートで起きたわが国のデパート火災史上最大の火災. 2階階段室内の段ボール箱から出火. 原因不明. 工事中のため避難階段の一部やスプリンクラー等消防用設備が使用できなかった. 無窓による消火・排煙困難. 8階で1人, 7階で29人, 6階で31人, 5階で1人, 4階で37人, 3階で1人の, 合計100人が死亡. ①,④,⑤,⑥

3.5 デパート火災

表-3.5.2 20世紀のデパート火災・戦後編(4)

建物名称	発生日	所在地	構造・階数 地上/地下	焼損面積 延べ面積 (m²)	焼損階	死者数 傷者数	開店○ 閉店●	スプリンクラー	工事中	被害の特徴・主な問題点, 出典(表末参照)
いとう屋	1973.12.7	館山市	木・2/0 耐火・4/0	不明 2 044	1, 2	0 5	○	×	-	開店中に木造1階便所から出火．原因不明．大洋デパート火災から1週間後の火災．これを契機に避難訓練をしたばかり．木造店舗にRC造4階を増築．客と従業員合わせて88人を警報ベルと同時に避難開始．客は近所の人ばかりで建物の様子をよく知っていた．①,④,⑤
丸物百貨店	1973.12.31	京都市	耐火・7/1	0 40 548	4	0 0	○	○	-	開店中の火災．放火の疑い．店内に約3 000人いたが適切な誘導により犠牲者なし．消火器と増築工事に設置したスプリンクラーによって,商品のカーテンとクッションを焼いただけで鎮火．④,⑤,⑨
ダイエー 駒川店	1974.1.20	大阪市	?	1 083 ?	?	0 2	?	?	?	地下寝具売場出火．④
ニチイ生野店	1974.1.29	大阪市	?	650 ?	?	0 1	●	?	?	休店日出火．④
神戸デパート	1974.2.17	神戸市	耐火・7/1	6 289 16 114	1～5	1 40	●	×	-	深夜,盗みに入った17歳の少年(1階で死亡)の放火．1階売場から出火し,竪穴区画の不備(ダクト,シャッター,エスカレータ区画などに多数の開口部埋め戻し不良)のため上階に延焼．無窓による消火・排煙困難．19時間にわたって延焼．スプリンクラーなし(法的必要性は不明)．11月再開店．①,④,⑤
C百貨店	1974.3.27	S市	耐火・6/1	? 16 573	2	0 0	○	?	?	休店日の得意先特別招待日の火災．2階子供服売場の陳列ケース照明灯移動用コードの短絡により発火．発煙．約3m²焼損．客がエスカレータや階段に集中・混乱し，若干の負傷者が出た．⑨
京急 サニーマート	1974.7.16	横浜市	?	544 ?	?	0 0	?	?	?	原因不明．③
香芝中央 デパート	1976.1.2	奈良県	?	? ?	?	0 0	?	?	?	原因不明．③
東急ストア 辻堂店	1978.5.29	藤沢市	耐火・5/0	2 594 4 481	4, 5	1 6	○	×	-	開店中の4階売場から出火し,階段の防火シャッター(温度ヒューズ式)が商品により閉鎖障害のため5階(最上階)まで延焼．原因不明．エスカレータ区画シャッターは水平手動式．閉鎖したが隙間が生じて延焼経路に．可燃性天井．寝具・被服類売場出火の危険性．客の誘導に失敗．スプリンクラー設置対象外．10歳の少女が屋上階段室内で死亡．①,⑤,⑥
タカセ洋品店	1978.9.26	松本市	耐火・4/0	631 2 863	2, 3	6 11	●	×	○	1棟9店舗の連続店舗．工事作業員のマッチの火が内装工事用の接着剤に引火．工事のため火災報知器が停止．①,⑥
丸栄百貨店	1979.6.2	大津市	?	? ?	?	0 0	?	?	?	まきかまど．②
イトーヨーカドー 大山店	1979.11.9	東京都	耐火・6/0	2 413 3 301	1～5	0 4	●	×	-	原因不明．1階から出火し,ダクト,階段,エスカレータを通じて上階延焼．竪穴区画開口部の埋め戻し欠陥．無窓による消火・排煙困難により,13時間延焼．移報警備による無人の建物での火災．自火報停止．⑥
ニセコ商事 株式会社	1980.12.23	北海道 倶知安	耐火・2/0	1 350 4 265	?	0 0	?	?	?	原因不明．②
正雀 ニューデパート	1981.3.4	摂津市	簡耐・2/0	2 134 2 134	?	1 0	?	?	?	原因不明．②
東武百貨店	1986.6.14	船橋市	耐火・8/2	117 67 582	B2	3 0	?	?	?	地下2階特別高圧変電器室の変圧器から出火．①,②
岡本総本店	1989.12.23	四日市市	木・3/0	3 140 3 140	?	0 0	?	?	?	放火の疑い．②
長崎屋尼崎店	1990.3.	尼崎市	耐火・5/1	814 5 140	4	15 6	○	×	-	開店中の火災．4階の寝具売場から出火,急速に拡大，5階に大量の煙が侵入．焼けたのは4階だけであったが,煙によって5階で15人が死亡．階段の防火戸が商品によって閉鎖障害．可燃性の天井．窓がベニヤで閉鎖．階段室内に物品を集積．放火の疑い．スプリンクラーなし．スプリンクラー設置基準の見直しにつながる．①,⑤

参考文献：①火災便覧第3版，日本火災学会編，共立出版，1997，②98消防ハンドブックⅢ，東京消防庁，③消防白書平成5年版，消防庁編，大蔵省印刷局，1993，④火災事例と予防対策第1巻百貨店・スーパー・地下商店街，火災から生命を守る会，1974，⑤日本火災学会発行の火災誌の，1953年の通巻8号から89年の通巻186号までに掲載された火災記事，⑥日本建築防災協会発行の建築防災誌の1985年4月号から1989年4月号まで連載された「ビル火災の記録」，⑦新建築学大系12 建築安全論，彰国社，1988，⑧建築学大系21 建築防災論，彰国社，1966，⑨百貨店防災のあり方について 全国百貨店防災対策セミナー(速記録)，日本百貨店協会防災対策委員会，1977，⑩千日デパート火災研究調査報告書，防災都市計画研究所・MANU都市建築研究所，1972，⑪建築雑誌，日本建築学会，1933.8，⑫建築雑誌，日本建築学会，1933.9

注) 「?」は資料では判明しなかったもの．「不明」は資料で不明と記載されていたもの．

載された事例は文献によって異なっていたが，ひとつにまとめることによってほとんどのデパート火災を網羅できたのではないかと思う．

調査に割ける時間が限られていたため，1941年から1945年までの記録が抜けていることと，「？」のまま残された項目が多く残ってしまったことはご容赦願いたい．

3.5.3 勧工場——デパートのはじまり

わが国のデパートとりわけ百貨店は，今日でこそバブル経済の破綻に伴っての経営不振が伝えられているものの，古くから流行・文化の発信基地として社会的・経済的に大きな役割を果してきたし，筆者の幼少時の記憶からみれば，テーマパークといった娯楽施設のない当時としてはまさに庶民の健全な娯楽の場でもあった．その始まりは三越や大丸といった呉服店から発展したといわれているが，これ以前にあった一種のデパートが勧工場である．

「智に働けば角が立つ．情に棹させば流される．意地を通せば窮屈だ．とかくに人の世は住みにくい」という軽快なテンポで始まるのは，夏目漱石が1906（明治39）年に発表した小説「草枕」である．この冒頭には，俗界を脱し「非人情」の世界にあこがれる主人公の心情がつづられているが，その中につぎのくだりがある．

「……どこまでも世間を出る事ができぬのが彼らの特色である．ことに西洋の詩となると，人事が根本になるからいわゆる詩歌の純粋なるものもこの解脱する事を知らぬ．どこまでも同情だとか，愛だとか，正義だとか，自由だとか，浮世の勧工場にあるものだけで用を弁じている．……」[16]

文中の「勧工場」には注が付いており「明治大正時代に多くの商店が一つの建物中に集まり，種々の商品を展示販売したもの．現在のマーケット，デパートにあたる」と書かれている．初田氏によれば（文献3），勧工場は1878（明治11）年に東京で開催された国内勧業博覧会で，売れ残った品物を陳列・販売するための場として物品陳列所を開場したことから始まり，その後各地に次々と開設され，庶民にたいへん親しまれたという．その形態を同文献から引用する．

「同じ施設の中に通路をはさんで，経営者の異なるさまざまな売店がならび，日用品から文房具，室内装飾品，洋物，呉服など，幾種類もの商品が陳列，販売されていた．勧工場は，近世の店舗に一般的であった座売り方式の店舗とは異なる，商品を陳列して販売する方式や，土足のまま店内に入る方法を採用するなど，いち早く近代的な店舗形式をとった存在として注目されると同時に，多くの人々から親しまれ，都市生活に潤いを与えてきた店舗としても，重要な存在であった」．

内部の構造は例えば京橋勧工場では間口6尺，奥行2尺を一つの区画として最大4区画まで借りる事ができたという．これから類推すると今日の専門店街にも似ているが，かなりの小規模店舗の高密度集合体であったようだ．また休憩所や茶店はもとより，広大な庭園や能楽堂を備えていたり，遊園地のような機能も合せもっているなど，魅力あふれた施設であったらしい．こういった特徴は今日のデパートと共通していてまことに興味深い．

3.5.4 勧工場の衰退と百貨店の出現

勧工場のほとんどは木造で可燃物も大量に収容されており，人気が高く相当混雑していたことから，火災に対する危惧もあったようである．1901（明治34）年の建築雑誌170号[17]には次の記事がある．

「病院勧工場其他一般集会所の取締方針：警視庁に於いては，今回の第二医院焼失の大惨事に鑑み，公衆保護の目的を以て将来を慮り，現在設置せる官公私立の病院は勿論各区に於ける勧工場其他多数人民の集会所等に対し，其構造を始め空気の流通明り取の箇所，火災消防器具の設備，其他階上階下に於ける非常口の備付，各窓口の開閉，救災の方法等に関し，相当の設備を為さしめ，今後厳重の取締を為さしむる方針にて，昨今専ら講

究中の由，尚現在何れの勘工場に於てもランプを点火せるが，今後はランプの仕様は全然廃止せしめ，専ら電気灯或は瓦斯灯を点ぜしむることとし，尚又是等の建造物中可燃性の材料を以て建築せる建物に於ける暖炉の如きは，蒸気を使用せしめ決して石炭或は炭火等の使用をも禁じ，又病院の如き収容患者の数に応じ，昼夜を別たず相当の守衛を置き，非常に備えしむる見込の由なりと，而して其構造及設備に関しては，取締規則の準則を以て一定の標準を示す筈なりと聞く．（文中旧字のみ新字体に改めた）」

ここに出てくる病院火災とは，同年1月29日に帝国医科大学付属第二病院が全焼し，98人の収容患者のうち22人の死者と負傷者38人を出した火災（文献17）に記事がある）のことと思われる．ここでは勘工場についての「取締」強化方針も一緒に示されているので，何か契機となった火災があったかと文献2)を調べてみたところ，最初の勘工場が開設されてから23年経過しているのだが，該当する事例は1件もない．この火災をみてついでに勘工場の安全対策も勘案したのだろうか．余談になるがこの病院火災は当時は社会的にも相当問題視されたようで，建築雑誌172号[18]には下田菊太郎という人が時事新報に「火災と造家技師の責任」と題した論文を掲載したとして，これ（の，おそらく全文）を紹介している．その内容はまことに激しいもので例えば「失火の災害を局部に止めず，全焼を延焼するが如き構造を以て，病院の建築を設計したる技師は，果して其職責を完うしたるもの乎．」といった具合である．

この「取締方針」がどのように施行されたのかはわからない．しかし東京の勘工場の数だけをみると，これが打ち出された翌年の1902（明治35）年には27か所とピークに達していたものが，その後急速に減りはじめ，1914（大正3）年には5か所にまで減少してしまう*のである．あくまで推測であるが，時期的にみればこの「取締」が勘工場衰退のひとつの原因だったのかもしれない．

これと入れ替るようにして登場するのが百貨店である．1905（明治38）年に三越呉服店が「デパートメント・ストーア」を打ち出したのを契機として白木屋，松屋，大丸，高島屋，松坂屋の各呉服店が次々と百貨店化していく．その建物も洋風建築に変り，当初は木造であったものが，1910年代からルネサンス様式の耐火建築物に建て替えられ，当時は珍しかったエレベータやエスカレータを装備するようになるなど，豪華に変身してゆく．ただし蛇足だが，土足のまま入店できるようになるのは1923（大正12）年の関東大震災以降であるという*．

3.5.5 デパート火災の推移

表-3.5.1でみる戦前のデパート火災は記録内容が乏しいため判断しにくいが，被害金額でみると1919（大正8）年とその翌年に心斎橋で立て続けに起きた2つの呉服店火災が，いずれも200万円というかなりの損害を出している．また今日の老舗百貨店のほとんどが，戦前だけでひととおり火災を経験している．圧倒的なのは1932（昭和7）年12月16日に発生した日本橋の白木屋火災である．この火災はデパート火災というだけでなく，近代ビルの大火災という面でも世界に大きな衝撃をもたらしたという．この火災については高野公男氏が別途執筆（**3.1節**）されているのでそちらを参照されたい．

また火災発生場所をみると，北海道から九州まで全国の都市でデパート火災が発生しているが，これは火災危険というよりもデパートが，すでにこの時代からこれだけ全国に存在していたことを読み取るべきなのであろう．発生年代をみると1910年代以前の3件に対して20年代が7件，30年代が13件と，加速度的に増加しているが，これも，火災発生頻度が上昇したとも考えられるが，デパート数の増加の方が強く作用しているように

---

* 初田亨：文献3)より．

第3章　火　　災

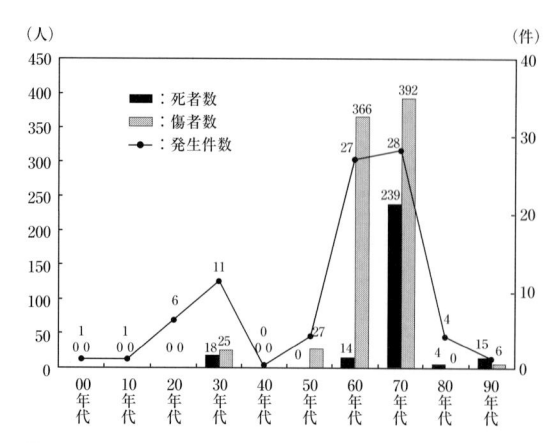

図-3.5.1　20世紀のデパート火災の発生と被害（30年代の死傷者数は白木屋のみの数、これ以前および40年～45年は不明）

思われる．勘工場火災としてはこれを発端とした火災が1907年には札幌で370戸，仙台では1925年に6戸を焼いているが，これを最後に勘工場火災は姿を消す．この後は勘工場自体が消滅したのであろう．

図-3.5.1は**表-3.5.1**と**表-3.5.2**をもとに火災件数と死傷者数をグラフにしたものである．これをみるとデパートにとって60年代と70年代は最悪の年であった．とりわけ70年代は死亡者数だけを比較しても，千日デパート（死者118人）と大洋デパート（同100人）という2件の大きな火災のために極端に多いが，これらの合計を差し引いても21人と，依然として今世紀最大であり，負傷者数においてはさらに突出しているのである．このように60～70年代の死傷者の多さは40～50年代（このうち40年から45年のデータがもともとないので別としても）と80～90年代が平静であることと比べると格段に際立っている．この時期に何があったのだろうか．

3.5.6　防火関連法規の変遷

防火施策の変遷の詳細については別の機会に譲るとして，そのごく概略を高野氏の文献*に基づいてまとめてみる．戦前には現在の建築基準法に代るものとして市街地建築物法が1920（大正9）年から施行されていたが，これに先駆けて1886（明治19）年には滋賀県が「家屋建築規則」を公布したのがわが国で最初の建築法規であり，「当時，無秩序に出現を始めていた工場・劇場・勘物場**・貸座敷・宿屋・長屋などの特殊建築物に関して，各府県が思い思いに制限を設け，取り締まる規定ができはじめていた．」という．1888（明治21）年には東京市が建築条令案を検討しており，成案には至らなかったが特殊建築物の規制が考えられていた．さらに1906（明治39）年から1913（大正2）年にかけての7年間にわたって日本建築学会が東京市の依頼で建築条令案の起草作業を行っており，これが6年後の「市街地建築物法」と「都市計画法」の基礎となった．この後1917（大正6）年には建築家・片岡安氏（後に日本橋高島屋を設計する）が，災害問題が発生していることに対し「不安全なる建築は都市の保安を脅かし，衛生保険に不断の危害を加えつつある」として国会に法規制定の陳情を行っている．

そして1919年に市街地建築物法が制定されるのだが，その主眼は都市計画に置かれており，個々の建築物の防火安全性についてまでは行き届かなかったようである．日本橋の白木屋が竣工したのは1931年（昭和6年，第2期工事）であるから***，市街地建築物法に基づいて建てられたと思われるが，竣工から2年も経っていない最新鋭のビルであったにもかかわらず，このような悲惨な状況をもたらしたのである．もっとも市街地建築物法の制定当時はいわゆる「ビル」も少なかったので，ビル火災の経験が乏しいなど火災研究も今ほど進展しておらず，また社会施策としても都市整備の方が急務であったためであろう．

白木屋火災に触発されて内務省が建築規則を立案し，建築学会での審議を経てできたものが百貨店建築規則（警視庁令）である．その内容は1933

---

*　　高野公男：文献10），第6章 建築の安全と社会施策．
**　初田氏の文献3）によれば勘工場は「勘業場」や「勘商場」とも呼ばれていたとのことなので，この「勘物場」もその一種なのかもしれない．
***　初田 亨：文献3）より．

(昭和8)年7月5日に警視庁技師・北澤五郎氏が建築学会で詳しく講演している*．この規則では3 000m²以上の百貨店およびこれに類する建物に対して1 500m²ごとの防火区画，区画ごとの2つ以上の階段の設置，竪シャフトの区画，売場での吹き抜けの禁止，地下2階以下の売場の禁止，直通階段の設置，階段の幅員（100m²について3cm以上），避難階段の構造（屋内，屋外），10 000m²以上の建物におけるスプリンクラーの設置などを規定している．

この規則が実際にどのように施行されたかはわからないが，既存建築物については遡及改修を求めないとしているので，既存デパートの防災対策はほとんど進展しなかったのであろう．その内容も，例えば増築した結果が10 000m²を超える場合には，増築部分だけにスプリンクラーを設置すればよいとしているなど，「業界寄り」であった．

1920年から施行された市街地建築物法がその後どのような改正を経たのかはわからないが，1950年にはこれに代って建築基準法が施行され，幾多の変遷を経て今日に至っている．

3.5.7 60年代のビル火災

60～70年代にデパート火災が多発したことはすでに述べた．図-3.5.1をみれば20年間に合計55件であるから平均すると年間約3件と，少ないようにも感じるが，発生の仕方には粗密があるので，例えば1973年11月の大洋デパートから1974年3月のD百貨店までの5か月間に発生した8件などは，ほとんど毎月で，それも2度3度と発生している月まである．こういった火災の頻発はいとう屋（73年）のように，直前の大洋デパート火災を契機に避難訓練をしていたことが役立ったという幸運をもたらした事例もある．

しかし60～70年代に増加したのは百貨店火災だけではない．図-3.5.3[19]をみるとわが国ではこの時期に交通事故も激しく増加しているし，火災もデパート火災だけでなく全体的に増加している

のである．とりわけ注目され，社会問題になったのは「ビル火災」である．60年代には都市不燃化政策と高度経済成長があいまって，耐火建築物が急速に普及した．このため都市の不燃化が促進されたのであるが，大小を問わずこれらのビルが次々と火災になり，多くの犠牲者を出した．ビル火災の特徴は出火階より上の，それも焼けてもい

図-3.5.2 燃える千日デパート 1972.5.14（共同提供）

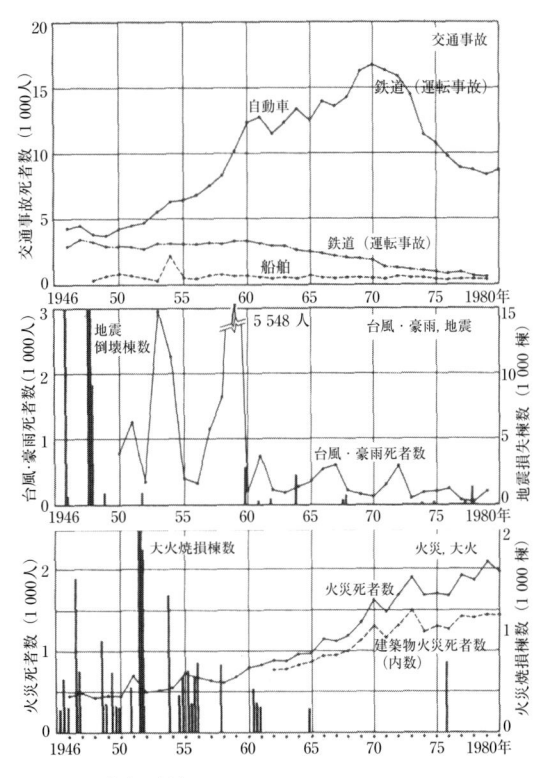

図-3.5.3 災害の傾向 1946～1980
（日本建築学会編：建築設計資料集成第10集技術，p.1より）

---
* 北澤五郎：文献14）に掲載されている．

図-3.5.4 大洋デパート火災 7階（下）や屋上から必死で救助を求める店員たち 1973.11.29（共同提供）

ない階において，煙による死亡者が出ることにある．このことは1932年の白木屋火災で学んでいたはずにもかかわらず，耐火建築物は木造建築物に比べてはるかに安全というイメージが庶民に植え付けられていたのであろう．

自動車事故の増加については急速なモータリゼーションの進展に伴う，ビル火災については耐火建築物という新しい建築技術に伴う，いずれも高度経済成長期の技術や社会の急激な進歩・変化による歪みが現れたのであろう．60年代のビル火災は耐火建築物における煙の恐ろしさを改めて教えてくれたのである．

頻発するビル火災に対処するため，1970年には建築基準法の大規模な改正が行われた．そのときに強化・新設された規定には，竪穴区画，排煙設備，避難階段，内装不燃化，非常用エレベータなどがあり，今日の建築基準法が規定しているほとんどすべての項目がこの時に揃った．

3.5.8 法改正と既存遡及

70年に改正された基準法は1933（昭和8）年の百貨店建築規則と同様に，既存建築物には適用されなかったため，多くの既存不適格建築物が残ってしまった．そこに千日デパート火災（72年）と大洋デパート火災（73年）という歴史に残る大災害が発生したため，これを契機として，1974年3月に既存遡及の立法化が図られることになった．消防法はいち早く1974年6月にスプリンクラー，自動火災報知器，非常電源などの遡及設置に関する法令改正を行ったが，建築基準法については百貨店業界が国会に強く働きかけたため，ブレーキがかかり1977年まで検討が行われたものの，結局は遡及法案の上程は取り下げられた．

建築基準法で検討された遡及項目は竪穴区画，特別避難階段，非常用進入口などであったが，スプリンクラーなどのような配管を設置する工事と違い，いずれも店舗の形状にまで影響を与えるなど，困難が伴うとして百貨店業界がきわめて強い難色を示したのである．既存遡及には相当の危惧を感じていたのだろう．この時期，筆者も業界の会合で意見を求められたことがある．既存遡及問題が落着した直後の1977年6月，日本百貨店協会がセミナーを開催しているが，この時の記録資料*によれば，業界は例えばスプリンクラーのように有効性が明らかな対策については積極的に採用するが，効果が納得できない対策については賛同しないといった方針で「戦った」らしく，結局は前述のように建築基準法における既存遡及の法制化は流れ，増改築などの際にだけ求められることになった．

こうして百貨店業界は既存遡及を「免れた」のであるが，何もしなかったわけではなく，遅れていたスプリンクラーの遡及工事の推進や防災体制の確立に向けて積極的に努力されたようだ．しかし建設省は既存不適格建築物をそのまま放置することはできないと考えたのであろう．

1979（昭和54）年3月には「建築物防災対策要綱」と「特定の既存建築物の防災対策にかかる技術的基準」（いわゆるビル防災技術基準）[20]が出された．その内容は物販店舗の場合「3階以上の階

* 文献12)．

または地階におけるその用途に供する部分の床面積が1500平方メートルを超えるもの」に対しては，最小限の措置として非常照明，竪穴区画，避難階段（A種，B種*）の改修を，3年以内の期限で求めるとしている．とくに竪穴区画については避難計算の結果やスプリンクラーの有無に応じて必要な対策が決められている．しかし，この要綱にしたがって対策を強化したものは，はっきりとはわからないが，少なかったのではないか．仮に広範囲に実施されたとしても，例えば避難階段幅の不足は遡及対象にならなかったため，現在でもこの規定を満たしていない百貨店が残っている．これらの百貨店では，そのまま使う限りは遡及の必要はないが，増改築を行う際にはこれが条件となるため，店舗拡張の足かせになっている．

3.5.9 スプリンクラーと排煙設備の効果

1975年以降のデパート火災は今日までわずかに10件と，急激に減少した．その理由はどこにあるのだろうか．

今世紀のデパート火災全体についても言えることであるが，スプリンクラーが設置されたデパートで死亡者を出した事例は，少なくとも**表-3.5.2**をみる限りでは1件もない．この表ではスプリンクラーの有無については「？」や「不明」の事例が多いが，これらは建物の規模からみていずれも設置されていなかったとみて差し支えない．厳密に言えばスプリンクラーが設置された建物でも死者の出た事例はあるが，野澤屋（70年，死亡1人）では設置対象から除外された美容室からの出火であり，田畑百貨店（71年，死亡1人）では設置していない旧館部分が延焼したものである．また西武高槻（73年，死亡6人）と大洋デパート（73年，死亡100人）は工事による機能停止中の火災である．東武船橋（86年，死亡3人）では規模からみて設置されていたと考えられるが設置していない部分（特高電気室）での火災であった．また福田屋（70年）では死者は出さなかったが工事中で未完成であったため，約1万3000m²も焼失している．

以上からみればここ四半世紀でのデパート火災の激減には，建物管理者の意識の向上などの要因もあるのだろうが，スプリンクラーの普及がもっとも効果があったとみてよいだろう．これを証明するにはスプリンクラーによって大事に至らずに済んだ事例を探さなければならないが，これを正確にとらえるのはたいへんに難しい．公的な資料**ではわずかに十字屋（71年）と丸物百貨店（73年）の事例がみられるだけである***．しかし文献12のような限られた場ではA百貨店（71年）やB百貨店（72年）****など，スプリンクラーによって小火で済んだ事例が報告されている．興味深いのはA百貨店で，工事部分との間の倉庫に設置した，水道に直結しただけの仮設スプリンクラーが効果を発揮している．またユニー太田川（72年）のように散水障害のためか，出火した2階だけで98個（3階は29個）ものヘッドが開放し，2階を600m²ほどを焼いたがそれでも全焼には至らなかった事例もある．小火であってもデパートとしては信用問題もあり，あまり公表したくないのであろうから，こういった事例はたくさんあってもなかなか知ることができない．このことがスプ

---

* A種は前室を設置する，B種は現在の法令に適合する形態とするなど．
** ここでいう公的な資料とは文献4), 5), 6)のように学会や官庁から出版された資料のことである．十字屋と丸物百貨店については下記の文献を参照した．
　相良 博：スプリンクラーが効果を発揮した十字屋デパート火災，建築防災，No.63，日本建築防災協会(1972)
　宇都宮市消防本部：宇都宮市・十字屋デパートの火災，火災85, Vol.22, No.2, 日本火災学会(1972).
　京都市消防局：丸物百貨店の火災要，火災94, Vol.24, No.3, 日本火災学会(1974).
*** ただし丸物は商品を焼いただけで鎮火したが，十字屋は階段の直近でしかも防火シャッターの施工に問題があったため階段室に煙が入ってしまった．
**** 文献12)は日本百貨店協会会員を対象としたセミナーの記録であるため，これに配慮してここだけに掲載された火災記録に関しては，店名と所在地は伏せた．

リンクラーの過小評価*に繋がっているのではないかと思うと残念である．

長崎屋尼崎店（90年，死者15人）の火災は久しぶりにビル火災の恐ろしさを社会に示したが，この店舗は，当時はスプリンクラーの設置対象でなかった．逆は必ずしも真ならずではあるが，この事例はスプリンクラーがないとこうなってしまうという意味で，その重要性をよく示していると思う．この火災を契機に消防庁は同年，スプリンクラーの設置対象となる建物の延べ面積の下限を，1972年からから実施されてきた「6 000m^{2}以上」から「3 000m^{2}以上」に引き下げ，設置対象を大幅に広げた．そしてこのためかどうかはわからないが，これを最後として現在に至る9年間にわたり，記録に残るデパート火災は発生していない．

次に排煙設備の効果について考えてみる．デパート火災の事例をみると，濃煙と熱気が消防活動に支障を及ぼした事例がたいへんに多い．この点で排煙設備は必要であり，現に消防法では1961（昭和36年）年の消防法施行令の制定時から「消防活動上必要な施設」として特定の規模・用途の建物にはその設置が定められていた．この法令に従って自然排煙窓などを設けていたデパートもあったのだろうが，記録をみると内部の装飾や商品で塞がれていたという事例（例えば長崎屋尼崎）が多い．また，1970年の改正で建築基準法にも排煙規定が新設されると，これに伴って建築基準法による排煙設備が「消防法令に基づく排煙設備でもあるものとして運用」[21]されることになった．建築基準法による排煙設備は避難者を守るのが主目的であるため，自然排煙は別として，機械排煙の場合には煙が高温になるとダンパーが閉鎖してしまう．これでは消防活動をする盛期火災段階で役に立つのだろうか．長崎屋尼崎店では階段の防火戸が閉鎖されなかったため，5階で15人が死亡した．5階に煙が侵入していなければという意見もあったし，たしかに上階への煙の侵入は避けなければならないが，防煙・排煙だけでは火も煙も消すことはできない．建築基準法の排煙に切り替った後でも，これのおかげで犠牲者を出さずに済んだという記述は，集めた資料の範囲では見つけることができなかった．

排煙設備についてはその効果に対する疑問の声が多かったため，2000年6月から実施された建築基準法の性能規定化では，その合理化に向けての基準がまとめられた．これは避難安全検証法によって安全性が確かめられれば，排煙設備の設置が免除されることになったが，消防活動用の排煙までについては考慮されておらず，消防署の判断に委ねられている．

3.5.10 火災事例にみるデパート火災の特徴

表-3.5.2の火災概要をみるといくつかの代表的な問題が浮び上がってくる．

出火原因は不明のものが多いが，工事によるもののほかには，コンロ（56年・丸光，65年・銀ビル，70年・豊栄），電気のスパーク（白木屋・32年，大丸大阪・61年，C百貨店・74年）によるものなどがある．これらの原因は最近は減少し，たばこの投げ捨てと放火が増えている．多数の火災事例を調査研究されてきた塚本孝一氏によれば[22]出火の場所は客用場所の方が店用場所より多く，また出火原因は客用場所では放火が著しく多く，店用場所ではたばこが多い．客用場所で放火が多い場所は売場と客用便所で，売場では寝具売場と衣料品売場であるという．また，放火時刻では昼食のために売場の店員らが交代する午後1時の時間帯に多いとのことで，人の目の届きにくい場所と時間帯が狙われているようである．長崎屋尼崎もこの条件に一致している．

出火場所別にみると，かねやす百貨店（52年）では屋外のごみ箱付近からの出火が，山崎百貨店（64年）では隣接の木造キャバレーの火災が，奈

＊ 例えば米国ではスプリンクラーの設置によって，地域による多少の差はあるが，防火区画や排煙設備などが大幅に緩和される仕組みになっている．わが国ではこれに比較すると緩和の幅はきわめて小さく，高価な設備を設置した割にはメリットが少ない．

良屋（68年）では隣接の工事現場の火災が，イトーヨーカドー蒲田（69年）では建物外の野積みの段ボール火災が，田畑百貨店（71年）では屋外の物置の火災が，いずれも外壁の開口部を通じて屋内に延焼した．詳しくはわからないが戦前でも京極百貨店と京屋百貨店（いずれも36年）が近隣の火災から類焼している．建物外周部の防火対策も重要である．内部では階段やその近傍を物置代りに使っていてそこから出火した事例（70年・豊栄，72年・中部ユニー，73年・大洋）があるが，これは避難路喪失と上階延焼という意味で二重に深刻である．管理者の意識の向上を望むところであるが，避難にしか使わない幅の広い階段を多数要求する現在の法令にも見直すところがあるのかもしれない．

防火区画が不備であったために火災が拡大した事例は多い．とりわけ問題となったのは竪穴区画がなかったり，防火戸やシャッターが煙感知器連動になっていなかった70年以前に造られた建物である．建築当時は適法であり，法的には既存遡及の必要がないので，そのまま放置されたデパートも少なからずあったのだろう．東急ストア辻堂では火災を出した78年当時でも，エスカレータ区画に手動式の水平シャッターがまだ使用されており，この部分から上階に延焼した．この火災は前述のビル防災技術基準による既存遡及が求められる前年であるが，これが施行された後でもこの建物は規模からみて対象に該当しない．防火区画施工上の欠陥（開口部の埋め戻し不良など）が問題になった事例も，渋谷東急（65年），いづみ屋（65年），水戸中央ビル（70年），十字屋（71年），神戸デパート（74年）など多数ある．このような欠陥は建物が完成してからではきわめて発見し難い．厳重な工事監理が求められるところであるが，最近では竣工時に消防署が厳重に検査している．また，防火区画破綻の原因として，防火戸やシャッターが障害物によって閉鎖できなかった事例（70年・豊栄，72年・中部ユニー，78年・東急ストア，90年・長崎屋など）も多いが，これは建物管理者に負うところが大である．

工事中の火災も多い．松坂屋上野（58年）を皮切りとして分かっているだけでも11件ある．出火原因は可燃性の溶剤に引火したもの（61年・大丸，63年・西武池袋，78年・タカセ），溶接・溶断の火花によるもの（58年・松坂屋上野，64年・松屋銀座，71年・A百貨店），原因不明（放火の疑い）だが工事用資材から出火したもの（65年・渋谷東急），工事施工部分でのたばこの投げ捨て（72年・千日）などである．工事中であることによって安全性が低下していたものとしては，避難施設や防火区画が不備になっていたもの（70年・福田屋，73年・大洋）や，防災設備が機能停止していたもの（70年・福田屋，73年・西武高槻，78年・タカセ）がある．これら一連の工事中の建物における火災は，仮使用届出制度と工事中の安全計画届出制度制定*のきっかけになった．

構造的な問題としては，戦後の前半あたりまでであるが耐火造と木造との混構造デパートの火災事例が4件ある．かねやす百貨店（52年）は木造店舗に耐火構造を増築したもので，しかも新築部分に沿わせて木造部分も6階建てにしてしまい，さらにその間の防火区画もなかったという，今では信じられない構造であった．丸光百貨店（56年）も木造旧館に隣接してRC造5階を増築したものである．新館との接続部が狭い範囲に限られており防火シャッターで区画されていたため急激な延焼は免れたが，やがて区画不十分であったシャッターケース部分から延焼してしまった．淵上百貨店（63年）と，いとう屋（73年）も木造の旧館に耐火造の新館を増築したもので，木造部分から出火して新館に延焼した．このような構造のデパートは現在でも残っているのだろうか．

長時間延焼した事例も多い．デパートでは大量の可燃物があるので燃焼継続時間が長いことに加え，大量の煙が出るが窓がないため内部の煙が排

---

* 1977年から施行された．

出しにくい，濃煙と熱気で内部が見えないため火元の発見と接近が困難になる，さらに閉店時には建物の入口や内部がシャッターで区画されていて進入しにくいなど，消防隊の活動に支障をきたすことが多いためである．出火から鎮火まで池袋西武（63年）では7時間，田畑百貨店（71年）では16時間，西武高槻（73年）では20時間，神戸デパート（74年）では19時間，イトーヨーカドー大山店（79年）では13時間を要している．シャッターが閉店中の店舗への進入を困難にした件については，消火用のホースを接続し，その水圧で開放する方式が開発された．

火災死亡者数では多いものから並べると，千日デパート（72年）の118人を最大として，大洋デパート（73年）の100人，長崎屋尼崎店（90年）の15人，白木屋（32年）の14人と続いている．中でも長崎屋は最近では珍しく大量の犠牲者を出したが，その原因は竪穴区画の閉鎖障害という昔からのデパート火災の問題点と共通したものであり，この点では防火対策が進歩していなかったことを露呈したともいえる．その後，既述のように消防法の改正によって3 000m²以上のデパートがスプリンクラーの設置対象になったので，長崎屋の規模のデパートは安全になった思うのだが，その規模に達しないものは依然として同じ潜在危険を内在していることを忘れてはならない．また犠牲者の数が白木屋，大洋デパート，長崎屋のように開店中の火災に多いのは当然であるが，千日デパートのように店舗は閉店中でも，同じビルの最上階のキャバレーに大量の煙が侵入し，多くの犠牲者を出した事例もある．これは複合ビルの問題点である．

3.5.11 これからのデパート火災

今世紀のデパート火災の変遷をみてきたが，それでは21世紀のデパートではどんな火災が起きるのだろうか．今世紀の火災事例を現在の目でみれば，起きるべくして起きた災害と言えるのだが，当時の人々にとってはめったに起きないだろうと思っていたことや，思いもよらなかった事態が実際に起きてしまったという印象が強くあったとも思う．今，こうして火災事例を眺めてみると，起り得る火災事故はすべて起きてしまったという感じもする．筆者は，安全対策は危険要因の認識から始まるとかねがね主張しているのだが，これだけ多くの火災事例をみてしまうと，デパート火災の危険要因を知り尽くしてしまったような気がする．もしその通りなら過去の事例から得られた教訓をどのように設計，施工，維持管理に活かしていくかがこれからの大きな課題である．

しかし喉元過ぎれば熱さ忘れるということわざの通り，こういった過去の教訓もすぐに忘れられてしまう．これまでみてきたように，災害があるたびに法令が改正・強化され，安全対策が組み込まれてきたのであるが，その契機となった災害を忘れてしまうと，せっかくの規定の意味も伝わらなくなることがある．犠牲になった人々のためにも過去の事例を忘れないようにしたいものである．

また，もしまだ我々が知らない危険が潜んでいるとしたら，それはどんなものなのだろうか．社会がこのまま変らないのであれば「未知の危険要因」はもうないのだろうが，それはあり得ない．人も社会も科学・技術も必ず変化・進歩するのだから，これに伴って現れる新たな危険要因も必ず発生するはずである．こういった「未知との遭遇」は歓迎できないが，これを早めに見つける感覚を持ちたいものである．

◎参考文献

1) 日本百貨店協会ホームページ，
   http://www.depart.or.jp/kyokai/gaiyou.htm．
2) 日本消防新聞社 編：日本火災史と外国火災史，原書房 (1977)．
3) 初田亨：百貨店の誕生，三省堂選書178，三省堂(1993)．
4) 日本火災学会 編：火災便覧第3版，共立出版(1997)．
5) 東京消防庁 編：98消防ハンドブックⅢ(1998)．
6) 消防庁 編：消防白書平成5年版 付属資料7，大蔵省印刷局(1993)．
7) 火災事例と予防対策 第1巻 百貨店・スーパー・地下街，火災から生命を守る会(1974)．
8) 日本火災学会発行「火災」の各号のうち，1953年の通巻8

号から90年の通巻186号までに掲載された火災記事を参照した.
9) 日本建築防災協会発行，月刊「建築防災」のうち，1985年4月号から89年4月号まで連載された「ビル火災の記録」を参考とした.
10) 新建築学大系12 建築安全論，彰国社，1988.
11) 建築学大系21 建築防火論，彰国社，1966.
12) 百貨店防災のあり方について 全国百貨店防災対策セミナー（速記録），日本百貨店協会防災対策委員会(1977).
13) 千日デパート火災研究調査報告書，防災都市計画研究所・MANU都市建築研究所，1972.
14) 北澤五郎：百貨店，アパート建築規則及高層建築物の防火避難設備に関する法規の制定について，建築雑誌，日本建築学会(1933.8).
15) 北澤五郎：百貨店の火災に於ては人は如何に逃げたか，建築雑誌，日本建築学会(1933.9).
16) 夏目漱石：草枕（第91刷），岩波文庫(1998).
17) 建築雑誌170号，日本建築学会(1901).
18) 建築雑誌172号，21ページ，日本建築学会(1901).
19) 日本建築学会 編：建築設計資料集成10技術，丸善(1983)
20) 建設省住宅局 監修：ビル防災技術基準の解説，日本建築防災協会・日本建築士協会連合会(1979).
21) 消防庁通達，昭和46年4月9日，消防予第54号，消防法施行令の一部を改正する政令に施行について.
22) 塚本孝一：スーパー長崎屋尼崎店の火災で思う，火災186，Vol.40，No.3，日本火災学会，1990.

3.6 ホテル・旅館火災

2000年3月号

矢代 嘉郎
清水建設技術研究所

3.6.1 はじめに

旅館あるいはホテルの火災は数多く，少なくとも防火上特異なものとして記録に残されている火災のうちおよそ1/4を占めている[1,2]．住宅同様，就寝用途であり，かつ個室であるなど防火上厳しい特性をもっているからであろう．火災事例の多いホテルあるいは旅館の火災は時代背景を映しており，建築の，そして社会の発達とのかかわりがみられる．建築基準法ならびに消防法の改正には多くの死者をだした火災がかかわっているが，昭和40年代，50年代の大規模なホテル・旅館火災も防火規定改正に影響を及ぼした．その結果としてか，1990年代では多くの死者を伴う火災が発生していない．

ここでは，主に50年間のホテル・旅館用途の火災の特徴を概観し，防災技術の発達との関連を記す．

3.6.2 ホテル・旅館火災の事例

(1) ホテル・旅館火災の統計

消防白書からホテル・旅館火災の統計をみてみる．ところが，1965（昭和40）年以前は建築物の火災統計がまとめられていない．また，1966，67（昭和41，42）年は旅館と共同住宅を合せてまとめられており，ホテル・旅館としての統計は1968（昭和43）年以降である．**図-3.6.1**に火災件数と死者数を示す．

火災件数をみると，全用途では5000件ほど火災は少なくなってきているものの，ほぼ一定である．それに対し，ホテル・旅館火災は1970（昭和45）年以前に非常に多く，そして，1981（昭和56）年以降は安定し，さらに1995年以降急激に少なくなっている．死者数でみると，昭和40年代初期は火災件数同様に，建築物火災による死者数も増加し，その後は，死者数1200人程度で安定している．そのなかで，ホテル・旅館火災では，増減が激しい．その理由は一火災で多くの死者が発

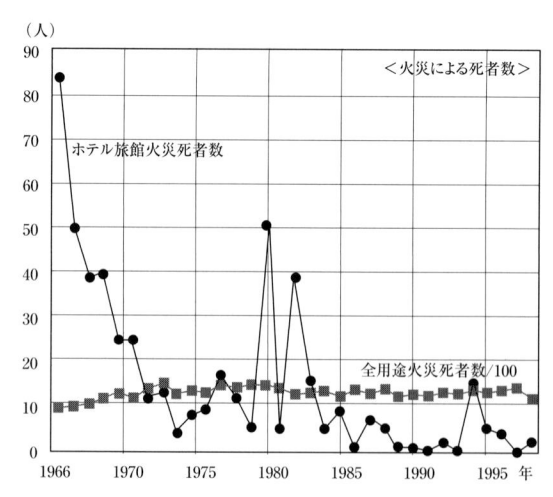

図-3.6.1 建築物火災統計，ホテル・旅館火災の統計（1966，1977年は「旅館・共同住宅用途」）[1]

生した火災があるためである．それだけ，ホテル・旅館は多数の死者がでる可能性をもった用途であることを示している．

多数の死者の発生した火災事例や焼損面積の大きい火災は特異火災事例としてまとめられている（1932年白木屋火災以後）．その中からホテル・旅館火災を摘出したものが**表-3.6.1**である．

表-3.6.1に示す当該用途の火災は，特異火災事例として抽出された事例数の約1/4を占めている．昭和40年代初期の菊富士ホテル火災，池坊満月城火災，磐光ホテル火災，さらには川治プリンスホテル雅苑火災のように増築を繰りかえした温泉旅館の火災で多くの死者が発生している．なお，高層の都市ホテル火災ではホテルニュージャパンがあげられる程度であるが，この火災事例は，大規模ホテルであることや上階延焼したことなどから火災の恐怖を世に示した．このような多数の死者が発生した火災事例が多いことに当用途の特徴が伺われる．

表-3.6.1 ホテル・旅館の特異火災事例[2]

名 称	火災発生日時	階 数	構 造	延面積	出火階	焼損階	焼損面積	在館者数	死者数	負傷者数
川奈ホテル	1957. 12. 4, 21:40	3F/B1	耐火, 木造	6877	3F	3F	1158	不明	3	25
やしま旅館	1958. 4. 25, 3:55	2F/−	木造, 土造	560	1F	全階	560	149	1	15
錦水別館	1963. 8. 8, 4:25	3F/B1	木造	2304	1F	全階	2304	63	6	14
八峰館	1965. 2. 4, 2:33	2F/B1	防火	756	1F	全階	756	25	2	8
菊富士ホテル	1966. 3. 11, 3:40	3F/B1	耐火, 木造	7465	1F	1〜3F	2640	217	30	29
京都国際ホテル	1967. 4. 5, 8:50	10F/B1	耐火	21139	M2F	8, 9, PH	262	792	0	1
大伊豆ホテル	1968. 2. 25, 6:30	6F/B2	耐火, 木造	9708	B2F	B2〜1F	1200	448	2	79
福寿美旅館	1968. 9. 13, 2:20	5F/B1	防火, 耐火	1320	2F	1〜5F	732	7	0	5
白樺湖ホテル	1968. 9. 14, 21:50	3F/−	防火, 耐火	1813	1F	全階	1384	39	0	0
池之坊満月城	1968. 11. 2, 2:30	4F/B2	耐火, 木造	11258	1F	1〜3F	6950	309	30	44
磐光ホテル	1969. 2. 5, 21:00	4F/B1	耐火	21117	1F	1〜4F	15511	290	30	35
ホテルいのう	1969. 4. 21, 15:36	2F/−	防火	1524	1F	全階	1524	34	0	24
龍登園	1969. 8. 6, 17:15	5F/−	耐火, 木造	7045	4F	1F〜5F	2991	130	0	2
熱川大和館	1969. 11. 19, 0:30	4F/B1	防火, 耐火	3497	2F	B1〜4F	1983	106	1	14
鶴見園観光ホテル	1969. 11. 27, 10:33	5F/B1	耐火	15310	2F	2〜4F	910	129	2	6
つるやホテル	1970. 2. 3, 2:00	10F/B1	耐火	24149	9F	8〜10F	2450	340	0	2
寿司由楼	1971. 1. 2, 1:03	4F/B1	木造, 耐火	2749	2F	全階	2749	74	16	15
のだや去留庵	1971. 1. 28, 0:50	5F/−	耐火	3098	3F	3〜5F	880	16	2	2
椿グランドホテル	1972. 2. 25, 6:30	7F/−	耐火, 木造	11120	3F	1〜5F	11120	388	3	6
釧路オリエンタルホテル	1973. 6. 18, 4:20	6F/B1	耐火	5735	1F	1F	830	60	2	27
千成ホテル	1975. 3. 10, 6:16	7F/−	耐火	1501	1F	1階	1501	185	4	61
袋田温泉長生閣	1975. 10. 5, 4:45	3F/−	木造	2124	3F	1〜3F	2124	168	0	1
青い城	1976. 8. 31, 4:45	4F/−	耐火	737	2F	2〜3F	72	39	2	7
旅館丸井荘	1977. 12. 18, 4:57	4F/B2	耐火, 木造	2576	2F	B2〜4F	1766	127	4	11
ビジネスホテル白馬	1978. 6. 15, 1:57	3F	耐火, 木造	663	1F	全階	663	36	7	20
川治プリンスホテル雅苑	1980. 11. 20, 15:15	5F/−	鉄骨, 木造	3582	1F	全階	3582	143	45	22
ホテルニュージャパン	1982. 2. 8, (3:39)	10F/B2	耐火	46697	9F	7〜PH	4186	355	32	34
庄川観光ホテル	1982. 11. 18, 0:00	4F/−	耐火, 木造	6442	1F	1〜4F	3432	151	2	8
蔵王観光ホテル	1983. 2. 21, 未明	4F/−	木造, 耐火	2264	2F	全+類焼	2264+1392	79	11	2
熱川温泉大東館	1986. 2. 11, 1:55	3F/−	木造	891	1F	全館	891	26	24	0
飯坂温泉若喜館本館	1994. 12. 21, 22:50	9F/	耐火	5720	3F	全館	5700	46	5	3
白浜温泉ホテル天山閣	1998. 11. 17, 18:10	9F	耐火, 木造	12624	5F	複数棟	8806	78	0	0

3.6.3 防火上トピックとなった火災

a. 菊富士ホテル火災（1966） 宿泊客213人が寝ていた3時40頃に，1階の警備員室で石油ストーブを転倒させたことによって出火した．警備員は初期消火に失敗した後，警報ベルを鳴らし，従業員宿舎に連絡した．この間に火災は拡大し，開放された階段から上階に延焼した．

宿泊客は警報ベルで気がついたというよりも，部屋に浸入してきた煙で気がつき，そのときには廊下は火煙につつまれている状態だった．大部分の客はバルコニーから下階の屋根上に逃げたが，斜面の敷地で地上まで3層分の高さのある部屋の客は地上に下りられず，その室で亡くなっている．

客室にはバルコニーがあったが，それが連続しておらず，バルコニーを水平に逃げられなかった模様である．

この火災では，階段が開放されていることや，内装が可燃であり炎が走ったことや，初期の対応の失敗などの問題点があげられる．なお，非常口の鍵のあけ方をしらずに，階段に辿りついた後に亡くなった客も3人いた．当火災は，多数の死者をだした最初のホテル・旅館火災となった．

b. 京都国際ホテル火災（1967） 国内外の宿泊客571人が利用していたが，出火時刻8時50分ごろには食事やチェックアウトで下階に下りている客が多かった．出火はダストシュートの中2階部からであり，煙がシャフトに充満した時に投入口が開かれたために，一気に8階に火煙が噴出した．

煙はダストシュートから8階，9階に伝わり，廊下伝いに広がった．客室からは従業員の誘導によって避難したが，8階以上では煙充満によってそれもできなかった．そこで，8階以上の階の客は庇を利用して棟端の階段まで移動して避難した．また，はしご車によって38人が救助されている．この避難と救助により死者は発生していない．

この著名なシティホテルの火災では，庇からの避難が成功したように，バルコニーの効果が顕著にあらわれた火災であった．

c. 磐光ホテル火災（1969） このホテルは4階の耐火造の大規模な温泉旅館である．出火は21:00頃であり，大広間でショーが演じられている時の火災である．火は1階の舞台の控室でベンジンをひたした松明の火が拡大したもので，初期消火に失敗して室内の布団や内装に着火，急激に火災が拡大した．

客は2階，3階にも30人ほど残っていたが，大部分の170人ほどは大広間にいた．火煙の噴出をみて，正面玄関に皆殺到した．そのために出口で群集パニック的な大混乱が生じ，さらに近くの非常口に避難したものの，扉にかかっていたロックをはずせず，避難できなかった．そのため，非常口近くで多くの死者が発生した．出口を探したの

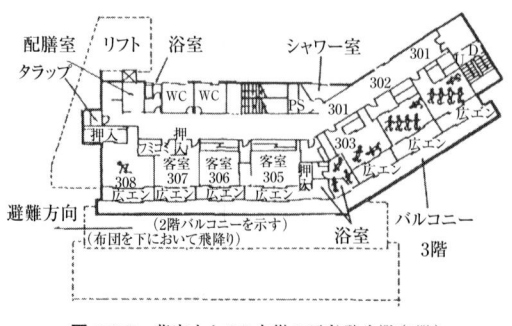

図-3.6.2 菊富士ホテル火災の死者発生階(3階)

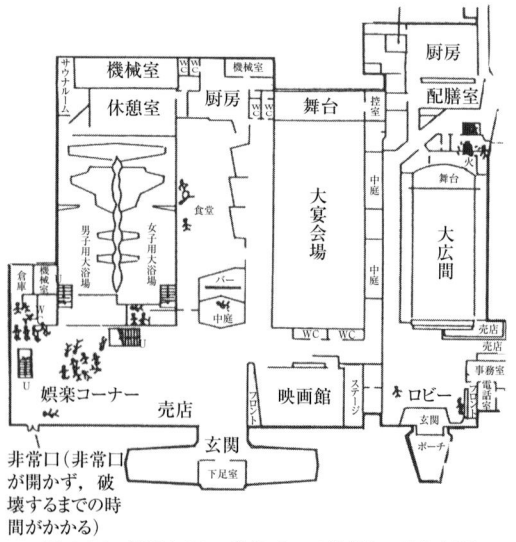

図-3.6.3 磐光ホテルの群集パニック的現象の発生(1階)

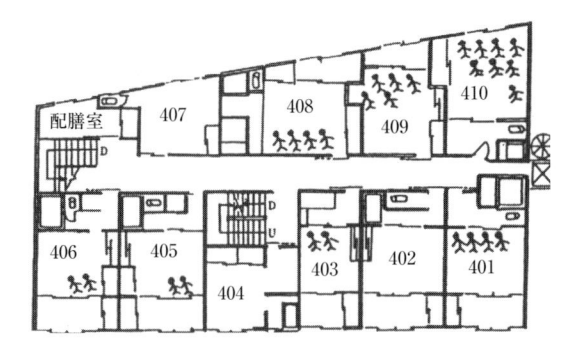

図-3.6.4 川治プリンスホテル雅苑火災の避難不能となった階（4階）

かどうか，火煙に追われて閉所に閉じこもったのかどうか，非常口近くの便所や浴室入口でも数人がかたまって亡くなっている．

なお，3階でも2人が逃げ遅れている．

この火災は，多人数のいる中で急激に火災拡大したことにより，群集パニック的様相という不特定多数の在館する建築物における注意すべき避難現象の一端を示した．

d．川治プリンスホテル雅苑火災（1980）

4階建の鉄骨造，一部防火造の当ホテルの火災は，開放された階段などの他，災害弱者の問題や防火管理の問題を示した．その結果，ホテル・旅館火災としてはわが国最多の45人の死者をだした事例である（2001年現在）．

15時15分頃出火，団体客のバス運転手が風呂場からでている湯気のようなものと異臭に気がついた．しかし，連絡を受けて確認した従業員がフロントに連絡しようとしたが電話が通じず，そうこうするうちに通報と誘導が遅れた．

火煙は廊下伝いに拡大し，開放された階段から上階に急激に伝播した．階段と廊下に濃煙が充満したため，各階で避難できなくなった．

在館者は119人であり，宿泊客は高齢者中心の団体客が到着した後で，客室でくつろいでいる最中であった．非常ベルの鳴動は聞かれておらず，火災に気付いたのは煙の浸入によってである．大多数の宿泊客は避難に遅れ，廊下と階段から逃げられず，また，脱出用のらせん階段も使えなかった．そのために各客室に閉じこもらざるをえなかったようであって，4階の各室でまとまって亡くなっている．なお，1階の大広間でも7人が亡くなっているが，避難中に逃げ込んだものと考えられる．

当火災は，自動火災報知設備の増設工事中であった．そのためか，出火前にもベルが鳴っており，本火災によるベルの鳴動も非火災報である旨の放送を行っている．また，火災に気付いた後も避難誘導が行われていない．当建築物では消防計画や防火対策の維持管理の上でも欠陥が多く，防火管理の問題が明らかになった．この火災では，管理権原者ではなく直接管理運営していた防火管理責任者に有罪が確定した．

e．ホテルニュージャパン火災（1982）

当ホテルは赤坂にあった外国人も利用するシティホテルであった．火災は3時39分（消防覚知）前，9階の外国人の宿泊室のベッド付近からたばこなどの小火源からの出火と推定されている．フロント係が見回りに9階に行ったところ，白煙を発見，フロントに通報した．その後，初期消火を試みたが消火できなかった．しかし，フロントからの火災通報は遅く，外部からの119番通報が早くなされている．

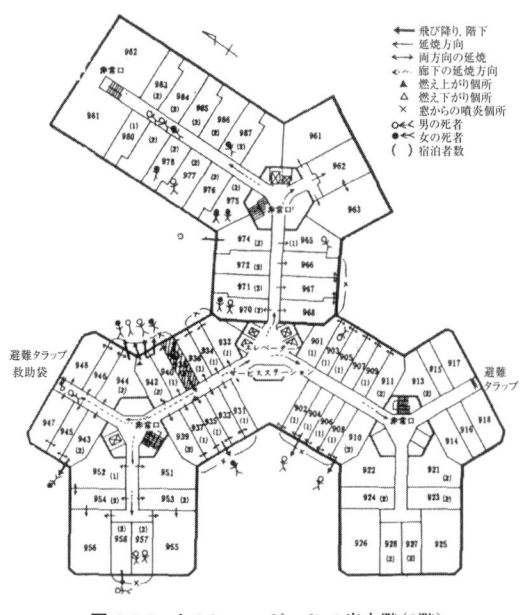

図-3.6.5 ホテルニュージャパンの出火階（9階）

火災は，木製のドアを突破し，廊下ならびに対面の室に拡大した．さらに，客室間の間仕切りがスラブまで区画されておらず，また窓側も隣室との区画が十分でなく（ベニヤ板で区画），隣室にも拡大していった．

さらに，パイプなどの設備配管の埋め戻しが不十分な所が4か所あり，その部分からの上階延焼とともに，窓からの噴出火炎によっても上階に延焼したとされている．10階でも各ウイングで廊下伝いに延焼拡大した．

宿泊客は104人であった．客は非常ベルや従業員の誘導によって火災に気付いたものではなく，火災時の音や人の騒ぐ音，匂いで気づいた．そのときには廊下から煙，炎が迫り，大多数の宿泊客は避難できる状況ではなかったようである．その結果，火煙に追われ，火煙にまかれたほか，窓から飛び降りる客が12人に達した．その結果，宿泊客104人中32人が死亡，27人が負傷した．

このホテルでは，一見豪華そうであったが，防火区画も居室の区画もベニヤ板で区切られているのみのところがあったり，消防法で既存建築物に遡及されているスプリンクラー設備が未だ設置されていなかったり，自動火災報知設備の電源を遮断していたことなど，防火対策ならびに防火管理とも欠陥の多い建物であった．また，角度120°でつながるウイングが停電後には迷路的になるという空間特性も示したと考えられている．

豪華な近代的シティホテル然とした建物で，窓から噴出する火炎，庇に逃れて救助を待つ客がTVに写しだされ，社会的に衝撃を与えたこの火災では，管理権原者と防火管理責任者に有罪が確定している．

3.6.4 時代背景と火災の特徴

(1) 昭和30年代（〜1965）

火災は時代の背景を映す．しかし，1957（昭和32）年の川奈ホテル火災までホテル・旅館建築物の火災は消防白書や火災学会誌には記録されていない．それ以前にも旅館火災は少なからず発生していたものと考えられるが，むしろ市街地大火が社会的問題であったことや，一火災で多くの死者を出していないことによるのであろう．この点，川奈ホテル火災は，3人の死者をだした耐火建築物の火災であり，またホテルとして著名であったことにより記録されているものと考えられる．

前述のように，ホテル・旅館は消防白書では1967（昭和42）年まで共同住宅と同じ分類になっていた．このことにも，昭和30年代（1955〜1965）の宿泊施設は木造の旅館が大部分であり，住宅火災と同じ取扱いであったものと考えられる．

(2) 昭和40年代（1965〜1975）

昭和30年代後半よりオリンピック景気，新幹線の開通，所得倍増政策もだされた高度成長期となり，社会が大きく変わった．都市では耐火造が増加した．このような社会を反映してか，旅館やホテルも防火上の問題を潜在したまま，従来型の旅館の増改築がなされたものと考えられる．そのなかで，当用途の火災が頻発したのが昭和40年代（1965〜1975）で，温泉旅館で多くの死者を伴った大火災が続いた．これらのホテル・旅館火災が契機になって，建築基準法の大改正や消防法の改正がなされ，防火対策，避難対策が強化された．

前述の水上温泉菊富士ホテル火災，有馬温泉池坊満月城火災，磐梯熱海温泉盤光ホテル火災とそれぞれ30人ずつの死者を伴った火災は観光地における宿泊施設の火災の特徴をよく示している．すなわち，和風内装材の火炎伝播のしやすさ，木製の間仕切りや襖戸による内装は，防火区画も難しいこともあって火災は拡大しやすい．一般に温泉観光地は景勝地にあって，敷地計画上も崖地など複雑なことが多い．増築を重ねた建物の複雑さが宿泊客に受けることもある．しかも，当時は竪穴区画の規制がなく，階段を通じて全館が一体化した構造であった．

これらの建築的特徴に加えて，宿泊者については不特定，飲酒，就寝という特性のほか，温泉観光地独特のリラックスした雰囲気がある．多くの

死傷者の発生はこうした特性が複合した結果とみなせるであろう．

一方，都市ホテルでは，1967（昭和42）年，10階建の京都国際観光ホテルが火災にあい，また，1973（昭和48）年，6階建の釧路オリエンタルホテルの火災があった．前者は庇による避難成功例になった．後者は不運な例である．それは，比較的大きな地震の後で，避難できるように階段室の防火戸に雑誌をはさんでいたために，階段室から煙が伝播したものである．しかし，温泉ホテルほどの被害はなく，区画された竪穴や客室やバルコニーの防火特性が実証された形であった．

(3) 昭和50年代（1975〜1985）

1974（昭和49）年，消防法に消防用設備等を既存建物に遡及適用する条項が制定された．40年代の規制強化もあって，昭和50年代のホテル・旅館火災はハードよりもソフトの防火管理の問題に特化された．簡易な宿泊施設や，窓から出られない構造になっていたビジネスホテル白馬や，木造の温泉旅館などがこの例としてあげられる．その中で，1980（昭和55）年の川治プリンスホテル雅苑火災，1982（昭和57）年のホテルニュージャパン火災，1986（昭和61）年の熱川大東館火災（死者24人）は，各種設備が未だに遡及されていなかった建物であるほか，日常の防火管理の問題が大きく影響した火災であった．すなわち，自動火災報知設備の電源を遮断していたことや，消防計画も明確でなく，自動火災報知設備鳴動後の的確な対応もできなかったこと，などである．

防火管理のほかにも，開放された階段からの火煙の伝播，設備配管の埋め戻し不良，防火上主要な間仕切りの欠陥という建築防火上の問題と，消防用設備等の不備も重なって，ホテル・旅館は大型物品販売店舗につづいて大きな被害をだす用途であることが顕在化した．

(4) 昭和60年代〜平成年代（1985〜）

ホテルニュージャパン火災の後に防火管理の規定と行政指導が強化されたこともあって，その後は大規模なホテル・旅館の火災は頻繁には発生しなくなった．1994（平成6）年，5人の死者をだした飯坂温泉の若喜本館火災，大規模に延焼拡大した1998（平成10）年の白浜温泉天山閣火災があげられるのみである．

3.6.3 法的規制と防災技術の開発

ホテル・旅館は，防火にかかわる構造的問題と管理上の問題から，不特定の人が一火災で多数犠牲になったという特徴から，他の用途以上に法規制とのかかわりがみられる．**表-3.6.2**は建築基準法と消防法の改正に影響を及ぼしていると考えられるホテル・旅館火災を抽出したものである[3]．一般に建築設計では，最低限の基準である法令を遵守するかたちで設計してきたため，火災の特徴の変貌はまさに法的規制と防火技術の発達そのものでもある．

昭和30年代の後半には建築物は高層化しつつあり，それに対して1964（昭和39）年，建築基準法では11階以上の防火区画や15階以上の特別避難階段の規定や歩行距離などの避難施設の規制がなされている．また，消防法でも11階以上にスプリンクラー設備の設置が義務づけられるなど，消防用設備等の設置の強化がなされている．

昭和40年代前半に多発した温泉ホテル火災は防火規定改正の大きな契機となった．建築基準法では内装材の延焼や竪穴からの火煙伝播など建築防火対策の諸問題から，1969（昭和44）年に竪穴区画を，1970（昭和45）年には排煙設備や避難施設・設備などの避難安全にかかわる施設設備を主として大改正がなされた．

消防法についても，1966（昭和41）年に自動火災報知設備と避難器具の設置が規定され，1968（昭和43）年，防炎規制の実施，1969（昭和44）年には防炎性能基準が制定された．そして，1972（昭和47）年には防炎防火対象物の改正や，スプリンクラー設備や非常警報設備などの消防用設備等の強化を行っている．そして，千日ビル火災などの百貨店の大災害もあって，1974（昭和49）年，消防用設備等を既存建物に遡及する法が制定され

表-3.6.2　ホテル・旅館火災と法改正[3]

年	ホテル旅館火災	ホテル旅館に関わりの強い防火規制		備考
		消防法	建築基準法	
1966	菊富士ホテル火災	防火管理規定の責務の強化 自動火災報知設備，避難器具の強化		
1968	池坊満月城火災	予防査察体制の強化 防火管理の強化 防炎規制の制定		
1969	磐光ホテル火災	防火対象物，防炎性能基準 消防用設備等の強化	竪穴区画の制定 防火戸自動閉鎖機構の規定 自動火災報知設備の設置面積 避難階段，特別費南海団の強制強化 内装制限の強化 特殊建築物の対象の拡大	
1970			不燃材料 防火区画強化 排煙設備規定の制定 特殊建築物の内装の強化 非常用照明 非常用進入口 非常用エレベータ 避難施設規定の強化	
1971	寿司由楼火災 のだや去留庵火災	防火管理者措置命令		
1972	椿グランドホテル火災	防炎防火対象物の拡大と性能基準強化 SPなど消防用設備等の基準の強化		千日ビル火災
1974				大洋デパート火災
1980	川治プリンスホテル雅苑火災	消防用設備等の既存建物への遡及		
1982		防火管理基準適合表示要綱の制定		
1986	ホテルニュージャパン火災 大東館火災			

た．猶予期間は設けられたが，ホテル・旅館では大部分の建築物で自動火災報知設備とスプリンクラー設備が遡及適用されることになった．

従来の大火災の多くが既存建築物や増築を繰りかえした建築物で発生していることから，スプリンクラーなどの既存遡及は火災安全の上では大きな転機になったものと考えられる．建築基準法の防火対策の改正とともに，爾後のホテル・旅館における火災被害を大きく減じたものと考えられる．

昭和50年代の防火管理の欠陥による大災害は，1981（昭和56）年消防法による防火基準適合表示，いわゆる丸適マークの制度となる．建築行政においても建築防災計画評定制度が制定され，ホテル・旅館では31m以上，または5階以上と地階の面積合計が2000m²以上の建築物においては計画段階で総合的に安全性が評価されることになる．こうした昭和50年代の法的規制は建築防火における性能設計への実務的な取り組みの端緒となった．

一方，建築技術面でも，現実の現象を解明する火災性状予測方法や，それを基に新たな防火対策の開発が行われるかたちで防火技術が発達した．

昭和30年代の材料の防火性や盛期火災などの研究成果が耐火建築物の規定に反映された．また，1963（昭和38）年に建築学会で高層建築物技術指針がまとめられ，この高層建築物への技術的検討が1964（昭和39）年の避難規定に反映されている．1966（昭和41）年の川崎金井ビル火災などに始まった煙挙動の解析や煙制御実験が1969（昭和44）年，70（昭和45）年の建築基準法の大改正にかかわっている．また，煙中の視認性などの生理

的特性の研究により避難誘導灯の基準の改正が行われている．

昭和40年代後半の大火災（千日デパートビル火災，大洋デパート火災など）に対して，人命安全には総合的に防火対策を計画する必要があることが改めて明確になった．この問題から，避難予測手法や火・煙性状のシミュレーション手法が研究開発された．そして，建設省の総合防火設計法の開発が行われ，1980年代後半より，限定的ではあるが性能的な火災安全設計が行われるようになった．

このように，防火技術の発達は，防耐火技術→煙制御技術→避難を主とする総合的防災計画→性能的安全性評価技術，という過程をたどってきた．そのきっかけにホテル・旅館火災も連なっている．

3.6.4 ホテル・旅館の形態の変化と新たな防災問題

ホテル・旅館の防火は火災事例に対応して規制が強化されてきた．しかし，当用途固有の特性として火災危険性は大きく，建築物の大規模化や複合化による新たな問題も内在するように思える．

ホテルにおける宿泊客の匿名性，室ごとの独立した空間，各種用途の複合，公共的空間と多くの個室による構成などにより，ホテルは「都市の縮図」とか「ミニ都市」といわれるように，複合体の特徴をもっている．これを可能にするのがホテル・旅館の防災計画と管理運営である．防火管理はその一環であって，その不備は安全性という複合体の系を維持できなくする．火災事例にも現れているように，ホテル・旅館は他の用途に比べて，特にこの性格が強い．

1990年代後半よりホテルは大規模なホテルと小規模のビジネス用途のホテルとに2局化している．

前者は，都市の大規模なホテルやリゾートホテルである．この建築物は，大規模に複合用途化し，単に宿泊施設にとどまらず，商業施設用途，集会場，レジャー施設，アスレチック，事務所などが一つの建築物の中に存在する．これらの管理が一元化されておらず，複雑な形態となっている例もある．形態的にもアトリウムを取り入れ，超高層化している．この特性にたいして，防災計画ではゾーニングがなされ，防火管理ではサブ防災センターの設置などによる管理方法が取り入れられている．

後者は，都市における最低限の付帯設備をもった，宿泊費の安価なビジネス用途のホテルである．このビジネスホテルにおいても，防火対策の合理化や維持管理費を安価にするために，きりつめた設計がなされている．管理業務の合理化の一環で行われる情報化も新たな管理形態を生んできている．しかし，合理化はどこかに破綻をきたす可能性も併せてもっていることも事実であろう．こうした中にも，防災におけるコストとリスクのバランスが現実問題になりつつある．

高齢社会に入り，新たな課題として災害弱者にたいする施設計画があげられる．情報化技術とともに，この問題は建築防火に変革を呼ぶ一つの側面になるものと考えられる．

いくつかのホテル・旅館火災後の現実のように，管理責任が問われ，企業として存続を失う結果となる．防火性能を向上させるのも，最低限にしておくのもホテル・旅館の安全に対する取り組み次第である．建築物の安全性が高ければ高いほど良い訳ではなく，そのレベルの選択や防火管理の仕方を企業リスクの観点から目標を定める必要がでてくるであろう．

建築生産の側，ホテル・旅館の管理側も今までの火災の特徴を省みつつ，状況の変化に応じた防災計画を実現させていく必要がある．

◎参考文献

1) 消防白書（昭和41年版～平成10年版）．
2) 東京消防行政研究会 編：火災の実態から見た危険性の分析と評価—特異火災事例112例—，全国加除法令出版 (1981)．
3) 日本火災学会 編：火災便覧第3版，共立出版(1997)．
4) 塚本孝一：ホテルニュージャパンの火災について，火災 Vol.32, No.3(138), 日本火災学会(1982)．

3.7 劇場建築の防災理念

2000年12月号

本杉 省三
日本大学理工学部

3.7.1 劇場表現の自由と防災

劇場では甘い恋愛から裏切り，暴力，殺人まで何でも起る．宮廷もあれば牢屋もある．田園から大都会の裏通りまでおよそ人のいるところが場所を問わず表現される．裁判官もいれば悪魔もいる．もちろん，何の特徴もない日常の一断面も舞台になりうる．およそこの世にあるものすべてがあるのが劇場である．観客の目の前で一瞬にして街から森へ場面が転換したり，パーティー会場が火の海となったり，人が消えたりする．歌舞伎「南総里見八犬伝」でのように急傾斜の屋根の上で役者が大立ち回りをしている場面でさらにそれが昇降したり，あるいは「ピーターパン」のように吊られたまま空中を飛び交い演技するということまで求められるのが劇場である．そうした自由な表現を封じ込めてしまったら，舞台の生命力は霞んだものになってしまう．

すべてはつくり物であるが，しかしそうと知っていながらも私たちは舞台に反応して怒り，涙を流し，心を震わせる．そんな感動を与えてくれるのが劇場の素晴らしさである．そのために，火を使い，煙を焚き，風を起し，雨を降らせたりする．

舞台内には，迫り，舞台ワゴン，廻り盆，照明ブリッジ，バトン，各種照明器具，音響機材等，他の施設ではみられない特殊な設備・機器が至る所に配置されている．客席内にも沢山の照明器具等がある．それらの中には固定されているものもあるが，多くはさまざまな演出に対応するため，その度ごとに高さや位置を変えたり移動させられたりする．ある一面だけを見てみると危険極まりない場所だ．しかし，モーツァルト，ヴェルディ，ワーグナーらのおかげで私たちがどれほど人生の豊かさを享受してきたか．それが劇場であり，そんな環境の中でも事故が生きないように安全な建築・設備を計画していくのが私たちの務めである．

しかし，近年でもバルセロナのリセウ・オペラ劇場やヴェネツィアのテアトロ・フェニーチェあるいはフランクフルト市立オペラ劇場でのように，取り返しのつかない大きな災害がある．それらは建築や設備そのものの不備によるものではなく，改修工事中における引火であったり，劇場に忍び込んだ者の火の不始末だったりと単純な原因によるものであるが，大きな被害をもたらしたこ

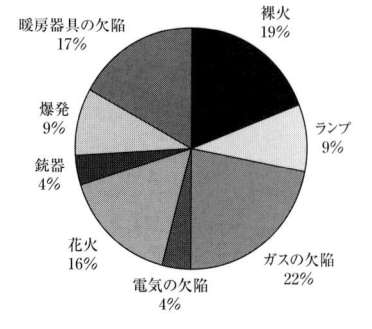

19Cヨーロッパの劇場火災

図-3.7.1 劇場内火災の原因
- 裸火 19%
- ランプ 9%
- ガスの欠陥 22%
- 電気の欠陥 4%
- 花火 16%
- 銃器 4%
- 爆発 9%
- 暖房器具の欠陥 17%

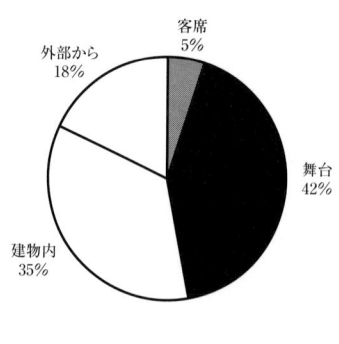

図-3.7.2 劇場火災の発生場所
- 客席 5%
- 舞台 42%
- 建物内 35%
- 外部から 18%

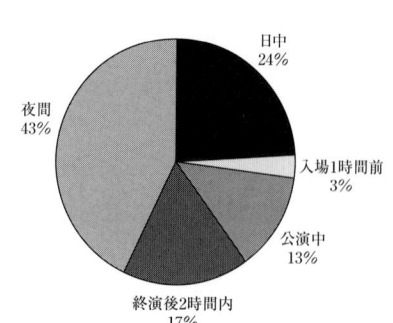

図-3.7.3 劇場火災発生の時間帯
- 日中 24%
- 入場1時間前 3%
- 公演中 13%
- 終演後2時間内 17%
- 夜間 43%

とに違いはない．このような火災や人身事故の心配がなくなった訳ではなく，新しい技術とともに新しい災害についても考えていく必要がある．劇場のもっている魅力を摘むのでなく，その魅力を高めながら，しかも誰にとっても安全な劇場空間・技術を検証していくことが望まれている．

3.7.2 西欧における劇場火災と防災概念の芽生え
(1) 劇場火災の原因

西欧では19世紀に急増した沢山の劇場火災に関する事例研究から，その予防策が考え出された．今日私たちが劇場設計に適用している防災についての理念は，その経験を土台として20世紀初頭のヨーロッパにおいて形づくられていた．その後100年をかけ細かな修正がしだいに加わり，防災に対する理念が確立され，より安全な劇場がつくられるようになってきた．それは電気という新技術によって革命的ともいえる進歩を遂げるが，同時に劇場デザインも大きな影響をもたらし今日に至っている．こうした基礎をなした大著が，エドウィン O.ザックス(Edwin O. Sachs)の「現代のオペラハウスと劇場（Modern Opera Houses and Theatres)」(1896年)である．彼は，この本の中で19世紀の劇場火災を細かに報告している．それによれば，火災原因が判明している169件のうち，もっとも多いのが「ガスの欠陥」で44件，次いで「裸火」，「暖房器具の欠陥」，「花火」がいずれも30件以上でそれぞれ20％前後の高い割合を示している．

(2) ガス灯設備の困難さ

当時の舞台照明では，ガスをパイプに通してそこに点火口をいくつも設けて火を灯すという方法が採られていた．今日のボーダーライトに相当するものは「ガスバトン」と呼ばれて広く用いられていたし，袖パネル裏等垂直方向に照明を配置するときにも同じような方法が行われていた．こうした方法は，それ以前のろうそく照明がそうであったように，裸火が舞台装置や衣裳に燃え移りやすい．そこで当然のこととして，幕や大道具等に火が直接触れると危険を避けるため，ガス灯火を保護するガラス筒や金属製フレーム，籠状の覆いで囲うという対策が施されていた．ガス灯は明るさの面で以前のろうそく照明とは比べものになら

図-3.7.4　1887年5月25日パリ，オペラコミック座の火災　19世紀後半に建築法や火災予防条例が導入されるまで劇場やオペラハウスの寿命は，平均して18年だった

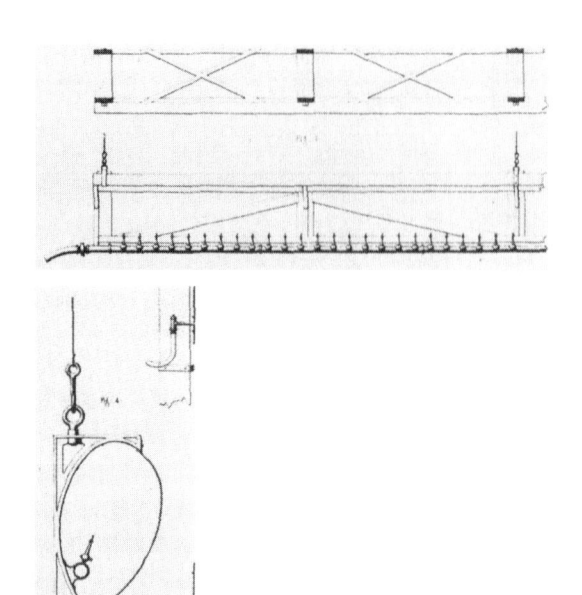

図-3.7.5　金属フレームのガスバトン

図-3.7.6　ガス灯による舞台照明の舞台裏（18世紀）

ない明るさをもっていたが，一方で取扱いがきわめて難しいという弱点があった．つまり，必要な場所へ配管することはできても，そこにガスを通し，安全に使用・維持することはきわめて困難だった．

ちなみに，パリ・オペラ座（設計：C.ガルニエ，1875年）は19世紀最大の劇場の1つであるが，舞台照明用に延べ約45kmのガスパイプが配管され，960のガス灯口を制御するために少なくとも88のガスコックが設備されていたという．しかし，気体であるガスの扱いが難しい上に，舞台装置や演出的な要求に応じてそれらをコントロールすることは容易でない．灯火によって照度を得ようという方法は，出演者が絶えず演技したり舞台袖に出入りしたりするといった動きを伴う舞台上にあっては危険きわまりない．また，大道具・小道具等の舞台転換やそれに伴って技術者が大急ぎで作業を行わなければならないことを考えれば，どんなに大きな注意が払ってもなお無理があった．

(3)　劇場火災の出火場所

このため出火場所では「舞台」がもっとも多く，次いで「建物内の他の場所」が指摘されている．C.J.エクゼマー(Hexamer)が1892年Building News誌に発表した「劇場の構造と内装」では，舞台や客席とともに楽屋や倉庫も耐火性能をもった構造とすべきであると述べていることからも，それらの室が安心できる場所でないことがわかる．実は，火災発生時間でみると，観客がいる時間よりも観客がいない時間帯の方がずっと多い点に問題が隠されていたのである．つまり，実際にガスバトン等を使用している時間帯よりも，使用後の方が危険性が高いことが検証されていたのである．楽屋では，継続使用される暖房や化粧前用の灯火が他に移る危険を孕んでいたし，倉庫では，公演中高温に熱せられた大道具・小道具が運び込まれ，それらが時間の経過とともにくすぶり出す要因となっていたと想像できる．電気が劇場において一般化される以前のさまざまな照明や暖房設備が，いかにメンテナンスが難しく安全性に問題があった

かが理解できる．

(4) 劇場防災への提案

このためエクゼマー(Hexamer)は前出の論文で電気照明を用いること，舞台と客席を仕切れる防火戸を設備すること，しかも火災時に自動的に働くスプリンクラーの設置や電気警報システムなどを提案していた．そして，スプリンクラー用に少なくとも10フィートの高さに5000ガロンの水を貯めておく必要を説いていた．建築的な問題としては，客席・舞台・楽屋・倉庫等をそれぞれ建物として分ける重要性をあげている．とくに，使用しない舞台装置・大道具等を保管しておく倉庫については，特別な耐火倉庫とすることや各建物用途区域ごとに外部に直通する非常口を設けることを求めていた．観客席では，座席をあまり長く連結せず，しっかりと床に固定することがこの時期に推奨・導入されている．また，席を立つと座面が跳ね上がる椅子とすることがロンドン市の劇場・ミュージックホール委員会で1890年に承認されている．このように今日では一般的になったさまざまな方策が，劇場火災が急増したこの時期に積極的に考え出されていたのである．

(5) 安全劇場の提案

また，J.G.バックル(Buckle)による「安全劇場」の提案は，市民に開かれた施設として，近付きやすく安心できる場所であるべき劇場が，彼の安全理論を表現すると逆に周囲に対して閉じざるを得ないという劇場の自己矛盾を露呈していて何とも切ない雰囲気を感じさせる．広場中央に石造の塀で囲まれ半ば沈んでいる劇場の姿は，どうみてもこの場所の邪魔者といった感じで，違和感があり魅力に欠ける．しかし，彼が提案したかったことは，1階席後部レベルと2階バルコニー席レベルの中間にグランドレベルからの主入口を計画すべきだというものであった．非常時の避難を考えると，通りに面した入口に向かって階段を駆け上がる方が，降りるよりも安全だという理屈からだった．実際，彼の考え方に同意して作られた劇場を，今でもロンドンのウエストエンドに数多くみることができる．入口は劇場の正面なのだが，公演終了後他の観客について歩いていると，知らぬ間に入ってきた口とは別の通りに思ったよりも早く突然出るという経験をするはずだ．

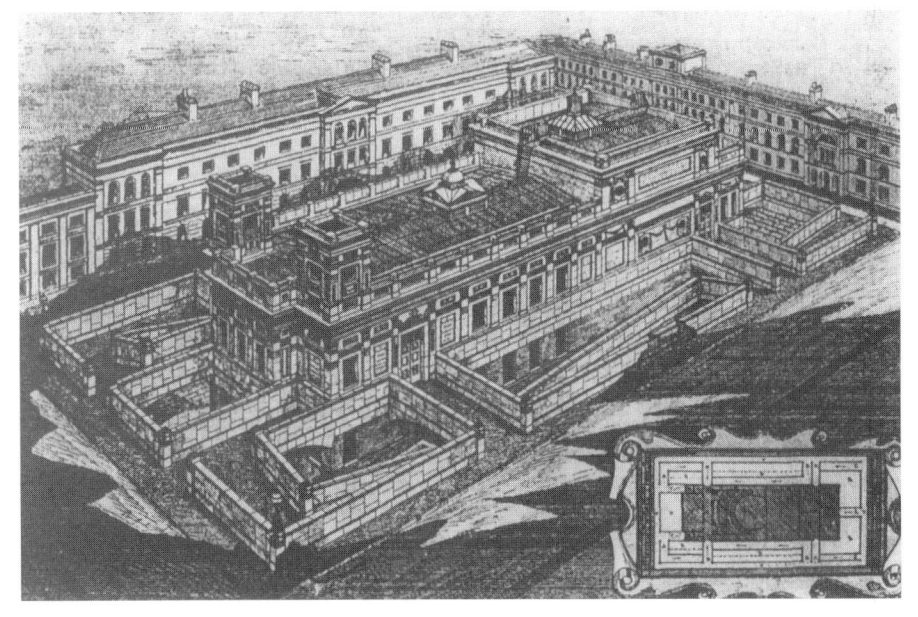

図-3.7.7　安全劇場のイメージ（J.G.Buckleによる）

3.7.3 ウィーンにおける防災上の劇場規制

火災が頻発したこうした社会的・技術的背景のもとに，20世紀初頭西欧各国の監督行政官庁は，劇場建築および劇場管理者に対してはっきりとした要求を求めるようになる．その一例を音楽の都，ウィーンを参考事例として取り上げ，劇場規制の内容を整理しながら，その代表的な規則を振り返ってみよう．

a．建築構造と配置

- 新しい劇場は周囲から15m以上の距離をもって完全に独立し建っていなければならない．
- 舞台・客席とも，その基本的構造部材は耐火性能を有し，すべての天井は不燃性であること．
- 舞台上部の高さは，ドロップ（大きな布に背景画を描き舞台装置としたもの）を巻き取らずにそのまま上げられる十分な高さを有すること．

b．区画と避難路の確保

- 舞台は60cm以上の厚さの壁によって客席と区画され，その壁は屋根よりも45cm以上高くなければならない．また，楽屋などの諸室は，屋根に達する壁によって区画されなければならない．
- 客席に接する廊下幅は2.5m以下であってはならず，外部に直接通じる階段に通じていること．また，各階の客席は少なくとも2つの階段をもち，それぞれの階段が連絡されていないこと．
- 4分で客席が空になるべく，できる限り多くの出口を設けること．すべての扉は，ボックス席を除いて外開きとし，少なくとも幅1.5m，高さ2.1m以上あること．
- 平土間席の椅子はヒンジ式（跳ね上がり）で，少なくとも幅55cm，奥行き70cmを有し，その前に40cmのスペースを空けること．番号の付いた座席の最低寸法は，幅50cm，奥行き65cm．座席間の通路幅は1.25mであること．片方からのみアプローチする通路の場合は1mであること．

c．舞台装置・舞台機構の材料と消防検査

- 舞台の機構や設備は，できるだけ耐火（不燃）性の材料であること．燃えやすい材料については，難燃性の溶液を染み込ませること．ドロップ，文字幕，袖幕，装置，その他（ただし，家具や持ち運び可能な家具は除いて）は，難燃性の溶液を染み込ませた材料によること．使用前に監督庁による試験を行い，その後も年に最低2回試験すること．テストで満足されないものは決して使用してはならない．
- 新作のすべての舞台装置や電飾（シャンデリアなどに代表される照明の飾り物が付いた小道具や大道具）は，ゲネプロ（ドイツ語ゲネラルプローベ Generalprobe の略語，本番とまったく同じ舞台装置・衣裳・照明等により行われるオーケストラ付きの最終リハーサル，英語ではドレスリハーサル）前かゲネプロ中に消防署代理人による検査を受けなければならない．

d．照明設備の安全管理

- どの劇場も距離をもってわかれた2つのガス配管をもつこと．1つは客席用で，シャンデリアやバルコニー照明用であり，もう1つは舞台とその補助領域用である．各配管は，道路のメイン管に約18.3m以上離れた位置でそれぞれ接続する．ガス配管に関するすべての規則は，もっとも厳重に監視されなければならない．
- 床からの高さが2.3mより少ないすべてのガス，油，電気照明は，通行する人の妨げにならないよう壁の窪みやニッチに設け，さらにワイヤーガードによって保護されなければならない．

e．換気と排煙

- 1時間当り30m³の換気量が，観客に供給されなければならない．舞台や楽屋に対しても適当な換気がなされること．換気ダクトは耐火（不燃）材料でつくられること．また，1日で2公演が行われる場合には，マチネー（昼間に行われる公演）とソワレ（夕方から夜にかけて行われる公演）の間に少なくとも2時間半のインタ

ーバルを取り，舞台・客席の両方の空気を完全に入れ替えること．
- 舞台上部屋根には，火災時を考慮し舞台の1/14の大きさの1つまたは2つの排煙装置を設けること．

f．火災警報・通信設備
- 舞台上および支配人室，ポーター室には，消防隊と通信できる設備を設けること．
- 電信火災警報を毎日正午に試験すること．

g．劇場内の整理整頓
- 作業室のあらゆる種類のゴミくずは注意深く掃除し，公演開始前に建物外のもち出すこと，建物内すべてをきれいに保つことが特別の義務である．
- 舞台はできるだけ整理整頓を保つこと，一度に3演目以上の舞台装置（大道具）や小道具を置いてはならない．

h．消防訓練
- 消防士ならびに消防ホースを扱う係員は，全員必ず講習を受け登録し，特別な制服を着ること．
- 各劇場に対する消防士の数は消防署が定める．

このように劇場防災の観点から，建築・設備・大道具・通信・消防係員等に至るまできめ細かに規定されている．当時，すでに舞台と客席を区画する防火戸や火災警報，排煙装置などの有効性がすでに広く理解され義務付けられてたことがわかる．それとともに，防災が人の管理によってこそ達成されるという認識をしっかりもっていることが伝わってくる．また，非常時に防火戸を操作する係員やオーケストラ，プロンプター，ランプ照明係等避難しづらい場所で働く人たちに対する配慮も記述されており，非常にしっかりと整理され，防災の理念が細部まで行き届いている点には感心する．いずれも今日の劇場防災に繋がる体系が形作られていたことに今更ながら驚かされる．こうした防災上の考え方が徹底されていたからこそ，ヨーロッパの多くの劇場が今もなお現代に生き続けているのである．残念ながら，同時期の東京における規則や防災意識は比較するレベルにない内容である．

3.7.4 演劇改良と防災意識
（1）演劇改良意識と新富座

日本の実状は，西欧に比べると混乱していたと認めざるを得ない．1886年の演劇改良会の設立趣意書では，歌舞伎脚本の定本化，西洋演劇理念を取り入れることと並んで劇場構造を安全で完全なものにすることが謳われ，煉瓦石造3階建て・椅子式劇場を目指していた．そのとき出版された小冊子には，パリのオペラ座とテアトル・フランセーズの図が紹介され，手本としたものが何であるのかが明らかである．しかし，わが国の現実はあまりにもかけ離れたものだった．維新政府の岩倉使節団（1871～73年）がヨーロッパやアメリカで見聞したオペラは「諸種の芝居中にて最上等なるもの」と表現され，その劇場の華やかさは西欧文化を代表する芸術・社会であると強く印象付けられたのだった．同行した明治政府の要人，木戸孝，大久保利通，伊藤博文らも芸能政策の必要性を痛感した．そこで注目されたのが歌舞伎である．大衆から愛され江戸の華として育てられてきた歌舞伎は，為政者からは常に疎外されきた．そうした芸能を時代が変わったからといって簡単に思う方向に変化させられるものではなかったが，他に手がなかったのである．演劇改良とはすなわち歌舞伎の近代化であり，そこに活路を求めたのだった．

守田勘弥は，そんな背景の中で各種革新を実行していた一人である．椅子を劇場客席に初めて導入し（1872年守田座，後に新富座に改称），外国人客用に英文筋書きを発行したり夜芝居を行ったり，劇場に初めてガス灯を導入する等，興行内容でも施設面でも意欲的な人物と知られている．1878年に再建された新富座では，劇場両側に植え込み庭を配して平土間・高土間の観客と桟敷客との経路を初めて分けている．そのことは避難とい

図-3.7.8　新富座の外観と内部（1884（明治17）年）

う概念を建築化したもので，後に正面だけでなく3方を通りに面させる防災計画に発展する．また，表通りに面した入り口部分および楽屋部分を瓦屋根とし，土間上部屋根は新材料で軽量・不燃のトタン葺きを用い外部は漆喰壁となまこ壁とするなど，防火に対する意識を具体的に読みとることができる．舞台と客席を隔てるような額縁を採用したのもこの劇場が最初である．しかし，それでもたった4年で焼失してしまっている．

(2) 歌舞伎座の欧化政策と折衷様式

こうした近代化と防災意識の傾向は，1889年に演劇改良の志をもって出発した歌舞伎座で加速された．旧来の習慣から脱し理想興行を目指した歌舞伎座は，洋風煉瓦造漆喰塗の3階建て，棟高さが60尺もある大きな外観と客席上部に輝くエレクトリア灯シャンデリアを有し，まさに欧化政策を具現するものであった．これに対し客席空間は2 066席がすべて檜造りの枡席で構成されていた．それは，和魂洋才の精神を劇場化したとみることもできるが，それよりもむしろ西洋化の移入によって引き裂かれた日本人・日本文化の迷いがそのまま現れているとみることの方が素直かも知れない．ヨーロッパ文化との大きな差異を目の当りにした明治政府の衝撃が，外観洋風・内装和風という折衷形式を生みだし，市村座や明治座等にも受け継がれて行く．

日本文化の新生を目指した歌舞伎座においては，舞台の平面的大きさこそ新富座などと同様であったが，舞台間口12間，舞台床から水引までの高さが17尺と新富座よりも大きくなり，ヨーロッパのプロセニアムにも似た額縁形式が一層はっきりとしたものとなった．しかし，それも内外ともにヨーロッパの様式に則った帝国劇場が出現すると，中途半端さが目立つものとなった．このため，帝国劇場に対抗するかのように，1912年外観を日本的な造りにする大規模な増改築を行った．この時，従来の綿製引幕を絹製に変更し華やかさを醸し出す一方，従来は小芝居あるいは緞帳芝居（小芝居では引幕使用が許されなかった）として下にみられていた緞帳幕も用いるようになった．わざわざ格式ある劇場で格下の緞帳が使われ始めたのは，1900年に定められた演劇取締規則において，大小劇場の階級的差別が撤廃され劇場間の競争が激化したことと額縁形式を有する舞台という両面が作用したことを示すものである．

ところが帝国劇場を見習った改良策もあまり成果が上がらず，1921年電気室での漏電により歌舞伎座は全焼してしまう．再建工事期間中には関東大震災に見舞われるが，1925年には新しい歌舞伎座に生れ変って開場する．その姿は日本風の趣を鉄筋コンクリート造によって形づくったもので，耐震・耐火性能の向上や東西桟敷以外はすべて固

図-3.7.9 歌舞伎座の劇場（1892（明治25）年の興行）舞台と観客の領域が2分され，観客に包まれるような演技空間は失われた

定椅子席として安全を図ったことなど，歌舞伎劇場の新しい形を見せた．空調設備の採用，食堂・休憩室の配置，大きな舞台と欧米から取り寄せた舞台照明技術などまさに大劇場に相応しいものであった．しかしながら，どれも帝国劇場において先に実現されてきたもので，二番煎じは免れられなかった．しかも，歌舞伎を改革し「演劇改良」を目指していたはずが，和風に回帰することはそれを放棄することを意味していた．

（3） 近代化によって失われた劇場空間の親密性と多焦点性

伝統的な歌舞伎の近代化を目指した新富座と歌舞伎座は，一方でこうした新機軸の経営戦略や防災意識を具体化させた芝居小屋であったが，他方では日本の劇場構造を大きく転換させるキッカケとなったことも見逃せない．興行上の理由から客席数を大幅に増加することを目的として，舞台を横方向に，つまり客席幅を広げることでできるだけ多くの観客が舞台をみられるように計画したのである．新富座では，立見294席を含む1965席という従来にない大人数を収容するために，確かに舞台間口を横に広がるしかなかったのかも知れない．鉄鋼構造によるキャンティレバーの技術もまだなく，かといって舞台から客席が遠くなることは，当時のあまり明るいとはいえない舞台を考えると観客の満足を得られる方法ではなかったのだろう．また，舞台と客席を壁で分かち安全を確保しようとすることも，観客をできるだけ沢山入れたいという話とは逆方向に働いていた．

これによって伝統的な芝居小屋が有していた舞台・客席の一体感，多焦点性を特徴とした空間構造に多大な影響をもたらすことになった．土間席に突き出て花道へと演技を展開させる凸型の舞台が横一直線に広がった横長舞台になり，幅の広い分だけ緊密さに欠け劇場空間としての豊かさが大きく変換した．それは，西欧の劇場が，舞台と客席を積極的に区画したのと同じ結果をもたらした．すなわち，舞台と舞台正面のロージェ（ボックス席），ならびにオーケストラピット両脇のロージェという4者の関係の上に成り立つ劇場空間の構図を一方通行的なサイトラインという単純な関係に変えてしまう要因となった．

3.7.5 純粋な西欧型劇場の登場による新概念の導入

(1) 西欧劇場火災の紹介

建築界においても防災上の立場から劇場の改良を試みる提案がなされていた．西欧の劇場火災に関する情報が1886（明治19）年に創設された日本建築学会誌「建築雑誌」に紹介されたり，辰野金吾が1886年「劇場建築論」の中で防火法として舞台防火戸の設置を推奨するなど西欧の劇場火災から学ぼうとする姿勢がみられたことは確かである．ジョン R. フリーマン(Freeman)によって1905年に著された「劇場における人命予防手段について（On the safegauarding of life in theaters）」も建築雑誌にいち早く紹介されていた．そこではアメリカの劇場火事例を基礎として，劇場における予防手段の難しさと予防に掛けるコストの問題を認めた上で，自動式の大きな排煙口や散水設備を設置すること，客席扉の間口を大きくすることなどが提案されていた．

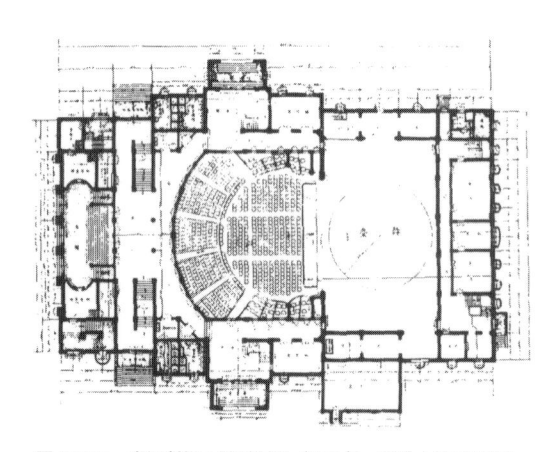

図-3.7.11 帝国劇場1階平面図（1911年，設計：横河民輔）

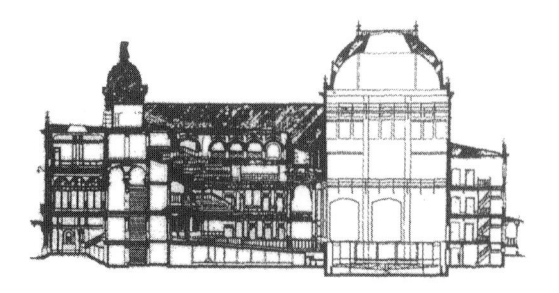

図-3.7.12 帝国劇場断面図（1911年，設計：横河民輔）

火災に強い都市を建設していこうという意識と劇場防災を求める思考は同一の基盤から来ており，それを近代的な西欧技術から学ぼうという姿勢がこれらの記事から伺い知ることができる．しかし，ヨーロッパの劇場が石造であり宮廷文化のシンボルとして成立してきたのに対して，日本の芝居小屋が木造でしかも社会の半端者として追いやられてきた歴史的経緯がまったくずれていること，また都市における劇場の位置付けや都市基盤設備が大きく異なっていることなど社会的背景の差からか，紹介される記事の内容が余りにわが国の実状とかけ離れていると判断されたのだろう．どの程度こうした防災に対する理念や前述した西欧の劇場規則を理解していたのか，どのようにそれらを活用しようとしたのかは定かでない．建築雑誌に記載されている内容とザックスの記述とでは，時に火災原因や被害規模に食い違いが散見される．

(2) 帝国劇場にみる劇場防災計画の導入

こうした社会状況にあって，ようやくわが国において防災理念に基づいた劇場が現実の姿として示されたのが1911年の帝国劇場（設計：横河民輔）である．そして，帝国劇場での経験が1921年の「興行場及興行取締規則」の手本になったものと思われる．帝国劇場は会社設立から4年後の1911年にオープンし，瞬く間に人々の話題の中心に躍り出ることになった．「今日は帝劇，明日は三越」という有名なコピーが当時の世相と人々の興奮の度合いをよく表している．劇場が下町の旦那衆の道楽から山の手の奥様連中を含む新たな近代市民層を対象とした娯楽の場へと変貌を遂げ，昭和に入ると1930年東京劇場，1933年日本劇場，1934年東京宝塚劇場というレビュー劇場の出現によって大衆化に拍車がかかった．

このように，今日ではきわめて一般的な鉄筋コンクリート構造がようやく大型劇場において採用される段階に来ていたが，日本全国にそうした建築技術面が広まるには至っていなかった．というのも，帝国劇場が開場したほぼ同じ時期に，地方

図-3.7.10 近代化される以前の芝居小屋 舞台は客席の中に突出るように設けられその延長に花道があった．観客に取り囲まれた空間で演技が行われていた．

都市においては，康楽館（1910年，秋田県小坂町），八千代座（1910年，熊本県山鹿市），内子座（1915年，愛媛県内子町）など数多くの木造の芝居小屋が盛んに全国に建てられていたのである．

外観内装ともルネサンス風の様式で統一された帝国劇場は，西欧型のプロセニアムをもち，歌舞伎との妥協を廃した純粋なオペラ劇場形式に則っていた．鉄骨鉄筋コンクリート構造による耐火建築，有楽座での試みをさらに押し進め，客席内での飲食・喫煙の完全禁止，1700席全席椅子・5等級に分け番号化した切符制等の新機軸が導入された．有楽座の場合，椅子席とはいっても6人掛けの長椅子で，初めて1人1脚の固定式となったのは帝国劇場においてであった．新富座に導入された当初椅子席は，外国人用や貴賓席として設けられたもので防災的な意図は二の次だったが，帝国劇場では広く一般席として扱われた点で革新的であった．規定以上の人数が客席内に入れないようにしたことで防災上の効果をもたらす結果になった．

(3) 新基準の誕生「興行場及興行取締規則」

帝国劇場における椅子1人分の幅は485mm，前後間隔と客席通路幅は共に788mmで，これは1921年「興行場及興行取締規則」に規定された最低寸法（幅は1尺3寸/394mm，前後間隔2尺5寸/758mm）を上回るものであった．そして，それ以降標準的な寸法となった．椅子を床に固定するという方法や何席かごとに縦通路を設けるという考え方も帝国劇場で実践され「興行場及興行取締規則」において初めて規定されたものであった．各通路の突き当りには扉を設け，側部客席からは正面に回らずそのまま階段で外に出られるようにしたことも避難計画に基づくものといえる．建築・公演其他の劇場とは大きく異なった内容により，広く注目された帝国劇場の影響は，歌舞伎座などとは比較にならない影響力をもっていた．

このように帝国劇場が進んで実践した全面道路や空地との関係，主要構造の耐火性，避難通路・階段，椅子席の固定と横列席数，舞台・客席の鉄筋コンクリートによる区画と防火幕設置，舞台上部の排煙設備等が，その後の「興行場及興行取締規則」にすべて網羅されており，防災概念の新基準導入に繋がったことを振り返ってみるとき帝国劇場の意義は大きな意味をもっていたといえる．しかも，その後長年に渡って「興行場及興行取締規則」が日本の劇場計画に与えてきた影響力は絶

大なものがある．関連する建築物を規制する法令としては，これより先に「市街地建築物法」（1919（大正8）年）がある．そこでは劇場を特殊建築物として扱ってはいるものの，「興行場及興行取締規則」で記述されているような劇場の構造や防災に関する規定でとくに目立ったものはなかった．

ただ「興行場及興行取締規則」においても，1000人未満の場合には準耐火（金属下地のセメント・モルタル塗り）を認めたり，1500人以下の劇場に対しては，プロセニアム防火戸を免除しており，また舞台・客席区画の鉄筋コンクリート厚が4寸以上でよいといったように，防災を意識しながらも比較的緩やかな規定となっていた．こうした規則水準は，一気に西欧のレベルを望めなかったわが国の都市・建築事情を考慮したものと考えられ，その対応に苦慮の痕跡が感じられる．

無論そうした限界は，何もこのときに始まったものでなく，以前の規則から引き継がれてきたものであった．1900（明治33）年の「演劇取締規則」では，枡席や通路に関する規定はあったが椅子席については斟酌とし，ケースバイケースで取り扱うことが規定されていた．急激な変化には対応できない社会状況が常に存在しており，在来の枠組みを維持しながら徐々に意識が浸透する時期を待たざるをえなかったのである．

3.7.6 新しいビルディングタイプの登場と防災化の実現
(1) 音楽堂の椅子席と防災意識

劇場以外に目を転じてみると，椅子席を採用した初期の事例としては，東京音楽学校の奏楽堂（1890年）がある．しかし，奏楽堂における椅子席採用の理由は防災上の理由よりも単純な西洋化の導入とみるべきだろう．木構造2階建て内外装すべて板張りの建築で，当時塗壁を外装に用いていた芝居小屋に比べても防災的であるとは認めがたい．コンサートホールでは火を扱うこともないし，芝居小屋のように舞台上を演出する明かりも基本的に必要としない．

すでに1886年からは東京電燈会社による一般の電灯営業が開始されていたことから，奏楽堂において電灯が用いられていたと想像することもできる．芝居小屋での電灯使用は1887年千歳座以降普及して行ったが，まだ十分安定的であったとはいえず，芝居見物での喫煙習慣がコンサートにおいては禁止であったかどうかは定かでない．それに自火による出火よりも類焼による被害が多かったことを考えると，国策によって西洋音楽教育を行う施設においてさえ，防火に対する特別な配慮がなされていなかったのは気になる．

(2) 映画館の登場とその影響力

劇場の空間構造に強い影響を及ぼしたビルディングタイプとして見逃せないのが映画館である．映画（活動写真）は，当初小劇場や演芸場がその上映会場であったが，1903年に日本初の映画常設館「電気館」が浅草に登場すると，たちまち人々を惹き付け，毎日昼3回夜2回を上映し大衆娯楽として定着する．そして1905年以降三友館，富士館，オペラ館等が次々に開設される．とりわけ関東大震災（1923年）後は，新富座や本郷館そして帝国劇場など，かつての代表的な劇場までもが映画館として生き延びるしかないほど大きな娯楽の変化をもたらすこととなった．

実は椅子席の導入も映画館は劇場に先んじていた．わが国において椅子席に関する規定が明記されたのは，「活動写真興行取締規則」（1917年）においてで，映画館を始め劇場等各種の興行場を統括してまとめて定めた1921年の「興行場及興行取締規則」よりも4年も早かったのである．映画館においては，一日の内何回も上映が行われ，その度に観客が入れ替る必要から，土足で映画館に入りそのまま座席に着けることが必要だったのである．出入口が混雑せず，通路がスムーズに往来できることが収益面からも大切なことであった．このため，劇場よりも早く椅子席への移行が進んだと思われる．

しかも，映画の簡便さと娯楽性が急激に映画人

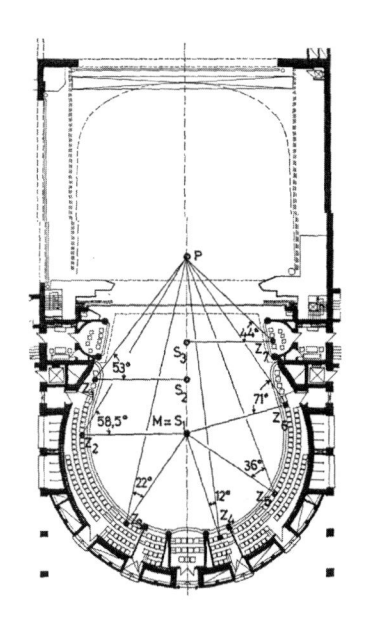

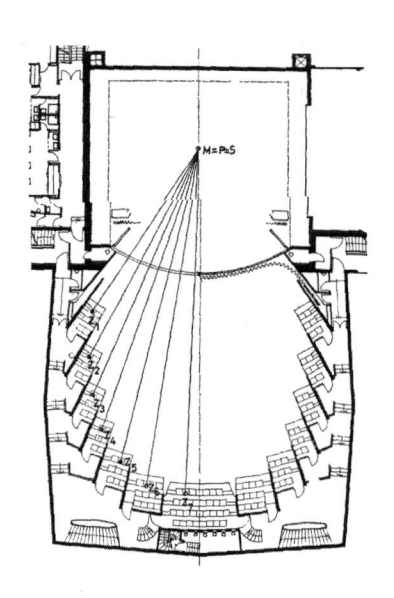

図-3.7.13 多焦点の客席—舞台関係から単焦点の空間構造への変化・劇場は体験する場から見る場へと変質した?

口を増やしたことで，建築面でも大きな影響を与えることとなった．スクリーンという大きな平面を一方向から望む映画は，奥行き・高さ・動きをもった舞台空間の立体性とは，観客との関係性において似て非なるものがある．劇場で舞台を楽しむというということは，単に舞台に集中するということでなく，他の観客とともに楽しむ，感動を共有するというということである．舞台と自分が結ばれるだけでなく，他の観客を含めたマルチフォーカスな空間性が求められる．これに対して映画では画面と観客が一対一の関係で結ばれる．このため当初から視線を方向付けやすい椅子席が積極的に採用されていた．そして，映画館における椅子の普及が劇場にも影響を与えることになったのである．すなわち，劇場においても立体的な舞台空間をスクリーンのような平面空間としてみる傾向をもたらし，舞台・客席に関する意識の変容をもたらす大きな要因となったのである．

(3) 公会堂の誕生と防災理念の広がり

もう一つ忘れてならないのが公会堂建築である．公会堂の第1号は，イルミネーションと冷蔵庫が評判となった1903年開催の第5回内国勧業博覧会を機に建設された大阪公会堂であるとされているが，同年の奈良公会堂であるという文献もある．続いて浜寺公会堂が堺市に建てられているが，いずれも奏楽堂同様木造2階建て真壁風下見張りの在来建築であったのに対して，株式仲買人・岩本栄之助の寄付によって1912年指名設計競技が行われた後1918年に完成された大阪市中央公会堂は，西洋様式による堂々たる鉄骨補強による煉瓦・石造建築で東京の帝国劇場に肩を並べる存在であった．要項では，奏楽用・演説用・大集会用に3000人が収容でき，その他に500人が会食できる大広間と100人が会食できる広間とそれらに対応する大休憩室や控室，バーを求めていた．

初期の公会堂が目指したものは，その名の通り多くの人々が一堂の会するための集会機能であった．しかし，それは人々が自由に集うといったためのものではなく，国威発揚策の一貫として，また国際社会に躍り出た帝国・帝都の社交と教養のセンターとして位置付けられていたといえる．東京では1901年頃からその必要性が都市マスタープランづくりの際に話題に上り，東京市公会堂の構想や東京會舘構想が示されたが，ようやく安田

善次郎の多大な寄付によって現実のものとなった．大阪から遅れること10年，1922年に指名設計競技によって日比谷公会堂を含む市政会館の設計案が選ばれ，7年後の1929年にオープンしている．

これら2つの公会堂建設の間に，活動写真興行取締規則（1917年），市街地建築物法（1919年），興行場及興行取締規則（1921年），仮設興行取締規則（1923年）等の法令が新たに誕生していた．とりわけ興行場及興行取締規則は，それまでの観物場取締規則（1891年），演劇取締規則（1900年），寄席取締規則（1901年），活動写真興行取締規則（1917年）を廃止した統括的な規則で，明治期から引きずってきた旧制度からの脱却が図られたものとみることができる．関東大震災にも見舞われて劇場建築は大きな曲がり角を迎えていた，そんな時代であった．

そうした変化の流れが日比谷公会堂にもはっきり現れている．設計競技案では客席の平らな平土間が，完成した公会堂では緩やかながらも勾配をもった平土間席に，側部客席に設けていた2層のバルコニーが舞台正面の2階から3階へと連続する段床構成へ，大広間的な高いホール天井から吊り物機構が設備されたプロセニアム形式の舞台へと大きな変更が加えられている．鉄筋コンクリートと鉄骨を組み合せた構造技術が大きなバルコニー席を可能としただけでなく，客席天井もプロセニアム開口と自然に連続するよう音響を意識した断面形状で，当時としては最先端の設計技術を示していた．ロビー・ホワイエ空間は，コンペ時の図面では3層構成で最上階にはドーム状の象徴的な空間を有していたのに，完成した公会堂では2層の空間がひたすら機能的に配置されているだけである．座席数2740席，延床面積1万6733m²という規模は類をみない大きさで，その開場時にはオーケストラ，講演，舞踊，演劇が催された．

中心となる催しも上演組織ももたず，施設を貸し出すこと，このため大規模で各種の催しに対応させるという新しいビルディングタイプが姿を現

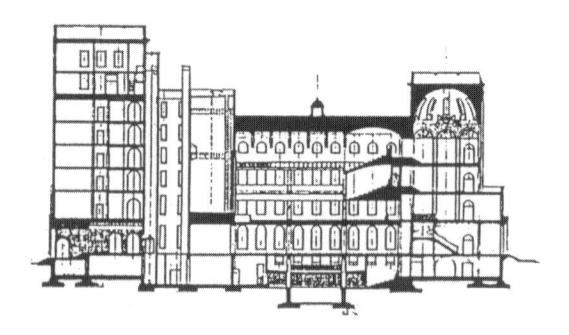

図-3.7.14 日比谷公会堂懸賞設計案の断面図（1922年，設計：佐藤功一）

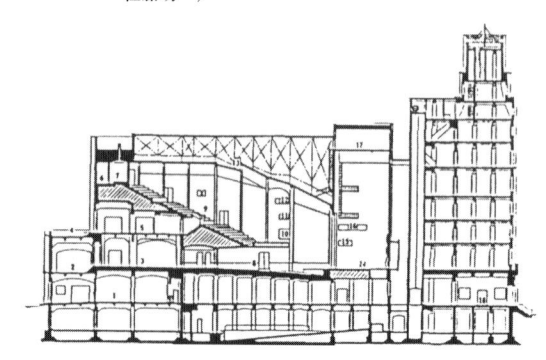

図-3.7.15 日比谷公会堂完成時の断面図（1922年，設計：佐藤功一）

した．財界人の寄附による公会堂建築であったが，公共の財と人によって運営管理することなど，これまで民間主導で進められてきた劇場活動の一部を公共側が引き受けることとなった．近代化に伴う西欧文化・技術の流入が，都市生活の新しい娯楽・幅広い楽しみを求める新たな市民層の要求と呼応しあい，何でも受け入れてしまう公共施設に目が向けられるようになる．民間によって支えられてきた劇場システムが弱体化する一方，資本家の強力なバックアップにより実現した公会堂が，こうして公共による貸しホール・多目的ホールの流れを作ることになった．そしてその施設づくりを通して，建築構造や客席配列など防災に関する思想が急速に普及していった．

3.7.7 近年の劇場防災の動向と課題
（1） 多目的ホールにおける劇場人の経験
公会堂が舞台芸術を広く市民に提供する役割を担うようになって，公会堂の劇場化が進んだ．そ

の後クラシックコンサートから映画・講演会まで を射程に入れた公立の多目的ホールが芝居小屋に 取って代るまで時間はかからなかった．プロセニ アムを有する椅子席のホール形式，吊り物と舞台 照明および音響反射板のための広くて高いフライ タワーで構成された鉄筋コンクリート造の文化会 館・市民会館・文化ホール建設ブームが1960年 代後半から70年代の高度成長期以降続いてきた． この間劇場防災についての細かな改善が行われて きたが，基本的な考え方においては20世紀前半 に形成された法令から大きく変化することはなか った．

しかし，第二国立劇場（新国立劇場）建設の動 きを契機として変化の兆しが見えられるようにな った．ここでも帝国劇場が劇場防災の契機をつく ったのと同じように，海外との交流によって新た な概念が紹介され，導入へと動いていったプロセ スを垣間みることができる．NHKホールにおけ るイタリアオペラ公演，日生劇場におけるベルリ ン・ドイツオペラ公演，1970年代後半から東京文 化会館などを中心に目立って増えてきた民間招聘 団体による海外の著名オペラ劇場の引越公演など がそれらの起点となった．オペラ公演を通してさ まざまな劇場人が交流を深め，海外のオペラ劇場 や演出技術を身近で見たり経験したことがわが国 の多目的ホールが抱える課題を浮び上がらせるこ ととなった．20世紀初頭の技術と今日の技術に は格段の差があるという認識の上に立って，広く 見直してみようという気運が盛り上がってきたの もこうした経験があってこそである．

つまり，わが国初のオペラ劇場を計画しようと いう段になって，劇場や公共ホールにおける問題 点も同時に浮上してきた．劇場計画の基本に立ち 返り，必要な空間・機能を見直し，舞台芸術にと って劇場は仮の住まいでなく，創造の拠点であり 人々の交流・接点の場であることを再認識するこ ととなった．そして，結果的に防災に関する考え 方を見直す方向にも働いたのである．20世紀前 半に基礎を築いた法令をそのまま適応するのでな く，現代の建築技術と舞台技術を認めながら，私 たちが劇場に求めているもの，そうした要求に応 えるために必要なものを再検討する段階に来てい たのである．

(2) コンティネンタルスタイル座席配列の登場

劇場関係の大きな出来事としてあげられるの は，客席内の計画を非常時の避難計画に沿って考 えるという発想に立ったことである．それは1991 年末の建設省による「興行場等に係る技術指針」 によって示され，条例を見直すきっかけとなった． 従来の基準が椅子席の前後間隔を一義的に規定し ていたのに対して，実際に座席前後間通路となる べき前席椅子の背と人が立ち上がり座面が跳ね上 がった状態における椅子先端との間の有効寸法を 規定するといった考え方は，これまでにない合理 的発想だった．客席内の観客がどの方向，どの扉 から退出するのかをある程度ゾーンごとに予測 し，その想定避難人数によって扉寸法や廊下幅等 を算出するといった点も実際的で新しいものだっ た．

それ以前から劇場界や劇場建築の分野では，客 席内に縦通路・横通路を計画する従来型のアメリ カンスタイルに対して，横に座席を連続しその両 端に出入口を設けるヨーロッパ型のコンチネンタ ルスタイルも認められるべきだという声が少なく なかった．決められた扉から入り席に近付く方式 は，入場した扉から退場することになり，座席位

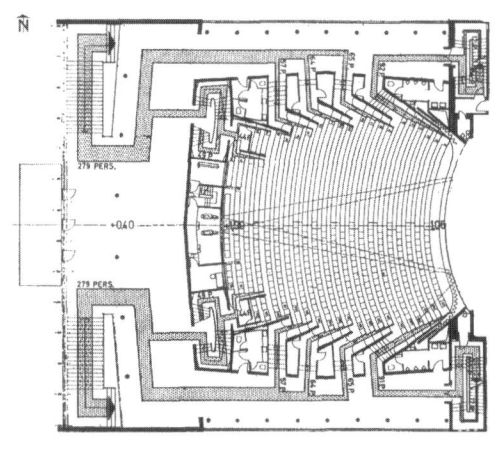

図-3.7.16 コンチネンタル座席配列の避難計画概念

置に関係ない扉から自由に出入りできる方法に比べて避難上明快だという根拠である．通路が少なくなることで舞台・客席の一体感が形成しやすいといった点も評価されヨーロッパで普及してきた．しかも客席左右を奇数側・偶数側に分け（つまり1-3-5あるいは2-4-6といったように並び，数の多い番号が中央に位置する）切符の座席番号だけで席の見当が付くといった工夫がされている．この思想は客席内からできるだけ迅速に避難するのに必要な条件を合理的に整理するところから導き出された．それ故か座席の前後間隔は意外なほど広くない．ドイツでは90cmがもっとも標準的でハンブルク州立オペラ劇場，フランクフルト市立劇場演劇劇場など数多くの劇場にみられ，中にはベルリン・ドイツオペラ劇場のように85cmという劇場もある．日本で比較的多い95cmという寸法はダルムシュタット州立劇場などにあるが少数派である．

こうした背景から，実際の劇場を使って座席横列間・客席内通路・出入口扉の流動速度実験を行い，それをもとにアメリカンスタイルとコンチネンタルスタイルそれぞれによる避難時間を算出し，検証を行った研究がある（守屋秀夫他，1982年日本建築学会大会梗概集）．それによって従来型の座席配列が必ずしも安全避難を保証するものでなく，例え座席が横に連続した場合でも両側に出入口が並んでいれば，遙かに避難がスムースに行われることが検証された．そして，ようやく避難計画に基づく理解を得て，最大20席までの連続した座席配置が認められるようになったのである．

(3) 避難誘導灯の消灯可と足元灯

もう1つ劇場関係者を喜ばせたのが，避難誘導灯に関する規制緩和である．避難誘導灯を一時的に消灯できることは，演出効果を高めるという意味で観客を含めたいへん幅広い支持を得ている．しかし，これに伴って注意しなければならないのが，足元灯である．足元灯の配置は，従来客席内の出入口扉上部に設けられている避難誘導灯が常に点灯しているという考えのもとで計画されてきた．しかし，消灯が認められるという新しい理解が導入された今日では，客席通路に設置される足元灯の配置を見直す必要がある．欧米のように，開演してしまったら次の休憩時まで入場できないというルールが一般的になっていれば問題はないが，まだそうした習慣が広く受け入れられていないわが国の状況では，避難誘導灯が消灯されている中で遅れてきた観客が自分の席までたどり着くこと，あるいは逆に上演中に観客が退場することを念頭に入れて足元灯の配置を考えるべきである．これまで以上に足元灯の数を増やすとか照度を上げるといった方法でなく，あくまでも演出効果を削がないよう配置計画によって観客の不安感を取り除くことが望ましい．例えば，客席扉付近や縦通路の段の始めと終りには必ず設け，その間は適宜配置するといった方法が考えられる．

3.7.8　人と建築が協同する防災へ

(1)　劇場における安全技術者の必要性

劇場でもっとも大切なことの一つが，人と人，人と機械とのインタフェースである．建築にかかわる災害は確実に減少したが，出演者やスタッフ，技術者が何らかの事故に巻き込まれる危険は常に存在していると考えなければならない．無論このため，出演者はリハーサルを繰り返し，技術者は何度も安全を確認しながら緊張感を持って行うので比較的事故は少ないが，それでも事故がなくなることはない．近年でも，照明ブリッジ上で仕込み作業中の外部スタッフが落下した事故，カウンターウエイトと吊り物とのアンバランスから吊り上げられた舞台係員が空中から落下した事故，リハーサル中に通訳者が迫りに転落した事故，保守点検中に迫りに挟まれた事故等が記憶に新しい．

20世紀が独自の空間構造として育てたスタジオ形式の劇場や可変式の劇場空間は，今後ますますニーズが高まると予想される．それは舞台と客席の明確な区分がないのが特徴である．空間内のどこでもが舞台になり客席になるよう計画され，

3.7 劇場建築の防災理念

表-3.7.1(1) 劇場防災略年表(19世紀中頃～20世紀中頃)

	年	
舞台の燈火(蝋燭・カンテラ)照明を厳禁,終演を暮七つ半までとする	1839	
	1869	市中寄場の芸風興業取締
東京府,劇場に興行免許の鑑札交付(江戸三座制の解消)ランプの取り扱い方を公布	1872	守田座,新富町移転新築開場(外国人用に椅子席を初導入,塗家造なまこ壁,表・楽屋に瓦屋根,土間上部屋根はトタン),1875年新富座に改称 銀座・京橋・築地一帯が大火で焼失 ガス灯の登場(横浜)
	1876	大阪道頓堀,竹田芝井火災(楽屋から出火,50人以上死亡),中座・角座・浪速座焼失 新富座・中橋座焼失(数寄屋橋町より出火) 中村座・薩摩座焼失(朝倉馬道より出火) ニューヨーク,ブルックリンの劇場火災(開演中,300人/283人死亡,袖幕のガス灯より出火)
興行取締規則(観客の賭博行為禁止,興行場の清潔維持等)	1878	新富座復興(劇場両側に庭園を配して桟敷客の出入口とする,平戸間中央に客用通路として中の歩みを新設,劇場で初のガス灯使用,西洋花火を戦争場炎で使用し人気) 久松座,ガス灯を採用
	1880	久松座焼失(橘町の火事による類焼,開場半年後)
	1881	仏,ニース市立劇場火災(80人/150～200人,ガス管の欠陥により開演中) ウィーン,リング劇場火災(386人/450人,開園直前舞台内ガス灯照明バトン管扱い不注意) 神田枝松町から出火(1.1万戸焼失),小柳町から出火(7.7千戸焼失)
東京府・警視庁,劇場取締規則(初の包括的規則:10座とし,鑑札制度・興行届出制・臨官席設置・定員・興行時間制限)	1882	猿若座出火焼失,市村座類焼 東京電燈会社設立許可(初の電気街灯,銀座大倉組店舗前)
劇場取締規則改正(主に劇場構造に関して)	1884	大阪中座,舞台照明にアーク灯6基設置
	1885	猿若座焼失
劇場取締規則改正(土間,桟敷客は各1間毎に定員4名)	1886	演劇改良会結成 一般の電灯営業開始 辰野金吾「劇場建築論」(防火法として舞台防火戸を推奨)
	1887	パリ,オペラコミック劇場火災(70人/115人死亡,舞台内ガス灯が道具に転火) 千歳座,場内に電灯を初使用 蝋殻町中島座類焼により焼失 英・エクセターの劇場火災(166人/180人死亡,同上)
観物興行場並遊覧所取締規則	1888	彦六座焼失 市村座修繕落成開場(電気灯使用)
	1889	歌舞伎座開場(木造・外壁煉瓦造漆喰塗3階建,外観洋風内装和風の折衷,2066人収容の桝席)
劇場取締規則改正(大小劇場を建築その他で明確に区分,大10・小12,平戸間2間毎に幅1尺(小劇場は8寸以上)以上の通路,桝1人1尺6寸平方)	1890	千歳座,自火により焼失 新富座,火災・本雨の仕掛け大当たり(大道具長谷川による) 春木座焼失 ロンドン市,劇場・ミュージックホール委員会,跳ね上げ椅子承認東京音学校吹楽堂開場
警視庁令,観物場取締規則	1891	
	1892	市村座開場(木造・外壁煉瓦造洋風外観,内装和風桝席)
	1893	浅草鳥越座焼失市村座焼失(神田和泉町の出火で類焼,1894年再建開場) 明治座(千歳座改称)新築開場(外観洋風・内装和風,屋根にスレート,貯水のための大きな池を有す,劇場取締規則に基づき土間・桟敷席は4人詰)
	1896	Sachs "Modern Opera House and Theatres" 出版
	1898	春木座焼失
	1899	初の日本映画,歌舞伎座で上演 横浜大火,劇場多く失う
警視庁令,演劇取締規制(桝席,桟敷席は定員6名以下,2間毎に縦または横通路,椅子席の場合は斟酌,大小劇場の階級的差別撤廃)	1900	

表-3.7.1(2)

警視庁令, 寄席取締規則	1901	歌舞伎座切符制度に改良(茶煙草盆座布団料を入場料に含む)
	1902	明治座で初めて電気照明使用
	1903	神田改良座(旧川上座)焼失 浅草電気館開場(椅子席, 常設映画館) シカゴ, イロクオア劇場火災(736人死亡, 385人不明)
	1904	泰西劇場火災年表, 建築雑誌に連載
	1905	映画館次々開場(三友館, 富士館, オペラ館, 大勝館, 美音館)
	1906	根津榮座焼失
屋上制限の警視庁令(10年以内に不燃材で屋根を葺くこと)	1907	フリーマン「劇場の人命安全」建築雑誌に抄録 浅草常盤座焼失 本所壽座焼失
	1908	有楽座開場(初の全階椅子席, ただし両桟敷は除く, 初の様式劇場, 客席内における飲食・結縁を改め, 食堂・休憩室を設ける, 舞台間口6間・高さ3間)
演劇取締規制改正	1910	
	1911	帝国劇場開場(初の鉄骨構造・様式劇場, 全館椅子席, 切符制度, 食堂設置, 客席内印象・禁煙廃止, 舞台間口9間5尺・高さ3間) 歌舞伎座大増改築(外観を和風に)
演劇取締規制改正	1912	
演劇取締規制改正	1913	
	1914	宝塚パラダイス劇場(宝塚少女歌劇)
活動写真興行取締規則(横7席以下, 桝席はは定員6人以下, 横2桝で通路)	1917	
	1918	大阪市中央公会堂開場(資本家の記譜による公共施設建設, 公会堂建築の原型) 四谷大國座出火焼失
市街地建築法	1919	
	1920	浅草吾妻座焼失
興行場興行取締規則(椅子席は床に固定, 横8席以下, 桝席は定員6人以下, 横2桝で通路)観覧税実施	1921	函館大火 歌舞伎座焼失(漏電による)
仮設興行取締規則	1923	関東大震災(帝国劇場・有楽座・歌舞伎座・明治座・新富座・市村座・本郷座等ほとんどの劇場が焼失大破) 大阪新松竹座, 映画館発の鉄筋コンクリート造
	1924	四谷大国座・本郷座・浅草松竹座・市村座・邦楽座新築開場 築地小劇場開場 帝国劇場改築開場
	1925	東京歌舞伎座開場 新橋演舞場開場 東京大学安田講堂竣工 東京放送局, 放送開始
	1926	日本放送協会(NHK)設立 日本交響楽団(NHK交響楽団)設立 本所(両国)公会堂開場
	1927	岩手県公会堂開場 早稲田大学大隈講堂竣工
	1928	明治座再建開場 築地小劇場移転改築落成
	1929	日比谷公会堂開場(公会堂建築の新潮流) 京都南座改築落成
	1930	熊本市公会堂, 名古屋市公会堂開場 東京劇場開場

表-3.7.1 (3)

		1932	市村座焼失 大阪歌舞伎座開場 白木屋火災
興行場及興行取締規則改正		1933	日本劇場開場(2 600余席, 東洋最大)
		1934	東京宝塚劇場開場 函館大火
		1936	ニューヨーク劇場取締規則改正案, 建築雑誌に紹介
興行場興行取締改正(横8席以下毎に縦通路30列以下毎に横通路)		1937	宇部市渡辺翁記念館開場

注) 海外劇場火災の( )内の数字は,(建築雑誌に記事による数字/Sachs "Modern Opera House and Theatres"による数字および火災原因)の順.

全面に渡って可動の舞台機構,照明器具,音響機材等特殊な舞台設備が計画される場合もある.こうした劇場においては,プロセニアム劇場のように舞台は特殊だが,客席にまでその特殊性が及んではいないという言い訳はできない.

こうした状況を考えると,劇場構造や劇場技術,劇場運営を熟知した専門技術者が,劇場内で働く人々の作業環境に対して常に注意を払い,率先して環境を整えていく必要性を感じる.演出技術を疎外したり,舞台作業の妨げになるような形式的な安全管理はもちろん望むところではない.舞台作品の意図を理解し,事故防止のための諸注意を実践する方策を具体的に示すことのできる専門性が,今後の劇場では欠かせない存在となってくるだろう.そうした安全技術者との連携も劇場防災の立場から望まれる.

(2) 観客サービスと防災

最近の多くの劇場・ホールでは,案内係(レセプショニスト)が相当数配置されている.彼女たちは一般職員に比して長時間施設内にいる訳ではないし,場合によって地域のボランティアであったりするが,客席エリアについては誰よりも施設を熟知している.しかも,日常の観客サービスばかりでなく,非常時における観客誘導についても訓練された専門的な係であり,こうした係員との防災上の連携・安全性の確保についても,施設面と合せて考えていく必要がある.

訓練された案内係がきちんと配置されているところでは,開演後は次の休憩時間まで入場できないというルールづくりと施設づくりが認められて良いと思う.例えば,ホワイエに面した客席扉には従来のような把手を付けないことが考えられる.もちろん客席側からはいつでも押せば開くし,ホワイエ側からは案内係がもつ簡単な道具で開けることができるようにすれば劇場の姿勢が示せるというものである.乱暴のように聞こえるかも知れないが,西欧ではすでに長く実践されている方法であり,誰でも勝手に入ってこられては困る劇場には安全上好ましいことだ.鑑賞している観客にとっても途中入場者は実際迷惑なものである.

3.8 大規模木造建築火災

1999年10月号

長谷見 雄二
早稲田大学理工学部

3.8.1 はじめに——風化する大規模木造建築火災の記憶

　木造建築は，建築基準法で延べ床面積が最大3000m^{2}に制限されたうえ，地域や用途によっては更に厳しい条件が求められている．木造建築には規模以外にも種々の規制が設けられているが，その背景には，建築基準法が施行された1950年当時，漸く復興が軌道に乗り始めていた空襲の惨禍や頻発が続いていた都市火災・大規模木造建築の火災などがあったものと思われる．起ったのが戦争中だったためか余り知られていないが，日本近代で単体の建物火災としては最大の205人の犠牲者を出した北海道倶知安町布袋座（映画館）火災が起ったのは基準法制定のわずか7年前の1943年のことだったのである．

　建築基準法が施行されてほぼ半世紀の今日では，基準法制定前に建てられた大規模木造建築の多くは姿を消し，法令上，木造で可能な範囲であっても，大規模建築物は，鉄筋コンクリート造や鉄骨造とするのが常套化している．このため，大規模木造建築で本格的な火災が起きるのは今日では稀になっているばかりでなく，かつて多発した大規模木造建築の火災も忘れられつつあるようである．しかし，建築基準法制定後に限っても，多数の犠牲者を出した聖母の園養老院火災（1955年，死者99人）や有馬温泉池之坊満月城火災（1968年，死者30人）などは一面では大規模木造建築火災だったのだし，新潟大火（1955年）や瀬戸内大火（1958年），酒田大火（1976年）が木造大規模建築の火災で始まっているように，大規模木造建築の火災が市街地大火に発展する重要な要因となった事例も少なくない．

　ところで，1998年から2000年にかけて建築基準法の性能規定化に向けた法令改正が行われたが，その際，準耐火建築物を含む一般木造建築にそれまで設定されていた規模制限はそのまま残されて，防火安全にかかわる性能規定化の看板の一つであった避難安全検証法も耐火建築物のみに適用され，準耐火建築物を含めて，一般的な木造は適用から除外された．このため，旧建築基準法第38条の建設大臣特認が廃止された分，大規模木造については規制が強化されたとの印象が拡がった．木造建築の防火規制は，1980年代後期以来，緩和が続けられてきたが，その基本的な考え方は，木造の火災性状が耐火構造のそれに近づくようにすることであったから，こうした法令の動向を前に，大規模木造建築と鉄筋コンクリート建築との間で，火災危険の様態において本質的にどのような違いがあるのかが，あらためて関心を集めている．

　木造建築の規模制限を巡る議論には，1970年代後期以降の木造建築の防火対策技術の研究開発に裏付けられたどちらかといえば工学技術的規制緩和論と，過去の木造建築火災や大火の経験を背景とする緩和慎重論の2つの立場があるように考えられるが，大規模建築火災の経験の方は，今日的な視点から見直される機会が乏しいまま，上述のように風化し始めているきらいがある．過去の大規模木造火災が十分，分析されず，記録の十分な公開や文書化も進められないで記憶が風化してきているだけに，工学技術論者の目には，「木造建築では，過去に大きな火事が起ったことがあるから規制を緩和すべきでない」という議論が独断的に映ることも疑いないだろう．

しかし，建築基準法改正後の2000年10月には，広島県福山市の大規模集成木造・鉄筋コンクリート造の混構造体育館で，重木構造の大規模建築としては日本で初めての全焼火災が発生したが，この火災では，構造自体は建物全焼後も自立しており，燃え代設計の妥当性を実証することになった一方で，フラッシュオーバーのようなことは起らないと思われていた体育館で，出火後短時間にフラッシュオーバーを起している．再現実験を含む火災調査によると，出火した用具庫の内装が薄い合板だったことがその原因と推定されているが，このように，現実の火災をみると，思いもよらない経過で出火したり火災拡大して著しい被害に結びついている場合が少なくない．火災リスクにおけるこのような要素は，当面，工学技術では十分に予測することができず，火災事例の分析がもっとも有効な知見を誘導するものと思われる．

これらを考えると，大規模木造建築の火災の記録を繙いて現代的な視点から見直すことは，火災拡大の盲点に工学的視点の注入を促すばかりでなく，今後の木造建築の防火性能を考えるうえで，緩和論にせよ緩和慎重論にせよ，議論の共通の基盤となる情報を整備するという価値があるのではないだろうか．ここでは，木造建築の防火対策を，事例から考察する手掛かりとして，主として昭和初期から1970年代に絞って，大規模木造建築火災の事例を取り上げ，大規模木造建築の火災の特質を考察してみたい．

3.8.2　大規模木造建築火災の事例と傾向

昭和初期から1970年代に至る大規模木造建築火災の例を文献等から検索して，**表-3.8.1**に示す．ほぼ500m²以上焼損したと思われる火災や犠牲者の多い事例を検索したつもりだが，古い火災事例についてはあまり詳しい情報が残っていないし，一言で大規模木造といっても，中小の建物が増築などでつながった結果，全体としては大きな面積になってしまった例もあって，何が大規模木造建築なのかそう明確に定義できるものではない．また，文化財建造物の火災や，空襲による火災，都市大火で周辺市街地の火災で類焼した事例等はここには含めなかった．さらに，**表-3.8.1**にあげた事例のすべてについて詳しい情報が公開されているわけでもないので，今日の見方では大規模木造というのに相応しくないものや若干の誤りもあるかもしれないし，重要な火災で漏れている例があるかもしれない点は，今後，研究されるべき課題としてご容赦願いたい．重要なのは，1960年代頃までは，木造だけ数えても，この程度に大きな火災が年平均3件くらいは発生し，死者10人以上の火災に限っても2年に1回くらいは起っているのに，現在では，多分，個別の事例はおろか，これほどの火災があった事実そのものが忘れられているということである．

表には，大富市場アパート火災（1932年），聖母の園養老院火災（1955年），新潟大火（1955年），池之坊満月城火災（1968年），酒田大火（1976年）のように，その被害の大きさが今なお語り草になっている事例もあるが，こうして多数の事例の中でみると，これらの著名火災は，必ずしも突出して異常なケースだったわけではなく，類似の事例が先行して発生している場合が多いことがわかる．

表-3.8.1によると，大規模な火災に結びついた大規模木造建築としては，学校，官庁建物，病院・福祉施設，映画館，旅館などが目立つが，損害の様態は出火建物の性格によって大きく異なり，旅館，学校，映画館等の火災が市街地に延焼している例が多いこと，病院・福祉施設や映画館では死者が多数発生している例が多いことがわかる．

旅館，学校，映画館の火災が市街地火災につながり易いのは，規模の割には夜間の出火・初期火災対応が手薄になりがちなうえに，旅館・映画館・小学校などは，密集した市街地・集落の中心に位置することが多い点などに原因があろう．病院・福祉施設火災は焼損面積の大きいものが多いのに市街地火災に至る事例が見あたらないのは，

表-3.8.1(a) 主な大規模木造建築火災(1927-1936)(左端「説明」欄の数字は,本文で取り扱っている項の番号(4=3.8.4項等)を示す)

説明	件 名	用 途	所在地	発生年月日	全焼損規模(m²) [ ]内は非木材を 含む場合の木造部分	死者数	備 考
	天王寺中学校	学 校	大阪府	1927.1.22	校舎4棟全焼		
4	大阪養老院	福祉施設	大阪市住吉区	1927.2.12	収容所2棟,礼拝堂全焼	9	放 火
	鹿児島第一師範学校	学 校	鹿児島県	1928.1.16	武道場,校舎焼失		
6	新谷屋旅館	旅 館	新潟県五泉町	1928.8.3			煙突の飛び火,560戸焼失
5	紺屋町映画倶楽部	映画館	熊本県八代町	1928.10.15		6	観客約500人が避難
4	戸山脳病院	病 院	東京都牛込区	1929.2.15	5棟全焼	12	患者の放火
4	東大久保脳病院	病 院	東京都	1929.2.25		12	患者の放火
6	岐阜県船津町・旅館	旅 館	岐阜県船津町	1929.5.20			煙突の飛び火,620戸焼失
	昭和病院	病 院	東京都小平村	1930.1.17	2棟全焼	0	
	カフェー・ホンパル	飲食店	東京市本郷区	1930.2.17	全焼	7	木造3階建て
	山形県立村山農学校	学 校	山形県	1930.3.3	校舎全焼		教員の放火自殺
	富山県庁舎	官 庁	富山市	1930.3.6	庁舎全焼		
6	遠藤旅館	旅 館	山梨県睦合村	1930.4.9			約300戸焼失
2	錦里館	映画館	青森県小湊町	1930.5.16	全焼		観客約300人避難,79棟焼失
	九州大学農学部	学 校	福岡県	1931.2.10	900		
6	三木屋旅館	旅 館	石川県山中温泉	1931.5.7			735戸,山林1000ha焼失
5	東島牧村特設映画会場	仮設映画館	北海道	1931.5.12		16	
5	金古町繭糸市場	仮設映画館	群馬県	1931.5.16		13	
6	岩田屋旅館	旅 館	島根県松江市	1931.5.16			浴場煙突の加熱,671戸焼失
6	中川旅館	旅 館	宮崎県小林町	1932.4.16			304戸余焼失
2	県立中津商業学校	学 校	大分県	1932.6.12			周辺300戸余焼失
1	大富市場・アパート	共同住宅	東京市深川	1932.12.23		20	木造3階建て
	淀競馬倶楽部	競馬場	京都府	1933.4.3	1300		管理棟・観客席全焼
	酒造場宿舎	宿 舎	長野県水内村	1933.12.21		10	
	神戸市立第一高等女学校	学 校	兵庫県神戸市	1934.1.26	校舎全焼	1	消防士1人焼死
4	富山脳病院	病 院	富山県富山市	1934.6.8	2病棟焼失		患者の放火
	大阪府堺市民病院	病 院	大阪府堺市	1934.6.29	3棟全焼	2	蚊取り線香から出火
	衆楽市場	市 場	広島県呉市	1934.9.2	店舗併用住宅8棟全焼	11	
6	夕張町・簡易旅館	旅 館	北海道夕張町	1934.10.23			250戸焼失
	関西大学	学 校	大阪府吹田市	1932.12.13			木造3階建て
	熊本医大付属病院	学 校	熊本県	1935.1.1	7500		病棟へは延焼せず
	日本体育会体操学校	学 校	東京都品川区	1935.1.6	寄宿舎,校舎等17棟全焼		
	名古屋高等工業学校	学 校	名古屋市	1935.3.7	本館全焼		
2	秋田県天王村小学校	学 校	秋田県	1935.3.24			周辺の約100戸焼失
	市立堺水族館	水族館	堺市大浜公園	1935.3.27	840		改装工事中
	立正大学付属中学商業学校	学 校	東京都品川区	1936.2.23	本館,校舎等6棟焼失		

表-3.8.1(b) 主な大規模木造建築火災[1936-1948](左端「説明」欄の数字は,本文で取り扱っている項の番号(4=3.8.4項等)を示す)

説明	件　名	用　途	所在地	発生年月日	全焼損規模(m²)	死者数	備　考
	栃木県庁本館	官　庁	宇都宮市	1936.3.31	全焼		
2	昭和座	映画館	新潟県地蔵堂町	1936.8.15	全焼		162戸焼失
	福岡県立女子専門学校	学　校	福岡県	1937.1.27	本館・寄宿舎焼失		
	関西割烹「銀栖鳳」	飲食店	東京市銀座	1937.3.6		10	近隣の市場等7棟焼失
	同情園育児部	福祉施設	東京都浅草区	1937.6.30		10	死者は全員幼児
	私立教護所	福祉施設	広島市西白島町	1937.7.6	3棟全焼	23	
3,5	南富田小学校	学　校	和歌山県西牟婁郡	1937.12.20	講堂,教室全焼	81	講堂で出征兵士遺家族慰問映画会中にフィルムに引火して出火
	灘中学校	学　校	神戸市東灘区	1938.1.7	校舎2棟焼失		放　火
	石川県庁本館	官　庁	金沢市	1939.2.2	全焼		
	名古屋市立第二高等女学校	学　校	名古屋市熱田区	1940.3.27	校舎31教室全焼		
	華浦小学校	学　校	防府市	1940.3.28	校舎4棟全焼		
	姫路市立巽小学校	学　校	兵庫県姫路市	1940.4.13	3棟焼失		
2	日活館	映画館	茨城県下館町	1940.5.15		1	97戸焼失
	神戸市湊川高等実業女学校	学　校	神戸市	1940.5.31	校舎全焼		
	神戸市立若葉小学校	学　校	神戸市	1940.6.30			
	岸和田市立春木小学校	学　校	大阪府	1940.7.15	校舎全焼		
	布施市立第六小学校	学　校	大阪府	1940.10.30	3棟焼失		
	姫路市立東小学校	学　校	兵庫県姫路市	1941.2.2	校舎1棟全焼		
	佐賀県立武雄中学校	学　校	佐賀県	1941.2.4	全校舎ほぼ全焼		
	松山市立番町国民学校	学　校	愛媛県	1941.6.20	3棟全焼	1	炭火から謄写版原紙に引火
4	土田脳病院	病　院	埼玉県与野町	1942.4.13	病棟1棟全焼	6	
	鳥取県立米子中学校	学　校	鳥取県	1942.8.6	6棟全焼		
1,5	布袋座	映画館	北海道倶知安町	1943.3.6		205	積雪で非常口開けず
	松屋本館	旅　館	大分県別府市	1943.12.26	2600		木造4階建て
	山形師範学校女子部	学　校	山形県	1944.2.23	講堂,校舎焼失		
2	湯野屋	旅　館	福島県飯坂温泉	1944.7.1			193戸焼失
3	大阪市立南恩加島国民学校	学校寺社	徳島県	1945.1.29	150	16	疎開中の貞光寺で火災
2	栄屋旅館	旅　館	長野県飯田市	1946.7.15			約400戸焼失
	県立長野商業学校	学　校	長野市	1946.7.16	校舎4棟		放　火
	広島高等師範学校	学　校	広島市	1947.8.12	約3300		
	東京駅八重洲側駅舎	駅　舎	東京都中央区	1947.8.22			
4	高田脳病院	病　院	新潟県高田市	1947.11.27		8	放火?
	広島医科大学	学　校	広島県呉市	1947.12.19	本館・校舎3棟他	0	
2	山口市役所	官　庁	山口市	1948.10.19	2000		
	東京工業大学	学　校	東京都	1948.10.19	約3000		

表-3.8.1(c) 主な大規模木造建築火災(1948-1954)(左端「説明」欄の数字は，本文で取り扱っている項の番号(4=3.8.4項等)を示す)

説明	件　名	用　途	所在地	発生年月日	全焼損規模(m²)　[　]内は非木材を含む場合の木造部分	死者数	備　考
2	埼玉県庁	官庁	埼玉県	1948.10.26			放火
2	佐賀県庁	官庁	佐賀県	1949.2.18	5 130		
	東京少年観護所	観護所	東京都杉並区	1949.3.12			放火・集団脱走
	松原駅前マーケット	市場	広島市	1949.3.27			663戸焼失
6	丸木旅館	旅館	北海道古平町	1949.5.10		2	721戸焼失
2	明石市役所	官庁	兵庫県	1949.5.18			庁舎10余棟,民家7戸焼失
	中禅寺湖観光ホテル	ホテル	栃木県日光町	1950.3.16	2 804		
	国鉄京都駅	駅舎	京都市	1950.11.18	全焼		
4	岡山県立聾学校	寄宿舎	岡山市	1950.12.20	寄宿舎1棟,住宅2棟全焼	16	宿直の失火
	大阪少年鑑別所	鑑別所	大阪市都島区	1951.5.2			放火・集団脱走
5	大原劇場	映画館	北海道浜中村	1951.5.19		39	
5	近江絹糸彦根工場	工場(講堂)	彦根市	1951.6.3		23	映画上映中,圧死.
6	見晴館	旅館	千葉県勝浦町	1951.11.24		10	84戸焼失
4	市立釧路病院	病院	北海道釧路市	1951.12.2	約5 000	18	
2	松阪市立第二小学校	学校	三重県松阪市	1951.12.16	校舎3棟		874戸焼失
	松阪北高校	学校	三重県松阪市	1952.12.17	校舎7棟		放火
	松竹大船撮影所	撮影所	神奈川県鎌倉市	1952.1.16	本館全焼		
	国鉄千歳駅	駅舎	北海道千歳町	1952.1.28	820		
	宇都宮大学	学校	栃木県宇都宮市	1952.2.20	約4 000		
	鹿児島県立病院	病院	鹿児島市	1952.4.24		0	
	日の出レストラン	飲食店	札幌市	1952.8.25		8	木造4階建て
7	かねやす百貨店	百貨店	福岡県小倉市	1952.11.30	4 096[1 895]	0	
2	信州大学付属病院	病院	長野県松本市	1953.3.29	3 260	0	
	富士木材工場	工場	鹿児島県郡元町	1953.3.31			近隣住宅等120棟焼失
5	民衆映画劇場	映画館	栃木県宇都宮市	1953.4.5	1 359	6	
	大映東京撮影所	撮影所	東京都調布町	1953.4.28	10棟全焼		
5	加茂中学校倉見分校	学校	岡山県	1953.6.25		14	映画会中に出火
5	スバル座	映画館	東京都千代田区	1953.9.6	1 032	0	
5	富士館	映画館	北海道小樽市	1954.1.16	666	7	
	鶴岡南高校	学校	山形県	1954.2.14	校舎3棟		
	建設工事作業員宿舎	宿舎	北海道歌発村	1954.2.19	500	9	
4	国立肥前療養所	病院	佐賀県神埼郡	1954.4.5	1 200	12	
	浜松西高校	学校	静岡県浜松市	1954.7.5	2 300		
	瀬田工業高校	学校	滋賀県	1954.8.26	5 600		
	OS劇場	劇場	大阪市	1954.9.15			

表-3.8.1(d) 主な大規模木造建築火災(1955-1962)(左端「説明」欄の数字は,本文で取り扱っている項の番号(4=3.8.4項等)を示す)

説明	件　名	用　途	所在地	発生年月日	全焼損規模(m²) [　]内は非木材を 含む場合の木造部分	死者数	備　考
1,2,4	聖母の園養老院	福祉施設	横浜市	1955.2.17	3 036	99	
	昭和女子大学	学　校	東京都世田谷区	1955.3.1	本部・寮等		
4	式場精神病院	病　院	千葉県市川市	1955.6.18	947	18	
2	新潟県教育庁	官　庁	新潟市	1955.10.1		1	1 193戸焼失(新潟大火)
	秦野市立本町中学校	学　校	神奈川県	1956.1.12	3棟全焼		
2	市立色内小学校	学　校	北海道小樽市	1956.5.3	校舎全焼		市街地火災となる
6	旅館	旅　館	秋田県大館市	1956.8.18			1 321戸焼失(大館大火)
5	映画館	映画館	熊本県	1956.11.20	2 488	5	火鉢から出火
	熊谷衣料デパート	店　舗	栃木県宇都宮市	1957.11.21	660	3	
	湘南高等学校	学　校	神奈川県	1958.1.24	校舎6棟全焼		
	やしま旅館	旅　館	京都市	1958.4.25	590		
2	北海道大学付属病院	病　院	札幌市	1958.11.26	5 280		
1	マーケット	マーケット	鹿児島県瀬戸内町	1958.12.27			1 357戸焼失(瀬戸内大火)
5	美幌銀映座	映画館	北海道美幌町	1959.1.27	673	12	
4	多良木病院	病　院	熊本県多良木町	1959.1.28		12	
	八木サーカス小屋	仮設興行場	札幌市	1959.6.15	4棟全焼	0	
	岡本旅館	旅　館	静岡県熱海市	1959.6.19			3棟焼失
	金沢市立泉小学校	学　校	石川県	1959.9.29	校舎2棟全焼		
4	衣笠病院	病　院	神奈川県横須賀市	1960.1.6	2 566	16	
	池田市立石橋小学校	学　校	大阪府	1960.3.1	校舎2棟全半焼		
4	徳山静養院	病　院	山口県徳山市	1960.3.8	1 471	3	
4	国立療養所久留米病院	病　院	福岡県久留米市	1960.3.19	1 223	11	
	レストラン東洋	飲食店	東京都千代田区	1960.7.22		7	木造3階建て
7	イチムラ	店　舗	新潟県長岡市	1960.8.15	1 978 [1 196]	0	
6	亀屋旅館	旅　館	神奈川県湯河原町	1960.11.6	3棟全焼	3	木造3階建て
	岡山大学	学　校	岡山県	1960.12.5	4 000		
	布施市立意岐部小学校	学　校	大阪府	1960.12.13	校舎全焼		現東大阪市
	飲食店ひさご	飲食店	東京都渋谷区	1960.12.24		6	木造4階建て
3	道立増毛高等学校	学　校	北海道	1961.2.22	校舎・体育館		
	浜松歌舞伎座	劇　場	静岡県浜松市	1961.3.17	693	6	
3	都立江北高等学校	学　校	東京都	1961.4.14			4.22にも出火,放火
3	千葉県立家政女学校	学生寮	千葉県	1961.4.16	寮5棟全焼		
3	光和小学校	学　校	東京都	1961.8.31	校舎全焼		
3	我孫子中学校	学　校	千葉県	1961.9.7	校舎全焼		
4	佐藤病院	病　院	東京都狛江市	1962.1.25	979	7	放　火
	花馬車	風　俗	大阪市北区	1962.2.23		4	木造3階建て

表-3.8.1(e)　主な大規模木造建築火災(1962-1977)(左端「説明」欄の数字は,本文で取り扱っている項の番号(4=3.8.4項等)を示す)

説明	件　名	用　途	所在地	発生年月日	全焼損規模(m²) [ ]内は非木材を 含む場合の木造部分	死者数	備　考
	浅草吉影館	興行場	東京都台東区	1962.11.22	978(近隣民家含む)	7	
3	水戸第一商業高校	学　校	茨城県	1962.11.24	校舎全焼		
4	広江精神病院	病　院	島根県米子市	1963.2.23		3	
6	錦水別館	旅　館	広島県福山市	1963.8.8	2 304	6	木造3階建て
7	渕上百貨店	百貨店	福岡市冷泉区	1963.12.21	5 464[3 875]	0	
4	安田博愛会病院	病　院	仙台市	1964.1.4		4	
6	春乃屋	旅　館	山口県下関市	1964.1.29		5	木造3階建て
4	常岡病院	病　院	大阪府伊丹市	1964.3.30	682	9	
	渡辺水産倉庫	倉　庫	北海道利尻島	1964.5.15			240棟焼失
2	先住第三小学校	学　校	東京都足立区	1965.3.18			周辺民家5棟延焼
	米海軍戸塚基地	軍事施設	横浜市	1965.9.24		12	
	道立八雲高等学校	学　校	北海道	1966.10.19	体育館等全焼		
	春日部中学校	学　校	埼玉県春日部市	1966.10.19	校舎4棟全焼		放　火
4	植松病院	病　院	横浜市	1967.1.5	634[634]	4	
	みのり学園	福祉施設	大分県日出町	1968.1.14		6	
	県立津南高等学校	学　校	新潟県	1968.2.5	校舎2棟全半焼		
	牟礼中学校	学　校	長野県	1968.2.6	校舎2棟全焼		
	私立黒沢尻西小学校	学　校	岩手県北上市	1968.2.6	校舎等5棟全焼		
1,6,7	池之坊満月城	旅　館	神戸市	1968.11.2	6 950[?]	30	
	ホテルいのう	旅　館	北海道岩内町	1969.4.21	1 524	0	21人負傷
6	白山荘	旅　館	石山県片山津温泉	1969.5.18			68棟焼失
	法政第二高等学校	学　校	神奈川県川崎市	1969.6.6	校舎1棟全焼		
4	藤井精神病院	病　院	徳島県阿南市	1969.11.19	607	6	
4	両毛精神病院	病　院	栃木県佐野市	1970.6.29	1棟全焼	17	患者による放火
6	鶴屋旅館	旅　館	福島県広野町	1970.11.1		3	
6	はしもと旅館	旅　館	鳥取県永楽温泉町	1970.12.16		2	ガス爆発
	大谷学国清心女子高校	学　校	横浜市	1971.1.9	校舎等5棟全焼		
	葉山御用邸	住　宅	神奈川県	1971.1.27	1 148	0	放　火
4	青森市民病院小浜分院	病　院	青森市	1973.4.20		3	
	袋田温泉ホテル長生閣	ホテル	茨城県大子町	1975.10.5	2 124	0	木造3階建て,3階で出火
1,2	グリーンハウス	映画館	山形県酒田市	1976.10.29		1	1 023戸焼失(酒田大火)
	市立高綱中学校	学　校	長野県松本市	1977.2.25	校舎3棟全焼		

大規模な病院や福祉施設が密集市街地に建つこと自体が少ないためと考えられる．官庁建物火災が多いのはちょっと意外だが，大規模な事例は戦後復興期に集中しており，当時の官庁建築には戦後復興の拠点として悪い条件で建てられた手狭な木造建物が多かったことの反映と思われる．終戦10年後の1955年に新潟大火の発端となった新潟県庁火災が発生した後は，官庁建物の不燃化が急速に進められたこともあって，大規模な官庁建物火災は姿を消していく．

次に出火建物を学校，病院・福祉施設，映画館，旅館に分けて，それぞれの特徴を考察してみよう．

3.8.3 学校の火災

学校建築は，日本の近代化の過程で全国に拡がったもっとも典型的な大規模木造建築物である．そのためか，学校で出火して大規模な火災となった事例は，1940年に集中しているのを始め，戦前から少なくないが，件数が目立ってくるのは戦後復興期からである．とくに1950年，1958年，1961年には，それぞれ，表に記載されていない小規模な火災を含めて，学校を狙った連続放火事件が発生するなど，放火が多いことが，学校建築火災の大きな特徴となっている．学校に恨みをもつ生徒や卒業生がいたり，学校火災は報道されたり話題にされることが多く，愉快犯の標的にされ易いこと，学校は大規模なわりには夜間の警備が手薄なことなどがその背景にあると思われる．とくに61年には，関東地方の5件の連続放火事件など，校舎を全焼させるような大規模な火災が続いて社会に大きな不安を与えた．当時，高度経済成長が始まって鉄筋コンクリート建築が全国に普及し始めていたこと，また，小中学校でベビーブーマー後の生徒数の減少・定常化を見通した教育施設の再整備が課題となっていたこともあって，この時の連続放火事件は，結果として，全国で一斉に学校建築を木造から耐火建築物に転換させる引き金になった．

大規模な学校火災は夜間・早朝など，登校時間外に発生することが多いので，火災による死者の発生は他用途に比べて少なく，死者が出る場合もほとんどは出火に直接かかわっていたか，消火活動中の単独死がほとんどである．学校で多数の死者を出した火災としては，戦争中，徳島県に疎開して寺社で開校した大阪市立南恩加島国民学校火災（1945年，死者16人）という特殊な例以外に，講堂などで地域活動としての映画会中に出火した和歌山県南富田小学校火災（1937年，死者81人），岡山県加茂中学校倉見分校火災（1953年，死者14人）がある．公共施設の整備や娯楽施設の普及によって，学校は，その後は教育専用の空間となっていったので，このような事故は起らなくなってきたが，少子化や阪神大震災を契機にふたたび，小学校などが地域活動や地域災害対策の拠点として見直されてきていることを考えると，こうした事例は，学校建築の避難安全の考え方の再考が必要なことを示唆するものといえよう．

3.8.4 病院・福祉施設の火災

1950年代以降，多数の犠牲者を伴う建物火災として目立ってきたものに，死者99人を出した聖母の園養老院をはじめとする病院・福祉施設火災があげられる．病院火災自体は戦前から続いていたが，戦前の事例のほとんどは患者の放火によるものであったのに対して，戦後，多数の死者を出した病院・福祉施設火災は，佐藤病院火災（1962年）等，少数の例外を除いてほとんどが，火気の不始末が出火原因とされている．

しかし，戦後の木造病院・福祉施設火災の特徴としては，むしろ，戦前末期から戦中にかけて急造された陸海軍の施設を転用した建物で発生した事例が多い点をあげるべきであろう．聖母の園養老院，式場精神病院，衣笠病院，佐藤病院，国立療養所久留米病院など，多数の死者を出した病院・福祉施設火災のほとんどがこうした転用建物で起っているが，これらのいずれでも，防火壁・小屋裏界壁の欠落などが報告されている．例えば，

143人の在館高齢者のうち95人が死亡した聖母の園養老院火災では、消防隊が到着した時にはすでにほぼ全面炎上していて救出できないまま、火災確認から20分で倒壊してしまったが、このような火災拡大の速さは、建物の構造や空間構成に主要な原因があったと考えられるのである。

戦争で多くの病院・福祉施設が焼失した後、戦災を免れた施設を転用すること自体はやむを得なかっただろう。しかし、高齢者、患者のための施設であれば、避難に時間がかかることを前提に防火・避難計画をたてる必要がある。問題は、転用されても建物本体の防火改善がまったく行われていなかったことや、災害弱者を防火的に脆弱な施設に収容せざるを得ないのなら、少なくとも管理体制を強化する必要があったにもかかわらず、管理要員の増強や防災設備・器具等の補強を十分にしていなかったことなどであろう。福祉施設の防火安全の立ち後れについては、防火改修等に対する当時の公共的支援制度の貧弱さも背景となっており、そこに抜本的なメスが入れられるのは、漸く、高度経済成長も通過した1970年代に入ってからのこととなる。

なお、これらの火災に先だつ1950年には、岡山県立聾学校寄宿舎火災で、小規模の建物だったにもかかわらず、聴覚障害のある児童16人が犠牲となっている。宿直の出火だっただけに、当時、宿直の責任追求に関心が集中したようであるが、犠牲者が多かったこと自体には、聴覚障害者の施設だったことが影響していたはずである。この時点で、病院・福祉施設の防火安全の特殊性が広く認識されていたならば、聖母の園養老院以後の福祉施設火災の事情は相当違ったものになっていたのではないだろうか。

3.8.5 映画館の火災

テレビなどが未発達で遠距離の交通も容易ではなかった時代、映画は、映写施設さえあれば全国津々浦々で上演可能な国民的娯楽として急速に普及した。

大都市では映画の日本への導入と同時に専用映画館が建設されたが、地方ではまず、学校、市場など、当時、全国のどこにでもあった大規模建物を利用して映画が上映され、全国に主として木造の映画館が普及するのは1930年代となった。映画には長い間、易燃性のフィルムが使われていたから、顕著な発熱を伴う上映時には細心の管理が必要で、フィルムの難燃化が進むまでは、映写室からの出火が頻発した。東島牧村特設映画会場火災（1931年、死者16人）、金古町繭糸市場火災（1931年、死者13人）、南富田小学校火災（1937年、死者81人）、近江絹糸彦根工場火災（1951年、死者23人）等は映画会開催中の火災で、本質的には仮設映画館火災とでもいうべきものであった。

大都市の映画館の多くは戦争中の空襲で焼失したが、終戦直後の建築規制空白期に、木造などで再建されたものも多い。代表的な映画館火災とされる宇都宮市民衆映画劇場火災（1953年、焼失1 359m^2）やスバル座火災（1953年、焼失1073m^2）は、こうした映画館で起った典型的な火災といえよう。

これらの都市型映画館火災では、焼失面積は大きいのに比べて犠牲者数が少ないが、それは、避難出口が多数設けられていたり、従業員が訓練されていて避難誘導が冷静に行われたためであろう（民衆映画劇場火災の死者は全員、消火しようとした従業員）。しかし、地方映画館火災では、205人の犠牲者を出した布袋座火災（1943年）を始め、大原劇場火災（1951年）、小樽市富士館火災（1954年）、美幌銀映座（1959年）などや、仮設映画会場や学校の映画会で起った火災のように多数の観客が犠牲となった事例に事欠かない。そのほとんどで観客数が定員や適正人数を大きく超えており、座席が避難経路を塞いでしまっていたり、布袋座火災のように、さらに積雪で非常出口が封鎖されてしまっていた例もある。このように、木造映画館火災では、建物構造が木造であったことが火災拡大の程度に影響したことは考えられて

も，多数の犠牲者が出たこと自体に関しては，むしろ，定員が遵守されなかったり，適切な避難誘導がされなかったことに主要な原因があったといわなければならない．1960年代以後，大規模な映画館火災は激減するが，それは，多発した映画館火災を背景に映画館の安全管理が強化されたとともに，1950年代末のテレビの急速な普及を背景に映画自体が衰退し，劣悪な条件で上映するような需要そのものが無くなってしまったこととも無関係ではないのではないだろうか．

3.8.6 旅館の火災

大規模木造旅館の火災は，今回の検索範囲の期間後も例えば，ホテル大東館火災（1986年，死者24人）等が続くが，火災安全上の重要性の性格は，1950年代までと1960年代以後とで相当に変化している．すなわち，1950年代までの旅館火災は，表に収録していない小規模な旅館の火災を含めて市街地火災の出火点となり易いことが大きな問題だったのに対して，1960年代以降は，非木造を含めて，宿泊客が多数死亡する火災の代表的なものとなっていったのである．

1960年代以降，片山津温泉火災（1969年，68棟焼失）を除いて，旅館火災から市街地火災になる事例がほとんど無くなったのは，消防力の近代化や都市不燃化運動の一環として推進された板葺き屋根の鉄板葺き改修等によって市街地火災そのものが激減したからであろう．それに替って多数の犠牲者を出す旅館火災が急増したのは，高度経済成長で旅行客が短期間に増加したため，防災管理の強化が行き届かないまま，無理のある増築を繰り返した旅館が多かったことが主な背景となっているものと思われる．池之坊満月城火災（1968年，死者30人）はその代表例の一つであるが，鉄筋コンクリート造でも，水上温泉菊富士ホテル火災（1966年，死者30人），磐梯熱海温泉磐光ホテル火災（1969年，死者31人），和歌山市寿司由楼火災（1971年，死者16人）等，同様な事例は枚挙に暇がなく，ずっと下って80年代に入っても，川治プリンスホテル火災（1980年，死者45人），蔵王観光ホテル火災（1983年，死者11人）等と続く．旅館火災の犠牲者には団体客も多いが，それは1960年頃からの高度経済成長と前後して，温泉旅館などが団体客による歓楽施設となっていくレジャー行動の変化を映しだしており，それに伴う旅館の機能の変化が，多数の犠牲者を出す旅館・ホテル火災の多発の基本的な背景をなしていたともいえよう．

これほど多数の犠牲者を出す事例の基本的な問題点は，高度経済成長の初期に起った湯河原亀屋旅館火災（1960年，死者3人），福山市仙酔島の錦水別館火災（1963年，死者5人）等ですでに露呈しつつあった．当時の報道等をみると，これらの火災で死者を出したことについては，前者は木造だからという理由で，また後者は離島という立地が原因と，簡単に片づけられてしまっているきらいがある．しかし，旅館火災自体はそれまでも少なくなかったとはいえ，今日からみると意外に見えるかもしれないが，その宿泊客が複数，犠牲になるというような事態は，ほとんど前例がなかった．これら高度経済成長初期の旅館火災に危機感をもった一部の大規模旅館が自主的に防災対策を講じたり，温泉等の自治体が旅館に防災対策強化の指導を行った例はあったが，法令の整備や全国的なレベルで旅館の防災対策にまで反映されたわけではなかった．こうした事例がその時点で詳しく分析され，行政や旅館経営等に適切に反映されていたならば，その後のホテル・旅館火災事情も違ったものになったかもしれない．

3.8.7 おわりに

大規模木造火災をみると，この他にも，焼損規模が大きくなった事例のほとんどが，病院・学校・庁舎などで増築が繰り返された建築物で起っていることなどが浮び上がる．その多くは，木造同士の延焼であるが，木造建物に鉄筋コンクリート造などの中高層建築物を増築した建物で起った例もある．かねやす百貨店火災（1952年，焼損面

積4 096m²),イチムラ火災(1960年,焼損面積1 978m²),淵上百貨店火災(1963年,焼損面積5 464m²),池之坊満月城火災(1968年,焼損面積6 950m²))等がその代表的な例で,店舗では,いずれも木造部分で出火し,増築部分との間のシャッター等の区画の閉鎖障害が原因で,耐火構造の中高層部分に延焼して被害を広げている.

　風化しつつある大規模木造火災のデータをもう一回見なおしてみると,焼損面積が大きくなったり,市街地延焼の原因となり易いこと以外は,非木造建築でも同様な脅威のある場合が多いことがわかる.この意味では大規模建築の非木造化が進んだ今日でもこれらの事例は十分,教訓的なのではないだろうか.また,今日なお記憶されている悲惨な火災事例は,ほとんどの場合,その前にもっと小規模で似たような火災が起っているものである.そのような社会の耳目を集めるに至らない事例に目を向けることの重要さを,これらの火災事例の歴史は訴えているのではないだろうか.火災調査記録が残っている事例については,今後,情報がもっと開示され,現代的な目でもっと詳しい分析が行われることを期待したい.

◎**参考文献**
1) 特定非営利活動法人災害情報センター：災害情報データベース.
2) 小林修：年表　昭和の事件・事故史,東方出版(1989).

3.9 ガス爆発・中毒事故

1999年9月号

小林　恭一
自治省消防庁危険物規制課
現 総務省消防庁予防課長

3.9.1　はじめに

「マンションでガス大爆発」のニュースがあまりみられないようになって久しい．考えてみると，1970年代にはマンションや住宅でガス爆発が相次ぎ，私が消防庁に勤務するようになった1980（昭和55）年には，静岡駅前の「ゴールデン街」という地下街類似施設のガス爆発で消防職団員5名を含む15人が死亡するなどの大惨事も発生して，ガスの安全対策の強化に忙殺された思い出がある．

その後，各種のガスの安全対策が功を奏して着々と事故が減少した．現在ではガス事故は当時の6分の1に減少し，消費先10万世帯あたりのガス事故の発生率でみると，4.8件から0.6件へと8分の1に激減している．安全対策の効果がこれだけ劇的に現れた例は，寡聞にして聞いたことがないほどである（図-3.9.1）．

本稿では，都市ガスと液化石油ガスについて，事故の発生状況および安全対策の推移などを概観してみることとしたい．

3.9.2　日の里団地のガス爆発事故

建築防災関係者の間で「マンションのガス爆発」として記憶されている事故は，「日の里団地のガス爆発事故」が最初であろう．

この事故は，1973（昭和48）年11月15日に福岡県の日本住宅公団日の里団地で発生したプロパンガスの爆発事故で，この事故により爆発発生住

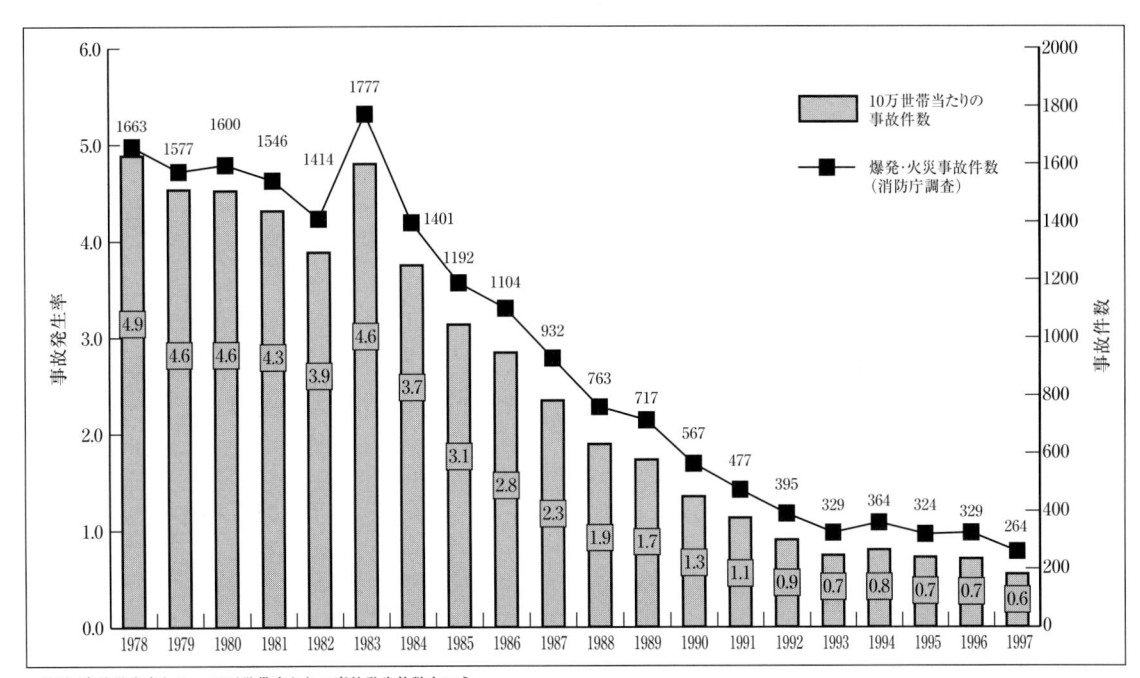

注1）事故発生率とは，10万世帯当たりの事故発生件数をいう．
　2）ガス事故件数は，都市ガスまたは液化石油ガス着火物となって生じた爆発・火災件数．

図-3.9.1　ガス事故件数（消防庁調査）と事故発生率の推移

戸の上下階の床版が破壊され，上階および隣戸が瞬時に延焼して，死者2名，重傷者3名を出したものである．

爆発によって，爆発発生住戸だけでなく，床版の破損により直上の住戸が全焼するとともに，玄関扉が爆風で破壊されたため階段室をはさんだ対向住戸も全焼するなど，鉄筋コンクリート造の共同住宅の火災としては異例の大きな被害を出したため，事態を重視した建設省の指示で「中高層共同住宅設計の安全性見直し委員会（委員長：星野昌一東京大学名誉教授）」が設置され，爆発状況の解析，安全対策の検討などが行われた．

安全対策としては，建築物の耐爆構造化は適当とは言えず，ガス漏れ防止対策，ガス漏洩時の爆発防止対策，爆発時の被害軽減対策などについて総合的に検討する必要があるとするとともに，抜本的対策としては「集中熱供給方式」，「電気」等に熱源を転換する方が望ましいとしているのが注目される．

3.9.3　昭和40年代後半のマンションのガス爆発事故

日の里団地のガス爆発事故は，建設省主導の委員会が設置されて詳細な分析が行われたために建築防災関係者の記憶に残っているが，実はこの事故の前後にはマンション等のガス爆発事故が相次ぎ，社会的に大きな問題になっていた．上記委員会は，このような「ガス爆発事故の急増」という背景があったところに日の里団地の大きな被害があったために，それをきっかけに設けられたのである．

同委員会の報告書などから，当時の主なガス爆発事故の概要を整理すると，**表-3.9.1**のとおりとなる．

3.9.4　八王子の秀和めじろ台レジデンスのガス爆発事故

日の里団地のガス爆発事故に関する調査報告がなされた後も，マンション等のガス爆発事故は後を絶たず，1975（昭和50）年11月23日には東京都八王子市の秀和めじろ台レジデンスで都市ガスの爆発事故が発生した．このマンションは，H形鋼とプレキャストコンクリートパネル（PC版）を組み合せたいわゆるHPC構造の11階建ての建物であったが，爆発が発生した6階住戸だけでなく，上下階の床版が破損して6階住戸と7階住戸の床版が5階まで落下し，吹き抜け状になった3戸が全焼するとともに，爆発発生住戸の隣の住戸との区画壁も大破して隣戸に延焼し，また階を隔てた9階の1戸も窓側から延焼して全焼するなどにより，死者2名，負傷者19名の被害を出した．

従来のマンションのガス爆発に比べて建物被害が大きかったため，建設省ではふたたび「共同住宅ガス爆発事故対策小委員会（委員長：星野昌一東京大学名誉教授）」を設けて事故の分析と今後の安全対策などを検討することになった．当時プレファブ建築の推進を担当していた筆者も，HPC構造というプレファブ工法が被害を大きくしたのではないか，という恐れもあったため，現地調査や委員会での検討などに参加した記憶がある．

この爆発でも，発生住戸の住民は負傷したものの生命は助かっており，上階住戸の1名が逃げ切れずに焼死したほか，階を隔てた最上階の1名がCO中毒により死亡するなど，きわめて特徴的な被害状況を示している．

委員会では，建築物そのものを耐爆構造にすることは難しいため，爆発を防止する対策が重要であることを強調しており，当時マンションのガス爆発が頻発したために，建築物そのものを耐爆構造とすべきではないか，という議論があったことをうかがわせる．

3.9.5　静岡ゴールデン街ガス爆発火災

1980（昭和55）年8月16日には，静岡市の「ゴールデン街」という地下街類似の施設でガス爆発があり，死者15人（うち消防職団員5人），負傷者223人を出す大事故が発生した．

ゴールデン街は静岡駅前の繁華街にあり，複数

のビルの地階が連続的に地下道に面していて，あたかも地下街のような形態をなしているものであった．

このゴールデン街の地下部分で午前9時30分頃に一回目の小規模なガス爆発があり，消防隊が出動して人命検索に当っていた9時56分頃2回目のガス爆発が発生した．

2回目の爆発は非常に大きく，爆発と同時に大音響が約5km四方の市街地全域にとどろき，黒煙が上空50mにまで達した．爆発直後，地下施設は一面火の海となり，地上のアーケード街から付近のビルに延焼するとともに，爆風により付近のビルの窓ガラスが割れて一面に降り注いだ．

このため，地下に進入していた消防隊員のうち4人が死亡し，重傷2名，中・軽傷者は26名に及んだ．ガス会社職員，報道関係者などを合せると，地下にいて死傷した人は合計43人にも上っている．

また，地上部分の被害も大きく，消防職団員の殉職者1名を含めて11人の方が亡くなり，周辺住民などを中心に重軽傷者は184人に上ったほか，建物については1棟が全壊し，2棟が半壊，58棟が爆風によって被害を受けるなどの大惨事となった．

建設省から消防庁に出向して間もなかった筆者も，事故発生直後に現地調査を行ったが，現場のあまりの惨状に大きな衝撃を受けたことを覚えている．

この爆発火災で明らかになった課題は多岐にわたっているが，主な課題は次のとおりである．

a. 地下街にかかる厳しい規制が及んでいなかったこと　すでに述べたように，この施設は地下街類似施設であったが，「地下の工作物内に設けられた店舗，事務所その他これらに類する施設で，連続して地下道に面して設けられたものと当該地下道とを合せたもの」という定義（消防法第8条の2）には該当せず，建築基準法でも同様とされていたため，「地下街」とされた場合に提供される厳しい規制が両法とも適用されていなかった．この種の施設は全国に幾つか存在することが判明したため，1981（昭和56）年1月に消防法施行令が改正されて別表第一に（16の3）項という用途区分が追加され，「建築物の地階で連続して地下街に面して設けられたものと当該地下道とを合せたもの」は，店舗，飲食店などの施設が含まれている場合には地下街類似の施設（いわゆる「準地下街」）として，地下街に準じた厳しい規制が適用されることになった．

b. ガス事故防止対策　地下施設は密閉性の高い空間であるため，ガスが漏洩すると拡散しにくいこと，爆発が発生した場合に圧力が逃げにくいこと，爆発により火災になった場合に避難が困難なこと，消防活動が困難であることなど，防災上大きな問題があるが，この事故により，「地下施設」と「ガス」との組み合せは最悪の結果を引き起こすことが改めて認識されることとなった．

このため，1981（昭和56）年1月の消防法施行令の改正（前出）では，地下街，準地下街，建築物の地階などの大規模なものには「ガス漏れ火災警報設備」の設置が義務づけられることになった（消防法施行令第21条の2）．

ガス漏れ防止対策が消防法令上位置づけられた

図-3.9.2　静岡ゴールデン地下街でガス爆発　第一ビル前の消防車も無残に焼けただれている（共同通信社提供）

表-3.9.1 日の里団地爆発事故前後の主なマンションガス爆発事故

発生年月日	事故建物概要	ガスの種類	被害	被害
1972.3.18	大阪市 Nコーポ RC14階建て	都市ガス (石炭ガス,水成ガス)	死者：2名（ガス中毒） 負傷：3名 メゾネット1戸（2層分）焼損	ガスレンジのコックを誤って開放状態のまま放置し,充満したガスが何らかの火源より引火
1972.12	S社宅 PC造3階建て	LPガス	死者：2名 重傷：4名 軽傷：数名	全開状態の元栓のホースが緩み,ガスが充満した状況で冷蔵庫のスイッチの火花により引火
1973.11.15	福岡県 公団日の里団地 RC5階建て	LPガス	死者：2名 重傷：3名 軽傷：12名 発生住戸と上階住戸および対向住戸が全焼	自殺のためガスコックを開放して放置したためガスが充満し,自殺を断念して閉栓後,たばこに火をつけようとして着火.発生住戸でなく,対向住戸で2名が死亡した
1973.11.26	愛媛県 松山市Mマンション RC5階建て	LPガス	重傷：3名 軽傷：16名 発生住戸と上階住戸が全焼	勘違いによる元栓の開放によりガスが漏洩し,電気スイッチの火花により着火
1973.12.11	東京都 練馬区Iマンション RC3階建て	LPガス	死者：4名 重傷：1名 発生住戸両隣の住戸が全焼	元栓の締め忘れによりガスが充満し,電気ごたつの火が引火
1973.12.29	東京都 小平市B社社員寮 RC5階建て	LPガス	死者：3名 発生住戸と上階住戸が焼損	勘違いによる元栓の開放によりガスが漏洩し,電気スイッチの火花により着火
1974.1.13	静岡市Sハイツ RC5階建て	都市ガス	発生居室が焼損	自殺を図って湯沸かし器の予備コックを解放したためガスが充満し,冷蔵庫のスイッチの火花により引火
1975.11.23	東京都八王子市秀和めじろ台 レジデンス HPC11階建て	都市ガス	死者：2名 負傷者：19名発生 住戸とその上下階の住戸が全焼,また隣戸および上階にも延焼	勘違いにより,ゴムホースを抜いた方のカランを開放したまま放置したためガスが充満し,何らかの火源により引火.発生住戸でなく,上階でCO中毒などにより2名死亡

のは初めてのことであったが,ガス事業や液化石油ガスを所管する通商産業省でも,このゴールデン街の大惨事をきっかけに,昭和40年代から開発してきていたガス事故防止技術を「ガス事故防止対策」として一気に制度化することになった.

都市ガス関係では,ゴールデン街の二度目のガス爆発が都市ガスによるものであったため,ガス事業法施行規則の「消費機器の技術上の基準」が改正されて(1981年),ガス漏れ警報設備の設置や迅速継手付きゴム管,金属管,金属可とう管,強化ガスホースの使用などが特定の地下街や地下室に義務づけられるとともに(同規則第108条),マンション等のガス爆発対策として,一般家庭に対してもこれに準じた安全対策の普及が積極的に行われることとなった.

また液化石油ガスについても,同時期に,液化石油ガスの保安の確保と取引の適正化に関する法律施行規則第44条の「消費設備の技術上の基準」が改正されて,地下室等の他,不特定多数の者や弱者を収容する施設,共同住宅などについては,ガス栓と燃焼器との接続方法の改善や,燃焼器のガス漏れ警報器の検知範囲内設置の義務づけなどが行われた.

さらに建築基準法関係でも,同じく1981年に

施行令が改正され，3階以上の共同住宅の住戸に設けるガスの配管設備等について，ガス漏れ警報設備を設置するか，ガス機器への接続を金属管や強化ガスホース等を用いて行うか，過流出防止装置を設置するかのいずれかの安全対策を行うことが義務づけられた（同施行令第129条の2の2）．

このように，ガスの安全対策を担う4省庁の4つの法令が，このゴールデン街のガス爆発事故を直接，間接のきっかけとして，共同住宅のガス爆発対策まで含めてこの時期に一斉に改正されたのが大きな特徴である．

3.9.6 つま恋ガス爆発事故

1983（昭和58）年11月22日，静岡県掛川市のレクリエーション施設「つま恋」内のバーベキューガーデン「満水亭」でプロパンガスの爆発事故が発生した．この事故では，鉄筋平屋建ての同食堂が全壊・全焼し，食事客，従業員など14人が死亡し，27人が負傷した．

この事故は，従業員が誤ってバーベキュー用のガスの元栓を開放したまま放置したためガスが食堂内に充満し，客がガス臭に気づいて従業員がガス漏れの原因を探す騒ぎになったが，結局原因を特定できないでいるうちに，漏洩したガスに引火して大爆発に至ったものである．

この事故のあと，消防庁ではガス漏れ事故に関する警防活動要綱を示すとともに，消防大学校，各都道府県消防学校等でプロパンガス等の規制に関する講座を設けて，ガス災害に対する消防関係者のさらなる教育に努めることとなった．

この事故についても，消防庁担当者として事故発生直後に現地調査を行った記憶があるが，ゴールデン街のガス爆発事故の後に一斉に行われた各種のガス安全対策の効果でガス事故が減少に向かい始めていた時期でもあり，消防庁を含め，各省庁とも規制強化などの制度的な対応は行わなかった．

3.9.7 ガス事故の推移

ガス爆発を含めたガス事故全体について，戦後50年の推移を概観してみると，3つの時期に分けられる．

(1) ガス中毒事故の多発期（昭和30年代）

いわゆる「都市ガス」は，明治時代から東京，大阪などの大都市地域に供給されていたが，戦後の混乱期を過ぎて経済情勢が上向きになるに従い，その供給量は急増してきた．

当時の都市ガスは石炭から製造されたもので，成分の中に相当量の一酸化炭素が含まれていたため，何らかの原因でガスが漏洩すると，建物内の人は一酸化炭素中毒を起すことが多かった．一方，ガスのカロリーが低く住宅構造も開放的だったためか，ガスの漏洩がガス爆発にまで至る例は少なかった．

昭和30年（1955年）代に入ると，ガス中毒による死者が急増し，3年間で死者数が6倍になるという事態になったが（**表-3.9.2**（左）），事態を重視したガス業界は，あげてガスの安全使用キャンペーンなどのガス中毒対策に取り組んだ．1960（昭和35）年から一酸化炭素変性装置により成分中の一酸化炭素の比率を下げる努力をしたことなども功を奏し，ガス中毒事故は急増したのと同様のペースで急激に減少した（**表-3.9.2**（右），**図-3.9.3**）．

このように，ガス消費先の急速な増加に伴う中毒事故の急増への対応には成功したが，漏洩すれば中毒事故の危険性がある有毒なガスを各家庭に供給しているという事態が変ったわけではなく，ガス中毒による自殺が相次いだこともあって，「ガス漏れと言えば中毒」という状況は昭和40年

表-3.9.2 ガス中毒事故件数と死傷者の変化（日本都市ガス産業史より作成）

	1956	1957	1958	1963	1964
中毒事故件数（件）	70	138	149	65	59
中毒死者数（人）	40	89	231	63	56

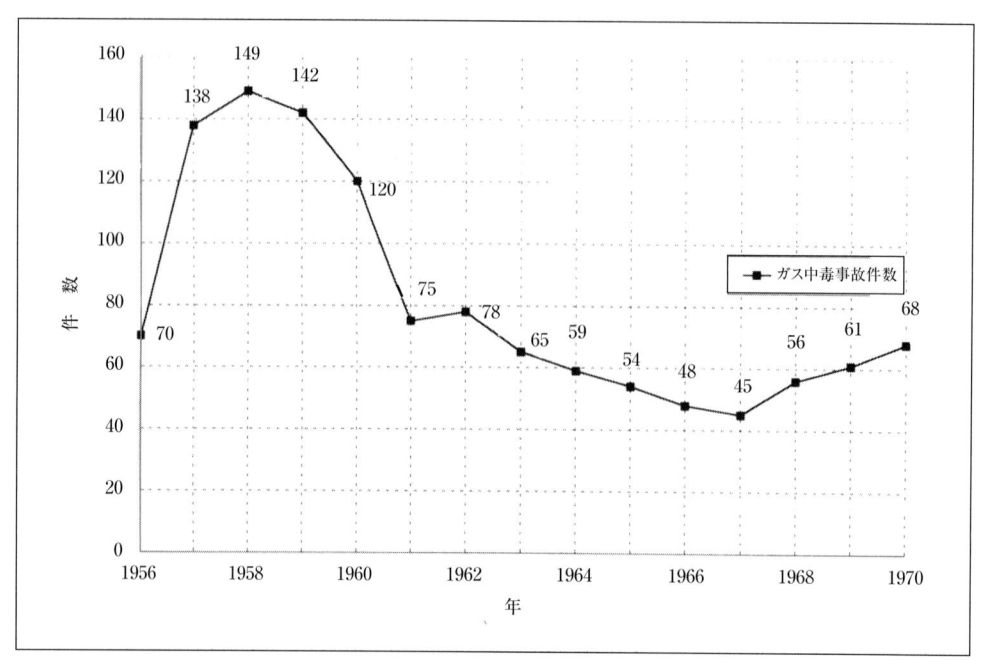

注）ガス中毒件数は，都市ガス事故のうち消費段階における事故件数を使用した．
[出典]「ガス事業便覧」（日本ガス協会）

図-3.9.3　ガス中毒事故件数の推移

代まで続くことになる．

(2) LPガスの登場と都市ガスの天然ガス転換（昭和40年代～昭和50年代半ば）

昭和30年代の後半になると，石炭から石油へと日本の主要なエネルギー源が急激に転換されることになったが，その影響もあって液化プロパンガス（LPG）が，家庭用のエネルギー源として登場し，1967（昭和42）年には「液化石油ガスの保安の確保と取引の適正化に関する法律」が制定される．液化石油ガスは，都市ガスが供給されていない地域において，扱いやすくクリーンな家庭用の調理，暖房，風呂用の燃料として急速に普及していくが（図-3.9.4），これに伴い，液化石油ガスによる事故も急増することになった．

プロパンガスは一酸化炭素のような毒性がないためガスが漏洩しただけでは中毒事故にはならないが，空気より重いために滞留しやすいという性質があること，熱量が高いこと，鉄筋コンクリート造のマンションやアルミサッシの普及などにより気密性の高い住宅が増えてきたことなどのため，液化石油ガスが普及するに従って，ガスが漏洩した場合の窒息事故や爆発事故，瞬間湯沸かし器等の不完全燃焼による一酸化炭素中毒などの事故が増えることになった（図-3.9.5(左)）．

一方都市ガスもエネルギー転換の影響を受け，昭和40年代の後半から，石炭を原料とするガスから天然ガスへと徐々に供給するガスを転換していくことになる．

天然ガスの主成分はメタンガスで，一酸化炭素のような毒性がなく空気よりも軽いためプロパンガスに比べれば拡散しやすいが，住宅の気密性の向上や短時間に大量のガスを消費する燃焼機具の普及などの状況は，液化石油ガス供給地域に比べて都市ガス供給地域でより顕著であったことなどから，天然ガス転換の進展に伴い，ガスの漏洩による一酸化炭素中毒事故が減少していく一方，ガス爆発や不完全燃焼による一酸化炭素中毒事故などは急増することになった．

(3) ガス事故の急減（昭和50年代半ば以降）

昭和40年（1965年）代の中頃から，都市ガス

図-3.9.4 ガス世帯数の推移

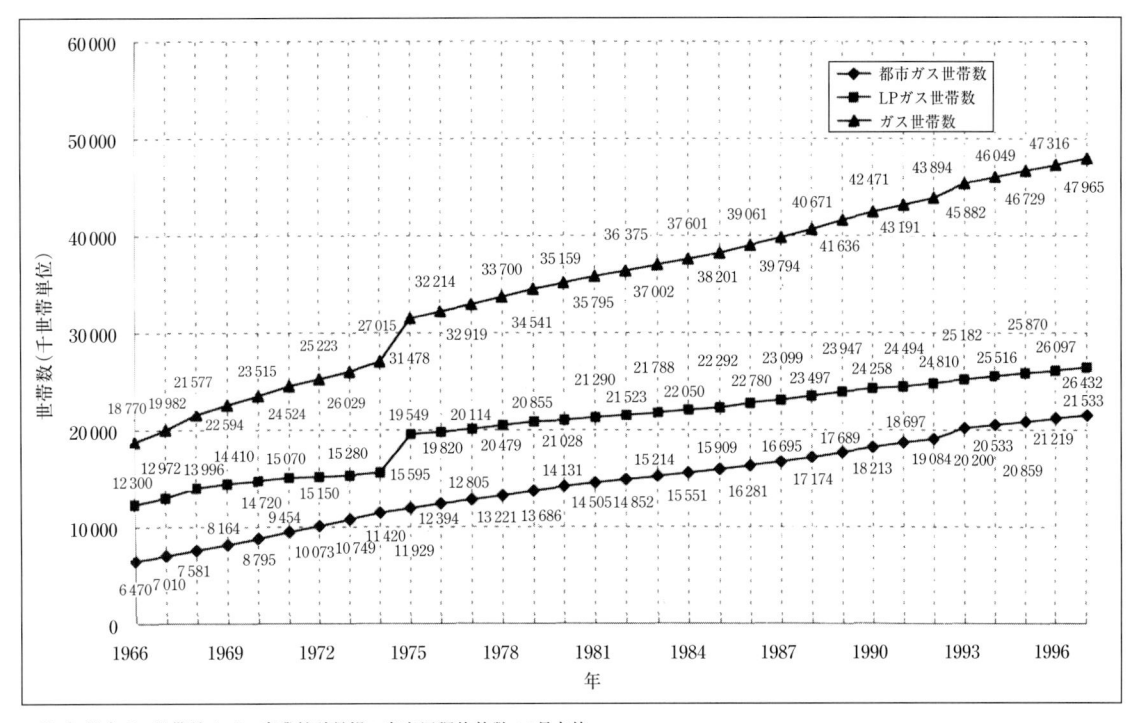

注1）都市ガス世帯数は，ガス事業統計月報の家庭用調停件数の9月末値．
2）LPガス世帯数は，昭和50年以降は保安共済事業団の家庭業務用付保件数（各年9月末現在）で，1996～74は推定．
［出典］「未来をひらくLPガス」（日本LPガス協会30年史）

についても液化石油ガスについても，マンション等におけるガス爆発や不完全燃焼による一酸化炭素中毒事故が急増してきたため，ガス事業者等は，その対策に全力を傾けた．

ガス爆発事故事例の分析から，誤ってガスホースが抜けることを防ぐ迅速継手，ゴムのガスホースがつぶれて火が消えることを防ぐ強化ガスホースや金属管，ガスホースがはずれるとガスが遮断されるヒューズコックやヒューズアダプタ，ガスが漏洩したのを感知するガス漏れ警報設備などが次々に開発され，順次消費先に設置された．

そして，先述のとおり，ゴールデン街のガス爆発事故を一つの契機として各省庁の規制が強化されたことに伴い，一気に普及することになり，その効果は統計上も早速表れてきたが，上記の対策でも，故意に漏洩させる「ガス自殺」だけは防ぐのが難しかった．

液化石油ガスや都市ガスには，ガスの漏洩に気づきやすくするため，いわゆる「ガス臭」がつけられているが，これがいかにも毒性が強そうな臭いであり，昭和30年代にガス中毒事故が多発したこともあって，毒性のないガスが供給されるようになっても暫くの間は，ガス中毒による自殺を図ってガスを漏洩させる人が後を絶たなかった．このため，ガス中毒により自殺しようとして，結局近隣住戸を巻き込んだガス爆発事故を引き起こしてしまう例も多く，ガス爆発対策にとって，故意にする事故を防ぐことは残された重要な課題であった．

そこに登場したのがマイコンメーターである．マイコンメーターは，1983（昭和58）年頃から一般家庭に設置されるようになったものであるが，一般家庭の通常のガスの使用パターンを記憶し，そのパターンの範囲内の使い方ならガスを流すが，このパターンをはずれた使い方をしたり，微量の漏洩が長時間続いたりした場合にはガスを遮

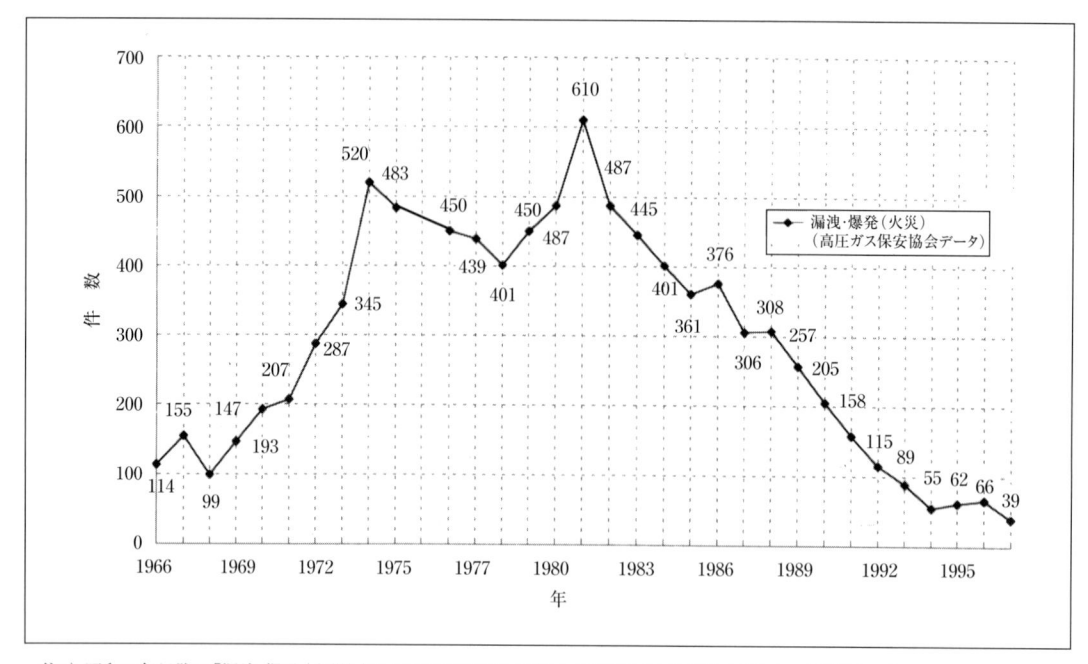

注1) 昭和51年以降の「漏洩・爆発(火災)」は,ガス漏洩後引火火災もしくは爆発または爆発火災となった事故をいう.
2) 昭和41年〜昭和50年までの「漏洩・爆発(火災)」は,ガス漏洩後引火火災もしくは爆発又は爆発火災となった事故にガス漏洩のみの事故件数等を含む事故をいう.
[出典]「高圧ガス保安総覧」(高圧ガス保安協会)

図-3.9.5 LPガスの漏洩・爆発(火災)事故件数の推移

断するなどの機能を備えたガスメーターである.このマイコンメーターが設置されていれば,自殺のためにガスを漏洩させても途中で遮断されるほか,感震器やガス漏れ警報設備と組み合せて緊急時にガスを遮断することもできるため,ガス自殺対策,地震対策なども含めた究極のガス事故対策となりうるのである.

一方,生活水準の向上に伴い,室内の空気を大量に使用して燃焼し,排気を室内に排出する小型瞬間湯沸器などがマンションなどの気密性の高い住宅に設置されるようになってきたが,当初は気密性の高い住宅に住んだ経験が浅い人も多く,この種の機器を十分な換気を確保せずに使用したりして不完全燃焼が生じ,一酸化炭素中毒に至る事故が増加してきた.

このためガス業界では,1983(昭和58)年頃から,不完全燃焼防止設置を組み込んだ機器を開発して普及に努めたため,この種の事故は着実に減少した.

やがて,生活水準がさらに向上するに伴い,室外の空気を取り入れて燃焼ガスを室外に排出する大型の燃焼機器が使われることが多くなるとともに燃焼機器の性能も上がり,気密性の高い住宅等における換気,排気設備なども適切に設計され使用されるようになって,不完全燃焼による一酸化炭素中毒もガス事故対策のターゲットの座から降りることになった.

こうして,1980年頃にピークとなったガス事故は,以後急激に減少し,ガス爆発または漏洩ガスに着火した火災の件数についてみると,液化石油ガスについてはピーク時の10分の1以下(図-3.9.5),都市ガスについても4分の1以下(図-3.9.6)となるに至っているのである.

3.9.8 おわりに

昭和50年(1975年)代初めのマンションのガス爆発が多発していた頃,共同住宅ではガスの使用を制限すべきではないか,とか,せめて超高層

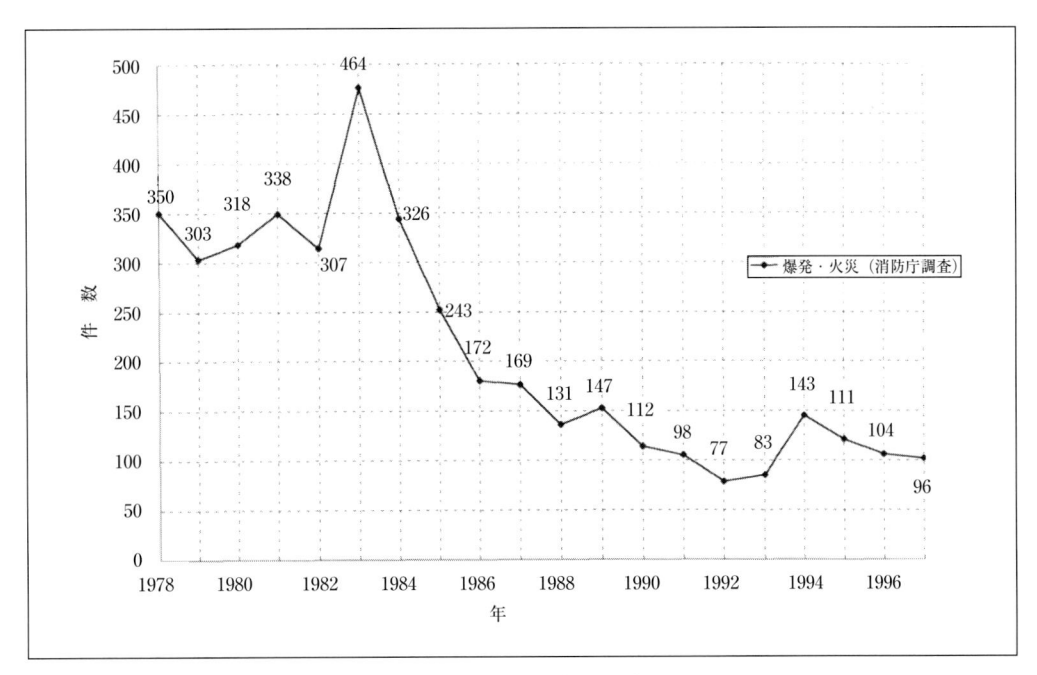

注）「爆発・火災」は，ガス着火物となって生じた爆発・火災事故をいう．

図-3.9.6 都市ガスの爆発・火災事故件数(消防庁調査)の推移

ビルや超高層マンションではガスの使用を禁止して電化すべきではないか，との議論が強かった．このことは先述の日の里団地のガス爆発事故の調査レポートでも言及されているとおりである．

しかし，私は超高層ビルなどで一概にガスの使用を制限することには問題があると考えていた．欧米諸国の火災統計をみると，放火に次いで電気器具や電気配線からの火災が第2位を占めている例が多く，超高層ビルなどにとって，ガスよりも電気の方が安全とは必ずしも言い切れないからである．

1980年頃からのガス事故対策の推進の経緯と，それに伴うガス事故の急減は，ガスか電気か，などという議論が的はずれであったことを示している．電気もガスもそのままではかなりの危険性をもっており，電気の方が比較的安全対策が容易で，ガスの方が同じような安全性を確保するためには，高度な技術やより多くの経費がかかるということだと思う．

危険には必ず理由があるし，それを防ぐ技術的な対策も必ずある．そして，その対策を一つ一つ着実に実行していけば，結果は必ずついてくる．ここ20年間のガス事故の推移はそのことを明確に教えてくれたと言えるだろう．

3.10 統計からみた戦後の火災

2000年2月号

関沢 愛
自治省消防庁消防研究所
現 消防研究所研究統括官

3.10.1 はじめに

わが国では，毎年約6万件の火災が発生して貴重な人命が失われ，莫大な財貨が焼失している．これらの個々の火災事例における火災原因や拡大過程は多種多様ではあるが，今後の対策に活かすべき重要な情報を多数含んでいるはずである．したがって，火災による損害の軽減に役立てるために，多くの火災事例を統計的に解析し火災の実態や傾向を見極めることは，きわめて重要な意義を有している．

現在，わが国の火災統計として全国レベルで集められているものには，「火災報告」，「火災による死者の調査表」，「火災詳報」などがある．これらのうち，「火災報告」および「火災による死者の調査表」は，それぞれ火災1件および火災による死者1名ごとに作成されるものである．以上の報告は消防庁に集められて，毎年「火災年報」として公表されるほか，一般向けに「消防白書」という形でも公表・刊行されている．

今回は，世紀の移行という記念すべき時期に際して，消防庁の火災年報[1]や消防白書[2]における火災統計を利用して，戦後のわが国における火災の様相の移り変わりを概観してみたい．

なお，図中のデータは，上記の資料で共通の分類コードで記録されている範囲で，できるだけ年次を遡り1955（昭和30）年から現在（原則として1997年）までの約40年間を対象としているが，いくつかの図や図中の項目によっては，分類のコードの変更等の制約により，この範囲より狭い期間中のデータとなっていることをご容赦願いたい．

3.10.2 火災発生状況の変遷

(1) 出火件数と出火率の推移

図-3.10.1は，1955年から1997年に至るまでのわが国の出火件数と出火率（人口1万人当り年間出火件数）の推移を示したものである．この図から，過去約40年間のわが国の出火の傾向を概観すると，昭和30年代から始まる高度経済成長期（1955～1970年頃）と期を同じくして出火件数，出火率とも増加の一途を辿り，1970年代に出火件数，出火率ともピークを迎え横ばい状態に達したのち，1980年代からは漸減の傾向を示している．しかしながら，1993年からふたたびやや上昇の兆しが伺われ，現在では出火件数では年間約6万件，そして出火率では約5（件/1万人）の水準で推移している．このように，出火の傾向は国内の社会経済の状態とある程度関係を有しているように思われる．

(2) 火災種別の出火件数

火災の種別は，「建物」，「林野」，「車両」，「船

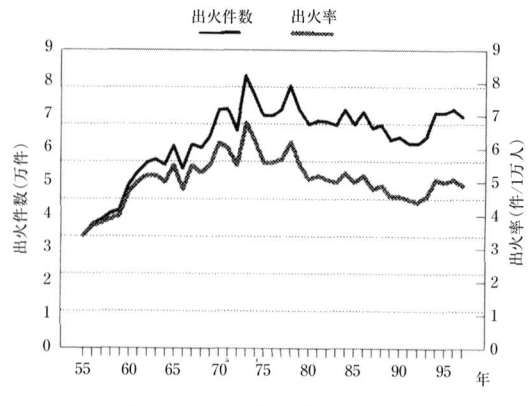

図-3.10.1 出火件数と出火率の推移

舶」,「航空機」および「その他の火災」(空地, 田畑, 河川敷, ごみ集積場等における火災) の6種に分類されている. このうち「船舶」と「航空機」火災の占める割合は, 全体の1%以下であり, 「建物」,「林野」,「車両」の3種の火災で全体の約3/4を占めている. 残り約1/4は「その他の火災」である.

図-3.10.2には, 過去40年間における「建物」,「林野」,「車両」の3種の火災件数の推移を示している.「建物」と「林野」火災は, 出火件数全体の傾向と同様に, 1970年代初頭までは増加の傾向を示し, 1970年代に横ばい状態, そして1970年代末からは減少傾向となっている. ただし, 林野火災は, 年ごとのばらつきが大きいだけでなく, その長期間における増減の変化についても建物火災より顕著であり, 近年の減少傾向が著しい. 年ごとのばらつきの大きさは, 気象条件によって説明が可能と思われるが, 近年の減少傾向の理由は定かではない. しかしながら, 林業やハイキング等野外のレジャーなど, 林野での人の活動の変化と何らかの関係があるのではなかろうか.

さて,「車両」火災 (大半が自動車火災) は, 上記の「建物」や「林野」火災とは異なった傾向を示している. 車両火災は, 1960年まで増加して60年代に横ばい状態となった後, 1970年から70年代半ば頃までいったんやや減少している. そして, 1975年以降は単調増加とも言える着実な増加傾向を示し, 1975年に3 078件であったものが, 1997年には7 434件と, この22年間に2.4倍となっている. また, 1980年を境に林野火災と火災件数の大小関係が逆転し, 現在では車両火災が林野火災の2倍の件数となっている.

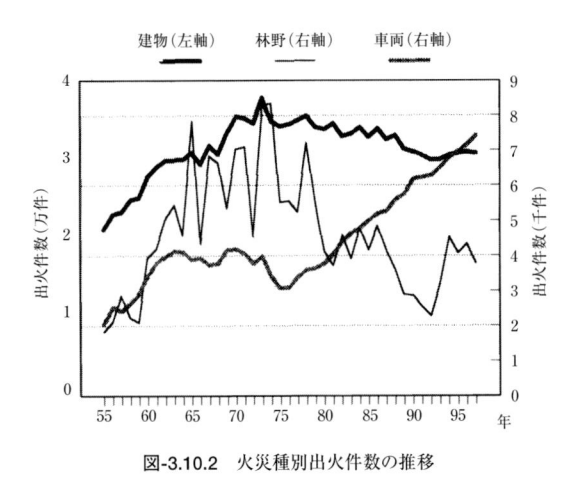

(3) 建物用途別の出火件数

建物火災全体の発生件数の推移は, 前段で紹介したとおり近年漸減傾向であるが, 火元建物用途別に過去約30年間 (1965～1994年) の推移をみると, それぞれの用途ごとの増減傾向に特徴のあることがわかる. そこで, 主な建物用途を, 近年減少傾向にあるもの, 横ばい状態にあるもの, そして増加傾向にあるものの, 3通りに分けて示したものが, 図-3.10.3～図-3.10.5である.

減少傾向にある建物火災の主な用途は, 工場・作業場, 旅館・ホテル, 病院, 学校である (図-

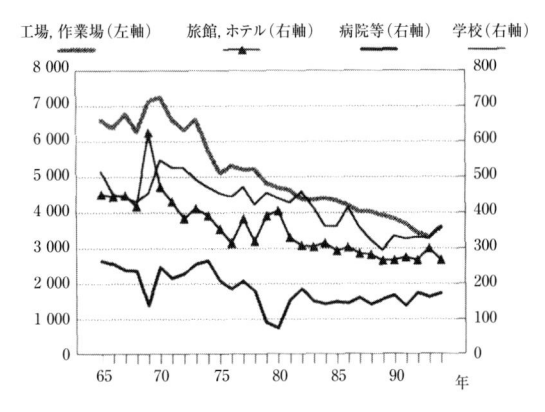

図-3.10.3 建物用途別出火件数の推移(出火件数が近年減少しているもの)

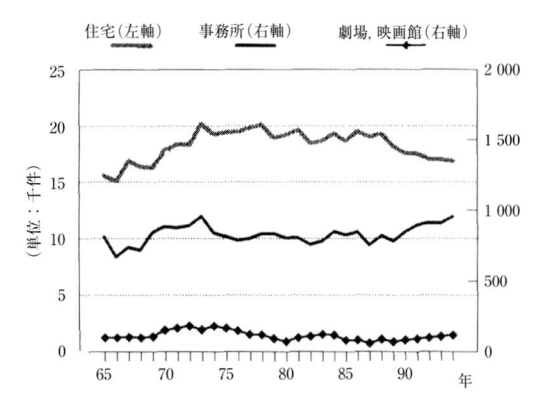

図-3.10.2 火災種別出火件数の推移

図-3.10.4 建物用途別出火件数の推移(出火件数が近年安定しているもの)

3.10.3). それぞれ，1994年の火災件数は，1965年当時の値に比べ46％，41％，35％，31％減少している．しかしながら，病院の火災は，1980年までは減少傾向を辿り，1980年には1965年当時に比べ約1/3の80件程度になったが，1981年にやや増加した以降は160件前後でほぼ横ばいとなっている．

図-3.10.4から，住宅，事務所，劇場・映画館は，過去約30年間を通してみると目立った増減傾向はみられず，おおむね横ばい状態であることがわかる．一方，図-3.10.5から，この間に火災が増加傾向を示している建物用途は，物販店と飲食店，そして特定の用途に分類できない「その他の用途」である．物販店の火災は増加傾向が顕著であり，1994年は1965年当時に比べ約70％増である．飲食店の火災は，物販店ほど増加が顕著ではなく，また最近は横ばいであるが，マクロにみてやや増加傾向といえる．

全般的な特徴をみると，防火規制が相対的に厳しい建物用途で火災が減少しており，一般的な建物用途では横ばい状態である．物販店，飲食店など店舗用途で増加傾向を示している理由は定かではないが，店舗数自体の増加や，防火規制のあまり厳しくない比較的小規模の店舗が多いことによるものではないかと思われる．

(4) 建物構造別の出火件数

建物火災の火元構造別内訳比率の推移は図-

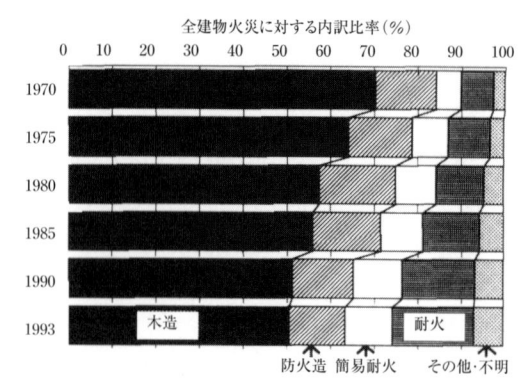

図-3.10.6 建物構造別出火件数の推移

3.10.6に示すとおりである．過去数十年における耐火造建物，とりわけ住宅ストックにおける耐火造共同住宅の増加を反映して，火元構造別出火件数にも明らかな変化が読みとれる．1970年には70％を占めていた木造からの火災は1993年には50％程度になり，代って耐火造，簡易耐火造からの出火件数が増えている．耐火造，簡易耐火造は，1970年にはそれぞれ7.4％，5.8％であったものが，1993年には18.8％，10.9％となり合せて全体の約30％を占めるようになった．防火造からの火災の比率は，この23年間については13％前後でほとんど変化がない．

3.10.3 出火原因の変遷

(1) 全火災の主な出火原因の推移

火災の出火原因は，使用される火気器具や燃料の種類の変化，火気器具自体の安全化の進展などにより，時代によって変化するものである．

図-3.10.7は，1955年から1997年の間における主な出火原因による火災件数の推移を示している．多数のラインが交錯していて少しわかりづらいとは思うが，まずは全般的な傾向をつかむために示したものである．

「煙突・煙道」や，この図には示されていないが「かまど」，「こたつ」など現在ではあまり使用されていない火気器具を除いて，総じて，1950年代から1970年代はじめにかけて大きく増加していることがわかる．しかし，その後については，

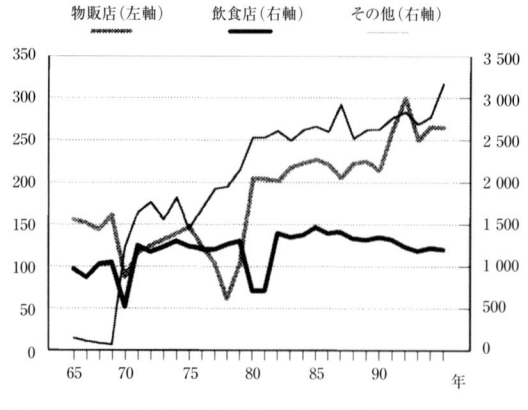

図-3.10.5 建物用途別出火件数の推移（出火件数が近年増加しているもの）

さらに増加するもの，横ばい状態となるもの，あるいは減少するものと出火原因によって変化の特徴がわかれ，過去25年間をとってみても出火原因の移り変わりの激しさを伺い知ることができる．そこで，ここでは主な出火原因の増減傾向のパターンを，増加傾向，ピーク型，減少傾向の3つに分けて，以下の図-3.10.8～図3.10.10に示す．

増加傾向の出火原因の推移を示した図3.10.8から，放火と放火の疑いの合計（以下「放火火災」と略）が過去40年間に著しく増加していることがわかる．1997年の放火火災件数（約1万3000件）は，1955年当時（約1300件）の実に10倍という値となっている．調理用火気器具である「こんろ」火災，電気火災の一種である「配線・配線器具」の火災についても，多少の変動はあるものの全体として増加の様相を示しており，ともに

1997年の火災件数は，1955年当時の約2倍となっている．放火火災やこんろ火災は，たばこ火災と並んで現在の出火原因のトップ3を占めており，出火防止対策を図る上では，これらの増加しつつある出火原因をターゲットとする必要がある．

図-3.10.9は，火災件数の推移が，ある年代をピークとした山型をなしている出火原因を示したものである．この中で，ストーブ火災はピーク型ないし山型とは言い切れないが，1962年まで増加し，その後27年間平衡状態が続いた後，1989以降やや減少傾向を示しているので，このタイプに含めたものである．放火火災を除く出火原因の中ではトップであるたばこ火災や，火あそびによる火災は，ピーク型の典型であり，ともに1973年に際立った頂点があり，その前に急激な増加，そ

図-3.10.7 主な出火原因の火災件数の推移

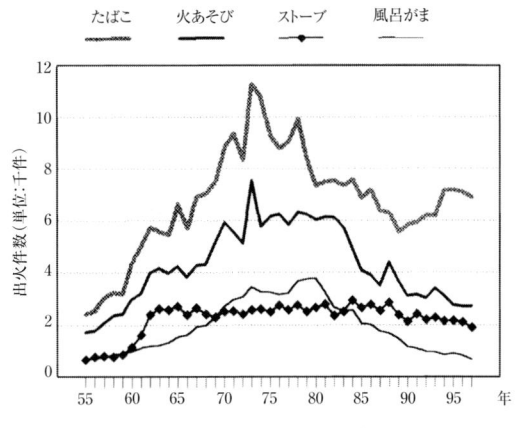

図-3.10.9 出火原因別火災件数の推移（ピーク型のもの）

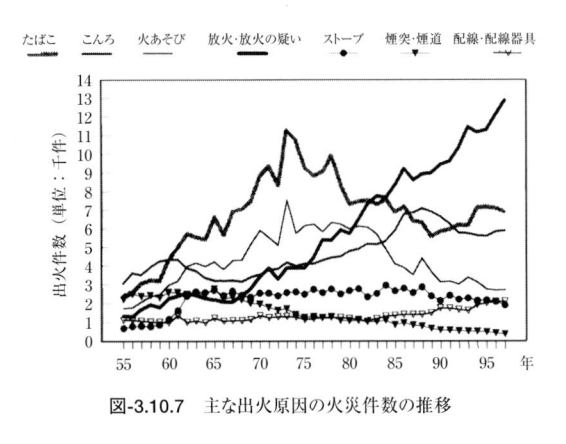

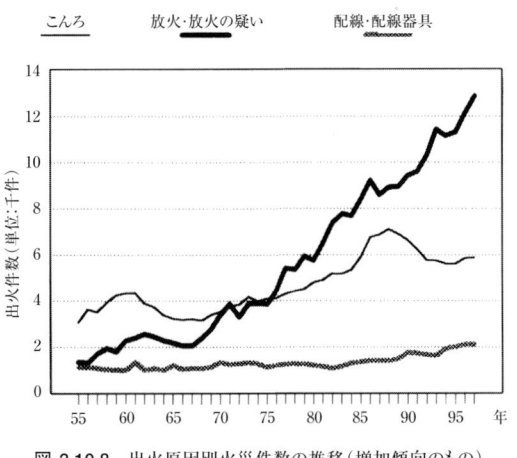

図-3.10.8 出火原因別火災件数の推移（増加傾向のもの）

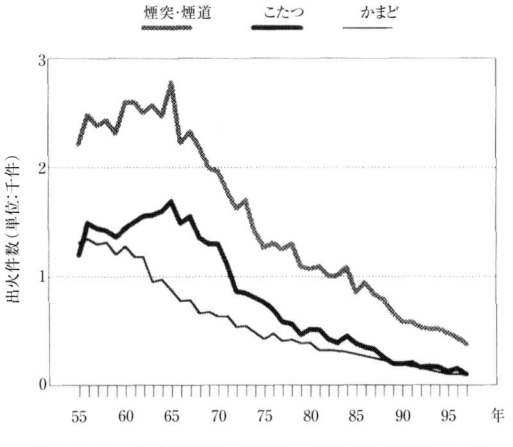

図-3.10.10 出火原因別火災件数の推移（減少傾向のもの）

の後もやはりかなり急な減少という推移を示している．このような増加から減少へのドラスチックな変化の理由は現時点では明らかではないが，たばこ火災については喫煙者数の減少と因果関係がありそうであり，また火あそびによる火災については，その主たる出火者である子供人口の減少と関係があるかも知れない．

さて，風呂がま火災は，1973年から1981年の間ピーク状態となった後一貫して減少しているが，これは，1980年代に空だき防止装置付き風呂がまが普及したことによるものであり，やがては消滅する出火原因となる可能性がある．したがって，現在増加傾向で出火件数も多い出火原因である「こんろ」火災についても，最近開発されすでに市販されている天ぷら油火災防止機能付きガスこんろなどが普及すれば将来は減少傾向に転ずるかも知れない．

図-3.10.10は，減少傾向が顕著な出火原因を示したものである．かまどは，この間一貫して減少し，煙突・煙道，およびこたつは，1965年を境にゆるやかな増加から転じて急激に減少している．これらは，いずれも現在ではあまり使用されなくなった火気器具あるいは装置であり，火災件数の減少は至極当然の成り行きと言えるものである．

(2) 発火源の燃料（エネルギー形態）別の出火傾向

図-3.10.11は，視点を変えて，出火原因のうち発火源の燃料（エネルギー形態）別の出火傾向を建物火災について調べてみたものである．戦後の高度経済成長と期を同じくするエネルギー革命，すなわち家庭での使用エネルギーが固形燃料や油からガス，電気に移行していった変化とともに顕著に発火源のエネルギー形態が変化したことを物語っている．この図では，偶然にも，4種の燃料形態別出火件数が1968年にほぼ4000件と一点に集中し，この前後の増減変化の模様を劇的に示している．

固形燃料は，この40年間ほぼ一貫して減少している．一方，ガスと電気は1970年代初頭まで増加し，その後横ばい状態となっているが，現在の主な出火原因のエネルギー形態であることには間違いない．少し変った増減傾向を示しているのは油燃料であり，1960年代初頭まで増加し，それから1970年代初頭に至るまで横ばい状態であるが，その後一貫して減少傾向を辿っている．これは，主として石油ストーブ火災の推移を反映しているものとみられ，家庭における石油ストーブの使用が減少したことのほか，器具の安全化が進んだことの影響の現れでもあるだろう．

阪神・淡路大震災など最近の地震火災の出火原因に電気関係火災やガスに関連する火災が多くなっているのもごく自然なことであり，別に不思議はないわけである．

以上にみてきたように，出火原因はその時代の社会経済状態を反映するとともに，火気器具の使用頻度の変化，あるいはその安全化が端的に火災件数の変化となって現れる．この意味で，出火件数が多く，かつ増加または横ばい状態である特定の出火原因への対策を講じることは，もっとも効果的な防火対策の1つであると言える．

3.10.4 建物火災の延焼規模の変遷

火災危険の指標には，出火の側面のほかに，延焼拡大の側面がある．すなわち一旦出火した火災がどの程度延焼拡大するか，あるいはまた，それを消防機関がいかに抑制するかという問題であ

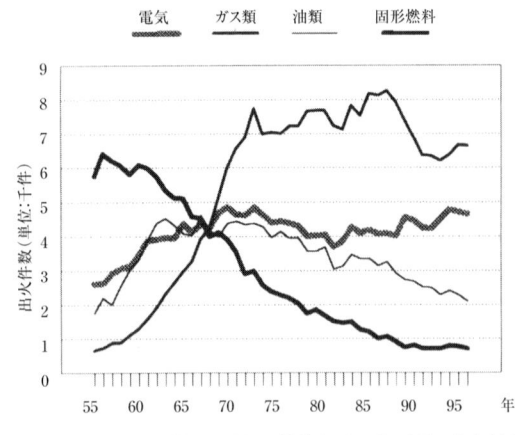

図-3.10.11 建物火災の発生源の燃料（エネルギー）別の出火傾向

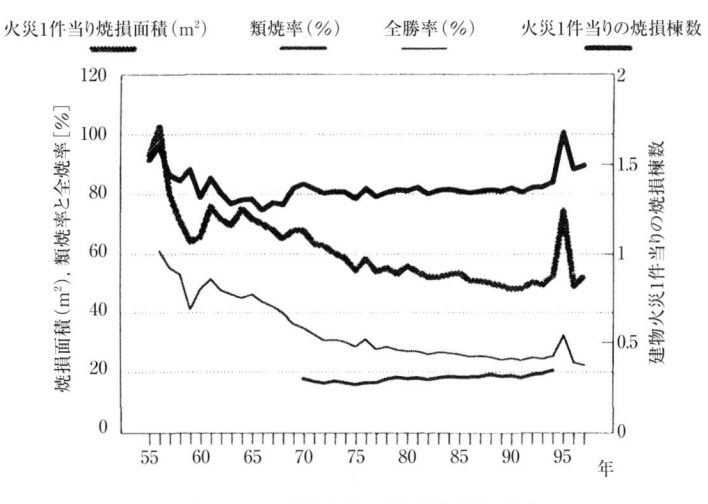

図-3.10.12　建物火災の延焼規模指標の推移

る．

図-3.10.12は，建物火災についての各種の延焼規模指標の推移を示したものである．火災1件当り焼損面積や全焼率（焼損棟数全体に占める全焼棟数の割合）でみてみると，過去40年間着実に延焼規模が低減してきていることがわかる．火災1件当り焼損面積では1955年には100m²程度であったものが，現在では50m²程度と半減し，全焼率では同じく60％から25％へとやはり半分以下になっている．

この理由としては，1つにはこの間の消防力の充実により火災が早期に消火されるようになり，大きく延焼する火災（特の都市大火）が減少したことが上げられる．また，もう1つの理由として，図-3.10.6に示されるように建物火災における耐火造建物の比率の増大（木造建物火災の減少）も影響しているに違いない．なお，各指標で1995年に現れているピークは，阪神・淡路大震災時の火災損害の影響である．

ところで，建物火災1件当り焼損棟数や類焼率（火災が火元建物に止まらず隣家へ類焼したケースの比率）は，1960年代後半以降は，それぞれ1.4棟/件，19％付近でほぼ横ばい状態で続いている．これは，現在の消防力整備状況下においても，隣家類焼防止可能時間内に消防隊がかけつけられない条件が一定の割合で存在している可能性を示唆しており，上記の値が限界点に近いのかも知れない．

3.10.5　火災による死傷者の変遷
（1）　火災による死者発生状況の推移

1955年から1997年に至る過去約40年間における火災による死者発生状況の推移を図-3.10.13でみると，1955年頃は火災による死者数は700名程度であったが，高度経済成長期といえる1955年から1970（昭和45）年にかけて，出火件数の上昇とともに火災による死者数も増加し1970年頃には約1500名と，この間に2倍となった．ところで，1970年頃までは放火自殺という事例が少なか

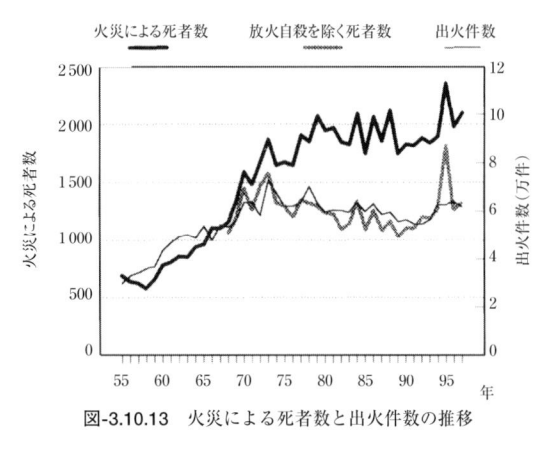

図-3.10.13　火災による死者数と出火件数の推移

ったせいもあり，火災統計にもその分類項目がなかったが，1968年以降記録されるようになった．

1968年以降の特徴をみると，火災による死者数全体としては増加を続け，1980年以降は2 000名前後で横ばい状態となっている．しかしながら，放火自殺を除いた死者数でみると，1970年代前半より以降はむしろ漸減の傾向を示しており，出火件数の減少傾向とほぼ一致している．つまり，図-3.10.13から明らかなように，この40年間を通じて，放火自殺を除く火災による死者数の推移は，出火件数の推移とよく相関しており，この傾向を上回る1970年以降の火災による死者数全体の増加部分は放火自殺の増加によるものであることがわかる．なお，1995年におけるピークは，阪神・淡路大震災時の火災による死者発生の影響である．

(2) 火災による負傷者発生状況の推移

1955年から1997年に至る過去約40年間における火災による負傷者発生状況の推移を図-3.10.14でみると，出火件数の推移とほぼ相関して1973年頃までは増加し，それ以降減少するという経過を辿っている．しかしながら，1973年以降の負傷者減少の背景には，出火件数自体の減少のほかに，消防活動現場における安全管理の向上による消防職・団員の負傷者の減少についても大きな理由として指摘しておくべきであろう．実際，1970年頃には年間3 000名を超えていたこれら消防職・団員の負傷者は，最近では約1 000名にまで減少している．

3.10.6 おわりに

全国の火災統計を用いて，戦後における火災の様相の変遷を概観した．火災件数や火災による死者数は，過去約40年間に大きな変化があったが，ここ20年間は比較的安定した推移を示している．しかしながら，建物用途別，構造別，あるいは火災原因別などのように更にブレイクダウンしてその推移をみると，全体の傾向だけでは読みとれなかった火災の様相がより具体的に見えてくる．

こうした火災の様相や傾向を把握することは，防火対策の立案の上でも大いに参考になるものと思われる．

◎参考文献

1) 自治省（現総務省）消防庁防災課：火災年報，昭和55年版～平成8年版．
2) 自治省（現総務省）消防庁：消防白書．

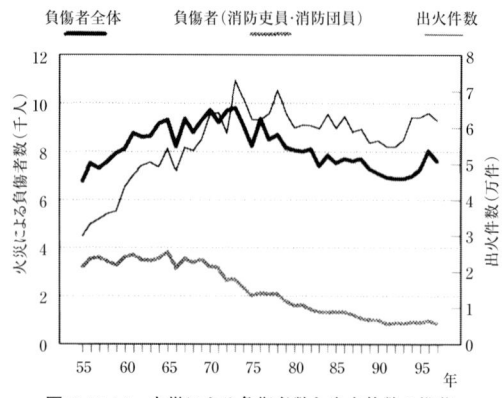

図-3.10.14 火災による負傷者数と出火件数の推移

3.11 ビル火災の記録

2000年6月号

飯野 雅章
日本ファシリティマネジメント推進協会

3.11.1 ビル火災時代を総括する

　雑誌「建築防災」の1985（昭和60）年4月号から1989（平成元）年4月号までの約4年間に、33回にわたって「ビル火災の記録」が連載されている。これは、わが国の1963（昭和38）年から1987（昭和62）年までの25年間に発生した90件のビル火災を一定の形式で綴ったものであった。

　この中から主な79件を抽出し、これに1989（平成元）年のスカイシティー南砂および1990（平成2）年の長崎屋尼崎店の火災記録を加え、81件のビル火災について、その記録概要を一覧にしたものが表-3.11.1である。

　このビル火災の記録一覧を概観し、若干の考察を加えて、述べることとしたい。なお、「建築防災」1993（平成5）年1，2月号に「最近の火災・その問題点と対策」と題して筆者の拙文が掲載されているが、こちらの記述内容とも関連し、相互に補足する内容ともなりそうなので、参考までに、そちらの方も併せてご覧頂ければ有り難い。

　この別表一覧をみていると、この記録の25年間のビル火災時代がいかに深刻なものであったか、今更のようにわかる。あの当時と比べれば、現在の平成時代は、火災に関しては、正に「平静の時代」と言える。

　では、ビル火災時代が始まる以前は良い時代であったか、と言えば、そうではなく、市街地火災（大火）の時代であった。わが国の都市は、江戸時代から長期間にわたって大火の恐怖に悩まされていたが、この市街地火災の時代が、都市のビル化によって対策が奏効し、昭和30年代末頃には、どうにか収まった。

　しかし、一難去ってまた一難、すぐにビル火災の時代に遭遇することとなる。その当時、関係当局や専門家でさえも、市街地火災とビル火災の特性の違いを見分けることができず、したがって、ビル火災に対する対策が遅れ、甚大な被害が頻発することとなる。

　これに対応して、昭和40年代中頃から、法令の改正を始めとして建築行政を中心に多種多様なビル火災対策が講じられた。そして、多くの関係者のたゆまぬ努力と並々ならぬ苦労もあって、昭和60年頃には、ようやく沈静化し、現在ではおおむね対策は達成できたと言える。

　かくして、ビル火災の時代は終ったわけだが、私達は、これを顧みて、検証してみも必要があるかも知れない。講じられた多種多様の対策の効果について、公平な立場から評価をし、総括することができる時期に来たのではないか。

　例えば、ビル火災の頻発を抑制する上で、多大の効果をあげたもの、逆に効果の乏しかったものは何か。

　十分な調査もせず、確たる証拠もなしに、独断と偏見をもって言わせてもらえば、数多くの対策のうち、定期報告制度の効果が意外に大きかったのではないか、と思われる。建築基準法第12条第1項および第2項に基づく定期調査および定期検査の報告については、その内容や方法にとかく批判もあり、当初は実施率も低く効果に疑問もあった。しかし、最近では、目立たないが、比較的安価で簡便な方法として定着し、着実に効果を上げていると思う。

　防災には、華々しさはないが、マニュアルに従って、単純で初歩的事項を辛抱強く処理し続ける業務が有力のようである。新しい技術や高度な理

表-3.11.1(a) ビル火災の記録・概要一覧

出火年月日時	建築物名称	所在地	建築物 構造	階数	延べ面積	用途	出火階	被害 死者	傷者	損傷面積
1963. 8. 22. 12	西武百貨店	東京都豊島区	SRC	8/3	69350m²	百貨店	7	7	114	10250m²
1964. 2. 13. 15	銀座松屋百貨店	東京都中央区	SRC	8/3	45597	百貨店	5	−	−	4600
1965. 4. 10. 12	渋谷東急ビル	東京都渋谷区	SRC	9/2	28600	複合	7	−	17	3087
1965. 10. 1. 11	滋賀県庁舎別館	大津市	RC	4/1	4161	事務所	2	3	3	151
1966. 1. 9. 0	金井ビル	川崎市	RC	6/1	1483	複合	3	12	14	692
1966. 3. 11. 3	菊富士ホテル	水上町	RC. W	3/1	3184	旅館	1	30	28	3183
1967. 4. 5. 8	京都国際ホテル	京都市	SRC	10/1	21902	ホテル	8	−	12	262
1968. 1. 11. 21	チトセ観光センター	名古屋市	RC	7/2	1805	複合	2	2	5	82
1968. 2. 25. 6	大伊豆ホテル	湯河原町	SRC. W	8/0	9708	旅館	1	2	79	1208
1968. 3. 13. 12	有楽ビル	東京都千代田区	SRC	12/5	41751	複合	2	3	2	40
1968. 3. 14. 11	ブロンズ会館	東京都豊島区	SRC	9/3	2369	飲食店	1	−	14	1233
1968. 11. 2. 2	有馬温泉池の坊満月城	神戸市	RC. W. S	5/2	12162	旅館	2	30	44	6950
1969. 2. 5. 21	磐光ホテル	郡山市	RC	4/0	21117	旅館	1	30	41	15511
1969. 2. 27. 20	ナイトスポットローマ	札幌市	RC	3/1	1273	キャバレー	1	4	−	308
1969. 5. 5. 14	中日放送会館	名古屋市	SRC	6/1	16333	TVスタジオ	B1	−	30	291
1970. 1. 28. 9	岩屋工場	兵庫県淡路町	RC	4/0	4735	マッチ工場	1	9	17	3120
1970. 2. 3. 2	つるやホテル	熱海市	SRC	10/0	23587	旅館	9	−	2	2284
1970. 2. 6. 3	豊栄百貨店	豊橋市	SRC	7/1	3493	百貨店	B1	−	7	2382
1970. 6. 29. 20	両毛病院	佐野市	W	1/0	332	精神病院	1	17	1	332
1970. 8. 4. 0	ホテル山浦	阿寒町	RC	3/0	4772	旅館	1	−	12	4772
1970. 9. 9. 15	野沢屋	横浜市	SRC	7/1	21950	百貨店	5	1	1	145
1970. 9. 10. 4	福田屋	宇都宮市	SRC	8/2	14381	百貨店	B1	−	8	13285
1970. 12. 26. 14	中央ビル	水戸市	RC	7/2	12112	複合	B1	2	18	10476
1971. 1. 2. 1	寿司由楼	和歌山市	W. S	4/1	2755	旅館	2	16	15	2755
1971. 5. 12. 1	田畑百貨店	千葉市	SRC	8/3	15655	百貨店	1	1	−	9380
1971. 12. 8. 5	安永ビル	福岡市	RC	5/0	1041	複合	1	2	10	108
1972. 2. 25. 6	椿グランドホテル	白浜町	RC. W	7/0	11120	旅館	3	3	6	11120
1972. 5. 13. 22	千日デパート	大阪市	RC	7/1	25924	複合	3	118	81	8763
1973. 3. 8. 3	済生会八幡病院	北九州市	RC	5/1	6230	病院	1	13	3	888
1973. 5. 18. 4	オリエンタルホテル	釧路市	RC	6/1	5736	ホテル	1	2	35	830
1973. 9. 25. 6	西武高槻ショッピングセンター	高槻市	SRC	6/1	59548	店舗	B1	6	14	34647
1973. 11. 15. 7	日の里団地	福岡県宗像町	RC	5/0	1420	共同住宅	2	2	9	137
1973. 11. 29. 13	大洋デパート	熊本市	RC	9/0	19074	百貨店	2	100	124	12582
1973. 12. 11. 6	今井マンション	東京都練馬区	RC	3/0	365	共同住宅	2	5	7	114
1974. 1. 26. 10	湯浅内科病院	尾道市	SRC	7/0	1550	病院	2	2	22	339
1974. 2. 17. 23	神戸デパート	神戸市	SRC	7/1	16114	複合	1	1	40	6289
1975. 3. 1. 2	池袋朝日会館	東京都豊島区	SRC	7/2	1618	複合	2	5	17	879
1975. 3. 10. 6	千成ホテル	大阪市	S	7/0	1501	簡易宿泊所	1	4	61	1501
1975. 7. 7. 4	ホテル百万石	加賀市	RC. W	3/1	17535	旅館	1	−	2	4542
1975. 11. 23. 2	秀和めじろ台レジデンス	八王子市	SPC	11/1	25728	共同住宅	6	2	19	314
1975. 12. 19. 22	ゴールデンクイーン	日立市	S	2/0	508	キャバレー	1	3	78	254

表-3.11.1(b) ビル火災の記録・概要一覧(つづき)

出火 年月日時	建築物名称	所在地	建築物 構造	階数	延べ面積	用途	出火階	被害 死者	傷者	損傷面積
1976. 1. 10. 0	貴悦ビル	東京都港区	RC	6/2	925m^2	複合	3	1	12	100m^2
1976. 8. 31. 4	ホテル青い城	東京都葛飾区	RC	4/0	736	ホテル	2	2	7	72
1976. 11. 30. 21	モナミビル	東京都新宿区	SRC	9/2	2342	複合	煙道	−	26	−
1976. 12. 4. 0	国松ビル	東京都墨田区	RC	4/1	535	複合	2	6	3	75
1976. 12. 26. 1	三沢ビル(らくらく)	沼津市	RC	3/0	369	複合	1	15	8	256
1977. 2. 6. 7	白石中央病院	札幌市	W. RC	2/0	1960	病院	1	4	5	648
1977. 5. 13. 22	岩国病院	岩国市	W	2/0	550	病院	1	7	2	465
1977. 12. 18. 4	丸井荘	会津若松市	W. RC	4/0	2575	旅館	2	4	11	1766
1977. 12. 21. 15	大慶ビル	仙台市	RC	4/1	2217	複合	1	−	4	2212
1978. 3. 10. 0	今町ビル・スナック・エルアドロ	新潟市	S	3/0	342	複合	2	11	2	78
1978. 5. 29. 16	東急ストア辻堂店	藤沢市	RC	5/0	4481	店舗	4	1	6	1729
1978. 6. 15. 1	ビジネスホテル白馬	半田市	W. RC	3/0	663	旅館	1	7	24	663
1978. 9. 26. 14	本町ビル	松本市	RC	4/0	2863	店舗	2	6	11	630
1978. 11. 19. 2	天狗ビル	東京都葛飾区	RC	4/0	244	複合	2	4	3	71
1979. 2. 10. 9	カドラーマンション白銀	東京都豊島区	SRC	7/0	1219	複合	3	1	24	1戸
1979. 5. 21. 14	住吉ゴム	大阪市	S	4/0	444	作業所	1	7	−	444
1979. 7. 26. 1	中台コーポ	幕張町	RC	2/0	218	共同住宅	2	5	8	218
1979. 11. 9. 0	イトーヨーカ堂大山店	東京都板橋区	SRC	6/0	3301	店舗	1	−	4	2413
1980. 8. 16. 9	ゴールデン街第一ビル	静岡市	RC	6/1	3520	複合	B1	15	223	3520
1980. 11. 20. 15	川治プリンスホテル	栃木県藤原町	S. W	4/0	3582	旅館	1	45	22	3582
1981. 3. 14. 16	光洋精機工場	川崎市	W	2/0	436	カメラ工場	1	7	3	632
1982. 2. 8. 3	ホテルニュージャパン	東京都千代田区	SRC	10/2	46697	ホテル	9	33	33	4186
1982. 11. 17. 23	庄川温泉観光ホテル	富山県庄川町	RC. S. W	4/0	7103	旅館	1	2	−	3980
1983. 2. 21. 3	蔵王観光ホテル	山形市	W	4/0	2264	旅館	2	11	2	3582
1983. 2. 22. 1	日進館万座温泉ホテル	群馬県嬬恋村	RC. W	4/0	8347	旅館	1	−	4	1300
1983. 8. 16. 14	地下鉄栄町駅	名古屋市	RC	0/3	19930	駅	B2	2	5	−
1983. 11. 22. 12	ヤマハレクリエーションセンター	掛川市	S	1/0	994	レストラン	1	14	27	994
1983. 11. 24. 1	船原ホテル	天城湯ヶ島町	RC	4/2	9988	旅館	4	−	6	1060
1984. 2. 19. 10	青山病院	尾道市	W	1/0	176	病院	1	6	1	176
1984. 11. 15. 1	三島ビル	松山市	RC	3/0	815	複合	1	8	13	522
1985. 2. 7. 18	基町高層住宅	広島市	SRC	14/0	64646	共同住宅	10	1	1	72
1986. 2. 11. 1	熱川温泉・ホテル大東館	静岡県伊豆町	W	3/0	860	旅館	1	24	−	1760
1986. 2. 12. 2	東洋ハウス	大阪市	W	2/0	335	共同住宅	1	5	5	221
1986. 2. 28. 1	大衆スタンド一福	大阪市	S	2/0	278	複合	1	8	2	37
1986. 4. 21. 2	峰温泉菊水館	静岡県河津町	RC. W	4/0	2533	旅館	1	3	56	1142
1986. 6. 14. 10	船橋東武百貨店	船橋市	SRC	8/2	67582	百貨店	B2	3	−	117
1986. 7. 31. 23	陽気寮	神戸市	S	2/0	1027	精神薄弱施設	2	8	−	1413
1987. 6. 6. 23	松寿園	東村山市	RC	3/0	2014	老人ホーム	2	17	24	450
1989. 8. 24. 16	スカイシティー南砂	東京都江東区	SRC	28/1	33209	共同住宅	24	−	24	159
1990. 3. 18. 12	長崎屋尼崎店	尼崎市	RC	5/1	5140	店舗	4	15	6	814

論を駆使する方法よりも，まず基本である定期報告のような安直な業務をちゃんと履行することが第一なのであろう．

これも独断と偏見で申し訳ないが，高度の理論・技術を駆使している割にほとんど効果がないと思われる対策の一つが排煙設備ではなかろうか．法令基準化以来30年以上になるが，別表をはじめ多くの火災事例を調べても，排煙設備の効果によって人命が救われた例は，まったくといって良いほど見当らない．逆に，排煙設備を過信していて，被害を大きくした例（1986（昭和61）年，船橋東武百貨店火災）はある．

排煙設備が実際の火災に際して，計画どおりに稼動し，期待される機能を果すことができるのか，誠に疑わしい．このような高価な設備の設置を法令で義務付けた訳には，ビル火災における煙の恐ろしさが強調され，急場しのぎの排煙理論が泥縄式に基準化された事情があるのではないかと思われる．その設置基準や構造基準は，いかにも実験室的で，実火災に対応できる成果がいつまで待って実証されない．

この際，排煙設備の基準を見直し，特別避難階段の付室ようなとくに重要な場所を除いて，原則不要とするなど思いきった規制緩和をしても良いと思う．

3.11.2　雑居ビル火災の教訓に思うこと

さて，わが国のビル火災の記録中，最大最悪の惨事と言えば，やはり1972（昭和47）年の千日デパート火災であろう．これは，用途，構造，管理者等が入り組んだ大規模な雑居ビルの災害であった．火災階と多くの死者をもたらした階とが異なる点からも，複合用途ビルの典型的な煙火災と言える．

気がかりなのは，わが国の都市では，このような形態のビルが今後も増加するのではないか，と危惧されることだ．すでに多くの建築ストックを抱え，長期的に人口減少が予想されるわが国では，既存建築物を有効に活用することが盛んに行われるだろう．

既存建築物の修繕，模様替え，用途変更，権利移転など多種多様な選択肢の中から経営戦略的に最適解を求める管理活動：ファシリティマネジメントが適正に行われるとしても，今後わが国では，千日デパートのような雑居ビルが増すことは避けられまい．

2以上の所有者や管理者が存在し，営業時間の異なる用途が混在する雑居ビルの火災が，不特定多数の客にとって非常に危険なものであることは，多くの事例が示している．とくに，修繕や模様替えを繰り返したビルでは，廃止された換気設備の風道が残されたまま忘れられ，管理者不明の状態で，火煙の拡大経路になるなど，千日デパートの教訓を忘れず，語り伝えることも大切である．

ビル火災の時代は終ったといっても，雑居ビルに関しては，依然として不安材料が山積している．雑居ビルの安全を確保することは，今後とも重要な課題であるが，効果的な対策は，と言えば，2以上の所有者や管理者の間で共通する維持保全の準則の作成を徹底すること，それに繰り返しになるが，定期報告を着実に粘り強く続けることであろう．

3.11.3　超高層ビル火災の不安はないか

これからの時代を見通せば，雑居ビルのほかに，やはり不安に思えるのが，超高層ビルの火災である．

わが国においては，幸いなことに，超高層ビルの火災事例が少なく，あまり話題にもならなかったが，けっして安心できる状態ではない．数少ない事例の一つとして，平成元年の東京における高層共同住宅火災があるが，死者が無かったこともあって，ほとんど問題にされずに，忘れられつつある．

ところがこの事例において，見逃せない点がある．それは超高層ビルのもっとも重要な防災施設の一つである特別避難階段の付室に，かなり高温

で大量の煙が流入し，さらにその一部が階段室にも流入して，居住者の避難を妨げたことであった．

これは，火煙から厳重かつ完全に守られなければならない高層建築物の特別避難階段にあってはならないことである．つまり，防災計画上予想外の事態が生じていたことについての反省が必要なのである．

このわずか一件の超高層建築物火災で，このような特別避難階段の性能が試され，弱点が露呈したとすれば，残念ながら，これはかなり高い確率で起り得る重大な欠陥が存在することを認めなければならない．

この共同住宅で，なぜこのような恐ろしい事態が生じたかと言えば，原因は屋内から付室に通ずる入口が3か所も設けられていたからである．本来，特別避難階段の付室は，避難者が逃げ込む際に，人と一緒にわずかな煙が流入することを想定していて，それを排煙設備で除去する仕組みになっている．

ところが，この付室には入口が3か所，階段室への入口も会わせれば，4か所も出入口があった．閉鎖的であるべき付室が常時廊下の用途に供される解放的な空間として計画されていた．そのため強い南風の流路となって，大量の煙が付室に流入した．この量は排煙設備の能力をはるかに超えるもので，その一部が階段室に流入することとなる．

法令の基準には「特別避難階段の付室の入口は1か所に限る」と明確に規定されているわけではないから，これで違反だとは言えないかも知れない．しかし，2戸以上の住戸の出入口を直接付室に設けて，付室を廊下のように利用することは，明らかに基準の趣旨に反している．

さらに，これらの住戸からの避難経路に着目すれば，一方の付室を通らなければ他方の付室に行くことができない状態に置かれている．これでは，2方向避難が確保されているとは言えない．このような法令の趣旨から逸脱した設計が見受けられ

ることは，嘆かわしいことである．

このような設計を抑止するためには，法令基準をもっと詳細かつ厳重に改めるべきだ，ということになるが，これはもはや好ましい方向ではない．設計の小手先に介入するような改正を繰り返して行けば，法令の条文はますます複雑難解となって，弊害の方が大きくなる．

設計者が基準の趣旨を正しく理解し，条文の足らざる面を補う方向に努めなければ，高度化する建築技術に対応できないし，安全を保つことはできない．

技術基準が時代とともに進展する技術や社会に対応しにくくなり，しだいに複雑化するのは，仕様規定の宿命かも知れない．そこで，基準を性能規定化すれば，その趣旨も理解し易いし，時代の変化にも柔軟に対応できて，都合が良いと考えられる．

2000（平成12）年の建築基準法施行令の改正では，避難施設の基準にも性能規定が大幅に採り入れられているのは，喜ばしいことである．しかし，相変らず従来の仕様規定も残っていて，設計に当っては，いずれかを選択することができるので，従来の好ましからざる設計を止めさせることはできない．

また，性能規定は具体的でなく，抽象的で，幅広い解釈が許容される可能性があるから，安全上問題のある形態であっても，改めさせるのは難しく，それがいったん認められると，お手本のように大手を振ってまかり通ることになりかねない．だとすれば，民間の指定確認検査機関の確認による場合も考慮すると，今後，しだいに防災基準の運用が甘くなる恐れもある．

この共同住宅の火災では，死者は無かったが，負傷者はかなり多く，負傷者以外にも危険や恐怖にさらされた人も少なくなかったと思われる．付室を廊下のようにデザインした超高層建築物は，ほかにも見受けられるが，この火災事例を教訓として，このような設計は止めなければならない．

3.11.4 防災基準を緩和して良いか

最近の十数年間は,ビル火災も少なく,喜ばしいことであるが,それだけに地震に対する防災意識と比べて,火災に対するそれが薄れて行くように感じられる.人々の防災意識の高揚と持続を図るためには,時々災害がある方が良い,などという危険な思想も出てくる.

また,この間の法令基準の改正も,緩和の方向に進められていて,火災対策の面からみると,やや問題がある.

この十数年間の建築基準法令改正の中では,準防火地域内の三階建木造,高さの制限を超える木造,防火壁を不要とする木造,準耐火構造の木造,木造三階建共同住宅……と主として木造の防火に関する緩和が進行している.緩和といっても簡素化ではない.緩和の条件として,新たに技術基準が制定されるから,法令や告示の条文はますます長大かつ煩雑になる.

かくして,設計者等の建築技術者の精神的負担は一向に緩和されない.規制緩和で少しは楽になるか,と期待したら逆だった,ということになる.

このような傾向は,防災上の観点からすれば,けっして望ましい方向ではない.災害対策の要諦は,簡単,明瞭かつ確実であることを旨とすべきであるのに,現実は緩和した上に煩雑化しているのだから,これでは安全とは逆の危険な方向に進んでいるとしか思えない.

さらに言えば,防火材料や防火耐火構造の試験方法についても,ISO規格との整合性を図るための改正をして,中には,単に試験体の寸法を大きくさせ,そのための費用が増すだけの改正もある.規制強化かも知れないが,火災対策として,本質的に安全性が増すわけではないから,有り難味が少ない.

外圧の影響だから,という事情があるかも知れないが,「規制緩和」と「国際化」は,今や錦の御旗のようなもので,これに抵抗するなどはもっての外,という社会的風潮がある.

しかし,建築に大切なことは,安全や環境を守ることであって,規制緩和や国際化ではない.この優先順位が逆になるようでは,地震対策も含めて,建築防災を強力に推進することは困難になることも理解して頂けると思う.

以上,わが国の20世紀のビル火災記録を顧みて,気がついた点を2～3記述した.無責任な感想・意見であるから,気に障る方がいらっしゃるかも知れないが,寛大に受け止めて頂きたい.

なお,1993(平成5)年以後に発生した次の火災については,建築物の構造や出火階などの調査に不十分な点があるので,別表に掲げないこととし,概要のみを記す.

① 1994年7月6日:海老名寄宿舎(海老名市)
……死者8人,負傷者0人
② 1994年12月21日:若喜旅館本店(福島市)
……死者5人,負傷者2人
③ 1996年10月28日:基町高層住宅(広島市)
……死者0人,負傷者2人
④ 1998年11月17日:ホテル天山閣(白浜町)
……死者0人,負傷者5人

ビル火災の頻発が沈静化したといっても,その危険性が完全に解消したわけではない.新しい世紀を迎えて,これから必要なことは,ビル火災の記録をできる限り詳細に保存し,その問題点と教訓を多くの人に語り伝え,防災意識を強く持続させる努力をすることであろう.

日本建築防災協会には,このような役割を担って頂きたく,安全でゆとりのある21世紀の都市建築環境をめざして,さらに幅広い建築防災施策に取り組んで頂ければ,と願っている.

3.12 火災事故調査

2000年10月号

北後 明彦
神戸大学大学院自然科学研究科
現 神戸大学都市安全研究センター

3.12.1 はじめに

これまでの大きな火災現場をいくつもみてきた先輩の研究者は，「若い人達にとっては，火事がどんなものかという全体像を把握できるものが現状では無いように思うし，それと同時に，研究者（特に若手）は総合的な火災安全とは何かということが理解できていないように感じている．」[1]と述べている．一度に多数の人が亡くなるような建物火災が，近年，発生していなかった，あるいは発生したとしてもそんなに連続して起きていなかったという火災安全にとっては望ましい状況が，逆に火災安全を理解する上では困難な世代を生み出してきたことになる．

性能設計の時代になって，火災のイメージ，総合的な火災安全は何かということが実感としてつかめていないとすれば問題である．制約がなくなったから，ある種の理屈で説明がつくから，ということで，イメージできないままに設計してしまうことはないだろうか．多くの犠牲者がでるまで自由に設計して良いというわけにはいかない．それぞれが納得して犠牲者がでないような設計を行っておくべきだろう．それでは，どのように火災の全体像をつかんだらよいのだろうか．これは言い古されたことだが，災害に学ぶということがやはり重要である．

新幹線のコンクリート崩落事故やJCO臨界事故など社会的に大きな影響を与えた事故が，20世紀末頃に相次いで発生したのを受けて，日本学術会議の安全に関する緊急特別委員会は，「安全学の構築に向けて」と題する報告を出したが，その中で「事故に学ぶシステムと事故を調査するシステム」の重要性を指摘している．火災の場合でいえば，火災事例に学ぶシステムの構築と，火災調査を行うシステムの構築が重要であるということになる．

人類の歴史において，人々に深刻な影響を与えた大きな災害が発生した場合には，その経験に学び，その教訓を社会のさまざまな活動の側面に生かしてきた．しかし，海外や日本の多数の死者が発生した火災の一覧（表-3.12.1，3.12.2）をみると，同様の火災が再度発生している場合も多い．これは，その災害について学ぶ仕組みが不十分であったことに一つの原因があると考えられる．災害について学ぶことの基本は，教訓を社会に反映できる観点から，その災害を調査することにある．この調査がうまくでき，その教訓を社会のさまざまな側面に生かすことができた場合，その種の災害が頻発することがなくなる．ここでは，防火・避難計画の分野で，このような仕組みがどのようにあるべきであるかを展望するため，筆者の知りえる範囲で，火災調査がこれまでに行われてきた歴史と，調査が建築物の避難安全計画に果してきた役割について，関連する事項を含めて述べる．

3.12.2 避難安全計画にかかわる火災と調査の歴史

(1) 19世紀末まで

a. 劇場火災　建築物の避難安全計画にかかわる火災で最初に問題となったのは劇場火災であろう．表-3.12.1に示されるように，19世紀中頃から一度に多くの死傷者をもたらした火災が，劇場のような多人数を収容する建物で頻発している．常設の大規模な劇場が続々と建設された18世紀から，すでに当時の劇場の危険性は明らかで

表-3.12.1(a)　死者50人以上の建物火災(世界)

西暦	国名(場所)	火災になった建物	死者	備考
1689	デンマーク(コペンハーゲン)	木造のオペラ劇場と城	210人	
1836	ロシア(ペテルブルグ)	劇場	700人	
1845	中国(広州)	劇場	1 670人	
1846	カナダ(ケベック)	王立劇場	200人	負傷多数
1863	チリ(サンチアゴ)	教会	2 000人	多数は婦人と子供
1876	米国(ニューヨーク)	コンウェス(ブルックリン)劇場	295人	
1881	オーストリア(ウィーン)	リング劇場	50人	
1883	ロシア(モスクワ)	ブフォ劇場	270人	
1883	英国(サンダーランド)	ビクトリアホール	183人	児童が階段で圧死
1885	米国(リッチモンド)	木造のサーカス劇場	100人	負傷多数
1887	フランス(パリ)	オペラ劇場(コミック座)	115人	重傷60人
1887	英国(エクスター)	ロイヤル劇場	86人	
1888	ポルトガル(オポルト)	バケット劇場	170人	
1897	フランス(パリ)	チリティーバザー会場	124人	
1902	米国(アラバマ州)	教会	115人	
1903	米国(シカゴ)	イロコイ劇場	602人	負傷250人
1908	米国(ペンシルバニア州)	ロードス・オペラ劇場	170人	映画館
1908	米国(オハイオ州)	レイクビュー中学校	176人	
1911	米国(ニューヨーク)	トライアングシャツウェスト会社	145人	
1909	メキシコ(アカプルコ)	フローレヌ劇場	250人	
1919	プエルトリコ	マヤケス劇場	150人	
1923	米国(サウスカロライナ州)	リーブランド地区学校	77人	
1927	米国(モントリオール)	ローリアー・パレス劇場	78人	
1928	スペイン(マドリッド)	ノバタテス劇場	67人	
1928	チリ(タルカ)	中央病院	100人	地震火災
1929	ソ連(イゴルキノ)	映画館	144人	
1929	米国(オハイオ州)	クリーブランド病院	125人	X線室爆発, 毒ガス
1930	ルーマニア(コスチ)	教会	150人	
1930	米国(オハイオ州)	コロンブス刑務所	320人	囚人
1933	米国(ロサンゼルス)	学校・倉庫など	500人	
1937	中国(安東)	安東劇場	650人	
1937	日本(和歌山)	南冨田小学校	81人	講堂で映画会中
1937	米国(テキサス州)	中・高等学校(ニューロンドン)	311人	ガス爆発
1940	米国(ミシシッピ州)	ダンスホール(ナッチェス)	207人	
1942	米国(ボストン)	ココナッツグローブナイトクラブ	492人	1 000名入場
1942	カナダ(セントジョン)	ホテル	100人	
1943	コロンビア	サンドーナ市庁舎	103人	
1943	米国(テキサス州)	ガルフモテル	55人	
1943	日本(北海道)	布袋座(映画館)	205人	積雪で非常口開けず
1944	米国(コネチカット州)	サーカステント(ハートフォード)	169人	
1946	米国(シカゴ)	ラサールホテル	61人	
1946	米国(アトランタ)	ウィンコフホテル	119人	15階建, 3階出火

表-3.12.1(b) 死者50人以上の建物火災(世界)

西暦	国名(場所)	火災になった建物	死者	備考
1948	米国(イリノイ州)	病院	74人	急激な火災拡大
1948	中国(香港)	倉庫	135人	
1951	ナイジェリア(カノ)	映画館	100人	
1955	日本(横浜)	養老院	99人	
1957	米国(ミズリー州)	養老院	72人	
1958	米国(シカゴ)	学校	95人	
1958	コロンビア(ボゴタ)	ウィーダデパート	98人	出口1か所
1960	グァテマラ(グァテマラ)	精神病院	200人	無窓
1960	シリア(アミューデ)	映画館	152人	
1961	ブラジル(ナイトロール)	サーカスのテント	323人	
1963	セネガル	劇場	64人	
1963	米国(オハイオ州)	老人ホーム	63人	
1967	ベルギー(ブリュッセル)	イノバシオンデパート	322人	
1968	インド(ビジャワダ)	結婚式場	58人	
1970	フランス(サンローレン)	ダンスホール	144人	
1971	韓国(ソウル)	大然閣ホテル	163人	
1972	日本(大阪府)	千日ビル	118人	
1973	日本(熊本県)	大洋デパート	103人	
1973	韓国(京城)	劇場	50人	
1974	ブラジル(サンパウロ)	高層ビル	227人	
1977	米国(サウスゲート)	ビバリーヒルズサパークラブ	164人	
1978	イラン(アバダン)	映画館	430人	放火
1979	インド(ツチコリン)	映画館	104人	
1980	ジャマイカ(キングストン)	老人・困窮者施設	157人	
1980	イラク(バグダット)	映画館	59人	
1980	ポーランド	精神病院(ゴーナグルッパ)	50人	
1980	米国(ラスベガス)	MGMグランドホテル	85人	負傷534人
1981	インド(アーマダバード)	5階建ての行楽用建物	50人	
1983	イタリア(トリノ)	映画館	64人	負傷93人
1983	スペイン(マドリード)	地下ディスコ	79人	ステージ付近出火
1985	英国(ブラッドフォード)	サッカー競技場観客席	54人	
1986	プエルトリコ(サンファン)	高級ホテル	95人	
1991	中国(広東省)	工場の宿泊施設	66人	
1993	中国(唐山市)	百貨店	79人	負傷53人
1994	中国(犀新)	ダンスホール	233人	負傷5人
1994	中国(カマイ市)	映画館	310人	負傷150人, 児童
1995	台湾(台北市)	耐火造3階複合建物	67人	カラオケ
1995	インド(ダブワリ)	学芸会(小中学生等)	425人	負傷120人

[出典] 高橋太:外国の火災年代表, 火災便覧第3版.
矢島安雄:ビル火災の避難と救助, NFPA防火ハンドブック.
全国消防長会:海外事例は物語る, 掲載火災事例.

表-3.12.2 死者10人以上の建物火災(日本)

西 暦	所在地	火災になった建物	死 者	備 考
1929	東京都牛込区	戸山脳病院	12人	患者の放火
1929	東京都	東大久保脳病院	12人	患者の放火
1931	北海道	東島牧村特設映画会場	16人	仮設映画館
1931	群馬県	金古町繭糸市場	13人	仮設映画館
1932	東京都日本橋区	白木屋(百貨店)	14人	8階建,重傷百十数人
1932	東京市深川	大富市場アパート	23人	木造3階建,重傷3人
1934	広島県呉市	衆楽市場	11人	店舗併用住宅
1937	東京市銀座	関西割烹「銀栖鳳」	10人	近隣の市場等焼失
1937	東京都浅草区	同情園育児部(福祉施設)	10人	
1937	広島市西白島町	私立教護所(福祉施設)	23人	死者は全員幼児
1937	和歌山県西牟婁郡	南冨田小学校	81人	講堂で映画会中
1943	北海道倶知安町	布袋座(映画館)	208人	積雪で非常口開けず
1945	徳島県	大阪市立南恩加島国民学校	16人	疎開中の貞光寺で火災
1950	岡山市	岡山県立聾学校寄宿舎	16人	宿直の失火
1951	北海道浜中村	大原劇場(映画館)	39人	
1951	彦根市	近江絹糸彦根工場講堂	23人	映画上映中.圧死.
1951	千葉県勝浦町	見晴館(旅館)	10人	84戸焼失
1951	北海道釧路市	私立釧路病院	18人	
1953	岡山県	加茂中学校倉見分校	14人	映画会中に出火
1955	横浜市	聖母の園養老院	99人	木造2階建
1955	千葉県市川市	式場精神病院	18人	
1959	北海道美幌町	美幌銀映座(映画館)	12人	
1959	熊本県多良木町	多良木病院	12人	
1960	神奈川県横須賀市	衣笠病院	16人	
1960	福岡県久留米市	国立療養所久留米病院	11人	
1966	神奈川県川崎市	金井ビル	12人	6階建,3階出火
1966	群馬県水上町	菊富士ホテル	30人	警備員控室から出火
1968	神戸市	池之坊満月城(旅館)	30人	耐火一部木造
1969	福島県郡山市	磐光ホテル	30人	
1970	栃木県佐野市	両毛病院	17人	患者による放火
1971	和歌山県和歌山市	寿司由楼	16人	
1972	大阪市南区	千日ビル	118人	
1973	福岡県北九州市	済生会八幡病院	13人	
1973	熊本県熊本市	大洋デパート	103人	
1976	静岡県沼津市	三沢ビル(らくらく酒場)	15人	
1978	新潟県新潟市	今町会館(エル・アドロ)	11人	
1980	静岡県静岡市	ゴールデン街第一ビル	14人	地下店舗
1980	栃木県藤原町	川治プリンスホテル雅苑	45人	
1982	東京都千代田区	ホテルニュージャパン	32人	
1983	山形県山形市	蔵王観光ホテル	11人	
1986	静岡県東伊豆町	ホテル大東館旧館「山水」	24人	木造3階建
1987	東京都東村山市	昭青会松寿園(老人ホーム)	17人	
1990	兵庫県尼崎市	長崎屋尼崎店(物販店舗)	15人	
2001	東京都新宿区	明星56ビル	44人	

［出典］高橋太：特異火災事例一覧,火災便覧第3版.
　　　　長谷見雄二：大規模木造建築の火災,掲載火災事例.

あったようであり，1781年のパリ・オペラ座火災のあとに理想劇場の設計を提案したE.L.ブーレは，「現在の劇場のほとんどは恐ろしい火葬用の薪の山だ」と書いている．彼の提案による劇場の階段は（パニックを防ぐために）それぞれ独立して人が流れる方式で四つの主要出口に通じ，舞台とその備品以外はすべて石か煉瓦でつくられることになっていた[5]．

b．英国の避難規定　19世紀後半になると，劇場火災による多数の死者の発生は社会の関心事となり，ロンドン州議会では，劇場や音楽ホールなどを対象とした最初の避難手段の規定を1879年に制定した．この規定は，避難経路を利用する人数に基づいて避難経路の幅と数を要求した[6]．その後，英国内務省では，劇場など公共娯楽施設に対する防火安全の要件をまとめた手引書を出版しているが，その序文によると，英国内で得られた経験とともに，外国の火災事例や外国の当局によって行われた調査報告書に基づいて提案を行った経過が記されている[6]．

c．米国における火災の発生状況　米国においては，19世紀後半は，工業化の進行により都市に人口が集中し，耐火鉄骨造の高層建築物が多く出現した時代であり，火災による被害が増大していた．この時期に，米国においてヨーロッパの火災事情と比較した文献によると，ヨーロッパの主要な都市における建物火災のほとんどは出火階でとどまっていたのに対し，米国の建物は非常に火災の被害を受けやすい，つまり建物の質がよくなくて火災による延焼拡大の危険性が高い状態にあるとしている[7]．より一般的には，19世紀においての米国においては，火災による人命や財産の損失の問題以前に，いいかげんな施工方法による建物倒壊の危険の問題があったようで，火災の問題に関しては保険会社やその関係者などの比較的狭い範囲で理解され取り組まれていた状態で[8]，全米防火協会（NFPA）は，スプリンクラーの規格検討をきっかけとしてこれらの保険会社などをメンバーとして1896年に設立されている[9]．

(2) 20世紀初頭

このような状況の中で，**表-3.12.1**に示されるように，米国では，1903年のイロコイ劇場火災で602人，1908年のロードス劇場火災で170人とレイクビュー中学校火災で176人，1911年のトライアングルシャツウェスト会社のビル火災で145人が焼死するなどの多くの人命が失われた火災が相次いで発生した．このようなことが関係して火災安全の確保に対する世論が高まり，1910年代までに，米国のほとんどの州において官吏（ファイアマーシャル）に火災安全に関連した調査と取締の権限が与えられている[8]．NFPAにおいても，これらの火災をきっかけとして火災安全の確保を願う人々の関心が高まったことを配慮し，1913年に人命安全委員会を発足させ，これらの火災についての調査結果を検討した上で，避難安全関係の基準をとりまとめている[9,10]．

a．イロコイ劇場火災　1903年のイロコイ劇場火災については，火災から約10日後に　調査報告がNFPAのメンバー（保険会社関係者）によって記述されている[11]．この火災は，舞台のスポットライトから出火した．死者602人のうちの多くは，煙の吸引や火傷によって発生しているが，パニックによって踏みつけられて死亡した者も多数いた．死者の約70％は，ギャラリー（最上部の桟敷席），残りはバルコニー（2階席）で発生している．1階の主要な客席部では，十分な出口があったことと，ドラフトのため火煙が上方へ向かったため，ほとんど死者は発生していない．建物自身は耐火造であったが，客席と舞台を区切るアスベストのカーテンは適切に機能せず，舞台近くの換気装置は完成していなかった．また，出口の位置を適切に表示していなく，最上部の桟敷席からの主要な出口がなかった（**図-3.12.1**参照）．この火災のときに出演していて火災に遭遇した喜劇俳優のエディー・フォイは，手記の中で，「この劇場は非常にすばらしく高級なつくりであり，また，効率的で安全だと聞いており，実際，防火的な措置もおそらく十分に考えられていたのであ

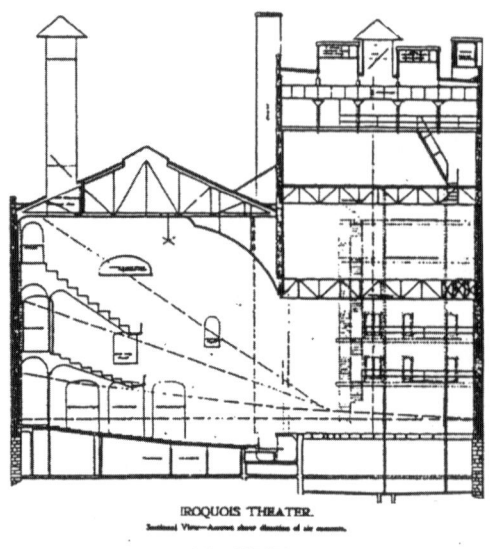

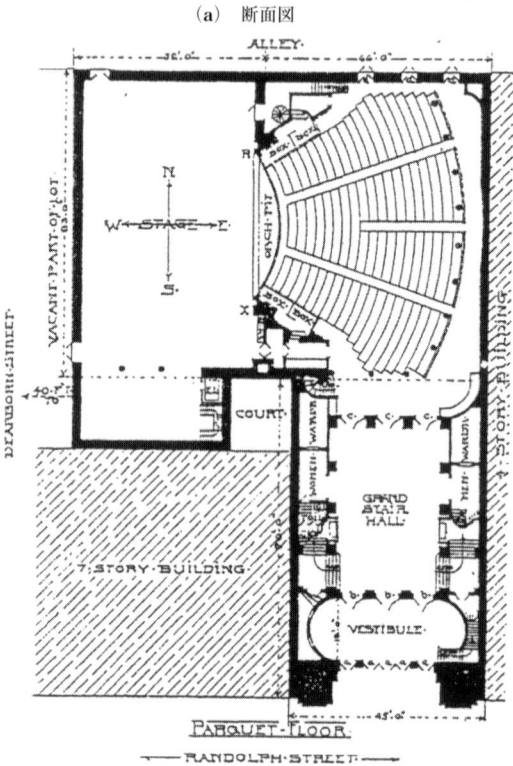

図-3.12.1 イロコイ劇場（1903年火災）[9), 11)]

(a) 断面図

(b) 平面図

ろうが，不注意や経済効率優先によって欠落していた部分があり，幻影のパラダイスとなっていた．米国ではこの火災までに何年間も重大な劇場火災が発生していなかったので，火災に対する予防措置が大幅に緩和されていた」と記している[9)]．

NFPAの劇場建築・設備委員会へ1905年に出された報告では，「一般的に歴史上の重大な劇場火災では，書割などによって覆われた舞台上の炎の急速な拡大と，それに続く2，3分以内のプロセニアムアーチから客席部の上部への息苦しい煙の流出によりギャラリーの客が避難する余裕がなく，人命が失われている．死者は，最初の炎が出てから5分以内に，主にバルコニーにおいて発生している」とし，「舞台上の自動即開排煙装置・自動スプリンクラー設備，ギャラリーからの十分な出口と階段」を推奨している[12)]．この劇場建築・設備委員会は，1911年に避難方式や容量などについて詳細な報告を出している[13)]．

b. 古着再生工場のビル火災　1911年のトライアングルシャツウェスト会社の古着再生工場ビル火災（10階建て）では145人の従業員が焼死したが，この火災をきっかけとして，火災時のビルからの避難方法をめぐって全国的な議論がまき起っている．このビル火災では，屋外の鉄製避難タラップが窓から噴出する火炎の熱によって避難者とともに崩れ落ちて大量の死者発生の原因となった．この火災に限らず，屋外のはしごのような鉄製避難タラップは，先述したような当時の米国での火災が延焼拡大しやすい傾向とあいまって，火災による悲劇の主要な原因となっていた．そこで，NFPAの季刊誌に，ニューヨーク市で推奨されていた避難階段（この時代，一般的には防煙タワーと呼ばれていた）の図面を掲載し（**図-3.12.2**は自然排煙附室経由内部階段，その他，バルコニー経由内部階段．および，各階を2つの部分に分ける防火壁の端部に両側の部分から入る自然排煙附室経由内部階段の図が掲載されている），この避難階段は火災となっても使い物にならなくなることはないとしている．ただしこの避難階段であっても，急速な火災拡大によってパニックの状態となった場合には十分ではなく，各階を2つの部分に分ける防火壁を設けて避難口を設ける，つまり水平避難を行うことがもっとも安全であるとしている[14)]．**図-3.12.3**は，当時のある技師が1913年

の第1回アメリカ全国火災防止会議においてトライアングルシャツウエスト会社のビル火災をイメージして提案した水平避難の概念図である．ただし，この提案については賛否両論があったようで，防火戸の不十分さについての批判に対して提案者は防火戸に改良を加えればよいとともに，防煙タワーとの併用によってさらに有効となるとしている[8]．

NFPAの耐火建築委員会では，1913年に「標準建築物」についての仕様書を作成した．ここで言う「標準建築物」とは，外部火災および内部火災にさらされても被害を最小限に抑え，焼失しても主要構造部には重大な損傷が発生しないように設計・設備され，その結果，火災やパニックに対して在館者の生命が適切に守られる建築物であると定義され，一般の人々や建築家への教育を念頭に，ある意味では理想形として論じられている．その「標準建築物」の仕様書において，避難施設についても詳細な注意が払われ，閉鎖型内部階段（避難階段），防煙タワー（特別避難階段），水平避難口（避難口用隔壁となる防火区画に設けた水平避難用の出入口）についての仕様や，必要とされる水平避難口および垂直避難口の数・容量について

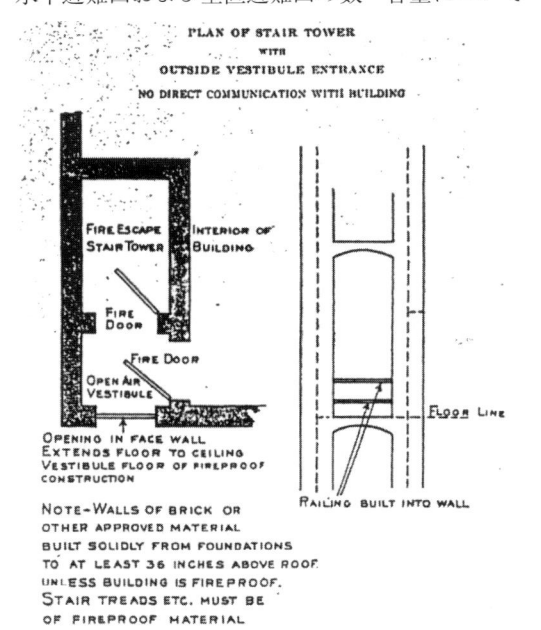

図-3.12.2 推奨された避難階段の一例（1911）[14]

図-3.12.3 提案された水平避難の概念図（1913）[8]

定めている[15]．

c. NFPAの人命安全委員会　NFPAにおいて1913年に発足した人命安全委員会はNFPAで行われてきた上述の各委員会での検討結果を受け継いでいる．同委員会の初年度の年次報告においては，スプリンクラーが設置されていた建物における火災事例の調査結果によって，スプリンクラーによる人命安全確保の効果が非常に高いこと，とくに，スプリンクラーが設置されていた建物の火災でパニックが発生したことは一度もないことが示されている．NFPAはスプリンクラーの規格制定に関連して設立されたこともあり，1907年から，スプリンクラーが設置されている建物で発生した火災時におけるスプリンクラーの効果についての年次統計報告を出している[9]．なお，同委員会の初年度の年次報告では，火災事例の調査について，多くの人命が失われた重大な火災についてはかなり正確な報告が得られるが，その他の火災についての報告には，火災による死傷者の記録が必ずしも求められていなかった状況が示され，今後は，どのような火災についても死傷者についての記録を積極的に記載するとともに，人命安全以外の側面についての報告であっても死傷者があった場合についてはその記録を掲載することを決めており[16]，その後の人命安全委員会では，これらの記録が活用されている．

d. Building Exit Codeの作成　1917年からは，NFPAの人命安全委員会において避難行動につい

ての研究がなされ，その成果を基に「Building Exit Code（建築物避難出口規定）」の原案の準備をはじめ，1924年に公表，1927年に出版している[17]．この時のBuilding Exit Codeには，技術基準（避難階段の構造，水平避難口の設置方法，ドアの構造，エレベータの位置づけ，エスカレータの構造，避難器具の設置方法，警報システム）および用途別の要件（一般要件，2方向避難に対応する避難口の数と位置，歩行距離制限，廊下の幅，デパートの要件，工場の要件）などについて記述されていた．

1930年のNFPAの年次総会に提出された研究報告によると，その当時の火災で死者が発生したものは，設備や維持管理がBuilding Exit Codeからみて不適切な状況にあったことを例証しているとしている．同年次総会では，さらに，1929年のクリーブランド病院火災（125人死亡），1930年のコロンブス刑務所火災（320人死亡）などを取り上げ，これらの火災においては，X線室のフィルムなど危険物が存在していたとともに十分な防護のための設備がなかったことを示している．NFPAでは，1931年から，以上のような大きな損害のあった火災についての調査研究結果の出版をはじめている[9]．

(3) 1930年代

a. Building Exit Codeの見直し 米国の各州・市においては上述の経過の中で，過去20〜30年間，2方向避難や防煙タワーを求める規制を取り入れるようになり，維持管理が悪い状態の場合に火災で死者が発生している以外，重大な火災が発生していない状態が続いたといえるので，これらの原則の緩和，つまり，2方向避難の原則を緩和して単一階段を認める，また，防煙タワーは上下の階の連絡用には使いづらく物置となっているような実態があり実際的ではないので見直しを要求する声が出てきて，実際に緩和した自治体もあった[18]．このような動きと関連してかどうか明らかではないが，これまで非常に複雑化し，場合によっては過度に避難施設の数や容量を要求している数式や表を用いることとなっていたNFPAのBuilding Exit Codeを，商務省のBuilding Codeと調和させることになり，避難施設の数や容量の規定を単純化させ，結果的に事務所ビルなどではエレベータを避難出口とみなして，単一階段を認める結果となっている[19),20)]．

1936年には，NFPAのBuilding Exit Codeに「ホテル及びアパート」の章が追加された．これらの就寝施設では，ほとんどの死者は夜間の火災によって発生しており，火災の発見や在館者を起すことが遅れがちになることへの対策が強調されている[21)]．この規定についても，規模の小さいものについての2方向避難の緩和についての議論が連邦住宅局の要請により1940年になされている．その際，当時発生したアパートにおける火災事例の調査結果が参照され，人命安全に重大な影響を与えた火災では，階段の区画や火災報知器が無いなど，Building Exit Codeの原則の重要さを示して，緩和に反対する意見が出されている[22)]．ただし，この当時の議論では，人間行動を火災実験によって確かめることはできないので火災事例をみていくことが大事といいつつ，個々の原則の必要性を示すために火災事例での死者の発生状況をもち出しているが，どのようにすれば個々の原則をうまく機能させるかについてまではあまり検討されておらず，詳しい人間行動にまで踏み込んだ議論はなされていなかったようである．なお，1937年からNFPAは，12の州のファイアマーシャルから集められた報告に基づく在館者の状況と出火パターンについての年次記録を発行している[9)]．

b. 白木屋の火災 日本においては，1920年代からようやく近代的な高層建築が次々と建てられるようになっており，1932年には百貨店白木屋（8階建て）で14名の死者を出す火災が発生している．この火災の直後，日本建築学会は「時局に関する委員会（関東大震災の復興対策調査立案のために設立されていた委員会）」の委員を中心に現場調査を行うとともに，消防，避難等に関与した関係者のヒアリングをもとに詳細な報告をまと

めている．白木屋火災の直後には深川大富アパート（木造3階建て）において火災が発生し死者23名を出している．当時警視庁保安部建築課長であった北沢五郎は，これらの火災について徹底した調査を部下に命じ，日本建築学会の調査にも部下を多数参加させている．また，北沢は，警視庁建築課の名前の入った調査票により，白木屋の従業員1101人（出火階以上339人）に対して調査を行い，在館者の避難行動を明らかとし，調査結果を日本建築学会の機関誌「建築雑誌」に掲載している．白木屋の火災において約270人が窓から救助されているが，これらの人々は，煙に追い詰められ小区画された窓際の部屋等に逃げ込み，そこから梯子，救助袋などで救出されている．死亡した14名のうち，多くは煙突，避雷針，ロープなどで脱出しようとして墜死したものである．この他，屋上に避難したものが約130名であり，出火階より上の階に約700人の在館者がいたので出火階より上の階で階段から避難したものは約300人となる．階段から避難した人のうち，出火階では手近の階段を用いているが，より上階では安全であった階段に利用が集中し，煙が上昇してきた階段は利用されていない．なお，以上に示した火災調査は，警視庁保安部建築課が中心となって行われているが，当時の建築課では，新人教育として研究が重視され，防空，防火避難，騒音防止，鉄骨の溶接工法など建築にかかわるさまざまな課題の研究を行い，とくに北沢は課長であったが率先して研究を行い，大きな問題については陣頭指揮をとり，その成果は部下の名において発表するとか共同研究の形をとって一同を激励し，さらに意欲をもたせるようにしていたようであり，このような状況にあってはじめて以上のような精力的な調査結果がまとまったものと思われる[23),24)]．

白木屋の火災については，わが国の最初の高層建築物火災であったことから，その教訓をくみ取るためにこのように調査が精力的に行われ，北沢が中心となって行った調査結果は，火災の翌年に制定された警視庁令の百貨店建築規則に反映され，1936年に制定された内務省令特殊建築物規則に受け継がれている．百貨店建築規則では，延焼防止のための防火区画，防火区画を通る水平避難，避難階段の構造，階段までの歩行距離の制限，通路の最小幅などを規定している．当時，米国の避難安全に関する規定の情報はかなり豊富に入手可能であり，市販の書籍にニューヨークの建築コードやNFPAのコードが多く引用されている[6)]．避難階段の構造や歩行距離制限，水平避難の考え方などは，米国の避難安全の考え方と類似しており，米国の情報を参照した可能性が高い．白木屋火災の前の1930年に，丸の内消防署長東野正明は，ビル火災の危険性をすでに予見し，ビル火災に対して国民が冷淡であると指摘していたが[25)]，白木屋火災の調査によって米国の規定の本質がようやく理解され，受け入れる素地ができ，日本の規定に取り入れられたと考えられる．1933年には，旧内務省が「内務報告令」を制定し，火災に関する資料が組織的に集約されるようになっている．

(4) 1940年代〜1960年代

a．非常に燃えやすい内装材料の出現　1942年，ボストンのココナッツグローブナイトクラブでは定員以上に込み合ったところに火災が発生し，壁や天井の可燃性の装飾物によって火炎が急速に拡大し，5分後には避難出口が使えなくなった．避難出口は回転ドアなど機能的に良くないものがあった．この結果492人という多くの命が奪われた．そこで，新しい規制を求める声が広がり，この火災の翌年には米国の多くの州・市の建築コードの避難出口，可燃材料，非常照明，自動スプリンクラーの規定が刷新され，レストランやナイトクラブも公衆が集まる場所と定義し，公衆が集まる場所では2つの離れた避難出口が必要で回転ドアの場合はその両側に通常のドアが必要となった．ただし，NFPAの生命安全委員会では，戦時下であったので通信で検討した結果，Building Exit Codeが遵守されればこのような火災には対応できるとの立場をとっており，各州・市の動きはBuilding Exit Codeで推奨されていた十分な出

口を確保する方法を取りいれたということになる[9,25,27]．

1946年，多数の死者を出したホテル火災が相次ぎ，5月にはシカゴのラサールホテルで死者61人，アイオワ州のキャンフィールドホテルで死者19人の火災が相次いで発生し，12月には，アトランタのウィンコフホテルで119人の死者を出した火災が発生した．これらのホテルの構造は耐火建築物であったが，建物やその中味は防火的ではなく，ロビーなどでの壁や天井の可燃性の装飾やオープンな縦シャフトが急速な火炎の拡大と煙の拡散をまねき，多数の死者発生の原因となった[9]．

1948年のイリノイ州の病院火災では74人の死者が発生したが，この病院では避難出口が十分に確保されていたにもかかわらず，火災の拡大が急激でそれらの避難出口を用いることができなかった．木よりも燃えやすい内装材料が使われていたためである[28]．

以上の1940年代に多くの犠牲者を出した火災の共通した特徴は，火災が発生した場合，急激に燃え拡がりやすい内装材料が用いられたため，従来規定されていた避難施設の容量では不十分ということであり，一連のホテル火災が起った1946年頃から内装材料の規制の必要性が認識されるようになった[10]．燃えやすい材料が使われるようになった背景には，米国で合板の生産が1900年代に開始されたことや石油化学工業が1920年代に始まり，1930年代には一般大衆を対象とする最終製品が出回るようになっていたことなどがあると考えられる．NFPAの生命安全委員会において，トンネル試験による材料のクラス分けに応じた避難安全の考え方が検討されているが，関係する材料の企業の合意が得られない状況が何年も続き，内装材料に起因する火災での多数の死者発生が後を絶たなかった．1956年になってようやく業界の反対を押し切り，NFPAの年次総会においてBuilding Exit Codeの改訂が可決され，内装材料の規制の考え方がこの文書に盛り込まれることになった[29-31]．

米国では，1940年代には上記のような多数の犠牲者の出た火災が発生し，また1950年代においても養老院や学校で多くの死者が発生する火災が発生しているが，火災時の人間行動へは関心が払われず，1942年のココナッツグローブナイトクラブ火災のように492人という多くの命が奪われた火災であっても，在館者の対応行動についての人間行動に着目した調査は行われていない[32]．これは，上述したようにこの時代の火災の延焼拡大速度が急激で，人間の対応行動によって避難安全を確保できるような状況ではない火災が多かったことが一因と考えられる．なお，1951年にNFPAの火災死傷者統計委員会は，標準的なフォーマットの火災報告を提案しているが，1953年の段階では国民的な支持は得られていない．1960年からは，NFPAは複数の死者（住宅で5名以上，非住宅で3名以上の死者）が発生した火災についての報告書を今日まで発行している[9]．

b．日本における映画館・劇場火災　日本において1943年，北海道倶知安町の映画館布袋座において火災が発生，208人の死者を出した．当時の倶知安警察署長名でまとめられた数ページの「火災状況報告」には，火災の発生状況，消火の状況，災害を拡大した原因などについて示されている．それによると，積雪のために開かなかった非常口があったこと，出火した映写室が階下の入口付近にあったこと，消灯して上映中であったこと，家族慰安のための映画会を開催しており老人や子供が多数いたことなどが災害を大きくした原因であるとしている．当時の北海道新聞には，この火災について大きく報道されているが，遺族や一般の人は一般の災害として諦めていた模様であると警察は内偵している．なお，この「火災状況報告」は，火災から約40年後に当時の警察官が他の記録とともに町へ寄贈したものである[33]．大惨事であったにもかかわらず戦時下であったこともあり，全国的にはそれほど注目されず，三井不動産の嘱託となっていた北沢五郎は，映画館や劇場は法規で厳重に規定されているので設備不完全のための災害は少なくなっており，この火災では，

不適切な非常口の管理によって折角の非常口が用をなさなかったとの感想を示している[34].

c. 群集流の研究　戦後，娯楽のため多くの人々が映画館に集まり，1950年頃には1日1館という状態で映画館が増え，映画館・劇場で火災が相次いでいた．建築研究所の戸川喜久二は，都内の映画館の調査を行い定員の2.6倍を見込んだ避難計画が必要だとの結果を得，群集流動の研究に取り組み始め，1955年には「群衆流の観測に基づく避難施設の研究」をまとめている．その翌年の1956年に大混雑時の百貨店で火災が発生したが，約2000人の客の避難は良好に行われ犠牲者は出なかった．戸川はこの避難の実態を仙台市消防本部の協力を得て調査し，避難計算による全館避難時間ときわめてよく一致した結果を得ている[35]-[37].

1958年には東京宝塚劇場において上演中火災が発生し，3階席では避難するとき髪がこげた者もあるものの観客は無事に避難したが，楽屋にいた出演者3名が死亡している．この火災についても，戸川は東京消防庁調査課と丸の内消防署で調べた当日客数に基づき避難計算を行っている．東京消防庁で行った調査は，建築学会の「東京宝塚劇場火災実態調査報告」として，防災設備状況や火害調査などとともにまとめられ発表されている．この中には発見と通報の状況や，劇場関係者に対する調査票を用いた調査結果についても示されている．このような調査グループの構成や結果の公表の方法は白木屋の火災の時と同様である．この劇場は当時としては防火的配慮が払われていたとされる建物であり，過去の数百人という死者を出すような結果とはならずにすんだが，条件によってはより重大な事態となる危険性もあり，さらに防火的な改善の教訓を得るために調査が行われたといえる．この劇場の復旧工事にあたっては，舞台と客席の防火区画の信頼性の向上，客席大天井の防火的設計，舞台天井へのドレンチャーの設置・排煙口の増設，舞台設備の防火処理，楽屋まわりの避難用タラップの増設などが行われている[38]-[40].

d. 消防法に基づく火災の調査　上記に示した火災については消防本部が調査を行っているが，これは，それまでの「内務報告令」に代って戦後の1947年に制定された「消防組織法」および1948年に制定された「消防法」に基づいている．具体的には「消防組織法」に基づき1953年に消防庁が制定した「火災報告等取扱要領」に従って発生した火災はすべて一定の様式で記入され，各市町村長から都道府県知事を経由して消防庁長官に報告されることになった．また，「消防法」に基づく「火災の調査」としては，消防長または消防署長により火災の原因調査（出火の原因，延焼拡大の原因，死傷者発生の原因にわたる調査）と火災および消火のために受けた損害の調査が行われることになった．

以上のようにして調査された結果のうち，特徴的な火災については，上記のような日本建築学会の報告や，1947年に発足した日本火災学会の「火災誌」（第1号は1951年発行）の記事として消防本部名（火災の概要など）あるいは個人名（避難行動の分析など特化したものが多い）で紹介されるようになった．

1960年代になると，ビル火災が頻発するようになり，金井ビル火災（1966年，川崎市）では12人，旅館池之坊満月城火災（1968年，神戸市），磐光ホテル火災（1968年，郡山市）ではそれぞれ30人が死亡している．これらのうち，旅館・ホテル火災は，1960年代の高度経済成長期のレジャー・ブームに伴って増築が繰り返された旅館・ホテルにおける災害を代表しており，防火管理の遅れが指摘されている．これらの火災の避難状況については，担当の消防本部がアンケート調査を行い，詳細な火災調査結果を公表している．また，金井ビル火災では，3階から火災が発生し，ほとんど延焼していない6階で12人が煙に巻かれて亡くなっており，煙と避難の問題がクローズアップされた[41],[42]．これらの火災を教訓として1970年までに一連の消防法および建築基準法の改正が行われ，防火管理関係，防炎規制，竪穴区画，内装制限・避難施設，排煙施設・非常用照明装置・非常

用進入口・非常用昇降機の設置等について規制強化が行われた．

(5) 1970年代以降

a．アメリカ・バーニング　米国では，合成繊維やプラスチック製品，合成ゴムなどが1960年代以降ますます多く使われるようになり，また，難燃材料が使われることもあいまって，これらの合成材料からの火災時の煙や毒性ガスがより大きな問題となってきた．このような中で，1971年には火災による死者が米国では年間約1万2000人（当時の日本の火災による死者数の約8倍）と多数に上り，また，消防士の死亡率も高い状況が続いた．1960年代の後半にはこれらの状況に根本的な対策を求める声が高まり，1973年に国家火災予防制御委員会の報告書「アメリカ・バーニング（アメリカ炎上）」が発行され，国民が一体となって火災の問題と取り組むことが宣言され，1974年には連邦火災予防制御法を成立させ，さまざまな取り組みが始まった．この連邦火災予防制御法によって設立された連邦消防局の国家火災データセンターでは，国家火災報告システム（NFIRS）を開発・運用を開始し，米国の各州や主要な都市で行われた火災調査の結果が集約されることになった．

「アメリカ・バーニング」報告は，火災予防の諸側面についての取り組みを提起し，多くの研究機関に研究資金が行き渡るようになり，火災時の人間行動の分野についても1970年から1980年代の中頃まで盛んに行われるようになり，主要な火災やその他の火災についても詳細な火災調査が行われた．

「アメリカ・バーニング」報告では，煙や毒性ガスの問題については，当面は，自動スプリンクラーや感知警報システムによる対応を図る必要があるが，将来的にはこれらのシステムだけにたよるのではなく，危険な物質に取り囲まれて生活しなくてもよいようにするとともに，システム・アプローチの方法によって，効果的に火災対策の費用をかける必要があるとしていた．また，同報告では，人間行動についての研究は，主として防火教育の側面に応用する位置づけであった．1975年には米国やカナダの火災時の人間行動についての研究者が米国標準局（NBS）に集まり，米国健康教育福祉省からの資金による火災時の人間行動についての研究プロジェクトを開始している．1980年代からは，避難安全性を評価するために各種のコンピュータ・モデルの開発がはかられ，火災時の火災事象と避難行動をシナリオとしてとらえるという方法が避難安全計画で試みられるようになった[32),42)-46)]．

b．ビル火災での煙と避難　日本においては，1960年代以降，高度経済成長の中，合成材料利用の急増により火災時の煙や毒性ガスが問題となることに加えて，高層ビル，雑居ビル，ペンシル型ビルなどさまざまなタイプの耐火建築物の中高層化が進み，先述した1966年の金井ビル火災の他，1970年代には，千日前ビル火災（1972年，大阪市），大洋デパート火災（1973年，熊本市）をはじめ多数の死者を出したビル火災が相次ぎ，煙との関係で避難をみていく必要が生じた．これらの多数の死者が発生した火災を契機として，火災時の避難行動に関する幅広い調査研究の必要性が認識され，建築計画分野の研究者も加わって火災時の在館者行動調査が始められた．この時代，避難行動については京都大学の堀内の研究グループが，多くの火災事例調査を精力的に行っている．堀内は，従来から行われていた各個バラバラの対策や研究の「信頼性や有効性の算定を軸とする総合化」が必要であり，その「総合化」に欠くことのできない，しかももっとも遅れている災害時の人間挙動の分野に主力を注いできたとしている[42),47)]．この他，さまざまなグループにより火災事例における避難調査が行われており，その結果，ビル火災での典型的な煙と避難についての現象が整理され，また，日常動線志向性，帰巣本能，指光本能，向開放性，退避本能，追従本能などの避難行動特性が明らかとされ，その上で，避難路は簡単明瞭であること，二方向避難が可能であるこ

と，安全域まで歩行で避難可能であること等の避難対策の原則が示された[48]．これらの研究で解明された結果を用いることにより，人間の習性にかなった，逃げやすい，より安全な避難設計となるためのより適切な設計指針が得られることになる．具体的には日本建築センターの「建築防災計画指針」へ反映され，建築物の防災計画書を作成する際の参考となってきた．

1980年代になると，川治プリンスホテル火災（1980年，死者45名），ホテルニュージャパン火災（1982年，死者32名），万座ホテル火災（1983年，死者なし），熱川ホテル大東館火災（1986年，死者24名）などの宿泊施設での火災が連続して発生した．これらの火災については消防研究所の神らが在館者へのヒアリング調査を行っている．その結果，避難安全は行動面だけでなく，適切な行動を行う上での正しい火災の情報伝達が非常に重要であり，避難安全上併行して考えるべき問題であることを明らかとした[42]．

c. 英国での心理学からのアプローチ　英国では，1960年代から1970年代に火災発生件数が急増している．この時代から普及してきた電気調理器からの火災件数や社会の疲弊に起因する放火件数が増加したほか，比較的大きな火災の後にとくに急増している．また，米国と同様に，発泡プラスチックを詰めた椅子などからの毒性ガスを含む煙の問題など，従来の法規制で前提としていた火災そのものが変化してきている状況となっていた．法規制によって規定されている避難施設などが人間にうまく使われるかどうかは，火災時の人間の行動特性にかかっているので，人命安全のための対策をより適切に行うための科学的な火災時の人間行動についての研究を行って火災安全のための法規制に活用しようということになり，英国建築研究所の火災研究ステーション（FRS）でこの分野の研究が始まった[49,50]．

1970年頃，FRSでは大学の心理学研究者との共同によりストレス下での人間行動について研究を始めた．具体的には消防隊の協力により約1000件の火災現場での質問票を用いたインタビューによる行動調査を約2000人に対して実施し，死傷者の出た火災とそうでない火災について人間行動の比較を行った．その結果，これまで個別の事例でパニックといった側面だけが火災時の人間行動として取り上げられていたが，一般の人はそれまで思われていたよりも消火活動などを行おうとすること，避難をするかどうかの決断は，火災がどの程度深刻になるかの個々人の見通しに依存すること，死傷者が出なかった火災では訓練を行ったことがあるなど建物に精通しているケースが多いことなどを明らかとした[51]．

1975年には，FRSと心理学の教授であるサリー大学のデービッド・カンターとの共同研究が始まった．現代心理学によって避難行動をとらえると，それは火災へのさまざまな対応の一側面であるとみることが重要であるとカンター教授は指摘し，火災調査によるケーススタディによって人間行動についてのモデルをつくり上げた．その結果わかったことは，「① 人々の火災時の行動は，組織の中での役割に依存しその責任にふさわしく行動する．② 人々は，よく知っている経路を避難に用いる．③ 人々はベルなどの警報を無視する傾向がある．④ 火災の最初の前触れが不確かであると，人々は行動のよりどころとなる情報を探す．⑤ 人々は火災に対してもっとも適切な行動をとらず，これはよくパニックと呼ばれるのだが，これは，得られる情報の範囲ではもっとも合理的な行動をとっていると解釈される．」の5つの点に要約される．また，初期行動がもっとも結果の成否につながることを明らかとしている．

このような知見が得られているのであるが，FRSでもカンター教授もこの知見をどのように対策に結びつけるか当初は見当がつかなかったようである．

1970年代末には，自動火災報知システムからの誤報が多発し，誤報であってもまずは消防隊を呼ぶ傾向があることによる消防隊への負担が問題となっていた．この問題に対処する一つのカギとし

てカンターの指摘した火災時の初期行動との関連がもち出され，1980年代にコンピュータを用いた火災警報システムが開発された．このシステムを有効に使えば，これまで定められていた歩行距離制限が緩和されるのではないかということにもなったが，過去の火災事例ではたして役立ったかどうか検証する必要があるということになり，ウルスター大学のシールズ教授が分析を行い有効だったとの結果を得たとされているがその報告書はまだ公表されていない．分析に用いられた火災事例の関係者がまだ存命中であるためである[52]．

d．火災と人間行動（Fires and Human Behaviour） 1977年には，英国のサリー大学，1978年には米国のNBSでヨーロッパおよび北米から火災時の人間行動を研究している人々がそれぞれの研究をもち寄ってセミナーを開き，これらのセミナーの時に提出された論文を基に1980年には「火災と人間行動（Fires and Human Behaviour）」が出版された．1977年のビバリーヒルズサパークラブ火災（米国ケンタッキー州，164人死亡），1980年のMGMグランドホテル火災（米国ラスベガス，85人死亡）など，この間に起った主要な火災についてはこれらの研究者によって詳細な調査が行われている．また，1987年に英国のロンドンで発生したキングスクロス地下駅火災についても調査が行われ，「火災と人間行動」第2版に収録されている．これらの火災時の人間行動についての研究の結果で特徴的なことは，緊急時に情報を活用することについて重視していることであり，従来の火災といえばパニックを心配することはかえって人々の避難を阻害することになる，なぜ，火事が起ったときに人々に真実を言ってはいけないのか，という問題提起である．

1993年のニューヨークのワールド・トレード・センターにおける爆発・火災後の避難については，アンケート調査およびインタビュー調査が行われ，障害者の避難についても着目された．この爆発・火災では，爆発によってコントロールセンター（防災センター）が破壊され，火災報知器，音声通信，非常放送設備が作動しなくなり，在館者は警備員の指示なしに緊急事態に対応しなければならなかった．そして，大量の避難者によって階段は埋まり，待ち行列のためドアは開いたままとなり，煙が階段を汚染した．さらに，避難者が階段から出たり消防隊員が階段に入る間，非常口は開いたままとなったため1階ロビーの煙が階段に侵入した．日本からの調査団によるワールド・トレード・センター内に事務所のあった日系企業に対する調査も行われており，全館への煙の拡散による全館避難の問題や，防災センターからの避難誘導がないため幹部以外の従業員をただちに避難させたことによる問題などが指摘されている[32,53,55]．

日本においては，1988年の南砂スカイハイツ火災，1989年の長崎屋尼崎店火災（死者15名），1996年の広島基町高層住宅火災，1998年の白浜温泉ホテル火災など特徴的な火災について火災調査が行われ，避難行動の知見が蓄積されてきている．

3.12.3 おわりに

各時代における火災調査と避難安全計画との関係をみてきた．各時代で特徴的な火災調査で把握された避難行動の特徴などは，その前の時代で解決された条件の上にたったものであるとの見方が必要だと感じる．例えば，火災時にパニックはあまり起らず，むしろ初期の人間行動がキーポイントになるといった把握がされるのは，その前の時代に火災や煙の拡大についての制御，避難施設の配置や容量などが整った上で，パニックの心配をしなくてもよくなっていることが背景にあるのである．このことをおさえた上で，早期警報システムを考えるべきなのであり，安易なトレードオフにならないようにするべきである．

最近において特徴的な火災についての調査が行われている背景には，性能設計の時代になり，評価のために避難モデルがますます使われるようになってくることがある．しかし，その前提条件として人間行動のモデル化が現実に即したものにな

っているか，鋭く問い直されているのではないかと考える．つまり，本当にその避難モデルで予測すれば火災時の安全性を証明できるのか，例えば，避難開始時間についてその設計から考えられる諸条件から妥当な予測を行っているか，いろいろなタイプの人が混じって避難が行われていることを本当に評価しているのか，が問われているのである．

そのためには，過去の火災調査の結果も含めて火災事例を分析し，個々の火災の側面だけでなく，各火災の条件を整理した上で，総合的に教訓を把握し，火災安全のシステムに反映させる必要があるとともに，各種の条件で十分妥当性のある避難モデルを今後つくっていく必要がある．また，さまざまな条件における人間行動を予測するには，死者が多数出た火災だけでなく，小さな火災を含めて調査が行われる必要がある．

年々，火災直後の現地への立入が犯罪の立件に関与する調査に圧され制約されてきているといわれている[42]．責任の所在を明らかとすることは今後の対策が確実に行われる上では重要なのだが，調査結果の公表という点で問題が残る．そこで，火災予防の観点からの消防機関の火災調査権を活用し，建築学会や火災学会などの研究グループと連携して調査を行い，調査した結果の公表，利用を進めることがより重要となってきたといえる．

◎参考文献

1) 海老原学：関根孝先生に伺う，日本火災学会50年史，p.9(2000.5).
2) 矢島安雄：ビル火災の避難と救助，全国加除(1973).
3) 長谷見雄二：大規模木造建築の火災，建築防災，通巻261号，pp.2-10(1999.10).
4) 秋山修一：火災関連法規の変遷，日本火災学会 編，火災便覧第3版，共立出版，pp.330-337(1997).
5) S・ティドワース：劇場 建築・文化史（新装版），早稲田大学出版部，p.143(1997).
6) 萩原一郎：建築火災における避難安全規定の研究，博士論文(1996).
7) J. K. Freitag：The Fireproofing of Steel Buildings, First Edition, John Wiley & Sons(1899).
8) Official Record of the First American National Fire Prevention Convention, Philadelphia, USA 1913.
9) NFPA Journal, May/June 1995-March/April 1996.
10) NFPA, Fire Protection Handbook(1991).
11) W. H. Merrill, Iroquois Theater Fire, Bulletin to Members 54, NFPA(1904).
12) NFPA, Proceedings of Eleventh Annual Meeting, pp.374-375(1907).
13) NFPA, Proceedings of Fifteenth Annual Meeting, pp.250-281(1911).
14) NFPA, Quarterly of the National Fire Protection Association, pp.471-473, (April,1911).
15) NFPA, Proceedings of Seventeenth Annual Meeting, pp.133-162(1913).
16) NFPA, Proceedings of Eighteenth Annual Meeting, pp.66-85(1914).
17) Life Safety Code, NFPA101.
18) NFPA, Proceedings of Thirty-Sixth Annual Meeting, pp.296-301(1932).
19) NFPA, Proceedings of Thirty-Seventh Annual Meeting, pp.302-307(1933).
20) NFPA, Proceedings of Thirty-Eighth Annual Meeting, pp.317-339(1934).
21) NFPA, Proceedings of Thirty-Ninth Annual Meeting, pp.398-409(1935).
22) NFPA, Proceedings of Forty Fourth Annual Meeting, pp.202-209(1940).
23) 北沢五郎：資料 百貨店の火災に於ては人は如何に逃げたか，建築雑誌，pp199-208(1933.9).
24) 北沢五郎先生記念出版実行委員会，五月晴(1966).
25) 高野公男：白木屋の火災，建築防災，pp.14-23(1999.8).
26) NFPA, Proceedings of Forty Seventh Annual Meeting, p.63(1943).
27) NFPA, Quarterly, Advance Reports to the Forty Ninth Annual Meeting, pp.97-98(1945).
28) NFPA, Proceedings of Fifty Third Annual Meeting, pp.160-163(1949).
29) NFPA, Proceedings of Fifty Seventh Annual Meeting, pp.65-71(1953).
30) NFPA, Proceedings of Fifty Eighth Annual Meeting, pp.86-90(1954).
31) NFPA, Proceedings of Sixtieth Annual Meeting, pp.100-111(1956).
32) Bryan,J. L, "Human Behavior in Fire the Development and Maturity of a Scholarly Study Area",Human Behavior in Fire, Proceedings of the First International Symposium, pp.3-12(1998).
33) 水根義雄：二百八名の命を呑込んだ劇場火災(1991).
34) 北沢五郎：非常口，科学知識，昭和18年5月号(1943).
35) 関根孝：思い出すこと，火災，Vol.49, No.3(1999).
36) 戸川喜久二：群衆流の観測にもとづく避難施設の研究，建築研究報告14号，建築研究所(1955).
37) 戸川喜久二・岡樹生：丸光百貨店火災時の群衆避難に関する調査とその解析，日本建築学会大会論文集(1956).
38) 堀内亨一：建築確認を通じてみた防火上の不安（東京宝塚の火災に関連して），建築雑誌，Vol.73, No.859, pp.1-4(1958).
39) 戸川喜久二：劇場・映画館における避難計画（東京宝塚の火災に関連して），建築雑誌，Vol.73, No.859, pp.9-11(1958).
40) 浜田稔・亀井幸次郎・芦浦義雄・味岡健二・塚本孝一・高野高次・大内二男：東京宝塚劇場火災実態調査報告，建築雑誌，Vol.73, No.859(1958).
41) 関沢愛：避難事例研究の系譜，日本火災学会50年史，pp.125-126(2000).

42) 山田常圭：火災時の避難行動調査および避難行動実験とその支援機器開発にかかわる研究推移，火災，Vol.50, No.1(2000).
43) America Burning, The Report of The National Commission on Fire Prevention and Control(1972).
44) http://www.usfa.fema.gov/
45) 長谷見雄二，避難安全設計が成り立つまでの歴史を考える，建築防災，pp.2-6, (1991.4).
46) Jake Pauls, A Personal Perspective on Research, Consulting and Codes/Standards Development in Fire-Related Human Behaviou, 1969-1997, With an Emphasis on Space and Time Factors, Human Behavior in Fire, Proceedings of the First International Symposium, pp.71-82(1998).
47) 堀内三郎，防火計画の研究と私，退官記念講演(1980).
48) 室崎益輝，ビル火災と避難行動，法律時報49巻4号，pp.220-228(1977).
49) Ian Appleton, The Requirements of Research into the Behaviour of People in Fires, Fire and Human Behavior, John Wiley & Sons Ltd, pp.13-30(1980).
50) G. Ramachandran, Human Behavior in Fire-A Review of Research in the United Kingdom, Fire Technology, pp.149-155(May 1990).
51) Peter G. Wood, A Survey of Behavior in Fires, Fire and Human Behavior, John Wiley & Sons Ltd, pp.83-95(1980).
52) Pigott,B.B., " An Administrator's View of Human Behavioural Research from 1975 to 1995", Human Behavior in Fire, Proceedings of the First International Symposium, pp.31-38(1998).
53) Isner,M.S.,World Trade Center Explosion and Fire, New York, February 26, 1993, NFPA(1993).
54) G.T.タムラ著，吉田治典訳：高層ビル火災の排煙と制御，鹿島出版会，pp.135-137(2000).
55) 吉田克之：米国・世界貿易センターの避難行動，建築防災，pp.26-34(1993.9).

第4章
都 市 大 火

4.1 関東大震災における火災（1923年）

2000年9月号

塚越 功

慶應義塾大学大学院政策・メディア研究科

4.1.1 はじめに

関東大地震の火災は全世界的にみても20世紀最大の地震火災であるだけでなく，その被害の状況は，まさに未曾有の災害と言える．最近は，阪神・淡路大震災を教訓とする対策がいろいろ実施されつつあるが，これをはるかに上回る災害の存在を記憶に刻印しておくことも必要であり，また，まれに発生する大災害に対処するための基本的考え方を整理することで災害対策全般の位置付けが可能になる．さらに，関東大地震の火災現象は今日でも未解明な部分があり，これを十分に解明するような火災工学の発展を期待して，この歴史的大災害を振り返ってみたい．

4.1.2 火災の概要と調査

関東大地震が1923年9月1日に発生してから多年が経過し，これを体験として語り継いでくださる先達も皆無に近い状況になり，この災害を体験していない筆者が，先人が残した文献を頼りに本稿を執筆することをご容赦頂きたい．

関東大地震の内容については，良く知られているように，震災予防調査会報告第百号にまとめられている．震災予防調査会は，濃尾地震の翌年1892（明治25）年に組織された団体であるが，これより前の1880（明治13）年に設立された日本地震学会が母体になっており，東京帝国大学理学部の教官を中心にして地震に関する過去の記録の編纂などを組織的に行ってきた．当時の帝国大学理学部における中心的存在は大森房吉教授であったが，関東大地震発生当時は海外渡航中であり，今村明恒助教授が震災予防調査会会長事務取扱代理幹事として報告書作成の責任者になっている．

今村は，地震発生前からその危険性を指摘していたが，大森は人心の混乱を避ける意味でこれを否定しつづけたというエピソードが残されている．当時は地震発生の物理学的理論も未解明だったのであるから，今日のような地震予知理論を戦わせたということではなく，予測不能な災厄に備えるべきとする思想と対処し得ない天災を警戒しても無意味であるとする考えの哲学的意見の対立であったようである．

このような背景があって今村が1年半の歳月でまとめた報告書は，地震篇（甲），地変及津波篇（乙），建築物篇（丙），建築物以外の工作物篇（丁），火災篇（戊）の5分冊からなっている．火災篇は，中村清二委員が中心になり，当時の消防担当官庁である警視庁の緒方唯一郎と建築・都市を所轄する内務省の井上一之の3名が東京の火災について主な記述を残している．前述の今村が東京以外の火災について書いたり，物理学者の寺田寅彦が火災旋風についての報告をしていることからわかるように，当時は火災学と呼べるような体系は無く，物理学以外には頼るべき専門家が存在しなかったものと思われる．

中村清二は，理学部物理学・天文学教室の学生を動員して市井の情報を収集し，これに基づき，1/3 000の地図上で火災動態図をつくり，これに関連する出火，延焼，消防などの報告をまとめている．このとき協力した学生の中には，後に災害研究の重鎮となった中田金一先生や和達清夫先生などの名前がみられる．

以下に，調査の結果明らかになった出火源・延焼等の概要を記す．

4.1.3 出火源

地震発生時刻は1923年9月1日午前11時58分で，ちょうど昼食準備のために固形燃料（木炭・練炭・薪等）を用いており，これが多数の出火の原因とされている．

報告書では，中村清二による調査と井上一之の調査が併記されており，中村の調査では，起災火元（延焼火災の原因となった出火）84か所（市内76，郡部8）が報告されており，この他，火災動態図範囲外の郡部で5か所の起災火元を確認している．また，消止火元（延焼火災に発展しなかったと判明した出火）79（市内53，郡部26）が記録されている．大規模延焼火災を引起した出火は起災火元84火点であるが，中村は，これらの火災が発展する過程で多くの飛び火が発生したことを報告しており，240か所の飛び火を動態図に記入している．

一方，井上一之の調査では，出火点の数は131か所と報告されており，内訳は起災火元85（市内71，郡部14）と消止火元46（市内27，郡部19）となっている．また，飛び火による2次的な火元数は52（市内45，郡部7）で，このうち10か所の飛び火（市内4，郡部6）は消し止められたと報告している．

この2つの調査報告で，井上調査の起災火元の数は中村調査とおおむね一致するが，消止火元数はかなり少なく報告されており，飛び火の数はまったく異なる．中村調査は，動態図作成のために行った学生による聞き取り調査に基づくものであり，井上の調査は内務省の被害調査によると考えられるが，消し止められた火元は，最終的に延焼してしまったものも多く，確認は困難であったことが推察できる．現在の火災統計でも，小火（ぼや）の数は全焼損棟数の3割強（大都市では約6割）であるが，無届の小火の数は不明であるから，関東大地震火災の出火も調査で把握されていないものが有っても不思議は無い．飛び火の数の相違は，中村が報告書に書いているように，飛び火の定義が明確でないためであろう．戦後地方都市で頻発した大火や酒田市の大火の調査でも飛び火の数は報告されているが，これは，調査で確認された数ということであって，実際にはこれをはるかに上回る飛び火が発生していることが推察される．

出火の原因については井上の報告に詳しく，竈（かまど）48件，七輪15件，火鉢11件となっており，使用中の火気が建物の倒壊，震動による落下物や転倒物などのために火災に発展した事例がもっとも多く，この他，ガス10件，コンロ，その他の炊事用火気4件が報告されている．さらに薬品の混触発火および火薬27件，ろうそくによるもの2件，電気によるもの1件，原因不明のもの13件が131件の内訳である．家庭や飲食店などで炊事用の火気を使っていてこれが全体の67％を占めていること，薬品出火が20％含まれていることが特徴である．

電気に関連したものがほとんど報告されていないことは，阪神・淡路大震災の出火と異なる．当時は電気を熱源として利用することが少なかったためであるが，電気配線の加熱やショートの火花で漏洩ガスに着火したようなケースが原因不明の13件，ガス出火の10件に含まれていた可能性はある．

図-4.1.1に，震災予防調査会報告の添付地図の一部を転載する．

4.1.4 延焼

中村の調査では，市内76か所の起災火元から発した火災は58の火系に分かれて延焼拡大し，最終的に，3834万m^2を焦土と化したとされている．前述のように，中村は，学生による聞き取り調査で，火が到着した時刻，および，どの方面から到着したかの情報を集め，延焼動態図を作成している．原理的には，到着時刻の情報から時刻ごとの等時延焼曲線（火陣）を地図上に描くことができ，火災の到来方向の情報により火流線が描け，火流線を辿って行くと火元が特定できる．58の火系は，このようにして火元を特定した結果の分

図-4.1.1 関東大震災動態図(「震災予防調査会報告第百号(戊)」付図の一部(神田,日本橋地区,上部の太線で囲まれた領域は焼け残った神田佐久間町と和泉町.右上の渦巻きは被覆廠跡,左下が東京駅)●印は起災火元,❂は薬品火災.中央下端の○は消し止め火元,▲は大量犠牲者発生場所,→は火流線.原図は縮尺2万分の1

類であるが,至近距離で発生した複数の出火を便宜上一つの出火と見なしたため,74の火系ではなく58の火系になった.この調査は,原理的には可能でも,実際の情報収集はきわめて困難であったようである.死活の境界をさ迷った市民の記憶を尋ねるのであるから情報の信憑性には限界があり,とくに飛び火による延焼の場合には,その飛び火の襲来火源を特定することはきわめて困難であったと推察される.中村の火災動態図は,今日に至るまで,重要な都市火災研究資料としてさまざまに利用されているが,中村が述べているように,火災の大体としての動きを示す資料と理解するべきで,細部にわたる分析に耐えるものではないことを知る必要がある.筆者も1976年の酒田大火でアンケートに基づく延焼動態図を作成した経験があるが,火災到達時刻の個別の回答は信憑性に限界があっても,調査ブロックごとの平均値をそのブロック中心地点の延焼時刻とすることによりおおまかな信頼が得られるようである.

関東大震火災は3日間にわたって燃えつづけたとされているが,実際は,最初の12時間くらいで大部分の領域が燃焼し,その後は残っている可燃物を捜し求めて緩やかに延焼領域が増加して行った.中村は,等時延焼曲線の間隔の大きさから延焼速度を求め,大きな値を記録した例を8例あげているが,いずれも9月1日午後6時～9月2日午前1時の時間帯における延焼速度であり,その値は300～850m/hとなっている.この間の風速は麹町測候所の計測で13.1～21.8m/s,品川測候所の記録で0.0～4.7m/sとなっている.両者の相違については,麹町の記録はいわゆる火事場風の影響を受けたのではないかという観点から議論がされているが,麹町方面が焼けた時刻は比較的遅く,確定的な判断はできない.測定点の標高差や

地形条件の相違も影響していると考えられる．中村は，延焼速度を支配する風速は，時々刻々変化する地上風速ではなく，上空の一般風であることを述べているが，その計測方法・推計方法については言及しておらず，震災後今日に至るまで，この点が不明確なまま風と延焼速度の議論が展開されている．

中村は火災動態図を作成するにあたり，起災火元以外に240か所の飛び火火点を確認し，これを火元として火災拡大状況をまとめているから，原則的には，上述の延焼速度は火災建物から隣接する建物へ次々と燃え移る速度（逐次燃焼型の延焼速度）であって，飛び火により延焼が促進される効果は含まれていないことになる．しかし，伝聞情報だけですべての飛び火が把握できるとは思えないし，未確認の飛び火が存在したとするとその部分はわずかな時間のうちに火災前線が大きく前進したのと同じ結果になり，きわめて大きな延焼速度が観測されることになる．中村が認めているように，飛び火の定義は不明確であり，火の粉などにより近傍家屋が延焼することは飛び火とは考えていないようなので，上述の300〜850m/hという延焼速度の中には未確認飛び火により見かけ上延焼速度が促進された可能性もある．したがって，単位時間当りの延焼距離という意味の延焼速度は，どの程度正確に飛び火を把握するかによって異なることになる．風が強いときは，当然飛び火が多くなり，未確認飛び火の数も多くなるから，見かけ上の延焼速度は速くなる．昭和9年の函館大火で観測された1200m/hという高い延焼速度も，多くの未確認飛び火の効果が含まれた値と考えられる．

最終的な延焼面積の大きさについて，中村は，1955（安政2）年の江戸地震による被害と比較している．安政の場合は起災火元の数が66で最終的焼失面積は61万坪であったのに対し，関東大地震では84個の起災火元により1150万坪が焼失しており，大きな差があることを報告している．これの理由については中村は何も記していないが，おそらく風速の差であろう．安政の時には風速の観測データは無いが，東京の確率的な平均期待値風速は3〜4m/sであるから，地震火災として一般性がある延焼被害は安政の被害くらいであり，関東大地震の火災は，たまたま日本海を台風くずれの温帯低気圧が通過中で稀にみる強風と地震火災が重なるという例外的な災害と考えられる．

4.1.5 火災旋風と人身被害

関東大地震火災は，延焼面積が例外的に大規模であったが，同時に，人身被害の規模も膨大であった．神奈川県など地震被害があった地域すべての死者・行方不明者数は約14万人であるが，このうち約10万人は東京府の数字であった．竹内六蔵の報告では東京市内で死者5万8420人，行方不明3万9304人であり，死者数のうち火災による焼死が5万2178人，これのうち本所区で発生した焼死者は4万6985人で，本所横網町被服廠跡の4万坪の空地に避難した人々3万8015人が火災旋風に見舞われて亡くなったとされている．

火災旋風による大量の犠牲者や火熱に耐え兼ねて水に飛び込んで溺死した犠牲者の様子については，「震災予防調査会報告」は写真を掲載していない．この調査会の実質的責任者であった今村明恒は遺体の惨状を示す写真も報告書に含める予定でいたようであるが，当局の許可が得られず断念したことを次のように記している．

「……被覆廠跡ヲ初メトシ，吉原其他ニ於ケル悲劇ハ，関東大震火災ヲ経験シタモノニハ，決シテ忘レルコトノ出来ナイ印象デアッテ，此等ノ人々ニハ右様ノ惨状ヲ物語ル写真ヲ略シテモ差支エナイト思ウガ，然シナガラ本報告ヲ我々子孫ガ利用スルニ際シテハ，右ノ如キ写真ガ最モ生々シタ観念ヲ与ヘ，最モ崇高ナ訓戒ヲ加フルコトニナルノデアルノニ，之ヲ省クコトヲ余儀ナクセラレタコトハ実ニ遺憾ノ次第デアッタ．……」

筆者は，この発禁になった写真と同類の写真を偶然入手することが出来た．本稿の執筆に掛かっ

ている2000年に義母が他界し，遺品の中から11枚の写真が発見された．これは大分以前に亡くなった義父 角田清三が東大医学部の学生のころに集めた資料と思われるが，義父の生前にはまったく話を聞いたことがなく，写真の入手経路，撮影場所，撮影者などは不明である．外科医師としての生涯を送った義父が長年保存していた思いを推察し，前述の今村明恒博士の無念さを考えるに，これを本稿の説明写真として是非とも掲載したいと感じた次第である．図-4.1.2および4.1.3は，まったく裏書も無く確かでないが，おそらく被覆廠跡の惨状であろう．図-4.1.4は隣接する安田邸であろうか．図-4.1.5と4.1.6は溺死者とそれを引き上げた後の検分と判断される．図-4.1.7～4.1.11は，震災後の街の情景であるが，タイトルは，原写真下端の記載および裏書による．

被覆廠跡の火災旋風の様子については，竹内報告に管轄警察署の報告が引用されており，午後4時ごろから風がますます強くなり，柱のような黒雲が大音響とともに出現し，同時に，広場に搬入された大量の家財が火事を起し火の海となったという記述がある．

旋風については，寺田寅彦が100件余りの証言をまとめている．これは，前記中村調査の学生が集めてきた聞き取り調査や，警察・消防担当者の証言，後日朝日新聞を通して集めた体験談などを，時刻別，場所別に整理した結果であるが，証言の数と発生した旋風の数は一致しない．

被服廠跡の現場証言を総合すると，江戸の鯰絵にあるような竜巻状の炎が突然襲いかかったということではなく，まず，空が暗くなり，雷鳴が聞こえ，降雨があってしばらくしてから猛烈な風が吹き出し，荷車，戸板や人間などが空中に巻き上げられる現象が発生し，そのうち火の粉が降りかかってきて荷物や着物に着火し，やがて広場全体が火の海と化したということのようである．

雷鳴や降雨は火災による強い上昇気流によって上空に積乱雲が生じていたことが推定される．また，複数の火災域に向かって吹き込む気流が重な

図-4.1.2　大震災の犠牲者1　被覆廠跡と推定される

図-4.1.3　大震災の犠牲者2　被覆廠跡と推定される

図-4.1.4　大震災の犠牲者3　背景の洋館は安田邸か？

図-4.1.5　大震災の犠牲者4　溺死者

4.1 関東大震災における火災(1923年)

図-4.1.6 大震災の犠牲者5 水から引き上げられた溺死者の検分か?

図-4.1.9 丸善文具店

図-4.1.7 京橋より日本橋方面の光景(震災予防調査会報告第百号（戊），pp.82〜83に同じ写真がある)

図-4.1.10 神田小川町

図-4.1.8 日本橋 正面が三越呉服店

図-4.1.11 麹町区番町

り合って竜巻現象を引起したことも考えられる．この竜巻の上昇気流が強くなると，近傍の火災域から火の粉を大量に含んだ気流が竜巻に向かって吹き込むというプロセスが想像できる．東京・横浜の火災域から90km程度離れた千葉県で，燃えていない書類などが大量に落下しているから，燃焼域以外のところで強い上昇気流があったことは確かである．

都市火災に伴う火災旋風の発生危険性は，最近の被害想定などでも指摘されているが，定量的な記述ができていないことが問題である．火災の炎や煙が渦を巻いて上昇して行く状況は一棟火災でも観測できるし，火災域の近傍で小さな旋風（寺田のいう塵旋風）が発生する現象もみることがあるが，問題は，これがどの程度の大きさにまで成長したときに地物を破壊し，被服厰跡のような惨

事に繋がるのかを記述する手法が解明されていないことである．

4.1.6　関東大震災と今後の都市防災対策

　冒頭で関東大地震が来る前の大森と今村の意見の相違について述べたが，これは今後の都市防災対策を考える上でも参考になる．いつかは到来する大地震に対して倒壊しない構造物，燃えない建物につくり変えておくことの重要性は否定できない．しかし，現実の問題として，誰がその経費を負担するかということになると，経済先進国日本と言えども公共の負担だけで行うことは無理があるし，個人の負担ということになると，今日と明日の出費に追われているものが数十年先に来るかもしれない災害に備えるだけの余裕が無いことも事実である．正確に危険性を予知できたとしても，まったく対策を講じられないのであれば，むしろ，そのような災害は忘れて暮らしているほうが幸せかもしれない．

　火災都市江戸の伝統をもつ東京は，街の大部分が灰燼に帰するような大火事をたびたび体験しているが，関東大震火災は，これらを上回る規模の災害であった．災害の後は，当然，再度この悲劇を繰り返さないために東京を不燃都市とする計画が提案されたが，現実の経済事情がこれを許さず，結局，可燃都市として復興した東京は，第二次大戦の空襲火災で関東大震火災を上回る火災被害に見舞われた．戦後の復興では，都市不燃化委員会がつくられ，不燃都市建設の国会決議まで行ったが，都心周辺部に木造密集地が拡大し，関東大地震と同様の地震を想定した被害予測では，きわめて大規模な被害が予測されている．

　このような経緯を振り返るとき，悲劇を繰り返すまいとする誓いや不燃都市建設論は建前であって，本音は災害を容認するという国民的合意が存在するのではと疑いたくなる．火災都市東京を期待する伝統が脈々と現在まで生き残っているのかもしれない．災害対策に携わるものが大規模災害を容認するということはタブーかもしれないが，

もしこれが国民的合意であるなら，それに沿った対策を考えることが技術者の使命かもしれない．

　災害対策は，発生の頻度により対応方針が異なる．毎年のように発生する中小規模の災害や事故に対して生活環境が影響を受けないようにすることは当然であるが，たまに発生する大規模災害については，負担が過大にならない範囲で対策をしておき，災害が発生してからの対応策で被害を局限化しようとすることは有る意味で合理性が感じられる．また，我々は，過去に経験したことのないような超大規模な災害も発生し得ることを知っているが，これについては運を天に任せるという生き方も自然の摂理なのかもしれない．

　このような意味では，関東大地震は大規模災害と超大規模災害の中間的な存在と考えられる．台風の影響で大風が吹く頻度は東京では年に10日ぐらいで，ここに大地震が重なったために飛び火が多発し，大規模な火災となり，その火災による上昇気流が火災旋風を引起して大量の犠牲者を産むことになったのであるから，地震が100年に1回くらいの頻度とすると3000年に一度くらいの災害である．実際，安政の江戸地震でも元禄の江戸地震でも関東大地震ほどの大規模被害は被っていないことを考えれば，次の地震による被害は関東大地震が繰り返されるよりは安政や元禄型になる可能性のほうが高いと考えられる．

　関東大地震の被害はすでに経験した事実であるから，上述の議論による超大規模災害に分類することには抵抗があるが，3000年に一度の災害を心配するより，日常性のほうを重要視したいというのが国民的合意であれば，とりあえず，関東大地震の再来は例外的なものとして，安政地震程度，阪神・淡路大震災程度の災害に対応することを目標とすることも可能であろう．

4.1.7　まとめ

　今回，20世紀の災害の総括として関東大震火災を取り上げるに際し，中村清二博士，寺田寅彦博士など諸先輩が執筆した「震災予防調査会報告

百号（戊）」を読み返してみて，その頃に解決できなかった問題が77年後の今日でも依然として未解決のままであることを痛感した．

中村は，「……火焔ガ直接ニ届イタノガ延焼デ火ノ粉デ拡ガルノガ飛火ダトスルト，殆全テノ火ハ飛火デ拡ガッタ様ナコトニナル……」と述べて，飛び火の定義の困難さを説いているが，現代の火災工学でも飛び火の定義は明確でなく，火の粉による延焼拡大は昔から言われていながら十分にこれを説明する工学は完成していない．現代火災工学では，延焼拡大の主役は熱であり，火の粉は加熱された可燃物が着火するための脇役に過ぎない．複雑な物理現象を単純なモデルで説明する手段が工学であり，結果が十分実用的である限り，実態とモデルの乖離に目くじらを立てる必要はないが，外部の延焼拡大に関する限り，放射熱や気流温度の予測だけで火災現象を説明することには無理があるようである．まったく火源からの加熱が無視できるような環境でも火の粉を大量に含んだ気流が吹き付ければ簡単に火災拡大が起きることは実態的に観測されており，このメカニズムを説明しない限り遠距離の飛び火の問題は解決できない．火災の気流を単なる高温空気の流れとしてとらえる限り，強風で気流が押し流されることはあっても高温による浮力で火災のエネルギーの大部分は上空に拡散されて風下の地物を加熱する割合が少なくなってしまう．しかし，火山の火砕流のように，空気中を移動する大量の高温固体粒子として火災気流を理解すれば，強風下では火災気流は地上を這うように風下へ進み，建物の隙間から内部に侵入して新たな火災を起すことが考えられる．もしかすると，中村が言うように，すべての火は飛び火で拡大すると考えるべきなのかもしれない．

4.2 函館の大火史と都市形成

1999年7月号

根本　直樹
函館市総務部市史編さん室主査
現 北海道教育大学教育学部函館校

4.2.1 はじめに

　函館の都市景観は，数度の大火の影響により街路や建物が変容している．函館の観光スポットにあたる西部地区の二十間坂より以西の地区は，明治11（1878）年，12年の大火後の開拓使主導で進められた街区改正によってできた都市形態を今でも残している．この地区は，明治40（1907）年と大正10（1921）年の大火に被災しているために多様な建築年代の建物が残存している．同地区の一部は，歴史的環境を色濃く残しているところから1989（平成元）年4月21日に「重要伝統的建造物群保存地区」に指定されている．国指定重要文化財・旧函館区公会堂や函館ハリストス正教会などがこの地区に位置している．

　また，これより東側にかけてのグリーンベルトに代表される街路は，昭和9年の大火後の復興事業によって形成されたものである．この復興事業は，戦前に地方都市において都市計画が実施された数少ない事例である．この地区の建物は，大正10（1921）年の大火後に建設された耐火構造の建物が一部残っている他は昭和9（1934）年以降に建設されている．つまり，幾度の合併以前における旧函館市域の都市形態の大枠は，この2度の街区改正によって形づくられている

　本文では，都市形成に大きな影響を与えた明治40年・大正10年・昭和9年の大火概況とその後の復旧事業を紹介しながら，20世紀の函館の大火と都市形成の関連性についてその概要を解説したい．

4.2.2 明治40年の大火概況と復旧事業

　明治40（1907）年の大火は，8月25日午後10時20分函館区東川町より出火している．出火当初は南東の風で風速10mの強風であったが，しだいに風力が強まり，翌26日午前1時頃には16mの暴風となった．しかも出火場所付近は，家屋が粗造のうえ密集していたため四方に延焼し被災区域を拡大していった．さらにこの時期は，不幸にも水源が枯渇し日々の用水にも欠乏していたため，消火栓の効力が少なく警察官や消防組員等が鋭意防御に尽力しても容易に消火活動がすすまなかった．この大火は，26日の午前9時頃にやっと鎮火した（函館消防本部『函館大火史』1937年）．

　明治40年の大火の復旧事業として，9月10日に区長より「焼失区域道路整理二関スル件」の諮問案が区会に提出されている．これに対し9月12日付けの焼失区域道路整理諮問案調査委員長・遠藤吉平名の報告書は，「内海ヨリ外海ニ至ル道路即チ船場町ヨリ蓬莱町ニ通スル二十間道路」の整備を求めている．区長はこの案について，被災した学校や病院などの復旧に多額の費用を要することや，「区債ハ区ノ経済ト相伴ハサルニ於テハ許可ナカルベシ．且又起債ヲ為ス場合モ利子ノミヲ償却スルノ財源スラ乏シク」（「明治四十年函館区会会議録」）と起債に対して利子すら払うことので

表-4.2.1　明治40年の大火概況

出火時間	8月25日午後10時20分
出火場所	函館区東川町217番地
焼失区域	40余万坪
焼失戸数	8,977戸
罹災人口	32,428人
損害総額	31,148,337円
死　者	8人
鎮火時間	8月26日午前9時

注）『函館大火史』より作成

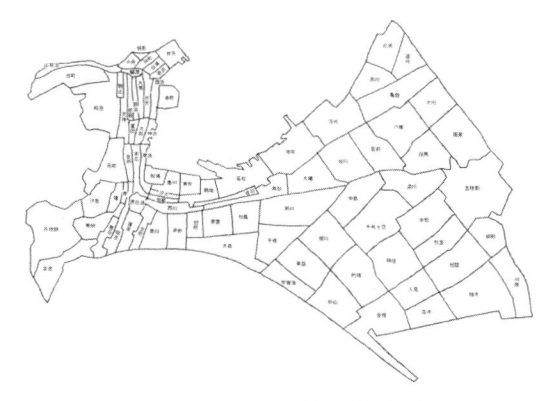

figー4.2.1　昭和7年函館市域町割図

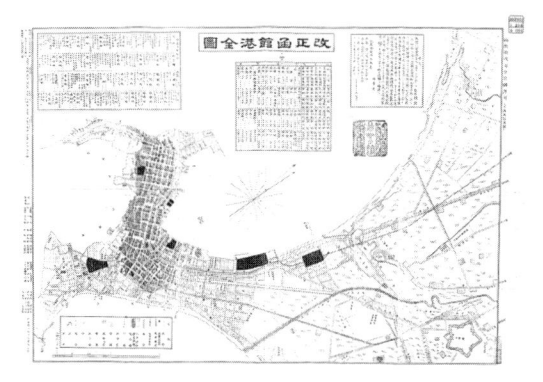

図-4.2.2　明治40年大火の焼失区域（改正函館港全図に記載）

図-4.2.3　明治40年大火直後の函館

きない財政事情などにより小規模な道路改修に終始することへの理解を求めている．

つまり，明治40年大火後の復旧事業は，明治初期に実施された開拓使による街区改正を東側に拡大することを区会が提案したのに対し，函館区の財政事情により実施されなかったことが理解できる．

4.2.3　大正10年の大火概況

大正10（1921）年4月14日の大火の発火位置は，東川町東部の一角で比較的粗雑な木造家屋である．当時の風位は，真東にして風速8mで，時刻は午前1時頃の深夜であった．また，発火地点が宝小学校の陰に隠れて発見が遅れたことが大火になるひとつの要因でもあった．消防隊の手配に関しては，明治40年の大火の経験から北西方・地蔵町方面を警戒することに努め，全力をあげて錦座や宝小学校の防御に尽力した．もし，この二大建物が焼失したならば，警察署，消防本部に延焼し船場町の倉庫群より東浜方面に拡大するかも知れない状況であった．消防隊の防御が効を奏し，地蔵町方面への類焼は食い止められたが，他方蓬莱町，相生町をまたたく間に焼失し，火勢は午前4時頃に十字街を襲い曙町二十間坂付近に達した．

十字街は，当時の函館の中心商店街を形成しもっとも繁栄していた地域で，二十間坂は函館区の重要な防火線であり，ここでの鎮火に望みを託していた地点である．しかし，この時の風力はなお11mを示し，消防員の疲労と器械の損傷で，二十間坂の防御は難しくなり，午前4時30分に会所町の一角より西方向へ延焼は拡大した．末広町，会所町，元町へとその被害範囲を拡げ，函館区公会堂や函館区病院に及ぼうとしていた．幸いに，基坂の防火線を警戒していたことや，風力が衰えたために午前7時30分に鎮火した（『函館大火史』）．

表-4.2.2　大正10年の大火概況

出火時間	4月14日午前1時15分
出火場所	函館区東川町198番地
焼失区域	152,830坪
焼失戸数	2,141戸
罹災人口	10,996人
損害総額	17,798,549円
死者	1人
焼失建物	1,309棟
鎮火時間	4月14日午前7時30分

注）『函館大火史』より作成

4.2.4 火防設備実行会と防火線

　大正10年の大火の翌日に掲載された新聞記事によれば，大火の教訓として「罹災家屋の多くは可燃性なる木造家屋で，吾等は市中の随所に防火壁を設置するの急務なるを知った，其他には火災報知機の増設，電話の普及等も必要であると思ふ，何れにもせよ今後は火災の予防に関し徹底的な対策を講ずることが大切である．其れにしても当区の如き充実せる消防機関を遺憾なく活用する為には，現在のやうな狭少なる道路の改善も其必要の一つである」（大正10年4月15日付「函館毎日新聞」以下「函毎」と略す），との当時の火防設備の課題が指摘されている．

　鎮火後に善後策を検討した区会議員協議会は，「焼跡の路線を改正する事，焼跡に五線の防火線を設け鉄筋コンクリートの防火壁を築造する事」（大正10年4月16日付「函館新聞」以下「函新」と略す）を決定し，正式に区会に提議することになった．また，市民においても資産家層を中心とする「火防設備実行会」が組織され，発起人である渡辺熊四郎が協議会の挨拶の中で，「明治四十年大火にも識者は火防設備を高唱せるも実行機関なき為行われず遂にふたたび此大火を見たり，今にして徹底的に設備をなさざるか函館の将来は滅亡せん」（大正10年4月21日「函新」），と火防設備の徹底の重大さを表明している．

　これらを受けて，火防設備実行会・火災予防組合連合会主催の火防実行の函館区民大会が5月1日に函館区公会堂で開催された．区民大会では，「一、市街地建築物法の一部又は建築条例の施行を期す．二、区道を整理し火防路線の設定を期す．三、消防署の設置を其筋に建議する」ことなどが決議されている．函館区は，これら市民の意見を参考にし，前述の区会議員協議会での決定事項を修正し，防火線設定について諮問案「防火線設定ノ件」により甲種防火線2線と乙種防火線4線を設定し，恵比須町通りを12間に拡張することを決定している．

　また，これに関連して「防火線家屋建築費補助規定」が制定され，建築構造や建築費補助額などが決められた（「大正十年第二回以降函館区会会議録」）．これらの決議事項からは，未だ函館区が都市計画法の指定を受けていなかったにもかかわらず，市街地建築物法の理念を採用している都市の先進性が理解できるし，その結実が銀座通り（恵比須町通り）の都市景観を生んだのである．

4.2.5 昭和9年の大火概況

　1934（昭和9）年3月21日午後6時53分，函館市住吉町の民家より発火した火災は，風速20余mに及ぶ東南の烈風に煽られて火勢劇烈を極め，瞬時にして他に延焼拡大していった．火炎は，青柳町より豊川町，鶴岡町，松風町，新川町方面を襲い，消防隊や軍隊等の必死の努力も，烈風と倒壊した家屋や電柱等の障害物に妨げられ，充分な

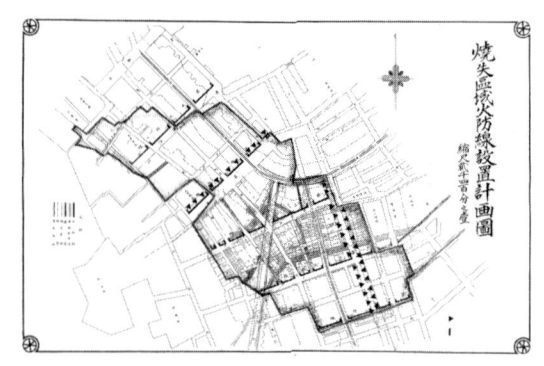

図-4.2.4　大正10年大火後の甲種防火線（当初計画図上に作成）

図-4.2.5　大正10年大火後の銀座通り建設現場（北海道写真史料保存会蔵）

表-4.2.3　昭和9年の大火概況

出火時間	3月21日午後6時53分
出火場所	函館市住吉町91番地
焼失区域	1,259,600坪
焼失戸数	22,667戸
罹災人口	102,001人
損害総額	123,918,027円
死者	2,166人
焼失建物	11,105棟
鎮火時間	3月22日午前6時

注)『函館大火史』より作成

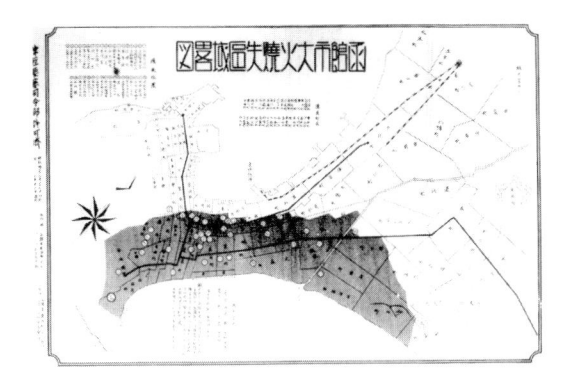

図-4.2.6　昭和9年大火の焼失区域

図-4.2.7　昭和9年大火後の函館市街（北海道写真史料保存会蔵）

消火機能を発揮することができなかった．その後，風向が漸次西方に変化するに伴って末広町，会所町，元町方面への被害が心配されたが，幸い二十間坂によって延焼を遮断することが出来た．反対に風下にあたる新川町，堀川町，的場町の間はまったく廃墟に帰し，さらに北方に向かって延焼し，翌22日午前6時頃にやっと鎮火した．実に，全市の3分の1を焼失したのである（北海道社会事業協会『函館大火災害史』昭和12年）．

この大火の被害が大きかった原因について，当時の建築学会の報告書は，「一，発火より消防署に於て知覚するまでに約五分を要したこと，二，風力甚大で火災の伝播速度大，且飛火多く尚風向の旋転方向亦最悪的であった事，三，火元付近はとくに地形の関係に依り延焼中頻りに風の旋転，突風起りし事，四，発火地点及海岸付近はとくに矮小粗悪木造家屋連ただし且全市に亘り粗雑木造家屋が多かった事，五，防火地区きわめて尠く，広場，公園等の都市計画上の施設が完備して居なかった事，六，発火地点は水道終点である為め水圧弱く水量乏しく，加ふるに風力強き為めに消防組の活動意の如く行われなかった事，七，道路概して狭隘にして消防組の部署変更に困難なりし事」（『函館大火災（昭和9年3月31日）調査報告』），と説明しており都市計画事業との関連性を示唆している．

4.2.6　防火建築の検証

昭和9年の大火は，結果的に大正10年大火後の防火建築の有効性を検証することにもなった．いわゆる銀座通りは，防火線としての効果を充分には発揮することができずにかなりの被害を受けたのである．このことは，市民の間に鉄筋コンクリートに対する不信感が広まった．これに対し，都市計画北海道地方委員会は「銀座街は外見恰も耐火構造の建築物を以て満たされたるやの観を呈せしも規定緩に過ぎ且構造調査及工事中の監督宜敷を得ず尚使用材の質きわめて粗悪にして而も工事粗略なるに於て豫期の強度を得難きは明瞭なる所にして期待をかけられたる耐火構造群も其効果を

図-4.2.8　被災した恵比須町銀座通り（浜島国四郎氏蔵）

図-4.2.9　現在の銀座通り

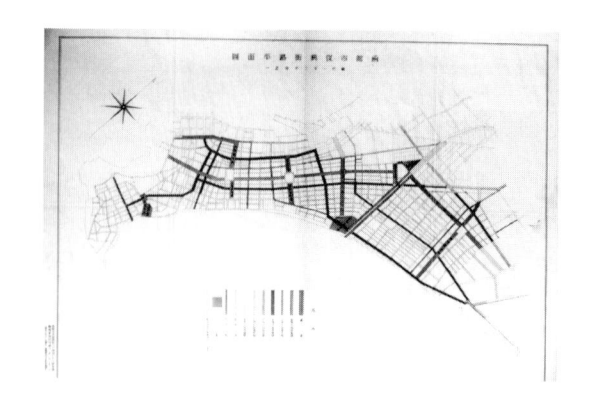

図-4.2.10　函館市復興市街路平面図

発揮するに至らざりしは遺憾とする所なり」(昭和9年5月5日付「函新」)，と耐火構造の外観とその工事の内実の違いを，防火効果をあげることができなかった原因として説明している．

また，建築学会でも鉄筋コンクリートが火に弱いという考え方に対して「蓬莱町一帯の防火建築物のくずれ跡を目撃した人々が斯感じたのはまがひの鉄筋コンクリート造りだと誤認していたからである，今回の場合でも本当の鉄筋コンクリート造りの建物は火災を免れて焼け跡の中に完全に残っている」(昭和9年13日付「函新」)，と当時の鉄筋コンクリート造りの不完全さを指摘している．つまり，大正10年の大火後の復興事業では，大正12年の関東大震災後に一般化する鉄筋コンクリート造りが，いち早く採用されたものの技術面での試行段階にあったことが理解できる．

4.2.7　都市計画と復興事業

函館市は，都市計画法第二条の規定による適用市として1923(大正12)年5月29日に指定され，7月1日より施行されている．また，1926(大正15)年7月6日の都市計画区域を決定し，1929(昭和4)年7月8日には都市計画街路線と用途地域が決定されている．しかし，都市計画事業は，計画が認可されても国の補助事業でないため財源確保が難しく，「計画街路事業ハ財源ノ関係上未ダ実施ノ機運ニ至ラズ然ルニ市東部ノ膨張発展ハ著ルシク放漫無統制ニ市街化セラレツツアリ」というように計画段階で終止し，東部方面の市街化は無統制の状況を克服できないでいた(『昭和7年函館市事務報告』)．

当時の市民の都市計画事業についての反応は，「都市は市民の実力に応じて自然に生ずるものなり，政府の作りたる都市計画は六大都市にすら事実上適用難なるものなり，之を我が函館に向つて適用せんとするのは不釣合のもの」(大正10年5月11日付「函新」)，という認識を越えるものではなかったろうと思われる．

昭和9年大火後の復興事業の特徴は，前述した都市計画法に準ずることを基本としながら，国の経費的補助や北海道庁の職員を動員して実施したことである．また，復興計画自体は，東京市政調査会や建築学会の意見書を参考にしながらも，北海道庁や函館市を積極的にリードした内務省の担当職員の指導力によって実施されている．ただし，昭和4年に決定された都市計画案が復興計画のひとつの指針となったのはいうまでもなく，その街路計画は復興計画の立案に大きな役割を果した．

これらを要約すれば，復興計画の骨子は，「緑樹帯並に主要幹線街路を相互交錯することに依り，市内を二十数個の防火「ブロック」に分ち，かつ重要路線に沿ひ防火地区を設定し，街路と耐火建築に依る防火施設の完全を期し，消火施設の充実を図る為に上水道及消火栓を拡張増設し，両々相俟って将来の大火災を免れしむることとし，さら枢要のか所に公園を築設して日常市民の保健に資するとともに一朝災害発生の際絶好の避

4.2 函館の大火史と都市形成

難場所たらしめん」（北海道庁『函館復興事業報告書』昭和12年）との考え方である．

4.2.8 同潤会と共愛会

昭和9年の大火による復興事業は，関東大震災復興事業でのノウハウが内務省の官僚をとおして生かされていた．そのもっとも典型的なのが区画整理事業による街路改正事業であろう．そしてもうひとつ忘れてならない点が共愛会の存在である．共愛会は「東京の同潤会のようには行かぬが，できるだけ社会施設に尽したい」（昭和9年8月27日「函館日日新聞」），という目的から1934（昭和9）年11月16日に設立されている（函館市社会課『函館市社会事業施設概要』昭和11年）．

同潤会とは関東大震災後に義捐金によって庶民生活の復興再生の方策を講ずることとし，先ず「住」の問題が罹災者生活安定の根本をなす施設との認識により1924（大正13年）5月23日設立されている．また，同潤会の役割は社会施設的事業も含まれるため住宅区域内およびアパートメント内に社会施設を併設している点に特徴があった（『同潤会十八年史』昭和17年）．

共愛会はこのような同潤会の経緯と同様に昭和9年の大火によせられた義捐金の一部168万円を基金としているが，住宅建設関連費が約50万円に届かず建設戸数も620戸にとどまっている（昭和12年12月8日「函館日日新聞」）．その理由は，共愛会の性格が，住宅政策を実施する以上に大火前に市が実施していた社会政策事業の一部を代行する面が強かったことにその原因があったと思われる．

共愛会の活動は，託児事業，職業紹介事業，授産事業，住宅施設，簡易宿泊所，失業対策事業，社会事業助成など貧困者の救助を主な事業としていた．また，共愛会館は，1926（大正15）年12月17日に西川町に竣工していた市民館が昭和9年の大火で焼失したためその機能を担って建設されたもので，社会政策事業のひとつのランドマークとなる建物といえよう．

図-4.2.11　現在のグリーンベルト

図-4.2.12　現在の二十間坂

図-4.2.13　現在の基坂

また，同潤会アパートと規模的に比較にならないが，宝来町に鉄筋コンクリート造3階建の共愛会アパートが1937（昭和12）年に建てられている．これらの建物は残念ながら現在では残っていない．

4.2.9 大火史から見た経済事情と地域課題

大正10年の大火後の新聞記事は，火防思想の

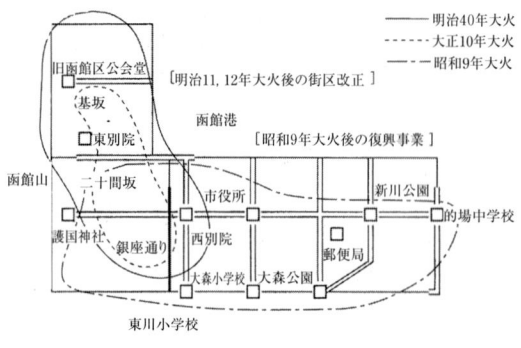

図-4.2.14 焼失区域と街路概略図

三時代として1908（明治40）年までの上水道時代（防火用水），1921（大正10）年までの自動車ポンプ時代（消防体制），大火後の不燃質建物時代（防火建築）に変遷を区分している（大正10年4月21日付「函新」）．この流れからいけば，昭和9年の大火以降は都市計画の時代（街路改正）といえるのかもしれない．いずれにせよ，函館の大火史においてもその被害の甚大さから，理想と現実との間の選択が当時の経済事情や地域課題に条件づけられて都市景観が形成されたことだけはまちがいがないと思われる．つまり，防火線としての銀座通りをひとつ例にとってみても，明治40年と大正10年大火後の復興事業の違いがそのときの経済事情が強く反映している．明治40年の経済事業が「四十年の大火の際は倉庫は全滅し倉入商品は全部焼失したるが故に，商人の打撃は非常に大にして金融業者にも累を及ぼしたり」という状況に対し，大正10年の「今回の火災に於ける被災者は，相当なる資力を有する向多きを以て打撃を受けたるには相違なきも，是に依り再起し得ざるが如きはほとんどあらざるべく」（大正10年4月22日付「函毎」）という状況との違いが銀座通りを生む時期に大きな影響を与えたのである．

昭和9年大火後の防火線の設置も，関東大震災における東京横浜の復興事業のような国庫補助がなく，被災範囲の市民層が小商人や低所得者層が多い地区であったことも影響しており，「焼失区域内の火防線耐火建築は昭和19年迄の期限であるが，資力を有せぬものは到底早急に建築困難であるのでバラックの修復を許可」（昭和13年5月25日付「函毎」）せざるをえない状況で計画どおりに進めることができなかった．

また，復興事業における耐火建築が進展しなかった原因の一つは，借地契約を媒介とした土地代金の問題があった．「家屋は土地の上に建設せらるるものであるが，地主の借地の年限長きは三年，普通一年を限りとして居る，三年や一二年の期限でその土地に不燃質の家屋の建設などは思ひも寄らぬことである」（大正2年5月6日付「函新」），という旧来からの借地関係の不安定さが，家屋にお金をかける意識に乏しく耐火建築への移行がすすまなかったと思われる．

このことは，昭和9年の大火後にあっても「防火建築には地上権の設定を要する，之の地主は自覚があって，而して地代を低減するべきである，防火建築に関して地主は必ず斯くまでの自覚があり得ることと信じたい」（昭和10年7月19日付「函新」），と防火上の実践を住民とともに地主層にも喚起していることからも理解できる．現在でも複雑な土地に関する権利関係は，まちづくりにおいて障害となっており解消されずにいる地域課題である．

4.3 能代大火（1949年）

1999年7月号

能代市総務部総務課

4.3.1 はじめに

本市は，秋田県の北西部に位置し，北を世界遺産に指定された白神山地，西は日本海に面する豊かな自然に恵まれた美しいまちである．

人口5万4000人，面積245km^{2}を有し，東北の大河「米代川」の河口に位置し，古くは日本海交易の要衝として，あるいは米代川を利用した秋田杉の集積地として栄えてきた．

秋から冬にかけて，日本海特有の西よりの強い季節風による飛砂の被害から市街地を守っているのが日本最大級の黒松林である．日本五大松原のひとつとして，その数7百万本の広大な松原は「風の松原」の愛称で市民に憩いと安らぎを与えている．

しかし，市民はこの安らぎの中に忘れてはならない二度の大火，水害，日本海中部地震など，尊い人命や多くの財産を失う恐ろしい災害を経験している．

能代市の戦後は大火，水害，地震災害と過ごしてきたといっても過言ではない．

4.3.2 鳴り響く大サイレン

1949（昭和24）年の冬は，不思議と暖かい日が続いていた．例年だと能代の2月は，1m前後の雪が積もっているのに，まったく雪がなかった．黒々とした地肌が見えて，春先のような冬であった．

2月19日は，曇り，時には小雪もチラつく天候で，風は5m前後であった．だが，夕刻頃からは風はしだいに強まり，夜半には西風が13mくらいに達した．

能代地区消防署の「昭和24年大火状況」には，次のように記されている．

- 出火日時　　2月20日午前0時35分
- 発見および発見者　　望楼発見・常備消防部消防員
- 火元住所　　能代市清助町樽丸工場作業所
- 火元焼失数　　約198m^2
- 時の風速　　13m位
- 時の風位　　西の風
- 湿度　　48%

発見者は，その規模を次のように語る．

「当時の能代市消防団常備消防部は，夜中の12時から4時までは4人が起きている制度になっていた．私は12時に望楼にのぼり，異常なしと告げられて，前の人と交代した．あまりにも風雪が強くて，外に出られないので，中で監視をしていた．すると，海の方からロウソクの灯のような，小さな明かりが見えた．"ヤツメを取る灯かな"と思ったがすぐに電話で下の宿直の人に知らせた．"火らしいものが見えるが，もう一度確認するので，もうちょっと待て"と伝えながら，双眼鏡でみているうちに，ロウソクの火みたいだったのがだんだん大きくなって火事だとわかり，"清助町の製材工場付近に火事が発生した"と連絡した」．

第1次発見はこうして発見され常備消防のポンプ車はサイレンを鳴らして出動した．こうして真夜中の消防ポンプのサイレンと，大サイレンが断続的に鳴り響くなかで，市民は火事を知ったのだが，それから間もなく，市内は阿鼻叫喚のちまたと化して行った．

4.3.3 次々と火の手あがる

　第一次大火が発生した時に，能代消防署には4台の消防のポンプ車があったが，1台は故障して東京へ修理に出されていた．望楼からの「火事発生」の非常電話で出動したのは3台の消防ポンプ車であった．この時にポンプ車に乗って火元に行った消防署員は，その状況を「すぐに消防ポンプ車に乗って出動したが，粉雪が地面を渦を巻きながら吹き荒れ，道路はカチカチに凍っていた．途中まではぜんぜん火の気が見えなかったが現場近くになると火が見えた．作業所が燃えていたが，発見が早かったため，たいした勢いではなかった．さっそくホースを引いて消火にあたったが，これなら消せると思ったし，実際には消えかかった．ところが消火作業をしている最中に，東方に130m離れた木工所の柾葺き屋根に飛び火して，火の手が上がった．次の現場へ駆け付けた時には，風はさらに強くなり，付近一帯の柾葺き屋根や杉皮の屋根を，まるで這うように広がった．火は上に高くのぼらず，東へ東へと横に走り，まるで家々をなめるようであった．出動した3台のポンプ車のうち1台は工場で火に包囲されて動けなくなった．活動できたのは2台だけだが，あまりにも火の広がりが早いので転戦に転戦を続けホースを向けて放水をしても，風にあおられて別の方にとんだ．水の便も悪く，十分な消火活動ができなかった」と語るが，望楼での発見者は，「大サイレンを鳴らし終った頃からさらに風が強くなり，事務室の中からも火の手が見えてきた．3台の消防車ではとても消すことができないと直感し，消防常備部長の姿を求めて火事現場に走った．もうそのときは，火の粉と雪が横なぐりに飛び，大火になる様相を呈していた．ようやく部長を見つけると許可をもらい，事務所に帰ると秋田，五城目，二ツ井，大館などに応援を求めたが，その間に燃え進む火はますます広がっていた」その後の調査によると，当日の延焼速度は最大一分間あたり12.5m，燃焼度は一分間に459m²と推定されている．あっという間に，火の海になったのである．各工場のサイレンは断末魔のように不気味な叫びを繰り返した．

4.3.4 想像を絶する火勢

　市の中心地が火の海と化し，市役所，地方事務所，警察署，郵便局，裁判所など官庁を全焼した．材木町通りの工場が焼けたときは，大変なものだった．角材や板が火柱となって飛ぶ上に，土場に積んでいた丸太が青光りする炎を出しながら焼けた．火が強くなるとその丸太もバンバンと飛びながら燃えだし，営林署の土場の丸太も両方の切り口が焼けてまったく使いものにならなくなっていた．材木町の製材工場を軒並みになめつくした火は米代川鉄橋にまで燃えて走ったが，火は順序だてて次々と燃えたのではなく，焼失した家屋のほとんどが杉皮葺きや柾葺き屋根で強風の飛び火のためにあちこちから火の手が上がりそこを中心として広がっていった．それこそ何十か所からも火の手が上がり一面が火の海であった．着の身着のままで逃げまどう人々の叫び声，鳴り続く不気味なサイレンの音，夜空に舞い上がる炎と煙，音をたてて焼ける音など，人々の不安は極限に達した．

　午後2時頃になると，応援を求めた県内の町村から続々と消防ポンプ車が到着した．しかし，水槽のある場所や，市内の状態がわからなく，水槽を見つけても風と火の粉でその場所に行けなかった．消防活動はほとんど制御不能に陥った．警察署員は「原因調査を後回しにして市民達の避難誘導にあたった．最初は大町に避難させたが，これもダメで次は市役所に移した．しかし，ここも危なくなって消防署付近の樽子山に避難するように指導した．大町が焼ける頃から警察署も危なくなり，2時40分に本庁に対し"これが最後の連絡である"と連絡後間もなく焼けてしまった」と語る．

　能代市警察署の調査によると，この大火による死者3人，重傷15人，軽傷250人というよう

に，業火に逃げまどって死ぬ人や怪我をする人も多かった．

4.3.5　焼けるにまかせて

当時，市内には貯水槽が51か所もあったが，この大火で使用できたのは，わずか19か所．米代川など自然水利はひとつも利用できず，まったく焼けるにまかせていた．午前3時すぎになると，営林署や日吉神社も焼けた．日吉神社の境内は広く，年古い木立は繁り，市民にとっては絶好の避難場所であった．火事の多かった能代としても，過去にその例がなかったがあの業火に，社殿はじめ境内の末社にいたるまでことごとく炎上し，大樹も無残に焼け朽ちて，足の踏み入れるところもない焦土と化した．市民たちは業火が狂いまわる中を，必死の思いで日吉神社の境内や営林署の土場に多数の家財を運び出したのだが，すべて灰じんに帰してしまった．

荒れ狂った業火は，川を越えて秋木下駄工場にも飛び火して，たちまちのうちに火の手が上がった．東洋一を誇った秋田木材の周囲にうず高く積まれた丸太や，乾燥した資材に火が移り，パッと燃え上がっていった．

秋木には防火壁やハイドランドの自家消火施設があったため，次々と駆け付けてきた職員や工員は必死になって消火活動を続けた．飛んでくる無数の火の粉と戦っていたが，午前4時頃に消火栓の原動力になっているボイラ室や，配管が焼けて消防機能を失い，もはやすべてが無力となった．当時，秋木に勤務した人は「出火と同時に私も火事現場に駆け付けたが，まさか秋木までは燃えていくと思ってもいなかったがそのうちにどんどん火が広がっていったことから私もあわてて秋木に行った．しかし，やや火勢がおさまりかけたころにまた燃え出したのだが，職員や工員の家もかなり焼けており，火災から工場を守れるほど人が集まってこなかった．軒下に火がつくと離れられないと，ホースを向けてもハイドランドが故障しており，水が届かなかった．また消火を指示する人も少なかったため，あの大工場や倉庫があっという間に火に包まれてしまった．私はどうしようもなく，あきらめながら焼けるのをみていた」と語っている．

秋木の数億円にのぼる損害は，木都能代を斜陽を決定的にした．夜の白々と明けかかる中で職員や工員は深く首をうなだれていた．

4.3.6　7時間燃えて鎮火へ

出火から7時間燃え続けた火は能代の中心地をことごとくなめつくし，交通や通信がまったく途絶えたこともあって一時は能代が全滅したと心配されたほどだった．しかし，怒り狂ったかのように荒れまわった火の手も風が弱まるにつれて静かになっていた．

午前7時頃，約7時間にわたって燃え続けた火はようやく鎮火した．だが，鎮火したとはいっても方々で煙が上がり，一面が焼け野原となった焦土に今度は雪が降り始めた．着のみ着のまま逃げ出した人たちにとって，それこそ無情の雪であった．大火の被害も，莫大なものであった．当時の金額にして実に47億円に達するという日本の火災史に大きく記録される大火である．被害の状況は次のようなものであった．

- 死者3人，傷者132人（火傷19・眼病34・外傷75・挫傷7）
- 被災世帯1755，戸数1295，被災人員8790（死者含む）
- 住家全焼1295棟，非住家942棟，他に破壊消防による住家5棟
- 損害額47億2500万円（能代市警察署調査）

まさに能代市の5分の1が一瞬のうちに焦土に化したのであった．焼け出された人たちの生活が，また悲惨なものであった．その模様は「火が消えてみると，着物の背中に大きな火の穴があいているのに気がついた．いつ火がつき，消えたものやらさっぱりわからなかったが，針

も糸もなく，授産所に行って縫ってもらいようやく人中を歩けるようになった」また，「鎮火したあとの砂漠のような街の中をみて，いったい能代は立ち上がれるだろうか，と第一に思った．人々の顔はすすけ，着物は焼け穴があり，眼は赤くはれている．焼けた人たちはまるで難民のような状態であった」と一夜明けた能代市の姿を語っている．

4.3.7　焦土から立ち上がる

　一夜明けて焦土と化した能代の姿は，みるも無惨なものであった．鎮火したといっても，燃え残りの火煙が方々であがっていたし，無事に焼け残ったとみられた蔵などが突然に火を吹き出したりした．

　また，工場の油缶がときどきものすごい音を上げて破裂したり，そのたびに黒煙がもうもうと上がり凄惨をきわめた．しかも，足の踏み場もないような焼け跡の上を吹雪が舞い始めた．

　それでも朝方になると，能代大火の知らせを聞いた親戚や知人たちが，汽車やバスなどで続々と見舞いにやってきた．そして，気の早い人たちは家を一瞬のうちに失ってしまった落胆を踏み越えて焼け跡の後片づけを始めた．見舞いに来た人たちや，焼けなかった人たちも続々と手伝いにやってきた．

　夕方になると，焼け残った材料や近くから買い集めてきたトタンなどを使って，焼け跡のあちこちに掘立て小屋が建った．といっても十分なものではなかった．

　一夜のうちに丸裸になって焼け跡にほっぽりだされただけに，市民の動揺も大きかった．警察でもっとも注意したのは，火災後の市民の不安を取り除くことだった．流言飛語が出ないようにと警官を編成して24時間通して市内を巡回させたが，大火がもとでの大きなトラブルや事件が起きなかったのは幸いであった．

　また，空前の大事故に襲われた能代市も大変であった．その中心となるべき市役所そのものが焼失しているだけに，困難を極めた．当時，社会課長をしていた小野さんは「夜明けとともに仮市役所を近隣の渟城第二小学校に決定，今後一切の基本になる罹災証明書発行の実態調査をはじめた．県庁から幹部らが現地指導に来訪，救援物資満載のトラックが相次いで到着した．人心の安定からも明日午前九時から渟城第二小学校で物資配給の実施を決め，周知のためラジオ放送を依頼，被災区域内をトラック巡回，被災区域外は受配組合長を通じて回覧板を回した」とその日の状況を語る．

　当時の社会課は，受配組合，統計，住宅事務を担当していたため，机も，腰掛けもないなかで，「焼けた区域の線の調査，被災者の確認など，当日は徹夜で証明書発行の準備をした．相次ぐ救援物資の受け入れや，見舞客の殺到するなかでの事務処理であった」．

4.3.8　ぞくぞく救援の手

　翌21日の渟城第二小学校での物資配給は，午前9時から知らされていた．ところが会場には午前7時頃からもう罹災者が列をつくる有様であった．救助物資に頼らなければ生活のできない人がそれほど多かったのである．第1回の配給は，生パン1人1個，乾パン2人で1袋，マッチ，作業着，手拭い，足袋，メリヤスが一世帯に1，味噌が1人5夕5日分，醤油は1人分1合で5日分，米は食糧営団の取扱いとなっていた．

　1949（昭和24）年といえば，戦後からはいくらか遠くなったとはいえまだ物資の統制時代が続いていた．建築資材はもちろんのこと，衣料はキップ制度だったし，自転車やリヤカーなどは割当であり，アメリカ軍政部の指導もまだうるさかった．しかし，焼け出されて無一文になった人たちの資材に対する要望は強かった．

　「災害救助法が適用になったとはいえ，物資は必要に応じて県が集めて配給する実情なのでその難儀もさることながら，品質同一でなく，まして一般見舞物資，ララ物資は慎重に配分を

考えても末端までは平等にゆかず，ただ事情の説明と納得を願うのみ．渟城第二小学校には縁故のない被災者の収容も多く，大方の物資配分を終り，部屋に不寝番が不必要になるまで三週間もかかった．学校収容の罹災者は毎夜集いを開いていた．家は焼かれ，職場をも失った人々は生活の困窮から心身ともに荒さぶ．一時保護の恩典がうすくなるとともに深刻な生活相談が多くなっていった（小野さん）」．

4.3.9 損害47億円にのぼる

能代市はじまって以来の莫大な被害を出した上に，三人の死者まで出したために火災原因の捜査は慎重に行われた．「秋田県警察史（下）」には，その調査の模様と結末が次のように書かれている．

「能代市警察署は，県国警捜課に協力を求め，4ヶ月にわたってあらゆる角度から火災原因を捜査追求した結果，火元の工場の戸が破損していたため，同工場にあったストーブの残り火が逆風にあおられ，付近のカンナ屑に燃え移り大事にいたったと考えられ，6月23日同家の単独失火と断定した．また同火災により，3人の焼死者を出したことから重失火および過失致死罪で検察庁能代支部に送致した．しかし，火元では同工場の横堀から発火したので，放火ではないかと失火説を否定した．こうしたことから，検察当局では慎重を期し，検察官の全体会議を行い，10月4日にこの結果を次のように発表した．

一，工場内部から終えたことは推定できるがストーブによる発火かどうか明確でない．
一，失火側で主張している放火による外部からの発火の証拠も成り立たない．

などの理由から，重失火，過失致死事件は不起訴となった」未曾有の大火だったうえに，強風と翌朝からの吹雪が捜査をいっそう困難なものにした．

だが，そうした事情ではあっても一部の市民からは，出火の原因があいまいなうちに葬られたことに対して不満の声もかなり出た．とくに，裸一つで焼け出された人にしてみると，いったい何のために自分たちはこんな不幸の中に投げ出されたのだろうと，不満に思ったのもまた当然であった．

4.3.10 木都が壊滅的な打撃

この大火によって能代は個人をはじめ，さまざまな業界で大きな被害を受けたが，その中でも木都能代を名実ともに支えてきた製材工場の約8割にあたる焼失によって，木材業界が壊滅的な打撃を受けたことはその後の再出発に大きく響いた．これは能代の木材業界だけではなく，日本の木材市況にも影響を与えるほどの大事件であった．当時の柳谷能代市長は，「能代大火があった時，蓮沼知事は上京中だった．なんでも中央の各新聞社の記者連中が"能代全滅"の報をもたらしたらしいんだね．そのとき深川木場の相場は2割上げだろうといったというんだが，まったくそのとおりであった．さあ，熊代の産業経済の実力培養の時代が来たぞというとき，ほんの数工場を残して全滅したのだから，その重荷は今にいたるまで負わされている」と語っているが，まさに，深川木場の相場が変るほどの大きな影響を与えたのであった．

一方，工場に積んであった丸太も自分の家も，また従業員の家も焼かれてしまったので，その立ち直りはたいへんなことであった．戦時中の統制時代からぬけてふたたび自分の工場になり，戦後復興の中でしだいにその基礎固めをしつつあった時の，突如の災害であった．当時まだ，火災保険などにもあまり多くは入っていなかったので，全焼によってはたして再建できるだろうかという不安も大きかった．

能代市復興援助のため，県の幹部，市町，議会関係者はまだ焼け野原が片付かぬ熊代を後にあわただしく上京，3班にわかれて2月29日から各関係省庁に陳情した．その状況は「悪いこ

とに年度末のため，政府も同情はしてくれたが援助に対する予算がなく，復興費12億円については朝8時から晩7時までかけずり回ったけどついに解答を得られぬ状況でした．何とかおみやげもたねば能代へ帰られぬ，とため息をつく有様で，3日目は最後の手段として3班合同で再度陳情，とくに閣議の開かれる直前に入口で大臣1人ひとりをつかまえてくどいほど訴えたおかげで，ついに内閣調査団の派遣に成功した．現地をよくみてもらって猛運動をしようと思っている」と語る．

その結果，内閣調査団の1行14人が能代市を訪れたのは大火から40日後の3月31日である．浅岡信夫厚生政務次官ら政府代表，それに平沢，宮腰，飯塚代議士，県，市関係者ら総勢百人に及んだが，バス2台に分乗して秋木，材木町，官庁街など被災地を視察，最後に能代公園にのぼって焼け跡の全景を見渡した．その後，仮市役所で懇談会に望んだが，団長の堀末治地財政務次官は，「戦災都市復興に一大貢献した能代市の災禍には衷心より同情に堪えぬ．だが，ドッチ経済九原則を守らねばならぬ手前，国家収支のバランスは財政上鉄則でありどれだけ国として援助できるか，ちょっと不明だができるだけのことはしたい．昔から火事の町といわれているのに，消防設備が十分でなかったことは遺憾だ．今後絶対火事のない都市として，米代川の水を利用して思い切った都市計画を強力にやるべきだ」と提言，また浅岡厚生政務次官も，「政府としては，木材の最大供給地として，能代の復興には重大な関心をもっている．閣議で調査団派遣が決められたのも，戦後初めてだ．熊代市民はこの際，他力本願でなくあくまでも自力で災害の困苦に打ち克ち復興に立ち向かってほしい．政府も黙ってみていることはない」と激励した．これに対して，柳谷市長，「1億数千万円の保険金はあってもほとんど手元に残らない実情だ．再建意欲がさかんだと，おほめをいただいたが立ち上がるための迎え水として，

ぜひご援助を得たい．市民の不注意だというご指摘もあるが，過去にめずらしい雪のない冬だったので，もし平年通りの積雪があったらこんなに大火にはならなかったと思う．これは，天災とみてほしい．日本有数の産業都市として格別のご配慮をお願いしたい」と訴えた，小さな地方都市としては，やはり国の援助措置にすがるしかなかったのである．

4.3.11　思い切った都市計画

大火復興の第一歩は都市計画である．市は大火から4日後の2月24日，いち早く「能代市復興都市計画」の基本方針を発表した．もちろん，市だけで原案を作成したものではない．建設省や県とも十分に打ち合せのうえだ．

① 火災の経験，交通上，風致上の見地より市街地を東西2本，南北2本の幅員22～30mの防火帯で分割し，充分なる植樹と貯水槽を設け防火機能を拡充する．

② 焼失区域内の寺院・墓地は市街地外に移転し，跡地は公園として保存する．

③ 焼失した第二中学校は焼失区域外に移転し，公会堂，公民館などの公共施設の建設敷地として利用する．この敷地の前には広場を置き大貯水槽を設ける．

④ 旧来の街路面積は市街地面積の5％にすぎず，建築密度が過大であったから，街路公園，防火帯などの公共空地を市街地面積の35％程度とする．

⑤ 街路は東西に幅員18mの街路を配し，鉄道沿線，米代川沿い旧国道には8m街路を置く．

⑥ 以上の街路に包まれた街廓に幅員6mの細街路を配し，常時の利用とともに防火活動に資する．

⑦ 鉄道以西の焼失区域1帯約19万坪の地積に対しては，都市計画土地区画整理事業を実施する．

⑧ 土地区画整理の実施に当って建築物の復興

を容易ならしめるため，速やかに土地使用区域を指定する．このために，土地各筆の従前の地積は実測によらず土地台帳地積とし，減歩率は3割とする．
⑨ 土地使用区域の指定は3ヶ月程度を目標とし，土地区画整理事業，街路防火施設の整備などは昭和27年3月完成する．
⑩ 焼失した中嶋橋，中川原橋は復旧架設する．

この原案は，24日の「災害復興対策協議会」の席上，市土木課長が説明，さっそく木材業界代表の委員からは，「原案の24m道路は材木町として広すぎるもっと狭めてもよい」という意見が出る一方，反対に「勝手なことを言うな，原案賛成」とたちまちハチの巣をつついたような論議へ沸騰した．

これに対して蓮沼県知事は，「能代市は一日も早く立ち上がらなければならない．県会でも他を犠牲にしても能代の復興につくすことが決った．市民も再建に対しては熱意と気力をもって立ち上がるように……」と要望，また，この計画を指導した建設省の広瀬技官は，「墓地移転が過去に置いて一番困難であった．市民は今回の都市計画を最後まで熱意をもって努力してほしい」と要請，結局この協議会は一応，原案を可決した．

4.3.12 反響呼ぶ30m道路

その復興計画はたちまち被災者の間で大きな反響を呼んだ．とくに都市計画による30m道路の設定については，まだ自動車も今日のように発達していない時代だったので「何も無理してそんなにでっかい道路をつくらなくてもいいではないか」とあちらこちらから強い反対や戸惑いの声が相次いで，大きな議論の的になった．とくに道路に取られる分だけ自分の敷地も狭くなるので，被災者の利害も絡んで区画整理事業は初めから難航の雲行きがたちこめた．

区画整理委員会も発足して，いよいよ各ブロックごとに審議が進むにつれて，被災者の不安もつのり「被災者同盟市民大会」が5月30日市内の劇場で開かれた．この席上「我々は憲法に居住権が認められている．市が強権発動できるものならやってみろ」，「市民の自由を束縛する百年の大計はあり得ない．市民の生活権を無視した都市計画だ」と反対意見が大勢をしめる激しさで，市長に決議文を手渡した．また5月市議会でも一部議員から，「このまま強行すれば，流血の惨事を招くおそれがある．市町の信用は地に落ちた．市長と議会は総辞職せよ」と威勢のいい緊急動議も出されたが，さすがに賛成者はなく不成立に終った．これらの声に対し当時の柳谷市長は，「市民の苦しいことはよくわかる．しかし，市発展のために私たちはこの苦しみを乗り越えていかなければならない」と呼びかけ，さらに「2～3年後に立派な能代が建設されると必ず納得してくれるだろう．もっとよい案があれば修正もやぶさかでない．市民の大部分が納得のいく都市計画を万難を排しても実現させたい」と強い決意を述べている．

そうした曲折を経て半年，都市計画の大綱はついに受け入れられた．区画整理の換地割当も7月までに完了，市復興局は8月15日までに全地域の杭打ちを終った．移転・撤去命令も87件に達したが，結局みんな従った．この30m道路は今日のモータリゼイション時代を先取りした都市計画として，今では高く評価されている．

4.3.13 復興祭で終止符打つ

復興事業が曲がりなりにも軌道に乗ったとはいえ，大火の損害額は47億2000万円にも達した．この打撃はそう簡単に立ち直らない．市民生活の奥底でいつまでも深い痛手となって残った．大火から2年目の1951（昭和26）年には，市民の中から税金を払えず，滞納する人がみるみる増えていった．市税で2500万円，県税で1600万円，国税で2000万円に達した．また生活保護世帯は722世帯（全世帯の7.4％）給付額で

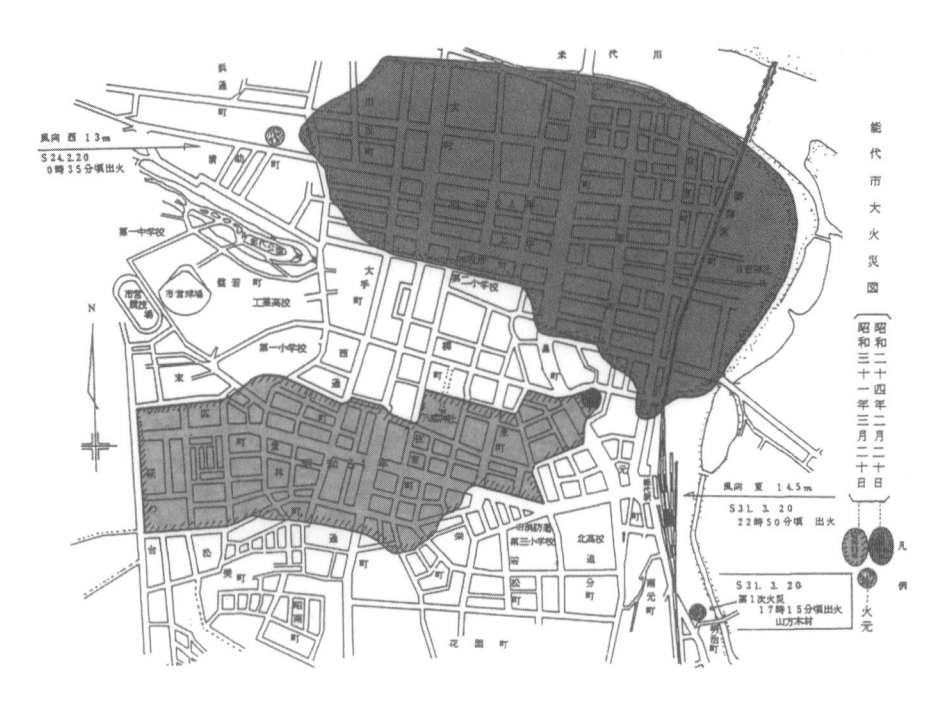

図-4.3.1

182万円と全県一の高率を示した．大火当時に比べると二倍以上という異常な扶助率の伸び方だった．

やはりこれらの暗い影は大火の影響と無縁ではなかった．市政の重点施策もほとんど大火復興に追われて，市債は2億5000万円に達した．借金による財政の硬直化が目立ち，社会施設の拡充などはどうしても立ち後れが避けられなかった．

やがて，大火から5年目，一応復興に終止符を打つべき日がきた．1954（昭和29）年8月3日，能代市あげて復興祭がくり広げられた．市議事堂に来賓七百人をあつめて復興完成記念式典を行い，続いて市役所前で郷土芸能や仮装行列などを行い，夏祭りのクライマックスを飾った．この時，柳谷市長は「みなさまのお力添えによって見事に復興事業も完成したが，さらにこの上に花を咲かせ，実を結ばせ，真に豊かな能代市を建設することが市民に課せられた大きな使命である」とこの復興の日を能代市再出発のスタートラインとして，新たな決意を述べている．

このときの，大火復興概要は次のとおり．

- 都市計画施行状況　21万8385坪
- 復興事業費　3億5684万1000円
  ① 火災復興事業費　2億953万8000円
  ② 下水道事業費　3万4517円
  ③ 市有建物建築費　5335万7000円
  　　（市役所，議事堂，市警察署，市消防署，保育所，公民館，図書館，第2中学校）
  ④ 市営住宅建築費　5942万8000円
  　　（向ヶ丘215戸，緑ヶ丘140戸，第1，第2アパート36戸）
- 復興建築物　2298棟
  ① 公共公益用建物　63棟
  ② 工場事業場　554棟
  ③ 一般住宅　1681棟
- 熊代信用保証協会保証額　2219件
  4億876万6000円

◎ 参考文献

1) 北羽新報社：戦後の証言．

4.4 酒田大火（1976年）

1998年11月号

齋藤　正弘
酒田市都市開発部

小野　直樹
酒田市建設部

4.4.1　はじめに（酒田市の概況）

　山形県の母なる川，日本三大急流の一つに数えられている最上川が，日本海と出合うところ，そこに酒田市がある．

　酒田市は，最上川の河口に発達した酒田港を中心に，古くから日本海沿岸や内陸河川交通の要衝として繁栄してきた．とりわけ，1672（寛文12）年に河村瑞賢が西回り航路を開拓（1672年）してからは，江戸をはじめ大阪，瀬戸内，山陰，北陸，北海道などとの交易が盛んになり，庄内米，紅花等の集積地として飛躍的な発展を遂げてきた．

　海運の発達を基に商人の町となった酒田では，36人衆による町人自治が行われ，「西の堺，東の酒田」と謡われるなど自由都市として大いに賑わった．

　井原西鶴の「日本永代蔵」に北の国一番の米問屋と記述された鐙屋や日本一の大地主として知られた本間家などはとくに有名である．

　また，36人衆の始祖は，奥州藤原家の遺臣で藤原秀衡の後妻「徳尼公」を守って酒田に落ちのびてきた36家だといわれている．

　近年になってからは，1977（昭和52）年に10万都市となり，平成12年国勢調査では，10万1311人で山形市に次ぐ県内第2の都市として発展を続けている．

　1991年10月には，庄内空港が開港し，東京，大阪，北海道とを結び，続く1992年には，酒田港と中国黒龍江省を川と海で結ぶ「東方水上シルクロード」，1995年には韓国釜山港との間のコンテナ定期航路が開設され，酒田港と世界各地の港が結ばれた．

　2001年4月には市民待望の4年制大学，東北公益文科大学の開校，また，酒田と山形，仙台を結ぶ大動脈である「東北横断自動車道酒田線」も2001年8月に酒田みなとインターチェンジまで供用開始されるなど，新たな大交流時代の幕開けを迎えたところである．

4.4.2　酒田大火の発生

　酒田の歴史は，強風による大火との闘いの歴史でもあった．

　記録に残る最初の大火は，1656（明暦2）年の「清十郎火事」で704戸を焼失している．以後，1873（明治6）年までの217年間で100戸以上焼失した火災は36回，500戸以上は14回，1,000戸以上は6回あり，実に36年に1回の割合で発生している．

　1894（明治27）年の庄内大地震の際にも1747戸焼失しており，1976（昭和51）年の「酒田大火」は，庄内大地震後83年ぶりの大災害ということになる．

　1976（昭和51）年10月29日，その日はたいへんな大風，大雨の日であった．午後5時40分頃，東北では非常に有名なグリーンハウスという洋画専門の映画館から出火した．それは，酒田の市街地の中心部で，庄内随一の繁華街である中町商店街のど真ん中に位置していた．

　映画館から出た火は，最大瞬間風速26.7mという強風にあおられ，隣接する大沼デパートに延焼し，延々と11時間にわたって東へ東へと燃え続けた．市内を流れる川幅約40mの新井田川が最後の防火線となり，10月30日午前5時11時間にわたって燃え続けた火はようやく鎮火した．

　この火災による被害は次のとおりであるが，焼

グラフでみる酒田大火年表（300軒以上）

図-4.4.1

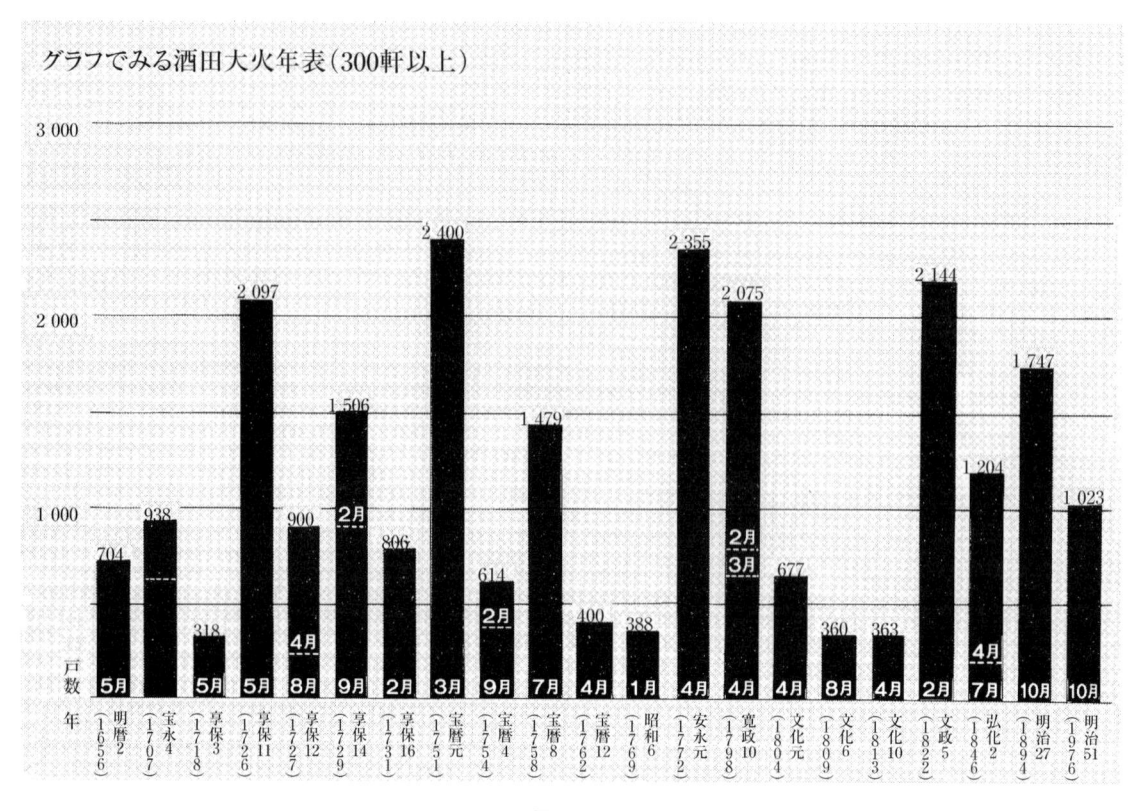

図-4.4.2

失面積では戦後4番目という大火災であった．

4.4.3 災害の概要

出　　火：1976年10月29日　17時40分頃
鎮　　火：1976年10月30日　5時
風　　速：9.0～12.4m/s　最大瞬間26.7m/s
焼失家屋：1774棟　1023世帯
罹災人員：3300人

焼失面積：22.5ha
被　害　額：405億円

4.4.4 大火当時の酒田

1976年当時の酒田の状況は，船舶の大型化等により酒田本港が手狭になったため，本港の約3km北に酒田北港を建設し，そこに住軽アルミKKを誘致し，アルミ精錬に要する電気を供給するための酒田共同火力発電も完成したところであった．

また，市街地の交通状態の改善を図るために，町の東側に国道7号バイパスを整備し，それに伴って区画整理によって新たな市街地の造成を行い，バイパス沿いには大型店が展開しつつあった．

駅前でもジャスコをキーテナントとする再開発を行い，中町，駅前，バイパス周辺と商業核の分散現象が起りはじめており，町の中心部の再活性化が課題となってきていた．

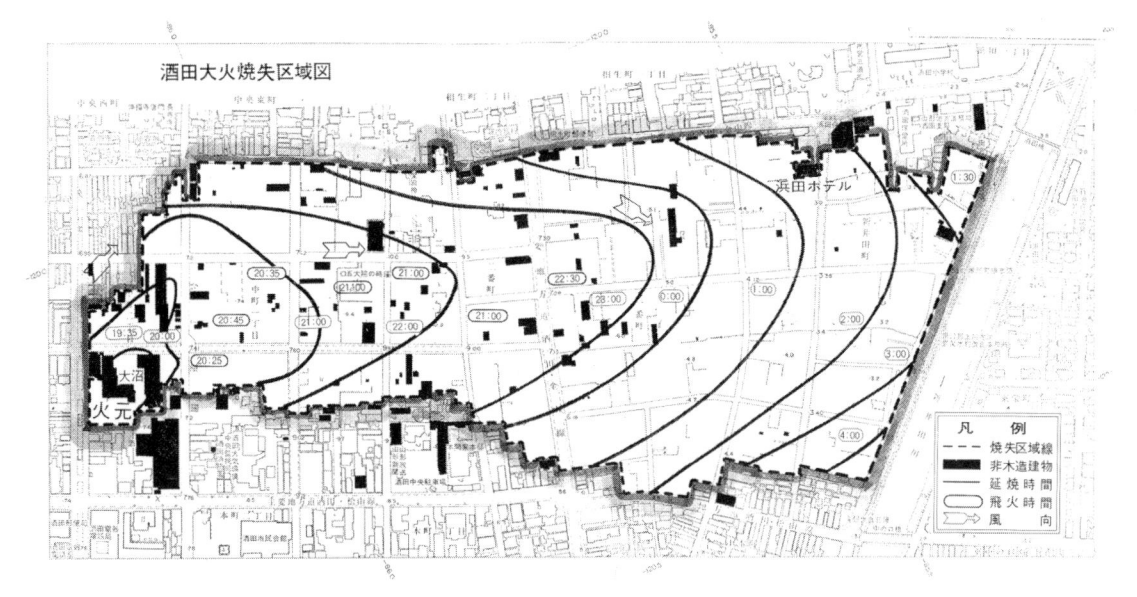

図-4.4.3

4.4.5 復興のまちづくり

残り火がくすぶる31日早朝から，国と県と市が一体となって火災復興都市計画の作成作業を開始し，徹夜作業の末，11月1日夜半に計画概要が完成した．

復興計画の原案は，「防災都市の建設」を基本とし，「将来交通量に対応した幹線道路の整備」「近代的な魅力ある商店街の形成」「住宅地の生活環境の改善整備」「商店街と住宅街の有機的な結びつき」を柱として策定された．その概要は次のようになっている．

(1) 将来の交通量に対応した幹線道路

復興計画の基本となる幹線道路計画は，山形県庄内地区総合交通計画調査委員会でまとめた中間報告を参考に昭和60年代の交通量が1.5～3.0倍になるものと予測し，重要路線は4車線に拡幅することにした．とくに，浜町通りは，商店街としての機能を満足させるための歩道と植樹，そして防災空間上の必要性から全幅32mの広幅員道路として位置づけられた．

(2) 商店街の振興と住環境の整備

被災地区の大半は酒田市の繁華街であり，商業の中心地であった．酒田随一のメインストリートにふさわしい魅力的な近代的商店街づくりの軸として考えられたのが，中町通り，たくみ通りに計画された幅員12mのショッピングモール（歩行者専用道路）である．この歩道は浜町通りを地下道で横断し，新井田町の歩行者専用道路（幅員8m）および各種公園と連絡し，さらに新井田川に架橋することにより，東栄町方面の新興住宅街と直結される．これら3本の歩行者専用道路は車優先の社会から脱出を図り，非常の場合以外はすべての車を排除し，買物道路，通勤通学，自転車道路として利用しようとするもので，安全，快適な都市環境を生み出すものとして計画した．

区画道路の計画については，次の点にとくに配慮している．

- 商店街のサービス道路の新設．
- 通過交通排除のため，従来の十字型交通網を整理しながら，T字およびコの字型とする．
- すべての宅地は公道に面するようにする．
- 冬季北西風を考慮して，住宅地の道路は南北方向を主なる軸となるように設計する（道路の雪が早くとけやすいこと，北側が玄関となる宅地の減少）．

(3) 緑の都市空間の確保

都市緑地，駐車場等の都市空間，緑の社寺用地等が防災上果した役割については，大火の焼け止

まり線をみるだけでも既に議論の余地であろう．

復興計画では，この点を重視し，被災地を3つのブロックに分けて5か所の公園を配置し，各公園は歩行者専用道路と有機的に結合して，市民の利便を図るとともに防災上の都市空間となるように計画した．中町の中央公園は，商店街の広場だけでなく，市民の憩いの場所としての大きな使命をもっており，市民がそこに集まりショッピングを楽しむとともに，お祭り広場としても利用できるものである．また，一番町の公園は，新しく建設された資料館と一体化された都市緑地であり，新井田町の公園は子供の遊びと老人の憩いの場として広く活用されるものである．

(4) 防火地域の新設と不燃建築の促進

防災都市づくりは，道路，公園等の公共的オープンスペースの確保とともに，防火建築の促進なくしてその効果は期待できない．幅40mの新井田川と両側道路を含む60mの都市空間によって，今回の大火が阻止されたことを考えると，32m道路のみでは防災上の不安が残る．そこで従来の準防火地域をほぼ3倍に拡大し，新たに中町地区および大通りに面してT字型の防火地域を設定した．

4.4.6 復興で成し得たもの

大火復興の主役となった約32haの土地区画整理事業，これと平行して行った市街地再開発事業，商店街近代化事業も1979年の暮れには完了した．

2年半という非常に短い期間で住民とともに走りながら進めてきた復興事業の結果として，東北で初めてショッピングモールの創設，自分の土地の一部を歩道に利用するというセットバック方式の採用による新しい街並みを創出した．この際，下水道も同時に施工した．防災面では，防火地域の新設，準防火地域の拡大，緑の都市空間の確保，また道路についても浜町通りの32m道路など防災に配慮した設計により整備した．

このように大火前には到底考えもつかない，また考えてもできそうもないことを次々と行った．

4.4.7 火災復興の評価

大火復興事業が成功したのか，失敗したのかは一概に判断はできないが，復興の教訓として言えることは，町を直す場合には大きな犠牲が伴うと

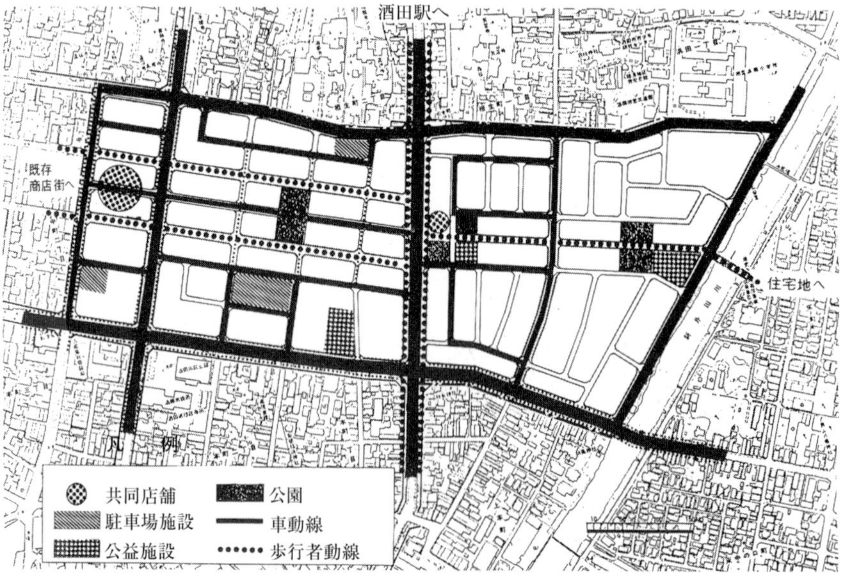

図-4.4.4 市街地整備イメージプラン（動線計画）

4.4 酒田大火(1976年)

防火地域・高度利用地区、再開発促進区域

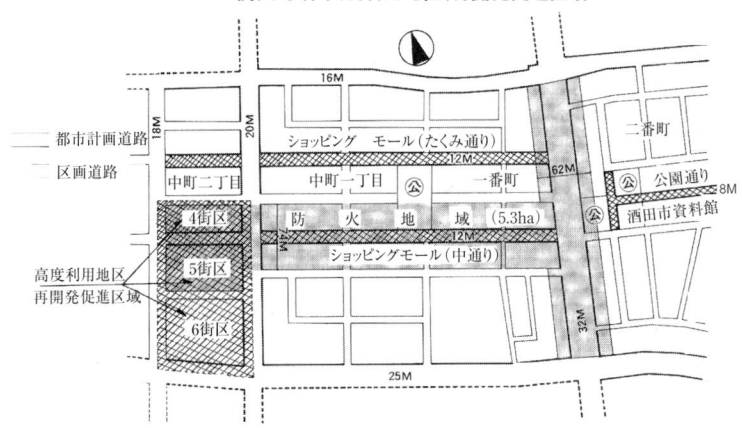

図-4.4.5

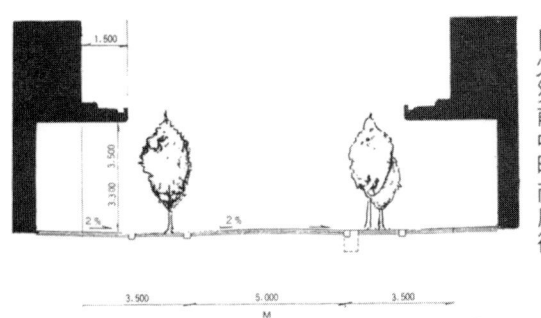

セットバック方式のアーケードと
ショッピングモール断面図（中通り）

▶火災前中町商店街

▼商店街は一変した

図-4.4.6

いうことであり，成功は，地域住民の民主制，自主性等の熟度にかかっているということである．また，復興の際のリーダー（民間）のサポート体制が大切であり，できあがるまでの過程と努力が大事である．

酒田の大火復興はハード面ではほぼ計画通りに出来上がった．しかし，中心商業地としての復活はどうかというと，残念ながら火災前の賑わいを取り戻せない状況にある．

本当の意味での復興は，外観だけの問題ではなく，経済活動も合せての活発にならなければならないものと思う．

折しも急激なモータリゼーションの発達や核家族化の進展，区画整理事業の展開などにより，市街地は拡大を続け，国道7号バイパス周辺には大型店が展開し，町の重心が移動してきている．

中通りモール，たくみモールは閑散とし，自動車の乗り入れを制限したことで客が減ったとの意見に押され，1990年に自動車を通すことにした．しかし，商店街に賑わいは戻らず，シャッターを降ろしたままの店舗も多くみられるのが現状である．

これらの原因として，酒田大火の罹災者の約3300人の内，半数が中心街に戻らず，郊外の区画整理地区などの住宅地に移転したこと，駅前と中町の中間地点に核店舗を設定し，商業ゾーン相互の回遊性を高めるという復興当初の計画が実現できなかったこと，モールに雑踏感の演出が足りないことなどの復興事業そのものの要因に対する指摘もされている．しかしながら，このような商業の不振は復興地区以外の中心市街地の商店街にも現れており，とくに駅前地区では大火前に再開発により立地した大型商業資本が撤退するなどしている．

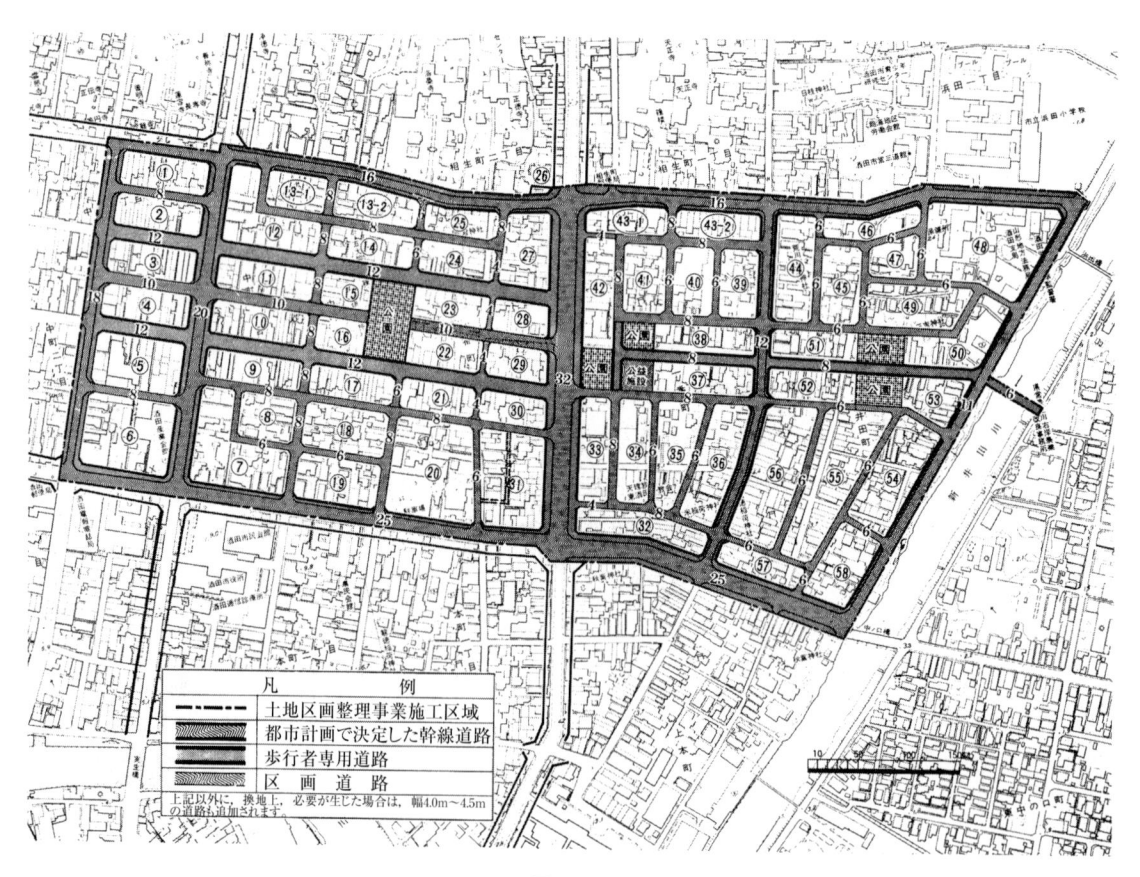

図-4.4.7

これは，前述したようにモータリゼーションの急激な発展や核家族化の進行などによる商業環境の変化，市民のライフスタイルの変化等に負うところが大きく，全国の地方中小都市で深刻になってきている中心市街地の空洞化の問題が酒田市にも現れてきているもので，復興商店街もその波に洗われているというのが現状ではないかと思われる．

4.4.8 新たな課題

火災復興はハード面では成功したが，魅力ある商空間の復活は完成しないまま，中心市街地全体にわたる空洞化という新たな問題に直面している．

復興地区につながる中町地区は，1993（平成5）年の地方拠点都市法の指定に伴い，庄内地方拠点都市地域の酒田市中心市街地地区として拠点地区に設定され，中心街の再生拠点として中町コアタウン計画に取り組んでいるところである．

また，都市計画法の改正による「市町村都市計画マスタープラン」の創設や，中心市街地活性化法の成立など地方分権の潮流を踏まえて，まちづくり制度も変化しつつある．

これらの制度を有効に活用しながら，行政と市民が一体となって，個性あふれる「酒田らしいまちづくり」を進めていかなければならないものと考えている．

「うるおいのあるまちづくり」は，基盤整備のみではなく，そこにふさわしい賑わいを伴ってこそ成り立つものである．

中心市街地の空洞化という新たな課題を抱えながら，火災復興の経験を踏まえ，市民参加によるまちづくりへ向けた挑戦は，まだまだ続く．

4.5 都市大火と復興

1999年12月号

熊谷 良雄
筑波大学社会工学系

4.5.1 「大火」とは

「大火」に関する用語としては，

大火，大火災，おお火事，大きい火事
conflagration, great fire, big fire, large fire,
group fire, multiple fire, great mass fire

等さまざまなものがあるが，どの程度の規模の火災を「大火」というかの明確な基準はない．

消防白書[1]では，その資料篇に「昭和21年以降の大火記録」を掲載しており，阪神・淡路大震災時の6件を含め47件が上げられている．この資料では「建物の焼損面積が3万3000m²（1万坪）以上の火災」と定義している（したがって，1980年1月の滋賀県甲西町での東洋ガラスKK倉庫のように焼損棟数2棟の火災も「大火」として掲載されている）．建築火災の分野では，火災を表-4.5.1のように区分しており，消防白書での「大火」は表-4.5.1の区分に準拠しているものと思われる．

4.5.2 都市大火の特性

現在の市街地には延焼を促進する要因と阻止する要因とが混在し，それらが市街地大火の発生に複雑に絡み合っている．市街地大火の延焼促進要因と阻止要因を整理したものが図-4.5.1である[2]．

(1) 市街地大火と市街地条件

市街地条件は，延焼の阻止にも促進にも寄与しているが，建蔽率と建物構造率によって個々の市街地固有の延焼力が規定される．一般に，建蔽率はmで，建物構造率は建築面積ベースでの混在率を用いた

$$\frac{(純木造率)+(防火造率)}{(純木造率)+(防火造率)/0.6} \times (1-耐火造率)$$

によって表される延焼速度比：n で代替され，mn 比が街区レベルの延焼力の程度を示す指標となる．

さらに，多数の街区から構成される数10haの地区レベルでは，以下に示す不燃領域率という指標が用いられる[3]．不燃領域率が70％を超えると数棟レベルで火災は自然鎮火し，50～70％では自然焼け止まりが期待できる．

$$(不燃領域率)=(空地率)+\left[1-\frac{(空地率)}{100}\right]\times(不燃化率)$$

$$(空地率) = \{(M_s+L_s)/T\} \times 100$$

M_s：短辺もしくは直径40m以上で面積が1500m²

表-4.5.1 規模による火災の分類

分類	火災の規模
小火（ぼや）	建物，造作または動産の焼損の程度が僅少な火災
小火災	小火の程度を超え，焼失面積100坪（約330m²）未満の火災
中火災	小火災の程度を超え，50棟未満または焼失面積1000坪（3300m²）未満の火災
大火災	中火災の程度を超え，500棟未満または焼失面積10000坪（33000m²）未満の火災
大火	大火災の範囲を超えた火災

以上の水面，公園，運動場，学校，一団地の施設等の面積

L_s：幅員6m以上の道路面積

T：地区の面積

$$（不燃化率）=（R_s/A_s）\times 100$$

R_s：耐火造建物建築面積

A_s：全建物建築面積

不燃領域率は，1977年から1981年までの5か年間にわたって実施された建設省（現国土交通省）の総合技術開発プロジェクト「都市防火対策手法の開発」によって提案されたものであるが，当時の利用可能な市街地データは東京消防庁の「市街地状況調査」以外にはほとんどなく，空地率の算出式は「市街地状況調査」の区分に従わざるを得なかった．しかし，現在は地方自治体レベルにおいても地理情報システム：GISが導入され「都市計画基礎調査」等への応用も始まり，より適切な指標を開発すべき時期に来ている．また，mn比や不燃領域率には，多様化しつつある建物構造や木造三階建て住宅の容認等による市街地の中高層化に即応しているとは言い難く，この点でも新たな指標の導出が必要となってきている．

(2) 市街地大火と消防活動条件

図-4.5.1の消防活動条件では，常備消防力が急速に整備されるにつれて消防団員の高齢化等による活動能力の低下が懸念されている．また，同時多発出火が想定される大規模地震時には，自主防災組織による初期消火の可否が市街地大火への拡大の成否の鍵を握っている．しかし，広域的な木造密集市街地の存在や耐震防火水槽を設置し得る空地の減少が消防活動困難地域の解消・縮小のネックとなっていることは否定できない．

(3) 市街地大火と気象条件

近年，市街地大火を防止するための市街地条件の改善や消防活動条件の整備が進捗しているものの，発生した火災が市街地大火として拡大するか否かは気象条件，とくに，火災発生時の風速と火災拡大中の大幅な風向の変化に依存している．

火災拡大中に大幅に風向が変化した事例としては1923年の関東大震災時の東京・横浜や1934年の函館大火等があげられるが，いずれも大量の犠牲者をもたらしている．

(4) 市街地大火特有の現象

上記の3つの条件は，火災が都市大火に発展する鍵を握っているが，都市大火に発展した後の特異な現象として，「飛び火」と「火災旋風」をあげなければならない．

都市大火における飛び火は，火の粉が飛散・落下して出火する現象であるが，延焼領域からある程度離れた地点での火災そのものも「飛び火」といわれる．飛び火による延焼拡大は，静岡大火（1940年），新潟大火（1955年），酒田大火（1976年）等で顕著である．

火の粉は建物が燃え落ちる際に大量に発生し，15cm四方の木片や長さ15cmの茅等も記録されているが，多くは5mm角程度の消炭状のものが多い．飛散距離は風速が増すに連れて増大する傾向にあり，1944年の富山県砺波郡の大火では2750m（平均風速約13m/秒）の報告もある．一方，拡散角は風速が増すにつれて小さくなり，砺波郡の大火では，わずかに10度であった．

都市大火時に旋風が発生したことは，しばしば，記録されている．地震時等の同時多発火災におい

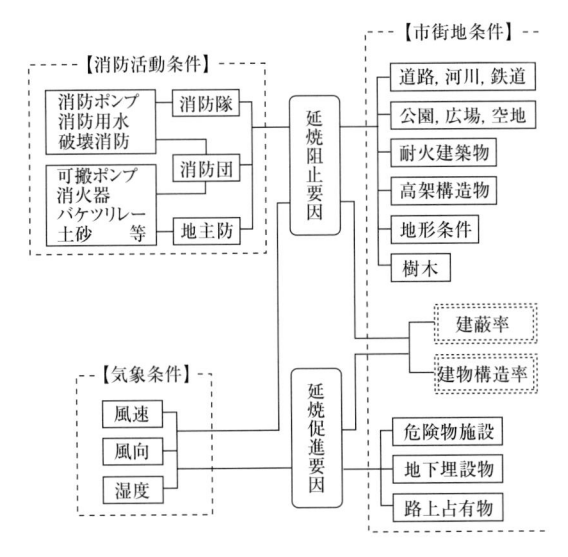

図-4.5.1 都市大火の延焼促進・阻止要因[2]

て火災旋風が発生することが多く，例えば，関東大震災時の東京や横浜では中小規模の空地に避難した住民が火災旋風によって数多く焼死している．しかし，明暦の大火（1657年）や和歌山大空襲（1945年）でも，境内や広場で多くの避難者が犠牲となっている．火災旋風が発生しやすい地点は，「コ」の字型の炎上領域の風下や風下の斜面上等と指摘されている．

4.5.3 特徴的な性状の都市大火

ここでは，20世紀中における特徴的な性状を有していた大火について，地震時大火と非地震時大火に分けて列挙する．

地震時の大火では，

関東大震災：1923（東京，横浜） 強風下で風向が激変/多くの火災旋風の発生

新潟地震：1964 コンビナート火災/津波による湛水面上の油拡散

奥尻・青苗：1993 津波による出火/流出家屋による道路閉塞と路上への可燃物堆積

阪神・淡路大震災：1995 消防力を大きく上回る出火/家屋倒壊による延焼速度の低下/消防水利の不足

等が特徴的であり，平常時火災では

函館大火：1934 烈風下での記録的な延焼速度/大量の焼死者

静岡大火：1940 飛び火による第二火点からの延焼拡大/不十分な開口部による耐火建物の焼失

熱海：1950 典型的な傾斜地火災

鳥取：1952 蒸気機関車の火の粉による出火/昭和20年以降最大の焼失面積

能代：1956 直前の火災対応による消防力の低下

大館：1955，1956，1968 繰り返した大火/防火建築帯による延焼阻止

酒田：1976 耐火建築物への延焼による拡大/アーケードの消防活動阻害/遅かった延焼速度

などが特筆されよう．

4.5.4 特徴的な大火復興の概要

20世紀中の都市大火からの復興計画において特徴的な事例を列挙すると，以下のごとくである．

サンフランシスコ地震大火：1906 建築物の耐火化/高圧水利システムの構築

関東大震災：1923 大規模都市改造の失敗/学校と公園とのセット整備

函館大火：1934 学会等からの多くの復興提言/緑樹帯や耐火建築とのセットによる大規模な延焼遮断帯の構成による大火の根絶

飯田：1947 強権による市街地分節化/計画的な消防水利の配置/りんご並木造成による災害文化の形成

福井：1948 戦災復興に取り込んだ大火復興

鳥取：1952 初めての防火建築帯の造成

能代：1949，1956 長期間を要した非焼失区域の都市基盤整備

大館：1955，1956 市役所の焼失による復興の遅れ

新潟：1955 初めての共同建築による防火建築帯

酒田：1976 迅速な復興計画の提示と完成/考慮されなかった地域性/過剰な商業床の再建

以上のような都市大火からの復興事例のいくつかについて，若干の解説を加える．

4.5.5 サンフランシスコと東京の大震火災

サンフランシスコは19世紀半ばのゴールドラッシュで急速に拡大し，何回かの大火に襲われたもののただちに再建されてきたが，1906年4月18日早朝に発生したマグニチュード$M=8.2$の大地震によって50か所以上から出火し，当時の市域の3/4に当たる$10.5km^2$が3日2晩にわたって焼き尽くされた．しかし，民間による再建活動は早く，大震災前から提唱されていた都市美運動（City

Beautiful Movement）は片隅に追いやられ，従前と同様の格子状の都市を再生した．

サンフランシスコ大震火災の四半世紀前のシカゴ大火やボストン大火を契機に，多くの保険会社が倒産したためThe National Board of Fire Underwritesが設立され，防火上の建築法規の大幅改正や街路拡幅，高圧地下給水施設の研究開発が実施されてきていた．サンフランシスコ大震火災の復興にあたっては，これらの研究成果が活用され，高圧水道システムの構築やすべての交差点下に防火水槽が設置された．また，鋼構造へのコンクリート充填等の耐震性があり耐火被覆の施された工法が定着し，RC造が耐火・耐震・耐久性の三拍子揃った構造であることが認識された．

関東大震災は，1923（大正12）年9月1日正午直前，台風並みの低気圧による瞬間最大風速21.8m/秒という気象条件下で発生した．旧東京市では，130数件の出火が2度にわたる風向の逆転によって拡大し，3日間にわたって38km^{2}を焼失させ，火災旋風に襲われた被服廠跡（現墨田区横網町公園）での4万人前後の死者をはじめとして，6万8000人の死者を出した．

復興にあたっては，帝都復興院が創設され，総裁：後藤新平は大規模な復興計画を提案したが，しだいに縮小され，結果的には「危険都市：東京」が再生された．

しかし，特別都市計画法によって1911（明治45）年の耕地整理法を準用した土地区画整理事業が約30km^{2}にわたって実施された（減歩率：15.8％うち10％は公共減歩）．事業区域内では，狭い路地と町屋や長屋が密集していた江戸の町並みが一掃され，幅員22m以上の幹線街路：114km等の建設によって，道路率は14％から26.1％に上昇し，隅田川には6つの鋼構造の橋が架けられた．

多くの橋梁のたもとには避難や消防用水取水のための広場が設置され，隅田公園，錦糸公園等のオープンスペースも確保された．また，小学校は耐震・耐火化され，小公園との隣接配置によって地域の拠点が創出された．建築物の不燃化については，1923年暮に「防火地区建築補助規則」が制定され，1925（大正14）年9月に「復興建築助成」が設立されたが，目に見える不燃化の進展はなく，用意した補助金は消化しきれなかった．

住宅の供給は，1924（大正13）年9月に，義援金を基に設立された同潤会によって，合計約1万2000戸の集合住宅や共同住宅等が建設され，住宅の近代化の先鞭となった．このような努力も，被災全域で57.5万棟という全壊焼建物にとっては焼け石に水であった．大震災後の鉄道網の整備・発達によって東京西部の人口が急増し，田園調布等一部の地区を除いて，道路等の基盤整備が伴っていない市街化が進行し，現在の環状6号〜環状7号間に代表される木賃住宅密集地域形成の誘因となった．

4.5.6　耐火建築への期待と過信

関東大震災以降，欧米諸都市やわが国の大都市での大火は激減したが，地方都市では頻発していた．

北海道函館市は，その立地条件から強風が多く，1854年の開港以降，1900年代に入っても10数回の大火に見舞われ，道路拡幅や沿道不燃化の努力がなされてきた．しかし，風速25m/秒という烈風下で発生した1934（昭和9）年3月の大火は，焼失区域：400ha，焼失家屋2万戸，死者：2000人を上回る被害をもたらした．

復興にあたって，建築学会をはじめ多くの学者の提言を踏まえ，北海道庁と内務省は大火16日後に「復興計画案大綱」を策定した．その結果，緑樹帯（幅55m，6路線と幅36m，1路線）による防火ブロックの形成，緑樹帯のある交差点付近への公園や耐火造小学校の配置，沿道の防火地区指定と「防火地区内建築資金取扱方針」による不燃化促進，消防水利の強化，避難広場となる公園の整備等々体系的な防災都市づくりが展開され，函館の大火は絶滅された．

函館大火の教訓を踏まえて，地方中核都市での

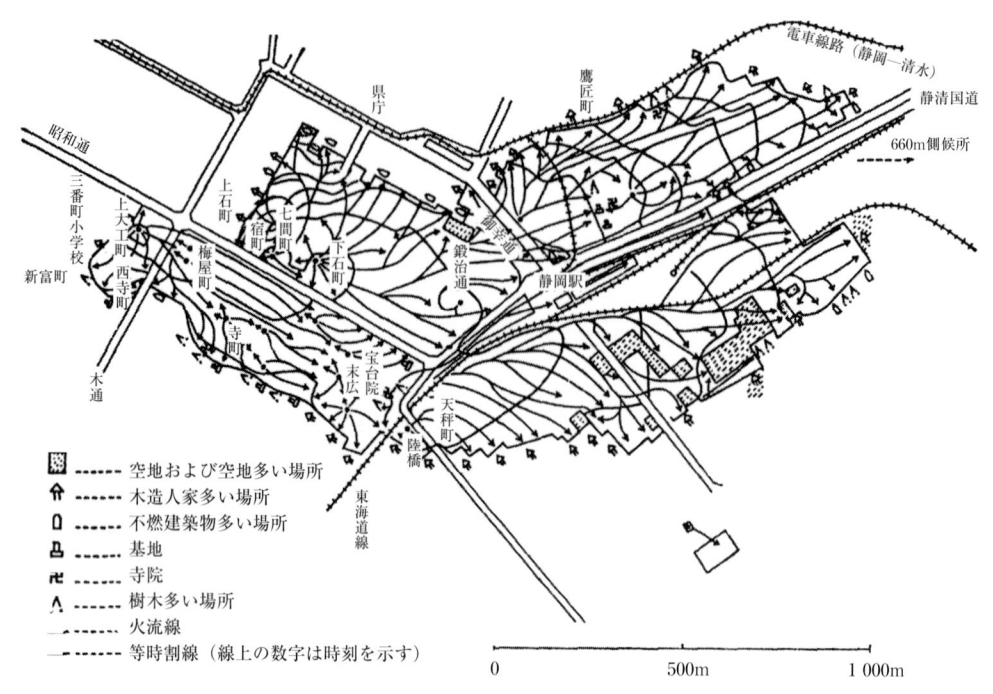

図-4.5.2 静岡大火(1940)の延焼動態図

耐火建築による近代化が進む中，1940（昭和15年）年1月，静岡市で大火が発生し（**図-4.5.2**），強風と継続していた異常乾燥によって，約100haが焼失した．広範囲な焼失区域の延焼火点はすべて飛び火火点であり，最初の出火点は風上600mの地点であった．

さまざまな分野からの調査や提言には，① 木造密集市街地内に孤立する開口部の防火措置が不十分な耐火建築は焼失する，② 広幅員街路でも風向に直角であれば延焼を阻止できない，③ 延焼阻止のためには防火性のある街路樹帯や不燃建築群が必要である，等の現在でも有効な知見が得られた．

復興にあたっては函館での復興計画を参考として，区画整理事業によって，防火用水路やグリーンベルトをもつ広幅員道路や避難用の公園等が造成された．

4.5.7 戦後の大火復興

空襲で焦土と化した市街地に「特別都市計画法（1946年制定）」による戦災復興土地区画整理事業が推進される中，自治体消防への移行時の混乱も拍車をかけて，1960年代に入るまで，地方都市では大火が頻発し，その都度，復興されていった．

1947（昭和22）年4月の長野県飯田市の大火では，耕地整理を準用した約60haの土地区画整理事業が，大規模な墓地移転も含めて，GHQの強力な指導によって断行された[4]．用水路と広幅員街路を組み合せた幅員40mの防火帯が形成され，幅員30mの復興街路の緑地帯には復興完成1年後に中学生の発意と労力によってリンゴ並木が創られ，大火を後世に伝えるという「災害文化」の形成に大きな役割を果した．

大規模な戦災復興を計画していた福井市では，1948年（昭和23年）の直下型地震によって約4万戸が全壊焼した．その結果，都市基盤整備の遅れが被害を大きくしたことが理解され，計画の大幅な見直しによって，約560haに及ぶ戦災復興土地区画整理事業として実施された．

太平洋戦争時に発達した防空都市計画は，戦後，

不燃都市運動に衣替えし，1948（昭和23）年12月には「都市不燃化同盟」が結成された．活発に行われた不燃化運動の展開によって1950（昭和25年）年には「建築基準法」が制定され，続いて「耐火建築促進法」が1952（昭和27年）年に成立した．「耐火建築促進法」に基づく防火建築帯造成事業は，1952年の鳥取大火の復興に初めて適用され，3327mの防火建築帯が造成された．1955（昭和30）年の新潟大火の復興では，共同建築による防火建築帯が実現した．防火建築帯造成事業は各地の大火復興で用いられ，1953（昭和28）年の大火の復興にあたって893mの防火建築帯を造成した大館市では，1956（昭和31）年の大火でその効果を発揮した．

「耐火建築促進法」は，1961（昭和36）年の「防災建築街区造成法」に引き継がれ，約109haの改造が行われた．しかし，主として大火の復興に用いられた土地区画整理事業は焼失区域とその周辺に限定して行われたため，街路等の都市基盤は体系的に整備されなかった．例えば，二度にわたって大火に見舞われた秋田県能代市では，進捗した焼失区域の街路整備に対して，非焼失区域内で"逆蛇卵"の形態となっていた都市計画街路が完成するまでに，約30年を要した．

4.5.8　酒田の大火復興

1960年代後半に入ると市街地大火は激減し，「もう，大火は発生しない」と楽観されていたが，1976（昭和51）年10月，山形県酒田市で大火が発生し，中心商業地を含む22.5ha，1744棟が焼失した．

火元は耐火建築群に囲まれた大規模な木造映画館であったが，回り込んだ火炎に不完全な防火区画が突破されたデパート最上階からの火の粉が，折からの強風によって風下にまき散らされ，多くの飛び火火災をもたらした．

酒田の大火は，建設省総合技術開発プロジェクト「都市防火対策手法の開発（1977〜1981年）」の実施を促したが，復興も速かった．午後5時半過ぎの出火は，折からの日本海からの強風にあおられ，午後7時のNHKニュースで実況中継された．これを見た建設省（現国土交通省）の土地区画整理事業担当官は夜行列車に飛び乗って現地に入り，3日後には土地区画整理事業による復興の方針を打ち出した．同時に建築基準法84条による建築制限を行い，2ヵ月後には，施行区域面積31.9ha，減少率12.36％の土地区画整理事業の都市計画決定にまでもち込んだ．

土地区画整理事業による基盤整備では，防火樹を街路樹とした2本のショッピングモールと焼失区域を南北に分断する幅員32mの街路が造成されるとともに，立体式の公園を含む3か所の公園と1つの緑地，土地の嵩上げと防火水槽の設置等が行われた．

商業地区の上物整備は，主として3つの街区にわかれた市街地再開発事業と商業近代化事業に基づく共同店舗によって実施された．また，火炎を拡大したといわれたアーケードは撤廃され，各店舗のセットバックによるモールが形成された．

酒田の大火は，わずか3年で復興宣言が出されるほど迅速に行われたが，冬季の風雪に対応できないオープン・モールの造成，車社会の進展によるモール内への車の進入の容認，商業施設の郊外化も拍車をかけた過剰な商業床への投資，相隣関係への配慮に欠けた住宅の再建等々，多くの教訓を残した．

◎参考文献

1) 消防庁 編：平成12年版消防白書，ぎょうせい，平成12年12月25日．
2) 熊谷良雄：地震火災と都市防災—阪神・淡路大震災での事例を中心として—，建築防災 通巻224号，pp.17-22(1996.9).
3) 建設省：建設省総合技術開発プロジェクト 都市防火対策手法の開発報告書，昭和57年12月．
4) 飯田市：飯田市都市計画概要，昭和26年3月．

4.6 空襲火災

1999年11月号

長谷見　雄二
早稲田大学理工学部

4.6.1　はじめに

　日本は，第二次世界大戦中，合計353回もの空襲を受け，全国の主要都市のほとんどの市街地を焼失した．空襲のほとんどは1944年11月から終戦までのほぼ9ヵ月に集中しているが，これほど短期間に全国の主要都市が壊滅するという事態は，日本史上未曾有の出来事であった．

　空襲は，1945年2月頃までは軍事施設や軍需工場などを対象としていたが，3月10日の東京大空襲を契機として焼夷弾による市街地の無差別爆撃が繰り返されるようになって，東京，横浜，名古屋，大阪，神戸の主要都市がほぼ壊滅したのをはじめ，青森，仙台，日立，宇都宮，前橋，千葉，川崎，甲府，静岡，浜松，豊橋，岐阜，長岡，富山，福井，津，四日市，堺，明石，姫路，和歌山，岡山，呉，徳山，高松，徳島，福岡，大牟田，鹿児島などの各県の中核的産業都市も中心市街地を焼失し，戦争最末期まで爆撃を受けなかった広島，長崎が原爆によってより悲惨な被害を受けたのは周知の通りである．京都や奈良が大した空襲を受けなかったのは，巷間よく言われるように，米国が歴史的文化財を焼失させたくなかったからというよりも，空襲で歴史的文化財を壊滅させれば，戦後，日本を米国の友好国として復興させるのは不可能になるという高度に政治的な思惑からだったようである．全国戦災都市連盟によれば，結局，1都99市13町が空襲の被害を受け，空襲による犠牲者数は原爆によるものを含めて約51万人，被災者は約950万人に達したという．東京だけに限っても，合計112回の空襲による死者は約10万人に達し，100万人を超える市民が住居を失い，市街地の40％以上を焼失して，関東大震災を上回る惨禍となった．

　こうした意味で空襲火災は特筆すべき火災といい得ようが，空襲火災を，他の火災と同列に扱ったりするのは，どこかでためらいが働くものである．それは，災害としての火災は，意図せざる現象として突発的に生じた厄災としてイメージされるのに対して，意図的な行為である空襲は質的に違うと考えられるうえに，戦後の平和主義が，空襲の技術的分析に踏み込むのをタブー視するきらいがあるからであろう．しかし，戦後，今日に至るまでの火災に関する国民的意識や研究体制などを再考してみると，空襲こそがその基調を形づくったのではないかと考えられてくる．

　例えば，市街地の不燃化などは，関東大震災を契機に政策化されていてもおかしくはなかったのに，東京の震災復興では，焼失市街地の区画整理や公園整備は進んだものの，低層建物は，防火性能からみれば震災前の煉瓦造や土蔵，塗り屋にも劣る看板建築やモルタル被覆木造，裸木造などで建て直されたりしている．それを考えると，戦後，都市の不燃化が全国で一気に弾みがついたのは，空襲の惨禍の経験を抜きにしては理解が難しい．

　また，日本初の実大火災実験が1933年8月に東京帝国大学構内で実施され，それが日本で火災研究が組織化される端緒となったことはよく知られているが，そのわずか19日前には日本で初めて本格的な防空演習が実施されている．当時，日米関係はすでに悪化し始めており，飛行機の遠距離飛行能力と大型化が急速に進んでいたこともあって，日米間で開戦した場合には，日本本土の空襲を防ぐことができるかどうかが戦争の帰趨を決めると考えられていたのである．その後，日米開戦

図-4.6.1　東京空襲（写真提供：共同通信社）

図-4.6.2　焼け野原と化した新宿駅前通り
　　　　　（右:三越，左:伊勢丹）

後に至るまで数十回もの火災実験が繰り返されるが，それは防空対策の誘導とデモンストレーションを兼ねていた．火災は，もともと，日本の市街地で繰り返された重大な都市災害で，近代化の過程で解決すべき課題であったにもかかわらず，組織的な研究は遅々として進んでいなかったのが，空襲が予想されるようになって初めて，研究らしい研究に手が付けられたというわけである．こうして空襲対策が防火研究の組織化を促したというかたちでも，空襲は，日本の近代的防火対策のあり方に重大な影響を及ぼしたということができよう．

これだけ眺めても，空襲は，戦後，今日に至るまでの日本の建築や防火対策の理念や性格，防火研究体制などのあり方と枠組に対して決定的な影響を与えたといい得よう．にもかかわらず，その影響の深さは，防災にかかわる当事者の意識にも昇っていないのではないだろうか．

しかし，現代の防火工学や防火対策が取り組んでいるのが，災害としての火災であって空襲でないのなら，空襲という現象はできるだけ相対化して扱った方が良い．日本が外国から攻撃された時の防衛を，防災とは一線を画した次元で考えておく意義と必要はあるが，仮にそのような事態にな

ったとしても，そのとき，日本を襲うのは，もはや太平洋戦争の時のような形の空襲ではあり得ない．その意味で，太平洋戦争の時のような空襲は，被災の形態としては過去のもので，これから起り得る火災の一類型として，大量爆撃による空襲火災のようなものを考えるのは当を得ないからである．

　ここでは，空襲火災の実態そのものの理解というよりは，これからの火災安全研究や対策のあり方がどのようであるべきかを考えるという関心から，現代の防災意識，防火対策や研究体制を方向づけた要因としての空襲を見なおしてみたい．誤解を招かないように断っておくが，ここで空襲を相対化すべきだと述べているのは，空襲という経験を忘れようということではない．そうではなく，空襲から半世紀以上を経てその経験者が高齢化し減少して核家族で育った若い世代にはその記憶が継承されにくくなっている今日，火災安全の分野で将来に向けた研究や技術開発などの方向を見誤らないためには，意識の下に潜んでしまっている空襲の影響をもう一回意識の上に浮上させて，その影響は一体どのようなものであるのかを分析する必要があるということである．

4.6.2　予測された空襲——防火研究の揺籃としての防空研究

　両親も戦後生まれの核家族で育った世代の人たちだと，日本が空襲された事実もよく知らない人が少なくないが，そうでなくても，空襲といえば，太平洋戦争末期に突然，日本を襲いかかったように思われがちである．

　しかし，戦前，1920年代末から，日米関係は，日本の中国干渉の進行とともに目に見えて険悪化し，1933年には，将来，日米間で開戦すれば空襲される可能性が大きいとして，大規模な防空演習が始められていた．

　1933年は，アメリカで全金属製機体で初の大型輸送機ボーイング247の開発を皮切りに，フラップ等を導入して更に機体の大型化を可能にした初のバス並みの大型旅客機DC-2，DC-3などが開発されるという航空技術史上画期的な年で，その翌年には，第二次世界大戦中の主力爆撃機となるB17の原型機が米陸軍から開発要求されている．1937年に軍備投入されたB17は日本の空襲には使われなかったが，航続距離5800kmで，日本軍の管理下に入る見通しの薄かった中国奥地からでも九州なら到達でき，サイパン，グアムなどのマリアナ諸島からならば，ほぼ日本全国に到達可能であった．このようなものが具体的に姿を表す前から，航空機技術者の間では，そのような飛行機が技術的に実現可能で，B17のような大型爆撃機の実現が遠くないことは予測されていたであろう．日本でも1936年には，中型ではあるが航続距離6200kmの96式陸上爆撃機を完成し，1937年には南京を，また1938年には重慶を無差別爆撃していた．そして，ヨーロッパで第二次世界大戦が始まった1939年には，米軍で超長距離爆撃機計画が立案され，1942年には，後に日本空襲の主力となるB29が完成する．ロンドン会議などの一連の軍縮協定で日本が軍艦の数よりも太平洋諸島の利権を重視したのは，戦略的には，それらが日本への空襲の拠点となるのを防ぐためだったといわれているが，このように，空襲は，後に被爆する日本の側からみても，日米間で開戦すれば，戦争の帰趨を基本的に左右するものとみられていたわけである．

　一方，太平洋戦争末期に米軍の空襲が市街地の無差別爆撃に転換したことについてはいろいろな背景が憶測されているが，市街地を焼尽する無差別爆撃に転換するには，太平洋側の都市で歴史的に大火の背景となっていた季節風を利用できる初春が最適であるという技術的な理由もあったに違いない．日本海側の富山，長岡等の空襲が夏のフェーン現象の発生に遭わせて実行されたように，連合軍側でも，どう空襲を計画すれば効果があがるかについては，実行に移される遙か前から研究し尽くされていた．このように，空襲は，けっして突然襲ってきたわけではなく，実際に空襲が本

格化する10年以上前にはすでに，日本を空襲できるかどうかが日米間の外交・戦略上の決め手になると認識されていたわけである．こうした環境のもと，日本では，1936年に内務省に防空研究所が設置され，空襲対策技術の開発や普及が本格化していく．それは，一面では対米外交における牽制のデモンストレーションであり，片や米国側では，木造密集市街地を小手先で防空対策しても焼け石に水であることを見透かして，長距離大型爆撃機の開発を進めるというように，実際に起った空襲は，こうした長い経緯の結末として発生した事件だったのである．

しかし，火災研究の立場からみて重要なのは，このように空襲を予想して始められた防空対策や防空研究所が，日本で組織的な防火研究を進める実質的な契機になったことではないだろうか．

例えば，防空演習が始められた1933年に，日本で初めて実物の家屋を使った火災実験が行われたのは前述の通りだが，その後，木造家屋の実大火災実験は，時にはモルタル被覆などの防空効果のデモンストレーションを兼ねて1942年まで合計数十回も続けられている．東大で行われた火災実験と防空演習との間に直接，関係があったかどうかははっきりしないが，1937年頃からは実大火災実験の主体は東大から新設の防空研究所に移って防空対策との関係を明確にしていく．この一連の木造家屋の火災実験の結果は，太平洋戦争中に内田祥文によって木造家屋火災標準加熱曲線として標準化され，木造家屋の延焼危険の工学的評価法が基礎づけられることになった．このように，戦前・戦中期の木造家屋火災実験は，防空研究の一環と位置づけられながらも，より普遍的な防火工学のマイルストーンとなるような研究成果を生み出した点で，日本の防火研究の出発点というに相応しいものであった．

近代建築・近代都市に適合した防火対策や防火基準の必要性は，東京などの大都市の人口集中が顕著になった第一次世界大戦中の1910年代には，すでに各方面で指摘されていた．そして，関東大震災では東京と横浜で地震火災によって合計10万を超える膨大な数の犠牲者を出していたが，鉄筋コンクリート建築の耐震設計ではその間に長足の進歩があったのに比べ，防火については，1920年代を通じても，学会や官庁でみるべき研究開発がされたとはいえない．しかし，1930年代に入ると，東京深川の大富市場アパート火災（1930年，死者20人），白木屋火災（1932年，死者14人）のようなビル火事や，地震大火以外では近代日本最大の大火となった函館大火（1934年，約2万2000戸焼失，死者2165人）のような大火も発生して，対症療法的な防火対策では都市の過密化とビルの高層化に立ち向かえないことはしだいに明らかになってきていた．こうした中，1935年には建築技術の基準化や工業生産化の支援機関として国立建築研究所の設立が，当時営繕部局を所管していた大蔵省（現，財務省）に構想されるが，膨張する軍事予算を牽制する目的で，大蔵省自身によって取り下げられたりしていた．結局，火災研究の組織化を可能にしたのは，どうやら防空対策という時局に対応する課題であったというわけである．

防空研究所の初代所長，菱田厚介は，函館大火の復興都市計画を主導した内務省建築官僚で，この都市計画では，市域の拡大と都心機能の大胆な移転を含む都市構造の改革を推進して，それまで函館でうち続いていた大火を根絶させて合理主義者の面目を発揮し，戦後は日本火災学会や損害保険料率算定会の設立などに尽力した人物である．菱田に私淑していた故 井澤龍暢氏（元損害保険料率算定会専務理事）によると，菱田が防空研の初代所長に選ばれたのは函館の復興計画に目を付けられてのことだったようであるが，菱田は，防空研では建築系の研究者を採用して防火研究にあたらせ，大蔵省建築研究室のような他省庁の機関や大学の研究者に対しても，共同研究や実験・調査への参加を呼びかけたりしていた．東大の内田祥文や大蔵省の藤田金一郎による建物間延焼の研究などは，この時期の防火研究の金字塔といえようが，防空研との協力によって初めて可能になっ

た研究であり，防空研自体，その名称から単純に想像されるよりアカデミックな雰囲気で運営されていたようである．その背景には，防空研が設立間もないため，自立して研究を進める体制が十分整っていなかったという事情もあったかもしれないが，菱田らの防空研幹部が，少数の大学に依存していた当時の建築技術研究の行き詰まりを認識していたことも大きくあずかっていたのではないだろうか．

防空研は戦後ただちに解体されるが，その研究者は，戦後間もなく戦災復興院技術研究所として発足した建築研究所などに移って戦後の防火対策や都市防災研究を立ち上げていく中核的な存在となっていった．この意味で，防空研究所の存在は，結果として，日本の防火研究を立ち上げ，人材を育成するインキュベーターの役割を果たしたということができよう．また，防空研究所のカラーは，戦後発足した建築研究所や消防研究所が，国立試験研究機関としてはアカデミックな性格をもつものとなっていったことに，どこかで影響しているようにも思われるのである．

昭和10年代に内務省の主導で全国の都市で進められた防空対策は，一面では，当時，警察の一部として位置づけられ，全国横断的な組織化が十分には図られていなかった消防の全国的な組織化や情報交換を促し，消防設備などに関する共通基準の必要性等を認識させる契機にもなった．こうした活動は，東京・大阪のような大都市の消防当局の中に，火災事例の調査研究に取り組む人材を生み出すことになったし，戦後の都市大火への政策的取り組みなども，防空対策で培われた人脈と運営のノウハウを継承することによって初めて円滑に進められたということができよう．このようにみると，戦前の防空研究や防空対策は，日本で防火研究を組織化するとともに，火災に関する調査・政策のインフラストラクチャを整備することを通じて，今日に続く防火研究体制と，火災予防行政等のルーツを形づくったことになると思われるのである．

4.6.3 空襲の惨禍が戦後の建築・都市の理念に及ぼした影響

戦後，空襲による被災の応急的復興が一段落すると建築基準法が制定され，それとほぼ軌を一にして，当時頻発していた市街地大火の抑止対策としてのいわゆる都市不燃化運動が展開された．都市不燃化運動は，市街地の拠点的街路周辺の耐火建築ベルト化や，当時，多くの市街地・集落にみられた板葺屋根の不燃化などに成果をあげ，1950年代中期以後，盛んになる機械力の導入による消防力の近代化と手を携えて，1960年代初期には大規模な市街地大火は激減するに至った．

このように急速な不燃化運動の裏で，戦後，火災を巡る国民的常識となったものの一つに「木造は火事に弱いから危ない」という考え方がある．その傾向は，木造建築で火災になって犠牲者が出たりすると，今日でも，火災調査も進まないうちから，「またも木造家建築の火災で……」等と報道されたりすることに端的に現れているが，こうして，戦後，木造といえば，どこか，本建築ではない安物，というイメージで受け止められるまでになってしまった．木造密集市街地で出火して東京・横浜の中心部を焼失した関東大震災でも，このようなことがいわれて不思議はなかったが，震災では大火で木造市街地が壊滅し，膨大な数の犠牲者を出したにもかかわらず，その復興は事実上，防火的には震災前の土蔵・塗屋・煉瓦造に及ばないいわゆる看板建築やモルタル被覆木造，さらに下見板が露出する裸木造などで達成されている．だから，その時点では，木造家屋が火災に弱いのはわかってはいるがやむを得ないというとらえ方が支配的だったのであろう．第二次世界大戦後の都市不燃化運動のような取り組みは，関東大震災直後とは大きく性格が違っている．そして，都市不燃化は，木造建築のイメージの凋落と表裏一体の現象として進んだのであった．

木造は，日本では伝統的にもっとも馴染まれてきた建築構法であったのが，こうして，戦後，にわかに国民レベルで不信の目でみられるようにな

った最大の背景は，何といっても，空襲の惨禍だったのではないだろうか．何しろ，1年足らずの間に日本の主要都市のほとんどが空襲で壊滅的な被害を受け，仙台，日立，福井，富山，和歌山，高松，徳島，福岡などの各地方の主要都市がたった一夜の焼夷弾爆撃でほとんど灰燼に帰してしまったのである．空襲ではさらに，名古屋城，和歌山城，岡山城等，各地の代表的な城郭や東京都内の浅草寺，増上寺，東照宮など，それまで大火や地震から守り抜かれてきた歴史的な記念的建造物を焼失してしまっている．文化庁によれば，空襲による国宝の被害は293件に及んだ．

このような事実は，木造市街地の脆さを国民の間に広く印象づけただけでなく，そのような都市や木造建築を基盤とする自国の文化や伝統に対する敗北感や徒労感のようなものを呼び起したであろう．このような木造文化に関する敗北感は，さらに，戦後早い時期に，法隆寺金堂壁画や金閣のような日本文化を象徴する第一級の文化財をあっけなく焼失させる火災が続いたことによってさらに増幅されたに違いない．木造建築といえばすぐに火事に弱いと連想されるような国民的意識は，このような文化的感情に裏付けられなければ，容易には形成されなかったのではないだろうか．木造市街地では，適当な密度をもつ近隣関係も大きな特徴だが，戦時中に組織された「隣組」に対する戦後の嫌悪感や無力感も手伝ってか，戦後は，大都市を中心に，このような地域共同体も警戒と不信の目でみられるようになった．

戦後の不燃建築の普及は，傾向として火災損害の軽減に寄与したことに疑いはないが，こうして醸成された木造建築に対する不信感は，一方で，鉄筋コンクリート造などの耐火構造に対する無批判な信頼や，いったん木造建築の火災で大きな損害が生じた時，その原因を安易に木造であることと結びつけて，損害が生じるに至った深い背景を分析しないままにしてしまう傾向を生んでいったきらいがあったことも指摘しておきたい．

戦後，高度経済成長期までに起った建物火災は，99人の犠牲者を出した聖母の園養老院火災（1955）をはじめ，多数の死者を出した木造建築火災が少なくないが，その多くは，多数の犠牲者を生ずるに至った経過を詳細に実証することなく，安易に木造建築であったことのせいにされてしまったり，宿直者などに過度な責任が投影されたりしていた．1960年代後期には，主として鉄筋コンクリート造系のホテルや旅館で，無秩序な増築や夜間の避難誘導体制の欠如を背景とする多数の犠牲者を出す火災が続くが，同様な経過で犠牲者を出す火災は，さほど死者数は多くないが，1960年前後には，木造旅館ですでに続発していた．これらの旅館火災は，高度経済成長期を迎えて，都市住民等のレジャー行動が大きく変化したのに対して，それを受け入れる旅館側が闇雲に対応したことに本質的な背景があったのであり，鉄筋コンクリート造の旅館でも起り得るものであった．火災で被害を大きくした原因を安易に木造や宿直等に押しつけていた慣行は，同時に，このような悲惨な火災を予防する芽を摘んでしまう結果にもなったのではないだろうか．関東大震災のような未曾有の都市災害の復興ですら，都市防災的には中途半端な復興に終ってしまったことを考えると，戦後の木造不信のような強い感情がなければ，日本の市街地を抜本的に防火的にするのは不可能だったのかもしれないが，それは，同時に，このような副作用を伴うものでもあって，必ずしも合理的精神の産物だったとはいえない．

4.6.4　戦後の防火研究にみる「防空」の残像

近代産業化の中でなかなか軌道に乗らなかった防火研究が，防空を契機に組織化されたのは大きな成果であったが，こうして，防火対策の近代化が防空という旗印のもとに組織され，戦後の防火研究や防火対策技術の開発がその上に開花したという経緯は，戦後の防火対策や研究の性格を大きく決定づけたのではないだろうか．防空が防火対策に残した影響を，防空対策の目標の性格と防空研究体制の性格という2面から考察してみよう．

防空と防火とは，例えば，延焼防止のように，確かに多くの課題を共有しているが，防空対策は，基本的には，比較的短期間に，既存の建物や市街地に顕著な改変を加えたりすることなく爆撃等による火災の拡大を抑制しようとする点で，防火よりも目標が具体的で短期決戦的である．実際，下見板が露出する裸木造外壁をモルタルで被覆する防火構造の開発が，防空研究の主な実践的成果の一つであったように，防空対策では，画一的で素人でも容易に実行可能な対策手法を提示することが必要で，性能的防災設計のように，達成すべき性能を示して，その性能を満足する方法は設計者に任せるなどといっているわけにはいかない．このように，防空では，基本的に上意下達で画一的な仕様規定的構成をもつという性格を担うことになる．民間からみれば，防空対策のための技術や設計手法は，基本的に「お上」が考えるものであろう．しかし，1件ごとに条件が異なる建築物を災害から守ったり，被害と対策費用のバランスの上で必要な対策を講ずる技術としての防火ならば，本来，そのようである必要はなかったはずである．

防空対策として研究開発された防火構造などの手法が戦後，建築基準法等に位置づけられて，市街地延焼防止対策に衣替えをした時，防火と防空の間に存在するこのような差異は，おそらくあまり意識されなかったであろう．こうして，戦後の防火法令は，技術的には上意下達で仕様書的なものとして性格づけられたのである．戦後の無秩序の中，市街地を復興するには大量の建設が必要であり，防火等に関する専門的知識がなくてもそれなりの防災計画が可能な仕様書的規制は，都合の良い面が多かったに違いない．

防空対策では，焼夷弾による出火のように出火源などは建築側からは制御し難いことを前提にして，周囲への火災拡大を抑制しようとするから，出火源の制御よりも炎上建物近隣の建物外壁などの防火対策を重視する傾向があるが，戦後，都市大火や大規模木造建築の火災が頻発していた間，木造建築の防火に関する研究や行政の関心も，もっぱら近隣で木造家屋が出火炎上しても外壁・窓・屋根等に類焼しないようにするための対策に集中していて，石油ショックによって高度経済成長に区切りがつけられるころまで，木造建築の防火性能の向上を目的とする研究は，ほとんど手をつけられることはなかった．戦前に繰り返された木造家屋の実大火災実験を通じて，当時の木造建築が延焼し易いのは，出火から炎上までの時間が短く，炎上性状も激しいことに原因があることはすでに把握されていたが，その後ながらく，延焼させ易さの根元である炎上の激しさと炎上までの時間の短さを緩和する工夫に目が向けられることはほとんどなかったわけである．

この路線で開発誘導された対策が都市大火の克服に大きく寄与したことに疑いはないが，市街地の延焼防止は，よく考えてみると，隣の建物で出火しても迷惑を受けないように外壁を守れというより，自分の家で出火しても，周りに延焼させないようにせよという方が，本来，世間の常識に適っているはずである．しかし，そのような概念に基づいた延焼防止対策は，1970年代中期に枠組壁構造が本格導入されるまで，まともに研究された形跡はない．この経過は，戦後の防火研究が，おそらくは無意識のうちに，戦前の防空研究の性格を継承してしまっていたことを物語っているのではないだろうか．

研究体制についてみると，戦前末期に組織化された防空研究は，その性格上，本質的に大学における講座や専門教育を欠くものとなり，防火研究は，大学を中心に研究が進められていた建築の他部門とはかなり性格が違うものとなっていった．確かに太平洋戦争中，東大の内田祥文らが進めた精力的な防火研究は特筆されるものだったが，内田は戦後間もなく夭折してしまっている．防空研究所の伝統が，戦後，建築研究所や消防研究所に継承されていったことは前述の通りだが，防空対策の現場の担い手であった消防が戦後，火災調査研究の主な担い手になっていったのとあわせて，

官庁の機関・研究機関が防火研究の主力部隊となったことは，その後の防火研究の性格を相当，強く規定してきたのではないだろうか．

官庁機関に防火専門家が集中することになったのが，政策立案や法基準整備等に都合が良かったことは疑えないが，反面で，防火対策が，直接には利益を生み出すものではないという性格をもつことと，専門的情報や研究資源が官庁機関に集中するという構造は，結果的に，防火は，上意下達で民間やアカデミズムが手を出すべきものではないというイメージを世間に植え付けたのではあるまいか．また，もしも大学等で研究・教育がされるのであれば，少なくとも卒業生の社会的活動を可能にする職能等と結びつける努力が進められたであろうが，研究が官庁機関に集中する限りは，専門家を再生産するメカニズムを欠いているという事実とあわせて，防火が市場の価値のある職能として認められていくには多くの困難がともなう．

こうして，戦後長い間，防火の専門的知識は，官庁の専有物のようになって，なかなか大学や民間には普及しないまま，設計者に専門的知識がなくても活用可能な仕様的規制にずっと依存してきた．戦後の防火につきまとう「防空」の残像が払拭されてくるのは，例えば，1970年代後半に枠組壁工法の導入を契機として木造の緩燃化に向けた研究開発が始められたり，1980年代にアトリウムなどを手始めに性能的な防火設計が普及して，上意下達ではない性能設計や技術開発の可能性の視野が開けてのことである．しかし，建築界一般の防火に対する認識は，今でも，防空と大して違わない「お上まかせ」で民間やアカデミズムでは専門的なことは考えなくても良い分野というレベルに留まっているのではないだろうか．

4.6.5 おわりに

以上のようにみてくると，第二次世界大戦における空襲を巡る動きが，戦後から今日に至る防火対策のあり方や考え方を基本的に方向づけたことが浮き上がってくるが，その影響の功罪を評価するのはなかなか難しい．防空という課題なしには，おそらく日本の防火研究や全国的な消防の交流などの出発は相当に遅れたに違いないし，戦後，災害に対しては淡泊になりがちな日本で，防火対策の必要性が認知されて社会に定着したのは，空襲の惨禍を経験したことが大きく影響している．その反面で，戦後半世紀余を経ても，防火対策の検討や防火研究はいまだにお上まかせで，民間は法の網の目を潜るのに汲々とするという防空対策の性格を抜け切れていないからである．

しかし，現在の防火対策が直面している社会や建築物の状況は，画一性や上意下達のような防空のための制度や技術の基本的性格とは遙かに乖離してきているといわざるを得ない．戦後半世紀以上を経た今日，建築防災が将来に向けて考えなければならないのは，防火や安全という直接には利益を生み出さない分野の存在理由を縁の下で支えていた空襲の記憶や防空という観念から自由になってもなお，防火や安全の存在理由を下支えする哲学や効能を確立することができるかどうかということではないだろうか．

阪神淡路大震災が起る前から，「安全」や「安心」が，将来の都市や生活環境をイメージする時のキーワードの一つとして語られるようになっていた．その内容は，いまだ具体性に乏しいものに留まっているが，些か強面な防空という安全対策の守護神が退場しつつあることを肌で感じて，もっとソフトな安全・安心の仕組と理念を希求する動きとでもいうべきなのだろうか．

第Ⅱ編
建築防災の歩み

第5章	構造設計技術の変遷 ——— 291
第6章	建築技術開発の動向 ——— 375
第7章	防災設計技術の変遷 ——— 445
第8章	建築防災の施策とその周辺 ——— 505

第5章
構造設計技術の変遷

5.1 耐震構造に関連する技術・基準の変遷

石山 祐二
北海道大学大学院工学研究科

5.1.1 はじめに

わが国では古来から大地震に度々見舞われてきたにもかかわらず，地震や耐震について科学的に研究が開始されたのは明治維新以後のことである．

1880年横浜地震と地震学会の設立に始まり，耐震構造は大地震を契機として調査研究の発展，基準類の制定・強化がなされてきた．主なものは，1891年濃尾地震と震災予防調査会，1923年関東大地震と水平震度，1968年十勝沖地震と鉄筋コンクリート造柱のせん断補強筋の強化，1978年宮城県沖地震と新耐震設計法の施行，1995年兵庫県南部地震と既存建築物の耐震改修促進法や建築基準法の改正などである．ここでは，耐震構造に関するこのような事項やその背景と変遷について概観する．

5.1.2 耐震構造に関連する事項の概観

(1) 横浜地震と地震学会

1868年明治維新の後，明治政府は海外から多くの研究者，科学者，技術者を招き，わが国の産業の育成と西欧文化の吸収を図った．そのような情勢の中で起った，1880年横浜地震（$M=5.5$）の被害は小さかったが，海外からの人達を驚かすには十分大きかったようである．この地震を契機として，J.ミルン，J.A.ユーイングらを中心に日本地震学会が同年設立され，地震に対する科学的な調査研究が開始された．

(2) 濃尾地震と震災予防調査会

1891年濃尾地震（$M=8.0$，死者7273，全壊14万余，半壊8万余）の被害は甚大で，翌年に震災予防調査会が発足し地震の研究が公式に開始された．なお，震災予防調査会は1925年に地震研究所へと移行し現在に至っている．

震災予防調査会は木造の耐震性向上について，基礎を強化する，木材の切り欠きを少なくする，接合部に金物を用いる，筋かいを入れるなどの提案を行った．これが，現在に至る木造の耐震性向上の方向付けをしたものである．

(3) 明治時代の建築構造

日本では古来から建築物のほとんどが木造で，この技術は大工・棟梁に伝統的に継承されてきた．木造が大半を占める市街地では一度火災が起ると大火となることが多く，「火事は江戸の華」と呼ばれるような状況であった．このため，明治政府が建築物に最初に要求したのは耐震ではなく防火であった．このため，「銀座れんが街計画」など市街地の建築物を土蔵造・れんが造・石造とする政策がとられた．

表-5.1.1 耐震構造関連のできごと

発生年		主要地震	主なできごと
1868	明治元		明治維新
1880	明治13	横浜地震	日本地震学会設立
1891	明治24	濃尾地震	
1892	明治25		震災予防調査会発足
1906	明治39	サンフランシスコ地震	
1916	大正5		水平震度の提案(佐野利器)
1923	大正12	関東大地震	
1924	大正13		設計用水平震度の導入($k \geq 0.1$)
1925	大正14		地震研究所設立
1933	昭和8	三陸沖地震	D値法の提案(武藤清)
1940	昭和15	インペリアル・バレー地震	エルセントロ波の記録
1945	昭和20		第二次世界大戦終了
1950	昭和25		建築基準法制定(水平震度$k \geq 0.2$)
1956	昭和31		第1回世界地震工学会議
1963	昭和38		建築物の高さ制限撤廃
1964	昭和39	新潟地震	
1968	昭和43	十勝沖地震	超高層・霞が関ビル竣工
1971	昭和46		RC造柱の帯筋量強化
1977	昭和52		新耐震設計法の提案
			RC造の耐震診断法
1978	昭和53	宮城県沖地震	
1981	昭和56		新耐震設計法の施行
1985	昭和60	メキシコ地震	
1995	平成7	兵庫県南部地震	建築基準法改正(形状係数の変更)
			耐震改修促進法の制定・施行
1999	平成11	トルコ・コジャエリ地震	
		台湾集集地震昭和	
2000	平成12		限界耐力計算法の導入
			住宅性能表示制度の創設

耐震構造については，地震によって建築物が崩壊するよりも，火災による建築物の焼失の方が頻度が高いこともあったせいか，わが国では度々大地震に見舞われながらも対策が取られなかった．

徳川時代の末期に導入されたれんが造や石造については，欧米の建築規準に倣って構造規定などがあったが，耐震についてはとくに考慮されていなかった．このため，「赤煉瓦の明治建築」は濃尾地震で大きな被害を受け，明治後期のれんが造は鉄骨で補強したものとなっていった．れんが造は，関東大地震では更に壊滅的な被害を受け，しだいに建設されなくなった．

鉄骨造や鉄筋コンクリート造で建築物が建てられるようになったのは明治中期以降，20世紀が始まった頃からである．最初，鉄鋼は輸入されていたが，20世紀初頭から国内で生産されるようになった．その用途は，初めは土木や造船の分野で，その後しだいに建築物にも用いられるようになった．セメントは明治初期から国内で生産されるようになり，初めは土木分野で用いられ，生産量の増大に伴い建築物にも用いられるようになった．

米国では1906年サンフランシスコ地震（$M=8.25$，死者600）が起った．この地震の50周年ということで1956年にサンフランシスコで世界地震工学会議が開催され，それ以降ほぼ4年ごとにこの会議が世界各地で開催されることになったという点でも意義深い地震である．この地震の調査に渡米した中村達太郎と佐野利器は，鉄筋コンクリート造が耐火性のみではなく耐震性にも優れており理想的な構造との確信を抱いて帰国した．

(4) 関東大地震と水平震度の導入

1923年関東大地震（$M=7.9$，死者・行方不明14万余，全・半壊25万4000余，焼失44万7000）は十数万の人命を奪い，翌1924年には市街地建築物法（1919年制定）の施行規則に「水平震度を0.1以上とする」条項が加えられた．地震力をこのように具体的に法令で定めたのは世界で初めてのことであった．このような迅速な対応が可能であったのは，佐野利器が1914年に論文「家屋耐震構造論」をまとめ，それを基に1916年に公表した震災予防調査会報告の中で，震度の概念を発表していたからであった．水平震度の値については，関東大地震で東京下町の震度を0.3と推定し，材料の安全率が3あるので0.1と定めた．

市街地建築物法の施行規則（1920年制定）には，構造規定があり，鉄骨造と鉄筋コンクリート造については強度計算を行うことが定められていたが，木造についてはその定めがなかった．また，風圧力，地震力という水平力に対する規定はなかったが，木造3階建ての場合には火打ちと筋かいを設けることが規定されており，耐震についての配慮も若干ではあるがなされていた．

1924年の市街地建築物法施行規則の改正では，水平震度の規定の追加の他に，木造では柱を太くし，筋かい・方杖の設置（それまでは3階建に対してのみ），石造ではがりょうの設置，壁の強化，鉄骨造では方杖・筋かい・壁の設置，帳壁と鉄骨との緊結，帳壁のホロータイル禁止，鉄筋コンクリート造では主筋の継手長さの規定，梁の複筋化，柱径の強化，柱の最小鉄筋比新設など，水平力に対する強度・剛性の向上と構造部材相互の接合の強化が行われた．また，石造・れんが造については高さ制限が厳しくなり，この改正以後はほとんど建設されることがなくなった．

(5) 耐震壁と鉄骨鉄筋コンクリート造

耐震構造の研究は佐野利器，内藤多仲へと引き継がれていったが，耐震壁の有効性をとくに注目したのが内藤であった．彼は，鉄筋コンクリート造の耐震壁と鉄骨造の柱を鉄筋コンクリート造で包み込むという日本独特の鉄骨鉄筋コンクリート造を考案した．

折しも，関東大地震では，れんが造・石造は他の構造に比べて被害が極端に大きく，それ以降はほとんど建設されなくなった．また，鉄骨造や鉄筋コンクリート造のような近代建築であっても米国東海岸のように地震のない地域の建築構造は耐震上問題が多いこと，壁が耐震上有効であること

が明らかになった．

とくに，内藤の構造設計による日本興業銀行ビルは関東大地震でもわずかな被害で，それ以降は耐震壁と鉄骨鉄筋コンクリート造による耐震構造がもっとも信頼性の高い構造として認識されるようになっていった．

(6) 柔剛論争

関東大地震以後，耐震構造の研究が一段と進むようになった．そのような状況の中，昭和の初期に起きたのが「柔剛論争」である．建築物を地震から守るには，建築物の剛性を高くし，固有周期を短くすることを主張した剛構造論者と，逆に剛性を低くし，固有周期を長くして地震動との共振を避けるべしとした柔構造論者との論争であった．

柔構造論者の代表が真島健三郎，剛構造論者の代表が佐野利器，武藤清であった．建築物の固有周期を長くし，慣性力として作用する地震力を低減する考え方は，その後の超高層や免震構造へと発展していくことになる．よって，現時点で考えるならば柔構造論の方が優っていたと言えるであろう．しかし，地震動の様子もわからず，また分かったとしてもそれによる建築物の挙動を解析するのに必須であるコンピュータのない時代では，どちらが正しいかの決着が付かなかったのも当然であった．

結果としてはその後，日本の建築構造には剛構造が推奨されることになった．しかし，この論争がその後の振動論を中心とする研究の活発化や構造物の動的解析の発展のはじまりであった．

(7) 関東大地震以後の建築構造

関東大地震以後の研究の進歩により，1932年の市街地建築物法施行規則の改正の主な内容は，コンクリートの調合・強度・許容応力度と鉄骨の接合方法についてであった．すなわち，コンクリートについては水セメント比の導入によるより合理的な強度式，鉄骨については溶接による接合が可能となった．

日本建築学会は「鉄筋コンクリート構造計算規準案」を発表（1933年）し，この中で武藤清らによる「横力分布係数法」（通称「D値法」）が紹介された．鉄骨構造についての研究も溶接をはじめ順次行われ，日本建築学会は「鉄骨構造計算規準案」（1941年）を出すことになった．

(8) 第2次世界大戦後の建築基準法

市街地建築物法の制定以来，ある材料には一つの許容応力度が定められていたが，1934年室戸台風による建築物の被害によって，その問題点が明らかになってきた．また，ドイツのDIN規格では常時と非常時という考え方の導入を行った．このため1937年には市街地建築物法施行規則の改定が行われた．このような背景と，第二次世界大戦中の建築材料・物資の有効利用のため，1943年に「戦時規格」（臨時日本標準規格）が制定され，「長期」と「短期」の考え方が導入された．

第二次世界大戦後，戦時規格が一部改訂され「日本建築規格3001」（1947年）となり，さらに1950年に建築基準法が制定され，「長期」と「短期」の考え方が応力の組み合せと許容応力度に明確に規定された．これによって，短期許容応力度がそれまでの（長期に相当する）許容応力度の2倍になったため，水平震度も2倍の0.2となった．

木造については，市街地建築物法では単に「適当に筋かいまたは方杖を設ける」という規定であったが，建築基準法施行令では筋かいの寸法やその必要量を規定することになった．

(9) 強震計と強震動記録

耐震設計においては地震動の性質を知ることが重要であり，東京大学地震研究所長・末広恭二は強震計の開発と強震観測の必要性を説いたが，わが国では受け入れられなかった．

1932年に末広が米国でこのような講演を行ったところ，米国はこの提言を即座に受け入れ，数十台の強震計を作成・設置し，翌1933年ロングビーチ地震（$M=6.8$，最大加速度0.32G）の記録に成功した．なお，地震動による構造物の挙動を表す応答スペクトルの概念はビオーが1932年に提案している．

その後，1940年カリフォルニア州インペリアルバレー地震（$M=7.1$）の際にエルセントロで強震動が記録された．この地震動記録は現在でも超高層建築物等の動的解析に用いられており，いわば標準地震動のように扱われている．

わが国で地震動記録の解析などのような研究が開始されたのは第二次世界大戦後のことで，強震計が実際の建築物に初めて設置されたのは1953年であった．

(10) 動的解析法と超高層建築物

地震動のような複雑なものを解析したり，それに対する構造物の挙動（応答）を解析するには手計算では不可能であったが，丁度その頃にコンピュータが開発された．地震応答解析の結果，固有周期の長い建築物（超高層）では地震による応答加速度が小さくなることが明らかになり，日本でも超高層建築物が可能であることが示された．

その後，強震動記録が徐々に蓄積され，またコンピュータの飛躍的発達に伴い，構造物の動的解析が研究段階から実用段階へと移行していった．

1963年には，市街地建築物法以来の建築物の最高高さ31mという高さ制限が撤廃され，1968年にはわが国の最初の超高層である霞が関ビルが竣工し，これ以降は高層ビル・ブームへと向かっていった．

(11) 十勝沖地震とせん断補強筋の強化

地震応答解析の結果，大地震時に建築物に作用する地震力は法律で定められた値よりかなり大きくなることが分かった．それでも多くの建築物が崩壊しないのは，建築物には計算では考慮しない余力があることや，建築物に靭性（ねばり）があることなどが分かってきた．

このような状況の中，1964年新潟地震（$M=7.5$，死者26，全壊1960，半壊6640，浸水1万5298）は，砂地盤の液状化による建築物の沈下・傾斜を伴う大きな被害をもたらした．1968年十勝沖地震（$M=7.9$，死者52，負傷者330，全壊673，半壊3004）では，それまで耐震性に優れていると考えられていた鉄筋コンクリート造の建築物に被害が多かった．

このため，1971年に建築基準法施行令を改正し，鉄筋コンクリート造柱のせん断補強筋の強化が行われた．なお，この改正の有効性は1995年兵庫県南部地震で実証されることになった．

(12) 耐震診断法

耐震設計のなされた鉄筋コンクリート造建築物であっても，1948年福井地震（$M=7.1$，死者3769，倒壊3万6184，半壊1万1816，焼失3851），1964年新潟地震，1968年十勝沖地震，1975年大分県中部地震（$M=6.4$，負傷者22，全壊58，半壊93）などにより予想外の被害を受けたものがあった．このような状況の中で，1977年に既存鉄筋コンクリート造建築物の耐震診断基準が作成された．この耐震診断法は静岡県の多数の建物に適用された他，1985年メキシコ地震（$M=8.1$，死者9500以上，倒壊したビル400以上）の後メキシコ市の建築物にも適用された．同様な耐震診断法が，1979年には鉄骨造と木造に，1986年には鉄骨鉄筋コンクリート造についても作成された．

これらの耐震診断法はその後の研究成果や地震被害との整合性を考慮し改訂されている．

兵庫県南部地震後に制定された既存建築物の耐震改修促進法の適用に当たっては，耐震診断を行うことが必要で，この際には主にこれらの耐震診断法が用いられている．

(13) 新耐震設計法

地震応答解析技術の発展や十勝沖地震による被害などから，耐震設計法の根本的な改正が必要となってきた．

1971年米国カリフォルニア州サンフェルナンド地震（$M=6.4$）の翌1972年，建設省の総合技術開発プロジェクト「新耐震設計法の開発」が開始され，1977年に新耐震設計法（案）が提案された．

1978年宮城県沖地震（$M=7.4$，死者28，負傷者1325，全壊1183，半壊5574）は仙台市を中心に大きな被害を引き起こしたが，これが契機となって新耐震設計法導入の機運が高まり，1980年に建

築基準法施行令が改正され，翌1981年に施行され新耐震設計法が実際に用いられることになった．

新耐震設計法はそれまでの研究開発の成果を集約したものである．以前との主な相違は，二種類の地震動（大地震動と中地震動）の導入，低層から超高層まで固有周期に応じた地震力の算定，地震力の新しい表現（震度から層せん断力係数への変更），建築物の構造的バランスの検討（層間変形角・剛性率・偏心率の導入），建築物の靱性（構造特性係数）に応じた耐力（保有水平耐力）の検討などである．この有効性も兵庫県南部地震で立証されることになる．

(14) 兵庫県南部地震とその後の対応

1995年兵庫県南部地震（$M=7.2$，死者6430，不明3，負傷4万以上，全半壊24万以上，全半焼6千以上）は多くの研究者・技術者が予想だにしていなかった大被害を引き起こした．この地震以前までは「建築基準法を守っているから関東大地震が起っても大丈夫」と信じていた人々がほとんどであった．このため，大地震とその被害を根本から見直すことになり，性能設計や，住宅の品質を確保し表示する制度の導入の契機となった．

なお，新耐震設計法によって建設された建築物の被害がそれ以前のものより小さかったことから，既存建築物の耐震診断・耐震補強が主に新耐震設計法以前の多くの建築物に対してなされ，法的にはいわゆる耐震改修促進法が1995年12月に制定・施行されている．また，新耐震設計法によって設計された建築物でも1階が駐車場や店舗になっている場合は，1階が押し潰されたようになっている被害が多かったため，いわゆる形状係数が1995年に改正された．

(15) 免震構造

免震構造については古くからいろいろなアイデアが提案され，中には実際の構造物に適用されたものもある．しかし，単に試験的に適用されたのではなく，多くの構造物に用いられ，実用段階に入ったのは，積層ゴムを用いた免震構造である．

薄いゴムと鋼板を交互に多層重ね合せ，水平剛性は低く，鉛直剛性は高い「積層ゴム」は1970年代にフランスで生れた．その後1970年代の後半から，フランス，南アフリカ，ニュージーランド，米国で建築物や原子力発電所に用いられた．日本では，1983年に住宅に用いられたのが最初である．その後，大手建設会社を中心に技術開発が行われ，免震構造は徐々に広まっていった．とくに，兵庫県南部地震の際に（震度7の地域内ではなかったが）免震構造の有効性が実証され，その後は急速に免震支承を用いた建築物が建設されるようになった．

免震・制震構造としては，積層ゴムを用いたものの他に多くの考案があるが，その多くは研究開発の段階である．地震が起きた際に建築物の動きを感知して，それによって建築物の揺れを小さくするように力を加えるなどのアクティブ制震，アクティブとパッシブを組み合せたハイブリッド制震も提案されている．これらを用いた構造物が実用段階に入るにはもう少し時間がかかるであろう．

5.1.3 おわりに

以上，わが国の耐震構造の変遷を概観してみると，残念ながら大地震による被害を基に次の改善策を講じているという，後追いの状況が続いていることがわかる．

それでも，明治以前は大地震に度々見舞われたにもかかわらず，地震や耐震構造についてはほとんど対策が採られていなかったのに比べると，19世紀末から始まった地震や耐震構造の研究は，20世紀に飛躍的に発展した．

今後は，地震学の面では地震予知や予想される大地震による地震動の高精度の予測手法，地震工学の面では大地震時の被害を想定した耐震設計（性能設計），免震・制震構造の普及などについて更なる発展が期待される．

1999年にはトルコ・コジャエリ地震（$M=7.4$，死者1万7千以上，負傷者4万3千以上，全半壊14

万5千),台湾集集地震($M=7.7$, 死者2200以上,負傷者8千以上,全半壊1万7千以上)が発生し,多くの人命が失われた.

21世紀においても地震被害から免れることはできないであろうが,耐震設計の基本である人命の確保と(被災後の生活に必要な最小限の)財産の保全を実現する課題の速やかな解決が望まれている.

◎参考文献

1) 石山祐二ほか:特集・新しい耐震規定のQ&A, 施工, pp.31-84(1981.7).
2) 大橋雄二:日本建築構造規準変遷史, 日本建築センター, p.318(1993.12).
3) 国立天文台 編:平成11年理科年表, 丸善, p.1058(1998.11).
4) 宇津徳治 総編集:地震の事典, 朝倉書店, p.568(1992.11).
5) 建設省住宅局建築指導課 監修:改訂版既存鉄筋コンクリート造建築物の耐震診断基準同解説, 日本建築防災協会, p.140(1990.2).

5.2 耐震診断・耐震改修法の開発

2000年6月号

村上 雅也
千葉大学工学部デザイン工学科教授

5.2.1 はじめに

1968年十勝沖地震はそれまで耐震性能が高いと考えられていた鉄筋コンクリート造建物に崩壊などの甚大な被害を与えた．その教訓は，建物の耐震性能を評価するにあたっては建物の地震時の動的挙動を考えなければならないということであり，この教訓を踏まえて鉄筋コンクリート造建物ばかりでなく，鉄骨造建物，木造建物，鉄骨鉄筋コンクリート造建物に対しても耐震診断法，耐震改修法が開発され，また建築基準法施行令なども大幅に改正されたわけである．

ここでは耐震診断法，耐震改修法の開発の経緯とその基本的な考え方を述べるとともに既存建物の耐震性能のレベルを示して耐震診断，耐震改修の必要性とその取り組みについて述べている．

5.2.2 耐震診断・耐震改修の成立の経緯

来るべき地震に備えるといった意味での耐震診断・耐震改修の必要性が認識されるようになったのは1968年の十勝沖地震である．十勝沖地震ではそれまで耐震性能が高いと考えられていた鉄筋コンクリート造建物が図-5.2.1にみられるように崩壊したり，甚大な被害を受け，鉄筋コンクリート造建物の耐震性能に疑問がもたれるようになったからである[1]．

この年は日本最初の超高層ビルである霞ヶ関ビルが竣工した年でもあり，構造設計に際しては，強い地震動の観測結果，実験データの蓄積，コンピュータの発達により，地震時の建物の挙動をシュミレーションする解析が行われた．同様な手法が被害建物，無被害建物に適用されて被害原因の究明に使用されている[2]．

図-5.2.1 1968年十勝沖地震による鉄筋コンクリート造建築物の崩壊 この被害の主要な要因は，柱の×型亀裂（せん断亀裂）から進展するせん断破壊であり，変形能力や軸力を保持する能力に乏しい．これに対して柱に直角に入る亀裂は曲げ亀裂といい，亀裂が大きくなると鉄筋が降伏（曲げ降伏）し，最終的には曲げ破壊となり，変形能力や軸力を保持する能力に優れている．一方，1978年宮城県沖地震では鉄骨造建物にも鉄筋コンクリート造建物と同様に，崩壊するなどの被害が起っている．初期の鉄骨造建物は工場や体育館などであり，風荷重により部材が決められ，地震に対してはかなり余裕をもっていた．しかしながら用途が広がり，床にコンクリートを使用するようになると建物の重量が増えて地震荷重により部材が決められ，鉄筋コンクリートと同様に余裕がなくなり，被害を受けることになった．被害の主要な原因は柱，梁，ブレースの座屈やブレースなどの接合部の破断であった．これらも変形能力に乏しい破壊である．

この被害の見解として1969年1月号の建築雑誌に記載された"鉄筋コンクリート構造物の耐震対策—1968年十勝沖地震による被害に鑑みて—"は古くて新しいものであろう．この一部を抜粋して以下に示す．図-5.2.2はそこに記載された図と類似のものである．

「大地震時に推定される地表面震度は0.2以上，すなわち加速度で0.2g以上であるから，短周期構造物の弾性応答加速度は地盤の影響を考慮に入れても設計に規定されている震度をはるかに上まわる可能性がある．

このような事情がありながら建物が大地震に耐えうるのは

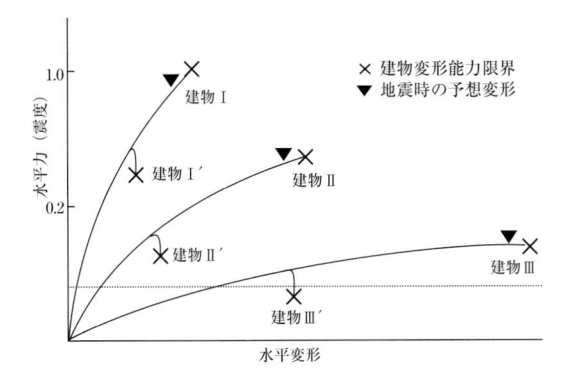

図-5.2.2 建物に水平力を加えたときの水平変形　建物に水平力を加え、そのときのある階の変形をプロットしたものであり、建物の復元力特性といい、地震時の建物の挙動を予想する上で重要なものである．同じ設計震度0.2で許容応力度設計された建物でも、その立ち上り曲線（剛性）、水平耐力、変形能力はまちまちである．壁（ブレース）や幅太の柱で構成される建物Ⅰは剛性が高く、変形能力限界の水平耐力（強度）が大きく、建物Ⅲのように柱や梁で構成される純ラーメンの建物は剛性が低く強度が低い．十勝沖地震では強度が低い、あるいは靱性の低い鉄筋コンクリート造の建物Ⅰ′、Ⅱ′、Ⅲ′のようなものが被害を受けている．被害状況はX型の亀裂から進展するせん断破壊であり、変形能力の乏しい柱、壁が被災している．地震に耐えるためには、変形能力の小さな建物Ⅰは小さな変形に止めるために大きな強度を保持する必要があり、また強度が低い建物Ⅲは大きな変形が起こるので大きな変形能力を保持する必要がある．したがって耐震改修は強度を高める、あるいはじん性を高めるのが基本である．

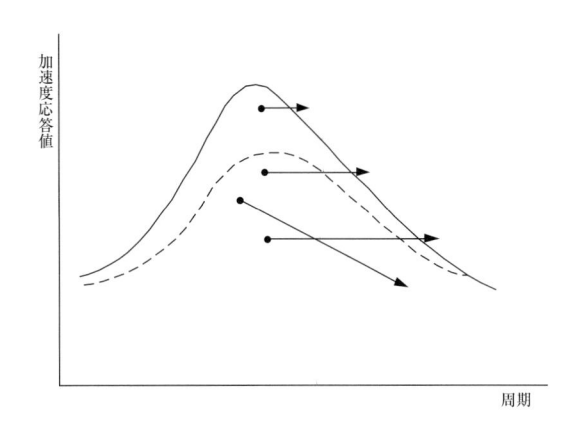

図-5.2.3 加速度応答スペクト上での建物の強度と変形能力　図の2つの曲線は加速度スペクトルと呼ばれ、横軸は高い建物ほど大きな値となる建物の周期、縦軸は建物の受ける地震力と対応する最大加速度値である．実線は建物が損傷を受けない、線形弾性状態のときに受ける最大加速度値であり、これに質量を掛け合わせれば建物の受ける地震力となる．この地震力が建物の強度（点で表示）を下回れば損傷は起らない．一方、地震力が建物の強度を上回るような場合には建物は損傷を受けて、地震力が建物の強度とほぼおなじとなり、建物の変形が進むことになる．建物が損傷を受ければエネルギーを吸収する．すなわち、減衰が増えて実線は点線の方向に移動する．同時に損傷により建物の周期が延びて建物の周期と強度は矢印の方向に進むことになり、建物が強度を保持していれば、強度がいずれ点線を上回って建物は激しい揺れから逃れられる．したがって、強度の高い建物は激しい揺れからさほど周期が延びずに、すなわちあまり変形することなく激しい揺れから逃れられる．一方、強度の低い建物は激しい揺れから逃れるためには大きく変形をしなければならない．このことは耐震性能を確保するために強度を上げる、変形能力を上げることが必要であることに対応している．また、建物の強度が変形の増加とともに低下したり、極端に低いと建物の挙動が不安定になることを示唆している．

(ⅰ) 設計震度に対し十分な余剰強度を持つ。

(ⅱ) 構造各部が降伏し震力（応答加速度）はある値以上にあがらないが、これに伴う変形に十分に耐えるような降伏後の粘りを持つ。

のいずれか、あるいはその両者の組み合わさった状態にあるからである。」

建物のこのような地震時の挙動を加速度スペクトル上で簡潔に説明すれば図-5.2.3のようになろう。

この地震の教訓を活かすための震度対策として1970年にせん断破壊を防止するために柱のたて筋（主筋）を束ねる横筋（帯筋）を厳しくする建築基準状の改正が行われ、1971年に日本建築学会の「鉄筋コンクリート構造計算規準」が改訂されてせん断破壊を防止する設計法が提示された．この対策は建物の耐震性能を向上させるのにかなりの効果があり、耐震診断の結果に明瞭にみられる[3]．その後建物の強度と粘りの評価法と耐震性能との関係の研究が続けられて1981年の建築基準法施行令や関係法規などが大々的に改正された[4)-8)]．

今一つの地震対策が耐震設計が進歩してもその恩恵に浴しえない既存建物の耐震性能を評価する耐震診断法と改良する耐震改修法の開発であり、耐震診断法については多くの提案がなされた[9)-13)]．同時に耐震改修法も整備されてきた．建築省建築研究所が耐震診断法の試案を作成し、これは国有建物に適用された[9)]．これに準拠して日本建築学会が学校建築用に耐震診断法と耐震補強方法を作成し、これは十勝沖地震を経験した建物に適用された[10)]．また1970年より開始された日米共同研究の中で岡田恒男博士が米国で耐震診断法を作成し、これは米国の建物にも適用された[11)]．1976年に建設省住宅局建築指導課が企画してこれらを集大成する鉄筋コンクリート造建物の耐震診断法お

よび改修設計指針を作成するための委員会が日本特殊建築安全センター（現 日本建築防災協会）に設置され，1977年に完成を見た[3]．委員長は1995年兵庫県南部地震直後に死去された故 梅村魁博士であった．引き続いて1978年に鉄骨造建物[14]，1979年に木造建物[15]，1983年に鉄骨鉄筋コンクリート建物[16]に対して耐震診断や耐震改修の基準，指針が整備された．

鉄筋コンクリート造建物の耐震診断基準はただちに想定東海地震対策に取り組み始めた静岡県において公共建物の耐震診断に適用された．静岡県都市住宅部は，この際耐震診断用プログラムの開発と判定値の策定を日本建築防災協会に設置されているSPRC委員会に委託した．SPRC委員会は1977年度の委託より，第1次，第2次診断プログラム「SCREEN-Edition 1」を開発し，1978年度の委託により第3次診断用プログラム「SCRN φ3」を開発した．前者は同じく県有建物の耐震診断に取り組んだ千葉県都市部の委託により若干の機能追加を行った後に「SCREEN-Edition 2」として一般に公開され[17]，後者もこれに続いた[18]．

鉄筋コンクリート造建物の耐震診断結果をどのように判定するかについては，当初1977年度版では耐震判定のための資料として十勝沖地震における7棟の大破，中破，無被害の診断結果が例示され，推奨値が示されていたが，1990年度版ではこれらの結果と1978年宮城県沖地震，1978年伊豆大島近海地震，1987年千葉県東方沖地震における耐震診断結果と被害程度などを参考にして耐震判定基本指標（E_s）が決められた．最終的な構造耐震判定指標（I_{so}）はこの値が地域，地形，地質，地盤と建物の相互作用，建物の重要度で補正される．耐震判定基本指標（E_s）は簡略な第1次診断で0.8，詳細な第2次診断とより詳細な第3次診断で0.6と決められたわけであるが，その根拠は十勝沖地震，宮城県沖地震程度の地震で軽微な被害に止めておけば，より大きな地震でも崩壊にいたらないのではないかということであった[3]．兵庫県南部地震ではIs値が0.6ある建物でも大破

に近い被害を受けたものがかなりあった[19]．直下型の浅い地震のゆれが大きいことを示している．このため活断層の位置に基づく，判定値の必要性が指摘されている．図-5.2.4にマグニチュードは小さいが，直下型の浅い鹿児島県北西部地震における構造耐震指標（Is）と被害程度を示す[20]．

耐震判定指標値はこの他東海地震に備える静岡県の判定値および千葉県の判定値[21]また地盤特性，地盤と建物の相互作用を考慮した川崎市などの独自の判定値がSPRC委員会により作成された[22]．

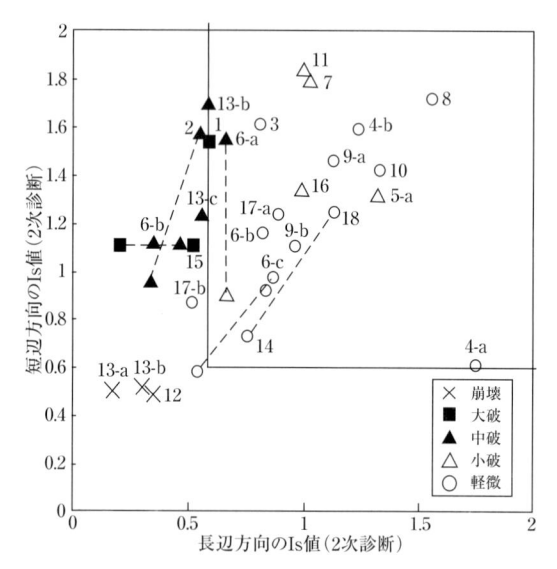

図-5.2.4 鹿児島県北西部地震による鉄筋コンクリート造建物1階のIs値（2次診断）と被害の関係 鹿児島県北西部地震は主なものとして1997年3月26日（マグニチュード6.3）5月13日（マグニチュード6.2）の2回起こっている．兵庫県南部地震（マグニチュード7.2）に比べてエネルギーでは約1/30であるが，震源の深さが浅く（それぞれ4km，8km），震源近傍の鉄筋コンクリート造建物に被害をもたらした．Is値（2次診断）と被害の関係は巨視的にはIs値が0.6であれば小破程度の被害に止まっており，十勝沖地震や宮城県沖地震と同程度であり，震源近傍の揺れの大きさを示している．なお図中の点線でつながれた低い値は図-5.2.5に示すA点で耐震性能を評価した値である．

この事実も耐震診断の必要性を示唆している．なお，兵庫県南部地震ではIs値が0.6あっても，大破に近い被害を受けているものがかなりある．

5.2.3 耐震診断・耐震改修の概要

耐震診断は構造体のみならず非構造体を対象とし，必要に応じて敷地，設備を対象とするものもあるが，ここでは構造体に限定して記述する．

5.2.2節で述べたように，その経緯から耐震診断法，現行建築基準法施行令とも同じ考え方に基づいている．耐震診断では，図-5.2.2に示す建物Ⅰ，Ⅱ，Ⅲのように復元力特性が異なる建物でも，地震時の予想変形が建物の変形能力限界にほぼ近い領域に止まるならば，同じ耐震性能をもつものとして耐震性能を強度（CまたはQ）と粘り（F）の積（例えば，C×F）で表して一定値としており，粘りのある，すなわちF値の大きな建物では強度は低くなる．一方，建行の建築基準法施行令では粘りのある，すなわち変形能力の高い部材で構成される建物の保有水平耐力を構造特性係数Dsにより低くしてよいとしている．したがって，F値とDsは逆数の関係になる．なお，変形能力の異なる部材で構成される建物の耐震性能の評価は図-5.2.5に示すようになる．

「建築物の耐震改修の促進に関する法律（以後「耐震改修促進法」と略記）」の施行後，法令に適合する耐震診断の基準あるいは指針として現在使用されている代表的なものは以下の通りであり，耐震改修も含んだものである．

1) 公共建築協会：官庁施設の総合耐震診断・改修基準及び同解説（平成8年度版），本基準はS造，RC造，SRC造について記述してある（以後，「官庁施設の診断基準」と略記）．
2) 日本建築防災協会：耐震改修促進法のための既存鉄骨造建築物の耐震診断および耐震改修指針・同解説，1966年（以後「S造診断基準」と略記）．
3) 日本建築防災協会：改訂版既存鉄筋コンクリート造建物の耐震診断基準および耐震改修設計指針・同解説，1990年（以後「RC造診断基準」と略記）．
4) 日本建築防災協会：改訂版既存鉄骨鉄筋コンクリート造建築物の耐震診断基準および耐震改修設計指針・同解説，1997年（以後「SRC造診断基準」と略記）．
5) 日本建築防災協会：木造住宅の耐震精密診断と補強方法，1985年（以後「W造診断基準」

と略記）．

この他，学校の体育館については文部省大臣官房文教施設部「屋内運動場等の耐震診断基準（1995年）」がある．

これらの耐震診断基準を概観すると，「官庁施設の耐震診断」が現行の建築基準法施行令と同じ形式をとり，もっとも高い耐震性能を要求していると考えられる[23]．「S造診断基準」は「耐震改修促進法」の告示にもっとも充実である．「RC造診断基準」と「SRC造診断基準」は類似なものであるが「SRC造診断基準」は高い建物を想定しているだけに軸力や柱脚の引抜きなどに対する配慮が充分なされている．これらの診断基準は強度と粘りで基本的な耐震性能値を評価し，これを構造計画の良否で補正するといった点は類似であり，この他老朽化あるいは品質によってさらに補正される．

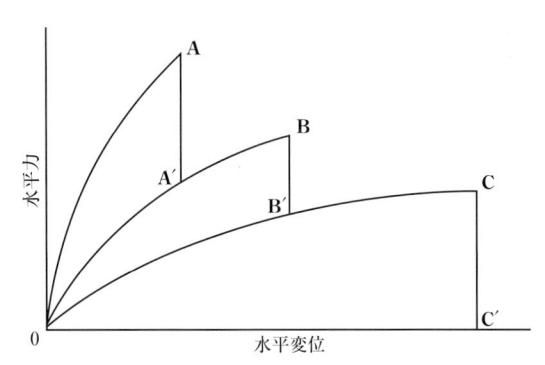

図-5.2.5 変形能力の異なる3つの部材で構成される建物の水平力と水平変形の関係　耐震診断基準などでは，①AA′の耐力をもつ，すなわち変形能力のもっとも小さな部材が破壊するとき，BB′およびCC′の耐力をもつ部材はその耐力を最大限に発揮できない，また同じくBB′の耐力をもつ部材が破壊するとき，CC′の耐力をもつ部材はその耐力を最大限に発揮できないことが考慮されている．②建物の耐震性能は，OA，OB，OCの水平力と水平変形の関係（復元力特性）をもつ建物として評価してその最大のものを選ぶことになるが，AA′の耐力をもつ部材，あるいはBB′の耐力をもつ部材が破壊することにより建物の床が下がったり，崩壊したりする場合は，その部材の変形能力以下の値を採用することになる．したがって耐震改修において建物の重量を保持できるようにすることも耐震性能を向上させることになる．③OCという単独の復元力特性をもつ建物より図のような復元力特性をもつ建物は，AA′あるいはBB′の耐力をもつ部材の破壊により建物の床が下がったり，建物が崩壊したりしない場合には，その働きにより耐震性能が向上するとしている．なお構成部材が剛な床で一体に動くという前提があるので，耐震判断ではこの検討から始めることになる．とくに体育館等の屋根の水平面剛性に注意が必要である．

「W造診断基準」は現行の建築基準法施行令と同じく，壁量を用いており，壁量から求められる基本的な耐震性能値を構造計画の良否，敷地などにより補正している．

これらの診断基準を使って現行の建築基準法以前の既存建物の耐震性能を評価した場合，半数以上の建物が現行の建築基準法施行令の最低レベルに近いと考えられる「耐震改修促進法」が定める耐震性能を満足していないのが現状である．図-5.2.6に主として静岡県で行われた約2 000棟の鉄筋コンクリート造建物の耐震構造指標（Is値）の分布を例示する[24]．

耐震改修にあたって耐震構造指標値Isを上げるためには，これまで述べてきた算定法から大別して以下の方法が考えられる．

① 強度を上げる（耐力をあげる，重量を低減する）．
② 粘り（じん性）を高める．
③ 構造計画をよくする．
④ 老朽度を改善する（鉄筋コンクリート造と鉄骨鉄筋コンクリート造）．

図-5.2.9に鉄筋コンクリート造建物の補強方法とその理由を例示している．兵庫県南部地震の前，前述した指針以外には補強法に関する資料はさほど多くなかった[25)-28)]．

図-5.2.7はブレースによる鉄骨造体育館の耐震改修を示している．鉄骨造建物の耐震改修ではブレースなどの部材の交換を行うことも容易であり，この点が鉄筋コンクリート造建物と大きく異なるところである．鉄骨造の屋根をもつ体育館などでは屋根面に加わる地震力を下部の構造体を通して基礎，地盤まで立体的に流れるようにする必要がある．図-5.2.8は体育館の小屋組の耐震改修を示している．

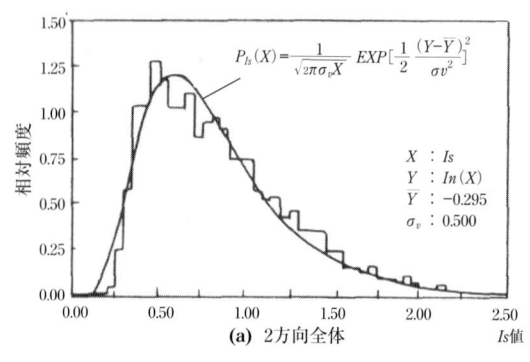

5.2.4 むすび

兵庫県南部地震直後の1997年4月に「既存建築物診断・改修推進全国ネットワーク委員会（委員長 岡田恒男）」が発足し，兵庫県南部地震の惨状に鑑み，全国の古い建築物の耐震診断等の実施を促進するとともに，耐震改修や外壁落下対策のための改修などの改修工事の効果的な推進を行うために行政との連携を図り，またそれぞれの構成団体が実施する関連事業の相互支援や有機的な連携を行うために必要な情報の交換や発信を行っている．事務局は当初，建築・設備維持推進協会であったが，現在は，日本建築防災協会が担当している．当初の活動は診断技術者の育成を中心とし，その後診断指導用ビデオの開発，診断コンピュータソフトの開発，改修・補強方法の普及，建物オーナーのための地震対応マニュアルの作成や講習会，診断・改修等の例示とそれに要した費用の実例の提示などを手掛けており，1995年12月に施行された「耐震改修促進法」にかかわる融資，税

(a) 2方向全体

$$P_{Is}(X) = \frac{1}{\sqrt{2\pi}\sigma_v X} EXP\left[-\frac{1}{2}\frac{(Y-\bar{Y})^2}{\sigma_v^2}\right]$$

$X : Is$
$Y : \ln(X)$
$\bar{Y} : -0.295$
$\sigma_v : 0.500$

(b) 弱い方のみ

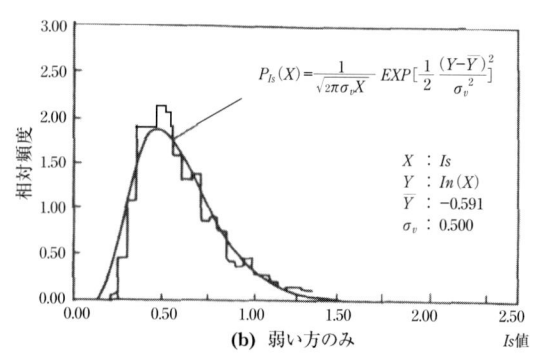

$$P_{Is}(X) = \frac{1}{\sqrt{2\pi}\sigma_v X} EXP\left[-\frac{1}{2}\frac{(Y-\bar{Y})^2}{\sigma_v^2}\right]$$

$X : Is$
$Y : \ln(X)$
$\bar{Y} : -0.591$
$\sigma_v : 0.500$

図-5.2.6　鉄筋コンクリート造建築物1階の構造耐震指標Is値（2次診断）の頻度分布（1981年以前に建設された建物）　横軸がIs値であり，縦軸がIs値に対応する建物の相対的な数（面積）である．建物の1階では梁間方向，桁行方向それぞれのIs値が求まるが，両方向の値を考慮したものが(a)2方向全体であり，2方向のIs値のうち低い値のみを考慮したものが(b)弱い方のみである．したがって(a)は(b)の2倍の面積（建物の数）となる．また(b)より「耐震改修促進法」のIs≧0.6（地震の震動および衝撃に対して倒壊，または崩壊する危険性が低い）を満足する建物の数（面積）が全体の数（面積）に比べて小さいことがわかる．耐震改修の必要性を強調する所以である．

5.2 耐震診断・耐震改修法の開発

図-5.2.7 鉄骨造体育館のブレースによる耐震改修 ブレースの新設にあたっては，接合する部材の耐震性能の検討，接合方法が重要である．

図-5.2.8 体育館の小屋組の耐震改修 新たに大梁下限材部分に水平ブレースを新設して屋根面の剛性を高めて建物が一体として挙動するようにしている．

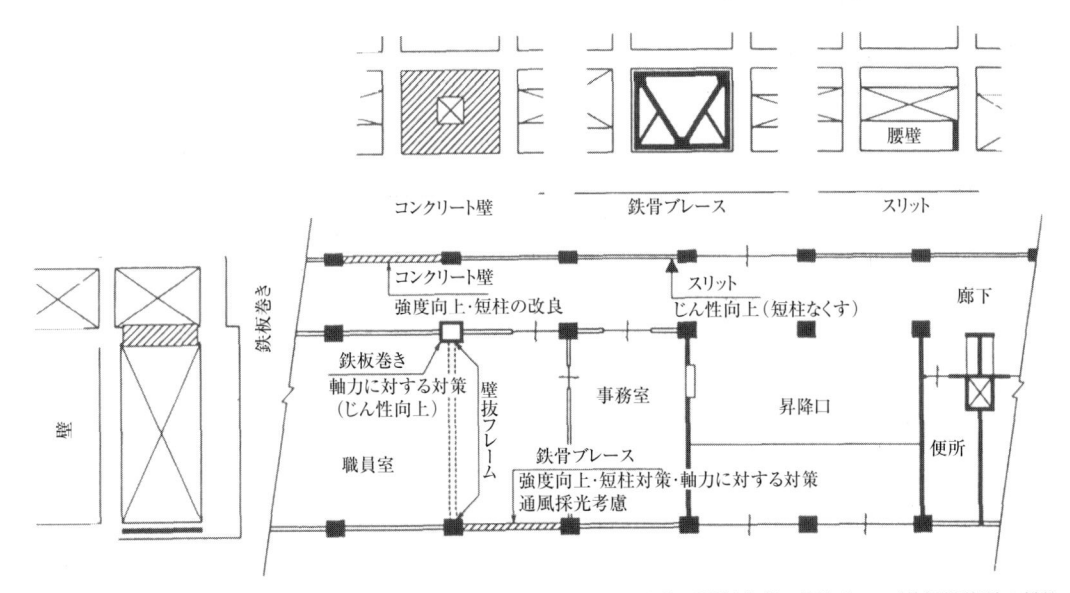

図-5.2.9 鉄筋コンクリート造建物の補強事例 強度を向上させるものとして，コンクリート壁の増設と打増や鉄骨ブレース（鉄板耐震壁）の新設．じん性を向上させるものとして，柱の鉄板巻き（炭素・アラミド繊維巻き），柱のジャケッティング，スリットの新設．耐震改修は使用勝手，通風採光，施工性などを考えて工法を選択する．場合によってはプランを変更する必要がある．
　また，最近では主として減衰を大きくする制震工法，居住したまま工事のできる免震工法や，外周に剛強なフレームやブレースを新設して緊結することも行われるようになってきている．

制に対する普及パンフレットの作成等を始め，膨大な建築ストックの診断需要に対して正しい診断が行われるように，診断受注体制の整備に取り組んでいる．

しかしながら努力義務の法律であるとはいえ，「耐震改修促進法」も出ているわけであるが，耐震診断，耐震改修とも公共建物が中心であり，民間建物にまで広く及んでいないことが危惧される．

また耐震診断結果，耐震改修計画の妥当性を判断する「耐震診断の評価・判定にかかわる委員会」は行政との連携をはかり，ほとんどの都道府県，特定行政庁に設けられているが，現在でも実務者がプログラムに頼りがちであり，各判定委員会が家庭教師的な仕事におわれている側面がある．したがって機械的にプログラムを使うのではなく，建

303

物の耐震性能を評価できる技術者をさらに養成していく必要がある．少なくともどこが，どのように壊れるかを説明できなければならないと考える．その結果，よりよい耐震改修が生れるわけである．

最後に図-5.2.7，図-5.2.8，図-5.2.9を提供いただいた万建築設計事務所木村秀雄氏に謝意を表します．

◎参考文献

1) 日本建築学会：1968年十勝沖地震災害調査報告(1968).
2) 1968年十勝沖地震調査研究論文集，日本建築学会(1971，セミナー開催).
3) 日本建築防災協会：既存鉄筋コンクリート造建築物の耐震診断基準・改修設計指針同解説（1977，改訂版1990）.
4) 梅村 魁 編：鉄筋コンクリート建物の動的耐震設計法，技報堂(1973).
5) Murakami,M. and J. Penzien：Nonlinear Response Spectra for Probabilistic Seismic Design and Damage Assessment of Reinforced Concrete Structures, EERC Report No.75-38, Univ. of California(1975).
6) 山田 稔 他：鉄筋コンクリート構造物の耐震安全性，技報堂(1976).
7) 地震荷重と建築構造の耐震性，日本建築学会(1977).
8) 新耐震設計法案，建設省(1972年～1977年，建設省総合技術開発プロジェクト「新耐震設計法の開発」).
9) 広沢雅也：既存鉄筋コンクリート造建物の耐震判定基準－建設省建築研究所＞，建築技術，(1973.11).
10) 日本建築学会：鉄筋コンクリート造校舎の耐震診断方法および補強方法(1975).
11) Okada,T. and Bresler,B.：Strength and Ductility Evaluation of Low-Rise Reinforced Concrete Buildings-Screening Method, EERC Report No76-1，Univ. of California(1976.2).
12) 大成ERP研究会報告書：既存鉄筋コンクリート造建物の耐震診断および補強法―大成ERP法(1976).
13) 清水建設研究所 編：既存建物の構造診断法，技報堂(1976).
14) 日本建築防災協会：既存鉄骨造建築物の耐震診断基準・改修設計指針同解説(1978).
15) 日本建築防災協会：木造住宅の耐震精密診断と補強方法（1979）
16) 日本建築防災協会：既存鉄骨鉄筋コンクリート造建築物の耐震診断基準同解説（1983）
17) 日本建築防災協会SPRC委員会 編：鉄筋コンクリート造建築物の耐震診断プログラム－SCREEN-Edition 2(1980).
18) 同上（第3次診断）SCRN φ 3，(1982)
19) 日本建築学会：1995年兵庫県南部地震コンクリート造建築物の被害調査報告書－第Ⅱ編学校建築，(1997).
20) 磯部共伸，大網浩一，徳広育夫，村上雅也：1997年鹿児島県北西部地震を経験した既存鉄筋コンクリート造建築物の構造耐震指標値と被害程度，第10回日本地震工学シンポジウム論文集（1998.11).
21) 村上雅也：耐震性能と判定値の設定，建築雑誌(1980.9).
22) 河村牡一，宇賀田建，長島一郎，岡田恒男，村上雅也，南忠夫：地盤と建物の相互作用を考慮した耐震判定指標－(その1)，(その2)，(その3)，日本建築学会大会学術講演梗概集(1989).
23) 村上雅也：耐震診断の概要と判定，建築技術(1997.10).
24) 山口寛久，中埜良昭，村上雅也，岡田恒男：既存鉄筋コンクリート造建築物の耐震性能―年代、用途、階層別の構造耐震指標の分布の検討，日本建築学会関東支部研究報告集(1988).
25) 日本コンクリート工学協会 編：構造物の耐震補強ハンドブック(1984).
26) 震災構造物の復旧技術の開発報告書建設省(1981～1985年)，建設省総合技術開発プロジェクト「震災構造物の復旧技術の開発」．
27) 建設省建築研究所，広沢雅也，山崎 裕 監修：復旧事例にみる耐震診断・補強設計の実務，建築技術(1991).
28) 日本建築防災協会SPRC委員会 編：既存鉄筋コンクリート造建築物の耐震補強事例集－静岡県内における耐震補強事例(1993).

5.3 耐震診断の発展と今後の展開

1995年5月号

岡田 恒男
東京大学生産技術研究所
現 芝浦工業大学工学部

5.3.1 まえがき

 既存鉄筋コンクリート造建築物の耐震診断基準および耐震補強指針の策定が建設省で企画され，日本建築防災協会の全身である日本特殊建築安全センターに策定委員会が組織されたのは，1976年の夏のことであった．

 1968年十勝沖地震による鉄筋コンクリート建物の被害経験が契機となって，建物の耐震性がさまざまな角度から再検討され，耐震設計の規・基準の見直しも行われようとしていた時期である．例えば，鉄筋コンクリート柱のせん断破壊を防ぐために建築基準法・施行令の改正（1970），建築学会の鉄筋コンクリート構造計算規準の改訂（1971）などが相次いで行われ，また，建築基準法・施行令の抜本的改正を目指して，いわゆる，新耐震設計法の開発プロジェクトが発足するなど，新築建物の耐震化については種々の対策がたてられていた．

 一方で，既存建物，すなわち，耐震基・規準の改訂以前の設計施工された建物で未だ大地震の洗礼を受けていない建物のなかには十勝沖地震の際と同じような被害を受ける可能性のある建物があることは容易に想像され，その対策も急務とされ，例えば，文献1)，文献2)などの耐震判定法，耐震診断法の開発も行われていた．すなわち，文献1)は，建築研究所において開発された耐震判定法であり，文献2)は，1970年より開始された学校建築の耐震安全性に重点をおいた耐震工学に開始された学校建築の耐震安全性に重点をおいた耐震工学に関する日米協力研究の一環として筆者などにより開発された耐震診断法である．既存建物の対策が必要とされたのは日本ばかりでなく，米国において

も1971年サンフェルナンド地震をきっかけとして既存建物の耐震性の見直しの重要性が認識され始めていた事から日米共同研究のテーマとして取り上げられたものである．

 上記策定委員会においては，課題の緊急性を考慮し，1977年3月には「既存鉄筋コンクリート造建築物の耐震診断基準・同解説」，「既存鉄筋コンクリート造建築物の耐震改修設計指針・同解説」および，「既存鉄筋コンクリート造建築物の耐震診断基準・耐震改修設計指針適用の手引き」を発表した[3]．同様の基準・指針は翌年以降，鉄骨造，および，木造についても策定され，既存建物の耐震対策の方法が出そろうこととなった．

 筆者は，鉄筋コンクリート造建築物に関する耐震診断基準の原案作成委員会の主査を務めた関係上，その後，耐震診断あるいは補強に関する種々のプロジェクトに参画してきた．耐震診断基準の公表以来すでに15年が経過したが，幸いにも各方面で多くの建物に応用され，その効果も徐々に上がってきているようである．その具体的な内容などに関しては診断基準あるいは関連の報告を参照していただくこととし，本稿においては，耐震診断基準の基本的な考え方，その適用結果，あるいは，今後の問題点などについて筆者が経験してきたことを中心に概説してみたいと考える．

5.3.2 耐震診断基準の開発と基本的な考え方

 耐震診断基準の開発に際して，最初に設定した目標は，建物の耐震性能を表す指標をできるだけ簡単に求める方法を考え出すことであった．1968年十勝沖地震の教訓として，建物の水平力に対する終局強度と変形能力をその基本とすれば良いこ

とは明かであったし，非線形特性をもつ構造物の地震応答についての研究成果もかなり蓄積されていた時期であったから，鉄筋コンクリート造の非線形復元力特性を設定して，復元力特性ごとに建物の耐震性能と終局強度および変形能力との関係を求めれば耐震診断が可能ではないかと考えられた．

そこで，まず，水平力に対する終局強度をせん断力係数で表した値を強度指標と定義し，ついで，耐震壁が多いせん断破壊型の建物を基準として選び，この種の建物の耐震指標はその強度指標で定義する，すなわち，このタイプの建物のじん性を表す指標を基準の1.0と定めることとした．さらに，曲げ降伏するようなじん性に富んだタイプの建物については，じん性指標を1.0より大きいとし，強度指標とじん性指標の積で耐震指標を表すこととした．

このような枠組みを用いれば，建物の耐震指標を，

$$耐震指標＝強度指標 \times じん性指標 \qquad (1)$$

で表すことが可能となる．

診断基準案の開発は先に述べた原案作成委員会で行われたが，委員会では以上の基本方針をたてたのち，実際の建物への適用に際して考慮すべき項目を検討した．この結果，

① 耐震指標は建物1棟について1個求めるのか？
② 終局強度の計算法は？
③ じん性の評価法は？
④ せん断破壊する短柱のじん性は？
⑤ 種々の破壊タイプの骨組より構成される建物じん性指標の求めかたは？
⑥ 建物の剛性分布が不均一な場合の考慮は？
⑦ 老朽化が進行している場合は？
⑧ 非構造材の耐震性は？

などについての検討が必要であることが判明した．

これらについて詳細な検討を加えた結果，およそ次の方針で耐震診断基準がまとめられた．

① 耐震指標は各階，各方面について求める．この際，階数，階位置に応じて，式(1)の値を修正する．
② 終局強度の計算はできるだけ厳密に行われることが望ましい．しかしながら，すべての建物について厳密な計算を必要とする方法，例えば，新しい建物の構造計算と同等の労力を必要とする方法では耐震診断の普及が期待できない．

そこで，文献1)で採用されているスクリーニング法を採用することとした．すなわち，まず，きわめて簡単な方法により終局強度を略算する．じん性についても簡単に仮定する．この略算と仮定はできるだけ安全側（耐震指標を低めに評価する）であるようにする．もし，この段階で安全が確認できる場合には診断を打ち切る．この段階を第一次診断法と称し，もし安全が確認できない場合には第1次診断法よりやや詳しい第2次診断法あるいはさらに詳しい第3次診断法へと進む．ただし，基本となる考えはすべて共通である．このような考えより，耐震診断基準では第3次診断法まで用意することとした．

その概略を記すれば，

第1次診断法では，各階の終局強度は壁と柱の断面積に基づいて略算する．じん性指標は一般に1.0と仮定する．

第2次診断法では，梁と床スラブは剛強であると仮定し，その階の個々の柱および壁の曲げ，および，せん断終局強度の計算値に基づき強度指標を求める．じん性指標は曲げ強度とせん断強度との関係，せん断補強筋の量などに基づいて算定する．

第3次診断法では梁の強度とじん性も考慮する．一般には，フレームごとに簡単な非線形骨組解析が必要となる．

③ 個々の部材のじん性の評価方法については，実験結果を参考とした簡単な算定方法，あるいは特定の数値を提案した．

④ せん断破壊する短柱についてはとくにじん性に乏しいことを考慮して「極ぜい性部材」という概念を導入し，じん性指標を1.0より小さい0.8とした．

⑤ じん性指標が異なる部材あるいは骨組が混在している建物の非線形地震応答は複雑であるから，耐震指標を簡単に求めることは困難である．幸いにも，せん断破壊する耐震壁とじん性に富んだラーメン骨組が混在した場合の地震応答に関する文献4)の研究成果があり，この研究によれば，例えば，じん性の異なる2種の部材よりなる建物の耐震指標は式(2)で略算できることが予想された．そこで，この関係をじん性の異なる3種の部材よりなる建物にまで拡張して用いることとした．

$$耐震指標 = \sqrt{(強度指標1 \times じん性指標1)^2 + (強度指標2 \times じん性指標2)^2} \quad (2)$$

⑥ 建物の剛性，質量の不均等分布，不整形性などの影響は形状指標と呼ぶ係数で補正することとした．

⑦ 建物の老朽化についてはチェックリスト方式で求める補正係数，すなわち，経年指標を提案した．

⑧ 別途，非構造材耐震指標を提案した．予想される地震時の構造体の変形と関係づけられている．構造体の耐震指標をこの指標と区別する場合には，とくに構造耐震指標と呼ぶ．

5.3.3 耐震判定地

耐震指標による耐震診断を，地震応答解析，あるいは耐震設計法と比較したのが**表-5.3.1**である．すなわち，地震応答解析では，地震動と建物

表-5.3.1 耐震性評価の方法の比較

	応答解析	耐震設計法	耐震診断基準
入力地震動の大きさ	○	○	○
終局強度	○	◎	○
終局変形	◎	○	○

◎：結果（得られるもの）
○：条件（決まっているもの）

の強度，（厳密には復元力特性）を定め，建物の応答変位を求め，その変位が許容範囲以内かどうかを判断する．建築基準法・施行令に規定されている耐震設計法では，地震動の大きさを想定し建物のじん性に応じて必要とされる終局強度を確保する方法である．

耐震診断基準の方法をこれらと比較すると，既存建物の終局強度とじん性を算定し，それらに基づき耐え得る地震動の大きさを評価する方法である．耐震指標の性質を考えると，地震応答加速度スペクトルを重力加速度の単位で表したもの（応答震度スペクトル）に相当する値で，耐え得る地震動の大きさの程度を表現しているのが耐震指標値であるといえる．厳密に言えば，弾性応答震度スペクトルではなく，せん断破壊する耐震壁の地震応答変位が限界変位（診断基準では層間変形角にして1/250と仮定している）に到達する震度であるので，弾性応答震度スペクトルよりはやや低めの値となるはずである．

したがって，耐震判定に用いる限界値（耐震判定値）は，地震応答解析の結果から求められるはずである．しかしながら，耐震指標値の算定には多くの仮定が設けられており，地震被害などとの比較検討無しに耐震判定値を定めることは実際的でないと判断された．そこで，判定値の検討は地震を経験した建物（被害，無被害）に適用することから始めることとした．1968年十勝沖地震の被害，無被害建物のいくつかに適用した結果，第1次診断で0.9前後が一応の被害，無被害の境界で，第2次診断では0.6～0.7との結果を得た．しかしながら，判定値を定めるためには更に適用例を増やすこと，および，解析的検討を追加することが望まれた．そこで，診断基準としてはとくに判定値を定めず，上記の適用例の数値を参考として示すにとどまった．

耐震診断基準の完成を待っていたかのように，翌1978年1月に伊豆大島近海地震が発生し鉄筋コンクリート造学校校舎などにも被害が生じた．診断基準が試される機会がこんなに早く来るとは予

期していなかったことであった．幸いにも被害建物の数が少なかったので，すべての被害建物と学校校舎については無被害の建物も含めて診断を開始した．その直後に，またも，宮城県北部の地震が生じ，鉄筋コンクリート造建物にも被害が生じた．ところが，伊豆大島近海地震と宮城県北部地震の診断結果の整理がほぼ終了した6月，またまた，生じたのが1978年宮城県沖地震であった．被害の様子は宮城県北部，伊豆大島近海地震より大きい．被害調査に関連して被害建物と若干の無被害建物の診断が各機関で開始され，貴重な結果が得られた．

これらの結果を十勝沖地震の結果も含めて整理したのが図-5.3.1である．この結果は十勝沖地震の際の結果と大差無い．すなわち，第二次診断による耐震指標値が0.6を超える建物には被害はなく，指標値がこの値を下回ると被害建物が増えてくる．指標値が0.3以下の建物にはほとんど被害が生じていることがわかる．しかしながら，無被害建物の診断結果が少ない点が問題として残された．すなわち，被害建物については詳細な調査がされることが多いが，無被害建物については特別な場合を除いて調査されないことが多いからである．しかしながら，被害，無被害建物の境界を見つけるためには無被害建物の調査が不可欠である．

耐震判定値の検討は，東海地震対策の一貫として静岡県の鉄筋コンクリート建物の耐震対策を検討するために日本建築防災協会に設置されたSPRC委員会*においても行われた．この委員会においては，まず，東海地震の予想震度に従って全県をA～Eの5つのゾーンに区分した．ついで，建物の破壊タイプをせん断破壊タイプおよび曲げ破壊タイプの2種に分け，それぞれの非線形復元力特性を設定し，地震応答スペクトルより判定値を算出した．さらに，この値を地盤の特性，建物の固有周期によって補正する方法も提案した．予想震度の一番低いEゾーン（入力震度0.23gのゾーン）の判定値は，2種地盤に建つ3～4階建ての建物について0.6～0.7で，十勝沖地震，宮城県沖地震などの結果と調和的であった．予想震度の一番高いAゾーンでは判定値は1.0前後とかなり高い値となった[4]．

静岡県においては前項の判定値を県の判定値の標準値として採用した．また，1990年に改訂された耐震診断基準では，Eゾーンの値を標準として推奨している．

5.3.4. 耐震判定値の使い方

建物の耐震指標値（Is）を耐震判定値（Er）と比較することによりその建物の耐震性の比較が可能である．すなわち，Is値がEr値より大きければ建物は十分な耐震性を保有していると判定できる．Is値がEr値より小さい場合には，過去の地震被害の経験からみると被害の生じる可能性が高まるが，すべての建物に被害が生じる訳ではない．そこで，静岡県においては，Is/Erの比率によって建物を5つのランクに分け，比率の低いランク

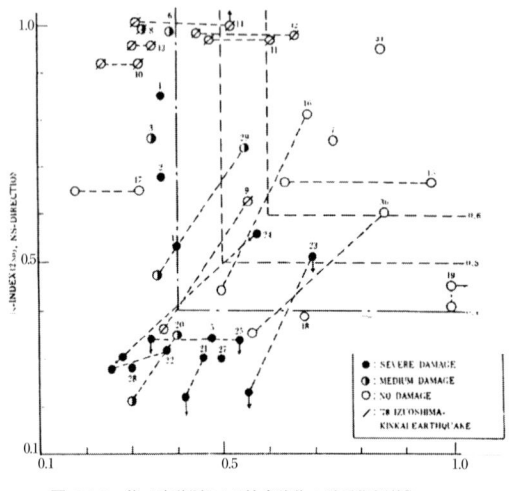

図-5.3.1　第二次診断による被害建物の耐震指標値[5]

---

*　東海地震対策の一環として静岡県の鉄筋コンクリート造建物の地震対策に協力するために設置されている委員会で，Committee on Seismic Performance of Reinforced Concrete Buildings in Shizuoka Prefecture の頭文字をとってSPRC委員会と呼ばれている．ただし，SPについては，Shizuoka Prefectureの頭文字と重複している．

に属すほど耐震補強の優先順位が高いものとして再度検討を行い，必要と判断されれば耐震補強を行うこととした．ただし，耐震補強に当っては補強後のIs値がEr値以上となるようにした．

このような判定指標値の使い方は多分に過去の被害経験に基づくものであるが，理論的な検討が望まれた．静岡県においては，1977年以来，公共建築を中心に耐震診断を開始し，現在ではその数は4 000棟を超えている．診断建物の棟数が400棟を超えた時点でその結果を整理してみると，耐震指標値の分布は**図-5.3.2**に①の曲線で示したように対数正規分布で近似でき，その性状は建物数が増えてもほとんど変らないことが判明した．このような建物群の中でどの建物に被害が生じるかを判断するのが地震対策としては必要となるが，安全側にみて判定指標値以下の建物すべてに被害が生じるとすると対策を要する建物の数はかなりの比率となり，現実的ではない．先に述べたように地震被害経験からみると判定値以下の建物すべてに被害が生じる訳ではないと考えられた．一方，先に述べたように被害建物については，十勝沖地震，宮城県沖地震の際の診断結果より耐震指標値の分布についてある程度の見当がついていたが，被害を受けていない建物の性質についてのデータが不足していた．

そこで，静岡県でのデータがわが国の建物の耐震指標値を代表していると考え，かつ，過去の地震被害建物のデータが静岡県も含めて被害建物の耐震指標値を代表していると考えた考察が可能ではないかと考え検討が開始された．試行錯誤の結果，過去の地震の際の被害率が大破，中破を合せて約10％であったことより，被害建物の数を全数の10％としてその耐震指標の分布を静岡県の分布に重ね合せると，**図-5.3.2**に②の曲線で示したように，耐震指標値が高くなるほど被害の比率が減少し，耐震判定値を超えるとほとんど被害が生じなくなるという過去の被害経験をうまく説明できることが判明した．さらに，このような現象は入力地震動の大きさがばらつきを有する確率事象の場合に生じることが信頼性理論による検討結果より得られた[6]．

以上のように，耐震診断基準の開発，被害建物への適用，既存建物への適用，耐震指標値についての非線形応答解析による検討，それらの関係についての信頼性理論による検討結果などを通して耐震判定の道筋がたてられた．

5.3.5 耐震判定の普及に際しての問題点

耐震診断あるいは，耐震診断基準の開発が必要とされた背景についてはすでに述べた．今では，専門家のみならず，一般の人々にも耐震診断の必要性の理解がかなり進んできたようであるが，耐震診断基準の開発，あるいはその普及を開始した当時においては，なぜ耐震診断が必要であるかを説明することは簡単ではなかった．

このような耐震診断が行われるようになる以前にも，建物の診断は行われていた．ただし，それは建物が老朽化した場合あるいは建物の模様替えが行われる場合など建物に何か兆候がある，あるいは，動機があるものに限られていた．健康状態に異常が感じられるので病院の門をくぐるのと似ていた．しかしながら，ここでとりあげている耐震診断はその概念がこれまでのものとは異なる．耐震設計がなされた建物で，普通に使っている限りは何も支障のない建物を診断しようとするものである．

ある建物の耐震診断をしようとした場合，必ず

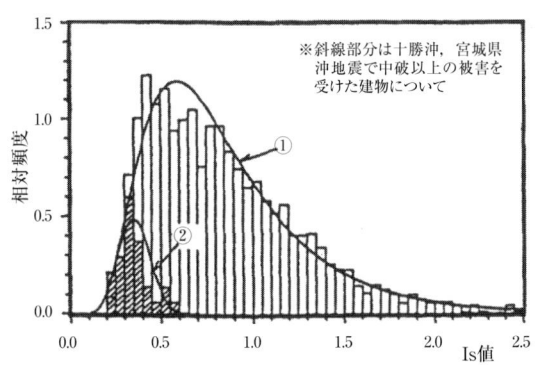

図-5.3.2 静岡県公共建物と十勝沖および宮城県沖地震被害建物の耐震指標の分布

聞かれた質問は,「この建物は危ないのですか?」というものであった.「これは言ってみれば健康診断のようなものですから,結果は診断してみなければわかりません」と答えるのが常であったが,必ずしも十分納得された訳でもなかった.静岡県において学校建築の耐震診断が総合的に開始され始められた頃のことである.診断に先だって,建物の状況の目視調査をするためにある県の担当者と一緒に学校を訪ね,校長先生に来訪の主旨を話したが,「うちの学校には何も問題はありません.余計なことをされると生徒が動揺しますので」と調査を断られた.耐震診断の主旨はかなりの時間をかけて説明し,結局は納得していただいたが,今でもこのような苦労が皆無となった訳ではない.この校舎の場合には耐震補強が行われたが,耐震補強完了後に校長先生より,「補強していただいたお陰で,生徒達も安心して勉強しています」と感謝されたときは苦労が報われたとほっとしたものである.

耐震診断を行った結果,結果が芳しくない場合には事態はもっと深刻である.建物の所有者が補強なり,建て替えなりをある程度計画している場合は問題は少ないが,そのような計画がまったく無い場合には対策を講じるまでに地震が生じたらどうなるかという心配がある.これについては正直に言って「できるだけ早く予算を用意して対策を講じていただきたい」と答える以外決定版がない.耐震診断に関係していて一番つらい局面である.耐震診断が始められて15年が経過し,公共の建物については,静岡県をはじめとして各方面で補強の予算化も伴って進行中である.しかしながら,民間の建物についてはそのあゆみは遅いように思われる.今後の問題である.

これはわが国だけの問題ではない.もっと深刻な例は外国にたくさんある.たとえば日干し煉瓦造(アドベ造)などの住宅が密集している地域については,計算を伴った耐震診断などをしなくとも,目視で相当数の建物に問題があると判断できるし,また,これまで耐震設計法で採用してきた地震力のレベルが格段に低すぎたことが明らかになった地域,耐震設計をまったく行っていなかった地域などに建てられている鉄筋コンクリート造建物については,耐震診断を行えば,これまた公共,民間を含めて相当数の建物の対策が必要となることは明かである.

筆者はこのところ外国で地震が発生した際にわが国の国際緊急援助の専門家チームに参加する機会が多く,1985年メキシコ地震,1988年アルメニア,スピタク地震,1990年フィリピン・ルソン地震,1992年エジプト・カイロ地震の被災地を視察してきたが,いずれの国においても大きな問題となっている.エジプトのカイロ地震の後,エジプトのある高官が,「もちろん,個々の建物の所有者が第一の責任者であることは承知しているが,現実の問題として,地方自治体,国レベルに広げて行かなければ問題は解決できないし,国レベルで本当に解決できるかどうかも疑問である.自分の国の問題を回避するわけではないが,世界的なレベルでこの問題に取り組むことはできないだろうか」と話していたことが印象的であった.

5.3.6 あとがき

鉄筋コンクリート造建物の耐震診断に関して,耐震診断基準の開発から実際の建物への適用までほぼ20年間にわたって筆者が関係したことを中心に簡単に振り返ってみた.勿論,これらが筆者一人で出来たわけではなく,大勢の研究者,実務者,行政担当者等の共同研究,共同開発の結果である.誌面の都合上,ここではその氏名を省略させていただくが,一人だけはここに記すことをお許しいただきたい.

その方は,故 松尾昭伸氏である.氏は,耐震診断基準が開発されて以来,日本建築防災協会の担当部長としての耐震診断および耐震補強の普及,静岡県をはじめとする地方自治体の地震対策・耐震診断事業の促進,民間建物への耐震診断・補強の普及などに関し官・民・学の協力体制の中心人物として文字通り寝食を忘れた献身的な

努力をされてきたが,残念ながら1992年6月に急逝された.とくに,筆者が幹事役を務めているSPRC委員会の活動は氏の綿密な計画,温かい人柄なしには続けることはできなかったであろう.

ここに記して氏の生前の努力に感謝したい.

◎参考文献
1) 広沢雅也:既存鉄筋コンクリート造建物の耐震判定基準―建設省・建築研究所案,建築技術(1973.11).
2) T.Okada, B.Bresler:"Strength and Ductility Evaluation of Existing Low-rise Reinforced Concrete Buildings – Screening Method –",EERC Report No.76-1, University of California, Berkeley(1976.1).
3) 日本建築防災協会:既存鉄筋コンクリート造建物の耐震基準・同解説(1977(初版)),(1990(改訂版)).
4) 久野雅祥,岡田恒男:耐震壁をもつ低層鉄筋コンクリート建物の地震応答(1質点壁・フレーム並列系の応答),日本建築学会大会論文集(1975).
5) 梅村 魁,岡田恒男,村上雅也:鉄筋コンクリート造建物のための耐震判定指標について,日本建築学会大会学術講演会梗概集(1980).
6) 中埜良昭,岡田恒男:信頼性理論による鉄筋コンクリート造建物の耐震安全性に関する研究,日本建築学会構造系論文報告集(1989.12).

5.4 耐風設計基準の変遷

2000年2月号

大熊 武司
神奈川大学工学部

5.4.1 はじめに

技術分野における21世紀のキーワードは,環境,防災といわれている.ここでは,建築物の強風災害問題について,21世紀を論じるに先立ち,20世紀におけるわが国の建築物の耐風設計法の変遷・充実について,レヴューする[1-4].

耐風設計の研究は1889年に完成したエッフェル塔の「耐ゆべき風力」の紹介(1891年)に始まり,1993年の横浜ランドマークタワーの完成により,一つの頂点を迎えた.この間,基準,規準,指針等の整備により,建築物の強風災害は着実に減少しつつあるが,屋根葺き材を中心とした外装材の被災の減少は鈍い.建築基準法の改正による性能規定型設計の普及に期待するところが大きいが,外装材にかかわらず,「復興から成熟」の段階に入ったわが国では,基規準等の整備だけでなく,「防災」についての意識改革が求められている.

5.4.2 わが国初の風圧力規定

1906年,「東京市に建築条例がなく,家屋が無秩序に建設されていく」ことを憂慮した東京市長は,建築学会に対して東京市建築条例案の起稿を依頼した.条例案は作成されたが(1913年),実施されることなく終った.しかし,わが国初の建築法令である市街地建築物法の制定に大きく寄与した.ただし,条例案に提示された風圧力の規定は市街地建築物法では除かれた.ちなみに,地震力については,条例案にも規定されなかった.

かくして,1928年に公表された警視庁令第27条(強度計算に適用する風圧力)がわが国初の公的な風圧力規定ということになる.表-5.4.1に規

表-5.4.1 警視庁令第27条

建築建高さ	風圧力*
20尺以下	75kg/m²以上
20尺を超ゆるもの	100kg/m²以上
50尺を超ゆる煙突等	150kg/m²以上

* 風圧力は,建築物の形状,または周囲の状況により,増加・軽減を許可する.

定を示すが,示された数値は東京市条例案の値の約半分である.一体,この間に何が起ったのであろうか.この疑問を解く鍵は実験設備としての風洞の実現である.

風洞は1890年頃から世界的に建設されるようになり,これによって航空流体力学が著しく進歩した.しかしその反面,空気力評価について大きな影響を与えてきた「力積と運動量の関係」に基づくニュートンの空気抵抗理論が否定されることになった.この空気抵抗理論は,条件によっては正しい値に近い結果を与えるが,概して,2倍程度の値を与えるものであった.

ちなみに,建築物についてのわが国初の風洞実験は,おそらく,1934年の警視庁技師池口によるものである.

5.4.3 耐風設計法の近代化スタート

1934年9月の室戸台風襲来はわが国の近代的耐風設計法を論じるときの原点となっている.ただし,耐風対策という点では,その4年前の九州地方の台風被災が原点といえる.すなわち,その調査方法,報告書はその後の被害調査方法の原形となり,「木造家屋新築および修理に関する耐風構造上の注意書」,具体的には,「筋違の使用,接合部の強化,土台と基礎の強固な連結等,横力に耐える方策」,「小屋組の強固な連結等,(窓等の破

壊に伴う）内圧力に耐える方策」，「屋根葺き材，庇等の剝離，飛散防止」，「建物形状や群としての配置における配慮等，破壊力の低減」，「木造建築物の腐食，虫害の予防」といった，初の具体的耐風対策法も提言されている．

しかし，室戸台風の襲来は風荷重算定法の基本概念の変更に大きな影響を与えている．例えば，建築学会の委員会報告書「構造物に及ぼす風の作用に関する各国の実験的研究」の中には次のように書かれている[5]．「欧州大戦後，航空機に関する研究の勃興と共に風洞による空気流の実験的研究設備が発達し，近年に至ってはその研究範囲が次第に鮮明せらるるに至った．その結果，従来我々が考えた風圧力なる扱い方の不完全さが暴露せらるるに至って，構造物に及ぼす風の作用は新しい立場から修正せられなければならぬ運命に立つに至ったのである．既に欧州諸国に於いては風圧力に関する法規改正が企画され，現実に至ったものもある」．

これを機に，わが国も設計用風圧力について，「速度圧」，「風力係数」の概念を導入するようになり，合理的耐風設計法の確立に向けた活動が積極化した．これに加えて，今一点指摘しておきたい．それは，物理学者長岡半太郎が建築学会で講演し，天王寺の五重塔が風直角方向に倒壊したことを指摘して，「風害に対する物理的思考」の必要性を強調している[6]ことである．

なお，室戸台風以前における建築学会による風荷重算定法は，鉄筋コンクリート構造計算規準（1933年）にみることができ，表-5.4.2 の通りである．ただし，「2項の備考」について，「風速度30m/sec. なれば風圧力度が表示の如くなる意味では有りません．一般に知られている公式（注：ニュートンの理論式） $p_0 = 0.122v^2$ と何ら関係ないものです」と解説されている[7]．表-5.4.1 と比べて頂きたい．

5.4.4　建築基準法の制定

室戸台風を契機として，耐風構造の研究が活発

表-5.4.2　鉄筋コンクリート構造計算規準第5条　風壓

風壓は下の各項に基づき算定すべし．
1. 風の方向は水平と假定す．
2. 鉛直面に加はる風壓力度 p_0 は次の値以上となすべし．但し建物の形状，方向，又は周圍の状況に依り特に軽減し得る場合はこの限りにあらず．

	風壓を受くる面の高さ	p_0(kg/m²)
1	15m以下の部分	100
2	15mを超過する部分	150
3	15mを超過する煙突，物見等，廣告塔，無線電信用電柱の類	150

備考　既往の最大風速30m/sec以上の土地に於ては上記各 p_0 を $(v/30)^2$ 倍せる値をとるべし．
　　　符號 v=既往の最大風速度(m/sec)
3. 水面と a なる傾斜をなす面に對しては，其の面に直角に次式に依る風壓力度 pa を採るべし．
　　　$pa=p_0\sin a$
　　　符號 pa=鉛直面に加はる風壓力度(kg/m²)
4. 内壓を受くる恐れのある部分に對しては其の面に直角に60kg/m²以上の風壓力度を考慮すべし．

になったわけであるが，その辺りの事情について，武藤は「我が国に於いても，今回の台風に刺激せられて日本学術振興会の援助に依ってこの新領域の研究が進められんとしつつあるとの事である．此の最大学術機関が動き出したる以上風圧力研究の進歩たるや実に期して俟つべきでありませう」と述べている[7]．

実際，わが国独自の風洞実験も活発に実施され，これまでの調査研究成果とともに，1941年12月に建築学会から公表された鉄骨構造計算規準（案）の第306条「風圧力」に反映された．確かに「速度圧」，「風力係数」の概念が導入され，数値は若干異なるが，現行（2000年6月以前）の建築基準法施行令第87条「風圧力」とほぼ同じ考え方の内容になっている．ただし，次の点に注目したい．すなわち，風力係数の設定について「壁面の1/3以上が開放し得らるる構造物は閉鎖形構造物として扱う他，開放形構造物としても運用する」と明記されていることである．表-5.4.3 に「風圧力」の規定を示す．

第306条の考え方は，1944年の臨時日本標準規格・JES第532号（建築物の荷重），1947年の日本建築規格・建築3001（建築物強度計算の基本）を経て，1950年制定の建築基準法施行令第87条（風圧力）に引継がれた．しかし，そこにはもは

表-5.4.3　鉄骨構造計算規準（案）第306号　風圧力

2. 設計に採用すべき速度壓qは第306表による．
　　　　　第306表　速度壓q

位　　　置	建築物	鐵塔の類
15m以下の部分	100	200
30m以下15mを超ゆる部分	130	260
50m以下30mを超ゆる部分	160	320
50mを超ゆる部分	200	400

海岸・山岳・其他風當り強き敷地にありては速度壓の増加をなすべし．周圍に近接して永久遮蔽物を有する敷地にありては速度壓の50%以内を，市街地にありては隣接建築物中の最低高さ以下に相當する部分に對し速度壓の30%以内を減ずることを得．
3. 風力係数Cは可及的實驗により定むべきものとす．但し實驗によらざる場合附表1によることを得．
4. 構造物の軒先・妻・棟・庇・出隅等にありては局部的に大なる風壓力を受くる虞あるを以て特にその構造に注意すべし．
5. 構造物の屋枚・基礎等の浮力検定に當りては風壓力を2倍となすべし．

や，「壁面の1/3以上が開放……」の規定は見当らない．

施行令第87条で初めて，設計用速度圧が$q=60\sqrt{h}$（kgf/m²）と定式化された．その根拠について，竹山は「室戸岬測候所の地上高さ15mの観測鉄塔上で，ダインス風速計で計測された最大瞬間風速値たる約63m/sec.を用いている．これは，この案を審議した当時この台風が我が国未曾有の台風だったので，この程度の値をとっておけば，将来の台風に対して一応安全な設計が得られるのではないかという見通しがあったのと，台風は地震と違って予防ができるので，建設費の経済性を含めて多少甘くしたのである」と述べている[8]．

5.4.5　建築基準法，同施行令の改正

1963年，建築基準法が改正されてそれまでの31mという高さ制限が撤廃され，5年後にはわが国初の本格的な超高層建築物である三井霞が関ビル（高さ156m）が完成する．当時はまた，本州四国連絡架橋建設のための調査・研究が活発化し始めた時期でもあったため，建築の分野においても風の影響を正しく理解しようという気運が高まり，風の乱流構造，風圧力の実況，風による振動等への関心が急速に高まった．また，多くの建設会社が風洞を建設した．風洞実験の手法も，それまでの航空機を対象とした実験法に倣った方法から，実際の風を模擬した気流による建築物特有の

手法に変った．

もっとも，設計用の風荷重は地震荷重に比べてまだまだ小さかったが，高層建築物やタワー類の増加とともに設計用速度圧$q=60\sqrt{h}$の不合理さが指摘されるようになり，1981年，施行令第87条の速度圧式が次のように改正された．

$$q = \begin{cases} 60\sqrt{h} & (h \leq 16\text{m}) \\ 120\sqrt[4]{h} & (h > 16\text{m}) \end{cases}$$

$q=60\sqrt{h}$は，最大瞬間風速値の鉛直方向分布を地上からの高さの1/4乗に比例するとして定められたもので，平均風速値の分布を約1/2乗に比例するとしたことになる．そのような風速分布は，今日の知見でいえば，中層建築物や高層建築物が密集する市街地における風速分布に近い．したがって，低層建築物中心の当時にあっては，通常の建築物の設計では問題なかったであろうが，特別に高い建築物，工作物の設計にとっては，妥当とはいえない．そこで，低層市街地の上空の最大瞬間風速値の分布形として1/8乗型（平均風速値分布としては約1/4乗型）を採用し，地上高さ16m超については，$q=120\sqrt[4]{h}$（kgf/m²）とした．

建築物等の規模や密集の程度によって風速分布が変ることを設計用速度圧に積極的に反映する試みは，1975年の建築学会の建築物荷重規準案（建築物荷重指針の前身）の制定まで待たなくてはならない．

5.4.6　外装材関係の諸基規準
（1）　建設省告示第109号

建築基準法の改正によって高層建築物が出現するようになったが，それはまたカーテンウォールの出現でもあった．このため，カーテンウォールの設計法の確立，とくにガラス板の耐風圧試験法，カーテンウォールの水密性試験法の確立が急がれた．ガラス板の耐風圧強度は外力の作用時間に大きく影響するが，耐風圧強度試験は単調増加荷重によっていた．このため，自然風中における風圧の性質に近い条件下の耐風圧値を得るということ

で，脈動圧による試験法が開発された．そして，その方法による「荷重速度が約100kgf/m²min.の漸増圧力に，周期2秒，脈動比（最大値と最小値の比）2の脈動圧力を重ね合わせた圧力」の負荷によって得られた耐風圧強度に基づいて，1971年，板ガラスの使用可能面積の算定式が告示第109号として定められた．ちなみに，よく質問を受ける雨滴の衝突の影響であるが，これまでの最大10分間降雨量である約50mmの場合を想定しても，それによって生じる力は大きく見積もって4kgf/m²であり[9]，通常，無視することができる．

告示第109号には，設計用局部負圧も規定されたが，対象は高さ31mを超える建物の帳壁と一般建築物の屋根に限られた．伊勢湾台風（1959年）や第2室戸台風（1961年）等による被害からすれば，屋根に限らず，一般建築物の局部負圧について今少し早く規定されるべきであったが，何故か，約10年遅れた．ちなみに，建築学会の伊勢湾台風報告書には，外装材の耐風対策として**表-5.4.4**のような提言がされている．

(2) 屋根業界の自主規準

建設省告示第109号の第1条には，屋根ふき材の耐風性能について次のように書かれている．

a. 屋根ふき材は，荷重又は外力により，脱落又は浮き上がらないように，たるき，梁，けた，野地板その他これらに類する構造材に取り付けるものとすること（第1項）．

b. 屋根ふき材は，（中略）を乗じて計算した風圧力に対して，安全上支障がないこと（第3項）．

最近よく言われる「性能規定型設計法」の典型のような条文であるが，屋根葺き構法は多様かつ構造計算に馴染み難いためにその設計や施工は経験に頼ることがほとんどであり，また，もっとも川下に位置する作業のために何かとしわ寄せも多く，「屋根程度なら」という一般的認識も加わって思うように被害が減少しない．無論，改善策も少しずつ取られてはいる．

例えば，1975年に八丈島を襲った台風13号は島内にみられた多くの鋼板製折板屋根に多大な被害を与えた．鋼板製折板屋根は当時急速に普及し始めていた屋根で，設計施工法が十分確立したものではなかった．他の金属屋根も多大な被害を受けたのであるが，外装と骨組を兼用する折板屋根の被災の重大性に鑑がみ，建設省は業界に「この機会に亜鉛鉄板会，全日本板金工業組合連合会，日本長尺金属工業会（現 日本金属屋根協会）の3団体は，協同して鋼板製屋根の安全性確保のための方策を講じるよう」要請した．ちなみに，折板を利用した屋根は1972年の20号台風の際にも，それ程の強風でも無いにもかかわらず，大きな被害を受けている[10]．

要請に基づいて，1977年に鋼板製屋根構法標準が策定された．同標準は「折板屋根」と「平板ぶき屋根」から構成されており，前者については，JIS A 6514「鋼板製屋根用折板」による性能を利用した設計法が提示されている．また，肝心なディテールや施工法についても実験を実施するなどしてできる限り合理的な設計施工を支援する資料を用意している．他方，「平板ぶき屋根」については，屋根葺き構工法が多様であることから「標準構法」を定めることにし，それらについて性能別仕様，施工上の注意を提示している．いずれも実験に基づくもので，事例としては限られているが，現実的な構法に対する合理的な設計施工法を考える上での寄与は大きい．アルミ屋根協会も目下，同様の標準作りを進めている．

他方，瓦屋根業界も1991年の19号台風による多大な被害に鑑がみ，瓦屋根の耐風性向上に向けて工学的な観点に立った本格的な努力を始めた．成果の一例が，全日本瓦工事業連盟による建設省告示第976号「建設技術評価規定」第3条に基づ

表-5.4.4 外装材の耐風対策（伊勢湾台風災害調査報告）

i) 風荷重は全体風圧の他，局部風圧も考慮する．
ii) 主体骨組や下地骨組について，強度だけでなく剛性の検討も行う．
iii) 外装材の強度・剛性に適した取付工法を選び，取付法についても強度・剛性の検討を行う．
iv) 変形を許容する場合には，大変形を受けても外れないような取付工法を行う．
v) 隣接外装材の剥離を誘発しない工法を用いる．

く「中層建築物における耐風型勾配屋根全瓦連中層屋根強風施工（JKK工法）」の認定取得である．このような活動の中で注目すべきは性能試験機を開発し「固定性能」の明示に努めたことで，現在，その経験を活かして，全日本瓦工事業連盟，全国陶器瓦工業組合連合会，全国厚形スレート組合連合会が一致団結して戸建て住宅を含む一般的建築物を対象とした構法標準の作成作業を進めている．因に，この作業は2001年8月に終了し，「瓦屋根標準設計・施工ガイドライン」として発行された．

これまで，特別な場合を除けば，経験を中心に設計施工されてきた外装構法にも少しづつ工学に立脚した手法が導入されつつある．当然，設計施工においてもその趣旨を十分達成するように，より一層注意深い仕事が求められる．強風災害の大半を占める外装材の被害低減のために関係者の増々の努力が期待されるところである．

5.4.7　建築学会の関係諸指針
（1）　鉄塔構造計算規準，鋼製煙突構造計算規準

1950年代後半から，名古屋タワー（1954年），東京タワー（1958年）を始めとして鉄塔類が急速に増えはじめた．これを受けて建築学会では，1962年，鉄塔構造計算規準・同解説を刊行し，速度圧式として名古屋タワー，東京タワーの設計で採用された $q = 120\sqrt[4]{h}$ を推奨した．また，風の動的効果について，「風の息による共振が考えられるものについては風圧力を適当に増大する」と規定した．ただし，解説を含めて，具体的方法についての言及はない．この規準は1980年に改定され，名称も搭状鋼構造設計指針・同解説に変った．「風荷重」については5.4.7(3)項で述べる「建築物荷重規準案」が引用された．

当時はまた，超高煙突が増えはじめた時期でもあり，1965年に鋼製煙突構造計算規準・同解説が刊行された．鉄塔の場合と違って，風方向風力の他に風直角方向風力も規定している．「風によって煙突の両側から交番的に発生するカルマン渦による横揺れ」に対処するために，共振風速の速度圧に共振を考慮した等価風力係数（共振時風力係数）を乗じて設計用風力を定めるという方法を提示している．ただし，提案された共振時風力係数の等価性についての解説は明確でない．なお，風方向風力についての考え方は鉄塔の場合と同様であるが，オバリング（断面形が歪む振動）に対する安全性の検証を静的風圧分布によるものではあるが義務付けている．

（2）　高層建築技術指針

前述のように，1963年7月に容積地区制を中心とする建築基準法の改正が公布された．建築学会では，予て特別委員会を設け改正基準法の公布6か月以内に整備すべき制令の参考資料とするため，高層建築技術要綱の作成を進めていた．

1964年3月に刊行された高層建築技術指針はその集大成であるが，注目すべきは，公開の議論も含め，議論を進めるに従って特別委員会の作業の目的が「政令案に対する基礎資料の提供から，高層建築設計・施工のための一般指針の作成」に変ったことである．すなわち，「現在までにある程度まとまった考え方や研究の成果を成るべく解説的に編集したもので，異論の多いものについては，その実情や少数意見をできる限り書き添える」というもので，今日学会に望まれている姿勢が先取りされている．

「耐風計算」についていえば，設計用速度圧の算定に「基準速度圧」，「環境係数」，「地域係数」，「受圧面係数」，「重要度係数」の諸概念が導入され，風力係数についても，「居部風圧」の概念が明記された．ただし，「風の動的効果」については注意を促すに止まっている．

（3）　建築物荷重指針

1975年，建築学会初の荷重についての体系的書籍である建築物荷重規準案・同解説が刊行された．「風荷重」についていえば，基本的考え方は前述の高層建築技術指針と同じであるが，「風の動的効果」について，解説でDavenportによって

提案されたガスト影響係数法の基本的考え方，動的割増しについてのソヴィエトの例，風直角方向の自励振動の基本的性状等を紹介している．

1981年，この荷重規準案は「風荷重」を中心に大幅に改定され，高層建築物技術指針と同様に，考え方を重視するとの観点から名称も建築物荷重指針・同解説に変った．「風荷重」の作成については，「近年，Davenportによって風圧力と建築物等の変形の関係を確率・統計的手法を導入して推定する方法が紹介され，以後今日に至るまでこの種の方法の展開には目覚ましいものがある．この種の方法は将来改良すべき多くの問題点を残しているが，現状においてはもっとも合理的な風荷重推定法である．本指針においては，実用上の多少の難点があっても，それによって関連分野の研究が刺激され，将来より優れた風荷重推定法の出現を期待することができるとの観点から，確率・統計的方法よって風荷重を定めることにした」と書かれている．実用的指針類での確率・統計的手法の採用はわが国初であるが，その方針は建築物等の応答評価だけでなく，「風荷重」の規定作成に一貫して採用された．

新指針の基本的考え方は**表-5.4.5**の通りである．この指針は，「荷重指針は10年ごとに見直す」との荷重運営委員会の方針に従って，1993年に改定された．ただし，改定方針について「現行指針の考え方に準拠する」との合意が得られたことに

表-5.4.5　建築物荷重指針・同解説(1981年版)の基本的考え方

i)	風荷重は「構造骨組用」と「外装材用」の2本立とする．
ii)	風荷重は平均風速による平均風力に基づく平均風荷重と種々の要因によって発生する変動風力に基づく変動風荷重(変動風力の荷重効果を風荷重に換算したもの)の和として評価する．
iii)	「風荷重のレベルは設計者が定める」という観点に立って，「設計風速」という考え方を導入する．設計風速は平均風速で表し，「基本風速」，「鉛直分布係数」，「再現期間換算係数」を掛け合わせて定める．因に，「基本風速」とは，飛行揚のような開けた平坦地の地上高さ10mにおける再現期間50年の平均風速のことである．
iv)	風の時間的・空間的変動(風の乱れ)による「動的効果」，「規模効果」は「ガスト影響係数」で評価する．因に，ガスト影響係数は平均風荷重と変動風荷重の和で表される風荷重と平均風荷重の比，つまり，風荷重を平均風荷重の係数倍で表した時の係数である．
v)	「ガスト影響係数」で評価出来ない特別の振動問題については，別途考慮する．
vi)	平均風速の鉛直分布，風の乱れの特性は地表面の地物等の密集度を表す「地表面粗度」の区分に応じて評価する．

表-5.4.6　建築物荷重指針・同解説(1993年版)による設計用速風圧の算定

1) 設計用速度圧　$q_H = 1/2 \rho U_H^2$ (kgf/m²)
   ρ：空気密度で，0.125(kgf·s²/m⁴)とすることができる．
   U_H：屋根の平均高さH(m)における設計風速(m/s)．
2) 設計風速　$U_H = U_0 E_H R$
   U_0：基本風速(m/s)で，地表面粗度区分Ⅱ(開けた平坦地)の環境における地上高さ10mでの再現期間の100年の平均風速で，地理的位置に応じて定まる．
   E_H：風速の鉛直分布係数Eの屋板平均高さH(m)に対応する値で，地表面粗度の状況，地形の状況に応じて定まる．
   R：風速の再現期間換算係数で，設計用再現期間(年)に応じて定まる．

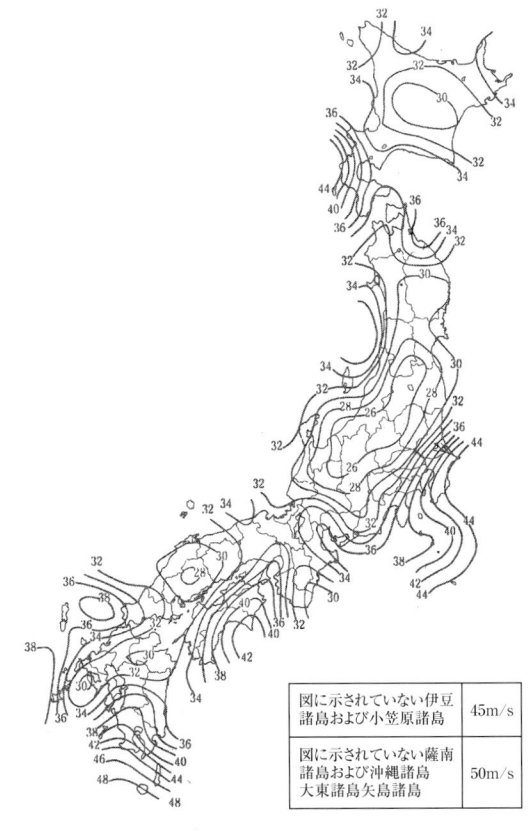

図に示されていない伊豆諸島および小笠原諸島	45m/s
図に示されていない薩南諸島および沖縄諸島 大東諸島矢島諸島	50m/s

図-5.4.1　基本風速U_0(建築物荷重指針1993年版)

より，考え方に大きな変更はない．主な追加・変更点は次の通りである（**表-5.4.6**，**図-5.4.1**参照）．

①設計風速を建築物の屋根平均高さでの風速で評価することとした．

②「基本風速」の再現期間の基準値を50年から100年に変えた．

③風荷重算定法を建築物の規模・形状，振動のしやすさ等に応じて区分した．

④構造骨組用屋根風荷重を整備した．
⑤「室内圧」を明文化した．
⑥81年版では十分対応できなかった風直角方向振動，捩れ振動，渦励振，空力不安定振動等の特別な振動に対する荷重評価法，限界風速評価法を具体化した．

(4) 建築物の振動に関する居住性能評価指針

1979年の20号台風により，首都圏は「10年に1度の最大瞬間風速（マスコミ報道）」の強風に見舞われた．強風災害はほとんど話題にならなかったが，新宿副都心（当時）界隈の高層ビルの風揺れ問題が注目を浴びた．建物の揺れとしては特別に大きいというもではなかったが，「長時間続く」という地震にはない風特有の現象のために，船酔いのような不快感や不安を感じた者が相当数にのぼった．

これを契機として，建築物の耐風問題への認識も大きく変り，安全性の問題のみならず，遭遇する頻度が比較的高い強風に対する使用性の確保の問題が関心を集めるようになった．建築学会では1991年，建築物の振動に関する居住性能評価指針・同解説を制定し，適正な居住性確保のための評価法を具体的に提示した．安全性の評価と違って，「再現期間1年」という遭遇頻度が高い強風を対象としているのが本指針の特徴で，アメリカ，カナダもこの考え方を採用するようになった．「それでは，台風時はどういうことになるのか？」という質問に対応するため，解説に関連情報を整備している．その一方で，振動を抑制するための制振装置の開発も活発になった[11]．

5.4.8 建築センターの風荷重指針

1993年6月，横浜ランドマークタワーが竣工した．この建築物はわが国初の300m級（296m）の高層ビルであるが，主要骨組が地震荷重ではなく風荷重で決ったわが国初の高層ビルという点でも特記されるべき建築物である．

このビルの出現は，高層建築物についての設計用地震荷重と設計用風荷重の設定方針の不整合と

表-5.4.7 高層建築物の耐風設計クライテリアの標準（1991年）[4]

	基準風速	構造体の状態
レベル1	再現期間100年以上の風速	・短期許容応力度以下 ・層間変形角1/200以下
レベル2	1.15×レベル1風速 （再現期間約500年以上の風速）	・ほぼ弾性的挙動
	1.2(1.5*)×レベル1風速≦空力不安定振動の発生風速 （再現期間約1000年以上の風速）	

* 風洞実験や実測等の情報によらない場合

いう問題，すなわち，「高層建築物の動的解析用地震動について（1986年6月）」に従って設定される設計用地震動と建築基準法施行令に従って設定される設計用風荷重では評価の理念が異なり，したがって，両者を比較することの意味に明確さを欠く，という問題を浮び上がらせた．この問題は実は設計あるいは評定の段階ですでに浮上していたもので，これを受けて日本建築センターは，1991年6月，「高層建築物の構造評定用風荷重について」を公表した（**表-5.4.7，図-5.4.2**参照）．ただしそこでも，耐震設計の場合と異なって，風の作用に対する建築物の弾塑性挙動についての情報がほとんど無いということで，弾性的挙動を前提とした設計法にとどまっている．

なお，風荷重指針に加えて1994年6月，「信頼できる風洞実験の実施」という観点から，実務者のための建築物風洞実験ガイドブックを刊行している．

5.4.9 ふたたび，建築基準法改正

1998年6月，「最近における規制緩和，国際調和，建築物の安全性の一層の確保および土地の合理的利用の推進等の要請に的確に対応した新たな建築規制制度を構築するため，民間機関による建築確認・検査制度の創設，建築基準への性能規定の導入を始めとする単体規定の見直し，建築確認等の円滑化のための新たな手続き制度の整備，中間検査制度の創設，一定の複数建築物に対する建築規制の適用の合理化等の措置を講ずること」を内容とした建築基準法の改正が公布された．

耐風設計という点で直接関係する問題は，「性能規定の導入等の単体規定の見直し」であるが，

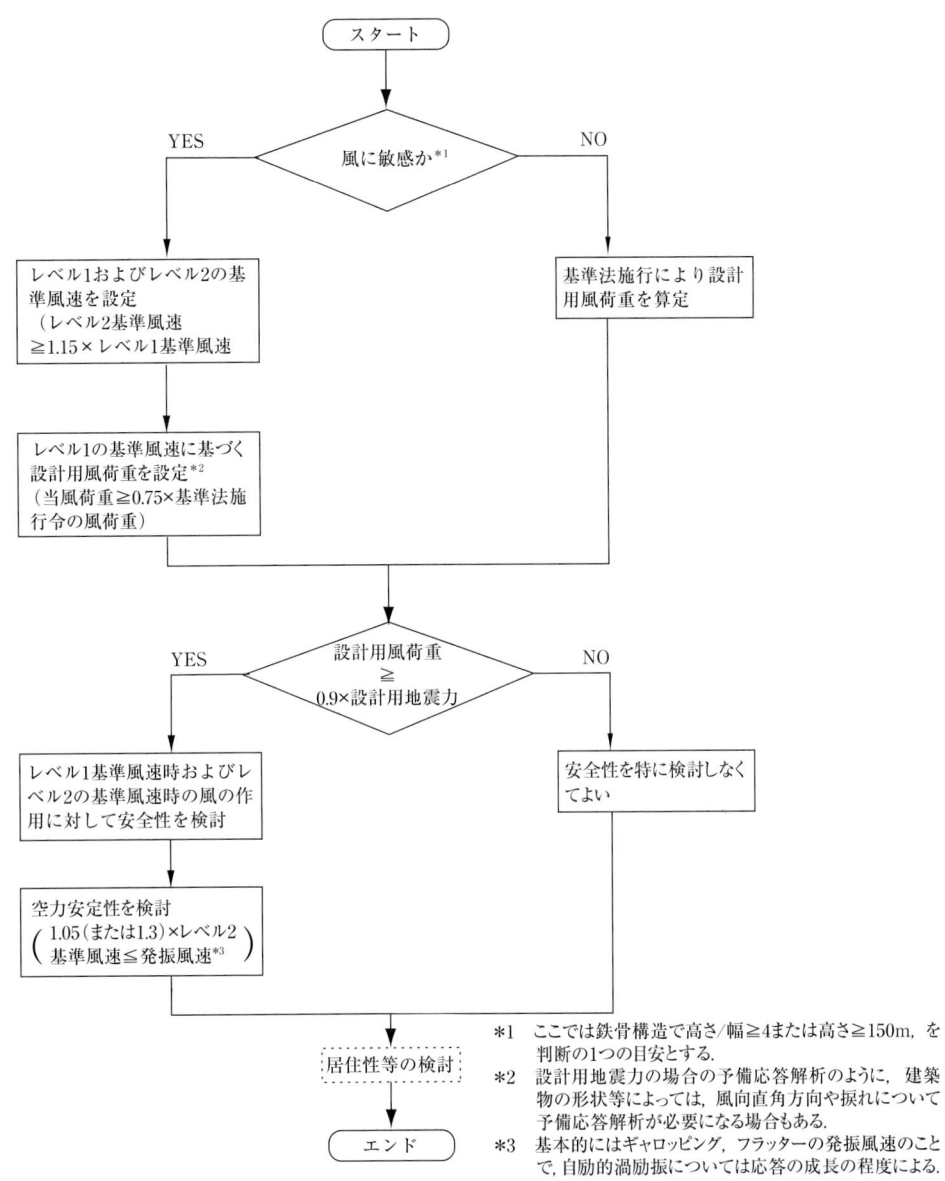

```
                              ┌─────────┐
                              │ スタート │
                              └────┬────┘
                                   ▼
                        ┌──────────────────┐
                   YES  │   風に敏感か*1    │  NO
              ┌────────┤                  ├────────┐
              │         └──────────────────┘        │
              ▼                                      ▼
    ┌──────────────────┐                ┌──────────────────┐
    │レベル1およびレベル2の基│                │基準法施行により設計│
    │準風速を設定        │                │用風荷重を算定     │
    │(レベル2基準風速    │                │                  │
    │≧1.15×レベル1基準風速)│                └──────────────────┘
    └──────────┬──────┘                          │
               ▼                                  │
    ┌──────────────────┐                          │
    │レベル1の基準風速に基づく│                      │
    │設計用風荷重を設定*2  │                        │
    │(当風荷重≧0.75×基準法施│                       │
    │行令の風荷重)        │                         │
    └──────────┬──────┘                          │
               │                                  │
               └─────────────┬────────────────────┘
                             ▼
                   ┌──────────────────┐
              YES  │   設計用風荷重    │  NO
         ┌───────┤        ≧         ├────────┐
         │        │  0.9×設計用地震力  │         │
         │        └──────────────────┘         │
         ▼                                       ▼
┌──────────────────┐                  ┌──────────────────┐
│レベル1基準風速時およびレ│                  │安全性を特に検討しなく│
│ベル2の基準風速時の風の作│                  │てよい             │
│用に対して安全性を検討  │                  └──────────────────┘
└──────────┬──────┘
           ▼
┌──────────────────┐
│空力安定性を検討      │
│(1.05(または1.3)×レベル2)│
│ 基準風速≦発振風速*3   │
└──────────┬──────┘
           ▼
    ┌──────────────┐
    │居住性等の検討 │
    └──────┬──────┘
           ▼
    ┌──────────┐
    │  エンド   │
    └──────────┘
```

*1 ここでは鉄骨構造で高さ/幅≧4または高さ≧150m、を判断の1つの目安とする。
*2 設計用地震力の場合の予備応答解析のように、建築物の形状等によっては、風向直角方向や捩れについて予備応答解析が必要になる場合もある。
*3 基本的にはギャロッピング、フラッターの発振風速のことで、自励的渦励振については応答の成長の程度による。

図-5.4.2 高層建築物の耐風設計のフローチャート

2000年6月に公表された新施行令・告示の要点は次の通りである。

a. 風圧力の算定方法は、表現や数値が若干異なるものの、建築物荷重指針に準拠したものとなり、構造骨組用(令第87条)の他に外装材用(屋根ふき材、外壁材および張壁等を対象)も規定された(平成12年建設省告示1458号)。ただし、荷重指針の「基本風速 U_0」は「基準風速 V_0」に変っている。基本的な理由は、再現期間の値を50年に変えたことがその主な理由である。なお、その風速値も台風災害の状況を勘案して、場所によっては若干変っている。

b. 構造計算が、許容応力度等計算(令82条の5)と限界耐力計算(令82条の6)のいずれか一つによることになった。許容応力度計算法と限界耐力計算の損傷限界照査は同等で、再現期間50年の暴風時の風圧力を設計風圧力としている。他方、限界耐力計算の安全限界照査の設計風圧力は

損傷限界照査用の1.6倍（再現期間500年以上の暴風時の風圧力）としている．

c. 高さ60mを超える建築物を「超高層建築物」と位置付け（令第36条），令第81条の2に構造計算の特例（時刻歴応答解析等の高度の構造計算）を，平成12年建設省告示第1461号にその具体を示している．前述した建築センターの指針の考え方を踏襲して，レベル1を損傷限界に，レベル2を安全限界に対応させているが，損傷限界照査の設計風速の再現期間が100年から50年へと短くなったことに注意が必要である．なお，外装材等の安全性照査も要求されることとなったが，設計風圧力の大きさは明確には規定されていない．

5.4.10 おわりに

以上，およそこの100年の耐風設計あるいは耐風構法/工法に関する基規準の変遷を概観した．基規準の整備によって被害が大幅に低減するケースもあれば，「相変らず」という場合もある．後者の場合は，被害発生の要因が主に技術以外のところにあるということで，より多面的な対応が必要になる．

20世紀最後の関連イベントが建築基準法および建築基準法施行令の改正になった．結果は当初の意気込みとは大分遠いものになってはいるが，それによって「具備すべき性能を明らかにして設計し，それを達成するようにつくる」気運が少しでも高まれば，社会的損失はコントロールされるようになり，無駄な損失は低減することになる．とはいえ，そのためには建物購入者あるいは利用者の協力が不可欠である．基規準の整備といった防災活動だけでなく，「安全性にかかわる建物の性能への関心」を高めるような啓蒙活動が強く望まれるところである．

◎参考文献

注）引用された基規準については再掲しない．

1) 大熊武司：風と建築－室戸台風から横浜ランドマークタワーまで，特集「風と建築」，建築技術，No.531(1994.7).
2) 大熊武司，神田 順，田村幸雄：建築物の耐風設計，鹿島出版会(1996.3).
3) 大熊武司：耐風設計の発展，動的外乱に対する設計－現状と展望，日本建築学会(1999.5).
4) 大熊武司：風と建築，PD「建築と災害－100年の教訓」，日本建築学会大会(1999.9).
5) 武藤 清，中井新一郎，坪井善勝，仲 威雄：構造物に及ぼす風の作用に関する各国の実験的研究，建築雑誌(1935.2).
6) 長岡半太郎：風害の建築に対する物理的批評，建築雑誌(1935.2).
7) 武藤 清：風と塔状物，建築雑誌(1935.2).
8) 竹山謙三郎：建築防災通論，オーム社(1977.2)
9) 大熊武司，川端三朗：建築外装用板ガラスの耐風設計について，災害の研究，第31巻，損害保険料率算定会(2000.3).
10) 台風等対策委員会風部会報告：台風7220号プレハブ住宅の被害分析と対策，日本建築センター(1973.3)
11) 北村春幸：応答制御機構，動的外乱に対する設計－現状と展望－，日本建築学会(1999.5).

5.5 木造構法の原点

2000年7月号

杉山 英男
東京大学名誉教授

　私は，木質構造は軸組構法，プレハブ構法，ツーバイフォー構法，丸太組構法などの諸々を含むものと定義しているが，これらすべての構法変遷について触れるのは到底紙数的に無理である．そこで歴史的にもっとも古く，近代におけるわが国の木質構造の出発点となった軸組構法の構法的変遷（耐震耐風的配慮に基づいて行われた）について述べたいと思う．

　そしてこれまた紙数の都合から現在の軸組構法が拠って立つところの原点の探索に的を絞りたいと思う．

5.5.1 軸組構法とは何か

　世の中に「軸組構法」とは違うカテゴリーという意識のもとに使われている「伝統的木造構法」という言葉がある．この場合，「伝統的木造構法」とは神社・仏閣・古民家を作り出している構法を指すことが多いようである．そうだとしたら，「伝統的木造構法」とは，太い部材（柱，梁，小屋梁等）をもって構成される軸組構法と注釈してよいだろう．

　近代という時代にスタンスをおいてみると，発生の歴史からみて神社・仏閣・古民家が伝統的木造であることに私としても異論はないが，では江戸時代に洗練され完成された書院造はどういう扱いになるのか．

　書院造は構成する部材が細くて，そのため神社・仏閣・古民家と構法的に異なるものがある．そのため書院造は伝統的木造のカテゴリーに入れられないということなのであろうか．しかし私は，書院造の構造が近代の軸組構法のベースとしての主流だという認識をもっているのである．正直言って「伝統的木造構法」というカテゴリーがつくり出された（というよりは「呼び方」をつくり出したといった方が適当ではないかと思われるが）真意がよくはわからないでいるが，私としては，軸組構法は書院造系と社寺・古民家系に分けた方がよいのではないかと思うのである．

　物書きするとき，軸組構法，プレハブ構法，ツーバイフォー構法，丸太組構法，集成材構法などという風に木質構造の中の個々の構法が異った観点から呼び方していて，その態度が学問的でないことについてはこれまで再三本書きする中で指摘し，反省もしてきたところである．しかし個々の構法の呼び方が生れた背景にはそれぞれ事情があったはずだし，歳月の経過が呼び方を世間的に普遍化していることも見逃せないから，結局個人の力で個々の構法の呼び方を変えることができるものではない．そう考えると，軸組構法を上のように2つの系に分けることを提案してみたところで，はかない所行に過ぎない．今は筋の通った呼称の誕生を待つより仕方がないと思っている．

　上に述べたことは，脇道にはずれたような話に聞こえるかもしれないが，この後書くことに対して読者の理解の助けになるであろう．

　もう一つ，本論を展開するに当って前口上しておきたいことがある．

　今日，人々が「在来」と呼び慣わし，「在来」と思いこんでいる木造構法は，戦前において存在していた構法をそのままの姿で継承してきたものではない．そういう認識が必要であろう．

　1950年の建築基準法施行令の制定に当って法制化された第3章第3節の「木造」により構造方法が画期的に転換した，すなわち「施行令木造」と

呼ぶべき新らしい構造方法が起立したのだという認識が必要であろう．それは大工の技術の助けを借りることは前提とするが，構造方法としては大工が継承してきたものに絶縁状を突きつけるものであったのである．このことは本論の中で追々明かにされるであろう．

5.5.2 コンドルと滝大吉

19世紀末に起った濃尾地震とそれに続く世紀末10年間の建築界の対応を書かなくては20世紀におけるわが国の木造建築（軸組構法）の構法的変遷を語ることはできない．それどころか，その部分こそが，これから書こうとする本論の触りと大いに関係する部分なのである．

わが国近代史上最大規模の地震である濃尾地震が起ったのは1881（明治24）年10月のことであった．この地震により耐震配慮が不十分だった多くの木造建物に被害が出て，多数の死傷者が出た．これについては拙著「地震と木造住宅」（丸善，1996年）で書いたので措く．

この地震で煉瓦造建築も致命的な被害を受けたのだが，被害の根本的原因に気づくこと薄く，かつ耐震対策も立たないままに煉瓦造の建設を許し続けて歳月が経過し，後年大きな悔いを残すことになったのである（本論の論究範囲を逸脱するので煉瓦造については触れない）．

以下は濃尾地震後の木造建築（軸組構法）の耐震化の方向づけについてである．

濃尾地震における木造の被害を見たコンドルがサジェッシオンをして，滝大吉がそれを受け止め，耐震方策の具体的提唱をすることになった，と私は考えている．過去の文献をいろいろ渉猟してみても，この考え方を改めなくてはならない必要性はないように思っている．これが私の現在の立場である．

その話に入る前にコンドルと滝大吉の親密さについて触れておきたいと思う．

近代建築の通史を読むと，鹿鳴館の建築で滝がコンドルを助けたと書いてある．滝は工部大学校の実地実習の課程でコンドルの手伝いをしたのである．現在卒業論文で学生が指導教官の手伝いをしているのと同じシチュエイションだったといってよく，指導教官と教え子という関係で，滝とコンドルの間に当時すでに親近感が育っていたであろう．

コンドルが太政官会計局に呼ばれ，井上馨の求めに応じて官庁集中計画案を作ることになったとき，コンドルは滝を会計局に呼んでいる．2人はそんな間柄だったのである．

濃尾地震の後，年が明けた1892（明治25）年1月，コンドルは造家学会で濃尾地震の被害に関連して「各種建物ニ関シ近来ノ地震ノ結果」と題して講演をしたが，この時滝は通訳を担当している．当時コンドルはすでに民間に出ていたし，滝は東京にいて陸軍省勤めをしていたが，2人は東京にいたのであるから，2人の間にはなお親密な関係が保たれていたことが想像される．

以上のようなことだから，コンドルのサジェッションを受けて，滝は使命感に似たものを心に抱いて，以下に述べるようにそれをフォローする形で提言をしたと考えたい．

滝の提言は木造建築の構法に対して180度の転換を要求するものだった．滝がコンドルに共鳴した理由としては，濃尾地震による被害の見聞が大きく影響していたと考えられる．滝は陸軍省の人間として第3師団司令部管内の施設の被害現場を訪れていたから，彼なりに省内の木造施設の耐震化について考えるところがあったことは間違いなかろう．

5.5.3 筋違の発想

濃尾地震がきっかけとなって旧来のわが国の木造構法の耐震性について反省が出てきたのであるが，19世紀後半（幕末から明治初頭にかけてのころ）に大地震が多発した中で，大工達の中に画期的な耐震技法の提案とか私的試行が起らなかったのは不思議に思える．提案とか私的試行があったにもかかわらずそれらが文献とか実例として残

っていないのではないかと思ったりしないでもないが，その種の史料の存在についてこれまで聞いたことがない．

さて上で触れたところの19世紀中葉以降の大地震であるが，発生の日時を列挙してみると次の通りである．

1847（弘化4）年5月，善光寺地震　松代領で潰家約9500，死者約2500，飯山領で潰家約2000，死者600弱，善光寺領で潰家約2300，死者約2500で，全国から善光寺に参詣のためにやってきていた者7000～8000のうち，生き残った者は約1割に過ぎなかったといわれる（「理科年表」による．以下同じ）．

- 1853（嘉永6）年2月，小田原付近地震
小田原で被害多く，城内で潰れや大破が多かった．小田原領で潰家約1000，死者23．
- 1854（安政元）年1月，伊賀・伊勢・大和などに地震　上野付近で潰家約2000，死者約600，奈良で潰約400以上，死者300余，国全体で死者1500を越す．
- 1854（安政元）年11月4日，安政東海地震被害は沼津から伊勢湾にかけての海岸で大きく，津波が房総から土佐までの沿岸を襲った．この地震による居宅の潰・焼失は約3万，死者約2000～3000と推定された．
- 1854（安政元）年11月5日，安政南海地震
上記地震の32時間後に発生した．地震と津波による被害の区別がはっきりしないが，死者数千．
- 1855（安政2）年1月，遠州灘を震源とする前年の東海地震の最大余震．掛塚，下前野，袋井，掛川辺の被害がひどく，ほとんど全滅．
- 1855（安政2）年10月，江戸地震　いわゆる直下型地震であった．下町の被害大．潰焼失1万4000余，死者4000余．
- 1872（明治5）年2月，浜田地震　全潰約5000，死者600以上．石見東部で被害多数．

「理科年表」によると，以上の他に，1856（安政3）年から5年までに比較的小さい地震が各地を14回襲っている．その後明治に入るまでに4回地震があって，その後上掲の浜田地震が起ったのであった．誠に幕末は外憂とともに地震が多い時代であったが，一般の日本歴史はそのことに触れることが少なく，日本人が地震に対して不感症であった様子を歴史家の感覚においても読みとることができると言えよう．

上述のように19世紀後半には歴史に残るような大地震が相次ぎ，全国各地で小さい地震（上でリストアップしなかったような小さい地震）が頻発したが，これに対応して大工が耐震対策を講じたとか耐震技法を提唱したという話を伝え聞いたことはなく（そういう話が残っていたら是非教えて戴きたいと思っている），わずかに江戸の町医者小田東篁が素人でありながら筋違を入れることを提唱しているのを知るのみである．

小田東篁の筋違挿入の提唱については，私は学生時代に佐野利器・谷口忠共著の「耐震構造汎論」を読んでその存在を知っていたが，後年40才を越えてから思いがけないことに畏友田中文男さんから小田の著述「防火策図解付録」のコピーを頂戴した．小田東篁の筋違挿入について拙著「地震と木造住宅」で詳しく触れることができたのは，田中さんの御好意のお陰であった．

話を小田東篁の筋違に戻す．

小田は「防火策図解付録」の中で付録として「地震劇風災害予防法図説」を図入りで説明しているが，その詳細については上掲の拙著にかなり詳しく書いたので参照願うことにしよう．

一言を添えれば，小田は壁や小壁に当るところに板状の筋違をタスキ状（小田は「十文字状」という言葉を使っている）に入れ，柱当り一か所に釘を「三本づつ厳重に打ち付くべし」と言っている．

小田の文章を読むと，彼は「筋違」という言葉を知っている．これから推して本職の大工が筋違というものを知らなかったはずがない．にもかかわらず大工が筋違を使った事例や文献が今日残っていないのはなぜだろうか．

土塗り壁に筋違を入れると壁に亀裂が入ったり，土壁の表面に筋違の存在が滲み出たりするので，それを嫌い，土壁には筋違を入れないということが大工の親方から弟子へ口伝伝授され続けたのであろう．

5.5.4 歴史的現実としての筋違

明治に入っても濃尾地震まで筋違の提唱は登場しない．工部大学校の卒業生が社会に出たのは，1879（明治12）年だったが，濃尾地震以前に彼等の中から木造の耐震化の方途が提案された形跡はない．彼等の関心は専ら煉瓦造にあり，木造などは大学校の卒業生が扱うものではないという意識があったかと思われる．それよりも何よりも，「工部大学校卒業生は煉瓦造を設計する人間」という先入観念が社会にはあったであろう．

それに早期の工部大学校の卒業生をみてみると，東京生れの者も地方から出てきた者も，なべて大地震の無経験者であった．そんな彼等に耐震などという発想が生れてくるはずがない．工部大学校の卒業生達は地震の怖ろしさを目の当り見たこともなかったろうし，写真が珍しい時代に育ったのだから写真を通して地震の被害をみる機会もなかっただろう．そんな彼等に煉瓦造における耐震という発想が湧いてくるはずがないし，まして木造の耐震においておやである．

しかし濃尾地震以前に工部大学校卒業のエリートがまったく筋違について無関心だったり無視していたわけではない．それについては直ぐ後で触れる．

コンドルは前述のように筋違挿入の必要性を濃尾地震後に指摘した訳であるが，濃尾地震以前に彼が木造における筋違の必要性を強調していたかどうかは疑問である．濃尾地震における木造の被害をみて悟るところがあったとみる方が自然であろう．

工部大学校の卒業生は，外国の書物を通して煉瓦造建築において木造間仕切の中に筋違が使われていることを承知していたし，実際煉瓦造建築の中でそれを実行していた例もあったはずである．また濃尾地震以前にわが国の官庁建築の中で筋違は採用されていたようで，例えば木造の第2次国会議事堂（濃尾地震の起った年の1月に起工し，地震の1か月後に竣工）では，滝と工部大学校で同期生であった吉井茂則が筋違を採用している．

筋違の採用を公の場（造家学会）で提唱したのは後述のように滝大吉だったが，上述のように当時建築界において，コンセプトとして筋違は珍しいものではなかったはずである．唯木造あるいは木造の耐震化と筋違が結びつかなかった，ないしは結びつけようという発想が浮んで来ないでいたということであったろう．理由は建築界に大地震に対する心構えがなかったからであろう．

ここで誤解のないように書いておきたいことがある．それは，滝大吉の功績は筋違の耐震的効用を提唱したことで，彼の提言によって近代のわが国で筋違の挿入が始まったのではないということである．単に斜め材を入れたという「めかしい」方法ならば，庄内地震の際に酒田町の2つの官公衙建築物（共に被害を受けた）で発見された例があり，滝の提唱よりも早いのである．一つは1879年，もう一つは1886年の建築であった．

とにかく筋違の採用は，建築界で濃尾地震以前はもちろん以後にも時間をかけて議論されて登場したものではなかった．言い換えれば，コンドルと滝の発言によって突然筋違が脚光を浴びたということであった．この認識は重要である．

今日，わが国では，木造の耐震方策のもっとも簡便で，合理的な手段は筋違と考えられている．これは歴史的現実として我々の前に厳然として屹立している．しかし上述の筋違登場の背景に思いを致すと，わが国の木造にとって筋違を入れることが，耐震方策のベスト解であった――あるいはベスト解である――かどうか，事あるごとに論じられてしかるべきではなかろうか（これについては阪神大震災の後で私見を発表したことがある）．

筋違が戦後全国的に広く普及して筋違信仰が抜きがたいものになっている今日，こんなことを言

うと空々しく思われるだけであろうが、「日本の木造構法（必ずしも在来構法を意味するものではない）」が性格的に流転するものだという認識に立てば、議論の必要性を否定することは如何かと思う．

5.5.5　三角形不変の理

コンドルが筋違の有用性に触れたのは，1892（明治25）年1月の造家学会における講演においてであった．彼は話の7割を煉瓦造に費やし，3割を木造の話に向けた．

もっとも彼は四方山話に若干の時間を費やしている．その中で木造に関連してこんな主旨のことを言っている．

地業を別にすることや，「組み合せたる木材が勝手に捻れて動けるというようなこと」が，「日本風の家屋の烈しい地震を凌ぐ特殊の性質」だという日本人がいるが，自分はそうは思わないとピシャッといっている．思うに，日本式の家屋は，ぐらぐらして軟らかいから，地震に耐えるのだという意見を述べた手合いがコンドルの周りにいたということであろう．コンドルの周囲というと，「手合い」などと呼ぶのが許されないような建築界の重鎮を頭に思い描かなくてはならないかと思われる．

現在でも，軸組構法の優れた点は，接合部がぐらぐらしたり，建物が大きく変形するから，建物が減衰し，粘りもあるというような説をなす人がいるが，コンドルが草葉の陰で聞いたら，「100年後の今もそんことを日本人は言っているのか」と驚き嘆くことだろう．

コンドルは，大約次のことを言ったのである（私なりの言葉をある程度加えて書く）．
① 「筋違を入れ，土台を柱の下に残らず差し回し」た「全体が箱のようになっていた」ところの西洋風に作られた木造家屋が被害が少なかった．
② 接ぎ手をヨーロッパ風にしっかりしたものにせよ．

③ 家屋全体に筋違を入れ，建物が菱形に変形しないようにするのがよい．この主旨を受けて後に「三角形不変の理」という言葉が日本人によって唱えられることとなり（辰野金吾の原案作成による震災予防調査会の庄内地震関連報告書「木造耐震家屋構造要領」——この後で触れる——に初出した），その後，建築界で膾炙するようになったのである．

結果的にみて，コンドルの上記のサジェッションにより，わが国木造構法の改良の方向付けがなされ，わが国の木造構法の将来が左右されることになったのである．

5.5.6　滝大吉の提案

しかしコンドルは日本の木造建物の欠陥を指摘し，抽象的に筋違の有用性を指摘したりして，構法像についてのサジェッションをしたが，言い放しであった．

それを受けて具体的に技法的仕様について思いを致したのは滝大吉で，コンドルの講演から丁度1年経った1893（明治26）年に造家学会で講演を行った．演題は「耐震構造」であった．その内容は陸軍省経理局長宛に提出された「建造物に関する予防意見」の紹介とも言うべきもので，煉瓦造と木造について話がなされた．

滝は貫構造を否定して間柱構造を奨め，柱を6尺以内に1本配置し，その間に間柱を入れ筋違を入れたいという風に言っている．西洋風な建て方を提案したのである．滝がこんな考え方を自らの中でいつから暖め出していたか知りたいところで，以下推論をしてみたいと思う．

滝は1889（明治22）年秋に大阪で工業夜学校を開き，翌年10月から「工業夜学校講義録」の月刊を開始したが，東京へ転任したのを機に「建築学講義録」と改称する．そして1894（明治27）年8月に46回（1回休刊）に亘る講義録発行に終止符を打っている．この経過からみて「第五章大工職」から成り立つ「建築学講義録・巻之二」は1892（明治25）年半ばから始まり，翌26年半ば

には終っていたかと思われる．その推論に従えば，滝が造家学会での講演「耐震構造」をした以前に，「講義録」の中で床と壁に関する節の記述は終っていたとみられる．

そして滝が上記の講演で「昨年地震建築について考えた事が御座りました」（建築雑誌74号，1893年2月）と述べたところの「考えた事」は，上記の床・壁の節の執筆についてであったかと思われる．また前述したところの陸軍省経理局長宛に提出された「建造物に関する予防意見」は，この「考えた事」の成果物ではなかったかと思われる．ただし上述の「執筆」と「成果物」の前後関係は私には分っていない．．

滝は，「建築学講義録」の中で土台，柱，筋違等について述べている節を「壁」と称している．彼の頭の中には「軸組」というコンセプトはなかったのであろう．工部大学校で欧州建築中心の教育を受けた滝には，「軸組」というコンセプトはなく，「壁組」の中に土台，柱，筋違，間柱等が存在するという風にとらえていたのであろう．これは史的立場から興味深いことである．

これに対して，滝の講演から2年ぐらいしてから辰野金吾らによって書かれた「木造耐震家屋構造要領」（後述）では，滝が「壁」と呼んだものは「軸組構造」と呼ばれている．この辺りの事情は興味深い．

滝の間柱構造の提唱は彼の独創によるものではなかったろう．この提唱の中には米国のバルーン構法（今日わが国でツーバイフォー工法と呼ぶものの前身に当る）の影響が色濃く感ぜられてならない．例えば間柱の力学的効果のとらえ方，あるいは根太の揺れ止めのアイディアにはバルーン構法の影が感じられるのである．この構法の知識はすでに明治20年代初頭にはわが国にもたらされていたはずである．バルーン構法を十分知っていた伊藤為吉が米国から帰ったのは1888（明治21）年だし，妻木頼黄は1890年に造家学会で講演「米国軽便木製家屋」を行っている．もちろんそれよりも早く書物を通しての知識伝来もあったであろう．滝がバルーン構法についての知識をもっていたとしても不思議ではなかったはずである．

滝の講演内容について触れると，土台を入れよ，筋違を入れよといっている．これからすると，1950年起立の「施行令木造」は滝の提言を半世後に受け止めたと史的に評価すべきであろう．また滝は筋違の端部は柱から2寸くらい離したところに位置させよ．筋違端部にホゾを設けるのは避け（地震のときにホゾが折れるから），筋違端部は横架材に傾ぎ大入れとし横から入れようといっている．今日的視点からみると批判もあろうが，滝の着眼点は注目に値する．

陸軍省の施設において滝は，タスキ筋違は一方の筋違を通し，他の方は切って（以上の点はスペック的に現在推奨されている）前者にはめ込み逆目釘打ちまたは大釘を打つよう奨めている．これまた注目である．

ついでなから，陸軍省の施設において土台と柱，胴差と上下の管柱，桁と柱の接合の固めのために方杖が使われ（方杖端と柱との接合をかねて方杖より長い帯鉄が方杖に添えられた）ているのも注目されるが，この方法の採用は1897（明治30）年前後とやや後年のことであったと推察される．

滝が床面の両内剛性（この言葉は明治時代には存在しなかったが）を高める必要性を指摘し，自分が設計した家屋での実施例を示しているのも興味深い．同じように小屋梁面内を固めるため，平の斜材をX状に入れ，また釣り束・真束の脚元を挟み材でつなぐことも提唱している．さらに，火打，方杖についても言及している．ただし接合部についてはボルト，帯鉄を使う考えを示すだけで，とくに詳しいことや，やかましいことは言っていない．

以上のようにみてくると，現在の木造軸組構法の耐震要諦は，明治の昔に滝によって骨子を編成し尽くされた感が強い．滝は洋式構法を提案した訳だが，これが明治のエリートに固有の西洋崇拝の精神から出発したものか，あるいは滝が純粋に洋式構法を研究した結果到達したアンサーであっ

たのかは，調べてみたいところである．

5.5.7 通し柱有利説

次は滝が管柱を良しとしたことについてである．

前出の講演で滝は台輪を土台と見立てて2階の柱をこの上に立て管柱式にすることを奨めている．「この方が通し柱を使って行燈骨を拵えるよりも効能があるだろう」といっている．通し柱には2階梁のホゾが差し込まれて柱の断面が欠損され，そのため柱が折れるから致命的だとする説は，濃尾地震後の庄内地震の時から起り，以後地震の度に識者により指摘され続けることになったのだが，この指摘は滝の管柱有利論の存在を意識したもの，ないしはそれと無縁ではなかったと思われる．

滝は全国各地の陸軍の兵舎や附属舎ですべて管柱を使用したといわれる．この場合，上下の管柱の端部と胴差との接合部の固めのためには，先ず上部と管柱下端と下部の管柱の上端を帯鉄物で繋ぎ，管柱と胴差の繋ぎのためには前述のように方杖が使われた（方杖端と柱との接合をかねて方杖には方杖より長い鉄帯が添えられた）．

しかし滝のもとで働いた三橋四郎は後年（滝の死後），横架材との接合部で柱を害さずに金物を用いたら管柱よりも建て登せ柱（通し柱を当時はこう呼んだ）の方が耐力が大きいのは明らかだといっている．

ところで1909（明治42）年の江濃地震の震災調査に赴いた若き日の佐野利器が，平屋建ての校舎（田根小学校）が倒壊したのに対し，通し柱式の2階建て校舎（速水小学校）が大破で済んだ（ただし柱は折れた）例をあげ，通し柱（建て登せ柱）有利説を唱えた．この説は工学博士請求論文「家屋耐震構造論」（1915年）において再度上の例を取り上げ強調している．後年それに対する反論が建築界で存在し続けたが，佐野の目の黒いうちは，「2階建ての場合にはできるだけ通柱を用うる方がよい．」（建築物耐震構造要項，1943年）という考えが主流であり続けた．これは，構造学の碩学と称された佐野利器が学会ばかりでなく，広く建築界に君臨したことと無関係ではなかったと思われる．

「家屋耐震構造論」については後にまた触れる．

5.5.8 木造耐震家屋構造要項と構造仕様

庄内地震（1894年）の後に出された「木造耐震家屋構造要領」についてである．

上記の「要項」は，辰野が原案を作成し，震災予防調査会の委員会として了承し世に公表されたとされているが，私は中村達太郎が原案づくりを全面的に助けた（ないしは代行した）のではないかと思っている．その中で注目されるいくつかのことに触れておきたいと思う．

滝大吉の本や講演は「軸組」という言葉と無縁であったが，辰野案の「構造要領」では前述のように「軸部構造」という言葉が登場している．辰野案に示された各部の構造仕様の特徴は次の通りであった．

① 柱に横架材がホゾ入れされることを嫌い，横架材を挟み材にするか，柱を「割り柱」にする策がとられた．

② 上記のようにされた柱と横架材の交点はボルトと帯金物（短尺金物）だけを用いて結合構成された．

上記の方針をとった目的は，横架材のホゾが柱に差し込まれるのを避けるためであったと考えられる．柱の断面が害される欠点は庄内地震を調査した曽弥達蔵と中村達太郎によって強く指摘されたところであった．辰野は震災調査を中村や大学院生に任せたようだから，辰野は中村の報告を聞いて，中村にこう語ったのではないだろうか．

「よく分かった．柱を欠く欠点を解消する方法を考えてみてくれないか」．

①②の提案は，米国帰りの民間建築家，伊藤為吉により酷評されることになったが，割り柱の提案は世の大工の慣習と大きく乖離したものであ

り，また提案されたような仕様のボルト接合は，伊藤の指摘のように接合部の固めを保証しにくいものであった．「構造要領」が世間に受け入れられなかった最大の原因はこの辺りにあったかと思われる．そこが木造を知らない工部大学校出身者の弱みであったと言えよう．実状と乖離した正に「畳の上の水練」で，エリート達の提案が大工達によって拒絶された所以の最たるものであったと言えよう．

ついでながら，上記「構造要領」と並んで，農家・町屋・小学校に対する構造仕様がそれぞれ片山東熊，曽弥達蔵，中村達太郎の責任においてつくられ報告されているので，それに触れておこう．

壁下地は小学校・町屋では木摺下地，農家では木摺（漆喰塗り）または木舞（土塗り）とするとし，いずれでも筋違の挿入を推奨している．当時の山形地方の実状と隔絶した提案であったと思えるが，報告を受けた山形の震災地がこれらの提案をどう受け入れたかは不明である．

なお農家の構造仕様で片山は，田の字形の平面において間仕切りに当る十字部分の「一」，「I」両部分のそれぞれにおいて長さの半分または半分以上に壁を配置しているが，使い勝手の難があるとしても構造計画の精神としては優れたものであった．皮肉な見方をすれば，デザイナーであったからこそ，このような非常識とも思える驚くべき提案が可能であったかと思えるのである．

ついでながら片山の業績について書いておきたい．

桂離宮の明治中葉（1893〜94年）における古書院の修理において，土壁の本壁を垂れ壁に貫状の筋違いが平使いでタスキに挿入されたのは，当時内匠寮技師として宮内省の建築担当のトップの座にあった片山のサジェッションではなかったかと想像される——斉藤英俊氏の御教示の助けを借りての想像——のである．

5.5.9 「家屋耐震構造論」

佐野利器が1915（大正4）年に著し学位請求論文とした「家屋耐震構造論」は，わが国の構造学の研究成果を明治・大正の時点で集大成したものとして評価され今日に及んでいるが，佐野がこの論文で力を注いだのは震度論と煉瓦造で，木造には余り力点は置かなかった．

その前に，佐野のスタンスに触れると，辰野金吾が原案作りした「木造耐震家屋構造要領」にスタンスを置き，その中で辰野提案の技法を肯定したり修正したりしているのである．柱と横架材からなる架構の水平変形を防ぐためには横架材（差鴨居，脚固めなど）の挿入が効果あることを力学的に説明しようとしているが，この辺りに佐野のラーメン学についての学習経歴が看取される．しかし木造の構造計画的な面での論述には余りみるべきものはなかった．

また佐野の筋違に対する認識は，「筋違を用い三角形を構成して変形を防ぐべし」という文字通り変形防止のための警告的発言で，まだ地震力と筋違を力学的に結びつけてとらえようという考え方の萌芽はみられない．したがって筋違論としてコンドル，滝大吉，辰野金吾の説から一歩も出る所はなかったと言えよう．だが当時の世界における構造学の到達レベルを考えれば，佐野にそれを望むのは酷というもので，現在的な学問レベルから佐野の業績を過小評価する非礼は強く慎まなければなるまい．

それはともかく，佐野は木造に対して興味を抱いていなかったようで，1906年のサンフランシスコ地震の震災視察に赴き木造の被害が少なかったのにもかかわらず，帰朝報告「米国加州震災談」（建築学会において講演）において木造にはまったく言及していない．また米国のバルーン構法について見聞したところを「家屋耐震構造論」の中に反映しようという姿勢もみられなかった．

「家屋耐震構造論」において佐野は柱と横架材のT字形接合部を「固定」（佐野の頻用した言葉）しようとして，筋違ボルトなるもの（ボルトを外

に対し隠れるようにして，柱と横架材の中を斜めに貫通させる方法）を提案し，また方杖——佐野は方杖とは呼ばず筋違と称している——の採用（柱あるいは横架材と方杖との結合にはボルト使用）を提案している．しかし方杖の使用は，大規模な木造では戦前ある程度広まったが，戦後は戦前ほどに方杖の使用は活発でなくなってきている．

5.5.10 文部省の木造耐震法

庄内地震の後で公表された震災予防調査会の一連の報告（前述）は1895（明治28）年の初めの報告であるが，それよりも早い時期に公にされた文部省示達「学校建築上震災予防方」が近代建築の歴史の中で看過されているので，この機会にその存在を明らかにしておきたい．

「学校建築上震災予防方」は木造の耐震技法を仕様書的に示したものではなく，耐震のための構造計画として心得るべき要目を抽象的に示したものであった．技法の詳細に触れていない点が物足りないが，滝大吉の造家学会での講演より半年遅く，震災予防調査会の一連の報告よりも半年近く早かったことに注目したい．「予防方」の詳細は以下の通りであった．

① 梁間方向の長さが異なる2つの建物，あるいは2階家と平屋同志を接続しないようにする．
② 石の基礎の上に建物を据えるときは，足固めあるいは土台を配する．
③ 校舎の内部，外周に筋違を十分に打ちつけ，壁はすべて木摺壁とし，土壁は不可（洋式壁の推奨である）．
④ 小屋組は西洋式にする．
⑤ 瓦葺きの場合には引掛け桟瓦とする．

若干の批判を加えると，内容的には①を除けば他は既往の説を取捨選択したものに留まっていると言えよう．しかし公的機関の指導方針表明という点でその貢献は高く評価されてしかるべきであろう．

「学校建築上震災予防方」を示達したとき，文部省の建築業務を管掌していたのは，工部大学校第3回卒業生の久留正道で，これを助けたのは帝国大学を卒業して2年ほど経った真水英夫であった．山口半六はすでに辞職して関西に去り文部省にはいなかった．

「学校建築上震災予防方」を示達した年，文部省は大分尋常中学校の校舎を完成している．久留が設計監督を担当した第5高等学校をみて大分市の人々が久留に設計を依頼した（文部省に依頼したのと同意）のであるが，大分尋常中学校の設計監督を通して文部省は地方の技術レベルについて知るところがあり，学校校舎の設計の全国的指導にのり出すことの必要性を痛感したかと思われる．それが1895（明治28）年の「学校建築図説明および設計大要」の示達となって現れたと考えられる．

ところで，「学校建築上震災予防方」の示達が1894（明治27）年8月であったので，その示達の動機として2ヵ月前に起きた東京湾北部を震源とする地震による京浜の学校校舎の被害との結びつきを考えたくなる．しかしその被害程度は大きいものではなかったと推察されるので，私としてはむしろ大分尋常中学校の設計監督作業を進める中で，「学校建築上震災予防方」の示達内容に類するものを全国へ示達する必要性を思い立ったと見たい．なお「学校建築図説明および設計大要」は設計指針で，耐震のための構法と構造計画に触れたものではなかった．

「学校建築図説明および設計大要」の「付録」において文部省が公立学校の建築設計を受託する方針を示し，「設計請求に関する注意」と題して通達を行っているが，これは，文部省が積極的に全国の学校建築の啓蒙指導に当ろうという姿勢を表明したものとみられる．

上述の諸経緯からみて大分尋常中学校においては，「学校建築上震災予防方」の諸方針が実行されていて，校舎の内部，外周に「筋違を十分に打ちつけ」壁はすべて木摺壁であったと推察されるが，1970（昭和45）年にその校舎が解体されたと

き，解体に立ち会った大分在住の村松幸彦氏や解体を請け負った溝口組にいた後藤一之氏にそれを確認したくて御教示を乞うたが，残念ながら解体時の写真には構造に関するものは残っていなかった．しかし壁に筋違が挿入され，陸梁面には水平筋違が挿入されていたようだという情報が得られた．

すでに与えられた紙数が尽きようとしている．軸組構法の明治における改革の原点については記述したが，その最終的集大成は昭和に入って田辺平学によってなされたと私が考えていることを最後に力説しておきたいと思う．田辺の業績については拙著「地震と木造住宅」で本腰を入れて詳述したところである．

濃尾地震を契機に江戸期の木造構法に改良の手が入れられ，以後災害による被害を教訓に改良が加え続けられてきたことを本論である程度明らかにしたつもりであるが，最後に我々が思ってみるべきは，現在の軸組構法が先人の研究と考察の集積——石積み作業のようにして積み重ねられた——であるということである．それは災害の教訓とそのとき居合せた先人の思索を接着剤として積み重ねられた石積みに喩えることができよう．その高い構築物が我々の前に過去1世紀余りの歴史をどっさり抱え込んで屹立しているのである．それ が「歴史的現実」としての今日の「在来木造構法（「施行令木造構法」といってもよいが）」なのである．

この「歴史的現実」を一人や二人の力では「動かし難い」ものと感ずるか，「動かせる」ものと考えるかは，その人の木造観と木造に関する構造知識のレベルと関係するであろう．

以上においては，学界が軸組構法の変革にかかわった点を述べるのに終始したが，その理由は，わが国の軸組構法の変遷を辿ろうとするとき，構法変革の例あるいは特殊な構法提案の例を実際の建物に求める（保存された建物自体，写真，文献等として）ことは実際問題として困難だからである．しかし学界の動きに注目した論拠は，軸組構法の変革を牽引したのは，大工達ではなく工部大学校や帝国大学を卒業したエリート達であったという私自身の確信にあるといってよい．

しかし比喩すれば，エリート達の提唱は，大量の水に一滴の油を点滴したようなものであった．それが戦前のわが国の在来軸組構法の世界の実体であったと言えよう．そしてその世界における大工とエリートの関係は水と油の状態のままで戦後を迎えることになったわけである．私がしばしば，この様相を「大工の木造とエリートの木造」という言葉で表現してきた所以である．

5.6 鉄骨造建物の変遷

2000年10月号

平野　道勝
東京理科大学嘱託教授

5.6.1　はじめに

わが国で近年建築されている建物を構造別にみると，もっとも多いのが鉄骨を用いたもの，すなわち，（鉄骨造）＋（鉄骨鉄筋コンクリート造）である．これほど多くの鉄骨系建物が建設されている国は世界に類をみないが，このような隆盛はここ4半世紀ほどの現象である．とかく発展・変遷というと先端技術が取上げられ勝ちであるが，この産業的隆盛をもたらしているのは，膨大な量のごく普通の建物である．ここでは，いわゆる市井の鉄骨造建物の変遷を，防災の観点もからめて概括してみたい．

5.6.2　各種の構造の発展概要

図-5.6.1はここ半世紀のわが国の建物の構造種別着工床面積の推移を，図-5.6.2はそれらの割合の推移を示したものである[1]．この2つの図が「鉄骨造建物の変遷」および各種の構造の建物の変遷を雄弁に物語っている．

これらの図から何を読取るかは，見る人の観点によってさまざまであろうが，私なりに見ると……．

まず図-5.6.1で目に付くのは，戦後しばらくの停滞と1960年頃から1973年にかけての構造種別によらない急成長であり，わが国の経済状態・成長とよく符合している．

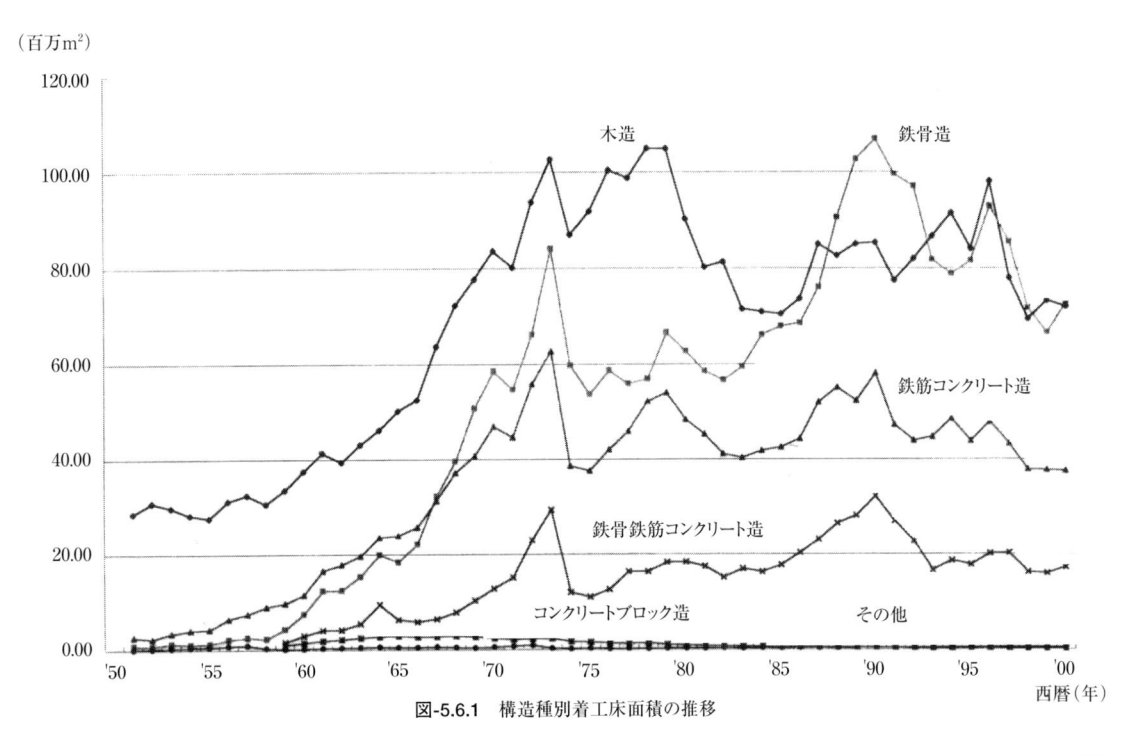

図-5.6.1　構造種別着工床面積の推移

1973年に石油ショックの影響で成長が止まるのであるが，木造だけはあまり減少しないで直ぐに回復している．しかしその後，木造はむしろ他の構造よりも減少が急で，1980年代後半のバブル経済期には他の構造とともに伸び始めたものの，比較的早く伸びが止まるという特異な傾向を示している．

次に鉄骨造を，比較されることの多いRC造とともにみてみよう．上述のように，石油ショックですべての構造が急激に伸びるのであるが，RC造の方が早く成長を始めている．しかし，1960年代半ばに鉄骨造がRC造を追い越し，その後常に鉄骨造がRC造を上回っている．とくに注目されるのは，1980年代後半のバブル経済期で，鉄骨造は非常に高い伸びを示し，1988年には伝統構法である木造が2位に落ちるという前代未聞の出来事が生じた．このとき，RC造はそれほど大きな伸びを示していない．その後，鉄骨造と木造は拮抗して推移している．

ところで図-5.6.2の構造別の割合をみると，また別の動きがみて取れる．図-5.6.1では大きな動きが無かったようにも見える1950年代に，木造が急速にそのシェアを減らし，1964年には半減するに至っている．その後，着工面積そのものは急速に増加したのであるが，シェアはごくゆっくり減少している．ただ，景気の減退が明らかになった直後ごろには，例えば1975年，急に回復する傾向がある．

RC造のシェアの動きは特異と言えよう．着工面積はかなり変動しているのであるが（図-5.6.1），1960年代以降そのシェアはあまり変動せず，ほぼ2割と安定している．

鉄骨造は1960年代に入ると着工面積の増加とともにシェアを急増させ，その後ほぼ一貫して増加させて来ている．少し詳しくみると，着工面積と同様，経済成長の盛んな時期には伸びが大きく，景気後退期に入るとやや減少している．

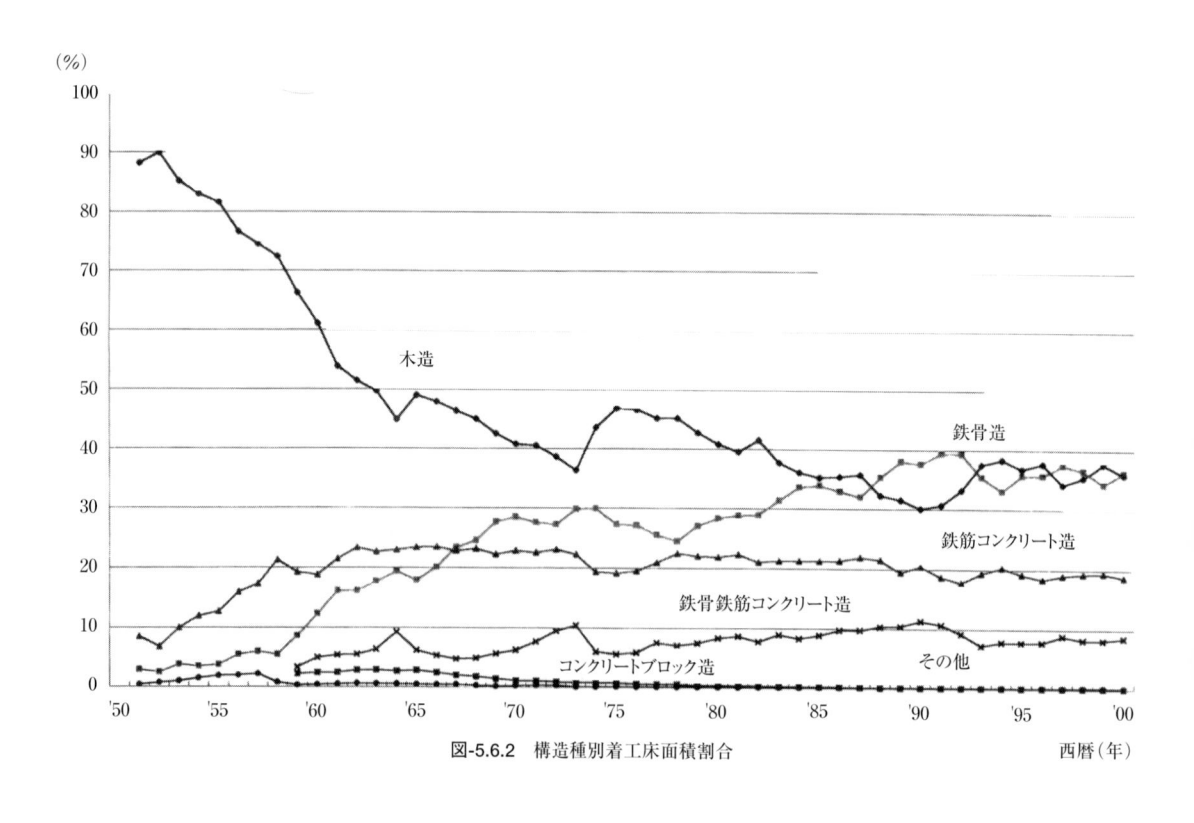

図-5.6.2　構造種別着工床面積割合

5.6.3 構造種別と用途

上述のように建物の量的発展は，構造種別によって異なっているが，その理由をここで明示することは手に余る．しかし，影響因子について推測してみよう．

図-5.6.3は構造別―用途別の着工面積比率を示したものである[1]．この図は最近のデータに基づくものであるが，大体の傾向は少なくともここ20年間ほどは変っていないと考えられる．

この図をみて先ず目に入ることは，すべての構造種別において居住用（専用＋併用）が1位を占めていることである．とくに木造では，大方の想像されるとおり，そのほとんどが居住用に供されている．RC造もその約7割強は居住用である．鉄骨造では居住用の比率が40％で，その比率は構造種別で最下位であるが，それでも居住用は鉄骨造でも最大の用途である．ちなみに，工業化住宅（プレハブ住宅）のほとんどは鉄骨造であり，工業化住宅着工が全住宅着工に占める割合は約1.5割である．

このことから，投資の活発化による景気浮揚を図るために，住宅着工促進の諸政策，例えば住宅建設・購入のための金融優遇や税金控除などが取られる意味が理解できよう．世界各国で住宅着工量は景気のバロメーターであり，わが国でも年間住宅着工量120万戸とか130万戸などという数値が注目されるわけである．この促進策の効果の現れが，石油ショック後およびバブル経済崩壊後の木造建物の着工造と深く関係していると推測している．

一方，その用途の割合が他の構造とかなり異なっているのが鉄骨造である．**図-5.6.3**にみるように，事務所～倉庫の用途，すなわち産業用が6割弱を占めている．これに対し，RC造での産業用は約2割である．この用途の特徴が高度経済成長期での鉄骨造の著しい伸びの大きな要因の一つであろう．

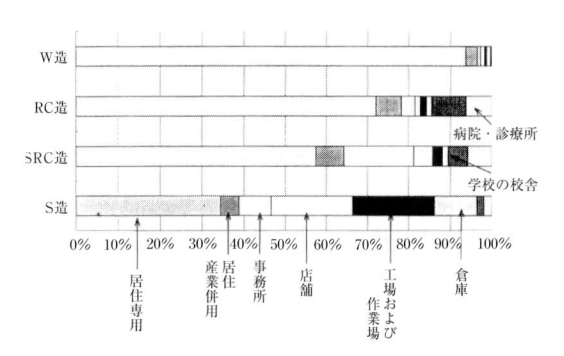

図-5.6.3 構造別―用途別着工床面積比率 1998年度

5.6.4 戦災復興期の鉄骨造

前項で，**図-5.6.3**にみられる構造別―用途別の割合は近年ではあまり変化していないと記したが，約半世紀以前にはかなり異なっていた．

近年では，着工住宅数の約2割は鉄骨造であるが，近代住宅史の研究者によれば，戦前のわが国ではRC造住宅は同潤会アパートあるいは個人住宅の例があるが，鉄骨造住宅は見当らないという．戦前の鉄骨造の用途は工場・倉庫の類に限られていたと考えて良いであろう．また，その構法は山形鋼をリベット接合して組み立てたトラスあるいはテラス構造がほとんどで，溶接接合も建物にはほとんど用いられていなかった．

ところが，戦後，戦災復興が急がれた時に政策として鉄骨造に期待されたのは，それまでまったく実績の無かった住宅の供給であり，それに応えるべく鉄骨関係者による大きな努力が払われた．このことが，現在の鉄骨造の隆盛のきっかけになったと考えられるので，その辺の事情について述べよう．

第二次世界大戦に敗れた当時のわが国では，あらゆる物的資産が減失してしまった状況にあった．生活面では，衣食住のすべてが不足していたのであったが，住宅供給が国家の重点課題であることは誰もが痛感するところであった．構造種別でみると，木造に依るのがもっとも手っ取り早く，実際に応急的臨時的に建設もされたが，森林資源，治山などからの制約と都市大火の予防（空襲による都市壊滅の教訓は強烈であった）の観点から

333

「不燃」住宅の供給が望まれた．

　一方，産業復興の面では，鉄鋼と石炭の増産を突破口にすることとし，資本などをこの両基幹産業に集中した．いわゆる傾斜生産方策の採用である．幸いにして製鉄業の復興は急激に進み，1950年代に入ると戦前の生産水準を超えるにいたった[2]．

　良質の住宅の大量供給という点で思いつかれたのが「工場生産住宅」である．戦後復興の初期に前川国雄事務所のプレモスなどの数種の木質系工場生産住宅が供給されたが[3]，産業として成り立つには至らなかった．すでに述べたように，現在の工業化住宅の主流は鉄骨系であり，その骨組のほとんどは軽量鉄骨と呼ばれるものであるが，戦前のわが国にはこの種の構造はみられなかった．しかし，「工場生産」という点で有望視されたのは，車両製造から連想される鉄骨系の住宅であった．この点，1950年に星野昌一東大教授（当時）が提案した薄鋼板パネル工法住宅が注目される．この住宅の構造材には薄鋼板を山形や溝形に折曲げ加工した部材が用いられている．この住宅案はその後改良を加えられ，1954年の東京都営鷺宮団地の試作住宅に発展した．

5.6.5　軽量鉄骨建築の発展

　1955年，鋼材倶楽部を中心に日本軽量鉄骨建築協会が発足した．これはようやく普及し始めた低層鉄骨建築の健全な発展を指導推進する機関として，建設省の勧めを受けて産官学一体となって設立されたもので鉄骨構造を大きく普及させた．

　当初の軽量鉄骨建築は，必ずしも軽量形鋼建築を意味したものではなかったが，1955年に中之島製鋼が軽量形鋼を製品化し，同年には軽量形鋼の日本工業規格 JIS G 3350 と日本建築学会の薄鋼板構造計算規準が制定され，事実上，軽量鉄骨建築とは軽量形鋼を用いる建築と受取られるようになって行った．さらに付け加えると，軽量形鋼の用途は現在は住宅建築用と考えられているが，開発当時にはもっと広範囲の建物への使用が考えられていて，事務所，工場，店舗などに使用された．

　軽量鉄骨建築の普及は，鉄骨造建物を一般の人々の身近な存在にし，鉄骨構造の設計・加工・施工の技術を開発普及した点で，その後の鉄骨造の隆盛にたいへん大きく貢献した．しかしその反面，後年の不良鉄骨誕生のきっかけにもなったのではないかと推量される．

　日本軽量鉄骨建築協会の活動については，文献4に概説したので，ここでは省略する．

　日本軽量鉄骨建築協会は，1961年第2室戸台風，1963年北陸豪雪，1964年新潟地震について鉄骨造建物の被害調査を行って報告書を発表している．強風被害に就いては，局部風圧の評価，接合部などの応力伝達に対する配慮，外装材の取付け，施工品質などの問題が指摘されている．豪雪被害に就いては，積雪荷重の評価，雪下しの困難さ，ラチス材などの小型圧縮部材の座屈などが取上げられている．地震被害に就いては，耐震筋かいの材端接合の破断が注意されている．

5.6.6　H形鋼の登場

　1961年，八幡製鉄はH形鋼の生産販売を開始し，鉄骨造関係者に大きな期待をもって受取られた．軽量形鋼の場合と異なり，海外のH形鋼（H形鋼は同社の命名，米国ではワイドフランジ）の存在は広く知られていた．八幡製鉄でもすでに1951年に商品化の検討を行っていたが，販売量の確保の目処が立てられなかったので機会を待っていた．それが，図-5.6.1にみられるような鉄骨造の急成長と更なる拡大の見通しを得て，踏み切ったものである．

　H形鋼利用以前のわが国の鉄骨造は，小型の形鋼の組立て部材で構成されていた（図-5.6.4）．組立て部材を使用した骨組は，鋼材の節約の点では優れているが，その設計・製作は熟練者の手間を多く必要とする作業で，鉄骨建築の需要の急増に応じられなくなって来ていた．

　八幡製鉄が試作H形鋼を用いて初めて建設した同社白浜保養所の紹介記事には，H形鋼建築への

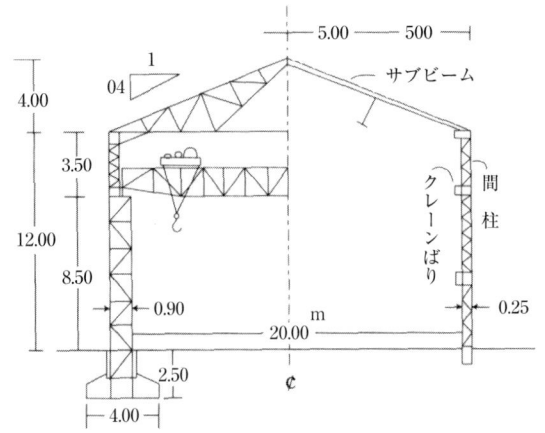

図-5.6.4 日本建築学会：鋼構造計算規準・同解説（1960年代）の設計例から

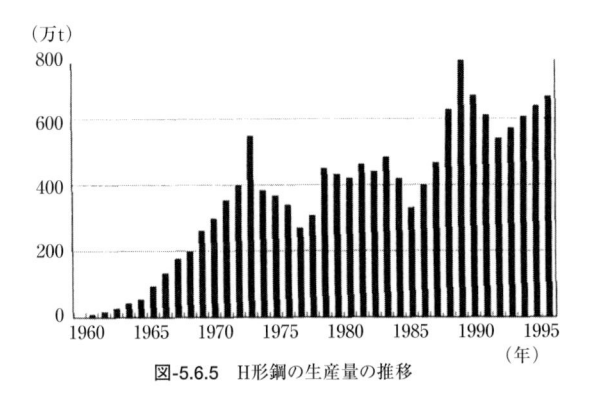

図-5.6.5 H形鋼の生産量の推移

期待，すなわち単一の大型形鋼による骨組構成への期待が熱く語られている[5]．

図-5.6.5はH形鋼の生産量の推移を示したもので，1960年以降の鉄骨造の急成長（**図-5.6.1**）とよく合致している．

この時期は，わが国の建物の構法と構造種別の関係が変った時期でもあったのではないかと考えている．すなわち，戦前および1950年代までの非居住用の建物では，小屋ものには鉄骨造，ビルものにはRC造かSRC造が用いられていた．このことは，1950年代の建築学会の構造計算規準書の設計例にもよく表れている（**図-5.6.4**）．それが，この時期，大小のビルものに鉄骨造が進出し始めたのである．

これを建築技術の面で可能にしたのが，H形鋼の供給であり，これを接合する溶接技術の普及と高力ボルト接合の出現である．そして，それを要求したのが，わが国経済の高度化に由る現場施工期間の短縮がもたらす経済的メリット，工場製作による構造体品質の信頼性向上，野外労働から工場内労働への労働環境の改善などの社会的要因である．

5.6.7 日の字断面柱

H形鋼の供給は，わが国で初めて本格的な多層鉄骨造ビル建築をもたらしたが，一方，中低層の小規模なビル建築を鉄骨化することを可能にした．そして，密集市街地での間口が1スパンで奥行きが2～3スパンというような中低層ビルでのRC造に対する経済的優位性が認識され，1970年前後の高度経済成長期に，この種のビルでの鉄骨造の採用が急速に進んだ．この時期に登場したのが日の字断面柱である．

H形鋼はその断面の2主軸周りの曲げ抵抗に大きな差がある．したがって，柱に用いた場合には，曲げ抵抗の小さい方の構面には筋かいを配置しないと不経済なことになる．しかし，上述のような小規模ビルで筋かいを配置すると，平面計画や立面意匠が大きく制約される．また，わが国の伝統的木造には筋かいは用いないのが普通である．そこで，筋かいの使用を避けるために，弱軸まわりにもフランジを設けて2主軸の抵抗力をバランスさせること，すなわち，箱形断面の使用が考え出された．

この要求は，本格的鉄骨造ビルでは，現在も多用されている溶接組立て箱形断面柱に発展するのであるが，中低層ビル向けには，H形鋼の上下フランジ間に鋼鉄を溶接して箱型断面柱にすることが考案された．これが「日の字断面柱」である．

このような日の字断面柱は，断面計算上は有利と考えられ，たちまち普及して行くが，十分な技術的検討を経たものではなかったので，多くの問題を生じさせた．なかでも，H形鋼と鋼板の溶接部，ラーメンの柱梁接合部（**図-5.6.6**）には設計・製作の両面で危ういものが続出した．この種

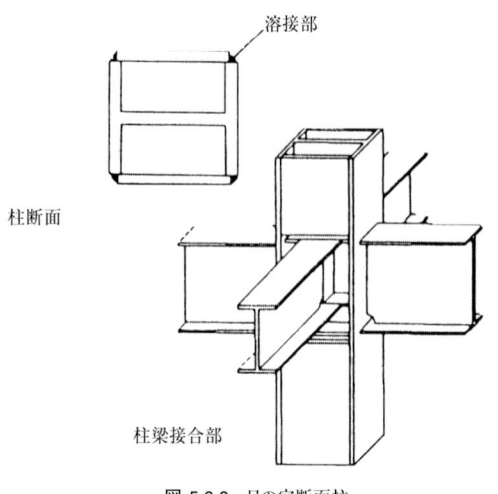

図-5.6.6 日の字断面柱

の「不良鉄骨造」の危険性を指摘したのが，有名な，千代田区役所建築部職員有志の報告書「建築鉄骨の実際と問題点」（1975年）である．

この不良鉄骨問題は社会問題化したため，通産・建設省もその対処にのり出し，鉄骨関係の産官学の諸団体が1979年に鉄骨問題協議会を設け，5年をかけてその解決策をさぐり，幾つかの鉄骨品質改善の具体的行動がとられた．これらの改善策の実行は，その後のわが国の鉄骨生産体制に大きく影響している．この前後の経緯に就いては，文献[6]に概説したので，ここでは省略する．

5.6.8 角形鋼管柱

日の字断面柱は不良鉄骨の代表例となり，その採用がはばかれるようになったが，箱型断面柱の性能の良さは捨てがたい魅力である．そこで，注目されたのが冷間整形角形鋼管（JIS G 3466-STKR400）である．

実は，ビル建築の柱に用いるためのやや大型の冷間プレス成形角形鋼管などが，不良鉄骨問題が検討される以前の1970年前後からいくつか供給され始めたのであるが，商品としての軌道に乗せることができなくて撤退したメーカーもあったような状況であった．STKR材は，辺長が300mm，板厚が12mm程度以下のものが主であるから，ビル建築の柱のためのものではないのであるが，3～4階建ての建物では柱に必要な耐力も大きくないので，この程度の材で十分であり，事実1970年代に採用が進んだ[7]．

一方，中高層鉄骨造ビル向けには，大型熱間厚延みぞ形鋼を2丁合せした箱型断面材（UB）が使われ始めたが，間もなく大手ファブリケーターによる溶接四面ボックス材の製作技術が確立され，わが国では超高層ビルを含む大規模ビルの柱材には，溶接四面ボックス材を用いるのが当り前になって今日に及んでいる．

5.6.9 中低層鉄骨造ビル構造の定式化

1970年代後半になると鋼材2次製品メーカーによる柱材を想定した冷間ロール成形角形鋼管の製造・拡販キャンペーンが盛んになり，1980年代には，5～6階建て以下程度の鉄骨造ビル建築の骨組は，ほとんど，冷間成型角形鋼管柱とH形鋼梁を組合せた2方向純ラーメン構造となってしまった．

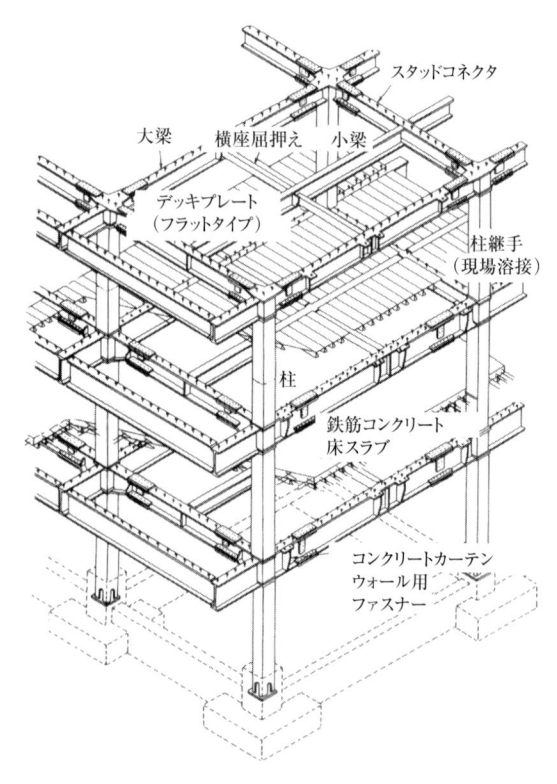

図-5.6.7 日本建築学会：構造用教材—鉄骨構造の骨組の例

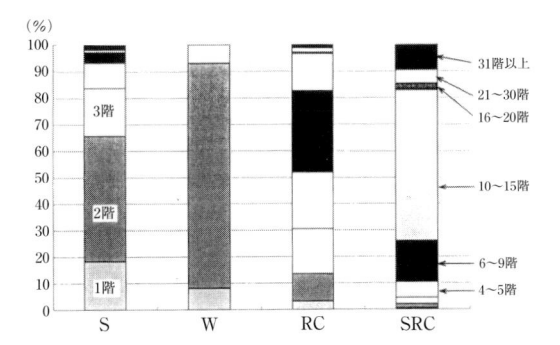

図-5.6.8 構造別一階数別着工床面積比率（新築工事）1998年度

日本建築学会発行の構造用教材には，鉄骨構造の典型的骨組の例として**図-5.6.7**が示されている．構造別一階数別着工床面積比率を示す**図-5.6.8**[1]からわかるように，鉄骨造では，6階以上はわずか数パーセントであるから，市中に立てられている鉄骨造のほとんどは**図-5.6.7**のようなものと考えて差し支えない．このことは，私達の調査でも裏付けられている[7]．また，皆さんが路上観察を行えば実感されることと推察する．ただし，最近は，埋込み形式柱脚に代って，既成のベースプレートを用いた露出形式柱脚が増えてきている．

なぜ，このような骨組構成が定番となってしまったのかは，他の構造との対比の点からも興味深いことであるので，その理由について推測してみよう．

① すでに述べたように，間口1スパン奥行き2～3スパンといった小規模中低層ビルでは，筋かいは用いたくない．すなわち，桁行き張間両方向とも純ラーメンにしたい．

② そのためには，柱が両方向に同じ断面性能をもち，曲げ剛性，ねじり剛性が高いものが良い．丸柱は力学面・施工面で優れているが，壁との取り合いや意匠面で難点が生じ易い．

③ 通しダイアフラム形式の梁柱仕口は，形状は単純で詳細設計を定式化しやすく，設計の熟練度・労度も軽減できる．その製作は，必ずしも容易ではないが，一種の標準化と習熟によって品質の安定化と低コスト化が可能である．

④ 上記の利点は，設計・製作の機会が多いほど大きくなるのであるが，もともとこの規模の骨組の需要は多く，普及すれば普及するほど機会が増加し，一種の自動化手法もできあがった．

この構法の普及過程で1つの興味あるいきさつがあるので，それについて記そう．それは，普及には鋼管メーカーによる働き掛けはあったが，軽量形鋼やH形鋼の普及の時のような学会・行政からの指導・支援がまったくといって良いほど行われなかったことである．むしろ，一部の有力な学者からは，冷間成形による材質劣化を危惧して，その使用を制限しようとする働き掛けがあったほどである．それにもかかわらず，この種の定型化が急速に進んだことは，まさに，鉄骨造建築の大衆化であり，在来構法化である．

5.6.10 自然災害と鉄骨構造
(1) 豪 雪
近年の豪雪による体育館・産業施設などの倒壊事故のほとんどは，作用積雪荷重が設計積雪荷重を大きく超えた状態で発生している．したがって，このような倒壊を防ぐには，設計荷重の見積もりそのものを改めなければならない．換言すれば，要求性能の設定の仕方を改めなければならない．

屋根などからの落雪・滑雪による人身・物品事故は，積雪時のシナリオをよく検討しておけば，回避できたものが多い．

(2) 強 風
強風による被害のほとんどは，屋根ふき材などの外装材の被害または外装材の破壊から生じる2次的被害である．したがって，外装材の設計荷重の適正評価と外装材の強固な緊結が必要である．これらについては，近年，技術面，法制面での整備が進んでいるので，被害が少なくなってきている．

(3) 大 震
以前は，大震の度に体育館・倉庫などの耐震筋かい端部の破断がみられたが，技術面・法制面で

の対応が進み，新しい鉄骨造では，此の種の被害は減少した．

阪神・淡路大震災の中低層鉄骨造建物の被害で気がかりなことの1つは，「新耐震」以前の建物と以後の建物の被害数を比較するとRC造では新耐震以後の建物の方が明らかに少ないのに，鉄骨造ではあまり違いがみられないことである．すなわち，鉄骨造では設計図書の上での性能改善が建設された建物には十分反映されていなかったのではないかということである．ちなみに，鉄骨造工業化住宅の大破被害は皆無といっても良い状況であった．

もう一つは，柱梁仕口詳細の在来型の設計施工に問題が残されていたのではないかということである．これについては，組織的な実験などが行われて，改善が図られたが，前者の改善は今日でも難しい課題である．

なお，最近の被害例は収録されていないものの，文献[8]は良い参考資料となることと思う．

5.6.11 おわりに

以上，第二次大戦後，ここ半世紀のわが国の鉄骨造建物の変遷について概説したが，このことについて興味をおもちの方には，以下の文献をお勧めする．

藤本盛久 監修：日本建築鉄骨構造技術の発展—戦後50年略史，全209頁，年表付き，鉄骨技術臨時増刊号(1998.12)．

北後寿 監修：特集 建築鉄骨の発展を考える 第1編 日本の建築鉄骨は如何に発展してきたか，建築技術，No.590, pp.111～141(1999.4)．

◎参考・引用文献

1) 建設物価調査会：建築統計年報（図は複数の年報から作成した）．
2) 石黒徳衛：座談会を終えて思うこと，建築技術，No.590(1994.4)．
3) 日本建築学会：構法計画パンフレット5，工業化戸建住宅・資料(1983.11)．
4) 平野道勝：戦後日本の鉄骨建築の発展，建築技術，No.590(1994.4)．
5) 八幡製鉄白浜保養所，新建築，vol.36(1961.3)．
6) 藤本盛久 監修：日本建築鉄骨構造技術の発展，鉄鋼技術臨時増刊号，1998.12の第17章，不良鉄骨問題と工場認定制度（平野道勝）．
7) 平野道勝：確認申請図書から見た中低層鉄骨造建築物の構造概要（続），1999年度日本建築学会大会講演，No.22487．
8) 鉄骨造被災例編集委員会：地震・強風・豪雪による鉄骨構造の被害と設計・施工の手引き，鋼材倶楽部(1980)．

5.7 鉄筋コンクリート構造の耐震設計技術の発達

2000年10月号

青山 博之
東京大学名誉教授

5.7.1 はじめに

鉄筋コンクリート（RC）構造における耐震設計技術は，最近20年ばかりの間に目覚しい発達を遂げた．その結果として出現したのが高層RC建物である．本稿は個々の耐震設計技術ではなく，それによって生れてきた高層RC建物の発達や変化に的を絞って，平易な読み物風に記述したものである．

鉄筋コンクリート（RC）といえば地震国の日本では高層建築には向かない構造方式と思われ，せいぜい地上6階建てくらいまでの建物にしか使えないと思われていたのは，1980年くらいまでである．筆者は大学院を1960年に修了して大学に奉職して以来，RCを研究対象としてきたが，筆者を含めて全国の研究者の努力によってRCの耐震性状はずいぶん向上したとは思うものの，現実に建てられる建物をみるとあいもかわらずの低層建築ばかりであって，他の工学分野とか，建築でも鉄骨構造などでは新しいものがどんどんできているのと比べ，悔しい思いをしたものであった．それが1980年くらいから，様子がすっかり変って，RCでも30階や40階の建物が建てられるようになってきた．まさに目を見張るばかりの進歩発展である．

この変化は，もちろん突然に生れたものではなく，長年にわたる研究開発努力の蓄積が，時機を得てついに開花したとみるべきものである．設計法を中心にRCの歴史を振り返ってみると，1920年の市街地建築物法施行規則，1924年の同規則改正，1933年の建築学会規準の制定によって枠組みが定まった第二次大戦前の設計法は，もちろん許容応力度設計法であり，許容応力度は一種類で，長期，短期の区別は無かった．戦後の1947年の日本建築規格3001号，1950年の建築基準法施行令以来，長期，短期の二本建ての許容応力度に基づく許容応力度設計法の時代に入り，1971年の学会規準の大改定でせん断設計を中心に終局強度の考え方が導入され，1981年に建築基準法施行令が改正されて保有水平耐力の確認が始まった．一方建築物の高さ制限の方は，戦前戦後を通じて100尺または31mとされていたが，RCは実際問題としては6階程度に押さえられていた．上記の高さ制限は1963年の法改正で撤廃され，以後1968年竣工の霞ヶ関ビルを第一号として日本も超高層建築時代に入るが，それは鉄骨（S）構造や鉄骨鉄筋コンクリート（SRC）構造の話であり，RCは依然として低層建築オンリーという時代が70年代まで続いた．

それが突如として超高層時代を迎えたのである．耐震設計技術の発達の歴史を述べるべき本稿でも，これに焦点を当てるのは至極当然だと思う．そこで，長い低層時代のRCはひとまず措いて，高層RCはどのようにして生れたか，またそれを更に発展させるために行われたニューRC総プロによって高層RCはどのような展開を見せているかを，本稿では述べることにする．論文ではないのでできるだけ平易に，読み物風に書くことを心がけた．

高層RCの発展については筆者他による概説がある[1),2)]．本稿は主としてそれ以後の発展について1999年時点でまとめたものである[4)]．資料としては日本建築センターのビルディングレターを中心としたが，他に各建築会社から直接個人的に提供された資料も自由に参照した．とくに建物の写

真やパースはほとんど皆各会社の提供によるものであり，ここに記して感謝する次第である．ただし建物の図面も提供されているが，ここに掲載する事は遠慮した．本稿の後半で構造計画について述べている部分は，図面がないので読者の皆様にはわかりにくいかと思われるが，日本建築センターの評定番号（H-XXX）を付けておいたので，これを頼りにビルディングレターから評定シートを探せば図面をみることはできる．ご不便をおかけして申し訳ない．

なお，本稿では建物名はすべて評定時のものを用いた．竣工後につけられる本当の建物名を用いるほうが正しいかもしれないが，すべての建物について調査する事はたいへんだし，またビルディングレターなど評定資料との照合にも評定時の名称のほうが便利だと思ったからである．

5.7.2 初期の高層RC建物の開発

建築材料としての鉄筋コンクリート（RC）がわが国にはじめて紹介されたのは，1905（明治38）年頃である．最初の全RCの建物は，神戸に出来た東京倉庫という会社の倉庫建築で，白石直治という東京帝国大学土木工学科の教授で英国のInstitute of Civil Engineersの会員でもあった方の設計で，1906年に建設された．その後，RCは木造と比べて耐火的であり，煉瓦造に比べて耐震的であるという事で，しだいに広く用いられるようになっていった．

RC構造にとって最初の試練は1923（大正12）年の関東大震災であった．当時の東京に建っていたRC建物は，もちろん今に比べればはるかに少なかったが，そのうちのかなりのものに大きな被害が出た．この地震におけるRC建物の挙動は，概して鉄骨の周りにコンクリートや煉瓦を巻いた建物より劣っていた．この経験から，わが国独特の建築工法としてSRC構造が発達した．

戦前はもちろん，戦後の1950（昭和25）年に制定された建築基準法においても，建物の高さは制限されていたのであるが，その高さはS構造またはSRC構造の場合は31mであった．ところがRC構造の場合は，20mとなっていた．これは別にそのような差別が基準法に明記されていたわけではなくて，各地方行政庁の行政指導でなされてきた．20mというと，ほぼ6階建てである．6階以下の建物をRCで設計すれば建築確認がすんなり下りるが，7階以上だと鉄骨を入れろと指導される．少なくとも建物の下のほう，上から数えて7階より下には鉄骨を入れないと，許可が下りないのであった．このようにして，RC構造は3, 4, 5階くらい，つまりエレベータ無しでも使える建物だけに用いられる構造と考えられるようになっていった．その代表が小学校，中学校などの学校建築である（戦後各地に出来た団地のアパートもRC造であるが，これは壁式鉄筋コンクリート構造で，やや特殊な構造である）．

31mという建築物の高さ制限は1963年に撤廃され，これを受けて出来た最初の本格的超高層建築が1968年竣工の36階建ての霞が関ビルである．これはもちろんS構造であったが，RCでも従来の枠を打ち破った高層建築をつくりたいという機運が，当然のように盛り上がった．その先鞭を付けたのが鹿島建設で，1974年に18階建ての椎名町アパートを竣工させ，続いて1980年には25階建てのサンシティーG棟が完成した（図-5.7.1参照）．

当時の建築基準法の適用範囲は45mまでで，それを超える建物は日本建築センターの高層審査会にかかることになっていた（1979年以降は60mを越えるものが建築センターの評定にかかった．なお評定制度は2000年6月以来変更されている）．鹿島の2つの高層RC建物について高層の審査（評定）を通すためには，高層RC構造について，とくにその耐震性について，多くの研究開発が必要であった．それは，世界的にみれば，RCの20階や30階の建物は別に珍しいものではないし，30階を超えるような建物の耐震設計はS構造やSRC構造ですでに確立された技術になっていたのであるが，わが国は高地震帯にあるという特殊性

5.7 鉄筋コンクリート構造の耐震設計技術の発達

(a) 椎名町アパート

(b) サンシティー G棟

図-5.7.1　初期の高層RC建物の例

のみならず，建物の耐震性に関する社会的要求がきわめてきびしい．そこで，従来のSやSRCの技術をRCに単に応用するだけでは不充分で，RCに固有の諸問題を独自に解決する事を要求されたのであった．

鹿島は，これらの建物を設計するに先だって，広範囲の研究開発を社内で行った．その中には，梁，柱，柱梁接合部などの大型構造実験，非線型静的解析および動的地震応答解析のためのコンピュータプログラムの開発，施工技術の開発などが含まれていた．膨大な実験データとそれに裏付けられた豊富な解析データに助けられて，二つの建物は建築センターの審査を通り，大臣認定を得た．鹿島は引き続いて1983年に25階と30階の建物を評定にかけた．他の建設会社もこの動きに追随し，このようにして高層RC建物の評定件数は，1985年頃から急増し始めた．

図-5.7.2は，1979年以来毎年の日本建築センター高層建築物評定を通った建物の数と，それをS，SRC，RCに分類した内訳を示している．建築にかかわる社会の景気の消長を反映して，全体の数は大きく変動している．しかし高層RC建物の数は1987年以降確実に増加している．最高の景気だった1990年以降も，SRCとRCの数はあまり変っていないので，全体の中に占めるこれらコンクリート系の比率は，むしろ増加している．最近10年間の平均では，S，SRC，RCはそれぞれ70，15，15パーセントを占めている．高層RC建物の総数は，1997年末で200を超えている．

1987年にニューRCプロジェクトが建設省建築研究所から提案されたとき，近く高層RCのブームが来るだろうという事は，きわめて明らかであった．高層RCが急速に発達してきた背景には，前述のように大型構造実験，解析技術の進歩，施工技術の開発などがあった．しかしもっとも重要で支配的な要因は，それまでの21MPa程度の強度の2倍にもなる42MPa程度の高強度コンクリートの開発と，従来建築では余り使われてこなかったSD390，D41などの高強度太径異形鉄筋の使用であった．さらに高強度の材料が開発され，その機械的性質など設計に必要なデータが明らかにされれば，RC構造のより一層の発展が望めるだろう，というのが，ニューRCプロジェクトの最大のねらいであった．

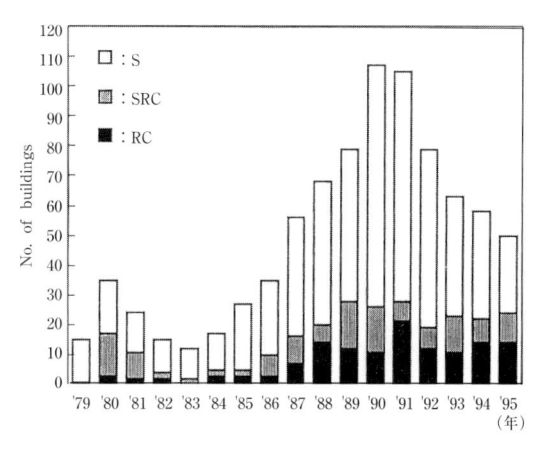

図-5.7.2　毎年の高層建築物評定件数の推移

5.7.3 ニューRCプロジェクト

ニューRCプロジェクトは正式には「鉄筋コンクリート造建築物の超軽量・超高層化技術の開発」といい，1988年から1993年までの5年間，建設省建築研究所を中心にして，全国の大学や建設会社，材料メーカーなどが参加して行われた総合ナショナルプロジェクト（以下，総プロと呼ぶ）である[3]．その効果は絶大で，研究が始まるとすぐに高層RCなどの設計実務に影響が出始めた．5年間の研究期間の間は，参加企業といえども研究成果を勝手に使ってはいけない建前ではあったが，それぞれの企業が自前で関連研究をしてプロジェクトの幅を広げる事はむしろ推奨された．そのようにしてニューRC総プロの間接的な実務への反映は，研究期間が1993年に終了する以前から始まっていた．図-5.7.2において，1988年以降の高層RCの増加には，少なくとも部分的にはこの影響があると考えられる．

この総プロで目標とした材料強度の範囲を図-5.7.3に示す．縦軸は鉄筋の降伏点強度を，横軸はコンクリートの圧縮強度を示す．OrdinaryおよびHighriseと記した小さいゾーンは，それぞれ従来の普通のRCと高層RCの材料強度の範囲であり，いずれもあまり大きな範囲ではない事，高層RCになってコンクリート強度だけが少しあがった事がわかる．これに対し，総プロで目標とした材料強度の範囲は，図にI，II-1，II-2，IIIなどと示したように，はるかに範囲が広く，全体では鉄筋が400MPaから1 200MPaまで，コンクリートが30MPaから120MPaまでとなっている．この大きなゾーンを全部同じ研究方法でカバーするのは現実的でないので，図に示すように四つに分け，ゾーンIが当面の実用化まで具体化するゾーン，ゾーンIIIが将来の可能性を考えつつも現在のところは基礎的な研究をするゾーン，そしてゾーンII-1とII-2はこれらの組み合せであるがやや現実味の少ないゾーンということにした．

研究開発の実務は，研究調整委員会（委員長は筆者）の下に五つの分科会を設けて実施した．第一は高強度コンクリート分科会（委員長は友澤史紀東大教授——肩書きは当時のもの，以下同じ）で，高強度コンクリートの材料や調合，製作方法，および高強度コンクリートの性質の評価方法について研究が行われた．具体的には，セメント，骨材，混和剤，混和材，調合設計，ワーカビリティ，圧縮強度，力学的性質，収縮とクリープ，耐火性などであり，耐震設計をする立場で言えば高強度コンクリートのヤング係数や応力歪関係などが確立したのが大きな収穫であった．

第二は高強度鉄筋分科会（委員長は森田司郎京都大学教授）で，主筋として用いる高強度鉄筋SD685とSD980，せん断補強筋や拘束筋などの横補強筋として用いる高強度鉄筋SD785とSD1275を開発し，その力学的性質，耐火性，耐疲労性などを研究し，あわせて鉄筋コンクリート部材の中の鉄筋としての基本的性質，例えば継手と定着，圧縮鉄筋の座屈，コンクリートの横拘束などを研究した．このうちとくに重要なのはSD685の開発で，耐震構造部材の主筋として用いるため明瞭な降伏点と降伏棚をもつことが要求され，この要求を満たす製品が実際に製造された．その他，横拘束を受けたコンクリートの応力歪関係の確立や，FEMのための各種要素の構成方程式を誘導した事などは今後広く利用される成果であろう．

第三は構造性能分科会（委員長は小谷俊介東大助教授）で，高強度材料を用いた梁，柱，耐震壁，柱梁接合部などの構造部材の力学的性質を

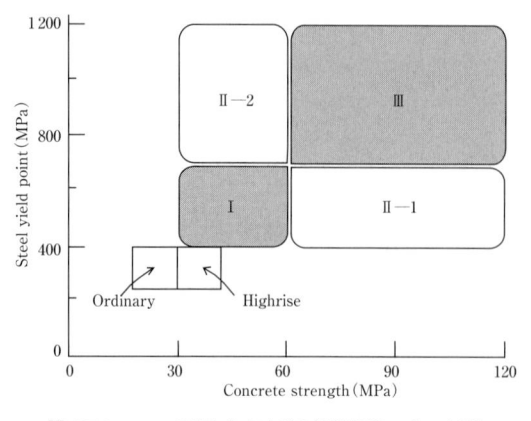

図-5.7.3 ニューRC総プロにおける材料強度のゾーン区分

研究した．当然実験的研究が中心となるが，あらゆる材料の組み合せについて実験をするのは到底不可能であるから，FEM等の解析と組み合せて，最小限の試験体数で最大の成果が得られるように慎重な実験計画がなされた．梁，柱，耐震壁の曲げについては，従来の理論や略算式が適用でき，せん断については日本建築学会の終局強度型，あるいは靭性保証型耐震設計指針などで一般に使用され始めたアーチ機構とトラス機構を組み合せた強度式に若干の修正を施せば高強度材料に適用できる事が確認された．柱梁接合部については新たな強度式が提案された．変形関係については，理論の確立にはいたっておらず，梁，柱の降伏点剛性低下率については従来からの経験式（菅野式）が適用できる事が確認されたにとどまり，高軸力を受ける柱や付着割裂する柱の変形能力限界などについてはそれぞれ実験式が提示された．

第四は設計分科会（委員長は岡田恒男東京大学教授）で，構造設計のうち耐震設計に的を絞って構造設計ガイドラインを作成し，実際にいくつかの設計例を作成した．耐震設計のクライテリアは現在行われている高層RCのそれに準拠してレベル1とレベル2としたが，その内容は更に整理され，理想化されている．建物全体としての変形制限のために構造変形角（水平力の重心位置での変形角）という概念が導入され，層間変形角と並んで用いられている．設計用模擬地震動の提案や，地震動の作用方向として斜め方向の重要性の指摘もある．これらを含めて耐震設計全体が体系化され，クライテリアが明確化された事は，高層RCの設計実務にただちに反映された．ただし，レベル1とレベル2を地震のリスクと結び付けて破壊確率を設計に取り込むところまでは行かなかった．

第五は工法分科会（委員長は上村克郎宇都宮大学教授）で，高強度コンクリートと高強度鉄筋を用いた構造物の施工標準をつくる事に重点を置いて研究を進めるとともに，実大構造物の施工実験を行って施工性を検討した．とくに重要なのは高強度コンクリートの施工管理で，コンクリート強度の管理は材令91日の構造体コンクリートによる事を原則とし，実際は温度履歴追随養生か簡易断熱養生を行ったシリンダーで代用する方法が提案された．

以上，五つの分科会の5年間にわたる膨大な研究成果をごく簡単にまとめて述べたが，筆者の関心はこれらの成果が総プロ終了後にどのようにRC建物の構造設計実務に反映したかである．総プロ終了後6年を経た1999年の段階での調査を次に紹介する．

5.7.4 高層RCの耐震設計の現状

(1) ニューRC総プロの衝撃力

ニューRC総プロは，官学民の総力をあげて1988年から1993年まで行われた．総プロのルールとして，その成果は終了後5年間は開示しない事となっていたが，それは形式的な事であり，主要な成果は毎年の建築学会の大会で報告されたし，参加企業は部内資料として成果の詳細を知り得る事になっていた．したがって構造設計者が総プロの成果を設計実務に利用する事は実際には可能であったし，またそれは望ましい事として期待されていた事でもあった．しかし総プロの成果がどのように設計実務に反映されたかは，論文や報告書の類を調べても出てくるものではない．そこでここでは日本建築センターのビルディングレターを中心とし，それぞれの高層RC建物の設計者に個人的にアプローチしてその御好意によって提供された資料を加味しながら，分析を行った．

最初に，総プロがどんなインパクトを実務に与えたかを概観しておこう．まず気がつくことは高層RC建物の建設戸数が増加した事である．図-5.7.2において，1988年から1995年にかけての高層RCの評定件数は毎年約15棟であった．しかしその後，高層RCの評定件数は飛躍的に増大したのである．図-5.7.4の白丸は1993年から6年間における高層RCの半年ごとの評定件数を，右の縦軸で示している．96年上期までは半年につき5乃

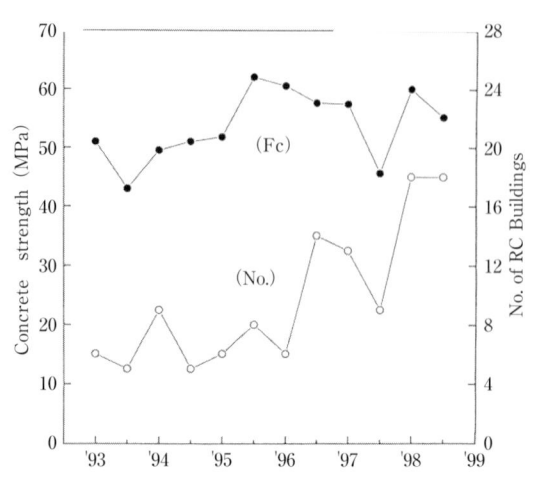

図-5.7.4 最近の半年ごとの高層RC評定件数と最大コンクリート強度の平均

至9棟で，図-5.7.2のデータと合致している．ところが96年下期以降は15前後となって，年間にすれば30棟という以前の2倍のペースとなっている．これが果して総プロの影響といえるか，疑問がないでもない．建設棟数の増加は明らかに社会経済情勢に支配された結果であって，技術の与える影響など微々たるものであろう．しかしながら少なくとも，高層RCが次々と当り前のように建設され，その内容も総プロを始めとするさまざまな技術開発によって高度化されてきた事実が，高層RC住宅の需要をはぐくんだ事は間違いないであろう（図-5.7.4はコンクリート強度も示しているが，これについては後述する）．

もっと直接的な総プロの影響は，高強度材料の使用に現れている．表-5.7.1（p.340参照）の「高強度材料の使用」の欄に六つの建物が紹介してあるが，これらをみると材料の高強度化が建物の高層化に貢献した事がよくわかる．1984年に鹿島が30階建てのパークシティー新川崎（H425－Hは高層評定の番号，以下同じ）（図-5.7.5参照）を設計したときには，強度42MPaのコンクリートと390MPaの鉄筋が使われていた．1988年に大林は41階，高さ136mのMKOマンション（図-5.7.6参照）によって高層RCの新しい高さ記録を打ち立てたが，チューブ構造の採用など構造計画上は

図-5.7.5 パークシティー新川崎（H425, 鹿島, 30階）

図-5.7.6 MKOマンション（H584, 大林, 41階）

いろいろ工夫がなされてはいたものの，材料としては上と同じ材料の組み合せが用いられた．1980年代の初めから横補強筋としては高強度鉄筋が用いられてきたが，梁柱の主筋にはずっとSD390が

用いられてきた.

1992年に大成建設が38階建てのヴィラトン志摩ホテルと39階建ての大島1丁目計画建物（**図-5.7.7**参照）を設計したとき，はじめて60MPaの高強度コンクリートが用いられ，さらに後者の大島1丁目ではSD490の高強度鉄筋も用いられた．SD490は以前からJISには載っていたが，実際の設計施工に使われたことはなかった．1992年といえば，まだニューRC総プロの最中であり，大成建設としても総プロの成果を直接設計に使うことはできなかったはずだが，総プロの関連研究として行われていた自社研究の成果は当然利用できたであろうし，何よりも総プロが進行中である事が高強度材料の使用に関して設計者を勇気付け，建築センターの評定の場でもそれが受入れやすくなる雰囲気をつくっていた事は，容易に想像できる．

同じ1992年に鹿島はザシーン城北（**図-5.7.8**参照）を設計した．これは45階建て，高さ160mの共同住宅で，当時はもちろん2001年現在でもRC建物としては日本一の高さである．この建物では，60MPaのコンクリートとSD490の鉄筋のほか，SD685という高強度鉄筋が，外柱の心鉄筋としてはじめて用いられた．SD685はニューRC総プロで試作が行われた新製品であるが，それが早速実用に供された事に，総プロの実務での歓迎ぶりがうかがわれる．

1997年，大成はリバーシティー21-N（**図-5.7.9**参照）を設計した．この建物は43階，高さは143mなので，ザシーン城北を抜く規模ではなかったが，100MPaという高強度コンクリートを使用した建物第一号となった．またこの建物ではSD685が柱の鉄筋として，心鉄筋のみならず断面周囲の主筋としても用いられた．SD685の応力歪曲線が降伏棚をもっており，それを主筋に用いて十分な曲げ靱性をもつ部材を作れるというニューRC総プロの成果が，認められたためであった．

先の**図-5.7.4**に最近6年間における毎半年ごとの最大コンクリート強度の平均を黒丸と左の縦軸で示している．驚くほどの増大はないが，少しずつ増大する傾向はみて取れる．なおここで示しているコンクリート強度はすべてのコンクリート強度の平均ではなく，各建物に使用される最大強度の平均である事は，注意する必要がある．周知の

図-5.7.7　大島1丁目計画建物（H951, 大成, 39階）

図-5.7.8　ザシーン城北（H962, 鹿島, 45階）

図-5.7.9 リバーシティー21-N（H1236，大成，43階）

ように最大強度のコンクリートは建物の下層部に用いられ，上層部に行くにしたがって強度は低くなるから，全コンクリート強度の平均は図-5.7.4よりもずっと低くなる．また当然の事ながら，60MPaや100MPaのコンクリートが実用化されたからといって，それがどの建物にも使われるというものではない．2001年現在でも大部分の高層RCには42MPaや48MPaのコンクリートが用いられている．

一寸考えると高強度材料が使える事になって建物の高さが高くなるのではないかと思いがちだが，現実はそうではない．ザシーン城北は2001年でもRCとして最高の高さであり，ニューRC総プロはより高い建物の実現にはつながらなかった．高強度材料は実際には構造計画の自由度の増大につながった．次節で述べるように，スパン長さの増大と平面計画自由度の増大がその内容である．構造設計方法や詳細設計の中にもニューRC総プロの影響は各所にみられるが，構造計画への影響ほど顕著なものではなかった．

(2) 構造計画への影響

1999年までのところ，高層RCはほとんどすべてが集合住宅で，板状でなく塔状の形をしており，その平面は大体規則的であって，一軸または二軸対称になっていた．表-5.7.1のスパン長さの増大の欄に四つの建物を示したが，その第一は清水建設が1984年に技術検討のために造った試設計例であって，図-5.7.10に基準階の平面図を示すように，これ以上はないくらい規則的であるが，注目したいのはスパン長さが両方向とも5mになっていた事である．集合住宅であるから事務所などのような大スパンは要求されないとはいっても，5mごとに80～90cmの柱が建つのは如何にもうっとうしい．しかし1980年代の高層RCは皆大体こうしたものだったのである．一本の柱の支配面積を20～25m²と制限することにより，柱軸力を低減し，一本あたりの水平力負担を低減させていたのである．図-5.7.10はその時代の高層RCの典型的平面図という事ができる

13年後の1997年に，清水建設は灘・日出町団地建物（図-5.7.11参照）を設計した．現実の建物であるため平面図をここに示す事はできないが，高さも31階であり平面は5×5スパンの正方形であり，驚くほど図-5.7.10によく似ている．

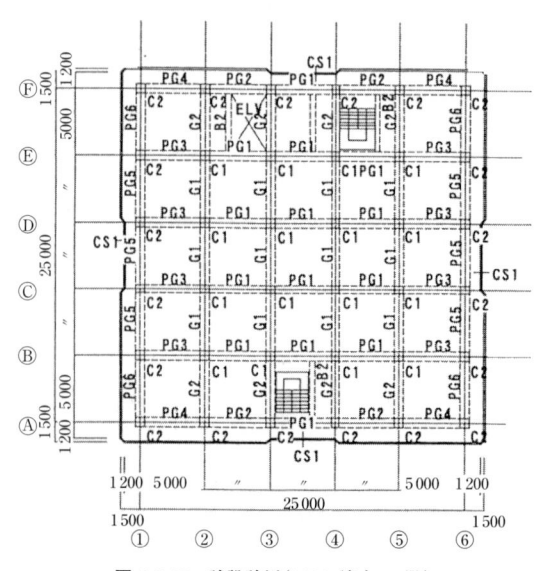

図-5.7.10 試設計例（1984，清水，30階）．

5.7 鉄筋コンクリート構造の耐震設計技術の発達

表-5.7.1 最近の高層RC建物の例とその特徴

高強度材料の使用						
建物名	会社名	認定年	階数	建物高さ	コンクリート	鉄筋
パークシティ新川崎	鹿島	1984	30階	98m	42MPa	390MPa
MKOマンション	大林	1988	41階	136m	42MPa	390MPa
ヴィラトン志摩ホテル	大成	1992	38階	140m	60MPa	390MPa
大島1丁目計画	大成	1992	39階	134m	60MPa	490MPa
ザシーン城北	鹿島	1992	45階	160m	60MPa	685MPa
リバーシティ21N棟	大成	1997	43階	143m	100MPa	685MPa
スパン長さの増大						
建物名	会社名	認定年	階数	スパン長さ	コンクリート	鉄筋
試設計例	清水	1984	30階	5.0m	42MPa	390MPa
灘・日出町団地	清水	1997	31階	6.0m	60MPa	490MPa
東戸塚中央街区C棟	熊谷	1998	32階	8.5m	60MPa	490MPa
リバー産業京橋ビル	前田	1996	40階	6.1m	60MPa	390MPa
建築計画に応じた構造配置						
建物名	会社名	認定年	階数	構造の特徴	コンクリート	鉄筋
セザール検見川浜	熊谷	1997	20階	梁間スパン大	42MPa	390MPa
八千代公園都市	大林	1993	26階	梁間方向梁ナシ	39MPa	490MPa
堺市駅前再開発	竹中	1996	43階	内チューブ	70MPa	685MPa
耐震壁の利用						
建物名	会社名	認定年	階数	構造の特徴	コンクリート	鉄筋
市川共同住宅B棟	三井	1999	24階	耐震壁	60MPa	685MPa
幕張新都心住宅	清水	1998	32階	コア壁	60MPa	685MPa
その他の耐震要素の利用						
建物名	会社名	認定年	階数	構造の特徴	コンクリート	鉄筋
与野上落合計画B棟	三井	1998	33階	軟鋼プレート壁	60MPa	490MPa
ロイヤルヒルズ三の丸	間	1997	21階	基礎免震	42MPa	390MPa

図-5.7.11 灘・日出町団地建物(H1246, 清水, 31階)

しかし違うところはスパン長さが5mでなくて6mになっている事である．柱一本あたりの支配面積でいえば，25m²から36m²へ44％の増大である．**表-5.7.1**に示したようにコンクリート強度が42MPaから60MPaに増大し，鉄筋がSD390からSD490に変った事によって，これだけのスパン長さが実現したのである．

1998年に熊谷組によって設計された東戸塚中央街区C棟（**図-5.7.12**参照）では，X方向は7.9, 7.5, 8.5, 7.5, 7.9mという5スパン，Y方向は6.5mの均等5スパンという大スパンが，上と同じ材料の組み合せで実現されている．前田建設工業のリバー産業京橋ビル（**図-5.7.13**参照）では，40階という高層にもかかわらず，6mの基本スパンにX方向で6.1mスパンを二つ，Y方向で6.5m

図-5.7.12 東戸塚中央街区C棟（H1308, 熊谷, 32階）

図-5.7.13 リバー産業京橋ビル（H1191, 前田, 40階）

スパンを一つ入れたプランになっており，その材料は60MPaのコンクリートとSD390の鉄筋である．同じ程度のスパン長さを，これらの材料を用いて実現した例は，枚挙にいとまがない．このように，初期の高層RCの宿命であった短スパンという制約は，ニューRCプロジェクトで開発された高強度材料によって，ほぼ克服されたという事ができる．

ニューRC材料が実現したもう一つの可能性は，多様な平面計画である．すでに1988年のMKOマンションで，大林は中庭を囲む東西南に三つの居住空間（9.75m×26m）をもつ平面計画を実現した．北側はエレベータなどの共用部分である．図面がないと説明しにくいが，この建物では各居住空間がスパン3.75mのチューブ構造になっており，居住空間の中に柱も梁もない点は画期的なのであるが，その代償として周辺に3.75mスパンで柱が林立していた．**表-5.7.1**で建築計画に応じた構造配置という欄に示した三つの建物は，いずれもこの矛盾を解消して快適な居住空間を実現することに取り組んだものである．

1997年に熊谷組の設計したセザール検見川浜という20階建ての建物（**図-5.7.14**参照）は，MKOマンションと同様に中庭を囲む東西南に三つの居住空間をもっているが，そのスパン割りは桁行き方向が6.3m，4スパン，梁間方向が10.3m，1スパンというゆったりとしたものとなっている．大林組が1993年に設計した26階の八千代公園都市A街区建物（**図-5.7.15**参照）も同様に三つの居住空間をもち，桁行き方向が5.4m，3スパン，梁間方向が9.35m，1スパンであるが，この建物ではMKOマンションのように梁間の梁がなく，9.35m×16.2mの1枚スラブの居住空間になっており，しかもうるさいチューブ構造の柱に囲まれていない．竹中が1996年に設計した堺市駅前再開発A地区（**図-5.7.16**参照）では，居住空間は桁

図-5.7.14 セザール検見川浜（H1296, 熊谷, 20階）

図-5.7.15　八千代公園都市A街区（H1038, 大林, 26階）

図-5.7.16　堺市駅前再開発A地区（H1171, 竹中, 43階）

ムのチューブを主要な耐震要素にしているのである．なおこの建物では70MPaのコンクリートとSD685の高強度鉄筋を使用している．これらはほんの一例であって，建築計画に応じて従来より自由に構造計画をした例は他にも沢山ある．

　1990年頃までに建設された高層RCはほとんどがフレーム構造であって，耐震壁を利用した建物はほとんどなかった．しかしニューRC総プロ以来，耐震壁をもつ高層RCも少し増えてきた．**表-5.7.1**には耐震壁の利用として二つの建物を紹介している．市川共同住宅（**図-5.7.17**参照）は1999年の三井建設の設計で，高層RCには珍しく板状の建物が4棟で構成されている．それぞれ桁行き方向は純フレーム構造，梁間方向は3スパンの中央が耐震壁となっている．そのB棟は二つの建物列の交点にあるL字型の平面をもつ24階の建物なので，X, Y両方向に壁があることになる．設計者は立体構造解析や，多次元の地震応答解析など，複雑な解析を余儀なくされたであろう．使用材料は60MPaのコンクリートとSD685の鉄筋である．もう一つの幕張新都心住宅（**図-5.7.18**参照）は1998年の清水建設の設計で，6mグリッド各5スパンで中庭のない平面の中央にボックス状の耐震コアがあって，この32階の建物の主要な耐震要素となっている．清水は1988年に25階のグラントハイツ光が丘BEブロック第19住宅（H567）を設計しており，これが耐震壁をもつ高層RCの第一号であるが，その壁はY方向のみに

行6.5mスパン，梁間9.75mスパンで，梁間方向の梁はあるが，かなりゆったりとした空間を43階という高さにもかかわらず実現し，中庭に面した部分の架構だけをスパン二つ割りにして，チューブ構造としている．つまり眺望を妨げないよう外側フレームは大スパンのままにして，内側フレー

図-5.7.17　市川共同住宅B棟（H1395, 三井, 24階）

図-5.7.18　幕張新都心住宅（H1325, 清水, 32階）

図-5.7.19　与野上落合計画B棟（H1362, 三井, 33階）

配置されていてボックス状ではなかった．ボックス状のコア壁は，高層RCでは幕張新都心が最初である．この建物でも60MPaのコンクリートとSD685の鉄筋を使用している．耐震壁建物では，これらの高強度材料の使用が不可欠であり，その意味で耐震壁はニューRC総プロ以後にはじめて使用可能になったといえよう．また耐震壁建物の設計に要求される複雑な解析に，設計者がようやく自信をもちつつあるように思われる．

最後に表-5.7.1では，その他の耐震要素の利用として，二つの例を掲げている．第一は三井建設が1998年に設計した33階の与野上落合計画B棟（図-5.7.19参照）で，6mグリッドのほぼ正方形平面の各方向2スパンに低降伏点鋼のプレートで出来た耐震壁を配置し，これらが早期に降伏して履歴エネルギーを吸収する事を期待した設計になっている．この建物はまたそれぞれの居住空間を6mグリッド四つの12m角としてその中の梁をなくし，中央の柱がドロップパネルを介してスラブを支えるフラットスラブ構造にするという，特徴のある構造計画になっている．なお材料は60MPaのコンクリートとSD490の鉄筋である．鋼材の耐震要素を高層RCに組み込む事は，1990年に鹿島が設計した33階の鴨川グランドタワー（H706）が最初であった．この建物では各階各方向にハニカムダンパという鋼板を蜂の巣状に切って応力集中を起こさせるダンパを設置していた．その後各種のダンパが開発され，1990年代以降の鉄骨構造の高層建築ではほとんどが何らかのダンパを設置してエネルギーを吸収させているが，高層RCではまだ少ない．しかし2000年代以降与野上落合のような耐震設計は，増加してくると思われる．

もう一つのロイヤルヒルズ三の丸は，図-5.7.20をみれば何の変哲もない21階の建物であるが，これは実は免震構造になっており，1997年の間組の設計である．地下に設けられた免震装置は積層ゴム支承，鋼棒ダンパ，鉛ダンパ，滑り支承からなる．平面形は単純でとくに大スパンではない（5〜6m）が，設計者は42MPaとSD390というあまり高強度でない材料を用いて，比較的細めの部材で設計する事が出来た．免震周期は4秒である．免震構造は周知のように，1995年の兵庫県南部地震以後爆発的に普及して1999年には750棟以上に達しているが，その多くは低層建物であって，高

図-5.7.20　ロイヤルヒルズ三の丸（H1292, 間, 21階）

層RCに応用されたのはこの建物が最初である．なお1998年には，竹中が杉並和田計画A棟（H1312）という28階の建物を，やはり免震構造で設計している．RC以外では，同じく竹中が29階建ての元麻布1丁目計画建物（H1323）をCFT構造で設計している．

(3) 材料と施工への影響

材料の面でニューRC総プロが高層RCに与えた影響といえば，言うまでもなく材料の高強度化である．コンクリートはそれ以前の42MPa前後が1999年でも主流ではあるが，必要に応じて60MPaも広く使われるようになってきた．80MPaや100MPaも時には使われるが，まだ一般的ではない．ただ前述したようにニューRC総プロによってこうした高強度コンクリートが使いやすい雰囲気が作られたことは間違いないであろう．打設方法としては高層RCが始まったときに漸く日本に導入されたいわゆるVH分離打設が定着した．これに関連して，外国で普通に行われているVより低いHコンを使う事は，日本ではほとんど行われていない．しかし1998年に清水が設計した38階の武蔵浦和駅第6街区（H1310）や，同じく清水の32階の幕張新都心SH-1街区西敷地（H1325）などで，VコンとHコンに異なるコンクリート強度を指定することが行われるようになってきた．

鉄筋のうち主筋は以前にはSD390が主体であったが，ニューRC以後はこれに加えてSD490とSD685が必要に応じて使えるようになって来た．SD685は始めのうち靱性をあまり必要としない心鉄筋だけに用いられたが，後には柱やコア壁などに自由に使われるようになった．ただ大きな靱性が要求される梁には，まだ余り利用されていない．ニューRC総プロで開発され試作された更に高強度のSD980は，1999年現在実用化されるには至っていない．一方横補強筋としては，以前からSD295のほかに高強度PC鋼材SPBD1275（ウルボン，高周波熱練）があったが，ニューRC以後は総プロの中で開発された785級の横補強筋が，SPR785（東京鐵鋼），KSS785（神戸，住友），KW785（川鉄），SHD685（北越メタル）などいろいろ製造されており，SPBD1275も2社で製造されるようになった（ウルボン，リバーボン）．その他新材料として，履歴エネルギー吸収部材のための低降伏点鋼BT-LYP235がさまざまな形のダンパの材料として使われている．

施工上の問題としては，プレキャストコンクリート部材をどのように利用するか，現場打ちのとき鉄筋の先組みをどのようにするか，鉄筋の継手と定着方法，コンクリートの打設と管理方法などがあるが，これらについてはニューRC以前に開発された技術が以後もそのまま用いられている．すなわち床スラブに半PCa板を用いる事，梁をプレキャストする事は広く用いられ，柱のPCa化も次に述べる鉄筋継手の開発によって一般化してきた．柱の工法としては，他にかぶり部分だけをPCa化する外殻PCa（大林のプレカラム，清水のユニカラムなど）がある．

鉄筋の継手としては機械式継手のうちねじグラウト継手とスリーブ継手（とくにプレキャスト部材用に両者を結合したねじスリーブ継手）がもっとも広く用いられている．プレキャスト部材に必要なエンクローズ溶接としてはセラミックバッキング（CB）溶接が開発されている．定着方法としてはねじ式の定着プレートが増えてきており，これは梁の外端のほか最上階の柱頭部にも用いられている．

最近の傾向として，いわゆるバリアフリーの住宅を要求されることが多く，このため床スラブに段差を設ける必要が生じている．また居住環境上の要求として床振動の規制が厳しくなり，床スラブの厚さがどんどん厚くなる傾向にある．これらは設計にも施工にも大きな影響を及ぼしている．

(4) 耐震設計と解析

本稿に掲載した高層RCの写真やパースからも明らかなように，高層RC建物の構造体は概して規則的なフレームであり，低層RCにみられるような雑多な非構造壁はまったくみられない．これによってきれいな梁崩壊形の降伏機構が生じる事

を期待しているわけである．実際の構造体と解析上のモデルとの差は比較的小さいと考えられ，また偏心など三次元的地震応答を生じる可能性も低いので，地震応答解析の上からは比較的単純である．SやSRCと比べたときの特徴は，線形範囲が小さいので線形解析を行う意味があまりなく，設計地震力に対する応力解析やレベル1の地震動に対する応答解析もすべて非線形でやらなければならず，したがって部材の非線形の復元力特性や履歴特性を適切に定める事がきわめて重要である．この点で今の設計者の配慮は充分であるとは残念ながら言えない．

　耐震設計のクライテリアは高層RCが始まったとき，既往の高層SやSRCとほぼ同じ設計クライテリアを用いて設計が行われていたが，この事情は1999年になっても基本的には変っていない．ニューRC総プロではこれよりややきびしい設計クライテリアが提案されたが，実務では部分的に採用されているだけである．例えば水平力の重心位置でのドリフト（私は勝手に構造変形角（structural drift）と呼んでいる）に関するニューRCのクライテリアを補助的に用いるなどである．

　図-5.7.21に設計用ベースシヤー係数と1次固有周期の関係を示す．上の図は1次固有周期として基準法による値を用いた場合で，第2種地盤のRtCo曲線の上下に分布している．つまり高さ60mの範囲までの建物に比べて，高層RCには低いベースシヤーで設計されたものが多いわけで，非線形性を考慮した地震応答解析を行う事によってそのような設計が可能になったのであり，逆にいえば基準法周期によるRtCoは60m以下のRC建物に対して過大な要求になっている可能性がある．下の図は1次固有周期として解析上の値を取った場合である．図中の二つの曲線は，既往のS造やSRC造の高層建築のプロットの大部分が落ちる範囲を示しており，これから高層RCはS造やSRC造と比べても低いベースシヤーで設計される傾向にあることがわかる．しかしこれは，RC建物が弱い事を意味するのではもちろん無い．

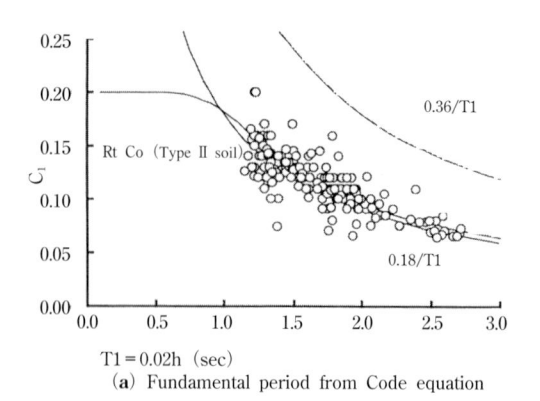

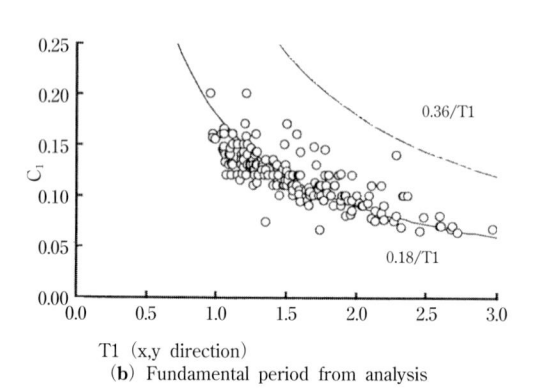

(a) Fundamental period from Code equation
T1 = 0.02h (sec)

(b) Fundamental period from analysis
T1 (x,y direction)

図-5.7.21　設計用ベースシヤー係数と1次固有周期の関係

ここでいう解析上の周期はひび割れが入る前のコンクリート全断面有効の剛性に基づいた周期であり，それを前提として他の構造と比較するとこの図のようなことになるが，RCの応答を支配するのはひび割れが入った後の周期であり，その意味で実質的な周期であるひび割れ断面剛性による周期を横軸にとるならば，**図-5.7.21**のプロットはいっせいに右にずれて，他の構造のベースシヤーとほぼ同じゾーンに入ってくる．それでもやや低い傾向があるようだが，それはおそらくRCの履歴特性がもっているエネルギー吸収能力のためであろう．なお図中に異常に低い点がいくつかみられるが，これらは制振構造や免震構造を採用したものである．

　耐震設計の流れは，S造やSRC造の高層建築とほぼ同様である．すなわち予備的な地震応答解析を行って設計用地震力を定め，一次設計で部材の軸方向鉄筋量を定め，二次設計で全部材のせん断

力や付着に対する検定を行って横補強筋量を定め，最後に地震応答解析を行って応答が設計クライテリア以内に収まっている事を確認する．一次設計の段階から非線形の構造解析を行う．またとくに大切なのが二次設計の段階で，降伏機構が形成される前に部材や梁柱接合部がせん断破壊や付着破壊を起すのを防止し，降伏ヒンジを想定していない場所にヒンジが発生するのを防止し，さらに降伏ヒンジが十分な変形能力をもつように拘束鉄筋の量や柱の軸方向力の検定を行う．これらに必要な設計式の多くが，ニューRC総プロにおいて開発されたり改良されたりしたので，設計実務に大きく貢献した．例えば梁の2段目主筋の付着性状などは，ニューRCの中ではじめて明らかになった．

ニューRC総プロは従来にも増して高強度の材料を設計者に提供したが，その結果として梁や柱の寸法が小さくなったかといえば，そうはならなかったのは興味あることである．これは一つには建物全体の剛性を確保するため，またもう一つは梁柱接合部の強度を確保するために，ある程度の部材の大きさが必要だったのである．ニューRCで提案された接合部の強度式や，外柱接合部における梁筋のプレート定着法などは，設計者に広く利用されている．

地震応答解析は，予備的な段階では質点系モデル，いわゆるせん断系や曲げせん断系のモデルが用いられる事が多いが，主要な解析では部材の弾塑性性状に立脚したいわゆるフレームモデルによって行われる．この点では，高層RCはSやSRCより進んでいるという事もできる．フレームモデルの採用は，部材一本一本の地震時の性状を把握する事が，RCの場合とくに重要なためである．

5.7.5 むすび

1980年頃からの20年ばかりの間に急激に発達した高層RC建築物を中心に，耐震設計技術の発達を述べるのが本稿の目的であった．とくに1988年から1993年までの間に行われたニューRC総プ

ロの成果が，実務としての高層RCの耐震設計にどう反映し，その結果として総プロ完了以来の5〜6年に高層RC建物はどう変化発展したかに重点をおいた．

もともと総プロの目的は二重になっていた．**図-5.7.3**におけるゾーン分けでも明らかなように，当面の努力によって達成する事が充分期待される領域と，将来の努力目標の意味合いが強い領域とに分けられていた．まず第一の当面の努力目標の領域についてみると，総プロの成功は明らかである．60MPaまでの高強度コンクリートは総プロ以後当り前のように広く使用されるようになった．主筋として用いる高強度鉄筋SD685は商業ベースで生産され常に市場で入手可能になった．高強度横補強筋も種類が増えて設計者の選択に任されるようになった．これらの高強度材料の使用によって高層RCの構造設計は大きな影響を受け，第一に従来より高く，第二に従来より大スパンで，さらにより自由な平面計画を実現させ，かつ多様な耐震構造計画を可能にした．構造設計の面では，設計クライテリアや高次モードの影響，変形能力の評価，拘束効果や柱梁接合部の性状など，従来ややあいまいで設計者の判断に任されていた部分が明確化され定式化された．

筆者はかって高層RCの初期の段階で，高層RCの実現を可能にした主な要因を8項目にまとめた事がある[1]．それらは

① 小さいスパンと階高
② 整形の平面と立面
③ 柱断面構成の工夫
④ 高強度の材料
⑤ 鉄筋継手の合理化
⑥ プレキャスト化
⑦ メカニズム確保の技術
⑧ フレーム応答解析法の開発

であった．ニューRCを経験して後，高層RCの制約となっていた上記の①と②はかなりの程度に改善され，④と⑦は更に高度化した．③，⑤，⑥，⑧では大きな変化はないが，ニューRCとは独立

にいろいろな部分的改良が行われてきた．

　他方ニューRCで将来の努力目標とした部分では，100MPaのコンクリートが実用化されたが，その使用はまだ一般的ではなく，SD980の高強度鉄筋は試作されたがまだ実務で使用されるには至っていない．しかしニューRCでこれらの高強度材料の研究が行われた事は，将来をになう若い研究者に多くの刺激を与えた事と思う．RC構造が材料の高強度化，高性能化の面で，将来更に発展する事は間違い無い．

　ただし最後に述べておかなければならない事は，高層RC建築物は先の兵庫県南部地震で大被害を生じた地域には建っておらず，大地震をまだ経験していない事である．多くの実験結果に裏付けられた詳細な解析をして，慎重に設計されてはいるが，人知を超える自然現象が発生しない保証はまったく無い．この点でわれわれは常に謙虚でなければならず，今後とも研究努力を重ねて行かなければならない．

◎文　　献

1) 青山博之：高層鉄筋コンクリート建物の現状と今後の問題点，コンクリート工学，Vol.24, No.5, pp.4-13(May.1986).
2) 園部泰寿：高層鉄筋コンクリート造の現状，コンクリート工学，Vol.29, No.5, pp.15-24(May.1991).
3) 室田達郎・青山博之・平石久廣：New RCプロジェクトの経緯および概要，以下関係項目，コンクリート工学，Vol.32, No.10, pp.6-61(1994.10).
4) Hiroyuki Aoyama：Development of Highrise Concrete Construction in Seismic Countries, George Winter Commemorative Lecture, 1999 Fall Convention, American Concrete Institute(Nov.1999).

5.8 SRC構造の設計技術とSRC規準の変遷

2000年12月号

南　宏一
福山大学工学部

5.8.1 はじめに

わが国にSRC構造が，信頼性のある耐震構法として，誕生する契機となったのが，1923年の関東地震であったが，そのSRC構造のもつ耐震性が問われたのは，1995年1月に発生した兵庫県南部地震であった．その結果，耐震構法として考えられていたSRC造建築物に，32棟にも及ぶ数のSRC建物に，中間層崩壊を含めた崩壊を生じた．筆者は，SRC構造の発展過程は，まさしく，わが国の高層建築物の耐震設計技術の変遷に強い関連をもつものと考えているが，本論では，SRC構造の耐震設計技術の発展に対して，日本建築学会のSRC構造計算規準がはたした役割を概説する．

5.8.2 関東地震後10年間の設計法

中村綱の論文によって関東地震後に東京市に建築されたSRC構造に対して，どのような強度計算が行われていたのかを知ることができる[1]．中村の報告によると，SRC柱の断面計算について，コンクリート柱として計算するもの，鉄筋をその位置において鉄骨と見なして計算するもの，圧縮力の1/3と曲げモーメントのすべてを鉄骨計算法によって計算し，圧縮力の1/3を鉄筋コンクリートに負担させて計算するもの，さらに，ほとんどは鉄筋コンクリート計算法によるが，一部の圧縮力に対しては，鉄骨のみによって抵抗させ，曲げモーメントに対しては鉄筋にのみによって抵抗させるとした計算法など，設計者の判断によって種々の計算法が考案されていた．一方，SRC梁の計算法についても，鉄骨を鉄筋とみなして鉄筋コンクリートとして計算するもの，鉄筋をその位置において鉄骨とみなして鉄骨として計算するものなどがあり，さらに，せん断力に対する計算法としては，コンクリートとスタラップに頼るもの，コンクリートとタイプレートに頼るもの，コンクリートとスタラップとタイプレートに頼るものなど，いろいろな考え方が示されていた．このような計算法に対して，問題点と指摘されていた事項として，①コンクリート断面積と鉄骨と鉄筋の断面積の和の比（これを対筋比と呼ばれている）はどの位が限度か，②鉄骨の被りはどの位が必要か，③鉄筋コンクリートの強度を加算するためには鉄骨の形式あるいは鉄筋の配置が重要な影響をあたえるのではないかということ，また，例えば，鉄骨によってコンクリートが二分されるような場合，鉄筋コンクリートの強さは充分に発揮できるのであろうか等である．このようなSRC構造の計算法に対する疑問点は，ある意味では，今日においても，いまだ明確になっていない面もあり，その当時の設計者の洞察力に対して驚かされるものがある．なお，その当時のこれらのSRC構造の計算法の基礎になっているものは1920年12月に施行された市街地建築物法の施行規則の構造規定であると推察することができる．

5.8.3 戦後のSRC構造の計算法

日本建築学会構造標準委員会に，SRC構造分科会が創設されたのは，1951年5月である．この分科会の発足に伴って，まず，初めに行われたのは，戦前戦後のSRC構造の実験結果を検討し，実際のSRC造建築物の実用計算方式について調査することであった．その調査報告が，「戦後の高層建築構造設計の趨勢[2]」などになされているが，断面算定法については，次のような手法が用いら

れていた.

a. 鉄骨式 この方法はコンクリートの強度は無視し，鉄骨と鉄筋だけで断面の耐力を決定するもの．ただし，コンクリートで包むことによって鉄骨と鉄筋の座屈は起らないものとし，また，鉄骨細部の接合部の偏心による2次応力などは考慮しない．また，コンクリートからの拘束によって断面内の鉄骨と鉄筋の相対的な位置は変化しないと考える．

b. 鉄筋コンクリート式 この方法は，鉄骨を鉄筋と同等に扱い，鉄筋コンクリート構造と同様に圧縮側のコンクリートの強度を加算して耐力を決定する方法．

c. 分割式（累加強度式） 断面を鉄骨構造と鉄筋コンクリート構造に分けて考える方法．すなわち，鉄骨だけの強度をあらかじめ計算し，この値を設計応力から差し引いた残りを鉄筋とコンクリートが負担する方法．

なお，当時の実際的な計算では，これらの計算法を混用していたのが一般的で，例えば，仕口部では，コンクリートの充填性を考慮して鉄骨式で，中央部では鉄筋コンクリート式を採用するなどである．いずれにしろ，これらのSRC構造に対する，種々の計算法は，SRC構造の計算法の体系化に対して影響をあたえるものであり，とくに，工学的な判断による分割式の計算法は，SRC規準の基本体系である鉄骨部分と鉄筋コンクリート部の許容耐力に基づく累加強度式の提案に対して参考にされたものと推察される．

5.8.4 SRC規準作成のための準備的討議[3]など

SRC分科会では，上述の調査に基づいて，鉄筋コンクリートおよび鉄骨のそれぞれの構造計算規準を参照しながら，計算規準作成のための準備的討議が行われているが，その討議で得られた結論や，当時の疑問を残したままの問題点を含んで，SRC規準の作成のための項目が，1954年10月に発表されている．そこでは，SRC構造の定義として，① 断面の主筋の有無にかかわらず，コンクリートが応力を負担する構造，② コンクリートは応力を負担しないが，座屈止めなど，とにかくコンクリートが何等かのプラスの作用をすると考えた構造．という2つの立場があったが，SRC構造の定義として①の立場を採用し，鉄骨と鉄筋（主筋でなくても良い）とコンクリートが共同して応力を負担する事を期待した構造として位置づけ，②の構造については，別に附則を設けて鉄骨構造の規準を適用しようとする考え方も示されていた．なお，①の立場では，断面内の鉄骨と鉄筋の比率は任意とするもので，極端な場合は，主筋がなくて適用範囲に含めるものであった．材料および許容応力度，荷重および応力の算定，部材の算定に対して，SRC構造としての特性を反映させた規準とするための考え方が示されているが，これらの項目を今日の観点から見直すと，SRC構造に関する興味ある内容が指摘されている．例えば，

① SRC構造では，鉄骨と鉄筋（主筋がなしでも良い）とコンクリートが共同して外力に抵抗することを期待した構造で，かつ，断面内の鉄骨と鉄筋の比率は任意としている．

② SRC構造では，コンクリートの充填度に問題がある

③ 標準の鉄骨と鉄筋を使ったSRC構造では，その設計震度を軽減して良いとする意見がある．

④ 部材の算定では，長期では鉄筋コンクリート式，短期では累加強度式（鉄骨の強さ＋鉄筋コンクリートの強さ）とする．

などである．

5.8.5 1955年に発表されたSRC規準の骨子[4]

SRC分科会では，SRC構造の調査研究の一つとして，新たな実験研究を実施し，その実験事実を積み重ねて理論的検討を加えて，規準に盛り込むという基本方針のもとに精力的な作業が進められた．これらの実験的に得られた知見に基づいて，

1955年の日本建築学会秋季大会の研究懇談会で，SRC分科会として，検討中のSRC規準の骨子が報告されている．その報告の中でSRC規準の適用範囲として「鉄骨と鉄筋コンクリートが共同して応力を負担することを期待した構造」を対象とし，鉄筋とは，主筋，スタラップ，フープのすべてを含むものであるとしている．また，コンクリートは完全に充填できることが必要であるが，軽量コンクリートは規準から一応除外するとしている．また，許容応力度は鉄骨構造，鉄筋コンクリート構造の計算規準に一致させるが，鉄骨の許容付着応力度については，研究中とされている．また，部材の算定については，原則として累加強度式を採用する方向で検討作業を進められているが，累加強度式を採用する理由が，以下のように述べられている．すなわち，「実用設計法には，鉄筋コンクリート式，鉄骨式，累加強度式がある．鉄骨式は強剛な鉄骨を使い，コンクリートの効果を無視するもので，英米のコンクリート被覆鉄骨構造の計算手法に通ずるものがある．それに対して，鉄筋コンクリート式および累加強度式はコンクリートを有効とするものであるが，前者は鉄骨量の少ない場合，または，変形の少なる間の耐力機構の説明に良く，後者は最大耐力時および変形の大なる場合において，その間の諸性状を言い表わすのに便利である．筆者らは，SRC構造の特性が，鉄筋コンクリート構造よりはるかに強靭であることに着目して，これを単的に表現する手段として累加強度式を採用する．」以上の報告によると，従来の実用的，工学的な判断による累加強度式の採用に対して，SRC構造の特性を考慮した説明がなされていることが興味深い．この懇談会では，さらに，梁，柱部材の柱圧縮，曲げ，せん断の設計法，柱梁仕口の設計法の紹介がなされ，かつ，その設計式に基づく計算値と実験結果の対応についても言及されている．なお，累加強度式は，多くの場合，実験値に対して安全側の誤差をもつ式であるが，これを設計式として用いる場合の特色として以下の点を指摘している．

① 鉄骨および鉄筋コンクリートの何れを減少していけば，自動的にそれぞれの鉄筋コンクリート構造および鉄骨構造の設計式になる．
② 鉄骨量と鉄筋量の比率に関係なく適用できる．
③ 十分な耐力のある鉄骨の利用が経済的設計として可能になる．
④ 鉄骨を優遇する結果となる．圧縮側の鉄骨を許容応力度いっぱいまで活用でき，さらに引張側の鉄骨断面は鉄筋比に算入されないから，圧縮側コンクリートによる強度の制約を避けることができる．

これらの累加強度設計法について，質議がなされているが，その指摘事項について検討が重ねられ，2，3の実施設計にも試用して不都合のない事を確認して，1958年12月の建築雑誌に簡単な解説を付してSRC規準案[5]が，発表され，その規準案に基づいて，1958年10月にSRC規準が制定されることになった．

5.8.6　SRC規準・第1版（1958年）[6]

1958年に発表されたSRC規準・第1版では，鉄骨部分と鉄筋コンクリート部分のそれぞれの許容耐力に基づく累加強さ式計算法（日本建築学会方式の累加強さ式計算法と呼ばれるもの）を全面的に採用し，図-5.8.1に示すように鉄骨量に応じて安全率を変動させ，かつ，許容耐力のもつ安全率は，終局耐力に対して検討することによって，その手法の合理性を与えるものであった．これは，SRC分科会発足後に実施された実験的研究によって，SRC構造の性状がしだいに明らかにされ，その結果を端的に表せば，

① SRC構造部材の終局強さは鉄骨を鉄筋とみなした場合とほぼ等しい．
② 鉄骨の量が多くなると構造物の崩壊時に靭性が著しく増大する．

の2点に集約される．この2点から考えれば，設計式は鉄筋コンクリートの終局強さ式を用い，鉄筋に比べて鉄骨の量が多くなるに従って靭性を考

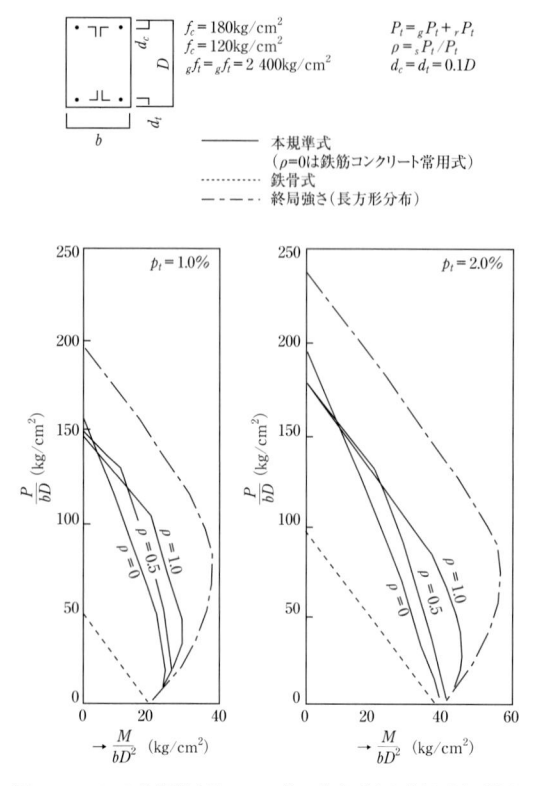

$f_c = 180\text{kg/cm}^2$
$f_t = 120\text{kg/cm}^2$
$_gf_t = _rf_t = 2\,400\text{kg/cm}^2$

$P_t = _gP_t + _rP_t$
$\rho = _sP_t/P_t$
$d_c = d_t = 0.1D$

―――― 本規準式
　　　　（$\rho=0$は鉄筋コンクリート常用式）
……… 鉄骨式
―・―・― 終局強さ（長方形分布）

図-5.8.1 SRC基準制定時のSRC柱の許容耐力と終局耐力（鉄骨量ρ野値が大きくなるほど，柱の許容耐力は大きく評価できるようになっている）

慮して安全率（荷重係数）を低減してゆく方式をとるのがもっとも合理的な方法であると考えられていた．しかしながら，SRC構造として実施されている構造の鉄骨と鉄筋の比率はきわめてまちまちであるから，この方式を採用すれば，鉄骨が鉄筋に比べ極端に少なく実質上鉄筋コンクリートと同じような場合には，現行の鉄筋コンクリートとまったく違った答えを出すことになり，これは，実際の運用上に大きな混乱を招くことになるので，このような事態を避けるために，はりの設計においては次のような方式を採用することになった．

① 断面が鉄骨とコンクリートだけで構成される場合に実質上終局強さ式に近い耐力を得るように設計式を調整する．
② 断面が鉄筋とコンクリートだけで構成される場合には，現行の鉄筋コンクリート規準をそのまま適用する．

③ 上記の①，②の中間にあるSRCは累加強さ式とする．

すなわち，鉄骨が多くなると終局強さ式に近づき，少なくなると鉄筋コンクリート式に近づき，その間の鉄骨による安全率の変動は自動的に計算されるという便利な方式であった．そして，もちろん，許容応力度は，鉄骨，鉄筋，コンクリートのいずれに対して従来の値をそのまま採用するから，現在・規準体系を崩すものではないと考えられていた．

SRC規準・第1版では，この累加強さ式の考え方を柱，梁の断面の耐力ばかりではなく，他の部分の部材耐力の算定にも適用している．しかし，せん断力に対する算定では，鉄筋コンクリートのせん断破壊強度そのものが十分に解明されていない状況にあり，かつ，このせん断破壊が建物の崩壊の直接の原因になり易いことから，十分の安全性を見込むことを主眼して，格子形の鉄骨に対しては従来の鉄筋コンクリートの慣習的な算定式を踏襲して，短期荷重時で，$\tau < f_s(=F_c/15)$（コンクリートの短期許容せん断応力度）であればせん断補強筋の算定は不要とするものであった（**図-5.8.2**参照）．ただし，鉄筋をトラスばり式に組んだり，ウェブ板を配置した場合には，この鉄骨の耐力を活用できるようにしてあった．しかし，いずれにしろ，せん断力に対しては，終局耐力に対する安全率を含めた終局耐力に対する考慮はなされておらず，当時の分科会では，妥当な終局せん断耐力の評価式が得られれば，せん断設計式を

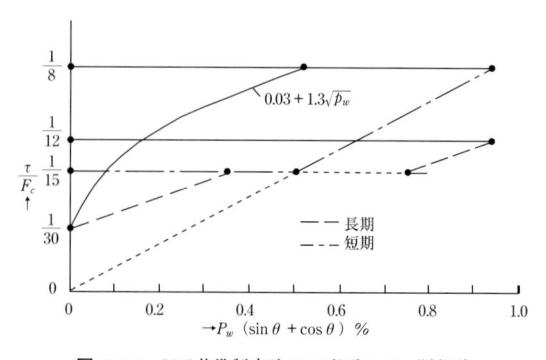

図-5.8.2 SRC基準制定時のRC部分のせん断設計

あらためるべきであることを指摘している．さらに，SRC規準の骨子をなす累加強度式の説明がなされた事に対して，さらに，追記として，この方式は，あくまでも耐力のみを計算する方式であるので，SRC部材の鉄骨部分および鉄筋コンクリート部分の応力度（内部応力と呼んでいる）を計算できるものではないことをことわっておくということが示されていることが興味深い．以上のような，経過をたどって，SRC規準が制定されたが，この規準は，21の条文から構成されており，SRC構造の設計法として体系化がなされ，その後のわが国のSRC構造の発展に寄与することになった．この規準の制定では，SRC部材の算定として，はり，柱の曲げに対する算定，部材のせん断力に対する算定，付着および定着，柱・はり接合部，継手，柱脚と，耐震壁を除いたSRC構造の各部に対して，その部材の算定法が示されているが，その中でも，当時のRC規準では取り扱われていなかった，柱・はり接合部におけるせん断力の伝達，接合部パネルのせん断耐力について言及されていることは興味深い．

SRC規準が制定された以降では，ほとんどのSRC構造の設計法は，規準によって行われているが，一部では，鉄筋コンクリート式の計算法が用いられていた．しかし，この規準によって実務上の構造設計で大きく変わった点は，帯板形式の梁は少なくなり，ラチス形式の梁が用いられるようになった事であるが，これは，SRC規準によったもので，規準作成者の意図に一致したものであったが，柱材については，格子形のものが多く用いられて，構造設計上の変化はあまりなかった．また，SRC規準制定当時では，格子形SRC部材では，鉄骨の主材は，主筋に，帯板はあばら筋あるいは帯筋と同じ働きをするものとして扱われているが，主材と腹材は，リベットによって機械的に結合されているため，RC構造に比して，より優れた耐震性能を有する構造として考えられていた．なお，SRC規準の制定当時では，鉄骨継手部を含んだ継手部の設計法としては，被接合部の存在応力を伝えるもので，かつ，存在応力として被接合部の全許容力を用いるとするもので，今日の保有耐力接合の概念はなかった．

5.8.7 SRC規準・第2版（1963年）[7]

1963年にSRC規準の第1次改定が行われたが，その基本的な内容は，第1版のものと同じであるが，部材のせん断力の算定について，規準本文として許容せん断力の算定について具体的な設計式が示され，また，柱の解説には，**図-5.8.3**に示すような鉄骨と鉄筋の非対称性を考慮した一般化累加強度式に基づく具体的な設計式が示され，その後，SRC規準の柱の一般化累加強度式に基づく，許容耐力および終局耐力の算定法の基礎をあたえるものになった．また，SRC規準・第1版に示された柱の累加強さ式（これは一般化累加強度式と区別するために単純累加強度式と呼ばれているもの）は，必ずしも，明確な理論的根拠をもって説明されたものではなかったが，上述の鉄骨および鉄筋が非対称に配置された柱の一般化累加強度式の提示に際しては，Prager（1953年）および二見秀樹（1955年）によって提唱された荷重安全域の概念を応用，発展させた田中尚（1957年）および平野道勝（1959年）の研究が，理論的根拠を与

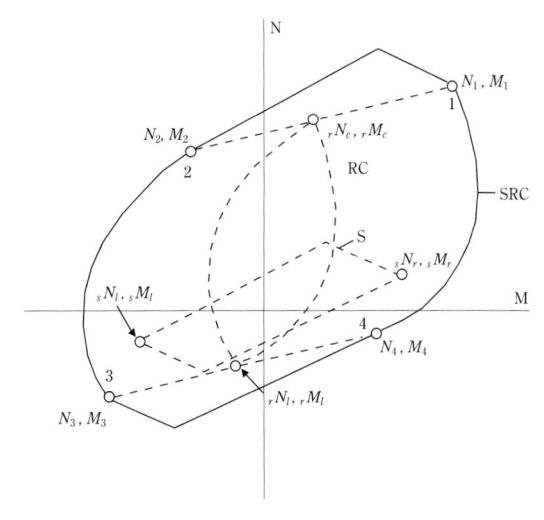

図-5.8.3 鉄骨も鉄筋コンクリートも非対称の場合の一般化累加強度式

えるものになり，実験的研究に基づいたSRC規準の合理性および妥当性を理論的に裏付けるものになった．

なお，1964年の新潟地震では，新潟市内に9棟のSRC造建物が建設されていたが，直接，震害による上部構造のひび割れ，破損などの被害はまったくみられず，一部，地盤的にきわめて悪い位置に為ったと推定される1，2の建物が地震時の不同沈下などの地盤変状によってきわめて軽微な被害を受けた程度であった事が報告されている[8]．

5.8.8 SRC規準・第3版（1975年）[9]

前述したように，SRC規準では，RC部分については，RC規準が，鉄骨部分については鋼構造規準がそれぞれ適用されているので，1970年に鋼構造規準が，1971年にRC規準がそれぞれ改定されたために，SRC規準・第2版では不都合な内容が生じてきた．とくにRC規準では，せん断力を受ける部材の設計法が大幅に改定されたために，それに伴って甚しい混乱が設計者の間で生じた．この事が，SRC規準・第3版の改定に対する大きな要因になった．

一方，格子形SRC構造として出発したSRC構造の耐震性能について危惧される1968年の十勝沖地震が起きた[10]．この地震の被災地では1棟のみの格子形SRC造建物が建設されていたのみで，かつ，その建物では耐震壁のみが損傷を受けただけで，とくに，そのときには，格子形SRC造建物の耐震性について，設計者の間ではとくに疑われるような事はなかった．しかしながら，RC造建物の短柱のせん断破壊による崩壊が生じ，コンクリート系建物であるSRC造建物についても，同様のせん断破壊によって建物の崩壊が生ずる可能性のある事が，当時の研究者によって指摘され，格子形SRC造建物の耐震性能を見直すための組織的研究が，日本建築学会・SRC構造運営委員会でなされ[11]，その研究成果に基づいて，1975年にSRC規準・第3版の大幅な改定がなされることになった．

上述の実験的研究で明らかにされた事は，大変形時の繰返し裁荷については，鉄骨とコンクリートの付着が切れてしまうことが多いために，SRC規準・第3版の部材のせん断設計では，コンクリートと鉄骨との付着を期待しないでも良いような設計式に変更されたことが，大きな特色になっている．鉄骨とコンクリートとの付着を見込まない考え方に立つと，格子形の鉄骨部材は，フイーレンデイール形式の部材として取り扱うことになるから，鉄骨部分のせん断耐力はきわめて小さく評

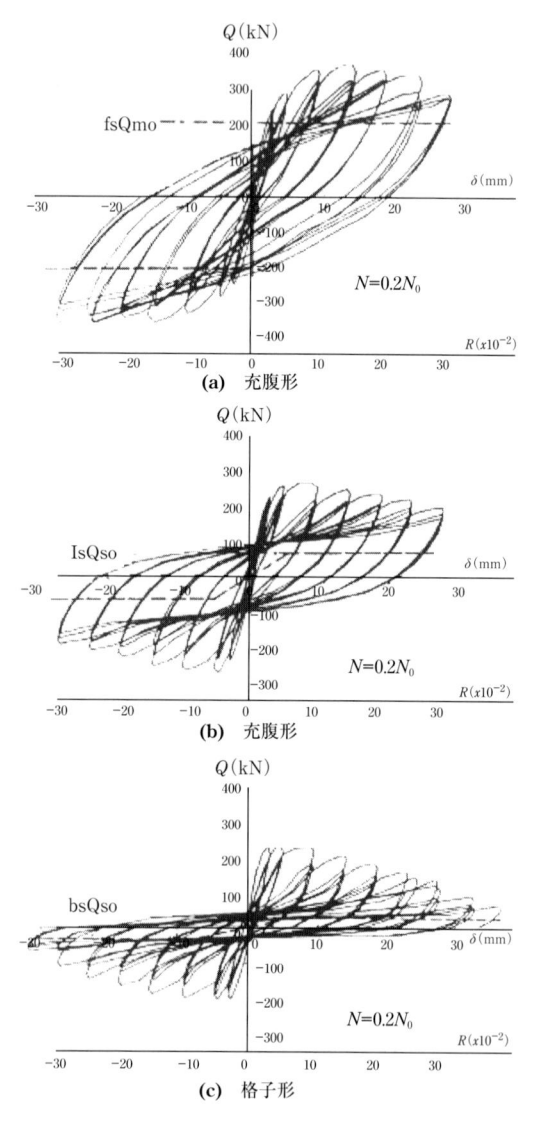

(a) 充腹形

(b) 充腹形

(c) 格子形

図-5.8.4 SRC柱のせん断破壊による履歴特性

5.8 SRC構造の設計技術とSRC規準の変遷

価されることになり，その事が格子形SRC部材のせん断破壊に対する脆弱さを生ずる要因（**図-5.8.4**参照）となるので，規準作成者の意図としては，SRC構造としての耐震性能を確保していくためには，靭性のない格子形SRC柱の設計をやめて，靭性の期待できるラチス形あるいは充腹形の鉄骨を用いた柱を設計するように，それまでの設計の慣習を変えて行くことにあった．当時のわが国は経済成長期にあり，かつ，わが国でも，H形鋼の生産が可能になった事，溶接技術が鉄骨建築に容易に活用できるようになった事，高力ボルトによる接合法が実用化されるようになった事などの鉄鋼技術に支えられて，建設業者においても格子形SRC構造から充腹形SRC構造への移行は円滑に行われ，今日の充腹形SRC構造への転換が行われた．さらに，**図-5.8.5**に示すようにSRC規準・第3版では，柱はり接合部の算定の解説に接合部パネルに対するせん断力の検定式が具体的な形で示され，この設計式の考え方は，今日の

SRC構造の柱はり接合部の設計法の基礎を与えるものに発展した．また，継手および柱脚の設計においては，部材のせん断設計法と同様に，鉄骨とコンクリートとの付着を見込まない考え方が導入されているが，この規準で適用された柱脚は，非埋め込形柱脚のみを対象にしたもので，鉄骨柱脚部の曲げ抵抗力を見込まない設計法が解説に示されていた．なお，SRC構造においても重要な耐震要素の耐震壁については，規準本文としては，設計法に対する考え方を示すにとどめ具体的なせん断耐力の算定式は，1971年のRC規準に示されるRC耐震壁の設計式に準拠した内容が，付録に示される程度にとどめられていた．

SRC規準・第3版では，せん断設計法の枠組の中では，終局耐力的な考え方が用いられており，かつ，充腹形SRC構造の活用をめざしていたものの，地震力の評価および耐震安全性の評価は，静的震度法に基づいた枠組の中で考えられていた．

SRC規準・第3版の出版後，1978年に宮城県沖地震が起った[12]．この地震の被災地である仙台市

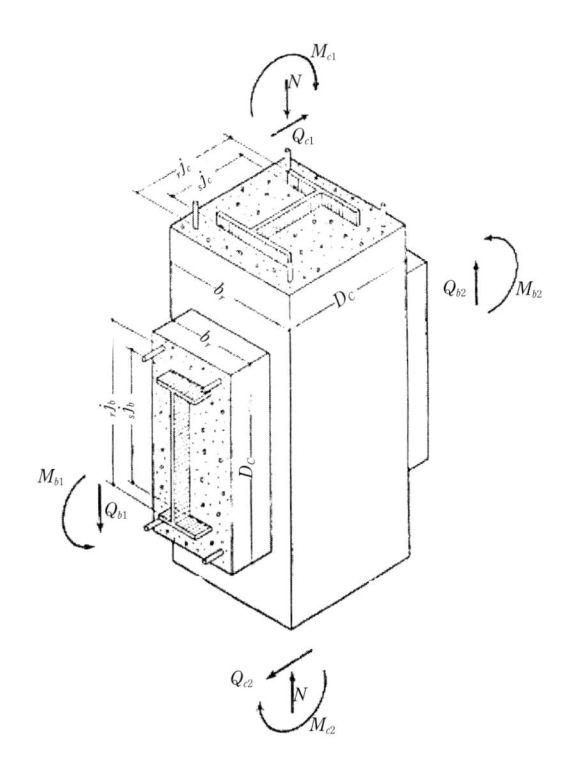

図-5.8.5 SRC柱梁接合部のせん断設計

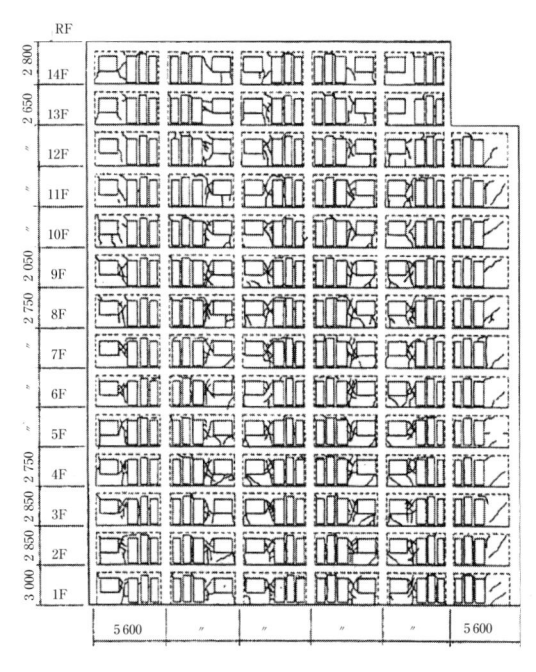

図-5.8.6 1978年6月の宮城県沖地震によるSRC造建物の非構造壁の被害状況例

には約300棟のSRC造建物が建設されていたが，そのSRC造建物の被害のほとんどは，図-5.8.6に示すように集合住宅の非構造壁のせん断破壊に要約され，主体構造そのものには，小破程度の被害をみるだけで，わが国独自の耐震設計手法である日本建築学会方式の許容耐力に基づく累加強さ式設計法の妥当性が得られたものとして，その設計法の妥当性については一応の評価が得られた．

5.8.9　SRC規準・第4版（1987年）[13]

SRC規準・第3版を出版した後，建築構造物の耐震設計法の見直し作業が始まり，日本建築学会では1981年に「建築耐震設計における保有耐力と変形性能」[14]を出版し，SRC構造においても，SRC規準・第3版に基づく終局耐力評価式および変形性能評価法を提案してきたが，1981年に建築基準法の改正があり，建築物の耐震設計法が，いわゆる震度法から新耐震設計法に移行した．このような耐震設計法の大きな変革に対する対応，梁鉄骨・柱SRCの混合構造への対応，高強度材料の利用の気運，そして，SRC規準・第3版以後のSRC構造部材および骨組の力学的挙動に関する研究成果もあって，1987年にSRC規準・第4版が出版された．この規準は，従来のはりも柱もSRCとする均質なSRC構造である狭義のSRC構造ばかりではなく，はりを鉄骨，柱をSRCとする不均質なSRC構造（1975年のSRC規準・第3版では，今日のようなSRC構造としての市民権は得られていなかった．）や，はりを鉄骨，柱を鋼管コンクリート構造（充填被覆形，被覆形，充填形を含む）などの合成・混合構造を含む広義のSRC構造を適用範囲としていることが，第3版までの規準と比べて大きな特色となっている．このように，適用範囲が拡大された理由は，実施設計で採用される構造形式が多様化してきたために，規準もこれに対応することが必要になってきた事，規準化を図るための基礎的な研究資料も整備・蓄積されてきた事である．とくに，合成・混合構造の構造としての成否のキーポイントは，異種構造部材の

結合部あるいは接合部の合理的な設計法にあるが，そのために，従来の設計者の判断にまかされていた柱はり接合部，継手，柱脚のいわゆる接合部の設計法について具体的な設計式が，第4版では示されたことに大きな特色がある．さらに，それぞれの設計式において鋼とコンクリートによる合成構造の特色を生かして，例えば継手については，RC部分と鉄骨部分の「てこ作用」に基づいて，鉄骨部分の弱点をRC部分で補強する方法，非埋込み柱脚では，アンカーボルトによる応力伝達を積極的に評価する方法，また，埋込み柱脚についても，合理的に鉄骨部分の耐力を評価できる手法を示している．さらに，第4版の特色は，耐震壁の設計法として具体的な手法が示されたことである．その適用範囲としては，柱をSRCとした場合には，それに接続するはりは，SRCはもとより，RCでも鉄骨でも良く，それらの異種構造部材で構成される骨組に内蔵される耐震壁は，RC壁版の他，平鋼や形鋼の筋かい入りの合成壁版や鋼板入りの合成壁板の組合せを可能にしているものである（図-5.8.7参照）．このような適用範囲の拡大に伴って，合成構造，混合構造の有する特性ができる限り反映されるようにするために，関連の深いRC規準や鋼構造規準に準拠して，SRC規準を構成するという基本的な姿勢を守りな

壁版 はり	RC構造壁版のみ	鉄骨筋かいあるいは鋼板を内蔵する RC構造壁版	
		筋かい入りRC 構造壁版	鋼板入りRC 構造壁版
SRC	SRC ○	○	○
RC	RC ○	△	△
S	S △	△	△

注）○：適用可
　　△：適用可であるが，はり部材に対する応力伝達に
　　　　配慮が必要と思われるもの

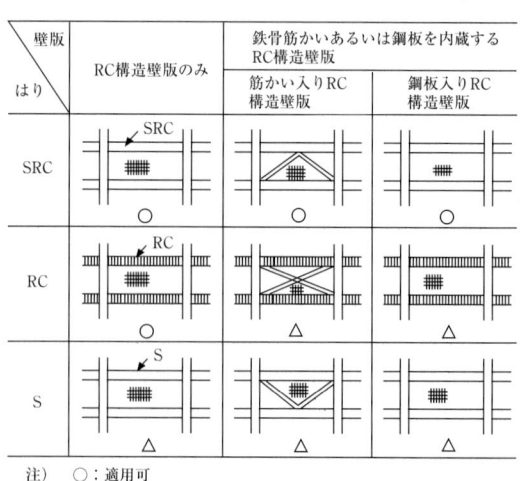

図-5.8.7　広義のSRC構造における周辺はりの構造と壁版の構造の組合せ

がらも，少しずつ具体的な規定については，合成・混合構造としての特性を生かして，RC規準や鋼構造規準とは異なった規定が盛り込まれている．さらに，SRC規準・第4版の特色は，許容応力度に基づく設計と保有水平耐力の検討のいわゆる2段階方式を導入することによって，SRC造建物の耐震設計の実務上の混乱を避けることを配慮したもので，基本的には，大地震に対するSRC造建物の耐震性能を構造各部に生ずる粘りを伴う塑性変形能力によって確保するという考え方に立脚したものである．

なお，SRC規準・第4版では，SRC構造の構造形式として，格子形，ラチス形の非充腹形と充腹形のいずれの形式もその適用範囲に含めているが，部材，接合部の終局耐力の算定については充腹形のものについてのみ記述されており，実質的には充腹形のSRC構造を対象にした規準になっていることが特色の一つである．

また，このSRC規準・第4版では，6章として鋼管コンクリートの設計法も含まれている．鋼管コンクリート構造規準の制定は，1967年に行われ，1980年に鋼管コンクリート規準の第2版が出版されているが，これらの鋼管コンクリート構造の力学的特性は，SRC構造の力学的特性に類似していることが多いので鋼管コンクリートも含めて，合成構造の規準として，第4版が整理されている．充填被覆形および被覆形の鋼管コンクリート構造は充腹形SRC構造として位置づけて設計体系が構築されているが，充填形鋼管コンクリート構造は，SRC構造とは異なった特性をもつものとして位置づけられている．

5.8.10 SRC規準・第5版（2001年）

2001年1月にSRC規準の第4次改定が行われ，SRC規準・第5版[15]が出版された．この改定では，鉄筋コンクリート規準の1999年の改定に対応させること，1994年に制定された鉄骨鉄筋コンクリート造配筋指針（案）・同解説[16]および1997年に制定されたコンクリート充填鋼管構造設計施工指針[17]に整合させることを意図して作業が行われたが，改定の主な点は以下の通りである．

① 単位系はSI単位系にする．
② 適用する鉄骨材料の材質にJIS G 3136を追加する．
③ 適用するコンクリートの設計標準基準強度の下限値$18N/mm^2$とするが，その上限値として普通コンクリートとして$60N/mm^2$，軽量コンクリート1種では$36N/mm^2$，2種では$27N/mm^2$とする．
④ 鉄筋材料SD345, SD390のせん断補強筋用短期許容応力度をそれぞれ$345N/mm^2$，$390N/mm^2$とする．

このように，この度の改定では，規準本文は第4版とほとんど変るものではないが，SRC構造に関しては，本規準書は，実務者に対しては教科書的役割を担っていること，将来，建築構造物の構造設計が仕様設計から性能設計への移行が図られるのは必至であり，SRC構造の性能設計を行うために必要とする基礎的資料を提供することが必要であることなどの理由から，それぞれの条文の解説は，第4版のものに加えて，部材および接合部の短期許容耐力および終局耐力の計算値と実数値の比較検討などを詳細に紹介するなど，解説の充実を図るとともに，付録にSRC部材および鋼管コンクリート部材の復元力特性の概要などを紹介している．

さらに，付録として，1995年1月の兵庫県南部地震におけるSRC造建築物の被害について概説しているが，これらの被害は，わが国のSRC構造の耐震設計技術および高層建築の耐震設計技術が，どのような発展をとげてきたのかを考える上で，貴重な教訓を与えるものである．

5.8.11 兵庫県南部地震によるSRC造建物の被害[18]

1995年1月に発生した兵庫県南部地震による建築物の被害として特筆されるものの一つとして，SRC造建物の被害を指摘することができる．SRC

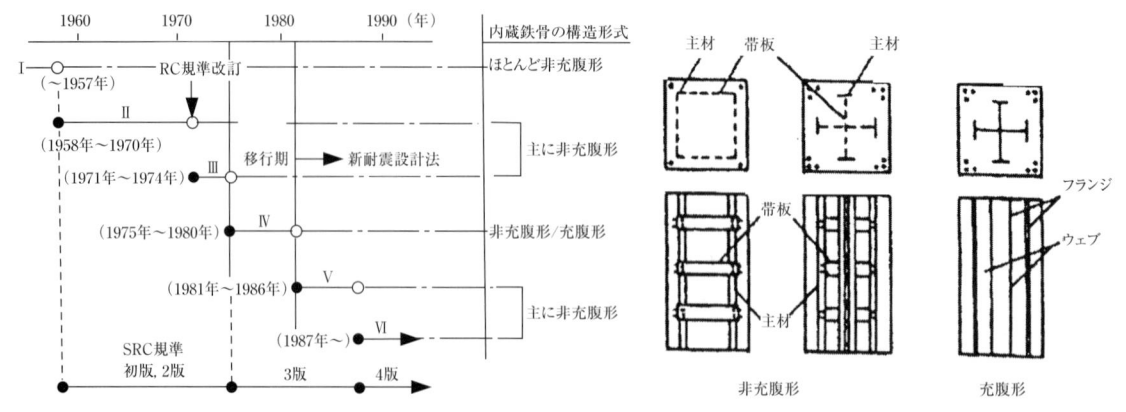

図-5.8.8 SRC造建物の建設年代の分類とSRC基準の変遷

造建物の被害調査報告は，日本建築学会・鋼コンクリート合成構造運営委員会によってまとめられた文献18に詳細に記述されているが，その報告では，SRC構造の被害を，**図-5.8.8**に示すように，SRC規準および建築基準法などの改定年代に対応して，SRC造建物の建設年代を6分割して分析している．すなわち，SRC造建物の柱・はり部材に用いられる内蔵鉄骨形式の違いによって，非充腹形SRC部材と充腹形SRC部材に分類すると，1974年以前（図中のI，II，III期）では，ほとんどのSRC造建物は，非充腹形を用いており，新耐震設計法に移行した1981年以降（V，VI期）に建設されたSRC造建物では充腹形SRC部材が用いられ，第IV期は格子形鉄骨あるいは充腹形鉄骨で設計される鉄骨形式の移行期にあたる．

図-5.8.9は文献18で示された震度7地域に建設されていたSRC造建物の被害状況を建設年代ごとに整理したものである．調査対象建物1307棟の内，56％の731棟が震度7地域に建設されていたが，このうち，第II期に建てられた建物74棟のうち43％の32棟が大破以上の被害を被っており，倒壊した建物（層崩壊を生じたSRC造建物の例を**図-5.8.10**に示す）は16％に相当する12棟にのぼる．さらに第III期（1971～1974年）に建設された建物87棟のうち，32％の28棟が大破以上の被害（このうち7棟が倒壊）を被っている．一方，充腹形SRC造建物がほとんどが含まれる第V，VI期の建物については344棟のうち，大破の被害を被った建物は5％の17棟にとどまり倒壊した建物はない．このような被害分析よりSRC造建物の耐震性能は，以下のようにまとめる事ができる．すなわち，SRC造建物では，新耐震期に

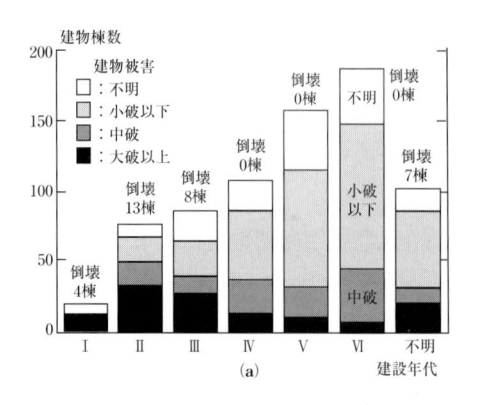

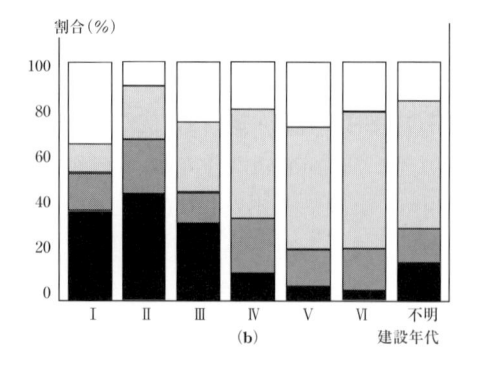

図-5.8.9 兵庫県南部地震における震度7地区のSRC造建物の被害分布

中間層(6階)崩壊を生じた格子形SRC造建物(KB-CH-KN8)

中間層(5階)崩壊を生じた格子形SRC造建物(KB-CH-SMY10)

中間層(3階)崩壊を生じた格子形SRC造建物(KB-CH-KY10)

図-5.8.10　層崩壊を生じたSRC造建物の例

建設された建物には崩壊を生じたものはなく，また，大破に至った建物も少ないと言えるが，これは，新耐震期というよりは，むしろ，SRC造建物に充腹形部材が用いられ充腹形SRC構造としての耐震性能が発揮されたと考えるべきであろう．したがって，逆の事を言えば，旧規準期のSRC造建物に耐震性能の脆弱さが示されたのは，当時の静的な耐震設計の手法のもつ問題の他に，格子形SRC部材のせん断に対する脆弱さの問題が重なったものと考える事ができ，前述したように，1968年の十勝沖地震によるRC構造のせん断に対する脆弱さを教訓にしてSRC造建物の柱の構造を，格子形SRC柱から充腹形SRC柱の移行を意図して改定されたSRC規準・第3版は，SRC構造にとって価値ある規準として評価されるべきであろう．

5.8.12　むすび

わが国のSRC構造の設計技術の発展と，それにかかわるSRC規準の変遷について概観したが，1958年の制定以来，40年の経緯の中でSRC規準・第4版によって，SRC構造の設計規準は一応は完成したものとして評価される．しかしながら，兵庫県南部地震では，このSRC規準・第4版に基づいて設計されたSRC造建物において，残留塑性変形が生じたものもあり，改めて，SRC構造のもつ塑性変形能力によって結果として生ずる塑性変形を許容をする耐震設計の枠組の是非を含めた，SRC構造の性能設計法の確立が強く望まれている．

1923年の関東地震において，SRC構造の耐震性能の優位性が認識されて以来，今日までの80年間，わが国においてもっとも信頼性のある耐震構法として普及発展し日本建築学会・SRC規準を含めた耐震設計技術も，一応完成した状況において，兵庫県南部地震の試練を受けた事は，SRC造建物においては，きわめて重要な教訓を得る出来事であったと言えよう．すなわち，関東地震で生

れたSRC構造の耐震建築としての「神話」が，関東地震後の最大級規模の地震であった兵庫県南部地震でくずれさったという事であった．その意味において，耐震工学にかかわる我々，研究者，技術者は，地震のもつ，今もって物理的，数理的に解明できていない事象を工学として取り扱うことに，けっして，おごる気持をもってはいけないことを，SRC造建物の被害は，我々に教示していることを心にとめるべきであろう．

◎参考文献

1) 中村　綱：大正十二年関東大震災以後に東京市に建築せられたる鉄骨並びに鉄筋コンクリート構造高層建物の強度計算法に関する統計的研究，建築雑誌，第569号(1933).
2) 仲威雄・高田周三：戦後の高層建築構造設計の趨勢，建築技術，No.7, pp.7-11(1951.10).
3) SRC構造分科会資料：鉄骨鉄筋コンクリート構造計算規準項目集(1954.10).
4) 鉄骨鉄筋コンクリート構造分科会報告：30年度秋季大会研究懇談会報告事項および質疑事項．
5) 構造標準委員会：鉄骨鉄筋コンクリート構造計算規準案について，建築雑誌，Vol.73, No.855, pp.57-69(1958.2).
6) 日本建築学会：鉄骨鉄筋コンクリート構造計算規準・同解説（1958制定）(1958.10).
7) 日本建築学会：鉄骨鉄筋コンクリート構造計算規準・同解説（1963改）(1963.6).
8) 日本建築学会：新潟地震災害調査報告，9章鉄骨鉄筋コンクリート構造, pp.511-515(1964.12).
9) 日本建築学会：鉄骨鉄筋コンクリート構造計算規準・同解説(1975.11).
10) 日本建築学会：1968年十勝沖地震災害調査報告，3章鉄筋コンクリート構造, pp.39-571(1968.12).
11) 若村実・南宏一：一定軸力と確定的な繰り返し曲げせん断力をうける鉄骨鉄筋コンクリート柱のせん断強度に関する実験的研究，コンクリート工学，Vol.13, N0.3, pp.1-17(1975.3).
12) 日本建築学会：1978年宮城県沖地震災害調査報告，第7章鉄骨鉄筋コンクリート造建物の被害, pp.595-629(1980.2).
13) 日本建築学会：鉄骨鉄筋コンクリート構造計算規準・同解説（1987改）(1987.6).
14) 日本建築学会：建築耐震設計における保有耐力と変形性能(1981)，鉄骨鉄筋コンクリート構造(1981).
15) 日本建築学会：鉄骨鉄筋コンクリート構造計算基準・同解説（2001改）(2001.1).
16) 日本建築学会：鉄骨鉄筋コンクリート造配筋指針(案)・同解説（1994.7).
17) 日本建築学会：コンクリート充填鋼管構造設計施工指針(1997.10).
18) 日本建築学会：阪神・淡路大震災調査報告，建築編2, プレストレストコンクリート造建築物／鉄骨鉄筋コンクリート造建築物／壁構造造建築物（1998.8).

5.9 地盤・建築基礎技術の20世紀——回顧と点描

2000年11月号

吉見 吉昭
東京工業大学名誉教授

5.9.1 はじめに

地盤・基礎にかかわる主な災害には，不同沈下，地震時の液状化，斜面・山留めの崩壊がある．建築基礎の設計法については，許容地耐力表と杭打ち公式から脱皮して，土質力学と地盤調査結果に基づく合理的設計法がわが国で普及するのは，20世紀の後半になってからであった．掘削および建築基礎の施工法については，海外から導入された技術を足場にして，わが国独自の技術が開発されてきた．近年はきわめて強い地震動への対応および環境問題との調和が重要な課題となっている．

5.9.2 地盤・基礎にかかわる災害
（表-5.9.1のA欄参照）

地盤・基礎にかかわる災害には，不同沈下，震害，崖崩れ，地すべり，山留めの崩壊，根切り底のヒービング，酸素欠乏事故などがある．震害については，砂地盤の液状化のように地盤が主役を演ずることが明らかな場合のほかに，不同沈下を介して上部構造に被害が及ぶ可能性がかねがね指摘されていた[1]．

明治になって，洋式の重い建物が増えるにつれて，不同沈下が問題となってきたが，高度成長時代に入ってからは，
- 都市の過密化に伴い，軟弱地盤や丘陵地などを建築敷地として利用する機会が多くなった．
- 掘削に伴う周辺地盤の沈下や，杭打ち騒音・振動などの公害に関する条件が厳しくなった．
- 地震時の砂地盤の液状化や地盤沈下地域の長尺支持杭のネガティブ・フリクションによる被害が顕在化した．

以下，項目別に説明する．

a. 粘土層の圧密による不同沈下または杭の抜上り 粘土層に含まれている間隙水が，建物・盛土の重量によって押し出されるか，または地下水位の低下によって吸い出される結果起る圧密沈下は，建物の不同沈下の原因となりうるが，これには，直接基礎または摩擦杭の下の地盤の圧密による不同沈下と，長い支持杭が過大なネガティブ・フリクションによって支持層にめり込んだり破損することによる不同沈下がある．その他，支持杭が抜け上って，基礎スラブ下に空洞ができたり，配管が破損したりすることもある．

東京や大阪では第二次大戦前から地盤沈下が起っていたが，1955年頃から，新潟平野，濃尾平野など全国各地で顕著に認められ，年間最大20cmの沈下量が記録されるようになった[2]．古くから地盤沈下が記録された例として，東京都江東区亀戸での地表面沈下量および深さ60m程度での地下水位の経時変化の一例を**図-5.9.1**に示す[3]．1892

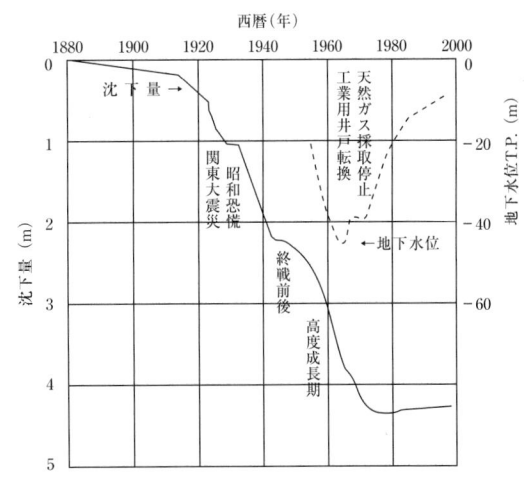

図-5.9.1 東京都江東区亀戸における地盤沈下と地下水位
（地下水位の年間変動は省略）

（明治25）年以来，地表面が4.4m近くも沈下した後，工業用井戸の転換，天然ガス採取の停止などの効果があって，地下水位が上昇に転じた後，しばらく経ってから沈下が鈍化し，1970年代後半以降は，わずかに隆起している．近年は，地下水位の上昇による深い地下構造物の浮上りおよび水圧増加が問題になっている．

戦後の復興期に2mも沈下する前に，昭和初期の不況期（昭和恐慌）と終戦前後の工業不振期に沈下速度が鈍ったことがわかるが，このことは，この場所の地盤沈下が地下水の汲上げに起因したことを明確に示している．地下水汲上げ規制が大幅に遅れた理由は，関東大地震（1923年）の際の急激な沈下にこだわる地殻変動説が地下水主原因説を押えたためであったらしい[4]．安価な工業用水を求めた結果，広大なゼロメートル地帯が出現し，防潮堤の嵩上げや橋の架け替えなどに多額の社会資本を投入する結果となったことは残念であった．ちなみに大阪での対応は東京より10年ほど早かった[2]．

早くから事務所ビルが建てられていた東京の丸の内周辺では，米松杭・ペデスタル杭などの支持杭が採用された結果，地盤沈下によって建物と道路面の間に大きな段差が生じ，入口に数段の階段を付け足す例が少なからずあった[5]．

1960年代になって，支持層深さが60mを超える場所でも先端支持杭が使われるようになった結果，沈下する地盤が杭の周面に下向きの摩擦力を及ぼす，ネガティブ・フリクション（負の摩擦力）現象によって，杭先端がめりこんだり，杭体が座屈した．その結果，建物に大きな不同沈下や傾斜が生じる被害が出てきて，最悪の場合，建物を取り壊した事例もあった．一方，長い杭がなかった時代に，摩擦杭基礎や改良地盤の上に建てられた中層RC建物のなかで，アパートのように荷重分布が一様なものは，不同沈下が比較的小さく，問題のないものが多かった．

b. 砂地盤の液状化と側方流動　1923年関東大地震（$M = 7.8$），1948年福井地震（$M = 7.3$）では砂地盤の液状化が起ったが，当時は軽い建物が多かったので，沈下・傾斜があまり目立たなかったものと思われる．1944年東南海地震（$M = 8.0$）については，戦争末期のことで，情報公開が規制されたけれども，かなり広範囲に液状化が発生したようである[6]．

液状化および側方流動による建物の沈下・傾斜が顕著にみられ，その調査が十分行われて多くの貴重な教訓が得られたのは，1964年新潟地震（$M = 7.5$）であって，水平に近い地盤の側方流動，RC建物の沈下・傾斜，浄化槽の浮上りなど，多様な被害形態が観察されたほか，地盤改良などの対策の有効性も確認された[7,8]．日本建築学会の建築基礎構造設計規準・同解説（以下，基礎規準と呼ぶ）の1960年版では，液状化のおそれがあるので，N値が5以下の砂地盤では地耐力をゼロにすべきこと等が述べられていたが，4年後に新潟地震が起るまでは，深刻には受け止められなかった．しかし，内藤多仲が，早くから液状化の可能性を予測して対策を講じていたのはさすがである．

1968年十勝沖地震と1993年北海道南西沖地震では，砂鉄採取跡を埋戻したきわめてゆるい砂地盤で激しい液状化または陥没が起った．1978年宮城県沖地震では，基礎規準の1974年版で杭の水平抵抗の検討法が示されていたにもかかわらず，それを無視して設計された高層建物の基礎杭に破損がみられた．1983年日本海中部地震では，平地での液状化のほか，液状化による緩斜面の側方流動が起った．

1995年兵庫県南部地震では，砂地盤だけでなく，マサ土の埋立地盤が液状化して側方に流動し，杭基礎が大きな被害を受けた[9]．しかし液状化発生条件に関しては，日本建築学会の基礎規準の1988年版で示されたN値に基づく液状化判定規準，および原位置凍結法によって採取した砂の良質な乱さない試料に対する試験結果[10]との矛盾はなかった[11]．一方，道路橋下部構造の当時の設計指針では，マサ土は液状化の恐れのない土とされていた

ほか，強い地震動に対応できていなかった．

　c．斜面崩壊と掘削にかかわる事故　豪雨による崖崩れは，1949年キティ台風のころから問題になっていたが，その後，丘陵地の開発が進む状況に対応するために，1962年に宅地造成等規制法・同施行令が定められ，擁壁・排水施設等に関する技術的基準が示された[12]．1968年十勝沖地震（$M=7.9$）の際は，直前に降った豪雨の影響もあって山崩れが起り，1978年宮城県沖地震（$M=7.4$）の際は，傾斜地の宅地で地震による崖崩れが起った．土石流による被害も少なくない．

　地すべりは，通常は，比較的緩い斜面が不透水性の地層の上をゆっくりすべる現象であるが，これも開発が進むにつれて，建物に被害を与える例が出てきた．これとメカニズムは違うが，1995年兵庫県南部地震では，きわめて強い地震動によって，斜面の「急速地すべり」が発生した．

　シートパイルが使われはじめた頃は，その強度を過信するあまり，支保工を省略して失敗した例があったようだが[13]，支保が十分でも，地盤のせん断抵抗が不足して土が壁の下を回り込んで根切り底を押し上げるヒービングが起ることがあった[14]．

　酸化していない砂礫層が空気から急速に酸素を奪うことによる「酸素欠乏事故」が潜函，深礎の底などで換気が不十分な場合に起ることがあった．

5.9.3　土質力学と建築基礎の設計
　　　　（表-7.9.1のB，C欄参照）

　19世紀後半から20世紀初頭にかけての建築基礎の設計は，主として経験則である許容地耐力表に基づいて行われていた．そこでは，上部構造や基礎の形・大きさ・深さなどとまったく無関係に，土の種類と状態だけによって地耐力が決められており，地盤の性質を表すのに，硬いとか軟らかいなどの定性的な表現が使われていた．粘土が軟らかいか硬いかによって地耐力が1対4と大幅に異なる例もあった．

　基礎の設計を合理的に行うために必要な土質力学の体系化にもっとも大きく貢献した人がテルツァーギ（Karl Terzaghi, 1883～1963）であったことには異論はないであろう．彼は1920年以降，圧密理論，支持力理論などの重要な研究成果を発表し，それを応用して多くの困難な土工事・基礎工事の設計・施工を指導し，多くの優れた人材を育成した[15]．とくに圧密理論は，粘土層に含まれる水が押しだされて起る，時間遅れを伴う圧縮現象を解明したもので，固体だけを対象とした材料力学とは異なり，土の骨格と間隙水からなる2相系の力学として1925年頃の理工学界で高い評価を受けた．

　わが国では，1930年以来，鉄道省，内務省土木研究所，各大学などの土木工学の分野で，いち早く新しい土質力学の導入が始められた．例えば，山口昇は1936年発行の岩波全書「土の力学」のなかで，「動水圧による支持力論」として，テルツァーギの圧密理論を紹介している．一方，建築の分野では，土木より少し遅れはしたが，1936年に，内藤多仲を会長とする建築基礎研究会が発足し，精力的な活動を行った[16]．

　1943～1948年に，テルツァーギ，テイラー，ペックによる土質力学の英文単行本が次々と出版され，教科書および参考書として広く読まれるようになったが，地震のことにはほとんど触れられていない．日本建築学会から1952年に発行された基礎規準（南和夫主査，古藤田喜久雄幹事）は上記の本を下敷きにして書かれていたためか，地震時の土の強度低下が反映されていない．例えばこの規準では，学会の他の構造規準にならって，許容地耐力度の短期荷重に対する値を長期荷重に対する値の2倍にした結果，ゆるい細砂の長期地耐力度が$10tf/m^2$（約100kPa）のところ，液状化が起ればきわめて小さいはずの短期地耐力度が$20tf/m^2$（約200kPa）となっていた．

　1960年版の基礎規準（竹山謙三郎主査，大崎順彦・小泉安則幹事）には根切り工事が追加されたが，液状化にも言及している．すなわち，N値

表-5.9.1　地盤・建築基礎技術の変遷

西暦		A. 地盤に関わる災害	B. 土質力学等	C. 基礎設計	D. 基礎工法
1900	明治		─ 土圧論（18, 19世紀） ─ 地中応力（19世紀） 液性・塑性限界	─ 杭打ち公式（19世紀） ─ 許容地耐力表（19世紀）	松杭 レーモンド杭 ペデスタル杭
1920	大正	関東大地震：液状化 支持杭の抜上り 山留め崩壊 丸の内の地盤沈下	圧密理論 支持力理論 土の分類法 三軸圧縮試験 国際土質基礎工学会議−I	建築基礎研究会	米松支持杭（蒸気ハンマー） 武智杭（節杭） シートパイル 木田式深礎/逆打ち工法 ニューマティックケーソン/ウオールケーソン 遠心RC杭 竹中式潜函工法
1940	昭和	東南海地震：液状化 福井地震：液状化 豪雨による崖崩れ 酸素欠乏事故	土質力学の英文単行本 （テルツァーギ・テーラー ・ペック） 土質工学会設立 東京地盤図	建築基礎構造設計規準 建築基礎構造設計規準 （根切り工事）	ウエルポイント 全館オープンケーソン プレストレス杭 ベノト杭/SMW工法/鋼杭 柱列工法/連続壁工法
1960		負の摩擦による不同沈下 新潟地震： 　砂の液状化, 側方流動 十勝沖地震： 　液状化, 山崩れ 宮城県沖地震：杭の破損	［宅地造成等規制法］ 大阪地盤図 N値による液状化判定 数値解析法の応用	建築基礎構造設計規準 （液状化, 杭の水平抵抗, ネガティブフリクション）	リバースサーキュレーション サンドコンパクションパイル ［騒音規制法］ ［振動規制法］ 埋込み杭
1980	平成	日本海中部地震： 　液状化, 側方流動 北海道南西沖地震：液状化 兵庫県南部地震：マサ土 　の液状化, 杭の破損	杭の先端載荷試験 杭の急速載荷試験	建築基礎構造設計指針 建築基礎構造設計指針 （2001.10）	場所打ちコンクリート杭
2000					

が5以下の砂地盤では地耐力をゼロにすべきことなどが解説で述べられていたが，1964年新潟地震が起るまでは，深刻には受け止められなかった．

1974年版基礎規準（大崎順彦主査，遠藤正明・岸田英明幹事）では，砂地盤の液状化に対する検討方法が明文化され，杭のネガティブ・フリクションと杭の水平抵抗が追加された．規準から指針と名前が変った1988年版（吉見吉昭主査，井上嘉信・杉村義広幹事）では，N値と細粒分含有率に基づく液状化判定方法が整備された．

合理的な基礎の設計に不可欠な地盤調査資料については，1930年の「東京及横浜地質調査報告」を皮切りに，1959年には，膨大な資料を整理した「東京地盤図」が刊行され，その後，1966年の「大阪地盤図」など，次々と各地で出版された．このような地盤図が発行できたのは，地盤調査デ

ータの公開に寛容なわが国の特徴が活かされたものと言える．

騒音・振動の規制により，打込み杭に替って埋込み杭や場所打ちコンクリート杭が使われるようになった結果，支持層として利用できるはずの「中間層」を貫通して，例えばN値50を超えるような堅固な地層まで届く長い杭が選ばれる場合が増えてきて，過剰設計の弊害が指摘されるようになった[17]．その理由は，構造設計者にとって，支持層の深さを確かめるだけの簡単な地盤調査で済み，行政指導に従えば基礎の設計が速く楽にでき，しかも沈下を心配しないで済むと（楽観したと）いうことであろう．しかし，実際は周囲地盤の沈下による杭頭の抜上りやネガティブ・フリクションによる不同沈下が起ったことは前に述べた通りである．

そこで，悪いのは沈下量の絶対値ではなく，不同沈下であることを再認識し，それを許容値以下に納めた直接基礎や摩擦杭基礎を選択肢に加えて設計するべきだということで，フローティング基礎を含む，支持杭を用いない建築基礎が議論された[18]．その後明らかになったように，1995年兵庫県南部地震の際の液状化によって地盤が沈下した場所でも，直接基礎や摩擦杭基礎をもつ建物がほとんど被害を受けない例が多かった[9]．近年は，直接基礎と杭基礎を複合して用いる形式の「パイルド・ラフト（piled raft）」基礎を合理的に設計する方法が整備されてきており，2001年版の基礎指針にも取り入れられた[19]．

数値解析手法が整備されるにつれて，地盤・基礎・建物系を対象とする静的・動的解析が行われるようになった．有限要素法は，要素ごとに力学的性質が変えられる点で，本来非均質な地盤の解析に適した方法であって，1960年代末期から地盤工学に応用されるようになったが，近年では，コンピュータの性能が向上するにつれて，費用さえ惜しまなければ，非線形・三次元・動的問題まで取り扱えるようになっている．意味のある結果を出すには，解析技術の精度に見合う地盤特性の的確な把握が必要であるが，せん断波速度から求めたせん断弾性係数をひずみの大きさに応じて低減する手法が有力である．

最近，建築構造の設計規準が性能設計に変る動きに沿って，基礎構造においても，これまでの極限支持力を安全率で割ったものを許容支持力とする考え方から，許容変形量を設定する方向に変って行くようである[19,20]．

5.9.4　建築基礎の施工（表-5.9.1のD欄参照）

明治から大正にかけては，松杭，米国からのコンクリート系の杭，長尺の米松が使われた[21]．例えば，最近取り壊された丸ビルは，1920年に工事が始り，長さ約13.5mと15mの米松（ダグラスファー，オレゴンパイン）が蒸気ハンマによって東京礫層まで打ち込まれたようである．

1930年代の木田式深礎は，ピヤ工法として世界に先駆けた工法であった[21]．これを活用した逆打ち工法もすでにこの時代に始っていたことは特筆に値する[22,23]．

大都市の軟弱地盤に，大規模な，深い地下階をもつ建物が敷地いっぱいに建てられるようになると，根切り・山留めは，経済性と安全性の相反する条件を際どくバランスさせる，きわめて重要な施工課題となってきた．ニューマティック・ウオールケーソン工事（第一生命ビル），全館オープンケーソン工事（日活国際会館）[23,24]は，もっとも先駆的な例であるが，その後も，地価の高騰と31mの高さ制限に対応するために，地下空間利用の必要性はさらに高まった．高さ制限がなくなってからも，駐車場・地下街などのために，地下4～6階の深い地下階が設けられる例は少なくない．

掘削の進行とともに増える地盤情報を，その後の施工に有効に活用する「観測施工法」の一例として，荷重計によって切梁の応力を測定しながら施工を進める方法が根切工事の安全性の向上に大きく貢献した[25]．

騒音・振動規制および根切り深さの増大によ

り，シートパイルの打込みができなくなった後は，もっぱら柱列工法と連続壁工法によって土留め壁を構築するようになった[22]．後者はコストが高いので，本設壁を兼用することを目指すようになると，耐久性と継ぎ目の応力伝達能力が問題となり，ゼネコン各社がさまざまな創意工夫をこらすようになった．広大な敷地での長い切梁を省略し，かつ，大型掘削機械を効率よく活用するために，タイバック・アンカーを用いる例もみられるようになっている．

建物が高層化して，深い堅固な地層を支持層とするようになると，RCからプレストレスコンクリート，オートクレーブ養生高強度コンクリート，鋼管というふうに杭の高強度化が進んだ．当初はディーゼルハンマで打込んでいたが，騒音規制法（1968），振動規制法（1976）によって，市街地での施工が困難になり，埋込み杭，場所打ちコンクリート杭などのnon-displacement杭に替ってきている．しかし，これには支持地盤のゆるみ，スライムの沈積などの問題がある．また，大口径化，拡底化とともに杭を柱下に一本設置する例が多くなり，1本の沈下がただちに不同沈下を引き起すので，より厳密な施工管理が要求されるようになっている．

前節で述べたように，現代土質力学の導入では土木に少し遅れをとった建築技術者であったが，軟弱地盤における施工技術に関しては，けっして土木に負けていたわけではなかった．ゼネコン各社では，1944年以来，次々と社内に研究組織を作り，活発な研究・開発を行ってきている[26]．その結果，少なくとも地盤工学に関しては，ゼネコンが建築設計事務所より高いポテンシャルをもつのが現状である．

5.9.5 トピックス
（1） 建設省建築研究所の貢献

建設省建築研究所では，竹山謙三郎の先見性により，航空畑から大崎順彦と小泉安則を招き，早くから地盤・基礎の研究に取り組んだ．標準貫入試験機を含む土質試験・地盤調査設備一式を1951年に米国から輸入した後，大崎と小泉は，それぞれ1952年と1956年に，土質実験設備の整備されていた，米国のノースウエスタン大学に留学して，オスタバーグ（J.O.Osterberg）教授から実践的土質力学を学んできた．彼らは，従来の建築構造学の固定観念にとらわれない柔軟な発想と並外れた能力を駆使して，急速に建築の分野での土質力学と基礎工学のポテンシャルを高め，それを普及した．

日本建築学会の建築基礎構造設計規準については，前に述べたように，1960年版の主査を竹山が，幹事を大崎と小泉が担当したほか，1974年版は大崎主査がまとめ，部下の岸田英明が幹事を勤めた．また，杉村義広は1988年版の幹事を勤めた．

1962年に制定された宅地造成等規制法についても，竹山，大崎，小泉，岸田が指導的な役割を果した．1964年新潟地震の際は，液状化の調査・研究を積極的に行い，液状化発生を判定するための「限界N値」の概念を提唱したが，これは世界に先駆ける独創的な研究として高く評価されている[7]．

（2） 日本住宅公団による大規模地盤改良

日本住宅公団では，1960年頃，軟弱地盤地帯に大規模な団地を建設したが，その際，不同沈下の影響を比較的受けにくい，整形で剛性の高い中層建物の特徴を活かして，地盤改良工法を積極的に利用した[27]．用いられた工法は，種々の動的締め固め工法と，圧密促進のためのサンドドレーンなどを併用するプレローディング工法であった．前者は騒音・振動を伴う工法であるが，未開発の広大な敷地がその適用を可能にした．その他，詳細な地盤調査や現場実験が可能という条件が幸いしたことも確かであるが，阪口を初めとする担当技術者の先見性と努力に負うところも大きかった．

これらの地盤改良工法は，1995年兵庫県南部地震の際，その有効性が実証された．すなわち，西宮市の沿岸に1962～1965年頃建設された浜甲子園団地では，ゆるい砂地盤の液状化防止の目的で，サンドコンパクション工法による締固めが行わ

れ，宝塚周辺・淡路島・大阪湾岸部では重錘落下締固め工法が用いられた．これらの改良地盤の上に建てられた建物は，あれほどの強震にもほとんど被害を受けなかったことが確認されている[28]．

5.9.6 おわりに

20世紀前半については，詳細な文献調査に基づく遠藤の労作[16]があるので，ここでは，それを補足する程度に留めた．筆者が建築構造技師になった1950年以降については，できるだけ原体験に基づく記述を試みたが，施工技術については遠藤正明博士（地盤工学会名誉会員）から多くの適切な助言および資料を頂いた．また，近畿大学の阪口理教授，東京理科大学の岸田英明教授，日本工業大学の桑原文夫教授からも貴重な資料を頂戴した．これらの方々に厚く御礼申し上げます．

◎参考文献

1) 竹山謙三郎：建築基礎構造設計規準について，土と基礎(1961.2).
2) 建設省国土地理院地理調査部：全国主要地域における地盤沈下の推移(1988).
3) 東京都土木技術研究所：平成10年地盤沈下調査報告書(1999.7).
4) 和達清夫：地盤沈下研究の回顧，土と基礎(1976.11).
5) 北沢五郎：丸の内の地盤沈下に関する二三の資料，建築雑誌(1935.9).
6) 飯田汲事：1944年東南海地震と1946年南海地震，建築防災(2000.4).
7) 吉見吉昭：砂地盤の液状化（第2版），技報堂(1991).
8) 若松加寿江：新潟地震と液状化現象，建築防災(1999.7).
9) 時松孝次：地盤および基礎構造から見た建物被害，土と基礎(1996.2).
10) 吉見吉昭：砂の乱さない試料の液状化抵抗～N値～相対密度関係，土と基礎(1994.4).
11) 時松孝次：耐震設計とN値，基礎工(1997.12).
12) 岸田英明：宅地造成等規制法・同施行令の紹介，土と基礎(1971.7).
13) 永井久雄：建築における基礎・地下工事の回顧，土と基礎(1974.12).
14) 遠藤正明：山留め工の推移と展望，土と基礎(1973.5).
15) 吉見吉昭：テルツァーギと土質力学，土と基礎(1974.11).
16) 遠藤正明：土質力学/基礎・くい，近代日本建築学発達史，日本建築学会(1972).
17) 阪口理：建築基礎の現状と問題点，建築技術(1982).
18) 吉見吉昭・福井實・伴野松次郎：支持杭を用いない建築基礎，建築技術(1983.6).
19) 日本建築学会：建築基礎構造設計指針・2001年改定版(2001.10).
20) 桑原文夫：杭基礎の歴史―施工法と支持力，建築雑誌(1999.6).
21) 豊島光夫：絵でみる基礎専科(上)・(下)，建設資材研究会(1975).
22) 遠藤正明：基礎工法の最近の動向，建築雑誌(1968.11).
23) 大内二男：建築基礎の移り変り，土と基礎(1977.2).
24) 大内二男：日活国際会館潜函工法，建築雑誌(1951.8).
25) 遠藤正明：油圧式土圧計の考案とその実用性による根切工事の安全性の向上，建築雑誌(1967.8).
26) 斉藤二郎：戦後における建設業と土質基礎工学，土と基礎(1974.7).
27) 阪口理：中層建物の地盤安定工法，建築技術(1964.10).
28) 阪口理：西宮市浜甲子園団地の液状化防止工法，土と基礎(1997.3).

第6章
建築技術開発の動向

6.1 同潤会アパートの防災性

2000年5月号

大月　敏雄
東京理科大学工学部

6.1.1　はじめに

　同潤会アパートの中では，東京・青山の表参道沿いに建設された「青山アパート」がおそらく一番有名であろう（図-6.1.1）．このアパートは，現在各所の服飾店が入居する，古ぼけて壁面にツタの生い茂った建物で，よくテレビ・ファッション誌などに登場するのでご存じの方も多かろう．また代官山アパート（再開発済み）や江戸川アパート（現存）も有名である．同潤会アパートは，関東大震災の復興住宅として東京・横浜に16か所*建設され，建設当初から現在に至るまで，さまざまに評価され続けている．

　ここでは，こうした同潤会アパートの防災性に焦点を当て，これらのアパート群がたどった道のりと，いかに防災性を発揮したか，あるいはしなかったということについて検証してみることにする．

図-6.1.1　表参道沿いの同潤会アパート

6.1.2　関東大震災と同潤会

　1923（大正12）年9月1日の関東大震災は甚大な被害をもたらしたが，住宅の復旧はかなり遅れ，10ヵ月を経てもなお，東京・横浜の公園や学校等の敷地内に行政や慈善団体によって建てられた集団バラックで生活をしていた人々は約10万人を超え，焼失区域内に個人バラックを建設し生活していた人々も多く，このような人々の定住の場としての小住宅の供給が急務とされた．

　こうした中，内務省社会局の池田宏という能吏によって，ハウジングの側面から都市を復興する役割を担うため，国内外から寄せられた義捐金のうち1000万円を基金とする財団法人同潤会が設立された（1924（大正13）年5月23日）．日本初の国家的住宅供給機関の誕生である**．ただし，当初は東京・横浜に事業地が限られていた．

　同潤会設立当初の目的は，「住宅の経営と不具廃疾収容所ならびに授産場の経営」の2つであったが，後者は1928（昭和3）年に同潤啓成会として独立し，以後同潤会は住宅関連事業に専念することになった．

　設立当初の計画では，まず住宅経営事業として1938，1939（大正13年，14）年度中にRC造のアパートを1000戸，普通住宅（2階建てを主体とした木造の長屋建て住宅，図-6.1.2）を7000戸，合計8000戸建設する予定であった．しかし，政府による被災者向けの応急住事業は遅々として進まず，同潤会は政府からの交付金をもとに急遽，仮住宅（今でいう仮設住宅）（図-6.1.3）の建設に乗

＊　深川に建設されたスラム・クリアランスによる「猿江共同住宅」はアパートメント事業ではないが，RC造3階建てのアパートには変らないので，ここではアパートに含めることにする．
＊＊　震災以前にも公営住宅事業や，「東京府社会事業協会」といった，公共団体あるいはその外郭団体によるハウジングは行われていたが，国家レベルの団体はなかった．

6.1 同潤会アパートの防災性

図-6.1.2 十条普通住宅(同潤会:『同潤会十八年史』)

図-6.1.3 塩崎町仮住宅(同潤会:『同潤会十八年史』)

表-6.1.1 同潤会のアパートの概要

アパート名	現所在地	建設完成	数階数	戸数	付帯施設
中之郷	墨田区押上	1926年8月6日	3階6棟	102戸	児童遊園, 阿亭(集会所)
青山	渋谷区神宮前	1926年2月25日	3階9棟3階(地下1階)1棟	138戸	児童遊園
柳島	墨田区横川	1926年9月8日	3階6棟	193戸	娯楽室
代官山	渋谷区代官山	1927年1月14日	2階23棟3階13棟	337戸	娯楽室, 児童遊園, 食堂, 浴室
清砂通	江東区白河, 三好	1927年3月19日	4階3棟3階13棟	663戸	娯楽室, 児童遊園, 食堂, 医務室
猿江	江東区毛利, 住吉	1927年10月17日	3階18棟	294戸	児童遊園, 隣保館(善隣館)
山下町	横浜市中区山下町	1927年9月22日	3階2棟	158戸	娯楽室, 食堂
平沼町	横浜市西区平沼町	1927年12月28日	3階2棟	118戸	娯楽室
三田	港区三田	1928年2月12日	4階1棟(一部3階)	68戸	
三ノ輪	荒川区東日暮里	1928年6月23日	4階2棟	52戸	
鶯谷	荒川区日暮里	1928年6月23日	4階2棟	96戸	児童遊園
上野下	台東区東上野	1929年4月30日	4階2棟	76戸	
虎ノ門	千代田区霞が関	1929年6月18日	6階(地下1階)1棟	64戸	食堂, 浴室
大塚女子	文京区大塚	1930年5月15日	5階(地下1階)1棟	158戸	食堂, 浴室, 日光室, 音楽室, 応接間
東町	江東区毛利	1930年6月30日	3階1棟	21戸	
江戸川	新宿区新小川町	1934年8月16日	4階1棟6階(地下1階)1棟	260戸	児童遊園, 浴室, 社交室, 理髪室

り出すことになった．仮住宅は，木造平屋の長屋形式で，住宅・店舗の2種にわかれており，託児所・授産場・仮設浴場も備えていた．このことは，この度の阪神大震災時の仮設住宅群が，ほぼ住居のみで構成されていたことを考えると，特筆に値しよう．

一方，本業の普通住宅は，予定されていたアパートメント建設が，復興区画整理未完による敷地選定の遅れやコンクリート施工時期の関係で，1938（大正13）年度には間に合わなくなり，300戸分のアパートメントの資金が普通住宅資金に回された．こうして1938（大正13）年度には3400戸余りの普通住宅が一挙に建設されたが，逆に翌大正14年度には，震災による住宅不足がやや緩和され，交通の便の良い市内での住宅需要が高まったとして，その予算をアパートメントに回したため，普通住宅はわずか70戸余りしか建設されなかった．

次に，もう一つの本業であるアパートメント事業（**表-6.1.1**）は，1939（大正14）年度から始ま

り，東京・横浜の交通の便のよいところに1926（昭和元）年から1934（昭和9）年の間に16か所，2500戸余り建設された．住戸の多くは2室から3室で構成される世帯向け住宅であったが，独身者向けの住戸も計画された．また，独身職業婦人向けの大塚女子アパートも建設された．

一方，不良住宅地（いわゆるスラム地区）の改良事業として，深川猿江裏町にRCアパートが建設されたほか，横浜の南太田や日暮里にも木造ではあるが改良住宅が建設された．

また，普通住宅事業が一段落した後，一般中流の勤め人向けに文化的理想的な小住宅の模範を示

すために，1938（昭和3）年から1938（昭和13）年までに，524戸の木造分譲住宅を建設した．しかしこの事業も1939（昭和14）年からは，職工向けの住宅分譲に少しずつシフトしていく．これは，日本の軍国主義化に伴うもので，職工向け分譲住宅はモノをつくる軍事工場に従事する人々を住宅面から支援するという発想であった．事実，勤人向分譲住宅より，職工向の方が資材の特別配給等の政府による支援が充実していた．そして昭和16年，同潤会は，厚生省の主管のもと戦時中の住宅不足解消のために設立された特殊法人住宅営団に，吸収された（**表-6.1.2**）．

6.1.3 同潤会アパートにおける防災性

同潤会アパートの建設戸数は2 500戸ほどで，数として多くはないが，当時の東京に「アパートメントムーブ」をもたらした．このブームは，それまで「○○荘」と称していた木造共同住宅に「○○アパートメント」という看板を付ければ，即入居者が決まるといったものであり，映画館・事務所などを改造して「○○アパート」をつくるような動きが盛んになった．こうした無造作な木造共同住宅の乱立を防災上の側面から食い止めるため，1933（昭和8）年には「警視庁令アパートメント建築規則」というものまで制定された．もちろん震災以前にも，明治末期から木造共同住宅は多数建設され（例えば木造5階建ての上野倶楽部など），公営住宅としても横浜や東京で鉄筋ブロック造のアパート（**図-6.1.4**）が建設されており，集合住宅という居住型式は，当時としては必ずしも珍しいものではなかった．さらに米人建築家ヴォーリズの設計による「お茶の水文化アパート」も震災後すぐに完成し，話題を呼んでいたが，以下に述べるような同潤会アパートの特徴が広く一般に評価され，昭和初期のアパート・ブームを同潤会の集合住宅が先導したことは間違いなかろう．

「同潤会十八年史」によると，当時の長屋程度の賃貸住宅に比べ，同潤会のアパートの特徴として，以下のことをあげている．

(イ) 鉄筋コンクリート造にして地震に安全なること
(ロ) 世帯向のものは各戸毎に不燃質の障壁を設け且つ出入口は防火戸となし火災に安全なること．
(ハ) 建具を堅固にし戸締に意を用い盗難の不安少なきこと．
(ニ) 内部の構造は和洋の生活様式を自由に選択し得ること．
(ホ) 水道電気は勿論炊事及び暖房用の瓦斯の設備あること．
(ヘ) 便所は各戸毎に設け水洗式となること．
(ト) 屋上に洗濯場を設け盥及物干を設備したること．

表-6.1.2 年度別同潤会住宅供給戸数

年度	仮住宅	普通住宅	アパートメント・ハウス	共同住宅	勤人向分譲住宅	職工向分譲住宅	年度合計
1924	2 160	3 420					5 580
1925		73					72
1926		2	288				290
1927		23	1 061				1 084
1928			241	140	60		441
1929			424	114	100		638
1930		4	208	288	52		552
1931			11		36		47
1932		14	11		75		100
1933					82		82
1934		50	260		30	94	434
1935		38	1			96	135
1936			1	21	44	66	132
1937			1	82	26	193	292
1938				162	2	73	237
1939		5				223	228
1940		131	1			145	277
1941						242	242
合計	2 160	3 760	2 508	807	507	1 122	10 864

図-6.1.4 1923（大正12）年，震災前に建設された東京市営古石場住宅（現存せず）

(チ) 台所には流しは勿論調理台，竈，蠅帳等の外ダスト・シュートを取付けたること．
(リ) 其の他押入，鏡付洗面所，帽子掛，下駄箱，表札等に至る迄一切完備せること．

まさに，震災復興住宅だけあって，文字通りイの一番に「耐震性」が謳われており，次いで「防火性」があげられている．では，具体的に同潤会のアパートの防災性能はどのようなものであったのか．

1927（昭和2）年7月号の「建築雑誌」（建築学会）によると初期のアパートの主要な仕様は以下のようなものであった．

基礎：地質に応じ杭打，屏風杭打又はベタ打，鉄筋「コンクリート」造とす．

外装仕上：全部粗面人造石洗出

屋根仕上：凡て陸屋根「ルーフィング」三層貼り「シンダー・コンクリート」防水モルタル塗仕上，一部「ルーフィング」の上に豆砂利撒布

内部壁及天井仕上：「コンクリート」直に漆喰塗，壁の一部防水「モルタル」「ペンキ」塗．階段室の壁，一部人造石洗出．三階居室にて木摺天井漆喰仕上とせるものあり．

造作及建具：造作，軸部は米松を主とし，其他に米栂混用，各戸玄関出入口扉は億世鉄板貼り，建具は一般に米杉，すべて硝子障子使用，仕上は「ペンキ」塗及「ワニス」葺，居室及台所の窓には換気小窓を附す．

アパートの構造は，基本的にはラーメン構造であり，しかも住戸間のRC造界壁も厚く，RC柱が無くとも壁式構造として通用しそうなほど，誠に頑丈なものであった．逆にみると，いわゆる過剰設計であるかもしれない．ちなみに，同潤会アパートの基本的な設計指導は，建築構造学の大御所である内田祥三であった．また同じく建築構造学の大御所である佐野利器も同潤会の評議員であったことを考えると，同潤会アパートは当時としてはほぼ最高の耐震構造スタッフを抱えつつ設計されたといえよう．ただ，東京・横浜に震災前に建設された鉄筋ブロック造の集合住宅（図-6.1.4）も関東大震災を経ながら倒壊せずに使用され続けたことはあまり知られていない．

また，防災上の配慮については，「不燃質の界壁」と「出入口の防火戸」が設けられたが，同潤会清砂通りアパートに関する詳細な寸法が，内田祥文（内田祥三の子）著『建築と火災』に，具体的に示されているので，表-6.1.3にまとめておく．

表-6.1.3のように防火扉は，明かり採りのために網入りガラスを用い，木製の扉を鉄板で巻いたもの（図-6.1.5）で，防火性は高かったが，外壁にうがたれた開口部にはすべて木製のサッシが収

表-6.1.3 清砂通りアパートの主要寸法・仕様

部位	仕上・仕様・材料	寸法(cm)
外壁	鉄筋コンクリート	15
界壁	鉄筋コンクリート	12.5
床スラブ	鉄筋コンクリート	12.5〜14
屋根スラブ	鉄筋コンクリート	12.5〜14
外壁仕上げ	人造洗出塗(リシン)	約1.8
居室内壁仕上げ	漆喰塗	約1.5
居室内床	コルク板(1.3cm)をアスファルトで貼付の上に薄縁	
住戸内間仕切り	木摺漆喰塗	
内部造作	米松，米栂	
玄関扉(厚さ3.5cm)	米栂の腰唐戸28番平鉄板巻ワイヤーグラス	厚さ0.6

図-6.1.5 柳島アパートの玄関扉(室内より)

図-6.1.6　柳島アパートの居室の窓（一番下が換気用小窓）

図-6.1.7　代官山アパートの避難梯子（階段室踊り場に掛けた様子）

まっていた（ただし江戸川アパートはスチール・サッシ）．そして，換気のための小窓が設けられていた（図-6.1.6）．これは採暖や調理のために居室内でガスや火鉢を使用することへの配慮である．

さらに，同潤会アパート建設が一段落ついた頃の1933（昭和8）年6月に制定された警視庁令アパート建築規則（前述）に基づき，各アパートには従来設備した避難用具の他に，消化器，避難梯子，救助袋等が配備されることとなった[2]．これらの避難用具が具体的にどのようなものであったかは必ずしも明らかになってはいないが，近年取り壊された同潤会代官山アパートでは，1933（昭和8）年当時に設置されたであろう避難梯子が残されていた．筆者等は取り壊される際に，この避難梯子を実際に階段室の最上部の踊り場の真鍮の手摺りに掛けて使用してみたことがあるが（図-6.1.7），ほぼ70年前の設備がまだ使用できたことを体験した．

6.1.4　同潤会アパートにおける火災実験

1937（昭和12）年，同潤会アパートの実際の住戸を用いた火災実験が行われた．これは1933（昭和8）年から東大建築学教室によって行われていた一連の実物大木造家屋の火災実験のRC版として行われたものである．同潤会アパートが火災実験に供されたのは，内田祥三が東大教授であり，かつ，同潤会アパートの設計にかかわっていたという理由が考えられるが，一方で，市民の防災・防火（当時は防空という意図も強かった）意識を喚起するために，有名な同潤会アパートが選ばれたのであろう．実際に選ばれたのは清砂通りアパートであったが，実験は深川消防署の協力のもと，3階建ての2階部分の押入に実際に火を付け，その広がりをみるというものであった（図-6.1.8）[1]．実験の結果はおおむねアパートの防火性能を追証するものであったため，居住者は後に空襲が始まっても，比較的安心して暮らしていたという．

6.1.5　空襲と同潤会アパート

太平洋戦争が始まる1941（昭和16）年，前述のように同潤会は住宅営団に吸収されたが，同潤会アパートはそのまま住宅営団の賃貸アパートとして経営された．またこの時期アパート内にも隣組ができ，防火訓練などを盛んに行っていた（図-6.1.9）．

東京では1943（昭和18）年より空襲が始まったが，1945（昭和20）年3月9，10日の東京大空

図-6.1.8　清砂通りアパートにおける火災実験

図-6.1.9　清砂通りアパートの隣組による防火訓練（海内三郎氏提供）

図-6.1.10　清砂通りアパートの隣組による防火訓練

襲は，火災実験によって太鼓判を押された下町地区の同潤会アパートを，躯体だけの姿に焼き尽くした．アパートに逃げ込めば安全だと思い込んでいた周辺の木造住宅に住む人々が大量にアパートに逃げ込んだのだが，猛火は玄関の防火戸からではなく，木製の窓から室内に侵入し，居住者・避難者もろとも焼き尽くしてしまったのである．それでも室内に閉じこもり，雑巾などでせっせと木製の窓枠や桟に水をかけて生き延びた世帯もあった．

6.1.6　戦後の同潤会アパートと建て替え

このようにして下町の大半の同潤会アパートは躯体のみの状態になったが，山の手のアパート（代官山や青山など）でも多少の被害をもたらしていた．そして，住まう場所のない罹災者が雨露が凌げる箱だけとなったアパートに入居し，自力で内部造作をつくり，水道・ガス・電気などを復興していったのである．その後，住宅営団解散ののち，ほとんどのアパートは土地建物共に居住者に払い下げられ，増築・改築などを通して住みこなされていったのである．

近年になり，こうしたアパートは次々と建て替えられている．現在残っているアパートは全部で5か所であるが，残っているところでも再開発の話がないところはない．ただし，今年再開発の高層住宅が完成する代官山アパートでは，取り壊しの際に連合町内会による防災訓練の場所に供され，実際いくつかの住棟に火が付けられ，消防訓練などが行われた（**図-6.1.10**）ことは，同潤会アパートの最後を飾るにふさわしいイベントであったといえよう．

このように，同潤会アパートの一生をみると，これらの建物は，人と建物と火災というテーマを70年ほどの間ずっと経験し，われわれにその記憶を与え続けたといえるのかもしれない．

◎参考文献

1) 内田祥文：建築と火災，相模書房，p.39(1942)．
2) 宮沢小五郎 編：同潤会十八年史，p.196(1942)．

6.2 東京タワーの構造設計

1999年7月号

田中 彌壽雄
早稲田大学理工学部
現 早稲田大学名誉教授

6.2.1 はじめに

　総合的な電波塔である高さ333mの東京タワーは，1958（昭和33）年の暮れに竣工した．設計指導は早稲田大学名誉教授の内藤多仲博士で，設計・監理は日建設計株式会社であった．台風・地震等のきびしい自然環境下にある日本において，当時世界一の高さとなる鉄塔の塔体，アンテナ部そして基礎の設計には並々ならぬ困難を伴ったが，とくに長さ約80mとなる頂部アンテナ部の施工は特筆すべき難工事であった．塔は完成後，強制振動実験によってその振動特性が明らかにされて，その健全性が確認された．内藤博士の構造合理性に基く設計方針によって，充分安全でかつ経済性を満足した鉄塔が見事に誕生した．

6.2.2 東京タワーの計画

　東京タワーは1957（昭和32）年6月29日に着工され，1958（昭和33）年12月23日に竣工した．
　施主は日本電波塔株式会社，設計指導は早稲田大学名誉教授の内藤多仲博士，設計・監理は日建設計，施工は竹中工務店，鉄塔建設は宮地建設工業であった．
　当時テレビ放送の普及に伴い，NHK，日本放送，ラジオ東京等数社のアンテナを一か所にまとめるべき支持鉄塔の建設が計画されて，1957（昭和32）年5月8日に日本電波塔株式会社が発足した．
　関東一円の半径100kmをサービスエリアとするテレビ塔との要求に応えるべく，300m以上の高さの塔が必要との認識から計画はスタートした．
　最終的にはテレビだけではなく，FM放送，通

図-6.2.1

図-6.2.2

信放送等のアンテナも取付けられて，綜合的な電波塔として機能することとなった．

多くのアンテナを取り付ける関係上，またエンパイアステートビルのアンテナとほぼ同じ高さということで，当初は高さ380mでスタートしたが，風圧時のアンテナ部の撓み角度の制限をクリアーするのは困難であるとの理由等から，50m近い高さのカットとなった．

塔の設計は内藤研究室と日建設計の協力の形で進められた．

構造設計は，内藤先生指導のもと，日建設計の鏡才吉氏と，内藤研究室の押川誠氏を中心に進められた．鏡才吉氏は内藤研究室の出身であり，押川誠氏は後に戸田建設に勤務されたが，東京タワーはまさに内藤先生と内藤研究室が手塩にかけ，丹精こめて紡ぎ上げた塔であるといってもよいであろう．

内藤先生は，たまたま当時話題を集めていた，ドイツのシュトゥットガルトに建設中の高さ210mのテレビ塔を参考に，鉄筋コンクリート造の塔を想定した検討も行ったが，とくに地震時の基礎の設計に関して，敷地の関係等より，かなりの困難を伴うとの判断から，鉄塔として計画を進める方針となった．

東京タワーの建設地は，東京都港区芝公園20号地1番と決り，避雷針頂部迄の高さは333m，途中120mの部分に2層の展望台を，223mの所に作業台（特別展望台）を設置し，エレベータ3台で昇降客を運ぶ等の事が決定された．なお鉄塔の直下，四本の塔脚に囲まれた形で，地下1階，地上5階の鉄筋コンクリート造の科学館の建設も決定された．

6.2.3 内藤多仲博士

東京タワー構造設計者の内藤多仲先生は1886年6月12日に山梨県櫛形町に生れ，1910（明治43）年に東京帝国大学工科大学建築学科を卒業し，さらに同大学大学院に2年間在学した．

最初は造船志望であったが，後に建築へと進路変更をした．大学院在学中の内藤先生は，早稲田大学の佐藤功一先生の要請を受けて1910（明治43）年9月に早稲田大学の講師に就任し，1912（明治45）年には同大学の教授として迎えられた．

内藤先生を建築構造へと導いた人は，当時帝国大学助教授で建築構造学を担当していた佐野利器先生であった．内藤先生は大学院への進学を契機として，当時日本へ欧米より導入され始めた近代的な鉄骨構造，鉄筋コンクリート構造などの耐震研究に情熱を注ぐべく突進を開始した．日本において地震学および耐震構造学が，学問として体系化される大きなきっかけとなったのは，1891（明治24）年の濃尾大地震であったが先生は耐震構造の理論化と耐震構造方式の確立に日夜没頭した．

先生は大正六年にアメリカ留学の機会を得て約1年間留学して帰国した後，海外旅行中に体験し

図-6.2.3 内藤邸玄関にて，前列右から土橋登志雄氏，内藤先生，清水伴徳氏，後列右押川誠氏

たトランクの間仕切がその運搬に際して強度上非常に重要であったということと，隔壁で補強された船体が激しい波浪に対して安全性を確保していたということにヒントを得た．「耐震壁」の概念を建築骨組構造へと導入した．先生は一気に耐震壁の配置を軸とした耐震構造理論を組立て，1922（大正11）年4月の浦賀水道地震によって耐震構造への関心の高まりつつあった1922（大正11）年10月から，翌1923年3月まで6回に分けて，日本建築学会の建築雑誌に，「架構建築耐震構造論」を発表した．

一方，実際の建物の構造設計の機会にも恵まれた先生は，その耐震理論を大正10年の興業銀行，また大正11年の歌舞伎座等の実施設計に適用した．1923（大正12）年9月1日，東京に大災害をもたらした関東大地震において，これらの建物が無被害であったことにより，先生の耐震理論そしてその耐震構造方式の正しさが立証され，先生の名声は広く世界に轟くところとなった．

先生はまた，1925（大正14）年のNHK愛宕山放送局の高さ45.4mの日本初の3角形鉄塔の設計を初め，戦前において約60基のラジオ放送用鉄塔を設計し，「昭和の塔作り」の異名を奉られていた．

戦後のテレビ放送の普及に伴い，1954（昭和29）年には高さ180mの展望台付きの名古屋タワーを，1955（昭和30）年には高さ108mの八角形タワーである大阪通天閣を，そして1956（昭和31）年には高さ100mの別府タワーを次々と世に送り出した．

先生は公職および学会活動などにおいても要職を歴任したが，戦前，戦後の2回に互り，日本建築学会会長を務めた．1957（昭和32）年3月に先生は早稲田大学を定年退職したが，生涯を不死身とも思える行動力で貫き通した先生は，数々の輝かしい業績を残して1970（昭和45）年8月25日に逝去された．

6.2.4 塔体の設計

内藤先生は常に建造物は安全であることは勿論，構造力学的に無理のない，構造合理性に基いた素直な形式の構造体でなくてはならないと教えた．それによって経済的な設計が可能となり，またそのような自然体の建物の中にこそ，内面的な健全さと，真の意味での美しさがあると信じて居られたのである．東京タワーの骨組の形は，内藤ドクトリンに基き，極く自然な形で決定された．比較的規模の大きな鉄骨タワーの平面形としては，四角形（四本主柱）がもっとも安定した形態であり，東京タワーの平面形としても四角形平面が採用された．立面形としては，風圧時または地震時の片持柱の曲げモーメント図の形から，柱の断面を経済的に設計するという基本に立って，末

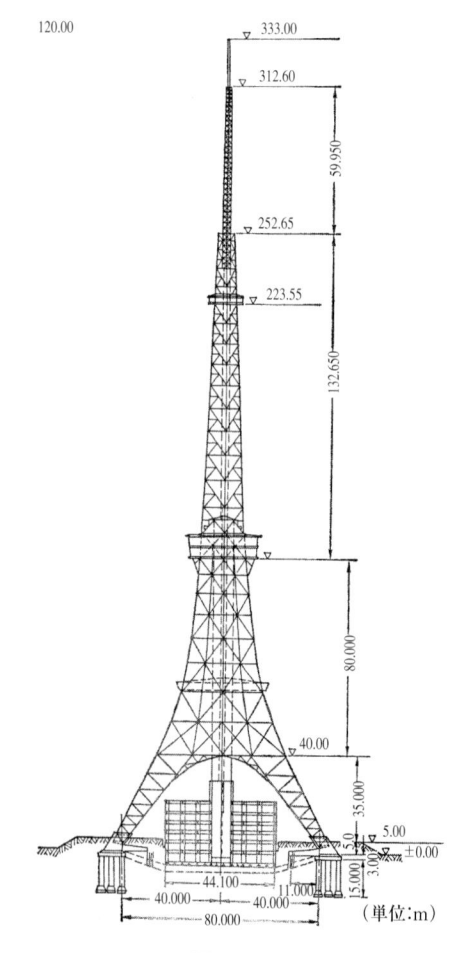

図-6.2.4

広がりの形状が採用された．脚部の広がりは，敷地の関係，基礎設計および塔体直下に配置された科学館の平面形等を考慮して，80mと決定された．

ウェブ材の形としては，高さ115mの部分に計画された展望台から上の部分についてはV字形とし，下部についてはX形のブレースを横に2つ並べた形式が採用された．X形のブレースは鉄骨構造において，風力，地震力等の横力に対して，鉄筋コンクリート構造における耐震壁に代るべき，もっとも有効な抵抗を期待でき，かつ経済的な耐風，耐震の要素なのである．

一般に鉄塔の設計の場合には，軽量であるということから，その構造設計には風力のみが考慮されるが，東京タワーは展望台を有しているために，風力の他に地震力も考慮された．

採用された風力の速度圧は頂部で約500kgf/m²，下部で約240kgf/m²であった．これらの値は，風速に対しては上部で約90m/sec，下部で約60m/secにそれぞれ対応している．

また採用された地震力の震度kは，頂部で$k\fallingdotseq 1$，基部で$k=0.2$であった．

応力は，これらの水平力を静的に加力した場合について算定されたが，応力の値は，風力および地震力に対してそれぞれ求め，大きい方の応力を設計用数値として用いた．全体的には風力時の応力が，地震時の応力を上回ったが，部分的には地震時の応力が採用された．

なお，塔頂部での算定された最大変位は4.4m，最大傾斜角4°7′であった．

一方建築研究所の亀井勇博士による風洞実験も行われて，採用された風力の値は，安全側の数値であるとの確認がなされた．

なお，余談ではあるが，大展望台から上部の鉄塔主柱の形状については，一寸した造形的な隠し味があることを付け加えよう．

これは名古屋タワーでの教訓に基くものであるが，名古屋タワーでは，展望台から上部の主柱は，上部アンテナの取付け部まで一つの直線で結んだ形状としたのであるが，塔の上部のこの部分は視覚的にいくぶん外側に膨らんだ形状となってしまったことに鑑み，東京タワーでは，大展望台から上部のアンテナの取付け部までの主柱輪郭線を一つの直線とはせずに，この直線から，ほぼこの部分の高さを3等分した位置で内側に約50～60cm絞り込んだ3つの折線で構成した．これにより視覚的に塔体が外側に膨らむのを防止することができたのである．

鉄塔主塔の部材に対しては，鋼材としてSS41材（sft＝2.4tf/cm²）を用いた．当時は未だ大形の鉄骨断面が使用できなかったために，山形綱，平綱等を組み合せて一つの断面を構成した．最大の断面である最下部の主柱の断面は，一辺が約800mmの正方形断面で，構成材は，4Ls-200×200×25，2Cov.$\mathbb{P}_L$-790×28，2Cov.$\mathbb{P}_L$-790×25，4Cov.$\mathbb{P}_L$-230×32，$\mathbb{P}_L$-394×25等で，リベットによって一体化された．

部材の組立，接合はアンテナ部を除き，リベット接合によったが，地上140mより上部は防錆のために部材を亜鉛めっきとしたため，現場取り付け部はボルト締めとしている．

アンテナ部の構造設計には非常にきびしいものがあった．多くのテレビ局のアンテナを取り付ける関係から，アンテナ部の高さは約80mとなった．このうち上部の18.76mはスーパーターンスタイルアンテナで，1本の支柱で支持する形式で，構造的にはとくに問題は無かった．因に最大径の最下部のパイプの断面は直径180mmで肉厚は35mmであった．下部はスーパーゲインアンテナで，四角形平面の四本柱の骨組に取り付けられたが，電波の波長の関係から，最下部の足の開きが3mと決定され，構造的には設計が非常に苦しく，風圧を低減するために円形パイプの鋼材での検討を進めたが，結果的には特殊な高強度の鋼材（sft＝3tf/cm²）を用い，また断面もパイプでは納まらず，鉄塔下部で直径170mmでむくの丸棒を使用するという結果となった．

スーパーゲインアンテナ支持塔は，長さ10～

12mごとに工場で溶接組み立てされ，現場の取り合いはボルト接合によった．アンテナ支持塔の柱断面の大きさに鑑み，鶴田明博士の指導のもとにその溶接は慎重に行われ，順調な仕上がりが達成されたが，鶴田先生は鋼材の太さに驚かれて，"まるで杭のような" と表現された．

内藤先生は構造設計が最終段階に差しかかった時点で，鏡氏と私を伴われて，早稲田大学の熱海にある双柿舎に宿泊されて，構造計算の最終的なチェックを慎重に行い，設計の万全を期された．

6.2.5 基礎の設計と工事

東京タワーの基礎の設計においては，塔体の常時ならびに水平荷重時の垂直力を安全に支持することと，塔体の主柱が傾斜していることによるスラストの処理が，2つの大きな課題となった．

地層は地表より4～6mは関東ローム層で，その下に砂質粘土および砂の互層が連なり，地表より20～26m以下は密実な砂礫層（標準貫入試験N値は50以上）となっている．G.L.-8mを基礎底面とし，これより下の部分に木田式場所打ちコンクリート深礎工法による杭を用いてG.L.-23mの砂礫層に支持させた．

1脚の下に8本ずつの杭が設置されたが，杭の直径は2m，先端拡底部の直径は3.5mで，長期耐力は50tf/m^2，鉄塔一脚当りの許容荷重として4000tf以上が確保され，長期荷重時の荷重1250tf，風力時の引抜き力700tfに対し，十分な安全性が見込まれた．

主として長期荷重時の柱脚のスラスト—足が開こうとする力—の処理としては，塔体の対角線方向に繋梁を設けて，これに全スラスト力を負担させた．

このスラストによる脚部の移動については，内藤先生はこれを極力押さえるべく，2重，3重の防御策を講じられた．

まず深礎自体の頂部水平力50tfによる水平移動量が5～10mmと可成りの水平抵抗があることが確認された後，基礎コンクリート面と根切り法面との間に埋戻しに先立ち60cm厚のコンクリートが打設された．

繋梁の引張り鉄筋には，20本のϕ50mmの鉄筋が使用されたが，これには約400tfのプリテンションが与えられた．各鉄筋に約1tf/cm^{2}のプリテンションを与える方法として，酸素アセチレンガスによる加熱時の鉄筋の伸び膨張が利用された．この対角繋梁が接続されている塔体直下の科学館と鉄塔脚部間の約20mの間が部分的に加熱され，科学館側に設置されたジョイントフレームの部分で伸びた鉄筋をナットで締めるというきめの細かい工法が用いられた．

またこの対角の繋梁の他に，四本の主柱下の基礎部には更に塔体四辺に平行方向の梁，対角梁に直交する梁，そして小型の深礎杭を有する基礎が配置されたが，これらは主として上記対角の繋梁が，鉄塔柱脚部から科学館基礎面へと下方に傾斜

図-6.2.5 熱海の双柿舎で鏡氏と構造設計の最終チェックを行う内藤先生

図-6.2.6 内藤先生（右），鏡才吉氏（左）

含めると95m，総重量は100tfを超えた．

当初は地上からエレベータシャフトを通して各パーツに分散して取り込み，そこで電気的部品を実装してからこれを一本に組成し，もち上げて据付ける計画であったが，アンテナの納入が遅れて，下部エレベータ工事や展望台設備に支障を来すこ

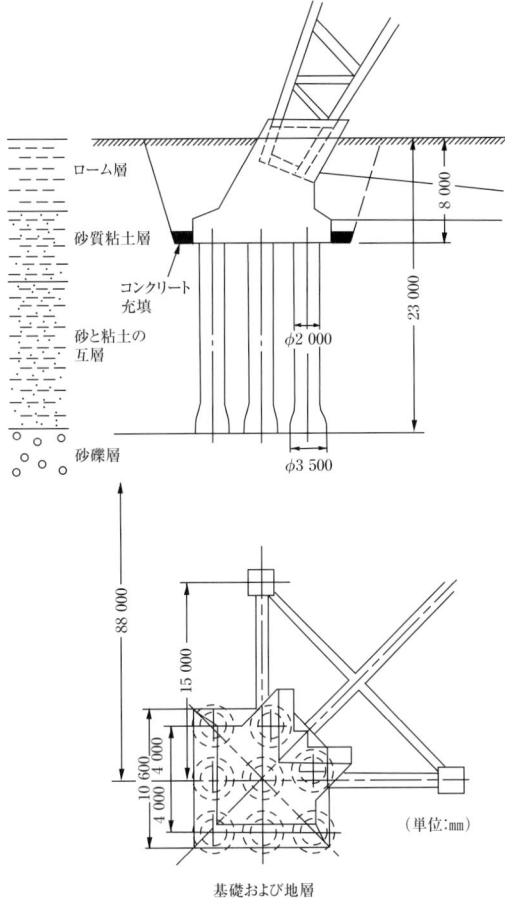

図-6.2.7 東京タワーの基礎断面（上）と平面（下）

図-6.2.8 建設途中の東京タワー

していることによるスラスト力の垂直成分を処理するためのものである．

基礎の設計においても，内藤先生は当時の技術力の範囲内において，その経済性を念頭に置きながら，十分の安全性の確保を追求されたのである．

6.2.6 鉄骨工事

鉄骨の建て方は充分の正確性と安全性を確保するべく，慎重に行われた．東京タワーの敷地は比較的狭少で，作業上必要とする最小限度の用地の中での大規模な鉄骨の組立て作業は困難を極めた訳だが，この塔の心臓部とも言うべきアンテナ支持塔の所定の位置への据付け作業は，特筆すべき難工事となった．

アンテナ支持塔の全長は，塔本体への挿入分を

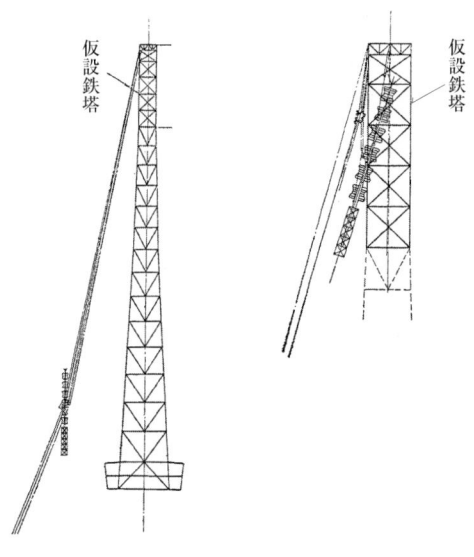

図-6.2.9 アンテナ部の取り込み

とになり，この取込み方法は全面的に変更せざるを得なくなった．

そのため，アンテナ支持塔は主塔外部よりケーブルクレーンにより吊り上げられ，主塔頂部の仮設鉄塔内に取り込む方法が採用された．主塔頂部にはアンテナ支持塔据付けのための，長さ30.3mの仮設鉄塔が設けられたが，この仮設鉄塔の一面の水平材，斜材を取り外して開放し，8つに分けられたアンテナ支持塔の各パーツが順次取り込まれた．アンテナ支持塔の各パーツのうち，最大のものは，最上部のスーパーターンスタイルアンテナ部分で，全長27.4m，重量約14tfであった．アンテナ支持塔の各パーツは，最下部のものから順次仮設鉄塔内に取り込まれ，ワイヤーロープで懸垂された状態で組立てが行われ，一体に本組みされた．各パーツの取合い部分はフランジジョイントで，ボルト48本を用いて接続された．

全長95mのアンテナ支持塔は仮設鉄塔を利用して所定の位置までもち上げられて無事鉄塔主塔へと取り付けられたのだが，このアンテナの取付けの作業は，当事者によれば，世界一の冒険工事であった．

上述の仮設鉄塔はトラス構造であったが，アンテナ支持塔取込みのためにその一面を開放せざるを得ず，構造的には可成り弱体化するため，作業中の強風が一番の禁物であった．最大風速10m/secを想定していたが，当日は一次18m/secの風速となり，工事を一時中断するようなこともあったが，風速が16m/secとやや収まった時点で工事は強行され無事成功したのであった．内藤先生は後日，この工事を正に"神頼み"の気持で見守ったと述懐された．

6.2.7 東京タワーの振動性状

当時早稲田大学の理工学研究所では，内藤先生を中心として，東京大学地震研究所の那須信治先生，土木学科の窪田吾郎先生，理工学部の竹内盛雄先生による"構築物振動研究会"が活発に活動して居り，実在建物の振動性状につき実験と理論

図-6.2.10 建設中の東京タワーと内藤先生

解析に基く診断を行って居たが，本研究会では，東京タワー完成後の1959（昭和34）年の3月と5月の2回に互り，塔に強制振動を与えて，その振動特性を調査した．

塔に強制振動を与えるための起振機は小型のもので，これを高さ223mの作業台の4本の柱のうちの2本の間に設置して，塔に水平加振を与えた．起振機の設置場所が塔の中心ではなかったために，多少の振り力が塔に加わる結果となった．

一般に鉄塔の振動性状は複雑であるが，実験の結果，東京タワーでは，9つの異なるモード形と，それぞれ対応する周期が**図-6.2.11**に示すように求められた．

一次のモード形は図の右側の周期2.65秒に対応し，右より2番目のモード形は，せん断振動に対応していて周期は1.55秒，右より3番目は二次のモード形に対応していて周期は0.78秒，右より4番目は捩り振動モードであって周期は0.43秒と求められた．他の周期に対応するモード形も得られ

図-6.2.11 東京タワーのモード形

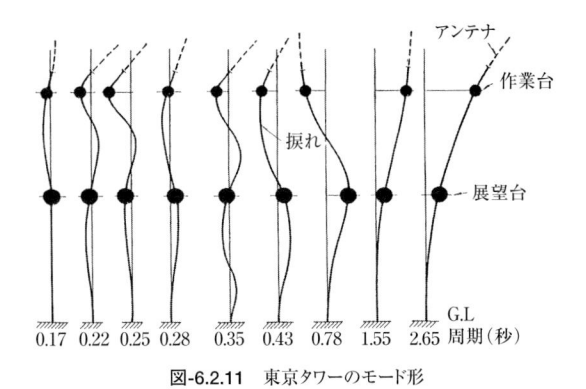

たが，これらに対応する塔体各部の変形のうち，主展望台から下の変形は小さく，展望台から上部の変形に起因するモード形であると測定された．これらの振動実験の結果，東京タワーの振動性状は健全で，とくに問題となるような現象は認められなかったと結論された．また1958（昭和33）年9月26日の伊勢湾台風の際の風速および塔体の変形測定の結果等からも，本鉄塔の安全性が確認されている．

6.2.8 エピローグ

幾多の困難を克服して，東京タワーは1958（昭和33）年12月23日に無事竣工して，当時世界一となる高さ333mの勇姿を人々の前に現したのであった．使用された鋼材の総重量は約4 000tfとかなりの軽量化が達成された．ちなみに，1889年3月30日に竣工したパリの高さ320.75mのエッフェル塔に使用された錬鉄の総重量は約7 300tfであった．

東京タワーの造形そして骨組の形は，まさに内藤イズムの具現化であり，構造合理性に立脚し，装飾性を一切排除した．素朴で質実剛健な，そして内面的に真の美しさを内包した，日本の誇れる塔であると筆者は信じている．"東京タワー"という愛称は1958（昭和33）年10月9日決定されたが，戦後の日本人に大きな励ましと希望を与え，人々に愛されつつ，今も健全な姿を人々の前に示し続けているのである．

◎参考文献
1) 特別記事・東京タワー，建築界，Vol.8，No.4(1959.4)．
2) 池田末造：東京タワーの施工について，建築雑誌，Vol.74，No.869，日本建築学会(1959.4)．
3) 内藤多仲博士の業績，鹿島出版会(1967.3)．
4) 内藤多仲先生の御生誕百年を記念して(1986.6)．

6.3 東京オリンピック・大阪万国博覧会の構造設計と安全技術

2000年11月号

川口 衞
法政大学工学部建築学科教授

6.3.1 はじめに

 建築技術が社会に何かを提案するには，機会が必要である．東京オリンピックや，大阪万国博覧会はその意味で，20世紀の日本の建築技術にとって，特別の意味をもっていたかもしれない．ここでは，この2つの機会に提案された建築技術の概要について触れるとともに，著者が関係した作品について，防災あるいは安全確保という観点から述べてみたいと考える．

6.3.2 東京オリンピック──代々木競技場と制振装置

 1964年に開催された東京オリンピックは，スポーツのみならず，第二次世界大戦の廃墟から立ち上がってきた日本のもつ，多方面の実力を世界に示す初めての機会として，多くの日本人の地を沸かすイベントであった．新幹線，高速道路，テレビ衛星中継など，当時の技術の粋を集めた試みが数多く実現する中，オリンピック施設についても日本における建築技術のレベルの高さを示すものが少なからず提案された．東京では霞ヶ丘競技場の拡張，代々木競技場の新築，駒沢運動公園施設などの工事が行われたが，ここでは筆者が関係した代々木競技場について述べることにする．

(1) 代々木競技場の概要

 観客数1万5000人を収容し，スパン130mにも及ぶ体育館を含む競技場というのは，当時，国内はもちろん，世界的にも希な施設であった．建築設計は丹下健三研究室＋都市・建築設計研究所，構造設計は坪井善勝研究室が担当した．大小ふたつの競技場を中心とするこの建物の構造形式として，当時世界的な広がりを見せ始めていた吊構造を採用したいという方針は，基本設計の段階で合意された．吊構造は材料のもつ強さを最大限に活用できるだけでなく，建築空間としても，それまでの構造形式にはない特徴を引き出す可能性をもっているということを，意匠，構造の担当者たちが直感的に理解していた為であると思われる．短期間に作製された多くのスタディー模型を挟んでの集中的な議論の結果，到達した代々木競技場の構造システムは，次のようなものであった．

 まず，第一体育館は直径約130mの円形に2つの出入り口用の尾をつけた，「二つ巴」に似た平面形状をもつのに対し，第2体育館は直径60mの円に1つの尾がついたついた「一つ巴」の平面をもつ（図-6.3.1，-6.3.2）．第一体育館では直径の両端位置に立つ2本の主柱の間に吊り橋に似た形でケーブルを架け，ケーブルは更に両側に延びてバックステイとなり，70m先のアンカーブロックに定着される．第2体育館では平面の円周上に立てられた1本の柱頭から螺旋状に下りたケーブルが，1個のアンカーブロックに固定される．屋根面は，両体育館とも，ケーブルとスタンド後縁との間に曲げ剛性をもった吊り材を懸け渡し，この間に綱板を張って，自然な形状に構成される．第一体育館では，二本の主柱間でケーブルの間隔が紡錘形に開かれ，この空間が自然，人工の採光面になる．第二体育館ではケーブルと主柱の間の空きが，やはり螺旋面状の採光面になっている（図-6.3.3）．

(2) 安全設計上の諸問題

 代々木競技場の大屋根の構造設計では，建築家達と協力して行う造形状の問題解決の他に，吊構造が変形しやすいこと，世界的にも新しい構造形

図-6.3.1 代々木競技場第1(上), 第2(下)体育館

式であることが，構造プロパーとしての，大きな問題であった．まず，構造計算については，解析方法がまだ確立されていないという難問があった．曲面構造の基本式から出発して，当面するフレキシブルな大屋根を，安心して計算できるような基礎方程式をつくりあげるのが，最初の重要な課題であった．基礎方程式ができると，今度はこれを解く段階に移る．しかし，当時は現在と違って，コンピュータなどという便利な武器はない．使える道具は，手廻しのタイガー計算機だけである．昼間は建築家達と打ち合せをし，深夜，計算器を廻しつづける日が何か月も続いた．計算結果は満足のできるものであったが，その確認と，施工中の構造の挙動の予測を兼ねて，第一体育館では1/30の模型実験を行った（**図-6.3.4**）．この模型実験で先に行った計算結果の正しさを確認でき

た時，初めて，これでいけるぞという自信が湧いてきた．

　フレキシブルな構造には，それに見合ったディテールが必要である．とくに第一体育館は吊り橋と類似の構造システムを採用しているので，施工中の変形が著しい．メインケーブルは，施工中にスパン中央で約2mの鉛直変位を生じる．このメインケーブルとこれに取り付く吊材とのジョイントには，したがって，特別の工夫が必要である．すなわち，この接合位置ではメインケーブルのたいへん位に伴う3次元的な角度変化に追随しながら，安全に力を伝達するジョイントが必要である．ここではメインケーブルを，二つ割にした球形バンドで締め付け，その周りにちょうど土星の輪に似たユニバーサルジョイントを掛けて，この機能を満足させることにした．この方式は，一種類の

第6章　建築技術開発の動向

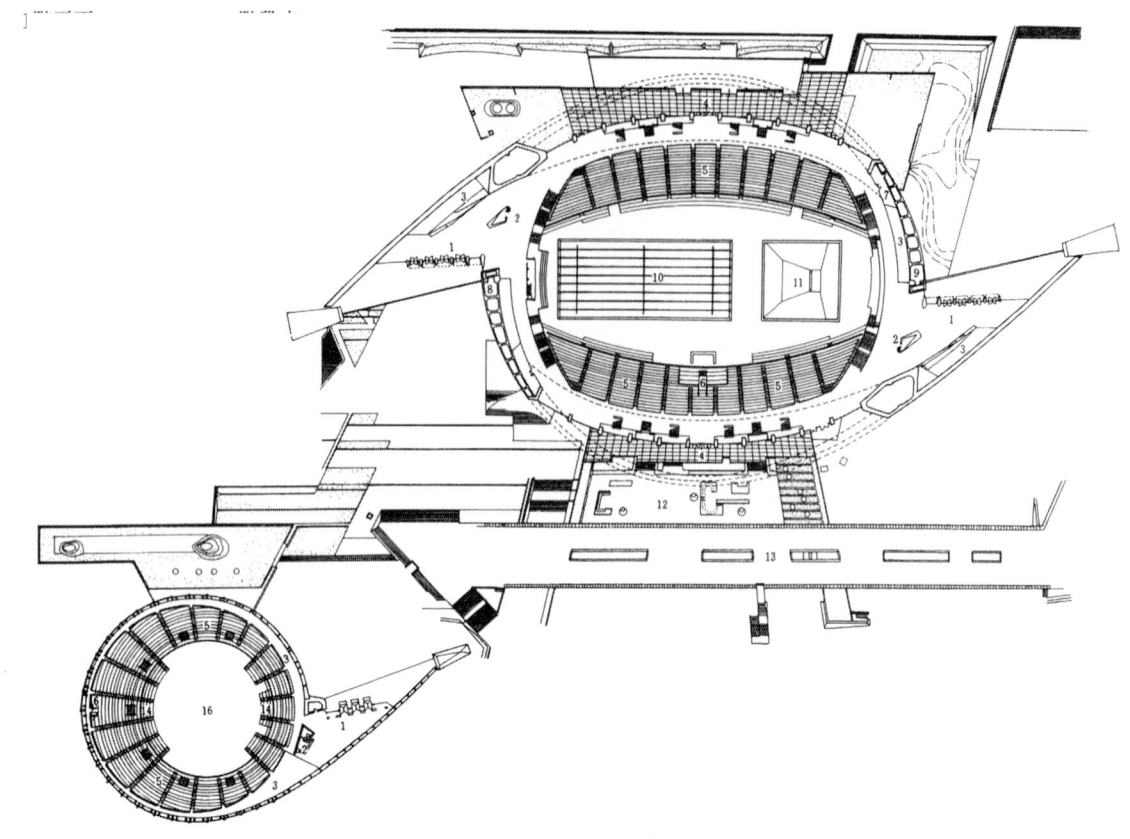

図-6.3.2　代々木競技場第1階平面図

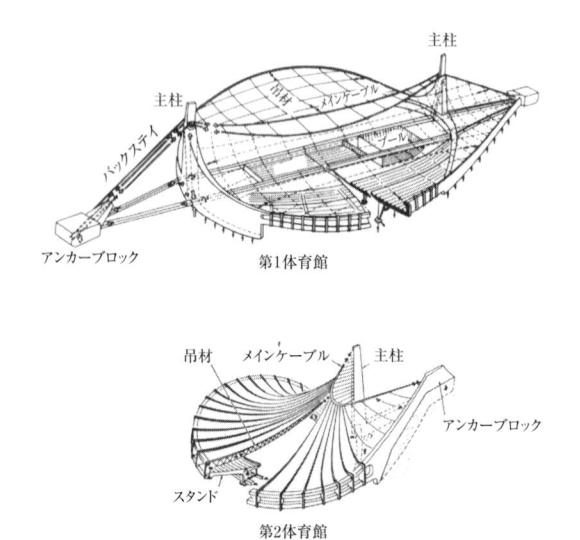

図-6.3.3　代々木競技場構造システム図

図-6.3.4　計算結果確認のための1/30模型実験

鋳鋼ジョイントですべての接合部をカバーできるので，経済的でもあった（**図-6.3.5**）．

施工中の大変位は，柱頭部のケーブル受けのサドルや，吊鉄骨のディテールにも特別の配慮を要求したが，すべて安全に作動する様に設計することが出来，それらがスムーズに機能を達成する様子は，施工中に確認することが出来た．

(3) 耐風安全性の検討＝世界初の制振装置

吊構造の特徴は，その軽量さにある．代々木競技場の両体育館の屋根も，仕上げ，構造込みで重量は$100kg/m^2$以下であり，綱板葺きの大スパン屋根としては著しく軽量である．軽量構造では一般に耐風安全性の検討が非常に大切である．設計用風荷重決定の為の風力係数は，風洞実験により定めた．第一，第二体育館についての風圧分布を**図-6.3.6**に示す．このほか，両体育館については種々の動的検討をあわせて行ったが，予想される最大級の風に対して，静的にも動的にも，問題の無いことが推定された．しかし，建物の公共性から，この施設が災害時の避難拠点となり得ること，第一体育館では吊り橋に似たフレキシブルな構造形式を採っていることから，不測の暴風に対しても万全を期する為，第一体育館の中央構造にオイルダンパによる減衰系を設けることにした．オイルダンパは，周知のように，車などのショックアブソーバーと同じ原理のものであって，油で満たされたシリンダー内をピストンが往復する際，ピストンにあけられたオリフィス（細孔）を通って油が移動し，この時の粘性抵抗によって運動のエネルギーを吸収し，振動を減少させるものである．

大屋根に対する減衰の方法は，**図-6.3.7**にみるようにメインケーブル上の8個の点と各柱頭を綱棒で結び，この中に，柱面位置でオイルダンパを12個挿入した．これは，建築構造に対する制振機構としては，世界で初めての試みであった．片側6個のオイルダンパは，その重要な働きを建築造形上も表現すべきであるとの建築家の判断から，朱色に塗装され，外観上もその存在がはっき

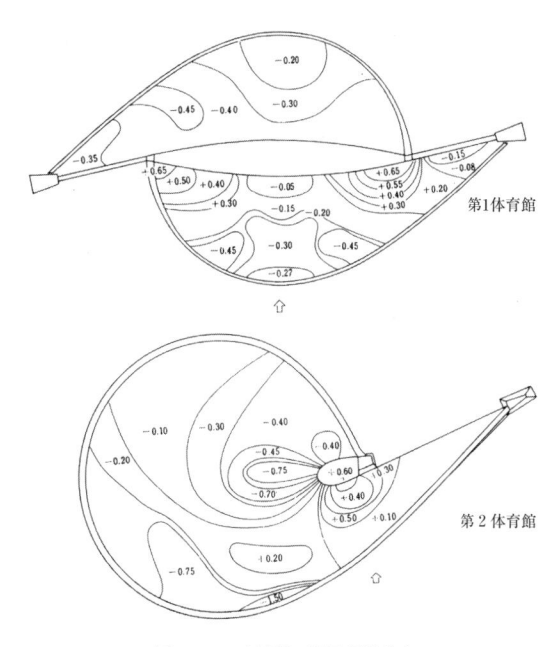

図-6.3.6　大屋根の風圧係数分布

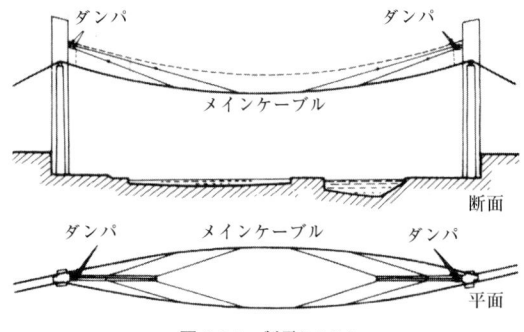

図-6.3.7　制震システム

図-6.3.5　メインケーブル用ユニバーサルジョイント

図-6.3.8 朱色の制震ダンパは、建築表現の要素のひとつになっている

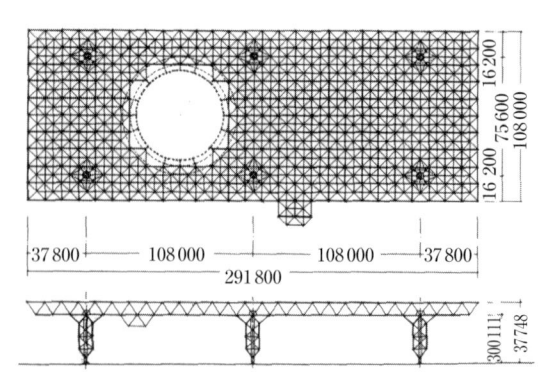

図-6.3.9 お祭り広場大屋根概要図

りと表現されている（図-6.3.8）.

6.3.3 大阪万国博覧会の技術と安全設計

東京オリンピックから6年を経た1970年に，大阪千里で開かれた日本万国博覧会は，さらに成熟した日本の建築技術をふたたび世界に示す機会であった．1851年のロンドン博覧会以来，万国博覧会は近未来の建築技術を示唆する役割を伝統的に果してきた．大阪万博で提示された建築技術はいろいろあるが，従前の博覧会に比べてもっとも特徴的なものは，立体骨組と空気膜構造の提案であったといってよいであろう．これは東京オリンピック以後わずか6年間の間に目覚しい進歩を遂げたコンピュータ技術に負うところが多かったということができるが，他方，敗戦後4半世紀をかけて日本人が培ってきた構造工学の知識と，豊かな発想を無視することはできない．以下，筆者が設計に参加したお祭り広場大屋根と，富士グループ館について概要を述べることにする．

(1) お祭り広場大屋根の安全設計

お祭り広場はいわゆるシンボルゾーンに位置し，文字通り万博会場の中心的存在であった．建築設計は丹下健三＋都市・建築設計研究所，双星社・竹腰建築事務所，構造設計は坪井善勝研究室，川口衞研究室，平田建築構造研究所が担当した．お祭り広場を覆う大屋根は，幅108m，長さ292mの長方形プランをもっており，6本の柱で，地上約30mの高さに支持される（図-6.3.9）．屋根の構造は，1辺10.8mの正方形グリッドを基本とする鋼管立体骨組である．この屋根は単なる屋根ではなく，屋根のふところが2層の展示スペースになっており，ここに数千人の観客が滞留する，一大楼閣である（図-6.3.10）．したがって，この大屋根は規模が巨大なだけでなく，荷重も大きいから，骨組に作用する力は，一般の屋根骨組に比して桁違いに大きい．このような力を処理する部材として，弦材は500mm，斜材は350mm直径の鋼管で構成する事とした．

この骨組の設計上の今一つの大きな条件は，設計の時点でこの建物の後利用がまったく決っていなかったことである．したがって，会期後も継続して使用されることを考えれば，永久構造物としての寿命をもたなければならないし，会期後不使用となれば，できるだけ容易に解体できる仕組みの構造でなければならない．この，相矛盾する条件を解決する為に，図-6.3.11に示すような，完全メカニカル・ジョイントを考案した．このジョイントは部材長さ方向で25mm，角度で1/100ラジアンの誤差吸収能力をもち，部材製作，現場作業に対し，不当な寸法精度を要求しなくてもよい設計とした．

この大屋根を安全に，速く，経済的につくり，しかも高品質を保証するために，従来の建設方法とはまったく異なる施工法を提案した．すなわち，この大屋根の骨組をすべて地上で組み上げ，仕上げ材もできるだけ取り付けた状態で，6本の柱を

図-6.3.10　大阪万博お祭り広場大屋根

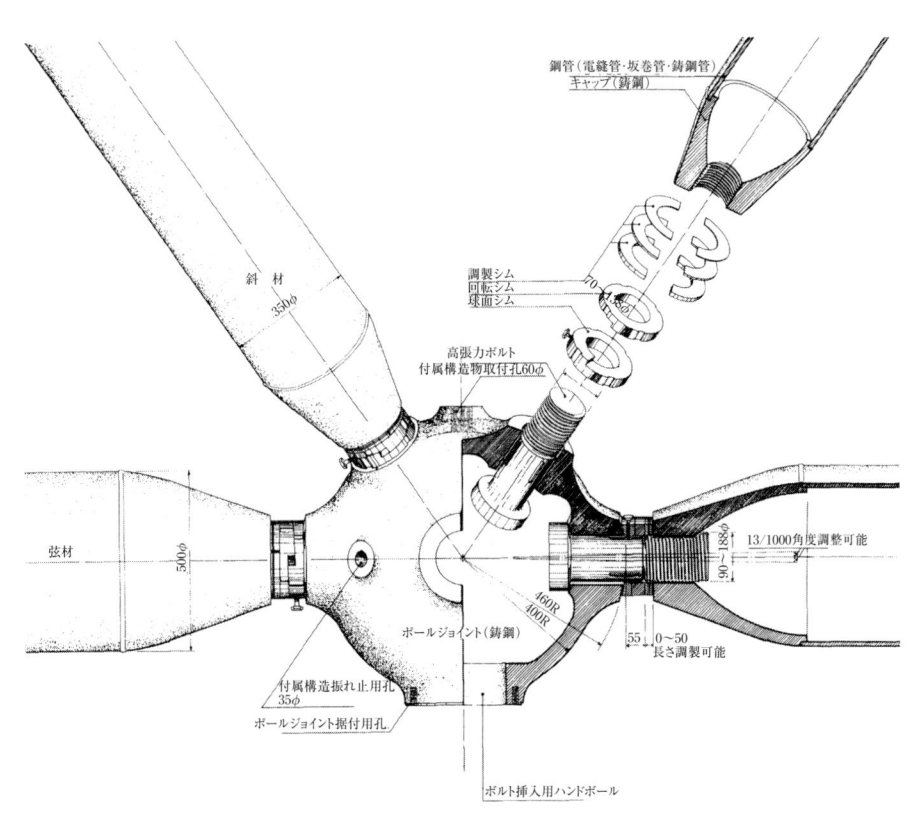

図-6.3.11　大屋根の鋳鋼メカニカルジョイント

第6章　建築技術開発の動向

図-6.3.12　リフトアップ中の大屋根

よじ登る形で，地上約30mまでリフトアップする設計としたのである．地上での大屋根組み立ては，上記のメカニカル・ジョイントによって，迅速，確実に行うことが出来た．また将来，大屋根を解体する必要が生じた場合は，建設とは逆に，まず，大屋根をローワリング（降下）し，地上でジョイントの締め付け部を弛めて，個材に解体すればよい．

上記のような方法で，地上において組み立てられた大屋根構造は，重量4500tに達したが，これを12基の空気式ジャッキ（米国製）によってリフトアップした（図-6.3.12）．ジャッキは柱の中心部材をよじ登る格好で大屋根を吊り上げて行き，ジャッキの通過した部分から柱の側部材が組まれて，柱は下の方から完成して行った．屋根が所定の高さに達すると，屋根の柱頭部ジョイントを柱の中心部材に固定し，下から組みあがってきた柱の側部材と屋根フレームを方杖で連結して，大屋根構造は完成した．

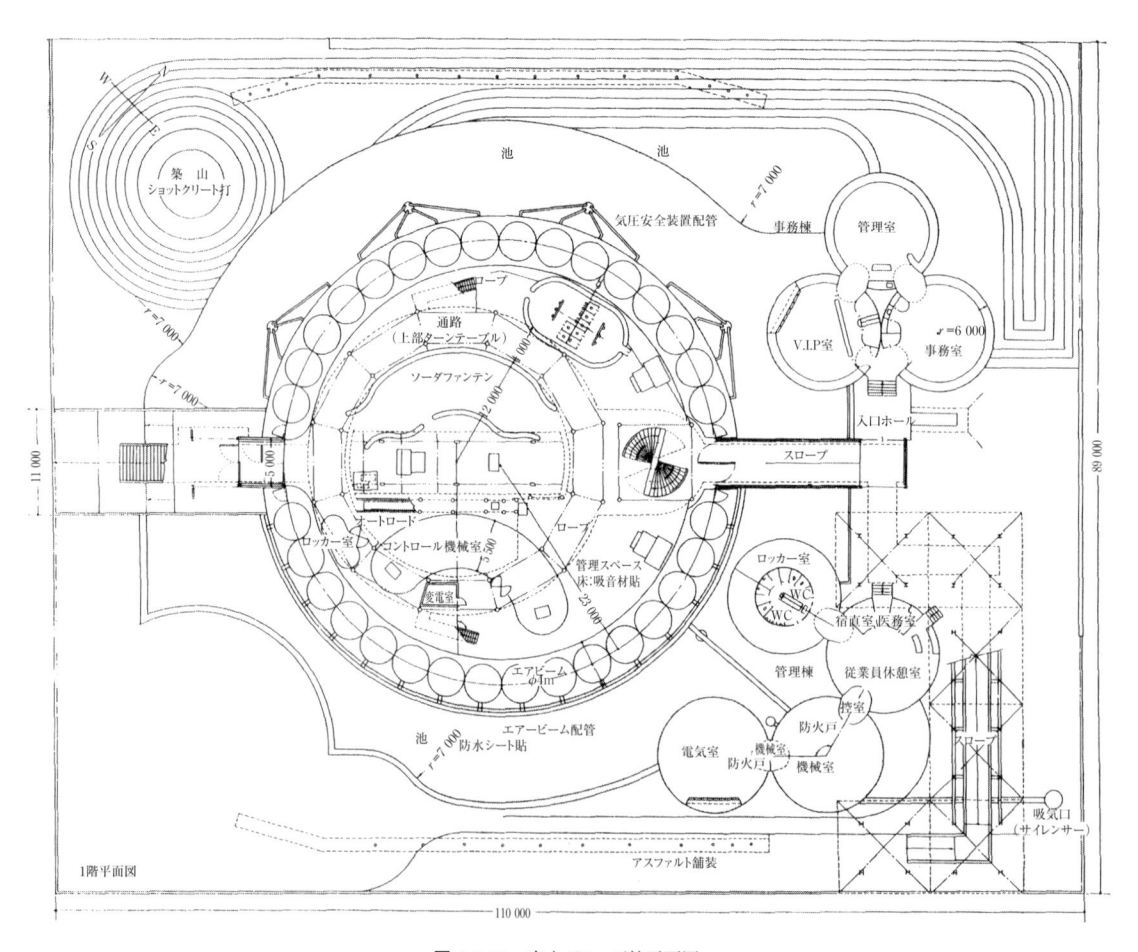

図-6.3.13　富士グループ館平面図

万国博から満7年が経過した1977年秋，大屋根は解体撤去された．解体方法は，上に述べた，設計時の想定に沿って行われた．しかし，ローワリングは，空気ジャッキではなく，油圧ジャッキとワイヤストランドによる方法で行われた．

(2) 富士グループ館の安全設計

大阪万博における富士グループ館は，村田豊氏の建築設計，筆者の構造設計によるパビリオンで，外形50mの円形平面をもち，円周に沿って16本の空気アーチが立ち並んだ格好で，一つの立体構造を形成している（図-6.3.13）．空気アーチはPVA繊維（ビニロン）製のキャンパスを皮膜とする，直径4mのチューブでできており，管内の気圧は，外気圧に対して常時は8000Pa，暴風時は25000Paの正圧に保持される．各アーチの長さは材心に沿って72mで，この長さはすべてのアーチを通じて一定である．アーチの形状はプラン中央部分では半円形であるが，妻側に近づくにつれて足元が互いに近寄ってくるので，アーチの高さは妻に向かってしだいに高くなり，縦長の形状になってくる（図-6.3.14, -6.3.15）．

これらのアーチ群をまとめて一体化し，ひとつの構造体をつくり上げる為に，幅500mmのベルトが4m間隔で水平に走って，アーチを綴じ合せている．

布チューブに空気を送入して大規模な構造体をつくることは，世界でも初めての試みであったので，設計の初期段階から多くの実験を行って，この構造の特性を十分に把握しながら，一歩ずつ，実現に近づけていった．実験はまず材料の選択から始まった．布，プラスティック，FRP，ガラス繊維，金属板等，皮膜材料として考え得るすべての材料について，一連の実験を行った結果，RVA繊維の布が現実にもっともふさわしい材料として選ばれた．また，当時は空気膜構造の力学理論そのものが解明されていなかったので，空気アーチ構造に適用できる基礎理論の構築と，それを裏付ける一連の実験が必要であった．

風に対する対策としては，模型による風洞実験結果から風力係数を求め，空気アーチを構成要素とする立体骨組の挙動を計算した．これらの計算結果は，1/20および1/10の縮尺モデルを用いた模型実験によって確認した．

この構造は，上に述べたように，当時，世界でも非常に新しい構造形式であり，その挙動についても多くの未知の部分があった為に，設計上あらゆる点で慎重な対応が必要であった．安全上の問題の一つは給気調節である．空気アーチの内圧は，上に述べた値を保たなければならないが，この値は気温変化や漏気によって，常に変動しようとす

図-6.3.14　大阪万博富士グループ館

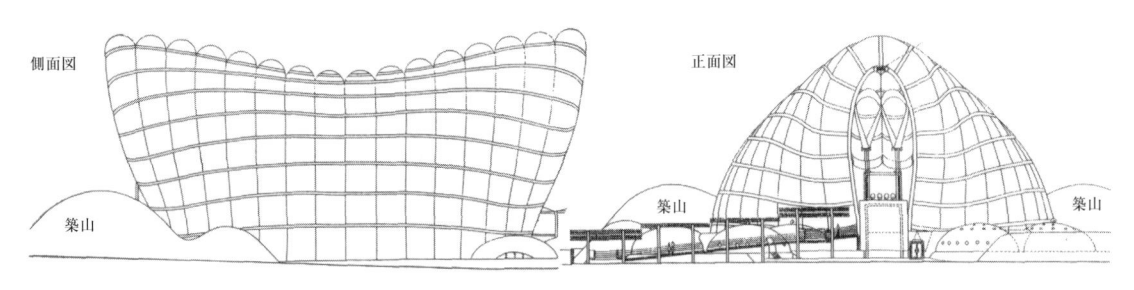

図-6.3.15　富士グループ館立体図

る．この変動をセンサーによってとらえて給気量をコントロールする自動調節装置が設けられた．他方，給気に対するフェイルセーフ機構の対象として考えなければならないのは異常加圧である．給気装置は所要給気量に対して何倍かの給気能力をもたせるのが普通であるから，異常給気が行われると，アーチは過圧されて，爆裂にいたる危険性がある．したがって，内圧の上限に対して，単純確実なフェイルセーフ機構を考えることにした．それは，建物周囲に設けられる池を利用し，アーチ底部から延長した直径100mmのパイプを水面下2.5mまで下ろして先端を解放状態にし，アーチ内圧が絶対に25 000Paを超えない様にした（図-6.3.16）．

また，会期中の不心得者による膜の損傷が爆裂

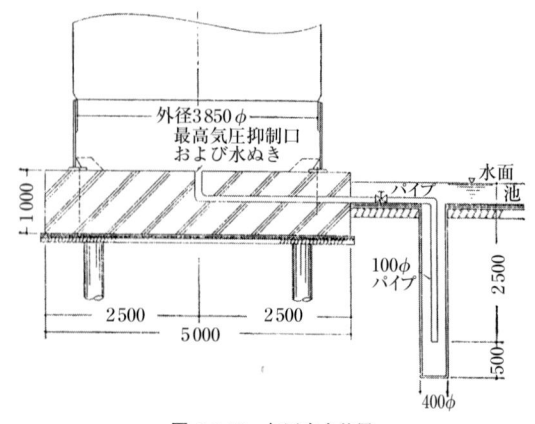

図-6.3.16 気圧安全装置

や，急激な内圧低下につながらない様に，実大模型による損傷実験を繰り返し，不測の事故につながらないことを確認した．

6.4 霞が関ビル(1)
——超高層ビルの耐震設計技術の発展

2000年4月号

長田　正至
横浜国立大学大学院工学研究院

6.4.1　はじめに

　それまでわが国では実現は夢物語とされた本格的超高層ビルである「霞が関ビル」が誕生して今年で34年目となる．以来超高層ビルはすっかり市民権を得て，今や何の違和感もなく都市の風景の中に溶け込んでいる．その「霞が関ビル」の構造設計，とくに地震国日本で超高層ビルを可能とした耐震設計について当時の考え方を振り返り，現在の視点で見た時，それはどんな意味や価値をもつものであるかを考え，さらに，その後の超高層ビルの構造計画や設計の技術的な発達を展望する．

6.4.2　超高層のあけぼの

　若い人には想像もできないことであろうが，今ではすっかり見慣れた光景となった超高層ビルも，30数年程前まではわが国に存在していなかった．それよりもさらにさかのぼると，地震国であるわが国には欧米にみるような高いビルを建てることはできないのだと誰もが考えていたのだった．わが国で初めての本格的超高層ビルである霞が関ビルは，1968年3月に竣工したが，人々はそれを「超高層のあけぼの」と呼んでおおいにもてはやしたのである．それまで夢物語としか考えられなかった超高層ビルが実現したのは，科学技術の発展と経済的な成長のおかげであると言えよう．とくに耐震構造に関する科学と技術の目覚ましい進歩，すなわち，地震動をはっきりととらえた強震計の開発とその普及，およびこれらの地震動が建物に作用するときにどのような揺れ方をし，地震が大きくなるにつれてどのように被害が進むかを計算ではっきりと示すことができるよう

になったコンピュータの進歩のお陰である．

　霞が関ビルの誕生以来，日本全国に超高層ビルは増え続け，高さ100mを超えるものだけでも現在約300棟を数えるに至っている．

　一方，この超高層ビルを可能とした技術上の進歩発展は，超高層ビルの建設に利用されるだけではなく，他の従来からある一般の中低層建築へも大きな影響を与え，著しい進歩をもたらしていることも忘れてはならない．すなわち，耐震設計での動的な考え方を通常の建物の耐震設計にも生かしたのが現在の新耐震設計法であり，また，施工での合理化や機械化が進み，現場での作業法に革新をもたらしてきた．

　筆者は当時大学院生であり霞が関ビルの構造設計に直接携わっていないので，霞が関ビルそのものについて述べるに適した人は他に多くおられるが，この建物の構造設計で指導的役割を果された故 武藤 清博士の下でその後多数の超高層ビルの耐震設計に関係し，先生からいろいろなお話を伺ってきたので，あえて諸先輩を差し置いてこの記事を書かせてもらうことをお許し願う次第である．

6.4.3　霞が関ビルの構造設計

　1958年，霞が関に新しいオフィスビルを建てることを三井不動産が計画した．当初は，従来通りの9階建ての案で検討されたが，それまでに武藤先生を始めとする多くの研究者の努力の結果，超高層建築の耐震設計上などの技術的可能性が明らかになるにつれ，しだいに高い建物の検討が進み，16，24，30，32階を経て，高さ制限の撤廃された1964年には最終案の36階建とすることに決

った.

このビルは同じ容積を得るために，9階程度にしておけば，敷地いっぱいに建てなければならなかった従来のスタイルを一変させ，敷地の60％以上を公共用広場に開放したもので，わが国で初めての噴水と緑のあるプラザをもつビルとして，1968年4月に完成した．この公共用地の開放は市民の共感を呼び，超高層ビルの評価が確立され，今日の超高層ラッシュ時代を迎えるようになったといっても過言でないだろう．

さて，わが国で初めての超高層ビルを実現するために解決しなければならなかったことは多岐にわたり，そのどれ一つを欠いても実現の障害となったことは明らかであるが，やはり何にもまして地震国日本では耐震安全性をいかに確保し，保障するかという点にあったと思われる．

1968年の竣工に際して発行された「霞が関ビルディング」(監修「霞が関ビル建設委員会」，発行「三井不動産」)に武藤博士が書かれた霞が関ビルで採用された構造設計の基本的態度について示されているのでここに再掲してみよう．

設計の基本的態度

この建物は，わが国で最初の超高層ビルであるので，その構造設計については特に慎重を期し，各時点における学術を十分に取り入れて設計の改良を重ねた．特にその耐震設計は，建築基準法の特例として，法38条によって建設大臣の認定を受けなければならないので，綿密な調査と研究で設計が進められたのである．

その設計の運び方は**図-6.4.2**のフローチャートに示したが，大要次のようである．

1. まず，敷地の地盤調査を行って，その耐力や地震動の性質を検討し，建物の基礎盤の位置を決定するとともに，予想地震波，風圧，重要材料を決定する．
2. 構造計画を定めて，強度計算を行って，柱・はり，その他の骨組を決定する．
3. この骨組に対して，電子計算機による地震応答解析を行うのである．すなわち，建物のデータを電子計算機に記憶させ，これに強弱各種の地震波が作用する時にどのような揺れ方をし，強度上安全化どうか，そしてどこに弱点があるかを見極め，必要あれば改良する．
4. 一方，各種の実験を行って，設計の各部の

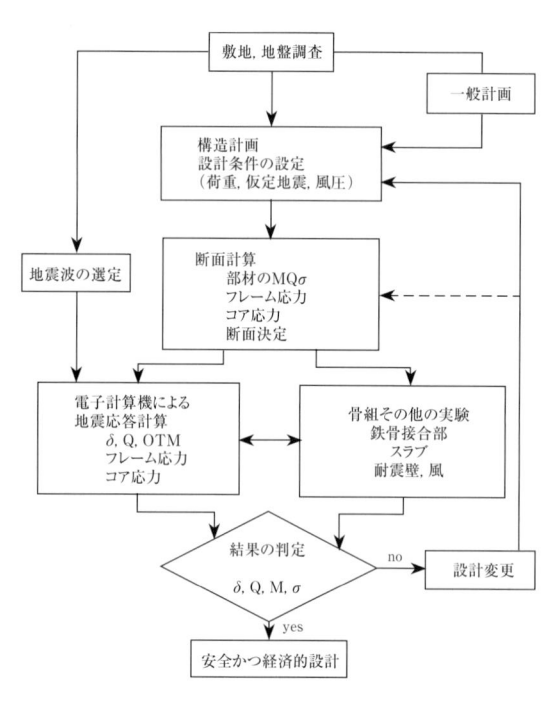

図-6.4.1 霞が関ビル全景

1) δ:層間変位　2) Q:層せん断力　3) M:モーメント
4) OTM:転倒モーメント　5) σ:応力度

図-6.4.2 高層建築構造設計の手順

強度が計算で期待するようにできているかどうかを確かめ，またその変形の性質が計算仮定とどう違うかを調べ，電子計算機にその結果をフィードバックする．

5．なお，この設計に当たって注目すべきものに，画期的な実験・風洞実験がある．風の作用は地形に支配されるので，霞が関ビルを中心とする直径1500mと750m範囲の都市模型を縮尺1/1000と1/500でつくり，霞が関ビルを配してこれに作用する風圧を実験的に決定，設計に採用したことである．

6．これらの結果を総合的に判断して，必要な設計の改良を繰り返し行って，電子計算機によって検討する．

以上の設計の流れは現在の超高層ビルの耐震設計，構造設計にもそのまま通ずるもので，とくに耐震設計では現在と同じ「動的設計法」と呼ばれている方法が，第1号からすでに確立されていたことである．

このようにして設計された霞が関ビルの構造の概要を図-6.4.3，-6.4.4に示した．

6.4.4 動的設計法とその検証

霞が関ビルを実現させた「動的設計法」でもっとも重要な役割を果すのが，地震時の建物の振動を模擬（シミュレート）するためのコンピュータプログラムということになる．これが不十分で実態を表さないものであれば，設計時の予測が実情とは違ってきて安全性の判断を誤ることとなることはいうまでもない．

このためには，理論的な力学上の研究によるのはもちろんのこと，さらに解析プログラムの信頼性を高めるために，強度実験や振動観察といった実現象のデータが非常に重要な情報源になるわけである．霞が関ビルではこれが最初の超高層ビルであるということもあり，実にさまざまな実験（図-6.4.5など）や観測が行われたが，それらの内の振動実験と地震観測およびそのシミュレーション解析について触れておく．

(1) 振動実験

霞が関ビルの工事が完成に近付いた1967年8月に振動実験が行われた．その時点で工事は，鉄骨，躯体コンクリートは終了，カーテンウォールは約半分取り付けられた状態で各階の重量は完成時の約80％であった．

建物の短辺方向，長辺方向，ねじれの1次固有周期については振子式起振装置により，2，3次周期については1軸1腕回転式起振装置により実施された．

この振子式起振装置（図-6.4.6）とは，霞が関ビルのような超高層ビルの1次固有周期は数秒にもなり，当時も今も回転式起振機によっては十分な加振力が得られないため，建物の頂部付近に建物の1次振動周期に近い周期をもつ振子をぶら下げてこれを水平に引っ張って放し，いわゆる自由振動をさせ，そのときの振子の反力で建物に振動

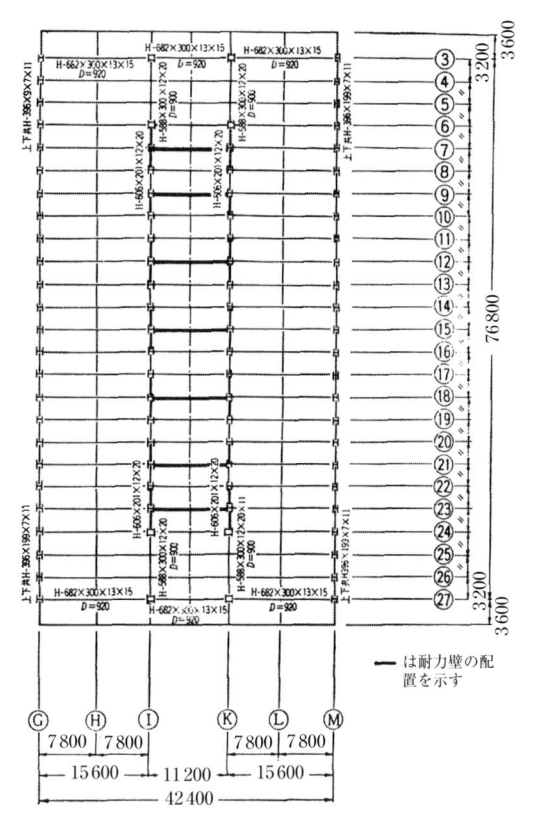

図-6.4.3 霞が関ビルの基準階伏図

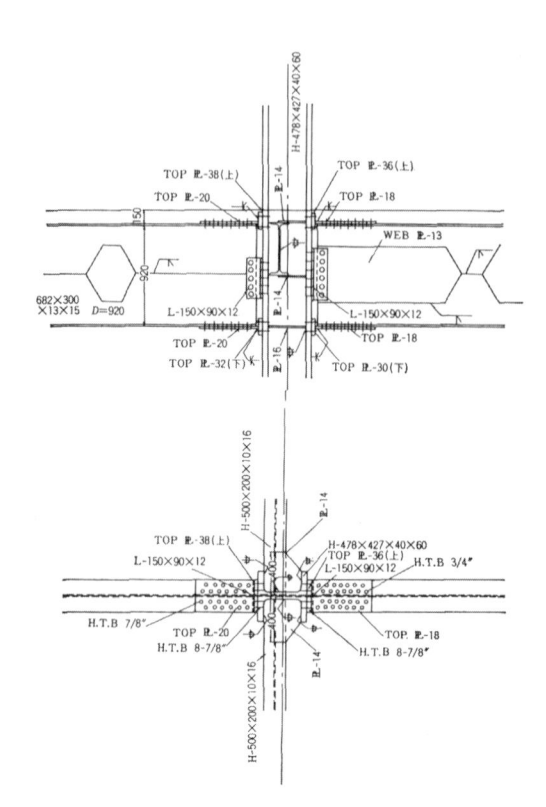

図-6.4.4 霞が関ビルの柱—梁接合部詳細図

図-6.4.5 霞が関ビル柱継手部の実大実験

図-6.4.6 振子式起振装置

を与えようとするものである．この装置は当時の建築研究所の故 中川博士の提唱によるもので，長周期のわりに大出力が得られる方法としてその後もいろいろな超高層ビルの1次振動周期の測定に用いられている．

この時の測定で得られた各次の振動周期は，設計時の解析値に比較するといずれも短くなっているが，建物重量，スリット壁の初期剛性，雑壁の剛性などを勘案すればほぼ説明できるとの報告がされている．

なお，最近ではこの振子式の他，人力加振と称する多人数が建物周期に同期して一斉に体重移動して加振力を与える方法もよく用いられている．

(2) 地震観測

霞が関ビルには地震観測のため，図-6.4.7に示すように屋上，23，13，3，B2階の5か所にSMAC型強震計と，B2階，GL-60mの三浦層の2か所に電磁式加速度計が設置された．そして竣工間もない，1968年5月16日には十勝沖地震を，7月1日には埼玉県松山市付近の地震，10月8日に千葉県中央部地震を観測した．いずれも東京での震度はⅣ～Ⅲと小さく耐震上問題にならないものであったが，建物の設計に用いられた解析手法やプログラムを検証するには十分なものであった．

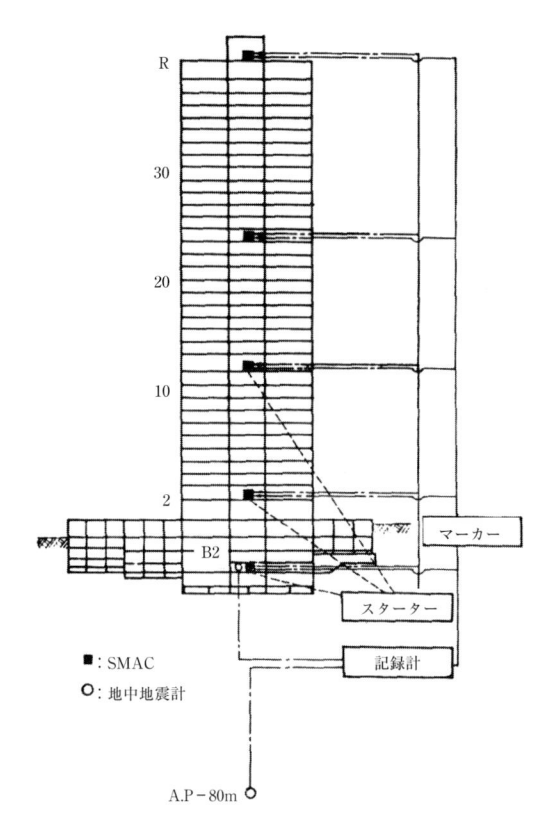

図-6.4.7 霞が関ビルの地震計配置

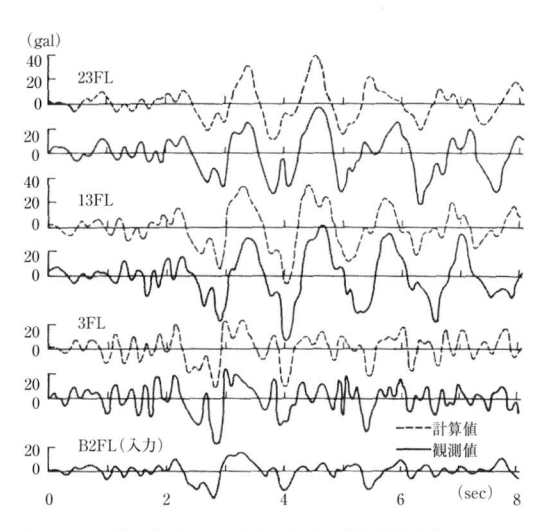

図-6.4.8 霞が関ビルでの東松山地震の観測地と計算値の加速度応答波形の比較

このうち東松山地震の場合について，霞が関ビルの耐震解析プログラムを用いてB2階の記録を入力として，電子計算機によるシュミレーション解析が行われた．その結果を**図-6.4.8**に示す．このように観測値と解析値が非常によく一致していることがわかり，本建物に用いられた解析手法の妥当性が実証され，関係者に安堵と自信を与えたのである．

6.4.5 霞が関ビルを可能としたスリット壁

ところで，霞が関ビルの実現に大きな役割を果したものに，鉄筋コンクリート製の耐震壁「スリット壁」がある．

このビルは，最初鉄骨だけで建てる計画だったが，この大地震に強い柔構造も，強風に対してはフレキシブルすぎて，中の人々が船酔い状態に悩むのでは，という不安が関係者の中にあった．

揺れを押さえるもっとも経済的なものとしては，鉄筋コンクリート造の壁が考えられるが，低層の剛構造ビルにはそれでよいのだが，これはあまりにも剛性が高すぎて，力が加わると脆性的に破壊して，超高層ビルの鉄骨のもつ柔軟さに釣り合って働かないという欠点がある．

これを防ぐにはどうしたらよいか．堅すぎるから壊れてしまうので，地震の力にじわじわと粘り強く抵抗できる壁をつくればよいのではないか，という考えを武藤博士等が提案し，開発と実験を重ねた結果，鉄筋コンクリートの壁にあらかじめ縦の切れ目（スリット）を入れておくと，小規模の地震や強風に対しては，普通の壁のように十分剛性が高く，フレキシブルな鉄骨の変形を小さく押さえてくれ，大地震の時には，スリットの周囲に非常に微細な，肉眼では見分けられない程度のひびが入って塑性化し剛性が低下して，鉄骨のもつ大きな変形能力に同調して，柔構造の特徴を失わせずにすむことが分かった．この新型の超高層ビル用のスリット壁の提案によって，揺れに対する不安を解消することができ，超高層ビルの実現の決断ができたということである．

この考えは，今の時代の制震技術を先取りした画期的なものであったと言えよう．すなわち，小地震や強風といった建物の小さな振動レベルに対

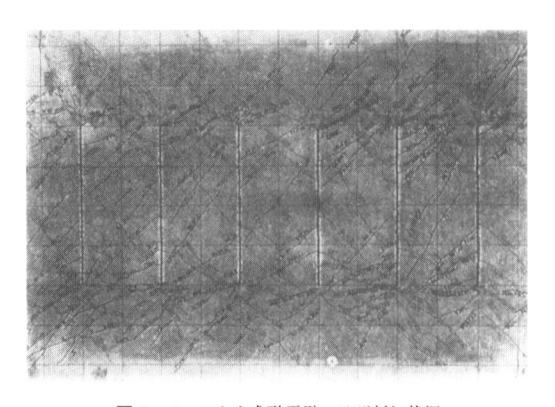

図-6.4.9 スリット式耐震壁のひび割れ状況

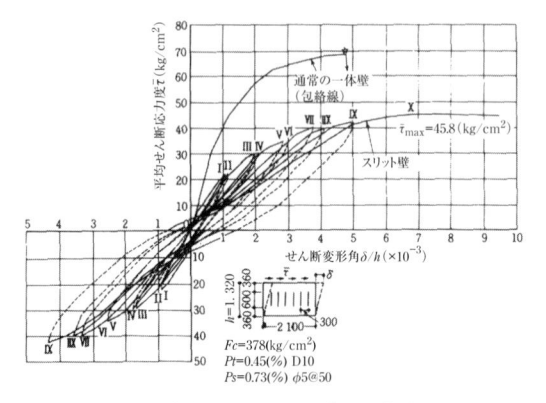

図-6.4.10 スリット式耐震壁と通常の一体壁の荷重―変形関係の一例

しては，高剛性を付与して建物の振動振幅を抑え，大地震時には塑性化することで振動エネルギーを吸収する弾塑性ダンパの役割を果すというものである．

このスリット壁は霞が関ビルの後も多くの超高層ビルの構造計画・設計でその特徴を生かして採用されている．

6.4.6　構造技術の発展――霞が関ビルから現在まで

超高層ビルを可能とした耐震設計技術は，霞が関ビル以来洗練されてきてはいるが，本質的には何等変りはないと言えよう．また，その構造，施工の面からみると，基本的には霞が関ビルにおいてそのほとんどが開発されたとも言えるが，その後の多くの超高層ビルにおいて，それぞれに固有の新しい技術的テーマや，コストダウン手法，工期短縮の工夫などの改良が加えられ，格段の進歩を記録して今日に至っている．

構造計画は平面計画に対応して，強度・剛性上の合理性のみならず，その時点での工作技術，施工技術，コストの影響を反映するものである．ここでは鉄骨造ビルに限って，その柱の配置と柱型の点からみてみよう．

まず霞が関ビル（**図-6.4.3**）では，中コア方式の短辺方向3スパン構造で，長辺方向には3.2mの短スパンが連続するという，それ以降にもオフィスビルで非常に多く採用された代表的な形式が選ばれている．その柱としては，当時では溶接技術が未発達なこともあって，H型鋼を用い，柱と柱，柱と梁の接合も図に示すようにハイテンションボルト（HTB）によっていた（**図-6.4.4**，**図-6.4.11(a)**）．このようにH型鋼は開断面であるため，ボルト接合が容易であるという利点があるが，断面形に方向性があるため，その使い方に工夫がいることになる．霞が関ビルでは梁間の大スパン方向に強軸を向けて，長辺方向の短スパン方向には2段梁として弱軸の曲げ性能を補い剛性をあげる工夫をしている．

なお，この形式では霞が関ビル以来，長辺方向の短スパン梁は工場で柱に接合した，いわゆる串刺し形の数階分を一体とした形で建て上げ現場で接合する方法が用いられている．

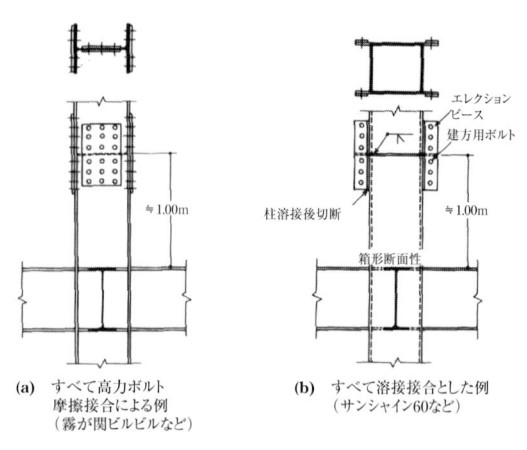

(a) すべて高力ボルト摩擦接合による例（霞が関ビルなど）

(b) すべて溶接接合とした例（サンシャイン60など）

図-6.4.11 柱継手の変遷

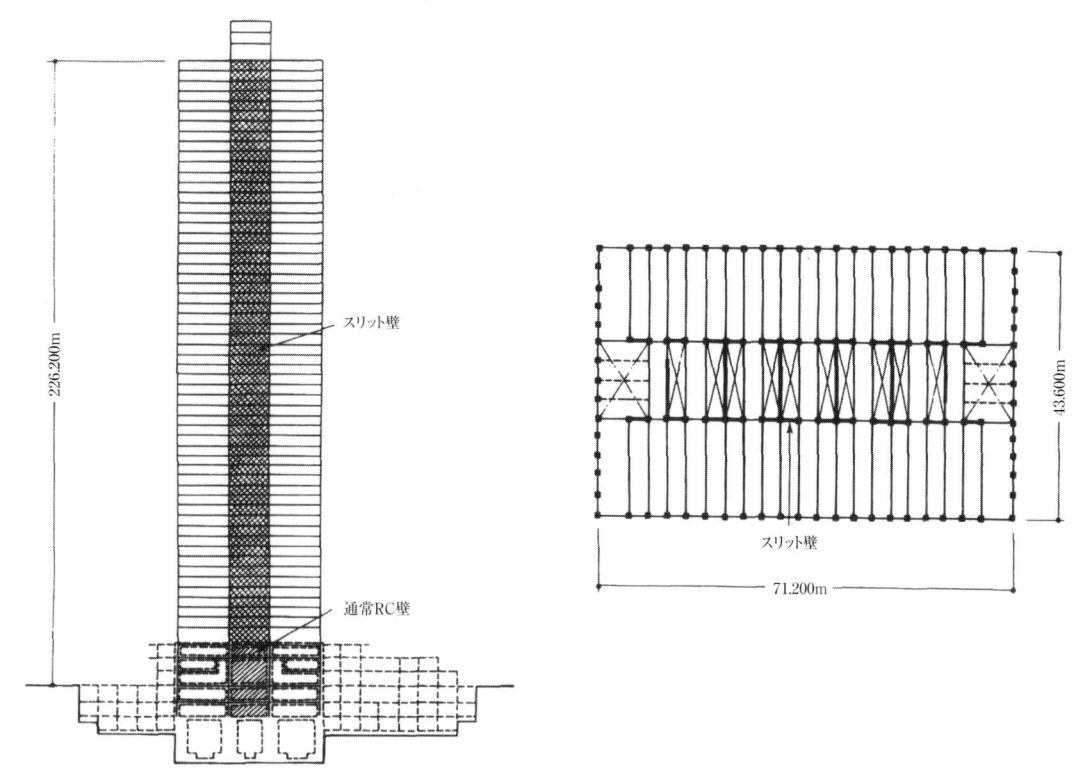

図-6.4.12 サンシャイン60ビル

さて，霞が関ビル以降では，溶接技術と検査法の進歩に支えられてH型鋼柱でもフランジを現場溶接，ウェブをハイテンションボルト接合する方式に変り，さらにその後の溶接技術の信頼性の向上に伴い，溶接ボックス柱（**図-6.4.11**）が盛んに用いられるようになってきた．このボックス柱の採用により，H型鋼のもつ断面の方向性という宿命から逃れることができるため，構造計画の自由度は飛躍的に増加することとなったのである．

一方，建築計画の面からも，当初は経済効率重視の整形箱型のオフィスビルがその中心で，これらは大部分が霞が関ビル同様センターコアの両側に事務室空間を配したものとなっていた．したがって，構造的にはコア部となる中央スパンに耐震壁やブレースを配した短辺方向3スパンフレームを長辺方向に並べて建物全体を構成するという形式が一般的で，ボックス柱のおかげで長辺方向も短スパンでなく，6〜8mの中・長スパンのものも出現した．

しかし，**図-6.4.12**のサンシャイン60はボックス柱を採用しても長辺方向を短スパン構造としているこれは，建物が高くなるとどうしても外柱の軸方向変形（全体曲げ変形）が大きくなり，水平剛性が低下するので，これを確保するためにこのような計画が採用されている．また，全体曲げ変形を少なくするための経済的な構造形式として，通常のラーメン架構とは異なり，チューブ構造が用いられることも多い．この場合には柱断面には方向性の違いを積極的に活用できるH型鋼が用いられる．

さらに，超高層ビルが普及し，社会に定着するにしたがって，より高度な機能性や快適性など，質の向上が要求されるようになり，また用途もオフィスビルばかりでなく，ホテルや集合住宅などにも拡大した結果，従来のような箱型整形の超高層ビルばかりでなく，不整形の平面や立体をもつ

建物や，アトリュウム，大会議場といった大空間を内包する建物など，多様な建築計画が出現し始め，これを実現する安全で経済的な構造計画や使用材料が必要となってきている．例えば筆者らが構造設計を担当した図-6.4.13の東京都新都庁舎は，ブレース単位の柱や梁をつないで集約した部材によるスーパーストラクチャー方式を用いたもので，非常に細高い短辺方向の水平剛性を高め，強風時の建物の揺れを迎えて居住性を高めるとともに，大会議室や市民ホール，防災センターといった特殊な機能に必要な大空間を下層部に安全に収納することを可能にした．ほぼ同じ高さ，規模のサンシャイン60では，全部で110本の柱で建物を支えているのに対して，東京都第一本庁舎では36本の柱で建物の大部分を支持していることになる．このような超高層ビルの柱を集約化すれば必然的に柱1本あたりの断面寸法や板厚は大きなものになってくる．具体的には，サンシャイン60のボックス柱は，550×550mmで最大板厚50mmであったが，東京都第一本庁舎は，1000×1000mmで最大板厚80mmが用いられている．また，このような極厚鋼板の溶接性や低温靭性などを確保するために，ラインパイプ材，海洋構造物，造船などに用いられていたTMCP（熱加工制御法）鋼が採用された．また，近年研究が進んだ制震技術により，風揺れや地震時の揺れを制御して質の高い建築機能を与える超高層建築物が多く出現していることも特筆すべきであろう．

6.4.6 むすび

主に構造設計にかかわることから振り返ってきたが，その他の面からも「霞が関ビル」がわが国の超高層ビルの先達として果した役割は実に偉大なものであったと多くの人々が認めている．

中・低層建築の耐震設計が，大地震の洗礼を受けながら発達してきたのに対して，わが国の超高層建築物は，理論・実験・観測や解析技術などの蓄積・発展を背景に開発された動的設計法によって設計され，建設されてきたユニークな建築物である．社会的な要請とマッチして大いに普及したが，この現在の科学技術を集大成した動的設計法も，幾多の仮定や条件が前提となっており，幸いにして超高層ビルは阪神・淡路大地震では致命的な被害を免れたが，これらの妥当性が必ずしもすべて検証されているわけではないことを構造設計に携わるものとして忘れてはなるまい．

超高層建築が当然の存在となった現在，多様化する社会の要求に対して，ややもすれば安易に妥協し，どんなことでも実現し得ると考えるとしたら，いつか手厳しい自然の咎めを受けることにならないとは限らないことを銘記すべきであろう．

◎参考・引用文献

1) 霞が関ビル建設委員会 監修：霞が関ビルディング，三井不動産(1968.6.5)．
2) 武藤清 監修，久田俊彦 編：超高層建築2構造編，鹿島出版会(1971.1.20)．

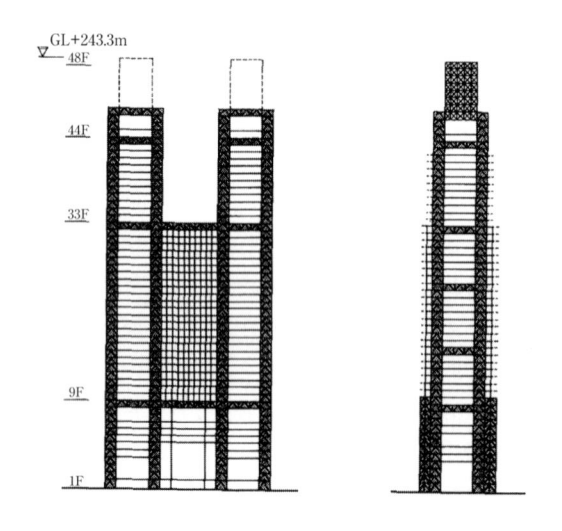

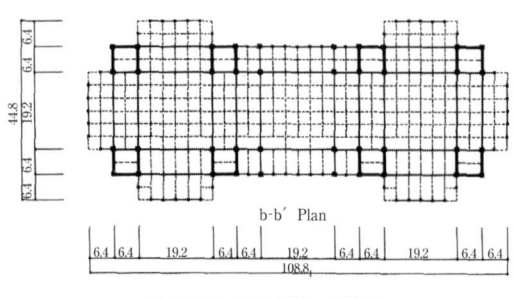

図-6.4.13 東京都第一本庁舎

3) 武藤清：耐震設計シリーズ応用編 構造物の動的設計，丸善(1977.1.30).
4) 武藤清，長田正至，金山弘雄，安達守弘：超高層建築を裏付けた耐震構造工学，季刊カラム，No.76，新日本製鉄株式会社(1980.4).
5) 安達守弘，長田正至：東京都新都庁舎，JSSC，No.1，日本構造協会(1991).

6.5 霞が関ビル(2)――建設当時の防災計画

1999年9月号

村田　麟太郎
山下設計取締役副社長
現 山下設計特別顧問

6.5.1 まえがき

　日本最初の超高層ビルである霞が関ビルの誕生は1968年4月であるから本年で34年目を迎える．当時は経済的な上げ潮の時代であり，それを背景に科学技術の発展がめざましく霞が関ビルもその成果の一つであった．現在は，ニーズの変化に伴なうリニューアルが実施され，防災上の変更も行われていると聞くが，まずは計画当時の熱気あるプロセスから生れた防災の考え方を紹介したい．

　霞が関ビルの概要は**表-6.5.1**に示す通りであるが，消防車の梯子もとどかない高さと巨大な広さを併せもつ建物であることが特徴である．予想される災害のうち地震や風などについては新しい多くの技術が開発され，安全性の検証が行われているので本稿では主に火災に対する安全性について言及する．それも，周辺建物もたいてい耐火建築物で隔離距離も十分あるので外部からの類焼についても，ほぼ心配ない．したがって内部からの万一の出火に対して安全性を確保することが最重要となる．当時の対火災の思想では延焼を喰い止め，被害区画を最小限に押し込むことに重点がおかれていたと思われ，従って，防火区画を厳密に形成して避難動線を確保している．この基本線は超高層ビルでも変らないが，オフィス面積の拡大と高層化に対してどう対応するかの工夫が必要である．

6.5.2 基本的な考え方

　霞が関ビルの防災計画は，現在はすでに当然となっている内容であるが，設計当時つまり昭和30年代後半では一つ一つ手探りで問題を見つけ出し，それを慎重に検証し，全体を一つの体形にまとめ上げるという作業が必要だった．それは防災面に限らず，構造，計画，設備そして施工など関連する凡ゆる分野で行われ，その技術開発の集大成として日本初の超高層ビルが実現した訳である．もちろんそれ以前にたくわえられて来た科学や技術の成果および社会的ニーズがあってのことであるが，建物が超高層化し，大容量化することが新しい問題を提起することは当然だが，それ以上に質的な向上，つまり安全性の向上が万一の災害で被害の規模が拡大する可能性もあるだけに不可欠となる．安全性への配慮は従来より何倍何十倍も慎重に行わねばならない．それが霞が関ビル計画の最大の関心事であったと云ってもよい．

　例えば柔構造という新しい構造システムも世界最大級の地震に耐えられるという確信があって採用されたのでその意味では防災上の配慮の最大のものと云える．さらにこのビルの収用する人員は1万4000人と推定され，万一の際の避難が安全に行われることが次の関心事であった．こうして認識のもとに，火災時の公設消防隊は交通渋滞やビルの特殊性から，これに期待するには限界がある．

図-6.5.1　霞が関ビル全景

表-6.5.1 計画概要

所在地			東京都千代田区霞が関三丁目4番地
	住居表示		東京都千代田区霞が関三丁目2番5号・6号
敷地面積			16 319.97m²
建築面積		霞が関ビルディング	3 561.60m²
		東京倶楽部ビルディング(第1期工事)	2 576.82m²
		計	6 138.42m²
空地率			72.13%
延床面積		霞が関ビルディング	153 223.69m²
		東京倶楽部ビルディング(第1期工事)	12 468.64m²
		計	165 692.33m²
基準階床面積			3 505.28m²
階数		地上	36階
		地下	3階
軒高		地上	G. L. +147.0m
		地下	G. L. −17.4m
		塔屋まで	G. L. +156.0m
駐車場		収容台数	500台
エレベータ		客用:150〜300m/分	29台
		入荷用	3台
		展望階用	2台
		駐車場用	1台
エスカレータ			8台
構造			
	基礎および低層部分		鉄筋コンクリート造
	地下1階より地上2階		鉄骨鉄筋コンクリート造
	3階より上層部		純鉄骨造
鉄骨架構	柱		厚肉広巾H型鋼:SM50A
	梁		H型鋼 ただし短辺方向は拡巾加工の有孔梁:SS41
	柱割	長辺方向	3.2m間隔 26スパン 合計84.0m
		短辺方向	コア11.2mの両側に15.6mの大スパンを持ち 合計42.4m
	長辺方向のフレームの剛性を調節するため、二重梁 Twin Spandrel を各階に設置. コア部分に特殊スリット付鉄筋コンクリート造耐震壁を使用.		
電気設備	受変電設備		3相3線式50c/s 22KV2回線受電 トランス総容量17 500KVA
	非常電源		自家発電設備:1 500KVA×2ディーゼルエンジン 蓄電池設備
	監視制御設備		モニタリング データロガ デジタル表示
	幹線設備		バスダクトおよびアルミパイプ母線:低圧
	電話コンセント設備		フロアダクト配管:2ダクト方式
	防災関係設備		煙感関係設備 火災報知器 非常コンセント 避難誘導灯 航空障害灯
	その他の諸設備		個別呼出設備 駐車管制設備 放送呼出設備 電気時計設備 TV
			共同聴視設備 電話設備 ITV設備 避雷針設備 屋外照明設備
空調設備	基準階空調方式	外周部	インダクションユニット方式6系統
		内周部	ダクト方式4系統
	主要機器配置	地下2階	ボイラー:4 200kg/hr6台 低層部用冷凍機:700冷凍トン
		13階	空調機類:一般事務室用
		36階	空調機類:一般事務室用 高層部用冷凍機:3 820冷凍トン
給排水設備	給水設備		都水道・高架水槽4ゾーン
	消火設備	1階〜36階スプリンクラー設置	消防隊用防火水槽:1 000トン
			駐車場:泡消火 自家発電機室:炭酸ガス消火
	主要ポンプ類		地下3階設置

そこで出火し燃え出す前に消してしまうか，まったく燃えないようにするという対策が考えられた．その為当時の建築基準法，消防法あるいは都条例などの規定を超え，超高層ビルとしても先進的オフィスとしても"災害からの自衛"を基本方針とした．

6.5.3 防災計画の実際

表-6.5.2は当時の防災上の法規ををまとめたものである．加圧排煙や防煙区画などの考え方はまだなかったが出火予防，早期発見，初期消火，延焼防止，避難，そして消化に至る一連の体系的対応とそれを管理する防災センターの設置を計画し，法規に規定する以上の性能を確保している．

(1) 出火予防

初めに出火原因の抑制策として火気の取扱いおよび可燃物の管理や規制を前提として，1m²当りの可燃物量を40kgと設定し火災時のシュミレーションを行った．躯体としては極厚形綱に耐火被覆を施し内装は不燃化，不発煙化を原則とした．すなわち天井は軽量鉄骨下地に石綿石膏板直貼をオフィスに採用し，壁は固定的な廊下境等は軽量鉄骨スタッド下地にプラスターボード貼プラスター仕上げ，テナント境はガラスウール充填のスチールパネルを標準としている．床についてはプラスチックタイルを使っているがコンクリートスラブに接着されている場合，簡単に熱分解しないことを実験で確認した．

什器であるデスク類は，スチール製や難燃焼のものを使用するよう管理面でも指導規制している．細かい点ではカーテンもガラス繊維性のもの，ソファの布団も難熱処理するなど配慮している．

(2) 早期発見

火災発生の確率を減らしてもまったく出火しな

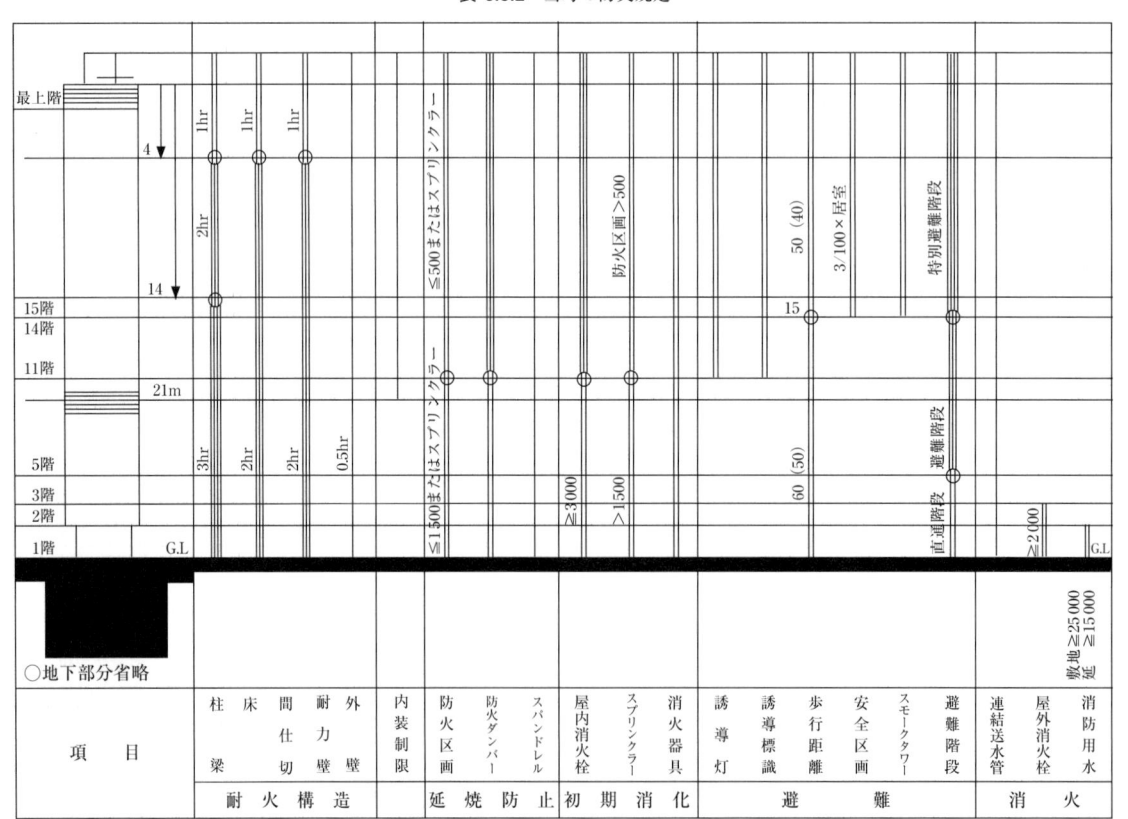

表-6.5.2 当時の防災規定

いという保証はない．出火の場合にはなるべく早く発見し消化や避難に便ならしめねばならない．その為，火災初期の性状を正しく把握する必要があった．火災実験の多くは発炎着火しても急激に温度上昇をおこす（フラッシュオーバー）もので，それ以前の状況は可燃物と火源の組合せや環境の状態とで大きく変ってしまう．その為モデル化がむづかしく，当時資料も少なかった．わずかに1962（昭和37）年，赤羽台公団アパートにおける実験で出火までの段階が記録されていた．他に1963（昭和38）年西武百貨店，1964（昭和39）年銀座松屋，1966（昭和41）年金井ビルなどの火災が考察の参考となった．また外国ではストックホルム市消防署の実験（1960年），フランス消防署の実験などの記録があり，とくにフランスの実験では，現実に近い状況設定で可燃物と火源の組合せ18種類の実験を行い火災初期の状況を記録している．以上のような研究結果を踏まえ，オフィスビルにおいては，一般的に，火災初期の燻焼状態があって煙（燃焼生成物）によっての感知が温度上昇による感知より早いことが確かめられたので法規定によるスプリンクラーを設置することによって義務づけられていない火災感知器をイオン式煙感知器の形で地上全フロアに設置した．

(3) 避難施設

大規模な超高層ビルでは避難階が遠く，ルートも単純でない場合が多い．また煙による被害も確率が高くなるのが一般的である．したがって明確でかつ，安全な避難ルートの確保が不可欠となるのでセンターコアのもっともわかりやすい両端の位置に特別避難階段を置き階段前室は煙を強制的に排出するスモークタワーを設けた安全区画とした．二つの安全区画の面積は一時的にその階の人員を収容できる広さとしている．特別避難階段内は自家発電機回路につながる非常灯を設置し，避難階まで安全に避難できる．

法的には歩行距離の規定を満すので特別避難階段は2か所で良いのであるが，万一の火災発生位置がもっとも不利な場合のシュミレーションを行い，両妻面に避難バルコニーを設けた．この避難バルコニーは巾10m奥行2m程で交互に上下階を結ぶタラップがある．高さ150mに及ぶ超高層ビルの場合，救命袋やスローダウンではむしろ危険となるので固定的な避難バルコニーの方が有効かつ現実的と判断した．また，外壁清掃用ゴンドラも補助的な非常救出用に利用できる．一般のエレベータは避難には使用せず火災時には停止させる．非常用エレベータも避難用には使用しない．

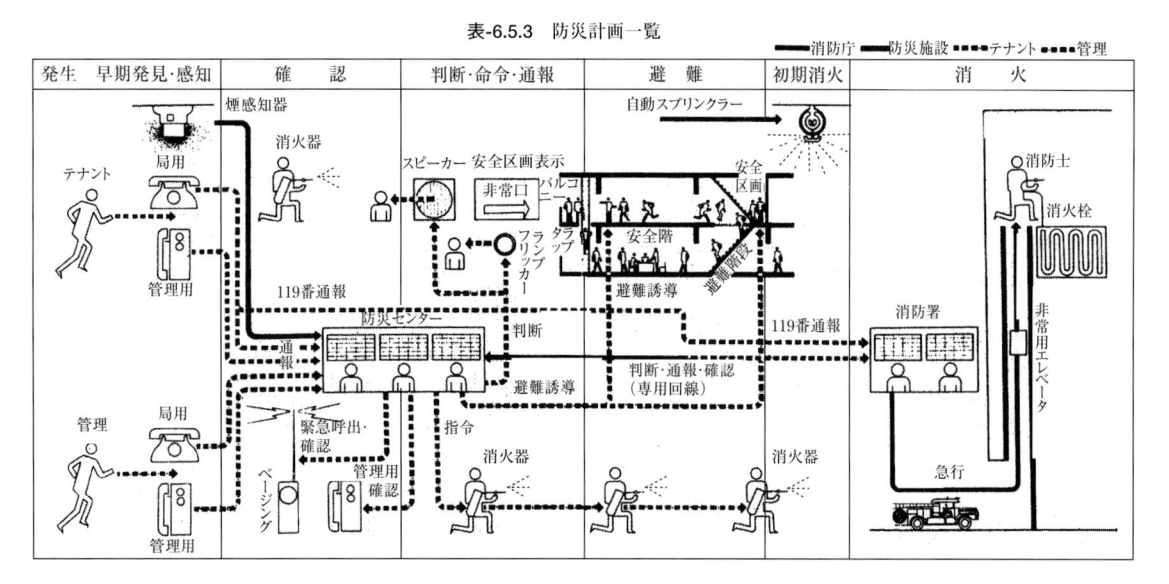

表-6.5.3 防災計画一覧

(4) 避難誘導

避難を安全に行うには，施設だけでは不十分で適切な避難指令と誘導が必要となる．それは，ソフトウェアに属する部分も多く日ごろの訓練や関心の喚起が欠かせない．

火災の発生の知らせはテナントまたは巡回保安員の発見，無人の場合は煙感知器の作動により，1階の防災センターに入る．この一報によって，防災センター操作卓の非常放送スイッチを入れるとあらかじめ吹きこんだテープが回り，自動的に避難指令がまず火災階にくり返し流される．必要に応じマイクによる追加指令も出される．避難指令は火災階以外の階には状況によりマイクによる音声指示で行われ無用の混乱を避けるようにしている．同時に，安全区画のスモークタワーの排煙口がリモートコントロールで開放され，排煙ファンが起動する．このころの安全区画にはまだ給気機能はなく，ただし考え方としては階段室内を加圧して，煙の流入を防ぐ方法と，スモークタワーによる前室からの排煙と両者を併用する方法があったようである．

安全区画出入口には非常口灯のほか，床面近くに緑色のランプを設置し，これが点滅を繰返す．したがって廊下にとび出せば，多少の煙があっても床面近くのこのフリッカーランプの点滅で容易に安全区画に誘導される．なお階段入口上部には避難方向が明示される．

これと並行してビル内の保安員にはページングにより事態が知らされ，火災階への急行が指示される．このページングはこうしたビル内では初めての使用例で各階に張られたループアンテナによって受信器をもつ保安員に個別の呼出し信号を送れる上，音声による指令を送ることもできる．保安員はそこで避難誘導や消化に当る．避難階は1階および2階でそれぞれ十分な敷地内広場が確保されている．

(5) 初期消火

消火器は各階にテナントごとに用意されている他，安全区画内に常備してあり，原則として保安員が使用して消化に当る．煙による感知でかけつけるのでそのときは未だ火勢は弱いと考えられる．スプリンクラーはヒューズ式のものでオフィス部分は72℃，湯沸器や厨房では141℃でヒューズが溶け，ヘッドが開栓し放水するようにした．最悪の場合は地上階すべてに設置したスプリンクラーが作動するが，実験例から推測するところでは，保安員の現場到着までの時間を安全側でみても，スプリンクラーの作動までにはかなりの時間がとれるので，スプリンクラーによる水損はほぼないと考えている．

なお，スプリンクラーはオフィス空間の基本モデュールとなっている3.2mごとに配されている．

実際に煙感知器が異常を感知して保安員が現場にかけつける時間は，平日の昼間でしかも最上階での災害発生という仮定でのシュミレーションで3分40秒であった．火源がガソリンのような即炎性のものでない限り，消化活動が十分できると考えられる．

(6) 消火活動

消防隊が到達すると，火災階に急行するための非常用エレベータが防災センターからの呼戻し指令により1階に呼び戻される．非常用エレベータは二つの安全区画内にそれぞれ2台，平常時展望台直通のエレベータ2台も含まれる．この4台はケージ内のキースイッチにより，専用運転に切り替え，火災階に直行できる．ただ，これらのエレベータは避難には使用せず消防活動専用とする．4台共，安全区画内にあり，ここには非常コンセント，非常用連絡電話および消防隊専用消火栓が設置されている．なお，これらの電源は自家発電回路に結び停電時にも活動に支障をきたさないよう計画している．

地下駐車場の火災には泡消火設備を設けているがこれは発火した部分に対してのみ熱によりヘッドがはじけて界面活性剤の泡が放出させ消火機能を果せるようになっている．また地下変電室の火災に備え，炭酸ガス消火設備があり，手動でガスを放出する．勿論，有毒ガスの為，人の存在を確

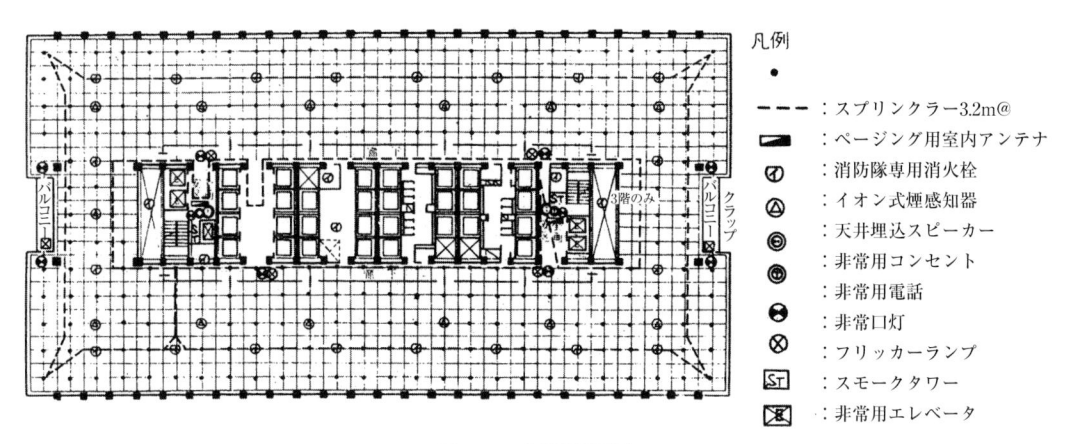

6.5 霞が関ビル(2)—建設当時の防災計画

図-6.5.2 基準階平面図

凡例
- ● ：
- ---- ：スプリンクラー3.2m@
- ：ページング用室内アンテナ
- ：消防隊専用消火栓
- ：イオン式煙感知器
- ：天井埋込スピーカー
- ：非常用コンセント
- ：非常用電話
- ：非常口灯
- ：フリッカーランプ
- ST：スモークタワー
- ：非常用エレベータ

認した上で行う．

さらに，地下防火水槽として常時1000tの水が地下1階に貯えられるほか地上途中階8か所にそれぞれ4tから50tの高架水槽が用意されている．消化に際しさらに必要な場合には約1000tの飲料水約900tの雑用水も利用できる．

(7) 防災センター

すべての火災に関する情報は1階に設置された防災センターに集まり，ここで確認や判断がなされ各方面への指令通報が的確に行われる．とくにMB2階の中央監視室とは緊密に結ばれ副監視のできるようにしてある．

防災センターでは，自動火災報知，煙感知表示，スプリンクラー作動表示，防火ダンパおよびスモークタワー開閉状況，シャッターの操作および表示，避難誘導灯の操作設備，消防隊専用エレベータの指定および呼戻し装置，館内放送設備，ページング設備，航空障害灯監視設備，廊下ホール等共用部分照明の制御などの機能をもつ．

防災計画の概要は以上の通りであるが，当時，建築法規が超高層ビル実現の機運に応じて計画の個別性を認めるようになった事と連動し，防災計画においても31m以内の高さを前提とした画一性が見直される趨勢にあった．したがって霞が関ビルと云うプロジェクトの内容にふさわしい防災計画を検討し，それをオーソライズしてもらうというプロセスがとられた．現在では建設省の通達によりある高さを越える建物や用途によって防災計画書の作製が義務づけられているがその萌芽はすでに霞が関ビルの計画過程に現れている．その意味ではその後の建築防災計画の方向を具体的に示唆したという役割をこの霞が関ビルは果したものと考えている．

最後になったがこの霞が関ビルは，日本に前例のない計画であったのでオーナー，設計者，施工者の三者が一体となって，多方面からの検討を行うという体制をとった．したがって防災計画においても生産面での合理化や施工面での開発も計画プロセスで計られた．例えば防災用配管も含むパイプシャフトユニットのプレハブ化，避難鉄骨階段のプレハブ化，耐火被覆材のパネル化，天井のラインシステム設備器具先付けによる軽量不燃化などがそれに当る．つまりは建築と設備の一体化がいたるところで工夫され，それが施工上または経済上からもきわめて合理的で以後の大型ビルとくに超高層ビルの施工計画にも一つの指針を与えるものとなったのである．

なおこのレポートは霞が関ビル竣工パンフレット防災の項（尾崎一雄氏担当）を参考にまとめたことを附記する．

413

6.6 東京都における防災都市づくりの軌跡

1999年8月号

江平　昭夫
前　東京都都市計画局開発計画部

6.6.1　はじめに

1995（平成7）年1月17日に発生した阪神・淡路大震災は約6400名近くの方々が亡くなるという近年にない悲惨な都市災害となった（死者数は1996年12月25日現在）．

災害に脆弱な木造住宅市街地を広範囲に抱える東京都は従来から災害に強い都市づくりを目指してさまざまな施策を講じてきた．

本稿は，東京都における防災面から見た都市計画の歩みを概観するとともに，その中で都民の関心を集めた江東再開発構想とその具体的なケースとして白鬚東地区防災市街地再開発事業の概要を紹介し，さらに現在東京都が取り組んでいる防災都市づくりについて記述してみたいと思う．

6.6.2　防災面から見た都市計画の歩み

東京が江戸と呼ばれた時代には，喧嘩と火事は「江戸の華」といわれ，喧嘩と火事は江戸っ子を大いに沸かせたものであった．

当時の市街地状況は，市内面積の約16％の町地では人口密度が1ha当り539人と非常に高密度で，しかも建物のほとんどが木造建てで火災に弱い構造となっていた．

このため，火除地（いまでいう防災広場）を整備し，町家における延焼防止に努めた．

しかし，大規模火災に弱い構造は基本的に変らなかった．

時代が変り，明治初年，現在の大手町から築地にかけて広い範囲が大火に遇い，このことか東京の防災との取組みの始まりとなった．

災害に強いまちづくりは，具体的には，面的な市街地整備と建築物の耐震耐火化の両面で取り組まれてきた．

面的な市街地整備の代表的なものは，明治5年の銀座大火後の銀座煉瓦街の建設，1923（大正12）年の関東大震災後の帝都復興事業をあげることができる．

また，建築物の耐震耐火化に対する取組は，主に市街地建築物法，建築基準法の流れによるものであった．

(1)　銀座煉瓦街の建設

明治5年の大火後，時の政府は東京全域を煉瓦造建物とし，西洋風の不燃都市化するという目標をたてた．その手始めとして銀座地区において煉瓦街の建設を始めたのであった．

この事業により，銀座地区では，煉瓦造の建物が全建物の5割近くに上り，道路も広幅員で，歩車道分離，ガス灯，街路樹を施すといった，従来の東京の市街地水準をはるかに超えたものになった．

しかし，煉瓦造建物が日本人の生活習慣になじまないなど，売却が思うようにいかず，明治10年，施行区域は銀座を中心にした地区に限られた形で，事業は一応の終息をみることになる．

こうした煉瓦造りの建物だけでなく，東京の市街地の大半が，1923（大正12）年の関東大震災によって破壊された．

(2)　帝都復興事業

被害を受けた市街地を復興するために市街地に初めて土地区画整理事業を導入し，約3600haの区域において復興事業が施行された．この復興事業によって当時の東京市の都心部・下町の区域の都市改造が行われたのであった．この事業により，東京における道路率は事業前の14.0％から26.1％

へとほぼ倍増し，公園面積も16％増加した．これらに加え，各種公共・公益施設の整備や都市の不燃化政策に対しても積極的に取り組まれた．こうして，現在の東京の基本的な都市構造が形成されたのである．

(3) 市街地建築物法，建築基準法による取組み

1919（大正8）年旧都市計画法と同時に市街地建築物法が制定された．これらによって，用途地域制，建築線といった新しい手法が導入された．用途地域制とは，さまざまな用途が混在し，都市活動が阻害されることのないよう定められるもので，建築線とは，あらかじめ建築限界を定め，道路空間の確保をするものである．

また，1950（昭和25）年には，市街地建築物法に替えて建築基準法が制定され，防火地域，準防火地域に対する規制が強化され，また，各地に発生した地震被害を分析したうえで，これらに耐えることのできるよう耐震基準も強化されてきている．

さらに，東京都既存建築物耐震改修促進計画を1999（平成11）年3月に定め，7年に制定された「建築物の耐震改修の促進に関する法律」を活用して既存建築物の耐震性向上のため各種施策を積極的に推進することとしている．

こうしたさまざまな経緯を経てきたが，戦後，まちづくりという面で本格的に防災都市づくりに取り組んだのは江東再開発構想策定以降である．

6.6.3 江東再開発構想の概要

江東地区とは，隅田川，荒川と東京湾に囲まれたデルタ地帯をいい，軟弱地盤の上に木造家屋が密集し，かつ，住宅，工業，商業が混在しています．さらに，活発な産業活動による地下水の汲み上げによって地盤沈下が進行し，地盤が海面下にある，いわゆるゼロメートル地域となっている．

こうしたことから，ひとたび大震火災が発生した場合，その被害は計り知れないほど甚大なものになることが予想される．

江東再開発構想が策定されるきっかけは，1964（昭和39）年に起きた新潟地震であった．この地震は新潟市を直撃し，液状化現象がいたるところで発生するなど，大きな被害を招いた．

また，新潟地震の直後，当時東大の地震研究所長の河角博士が南関東大地震69年周期説を発表した．これは，過去の地震を統計的に分析するとおおむね69年ごとに大地震が発生するというもので，1991（昭和66(平成3)）年を中心とした前後13年の間に関東大地震並みの地震が起きる可能性が高いというものであった．この69年周期説はジャーナリズムに取り上げられ，地震に関する世論を巻き起した．

都はただちに来るべき地震による被害想定と対策の調査とともに，地震によって相当の被害が生じるおそれのある江東地区について都市計画の面からの調査を開始した．

翌1965年には「ゼロメートル地帯の防災拠点整備調査」を，1966年には「地盤沈下地帯における防災拠点整備に関する調査」，1967年から1968年にかけて「江東地区防災拠点等防災都市建設調査」を実施し，これらの集大成として1969年に「江東再開発構想」を策定した．

江東再開発構想によるとその概要は次の通りである．

a．江東再開発の目標と緊急性　江東地区の現状は，地盤沈下によるゼロメートル地帯の拡大，住宅・工場等の混在，過密による災害（とくに大震火災）に対してももっとも危険な地域であると同時に，生活環境，経済基盤も極度に悪化している．このため，再開発により，震災対策，生活環境の改善とともに，地域特性を配慮した経済基盤の強化を図ることを目標とする．

b．計画対象区域　江東区，墨田区および江戸川区の一部を含む，江東デルタ地区を中心として，荒川区，葛飾区の一部を含むものとする．

c．計画内容　地域総合計画の一環として，当面震災対策を主として，次の計画に重点を置く．

白鬚（東・西）地区，四ツ木地区，大島，小松

川地区，木場地区，両国地区，中央（錦糸町）地区に50～100ヘクタールの再開発を計画するとともに拠点相互間をつなぐ地帯の不燃化を図るものとする（**図-6.6.1参照**）．

d．計画の効果 拠点内は，環境のよい市街地として整備され，地区全体の生活環境の向上につながるとともに，地区住民が大震災時におおむね30分以内に避難可能となる．

また，住宅建設および中小企業の体質改善等，経済基盤の強化の面でも効果が大きい．

なお，江東再開発構想に基づき事業が進められてる6地区の地区別計画内容と進捗状況は**表-6.6.1**のとおりである．

6.6.4 白鬚東地区防災再開発事業

白鬚東地区については，工場跡地等の買収も進み，再開発の機運，条件も成熟していることから江東再開発構想に基づく第1号の事業となった．

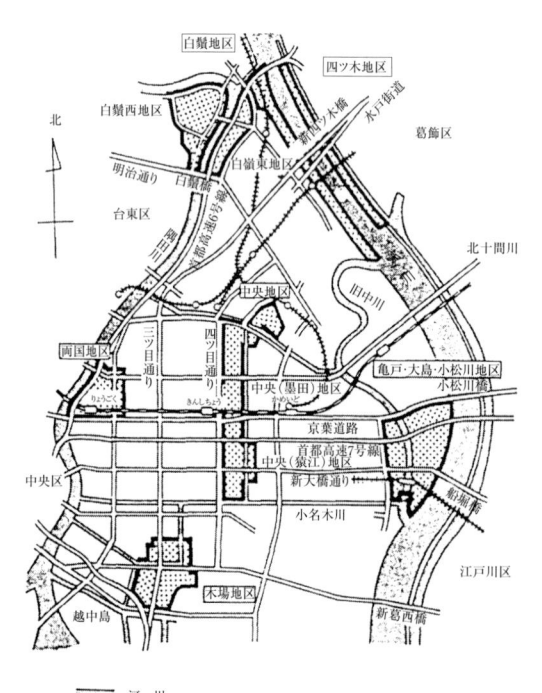

図-6.6.1 江東防災地区拠点位置図

(1) 地区の現況

当地区は，江東デルタ地域の最北端に位置し，西側を隅田川，東側を墨堤通り，南側を明治通りに囲まれた面積約38haの区域である．

地区の北側約3分の1は都が買収した工場跡地，中央部は学校，公園，神社等の施設，南部は店舗，小工場等が混在し，木造家屋が密集している（施行前の土地利用の現況および土地利用計画については**表-6.6.2，表-6.6.3参照**）．

(2) 事業の経過

1970（昭和45）年12月に計画素案の発表，地元説明会を実施し，さらに，地元関係機関との協議を経て，1972（昭和47）年9月に東京都の施行する市街地再開発事業として都市計画決定された．

(3) 計画の概要

この計画は，公共施設，建築敷地および建築物の整備を行うもので，白鬚東地区のうち，27.6haの区域を市街地再開発事業により施行しようというものである．

計画によると概要は次のとおりである．

a． 墨堤通り沿いに連続した高さ40mの高層住宅棟を配列し，この内側に約10haの避難広場を設ける．この避難広場は平常時には一般公園・運動公園として利用され，災害時においては，居住者を含めた約8万人が避難可能となる．

b． 高層住宅棟は，都市火災時の火災輻射熱および避難広場を防御する防火壁とし，前面市街地から50m以上離して配置する．また，建築敷地の公園側には，消防活動のための緊急用通路を設ける．

c． 拠点内には，約2300戸の住宅を主体に，店舗・作業所・工場・幼稚園，保育園等のほか防災センター・コミュニティセンター等の施設を配置し，地域住民の日常生活の中心の場となるよう計画する．

d． 明治通り，墨堤通り（現道幅員20m）は，41mに拡幅整備し，周辺市街地と防火壁となる住宅棟との隔離に役立てるとともに，街路内に緑地

表-6.6.1 地区別計画内容と進捗状況

地区名		地区面積	避難広場面積	避難人口	進捗状況
白鬚	東地区	ha 37.9	ha 10.3	万人 8	1972. 9 再開発事業都市計画決定 1974. 11 1980. 1 都市計画変更 1982. 6 市街地再開発事業 　　　　完了 1986. 3 街路・公団の工事完了
	西地区	57.9	11.6	12	1973. 12 計画素案発表 1983. 3 第二種再開発事業都市計画決定 　　　　（第1段階区域） 1985. 10 都市計画変更 　　　　（第2段階区域を編入） 1989. 1 都市計画変更 1995. 4 環境影響評価書告示
亀戸・大島 小松川地区		114.1	24.7	20	1975. 8 再開発事業都市計画決定 1979. 3 1982. 3 1983. 11 都市計画変更 1983. 11 第二種再開発事業都市計画決定 1989. 1 　　　〃 1990. 3 　　　〃 1991. 8 　　　〃 1995. 4 都市計画変更
木場地区		75.8	24.2	15	1977. 6 計画素案発表 1978. 3 木場公園事業認可事業着手 1980. 6 特定住宅市街地総合整備促進事業整備計画大臣承認 1980. 10 都市防災不燃化促進事業促進区域指定, 事業実施 1988. 3 木場公園用地買収完了(24.2ha)
四ツ木地区（含墨田五丁目地区）		88.1 （含河川敷）	44.1	23	1984. 「整備計画素案策定調査」実施計画素案検討中 1991. 「鐘ケ淵地区整備計画策定調査」実施
両国地区		47.5	5.3	5.3	1979. 「防災建築事業計画(推進計画)作成調査」実施 1980. 7 計画案発表 1980. 10 都市防災不燃化促進事業促進区域指定, 事業実施 1988. 12 下水ポンプ場着工
中央	猿江地区	53.0	17.4	11	1957. 12 猿江公園都市計画決定 1983. 3 同上完成(14.1ha) 1989. 3 　〃　(0.4ha)
	墨田地区	94.5	18.1	13.9	1982. 「錦糸地区」および「文花地区」都市防災不燃化促進事業促進区域指定・事業実施
合計		568.8	155.7	108.2	

表-6.6.2 土地利用の現況

(昭和49年12月現在)

区　分		地積(m²)	構成比(%)	備　考
公共用地	道　路	51700	19	
	公　園	17200	6	水神公園, 鐘ヶ淵公園
	計	68900	25	
宅　地	民有地	58600	21	
	公有地等	148100	54	工場跡地, 学校等
	計	206700	75	
合　計		275600	100	

表-6.6.3 土地利用計画

区　分		幅員(m)	延長(m)	面積(m²)	構成比(%)	備　考
公共施設	都市計画道路 環状第4号線	41	217	9126	3.3	区域外を含めた幅員42.5m
	補助第119号線	41〜22	1527	55753	20.2	
	高速道路6号線付属第10号線	20〜46	227	7051	2.6	公園としての人工地盤を一部設置
	区画街路	8	1438	11054	4.0	
	計			82984	30.1	
	公　園			88005 (90127)	31.9	(　)は街路部分(付属10号線および区画街路)を含む都市計画決定面積
	計			170989	62.0	
建築敷地				104578	38.0	
総　　計				275567	100.0	

図-6.6.2 白鬚橋上空から見た白鬚東防災拠点

帯, 歩道等の環境整備施設を大きく確保して, 避難路としての機能を備える(図-6.6.3参照).

(4) 防災施設の概要

住宅棟の居住者と住宅棟の内側に整備された避難場所に避難した人々の安全の確保を万全にするため, 完璧といえるほどの防災施設が施されていることも白鬚東の防災拠点の特徴である.

a. 住戸防火シャッター　市街地大火の際の炎や輻射熱および飛散物から住宅開口部を防御するため, 住戸の墨堤通り側バルコニー部分に防火シャッターをおろす. 各住戸全部に設置.

b. ドレンチャー　住戸防火シャッター面の温度上昇を防ぐため, シャッター外面に撒水する設備を設ける.

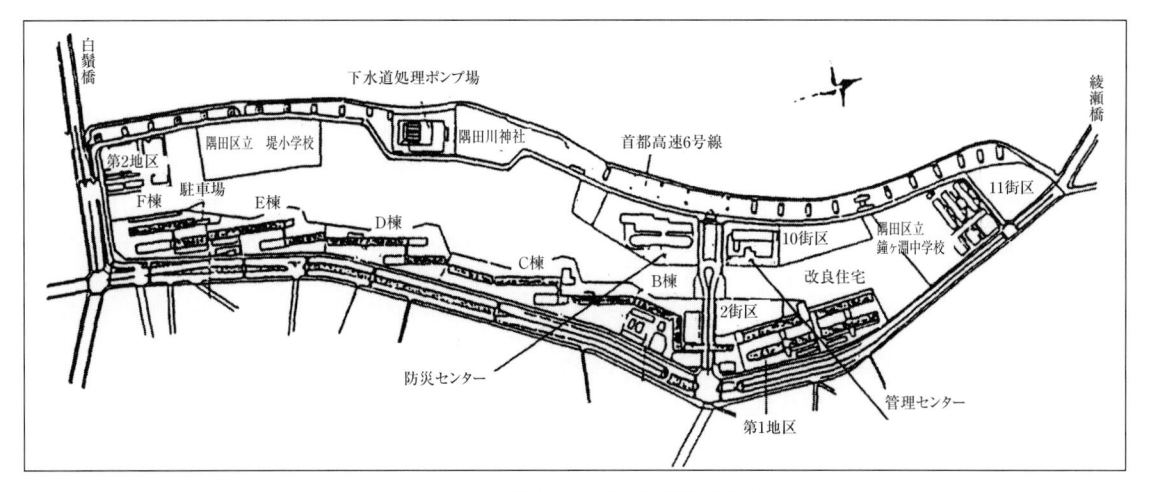

図-6.6.3　白鬚橋上空から見た白鬚東防災拠点

　c．ゲートおよびブリッジのシャッター
建物の棟と棟の間を遮閉して連続防火壁を構成するため，ゲート部やブリッジ部に鋼製扉やシャッターを設け，非常時には閉鎖する．

　d．建物足回り散水設備　避難者の流入するゲート部付近および建物足回り部分に飛散する火の粉を消すための撒水設備を設ける．

　e．防災センター　防災機器類の作動指令，監視を行う機器管理室で，各種計器の表示盤や外部監視のテレビなどを設置する．

　f．非常用発電設備　東京電力の給電が停止した場合でも，防災機器の機能確保のため非常用発電機を設置する．また，7日間運転可能な燃料を備蓄する．

　g．貯水　上記撒水用水および生活用水，非常用飲料水等は建物地下および屋上タンクに常時貯水する．貯水量は，上水約3,000t，工業用水約30,000t.

（5）その後の市街地再開発事業に与えた功績

　白鬚東地区防災再開発事業は着実に工事が施行され，1982（昭和57）年6月には市街地再開発事業が完了した．

　当地区の事業を契機に市街地再開発事業を推進するための制度が充実されたことも白鬚東地区市街地再開発事業の功績として特筆すべきことである．

　その一つが再開発住宅制度の導入である．

　再開発住宅制度とは，市街地再開発事業の施行区域内の借家人等で，住宅に困窮することとなる者に賃貸するために整備する住宅をいう．白鬚東地区市街地再開発事業のように施行区域が広く，借家人等，市街地再開発事業によって住まいに困る方が大勢いる場合に，公営住宅に比べ家賃の安い住宅を提供し，市街地再開発事業を推進しようというものです．白鬚東地区市街地再開発事業がきっかけとなり，1974（昭和49）年度から導入された．

　次に，第二種市街地再開発事業の創設があげられる．

　従来，市街地再開発事業は権利変換方式で行われていた．権利変換方式によると，上記と同様，権利者が多数にのぼる場合は，権利変換に日時を要し，権利者の方々の生活が不安定になるなどの事態を招きかねないことから，用地買収による制度（管理処分方式）が1975（昭和50）年の市街地再開発法の改正により創設された．

　白鬚東地区の防災拠点が完成してすでに20年近くなるが，地区内に整備され桜が植えられた東白鬚公園は，花見の穴場として親しまれている．また，数年前から地元有志が企画して「さくら堤

419

通り花まつり」と題したイベントも始まった.

これは,防災拠点に定着し,住み続ける人が増えた証ではないであろうか.

6.6.5 防災都市づくりの展開
(1) 防災都市づくりの整備

防災拠点の整備と併せて,安全なまちづくりを進めるため,1981(昭和56)年に区部を対象に「都市防災施設基本に計画」を策定した.

この計画は,「火を出さない.火をもらわない.」という視点から防災生活圏の形成および都市施設の整備による防災都市づくりを目標とするものである.具体的には,延焼遮断帯の整備を軸に,おおむね小・中学校区程度の広さで設定した防災生活圏内における生活環境の改善や防災市民組織の育成等,ハード・ソフトの両面にわたる防災対策を進めようというものである.

こうした防災生活圏を基本に,1997(平成9)年3月に「東京都防災都市づくり推進計画」を策定した.

これは,阪神・淡路大震災において,都内の山手線外周部や中央線の沿線に広がる木造住宅密集市街地と類似した市街地が潰滅的な被害を受けたため,災害に強いまちづくりを進めようと策定したのである.

この計画は,25か所の重点整備地域(約6000ha)の整備方針と,とくにそのなかで緊急性の高い11か所の重点地区(約1880ha)の整備計画を示したものある.

本推進計画に基づき,東京を安心して住めるまち,逃げないですむまちに変えていくこととしている.

計画策定以降,次のような取組を行っている.

① 避難の安全確保と延焼火災を防止するための延焼遮断帯となる都市計画道路,鉄道,公園等の整備と周辺建築物の不燃化.

② 密集市街地内の建築物の耐震不燃化および生活道路,ポケットパークづくり.

③ 防災まちづくりに活用するための用地先行取得.

④ 市街地再開発事業,土地区画整理事業の予定地区について住民説明会,まちづくり協議会等による住民の合意形成.

(2) 都市復興マニュアルの充実・強化

防災都市づくりの整備の途中でも大地震が発生しないとは限らない.そのため,被災後の都市復興を迅速に進めるための行動指針である「都市復興マニュアル」を1997(平成9)年5月に作成した.

有事の際にマニュアルが有効に機能するように都と区市町が合同の模擬訓練を継続的に実施するとともに,マニュアルの内容の検証を図り,マニュアルをより実践的な内容に充実することとしている.

6.7 膜構造技術の発展と防災

2000年5月号

石井 一夫
横浜国立大学名誉教授

6.7.1 はじめに

2002年ワールドカップサッカーはそのスタジアムが日本で10棟，韓国で10棟建設されるが，このうち，スタンド屋根が膜構造となるのは，両国合せて11棟となり，屋根の下は明るいスタンドとなる．

2000年グリニッチ（イギリス）にできた世界最大の膜構造によるミレニアムドームはスパン320m，8万m^2の空間でイギリスのテクノロジーを世界に示す目的が含まれる多目的の空間となり，博覧会・展示会場を一つの屋根のなかに収めた．アメリカでは，デンバー空港のホール4万m^2が，膜構造として使われた．明るい空間をもつアトリウムとなった．新アストロドームが開閉屋根をもった膜構造として完成する．明るい空間をもつスタジアムとなる．

これら膜構造の屋根面は，いずれもフッ素樹脂でコーティングされたガラス繊維織布が構造用膜材料として使われている．

このように，膜構造が世界的にさまざまな用途の大空間屋根に使われている現状で，膜構造ゆえの防災面での配慮も，各国でなされるようになっている．

ここでは，歴史的にまだ新しい建築構造としての膜構造のこれまでの防災上の問題と技術を取り上げ，その課題と今後の展望をみる．

6.7.2 膜構造とは

膜構造建築とは，膜材料の良さ，特性を積極的に建築の中にもち込んだ建築すべてを指す．狭義には，アメリカUBCによる分類にならい，骨組架構に膜面屋根を取付けた建築，ケーブル架構に

図-6.7.1 仁川(Incheon，韓国)ワールドカップスタジアム

図-6.7.2 ミレニアムドーム：世界最大の膜構造ドーム

図-6.7.3 デンバー空港アトリウム

膜面を取り付けた建築，空気圧を利用した一重空気膜構造（室内部空気与圧で膜面を支持し，安定，剛性を得る構造），二重空気膜構造（二重膜面内を与圧し，パネル状またはビーム状とする構造）による建築およびこれらの複合構造建築を指す．

膜材料は，ガラス繊維織布または合成繊維織布に合成樹脂（テフロン®，塩ビなど）をコーティングしたもので，高強度，高耐久性，透光性を特徴とする．薄い材料で厚さは1mmに満たない．このため，建築材料としては防火，断熱，遮音の問題が生じる．しかし，膜構造として材料の透光性は内部空間を明るく，広い空間が二次部材なく，覆うことができる．この特性が，ある用途に沿って使われたとき，膜構造は他の材料では代替できない大きな特性を建築に与えることができる．

明るい空間は屋根面にガラスを使っても，またプラスチックを使っても得ることができる．しかし，このなかで膜材料の特徴は，それ自体，構造上主要な材料となることができる点にある．

更に膜構造は，軽量性，施工性に大きなメリットをもち，大空間架構が容易になることがあげられる．

現在，空間構造が軽構造への指向をもって世界的に広がるなかで，膜材料はその中心的な位置にある．

また，膜構造は仮設建築という，歴史的な側面ももち，小規模のテント，あるいは博覧会パビリオン施設等さまざまな用途をもち，膜構造の大きなマーケットともなっている．

6.7.3 膜材料

膜材料は，繊維を束ね，糸とし，この糸を織って織布にしたものに，耐久性，防水性，防炎性を与えるために各種のコーティングを施した構造用材料を指している．コーティング材料であるテフロン®（四フッ化エチレン樹脂）は，高耐久性をもち，膜材料にステンレススチールなみの耐久性能を与える．一方，一般に用いられている塩ビコーティングは経済的なコーティング材料として，膜構造の底辺を支え，大きなマーケットをもつ．

これまで，テフロン®コーティングのガラス繊維織布膜材は建築基準法上では，防火上の明確な定義は与えられておらず，他の不燃材料のように自由に使うことは許されていなかったが，旧建築基準法38条に基づく日本膜構造協会「特定膜構造建築物技術基準」では，用途，規模，地域に応じ，不燃材料同等の使い方が示されて，耐火建築物としなければならない場合にも，用途，規模，地域等により使うことが可能であった．しかし，基準法改正に伴い，この「特定膜構造建築」も廃止され，通常の建築物と横並びとなり，不燃性能の技術的基準として，20分間加熱での要件が示された．しかし膜材料についての20分間の加熱での性状の判定はまだなされていない．加熱後の性状が他の材料に比べ異なり，どう判断するかの問題がある．法63条（令136条の2の2）は飛び火試験が行われるが，これもまだ結果はでていない．

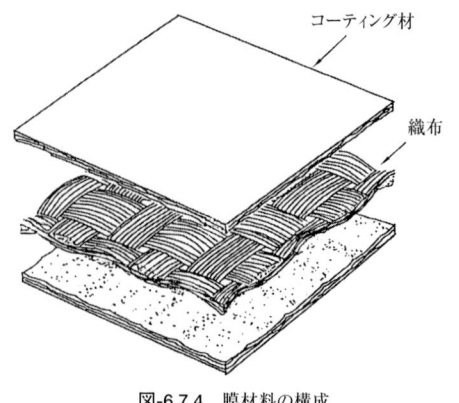

表-6.7.1 膜構造の種類

膜構造	構造耐力上主要な部分として膜材料による膜面によって構成された屋根等を形成する構造
ケーブル構造との併用	旧サスペンション膜構造
鉄骨造その他との併用	旧骨組膜構造
空気膜構造	膜材料（ケーブル補強を含む）を用いて形成された屋根及び外壁の屋内側の空間または二重膜面内に空気を送り込むことによって，内部の空気圧力を高め，膜材料を張力状態とし，荷重及び外力に対し，抵抗する構造
開閉膜構造	屋根，壁または架構で膜材料等の部分，全体または一部が開閉する膜構造

図-6.7.4 膜材料の構成

同様に，防炎加工された塩ビコーティング合成繊維膜材は，明らかに飛び火試験には合格し得ない．しかし，塩ビコーティング合成繊維膜材の屋根の下側に，従来使われている天井用膜材の薄いガラス繊維布を吊り，二重とするなどの方法とすれば大規模ドーム屋根にも適用が可能となり得る．

膜構造の場合の耐火性能検証法についても，膜構造空間に関しては現在はまだ内容が定まっておらず，どのような適用となるかは定まっていない．

これまで，「特定膜構造建築物技術基準」によって建設可能だった膜構造が，この耐火性能検証法によれば，必ずしも建設可能となるとは限らなくなり，業界はゆれている．

膜構造空間をより明るい空間にするためには，現在の膜材料では光線透過率が20％程度であるため，この透過率をあげていかなければならない．フィルム材料は光線透過率が高く，内部を明るくすることができる．しかし，この材料は，強度，耐久性の面で問題があり，同時に耐火災性の点でも問題があり，小規模，あるいは局部的な使い方しかできない．

織布を細かいメッシュ状（網目）に織り，これにフィルムをコーティングした材料が使われることもある．強度，耐久性の点では問題ないが，防火的には防炎性を付与できるだけである．この織布をガラス繊維で織ったものもあるが，火炎の貫通という問題がある．火災時，表面のコーティング材は溶融するが，ガラス繊維基布は残る．しかしメッシュ状であるため，火の粉の落下が予想される．使われる範囲は狭いものとなるが，ある用途に沿って，火災上問題のない場合には使用例もある．メッシュ（網目）寸法も，1～5mm程度となっている．直接に炎が当らないか所の使用になるが，今後膜構造にとって，より明るい空間を求めるための重要な位置にある材料でもある．

6.7.4 膜材料と膜構造の歩み

20世紀なかば1950年，それまでは膜構造はまだ単なるテントでしかなかった．簡易で素朴な建築でしかなかった．しかしテントの歴史な古く，人類の歴史とともに始まり，紀元前には，草を織った材料が屋根，壁に使われていた．これはまだ現在でも遊牧民の中で使われている．この材料は，近代には綿帆布として産業界で使われるようになる．膜材料はその後，化学繊維であるレーヨン，ポリアミド系繊維であるナイロンが登場する．これらの繊維による織布に強度をもたせ，合成ゴムによるコーティングが施され，膜材料として使われる．これらの材料は直ぐに，合成繊維と塩ビコーティングに置き換えられることとなる．

1950年，テントはドイツで始めて建築の対象とされ，デザインと，その膜面の構造理論が打ち出され，にわかに世界の中に登場する．しかし，当時の膜材料は，綿帆布が主流であり，強度，耐久性も少なく，防火性もない材料であった．この材料によった仮設の，しかしデザインされたテント群はしだいにそのマーケットを拡げていく．

膜材料は，その後，合成繊維が主流となる．一部ガラス繊維も登場したが，当時のガラス繊維はまだ太い繊維で，建築用として使い難い材料であり，一般化はしなかった．1976年，モントリオール博覧会で，西ドイツ館が，塩ビコーティングのポリエステル繊維織布を使い，ケーブル補強で大空間の構造を示した．当時，近代建築理論が華やかな時代であり，鉄とガラスの規格化された生産

図-6.7.5　テニスアリーナ（ドイツ）：高透光性膜材によるアリーナ

システムの材料による建築が風靡していた時代に，規格化できない膜構造の有機的な曲面性を正面にだし，世界の注目を浴びることとなる．この博覧会を機に，膜構造は一気に世界を走るようになった．しかし，膜材料はまだ不燃性を獲得してはいない．

膜構造は，次の1970年の大阪万博でパビリオンとして大規模に使われることになる．しかし，あくでの仮設建築としてであった．日本の当時の基準法では，「屋根は不燃材料でなければならない」ということが，この膜構造にとって大きな問題であった．膜材料の不燃化がなければ，膜構造は恒久建築にはなり得なかった．同じような理由で，アメリカでも膜材料の不燃化への開発が始まった．「膜材料の不燃化ができれば，膜構造建築は恒久建築になる」という夢であった．

この不燃材料への最短距離にあった材料は金属繊維とガラス繊維であった．ガラス繊維は折曲げ の問題をもち，金属繊維は透光性を失う問題をもっていた．金属繊維糸を網目をもつメッシュ状として，これにコーティングフィルムを施す案がでた．これであれば透光性は確保できた．しかし，火災時に炎は貫通してしまう．不燃材料にはなり得なかった．一方ガラス繊維は，耐折曲げ性確保のため，当時新しく実用化された径3ミクロンの極細繊維を使い，この繊維による織布は柔らかく，ある程度折曲げに抵抗できることがわかった．この織布に，NASAによって宇宙用に開発された耐熱性，高耐久性のある四フッ化エチレン樹脂（テフロン®）をコーティングすることで，アメリカでは不燃材料の道を見出すこととなる．

1972年，アメリカのラバン大学体育館で始めてこの材料が使われ，恒久建築として認可された．膜構造発展のマイルストーンとなった建築である．

以後，この膜材料は，恒久膜構造建築の中心となり，アメリカでは多くの膜構造が建設されるようになり，大規模ドーム屋根には7棟で使われ，ドーム構造の中心材料となっていく．

日本でも，この材料の不燃試験が行われている．しかし，当時，不燃材料試験方法は，このような材料を想定したものではなく，基材試験が中心であったが，これに表面試験（旧告示1828号不燃材料の指定）を加え，これに合格し，不燃材料の

表-6.7.2 現在使われている膜材料の種類

基布	コーティング材料	特徴
ガラス繊維織布 （ガラス繊維径3μ）	4フッ化エチレン樹脂（テフロン®）	高耐久性，不燃材料相当 高価，恒久建築用
ガラス繊維織布 （ガラス繊維径6μ以上）	塩化ビニル	経済的材料，耐折曲げ性が少ない
合成繊維織布 （ポリエステル繊維）	塩化ビニルなど	最も経済的な材料．防炎2級品．折り曲げに強い．扱い易い

表-6.7.3 構造用織布繊維のこれまでの発展

天然繊維	綿	紀元前より	帆布，コンテナ等，現在でも使われる．
化学繊維	レーヨン	1905年　工業生産	アメリカでレーダードーム膜材料に多くつかわれたやや脆く，吸水湿劣化がある
合成繊維	ナイロン（脂肪族ポリアミ）	1938年　商品化	膜構造初期，コーティングを施したナイロンターポリンは，綿以上の耐久性をもって脚光を浴びた
	ビニロン（ポリビニルアルコール）	1958年　工業生産	現在でもあるがあまり使われない．日本で開発された繊維
	ポリエステル繊維	1946年　市販	強度，耐久性，加工性，経済性があり，一般の膜構造では主流となっているが，不燃性が得られない
	ケブラー（アラミド繊維：芳香族パラ系ポリアミド）	1967年　生産	高強度，高弾性で究極の繊維といわれたが，建築では耐候性，不燃性が得られない
無機繊維	ガラス繊維	1935年頃	現在は極細繊維（径3μ）が主流耐火災性がある
	炭素繊維	1959年頃	不燃性，不透光
金属繊維	ステンレススチール繊維	1960年頃	不燃性，繊維では耐候性がやや劣る．不透光

図-6.7.6 ラバン大学体育館（アメリカ）

認定を受けた．これによって，膜構造が大きくマーケットを拡げることになる．しかし，当時の不燃性試験は，このような材料には適用は不適切ということで，以後，膜材料の不燃性試験は中止された．業界からは不満の声が上がった．それに代る新しい不燃性試験法は，結局つくられず，改正基準法まで待たなければならなかった．

しかし，ガラス繊維織布にテフロン®をコーティングした材料は，用途制限のなかで，不燃材料同等と考えられ，主に体育館などにつかわれる道が1987年「特定膜構造技術基準」で認められるようになる．

1983年，東京ドーム建設計画がでた．アメリカではそのとき，すでに7棟の大規模エアードームができており，十分に機能していたときであったが，日本ではこれまでにない新しい構造であったため，新規の研究開発が必要とされた．防災避難問題についても，研究委員会が日本建築センターに設けられ，防災避難部会，分科会，材料委員会が設けられた．

法的に耐火構造要求である大空間建築に，膜材料一枚の屋根に対するさまざまな安全性の検証が行われている．

耐火構造物の屋根に要求される耐火構造は，外部火災による類焼防止，内部火災による崩壊防止および燃え抜け防止（内部の人間の安全，外部への延焼防止）であり，この原点での検証となった．

材料の不燃性，飛び火や外部火災による類焼防止，高温時の強度，燃焼時の有毒ガス発生，燃え抜け防止等の耐火性能，これらの性能の劣化について，試験，実験が膜材料について行われ，防火安全性の論理が組立てられた．

すでに7棟の膜構造大規模ドームを建設し，使用していたアメリカでは，このような大規模プロジェクトとして，多数の研究者，実務者により研究委員会により，細部にわたって安全性が検証され，夥しい実験がなされ，安全が確認されていく方式をとっている日本の状況を，不思議な表情で見守った．

東京ドームは，このように防災，構造をあわせ，延べ150名以上の研究者，設計者，施工者によって完成した安全性へ論理構築のなかで，初めて建設が許可されることとなった．日本の恒久建築としての膜構造の出発は，一気に大ドームから出発することとなり，この安全性の論理は，一般の中小規模の膜構造建築にももち込まれ，「特定膜構造建築技術基準」に生かされていく．しかし，構造を含め，膜構造個々の審査によって建設が認められる方式であった．

膜構造は，他の伝統的なRC造，鉄骨造に比べ，まだ新しい建築構造でもある．このため，建築としてあらゆる事故には遭遇していない．とくに構造的には未知の領域も多い．これまでの膜構造事故は構造的な場合がほとんどであり，膜構造の構造安全の確認はまだ一般化したものではないのが実状である．

6.7.5 膜構造の防災

膜構造は，規模の比較的大きい建物に利用される．そのなかでも，火災の危険性の少ない体育館，スポーツ練習場，さらに大観客を擁するスタジアムなどが主な用途となるが，展示，催し物，ショッピングモール，アトリウムなど，膜構造の良さを表現できる建築へも積極的に使われている．

膜構造のこれまでの構造上の事故はいくつか発生している．難しい構造となるため，予想外の事

故が多かった.

しかし，膜構造の火災事故はきわめて少ない．大空間架構となる膜構造は，ドームのように，防災上では有利な点が多い．また，新しい建築であり，現在，建設には個別に審査され，構造上，防災上，具体的に使用制限も設けており，これまで火災で全焼したような例はない．内部に火災が発生した例はあるが，いずれも問題なく消火されている．

(1) ハッジ火災例

1975年12月にサウジ，マホメット生誕地ミナの町で，ハッジ巡礼者の滞在用天幕が火災にあい，死者がでたことがある．一面に建てられたテント群は，聖地を訪れる巡礼者達がここで生活を始める．家族ごとのテント群は，何万棟もが，密に建てられている．その日，1棟の火災発生は強風にあおられ，一瞬にしてこのテント群を覆い，死者数百人に達した．膜材料は綿布で可燃材料であった．これを機に，サウジ政府は膜材料の不燃性を要求するようになる．現在，Tent Cityとして300万m^2，100万人の収容施設となり，膜材料はガラス繊維織布を用いている．

図-6.7.7 TENT CITY（サウジアラビア）：300万m^2の膜構造群

(2) フロリダ大学アリーナ火災

1996年，フロリダ大学膜構造アリーナ（14 500m^2）の内部で防火区画された体操場で火災が発生した．床面の運動具からの出火であった．可燃物量もそれほど多くはなく，出火後直ぐには大きな火災には至らなかった．消防隊が到着すると，屋根面の膜を破り，そこよりホースを入れ，ただちに消火した．

図-6.7.8 フロリダ大学アリーナ

膜構造の火災による被害は世界的ほとんど記録がない．それだけ各国とも膜構造に対して防災上の神経を使っていることとなろう．

(3) 火災実験例

膜構造での，火災実験例はエアードームを対象として各国で行われている．この構造は特殊な構造で，東京ドームのように，閉鎖性が強く，内部圧が外部圧より高くした大きな空間である．日本の例は，1970年12月，大阪万博で使われたアメリカ館を使い，火災実験が日本建築総合試験所で行われた．膜材料はガラス繊維布の塩ビコーティングした材料で，膜材料相互の接合部は塩ビの高周波溶着によっている．この大空間のなかで，木造倉庫程度の火災を起した．煙りは屋根面一様に拡がり，しだいにその密度を増し，夕暮れに向かう空のように，黒ずんでいく．大空間の火災時の貴重な体験であった．火災の炎は，膜面に接触して始めて膜面に穴をあけた．しかし，膜面は燃え拡がることはなかった．

膜構造の火災安全性についての検討は，想定される火災規模に対して，膜屋根が燃え抜けたり，落下しないこと．火災荷重が小さいこと，また出火防止および可燃物制御に関する管理がおこなわれること，この条件下で想定される火災規模に対する膜面の影響，膜面屋根内の煙温度，避難中の危険性の少ないこと，周囲火災による輻射熱，飛び火に対しての安全性，近隣への影響があげられる．

「特定膜構造技術基準」では，これを，より一

6.7 膜構造技術の発展と防災

図-6.7.9 膜構造での火災実験

図-6.7.10 バロックスデパート

般化し，仕様規定として，用途の制限，規模の制限，仕様の規定によって，膜構造でも可能な建築が規定されている．

(4) バロックスサンノゼの基準

このショッピングセンターは，膜構造による初期のものであるが，自然光の入る明るい内部をもち，魅力的なショッピングセンターである．はじめてこの計画がアメリカで出たとき，まだ膜構造は一般的ではなく，いろいろな防災上の問題が論議されている．スプリンクラーの位置，あるいは販売物品のある位置の上は，膜面を二重にすること，などがとりあげられている．

膜構造建築はまだ新しい構造であり，その防火安全性についても，現在はまだ個別審査の段階であり，設計者，管理者は注意を払って管理している．防火性について，これまでは「特定膜構造建築技術基準」により，細かく仕様制限，規模制限，用途制限を設けていた．しかし，改正基準法により，耐火設計検証法は膜構造への適用に細部が決っていない．金属板のように飛び火があっても，燃えぬけることはない材料に対し，膜材料はガラス繊維織布であっても，コーティング材は溶け，多少の火の粉が落ちる．また，合成繊維織布では，燃え抜けは生じる．防炎性ゆえ，燃え拡がることはないが，燃え抜け防止に膜面の下側に細かいガラス繊維メッシュを設置することとなる．今後，膜材料の使用が認められるには，どのような措置を施せばよいのか．多少の火の粉が落ちても，内部での可燃物がなければよいのではないか，という考えもある．

新しい材料ではどのように防火対策をとればよいのか，経済性の考慮も必要だし，この材料の良さを消し去るような対策も好ましくない．

しだいに一般化する膜構造が今後，火災事故が起りにくいようにするには，膜構造の構造上の事故に対して，常時の維持管理によってその安全を確保していこうとしているのと同じように，防災管理が重要な項目となる．これまで，新しい構造ゆえ，慎重に管理されてきたが，今後，膜構造の一般化に対して安易な管理が行われることがないようにしていきたい．

6.8 制震・免震技術の発展

2000年3月号

和泉 正哲
清水建設顧問，東北大学，東北芸術工科大学名誉教授

6.8.1 はじめに（耐震・免震・制震建築の区分）

日本では地震を無視して建物を設計することはできない．地震を考慮して設計された建物は，その性格に応じ下記のように呼ばれるが，名前から受ける印象と実質とは必ずしも一致していない．

a. 耐震建築 強い地震に対し崩壊せずにもちこたえられる建物をいう（地震時に破壊すらしないとは保証していない）．柱，梁，壁，ブレース（筋かい），床などの構造部材が地震の力に抵抗し，あるいは，建物が変形することで地震力を緩和して建物を崩壊から護り，人命を保全する．基礎（杭も含む）の破壊は，建物の崩壊を招くので，以下 b.，c.で述べる建築も含めて基礎は地震時に重大な破壊を生じないように設計するのが原則である．

b. 免震建築 建物と地面とを切り離し地震力が建物に伝えられないことを意図した建物を言う．英語でも免震を Base Isolation（基礎絶縁）と呼んでいる．実際にはなかなか理想通りに行かないが，条件によっては非常に効果的であることは，本分で説明する．

c. 制震建築 地盤から建物に入って来た力（正しくはエネルギー）を熱に変え，建物を破壊しようとするエネルギーを減少させる機構（ダンパ）を備えた建物を意味する．**a.**の耐震建物も部分的な破損の際にエネルギーを熱に変えているし，**b.**の免震建築も通常ダンパを付設する．つまり，良い所を集め合せ建物の総合的な耐震安全性を高めようとしている．なお，制振建築は建物を揺らす原因を地震に特定して居らず，風，交通，機械等による振動の制御が考慮されている建物を指す．制振は制震を含む言葉である．

建築以外の構造物でも大体同様の定義を用いており，例えば免震建築を免震構造と呼んでも支障はない．

地震に対し安全な建物であるための5原則は
① 良い地盤
② 軽い建物
③ 強くかつ粘り強い構造
④ 地震動の周期と離れた周期をもつ
⑤ 高いエネルギー消費能力をもつ

であり，免震・制震構造は，とくに第4および5の原則を強調している構造である．

6.8.2 地震災害について

自然が人間生活を乱す現象，すなわち自然災害は，人間が人間として地球上に二本足で立つ以前の時代から大きな脅威であったであろう．科学や技術の進歩が自然現象の解明や災害対策の強化に役立ち，現在，例えば強風，大雨・洪水，豪雪，火山噴火等は避難用時間の余裕をもっての予知・警告が可能となっている．しかし，隕石落下，落雷，竜巻そして地震等はその原因は明らかにされているものの発生の予知は不完全である．中でも'地震予知'は20世紀中には完成すると期待され，日本では莫大な費用投入の下に研究が集中されたが未完成のまま21世紀に引き継がれた．

科学・技術の進歩にもかかわらず世界全体での地震災害の規模は増大する傾向すらみられる．

第一の原因は人口の増加と都市への集中傾向であり，多くの都市では土地不足の安易な解決策として常時加わる重力（自重と積載重量）だけには耐えられる程度の弱い重層建築の横行がみられ，

地震時の崩壊と多数の犠牲者の発生は当然の状態にある．また，巨大化した都市の機能を保つため，水，エネルギー，通信，物流・交通のためのライフラインその他の施設は常時の効率的運用が必要とされ，必ずしも耐震安全性が十分とは言えない．

第二の原因は，人々は，極く稀にエネルギーの大きい破壊力の強い地震に襲われるが，予知が困難な為不意打ちとなり，避難や危険物の隔離等ができない点にある．

第三の原因は，破壊的地震の発生が極く稀な事自体であり，人々は生存中に起るかどうかわからない地震の対策よりも，日々の生存や快楽の為にお金を使う事にある．

人々が耐震建築，耐震都市の実現という長期的な安全問題に強い関心を示す日本は，経済的余裕がまだあり，かつ防災教育が普及している国と言える．しかし，その同じ国が，資源，エネルギーばかりでなく，食料，防衛までも他国に依存し，その結果として生殺与奪の権利を他国が保有している危険性にそれ程不安を感じていないのは，不思議であり，安全教育に偏りを感じさせる．

6.8.3 免震建築物
（1） 免震建築物の原理

大きな地震災害の直後は誰でも「このような悲惨な災害を防ぐ方法はないものか」と考える．皆が思いつく一番明快な方法は，建物を地面から離すことであろう．これならば，どんなに地面が揺れても建物はまったく影響を受けない（**図-6.8.1**）．これが，免震建築物の基本である．しかし，このままでは風が吹いただけで建物が移動してしまうので地面に係留する必要がある．風船の紐を手に結び手を揺らせば風船も揺れるのと同じで，空中の建物も地面に係留されれば，地震の時には揺れてしまう．しかし，そこで諦めずにもう少し考えて見よう．

手と風船の動きと紐との関係は，風船を買ってきて実験するとすぐわかるが，紐が長い程，手の

図-6.8.1 免震建築の原理[*1] 著者のこのイラストは海外でも広まっている

水平方向の細かい動きは風船に伝わりにくくなる．手の鉛直方向の運動（つまり上下の動き）は，風船の浮力（昇ろうとする力）を拘束している紐が張っているため風船も動かしてしまう．この実験結果を拡張解釈して，建物の地面からの絶縁を考察する．

まず，建物のような重量物を空中で支えるのは困難なので諦め，重力（建物自重）は地盤に支持させる．つまり地震時の上下方向の揺れはやむをえないとして，水平方向だけの絶縁を考える．

実用可能と思われる水平方向の絶縁（あるいは縁を小さくする）方法は4種類に分類できる．

① 球（ベアリング・ボール），車，ころ・ローラー（円柱状支承）などの回転物を介し建物を支える．
② フッソ樹脂，滑石など摩擦抵抗の小さい（滑り易い）材料を介して建物を支える．
③ ゴム（多くは積層ゴム）などの剛性の低い（柔らかい）大きな変形の可能な材料や，ばね，長柱などの変形し易い物体を介して建物を支える．
④ 建物を液体などに浮かせる（**図-6.8.2**）

①と②は絶縁と言うにふさわしいが，③，④はど

①回転物を介し建物を支える
②滑り易い材料を介し支える
③変形し易い物体を介し支える
④液体などに浮かせる

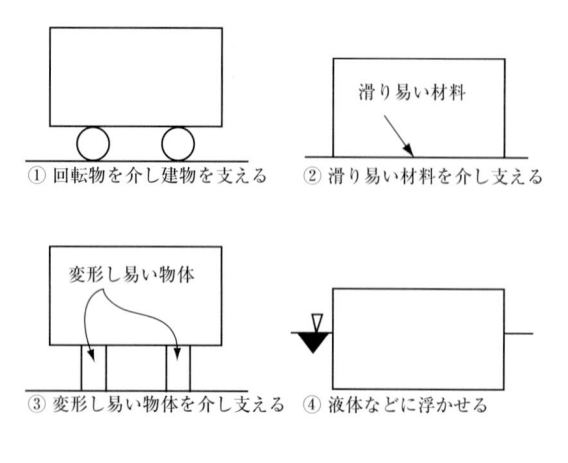

図-6.8.2 水平方向の絶縁方法

うであろうか．③では地面と建物は変形し易い物体で連結されている．しかし，その物体がきわめて変形し易ければ建物を地面に対し小さい力で大きく動かすことができるので結果的には絶縁されている状態に近い．介在物体が変形し易い程絶縁効果が出ることは，明らかである．④では地震動の中でも強力なS波（横波，せんだん波とも呼ばれる）が液体中には伝われないので有効と考えるが，P波（縦波，粗密波）や表面波（水面を伝わる波を連想して下さい）は防げない．また浮かせるのは地上に建てるのと比べ高価であり，日本では海底地震も多く津波の問題もあり海に浮べる構造は実用化されにくい．

地盤の液状化（地震時に水を含む砂地盤が液体状になる現象）を逆手に取り建物の免震化を試みる研究もあるが，幾つかの問題を抱えている．

(2) 免震建築の発展の歴史

前述のように，大地震があると，人々は何とか震害を減らせないかと真剣に考えるので，免震建築のアイディアも浮ぶ．日本には古くから「五重塔」や「地震の間」など地震を考慮して造られているといわれる構造物があるが，免震構造物が初めて文献に現れたのが，1891年の濃尾地震直後の河合浩蔵の基礎下に丸太を層ごとに直交させて数層敷き詰める方法である．これは，回転体の利用である．1906年のサンフランシスコ地震（米国）の後，ドイツ人ベヒトールドが基礎下に球状体を敷き詰める案（つまり①回転体）で，また英国の医師カランタリエンツが基礎に滑石層を挟む方法（②滑り易い材料）で米国の特許を取得している．日本では，1923年の関東大震災後，鬼頭健三郎が柱下にボールベアリングを，山下興家がばねを付した案が特許として認められている．1930年前後に当時耐震建築の権威といわれていた真島健三郎と武藤清の間で，建物は柔剛どちらが耐震的かを巡り論争がなされ（図-6.8.3），米国では，一階を柔な柱で構成し変形をゆるせば，それで支えられている上階には大きな地震力を生じない（③変形しやすい物体）というフレキシブル・ファースト・ストーリーの考えが提案されていた．これは結果的にピロティ型建物となりもし柱が破壊されれば危険であることは，近年の震害からも明らかである．この時代に中村太郎はダンパ取り付けによるエネルギー吸収を提案して居り，制震構造の先駆けとなった．

免震構造の歴史上特記すべきは，岡隆一郎の考案になる特許"建造物免震装置"であろう．彼は柱の上下両端に回転可能な球面を設けて柱上端の移動を可能とし，風等の小さな力に対し球の支持部の摩擦力で抵抗させた．専門用語で言えば，2個のヒンジでローラーを形成し，そのローラーにダンパを付した装置である（図-6.8.4(1)）．彼はこの装置を，実際のRC（鉄筋コンクリート造）に用い，その一部は現存している．また，鎌倉の

○柔・剛論争
1930年初め（昭和5～7年）
○それにしても，強震計の記録のないのが残念！

柔軟な建物で地震力をかわす．これぞ耐震の極意！

どっしり安定．これがいちばん！

図-6.8.3 真島・武藤の柔剛論争 地震の揺れ方で，柔剛どちらが有利かが決る．強震記録の無かった日本では論争に決着が着かなかったが，その後の日本の建築界は剛な構造を選択した．

(1) 岡の2ヒンジ柱

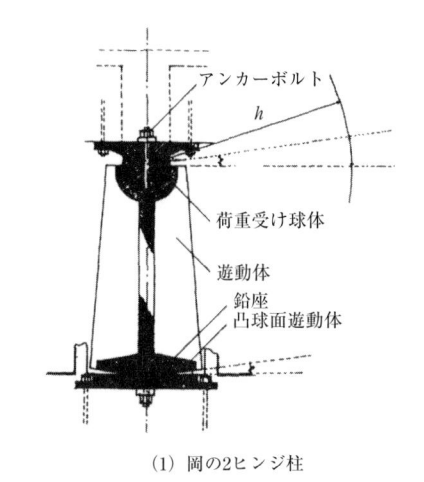

(2) 松下の二重柱

図-6.8.4 実用化された免震構造

大仏は1959～1961年の改修工事の際に，基壇の花こう岩との間にステンレス板を入れ，(2)の滑り型の免震構造としてある．

免震構造物の可能性を初めて解析的に実証したのは，1965年の第三回世界地震工学（於NZ：ニュージーランド）での松下清夫（東大名誉教授）と著者の論文であろう．これが刺激となり，NZ，フランス，米国等でこの論文を引用した免震研究が盛んになった．松下等はこのロッキング・ボール（曲率を変化させている回転体）や，ダンパの研究を行い，二重柱構造と称するダンパと座屈止めを付した長柱による免震建築（1981年図-6.8.4(2)）と，綱製ダンパを付した高層建築を設計・実現している（1983年）．

(3) 積層ゴム支承による免震

ゴムは，剛性が低く大きな変化に耐える材料である．日常目にする輪ゴムから，ゴムは弱く変質し易い材料との印象を受けるが，車に使って居るタイヤは丈夫である．このゴムを免震用として使用した最初の建物は，多分，元ユーゴスラヴィアのマケドニア共和国（現マケドニア共和国）の首都スコピエにあるペスタロッチ学校（図-6.8.5(2)）であろう．スコピエ市は1963年の地震で崩壊し，その後，国連や東西諸国の援助で復興し，以前よりも拡大した．当時スコピエの大学に国連本部とユネスコによる地震学・地震工学研究所の設立のため派遣されていた筆者にスイス政府からの学校寄贈に関する打ち合せがあり，関係者で相談し免震建物としてゴムで支える事になった．予想されていた通りゴムが建物重量でビア樽のようにはらんだが（図-6.8.5(1)），もし筆者が1957年に英国リンカーン市のペムハム橋に使用された防振積層ゴムの情報を得ていたらそれを使用出来たであろうと反省している．ゴム層間に鉄板を張り付けることでゴムのはらみを拘束できるからである（図-6.8.5(3)）．

積層ゴム支承を最初に使用したのはフランスで，1978年にマルセイユ近くのランベスク学校と南アフリカへ輸出したケーベルグ原子力発電所に用いている．現在程免震技術も進んで居らず，またダンパも付設されていないが，原子力発電所の場合，発電設備は標準設計とし，可能性ある地震の強さに応じ免震支承部の設計だけを変えればよいので，卓見といえる．

積層ゴムによる免震建築はその後NZや米国を経て日本に伝えられ，1982年に多田英之らによりユニチカ・ハウスとして建てられた．NZでは，鉛柱を積層ゴム支承の真中に入れることで，ダンパが兼用され，米国では，直接ゴムに金属粉を混入し，その摩擦を利用することでゴム自体にエネルギー吸収能力をもたせた高減衰ゴムも使用されるようになった．

この積層ゴム使用の免震構法は，新築建築ばか

(1) ゴム支承

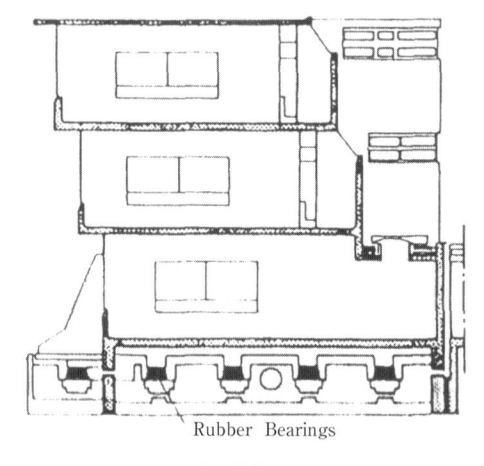

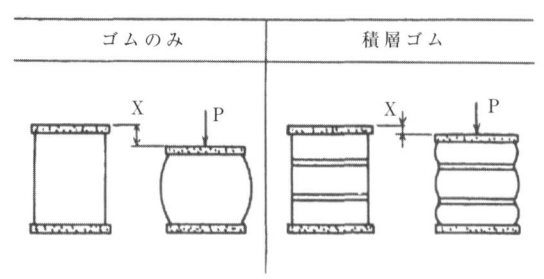

(3) 積層ゴムの効果*3

(2) 建物断面
Rubber Bearings

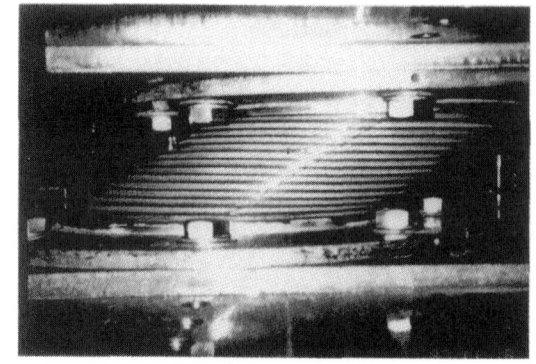

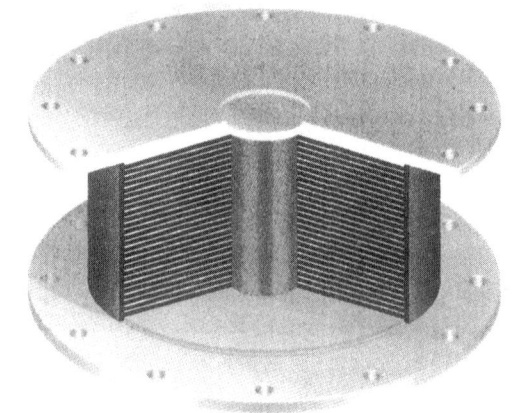

(4) 現在の積層ゴム（参考）

図-6.8.5　ペスタロッチ学校のゴム支承

りでなく永く保存したい歴史的建造物の耐震性能の増強にも使われ，米国ユタ州ソルトレイク市の郡・市庁舎は世界最初の免震レトロヒット建築となった（図-6.8.6）．免震構法は地震地域にある保存したい建物の耐震補強の有力な手法の一つであり，他の方法のように壁やダンパを増設して現状を変える必要が無いのが大きな利点である．日本でも，国立西洋美術館（東京・上野）や中之島公会堂（大阪・中之島）をはじめとし，免震レトロヒット建築が増えつつある．

(4) 免震研究の進展

日本の技術者は新技術の導入に対して積極さと慎重さの両面をもっている．免震建築の設計は日本建築センターで慎重にチェックされると同時に積層ゴム支承やダンパの改良や新提案も日本で多くなされ，さらに実物による免震効果の実証も行われた．その一つとして，東北大一清水建設の共同研究の結果を例示する．すなわち，同一敷地内に免震，非免震の同じような建物（ツインビル）を2棟建て，実際の地震に対し，理論的に得られ

ソルトレイク市・都庁舎の全景（免震工事中）

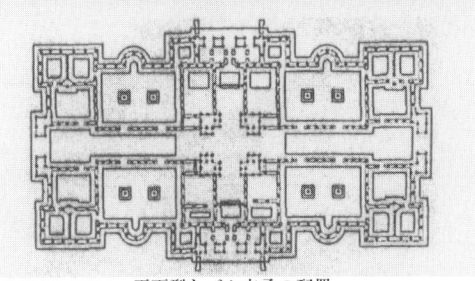

平面型とゴム支承の配置

図-6.8.6　ソルトレイク郡・市庁舎の免震化

ている免震効果が実際にあるのか，何か予想外の不都合な現象はないのか，などを調べることを目的としたものである（**図-6.8.7(a)～(d)**）．

さらに，日本建築センターにより，他の免震建物の観測資料も集められて解析されて[2]，次のことが明らかになった．

a. 理論的に予想されていたもの

① 地震時に建物に生じる加速度や層間変位（各階での相対変位）の，非免震建築に比し著しい減少．

② その減少比率の，地震動の大きさと特性や免震に用いた積層ゴムやダンパを含む建造物の性質への依存性の存在．

平たく言えば，免震効果は大いにあるが，非常に効果的なものと，まあ効果的なものとがある．例えば，良質地盤上の中低層のRC建物を免震建築で建てるのは非常に有効であるのに対し，軟弱地盤に立つ高層ビルを免震化するのは，問題が多く勧められない．

b. 実測により明らかになったもの

① 上下方向の加速度値は建物を地盤で支持し

(a) 全景

(b) 地階平面図

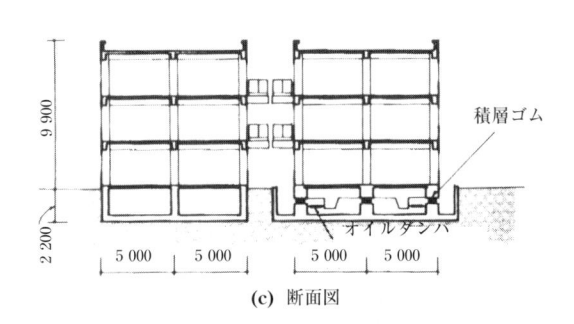

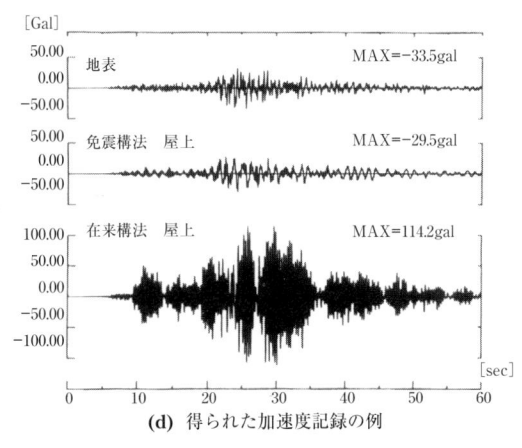

(c) 断面図

(d) 得られた加速度記録の例

図-6.8.7　東北大―清水建設の共同研究

ている以上，免震効果は期待できない．しかも，観測結果から，非免震建物よりもさらに平均で20％程度の増加があることが判った．建物は自重などを支えるため，上下方向は強く設計されているので，この程度の違いは通常は重要問題とはならないが，建物内部に上下の揺れを嫌う精密機器などの在る際には注意する必要がある．

② ゴムの剛さが温度により異なるため，夏冬で免震効果が異なる．通常は気温の高い夏の方が良い．

c. 副産物として得られたもの

① 土野免震効果の実証が得られた．剛な建物がやや柔かい地盤で支えられている場合，土が積層ゴム的な作用をする．ゴム使用の免震程目立って効果的ではないが，実際には地盤が建物を救っている場合も多い．

(5) 免震建築の問題点

1995年1月の阪神・淡路大震災後，被災地域内の免震建築が無傷であり，一方従来からの耐震ビルが多くの被災例を出したのをみて，免震建築の評価が上がり建設例が急増した．中には，免震建築という名は付くが問題ありと思われるものもある．積層ゴムを用いる免震構造物の問題点を列挙してみる．

① ゴムは可燃物である．防火対策をとるか，燃えた時の結果を考えておき，ビルの傾斜防止の支承などを設けておく．

またゴムが経年変化して硬くなるので，支承は交換可能のように設計する．

② 地盤との相対変位が大きい．通常数十cm程度は動くとして，配管や隣地境界を考える．

③ 長周期地震動成分の存在の可能性が問題である．免震ビル，高層ビルなどの耐震優位性の一つがビルの周期が長く，地震動周期とは離れている点にあるが，条件により強力長周期成分の検討も必要であることがしだいに明らかになって来た．とくにヒョロ高い建物が軟弱地盤に建つ場合ゴム支承に引張りを生じる恐れもあ

り，好ましくはない．

④ 免震建物が損傷を受けた場合に崩壊に抵抗する粘りが少ない．東北大-清水建設のツインビルのモデルの振動台上での破壊実験が米国カリフォルニア大バークレイ校で行われ，構造物の部分損傷後支承ゴムを介して構造物に伝達されるエネルギーの増大と破壊の急速な進行がみられた（**図-6.8.8**）．免震構法の採用で地震力は減るが，経済性を重視して余裕の無い設計をすることは避けたい．

(6) 積層ゴム以外の免震建築

積層ゴムと他の構法の組み合せや，積層ゴムを使用しない免震法もある．例えば，**図-6.8.4(1)**, **(2)** がそれに該当する．その他いくつかをあげてみる．

a. 積層ゴムと滑り支承の組み合せ　ゴムは，傷などがつくと引張りに弱い材料となる．過度の引張力を生じないように，ゴム支承と滑り支承とを組み合せ，ゴムの変形が限界近くに達すると，ゴム支承を滑らせ，或は，基礎から離す手法が考えられ，日本やフランス等で用いられている．

b. 回転体の利用　ボールベアリングなど，建物や基礎との接触面積の小さな回転体は，その小さな部分で建物の大きな荷重を支えるために相手側に変形を生じさせる．例えばボールベアリングをステンレス平板で支えれば，ステンレス平板に"へこみ"を生じ，円滑な水平の動きを防げる．それを避けるため，通常は，接触面積が大きいように曲面で支え，水平時には，回転し易い回転体などが考案される．松下等のロッキング・ボールはその一例である．

c. やじろべえ構造　剛強な1本の支柱から，やじろべえのように建物を吊ることで，建物の振動周期を伸ばし，支柱と建物の間にダンパを入れエネルギーを吸収する方法である．このように免震構法は，未だ発展の途中であり，いろいろなアイディアが出されている．ただし，その中で生き残れる構法は，単純で，効果的で，安く安全という条件を満たすものだけであろう．

種存在している．

6.8.4 制震および制震建築
(1) ダンパの原理

走っている車を止めるためにはブレーキをかけて，車がもっている運動のエネルギーをブレーキ板の摩擦による熱に変え消費する．地震動は建物に運動を起こさせ変形を与えるが，エネルギーで表現すれば，地震動のエネルギーが，建物に運動のエネルギーとひずみエネルギーを生じさせている．ダンパは，ブレーキ程は利かせられないが，エネルギーの熱の形にして消費させる働きは同じである．熱に変換するために，ダンパ部分で仕事（＝力×変位）をせねばならず，ダンパの取り付けは，構造物を構成する部材，あるいは部材間で相対変位が揺れの時に大きくなる場所が良い．免震構法では，積層ゴムの取り付け部分が絶好であり，鉛入積層ゴムや高減衰ゴムは，それを生かしかつ施工手間を省く優れた支承と言える．ダンパにはいろいろの種類がある（図-6.8.9）．このうち，マス・ダンパと呼ばれるものは他とは少し異なるので，説明を加える．

(2) マスダンパ

建物を含めすべての物体にはその物体固有の「揺れの周期」がある．細かく言えば，この固有の周期は物体の支持条件を変えれば変るし，また，揺れの大小により異なった値をとる等，一筋縄ではいかないが，例えば風のある日にヒョロ高いビルの最上階に上ればビルがその固有周期で小さく揺れているのを感じる．もしビルの固有周期と同じ固有周期をもつ振り子をもって上れば，その振り子は非常によく触れるはずである．

物体はその固有周期と同じ周期で外力を加えられ続けるとその外力から効率よくエネルギーを受け取りしだいに大揺れしてくる．これが共振現象であり，上記の持参した振り子が良く揺れるのも，同じ周期をもつビルの揺れが振り子に共振現象を起こさせるからである．振り子が大きく揺れることは，ここに大きな相対変位がビル（＝振り子の

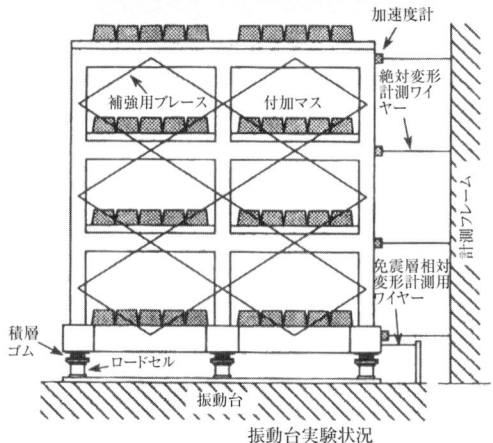

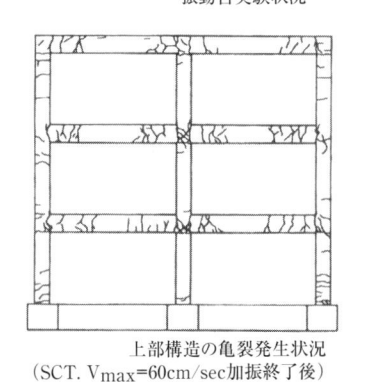

図-6.8.8 免震構造物の振動実験（バークレイ）

d. 床免震，台免震 建物全体ではなく，重要な（あるいは精密な）物や機器を地震動から守るために，建物内の小面積部分だけに免震装置をつけたものの総称で，空気ばね使用などを含め多

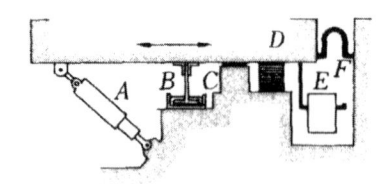

A：オイルダンパ
B：粘性ダンパ
C：まさつダンパ
D：高減衰物質
E：マスダンパ
F：履歴ダンパ

減衰機構（ダンパ）の色々

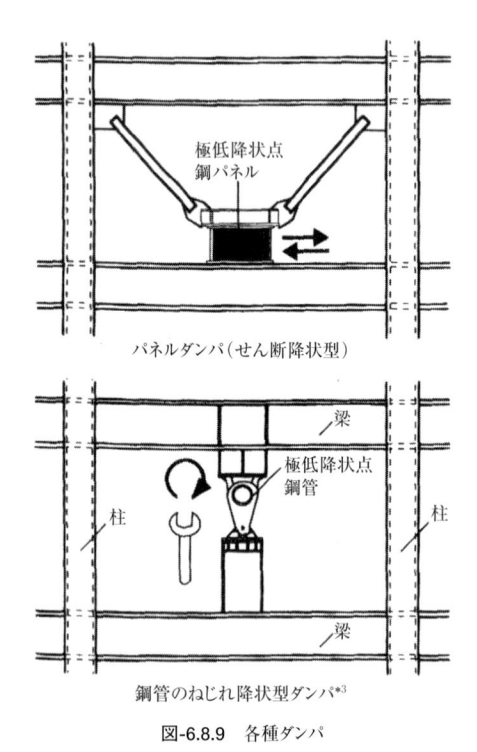

パネルダンパ（せん断降状型）

鋼管のねじれ降状型ダンパ*3

図-6.8.9　各種ダンパ

図-6.8.10　シドニー・タワー

支持点）と振り子の先端との間に生じていることなので，ダンパの取り付けに利用できる．これがマス・ダンパの基本である．振り子の周期を調律するということからチューンドという名がついている．古くは船の揺れの低減に使われていたが，1970年代にオーストラリアのシドニー・タワー（塔）で消火用水槽を錘とした重力振子が，風による塔の振動抑制に使われ，以後高層の塔状物に多用されるようになった（図-6.8.10）．

振動防止のため，通常は役に立たない振子を付けて置くのは無駄との考え方から，建物上層部自体を下層部から離して振子にする方法も提案されている．

また，隣接建物間に高減衰ゴムなどを取り付け，建物の振動の違いを利用してエネルギーを吸収し，かつ建物間での衝突を避ける方法も提案されている．

(3) パッシブ（受動）とアクティブ（能動）制振

受動，能動は英語の文法の受け身の項などでよく用いられている語で，それぞれ，自分が他から働きをうけること，自分が他に対し働きかけることを意味し互いに反対語の関係にある．受動制振では，地震動など入力の性格を前以て推定しそれに対し建物が揺れにくいように設計・建設するが，出来上った後は入力の性質が予定通りであろうと意外であろうと来た入力は受け入れないわけには行かず，意外な入力に対しては，大揺れや破壊の危険性をもつ．能動制振では建物が時々刻々の入力や自身の揺れなどを計測し揺れを減らすように加力装置を働かす．つまり，自動制御技術の応用であり，入力・揺れの計測のためのセンサー，センサーの情報を受け揺れを減少させるため加える力ができるだけ有効であるため大きさ方向など

を算定するコンピュータ，そして加力装置の3点は必要である．可成り高価であるが，意外な入力で困ることはない．

もちろん，受動能動両者を組み合せたハイブリッド型も存在する．高層ビルに適用する際の分類例を図-6.8.11に示した[4]．

(4) 制振建築の問題

ダンパを設置して入力エネルギーを熱として消費する制振・制震建築では，地震を対象とする場合ダンパの消費能力と同時に建物の耐震能力も問題となる．一般に能動制振は，装置にコストがかかり強い地震動に対処できるものは実用されていない．多くのマス・ダンパは強風に対しての制振には有効であるが，強震に対し能力が不足する．各階設置型は既存建物の補強にも使用されるが，ダンパを取り付ける既存の躯体が弱ければ，ダンパの効力が十分発揮される前に建物が崩壊する．今後，高層ビルの耐震補強にダンパが利用される可能性は大きい．地震工学の発展に伴い，従来過小評価され，それ故に高層ビルの耐震優位が強調されていた地震動のもつ長周期成分の破壊力が見直され，既存高層ビルの耐震補強を，ビルを使用しながら行う必要性が増大したからである．ダンパの後付けはそれに適している．

6.8.5 おわりに

日本は世界有数の地震国であり，地震学や耐震工学の分野では，先進国である．近ごろは，国内外からの情報も豊富になり，地震の恐怖は"忘れ"る暇もなく我々の脳裏に焼付いている．自分の安全は自分で買う事の必要性もしだいに理解されるようになって来た．日本の誇った社会の高い安全性が，犯罪の増加とともに近年急激に低下してきた事がその第一の原因であろう．しかし，多くの人々は日常の生活のために時間もお金も使い果し，身近にすぐ起るとも言えない地震災害に備えるのは一日延ばしにしている．また，かつては日本政府か地方自治体が何とかしてくれるであろうという甘えもあった．今後しばらくは，公的支援も大きく期待できないので，自分の家は自分のお金で地震に安全のように備えて対応せざるを得ない．1995年の阪神・淡路大震災の際も，古い家でも改修，補強されたものは，倒壊せずに残った．できればただ崩壊しないだけでなく，揺れも抑え

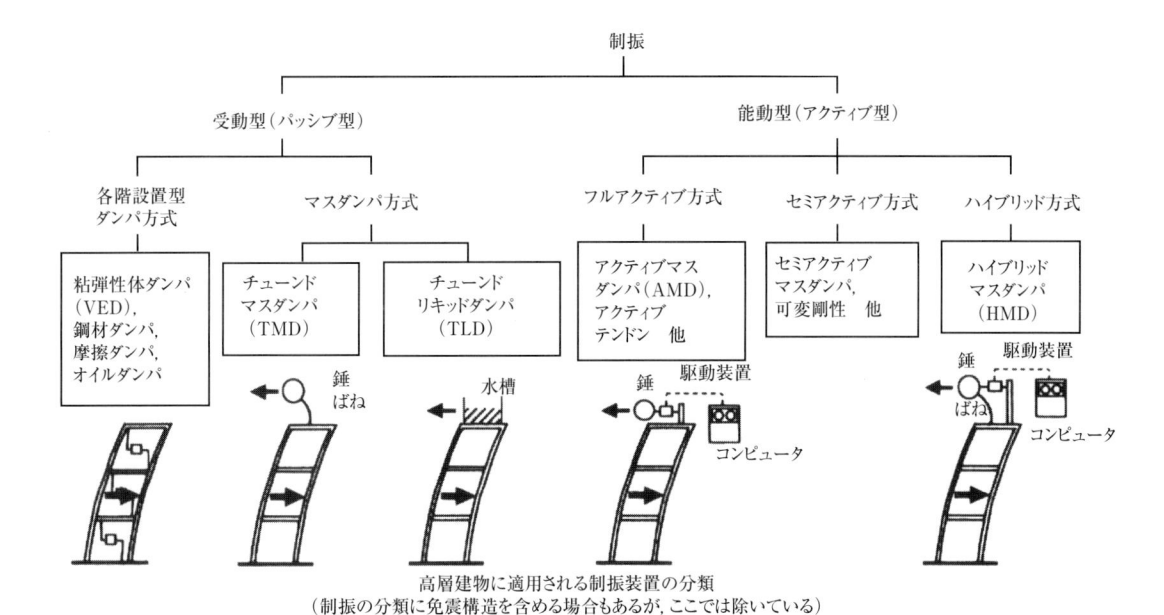

図-6.8.11 高層建物に適用される制振装置の分類

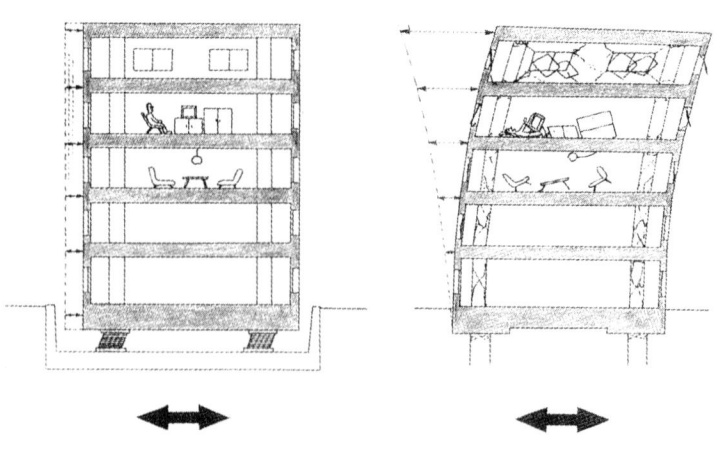

図-6.8.12 オリーヴヴュウ病院の被災

たい．1971年米国サンフェルナンド地震で一つの新しい病院が大破した（図-6.8.12）．これはフレキシブル・ファースト・ストーリ（既述）手法による免震ビルであったがその1階柱の破壊により災害時に必要な病院の機能も破壊された．建て直しの方針は，ガチガチに固めた剛構造の建設であった．1994年に再度地震に襲われ今度は建物は耐えたが積載されていた医療機器が大きな加速度により破壊され病院の機能はやはり果せなかった．多分，この場合は，もう免震は懲り懲りであるということで剛構造を選んだのであろうが，建物に生じる加速度を低く抑え病院機能を維持する必要性と，中層のRCビルであるという条件を考えれば，積層ゴムに依る免震構法が最良の選択であったと思う．

建物の地震に対する安全性を高める方法のうち，条件に良く合う方法を選ぶべきであり，適材適所の原則はここでも生きている．

なお，一般の木造住宅では，屋根を軽くし，壁を補強する耐震改修の方が行い易い．元来木造住宅は軽く，強風なども合せ考えると免震化には工夫を要するからである．

◎引用文献

1) 和泉正哲：建築構造力学2, p.256, 培風館(1989).
2) 日本建築センター：免震構造建築物—その技術開発と地震観測結果, 日本建築センター出版部(1992).
3) 清水建設免制震研究会：耐震・免震・制震のわかる本, 彰国社(1999).
4) 金子美香：ハイブリッドマスダンパー（HMD）による高層建物の振動制御, FAPIG1963-3, No.142, pp.13-19, 第一原子力産業グループ事務局.

6.9 建築物の維持保全技術の現状と展望

峰政 克義
住宅総合研究財団専務理事, 東洋大学大学院工学研究科

6.9.1 はじめに

建築物の維持保全技術は, 建築物にさまざまな利用のしかたがあり, 利用していく上で, 機能や性能を維持していかなければならない建築物の部分も, さまざまなものがあるように, 多種・多様とならざるを得ない.

しかも, 実際の維持保全業務は, いわゆるビルメンテナンス業をはじめ, 多様な業種で, 前述のさまざまな技術をもつ人々によって行われている.

本論ではまず, その多様な技術の展開を実際の維持保全業務, それを支える技術, およびそれを保有する資格者の全体像を明らかにし, 20世紀末にあたって, 多様化する社会的なニーズと情報通信技術をはじめとする技術進歩の狭間で, 起りつつある維持保全技術の主な流れについて述べ, 今後のあり方について展望する.

6.9.2 建築物の維持保全業務を取り巻く環境

建築物は堅牢で, なるべく長もちするもので, 請負者が出入り大工的に面倒をみる不動産として作られてきた. しかし, 戦後の工業製品の大量生産, 大量消費の流れの中で, 建築物も, その各部分が時の経過とともに機能的に劣化し, あるいは相対的に陳腐化していくもので構成されていると考えられるようになった. 同時に出入り大工的なメンテナンス体制が社会的に崩壊してきた.

一方では, 建築物に要求される機能, 各部分の性能の高度化, 複雑化, への要求が同時に進行してきた.

従来から, 建築物の主要構造部分は耐久性を高く, メンテナンスフリーとなるようつくられてきた. しかし, 阪神・淡路大震災で, 旧基準による既存不適格建築物, 施工不良の建築物の安全性の欠如が問題となった.

また, 各種設備の機能が発揮されてはじめて成立する建築物の出現は, 存立の前提となる設備機能の運転および管理に厳密さが要求される物を増やしてきた. エアドーム, 地下街, クリーンルームなどがそれに該当する.

一般の建物であっても, 良好な環境の保持を設備稼動に大きく依存するようになり, 設備制御の高度化とその運転, 制御の重要度を増してきた.

6.9.3 建築物における維持保全の対象

建築物において維持保全を行うべき対象, 領域は下記の4項に大別される.

(1) 建築物の基本機能（シェルター機能）の確保

a. 構造安全性　建築基準法は建設時の構造安全性が保持されることが前提で成り立っており, そのための普段の点検, さらに機会をとらえての診断が行われ, 劣化を早めに防止するための改修が行われてきた. それに必要な診断技術および改修技術の開発が各方面で行われてきた.

現在, 大きな課題となっているのは, 1981年の新耐震設計法以前に設計されたいわゆる構造上の既存不適格建築物の診断・改修であり, その費用や使用状態で改修することによるわずらわしさ, 構造以外の既存不適格不適格項目の扱いの難しさなどから, 進んでいないことである.

b. 雨漏り防止　「住宅の品質確保の促進等に関する法律」の瑕疵担保特約条項にみられるように, 雨漏り防止は構造安全性とともに重要な基

本機能である．屋根防水，外壁，窓周りなどについての点検，修繕が行われるが，集合住宅では大規模修繕の対象であり，多額の費用を要するため，問題となる場合が多い．

(2) 機能維持のための各種設備の運転，管理

先述したように設備の稼動が建築物の機能実現の前提となっているものの出現とともに，依存度の高い建物が増加してきた．よりきめ細かい制御を行い，より快適な環境，より省エネルギー化を図るようになってきており，その状態の計測，制御技術は電子技術の革新に支えられて中央制御，遠隔制御など長足の進歩を遂げつつある．

(3) 経年変化および継続的使用による陳腐化および機能劣化にかかわる部分の点検，修繕，更新

a. 経年による物理的劣化 外壁の塗装の塗り替えなど，日光や風雨にさらされる屋外に面する部分の点検，補修など，従来からよく行われてきたものである．

b. 稼動，運転，などによる物理的劣化
建築物ではドアの蝶番など，設備機器，昇降機など普段頻繁に動かし，その部分的な疲労によって故障する恐れのあるものについては，その兆しをみて，あるいは定期的な点検によって問題点を発見し，改善することが行われる．

c. 時代の流れ，技術進歩による陳腐化
商業建築の内装，外装，技術革新の速度が速い情報通信関連の機能を備えた設備機器等が該当し，適当な期間で取り替えることが前提となる．

(4) 維持保全業務の計画およびマネジメント

当該の建築物を活用して行う事業計画から，そのためのファシリティマネジメント，維持保全計画の策定から，ライフサイクルを考慮した設計を行うことまで含めて，最近では，維持保全業務の前提となる計画，マネジメントの重要性が認識されるようになってきた．

6.9.4 建築物の維持保全技術の現状

(1) 建築物の建設から廃却までの維持保全の流れ

維持保全業務は，図-6.9.1に示すように日常の保守点検から，改修，機能更新の建て替えまでの業務を伴う．

① 日常的維持管理業務：日常的な建築物の各機能の運転，保守点検を行い，小規模の修繕まで含めて日常的に行うサイクル．

② 定期点検業務：法定点検も含めて，定期的にまとまった範囲を点検し必要な部品の更新や修繕を行うサイクル．日常的な修繕よりまとまったものとなる．

③ 診断・改修業務：将来何らかの異常が期待されるものを診断技術で補修すべき部分を明らかにし，改修を行うサイクル．法的に適格とするためのものを含む．

④ 機能更新：建築物の用途の変更も含めて，機能を再検討し，増改築を行うサイクル．

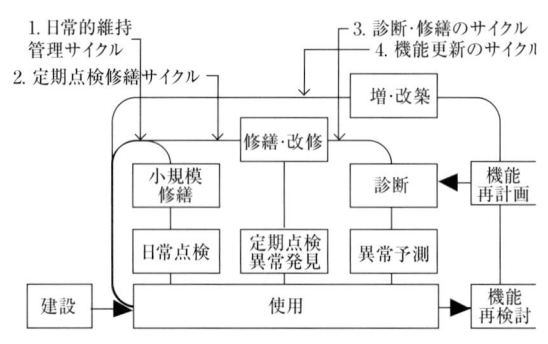

図-6.9.1 建築物の意地保全業務のサイクル

(2) 維持保全業務と必要な技術と資格

維持保全業務を現在行われている業態に応じて分類すし，必要とされる主な技術とその担当者が保有すべき資格を図-6.9.2に示す．ここに示す資格には，民間の資格も含め，実際に活用されているものを記した[1]．

①から④までの業務は従来からのいわゆるビルメンテナンス業に含められるもので，全国ビルメンテナンス協会の1998年の統計では売上比率で，環境衛生管理業務が67％，設備管理業務が16％，

6.9 建築物の維持保全技術の現状と展望

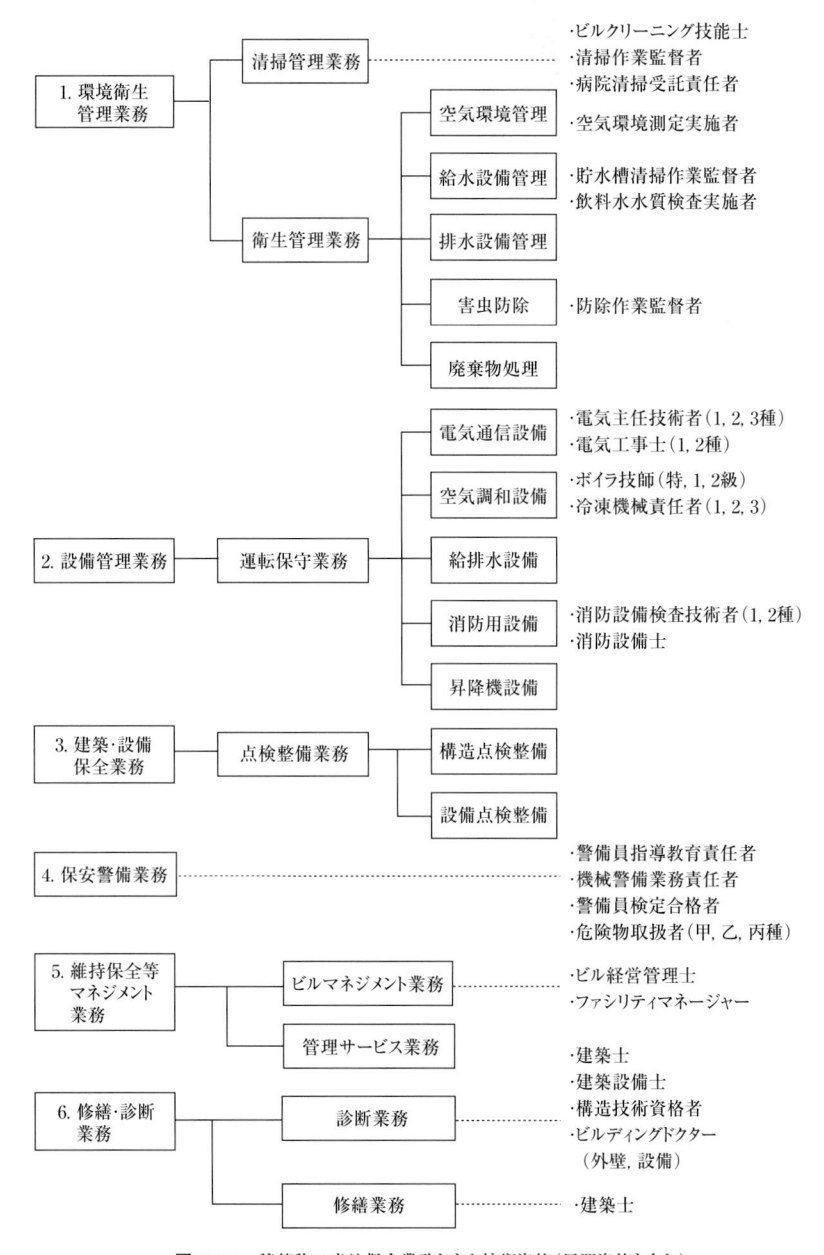

```
1. 環境衛生    ┬ 清掃管理業務 ………………  ・ビルクリーニング技能士
   管理業務    │                              ・清掃作業監督者
              │                              ・病院清掃受託責任者
              │
              └ 衛生管理業務 ┬ 空気環境管理  ・空気環境測定実施者
                            ├ 給水設備管理  ・貯水槽清掃作業監督者
                            │               ・飲料水水質検査実施者
                            ├ 排水設備管理
                            ├ 害虫防除      ・防除作業監督者
                            └ 廃棄物処理

2. 設備管理業務 ── 運転保守業務 ┬ 電気通信設備  ・電気主任技術者(1,2,3種)
                                │               ・電気工事士(1,2種)
                                ├ 空気調和設備  ・ボイラ技師(特,1,2級)
                                │               ・冷凍機械責任者(1,2,3)
                                ├ 給排水設備
                                ├ 消防用設備    ・消防設備検査技術者(1,2種)
                                │               ・消防設備士
                                └ 昇降機設備

3. 建築・設備  ── 点検整備業務 ┬ 構造点検整備
   保全業務                    └ 設備点検整備

4. 保安警備業務 ………………………………… ・警備員指導教育責任者
                                            ・機械警備業務責任者
                                            ・警備員検定合格者
                                            ・危険物取扱者(甲,乙,丙種)

5. 維持保全等  ┬ ビルマネジメント業務 ……  ・ビル経営管理士
   マネジメント│                              ・ファシリティマネージャー
   業務        └ 管理サービス業務

6. 修繕・診断  ┬ 診断業務                  ・建築士
   業務        │                            ・建築設備士
              │                            ・構造技術資格者
              │                            ・ビルディングドクター
              │                              (外壁,設備)
              └ 修繕業務                  ・建築士
```

図-6.9.2　建築物の意地保全業務と主な技術資格(民間資格も含む)

保安警備業務が8％，その他が10％，となっている[2]．

これは従来からのビルメンテナンス業が労働集約が他の清掃業を基盤としたものが多いことを物語る．

図-6.9.2の「5. 維持保全などマネジメント業務」については，新しく，ファシリティマネジメントを行う業種が加わった領域である．

図-6.9.2の「6. 修繕・診断業務」は，従来から設計者や施工者が必要に応じて行ってきた業務であり，診断業務の需要が増えてきたことに対応して，新たに専門技術別の診断資格が設定されてきた．また建築物の改修を主業務とするリフォーム業が成立する可能性もうかがわれるようになってき

表-6.9.1 建築物の維持保全に関する法改正，関連団体設立と技術動向

	法改正・社会の変遷	関連団体の設立	注目される維持管理技術の流れ	
1965(S40)	・公害基本法(57)	・全国ビルメンテナンス協会設立(66)	建築・設備総合管理システムの開発と実用化	
1970(S45)	・大気汚染防止法制定，騒音規制法(68) ・建築物における衛生的環境の確保に関する法律(ビル管法)(70) ・水質汚濁防止法制定(70) ・建築基準法改正，労働安全衛生法制定，警備業法(72) ・オイルショック(73)	・日本建築防災協会設立(73) ・日本建築設備安全センター設立(73) ・日本昇降機安全センター設立(73)	・ビル管理システム開発実用化(70) ・ビル総合安全管理システム開発(綜合警備保障)(75) ・光ファイバーによるビル群管理開発(79)	
1975(S50)	・エネルギーの使用の合理化に関する法律(省エネ法)(79)	・建築保全センター設立(78)	・ライフサイクルコスト算定(建設省営繕部)(79) ・ライフサイクルコスト算定(日本建築設備安全センター)(86)	建築物のライフサイクル，ストック改善へ
1980(S55)	・建築基準法改正(新耐震設計法)(81) ・建築基準法改正(第8条2項，維持保全準則または計画策定)(83)	・建築・設備性持保全性推進協会(LCA)発足(86)	・オンライン総合ビル安全システム発売(セコム)(89)	建築物・設備の総合的マネジメントへ
1985(S60)	・コジェネ運営基準制定(86) ・地球環境問題(89)	・ニューオフィス推進協会(87, 法人化89) ・日本ファシリティマネジメント協会発足(87) ・建築・設備維持保全推進協会設立(89)		・ファシリティマネジメントへの注目
1990(H2)	・バブル崩壊(91)		・BELCA賞発足(ロングライフ，ベストリフォーム)(91)	・ビル経営管理士(日本ビルマネジメント協会)(91) ・建築設備総合管理技術者(BELCA)(91)
1995(H7)	・阪神・淡路大震災(95) ・耐震改修を促進する法律の制定(95)	・ファシリティマネジメント推進協会設立(96)	・耐震診断，改修業務への注目(96) ・日本建築学会ライフサイクルマネジメント基本問題特別委員会報告書(98)	・ファシリティマネジャー資格制度発足(97)
2000(H12)	・ISO14000取得ブーム(99)	・建築ストック対策ネットワーク設立(99)	・建築物・設備管理制御システム市場競争の激化(00)	・不動産投資のためのデューデリジェンスへの注目(99)

た．

6.9.5 時代の流れと維持保全にかかわる技術の変遷

維持保全にかかわる技術は図-6.9.2に示すように，設備の運転，点検，保守，管理やや建物の部分点検，保守管理にかかわるもので，一般的で一定の訓練で操作可能な技術であり，その保有を資格で明示できる範囲のものである．そこでは，社会ニーズの変化や技術革新を敏感に反映する先端的な技術の適用というよりも，その応用により従来からのやり方を改善するものが多い[3]．

本稿では，維持保全にかかわる技術で，① 最近の技術革新を基に大幅に改善されてきた建築と設備の総合的な管理システムと② ストックの時代を迎えて新たに注目されるライフサイクルと既存ストックの改善に関する考え方の変遷，さらに③ 建築物および設備のマネジメントに関する技術あるいはしくみについて取り上げ，その背景を法制度と社会の変遷，および技術関連団体設立の動向から表-6.9.1 [4)-8)]により記述する．

(1) 建築・設備総合管理システムの開発と実用化

1970年代に当時急速に進歩しつつあったセンサーやアクチュエータ，コンピュータなどのエレクトロニクス技術を活用して，室内温度，湿度の計

測とその制御を自動的に行い，各種設備機器の稼動記録の作成まで行うシステムが計測機器メーカー，設備機器メーカー，総合建設業の協力で開発され，しだいに建築物に実装されるようになった．

それ以後，効率的な環境の制御のための改良が進められると同時に，複数の建物を結んで群管理し，管理効率と管理品質の向上を同時に満足できるよう工夫が重ねられた．警備保安業にあっても，オンライン化した警備のためのネットワークを活用して建築物全体の管理に乗り出すよう，活用され始めた．

1990年代には，建築物の所有者が，設備機器メーカー，建設業者などの独自の管理システムを採用するか，汎用のシステムを採用するか，できびしい市場競争が繰り広げられており，成熟した市場となってきたといえる．

(2) 建築物のライフサイクル，ストックの改善へ

1979年に建設省営繕部で算定された公共建築物のライフサイクルコストでは，建設費などの初期投資は約18％以下でその他は運用，保全，維持改良のために生涯でかかる費用であることを明らかにした．建築物の維持保全コスト等，建設以後の費用が大きいこと，したがって維持保全段階の業務が重要であり，その効率化が課題であることを示した．また，日本建築設備安全センター内の，その後，BELCAの母体となる建築設備維持保全研究会が民間のビルで算定し，同様な結果を得ている．

建築・設備維持保全推進協会（BELCA）は良好なストックの形成の一策としてBELCA賞（ロングライフおよびベストリフォームの2部門）を設けた．

阪神・淡路大震災を機に既存の不良ストックの診断と改修が課題となり，そのために耐震改修を促進する法律が制定され，ストックの改善が目指された．

最近では不動産の証券化など投資対象として建築物を評価する必要が生じ，既存建築物の耐震安全性などに関する厳密な診断が行われるようになった．これは，ストックの良質化への大きな動機付けとなる可能性をもつ．

(3) 建築物・設備の総合的マネジメントへ

1990年代後半には，建築物などの総合的なマネジメントの必要性，有効性が，欧米のファシリティマネジメントに倣い注目を集め，1997年に二つの団体が同時に発足するなど，多くの人が取り組んできた．その後それらの二つの団体を統合して，日本ファシリティマネジメント推進協会が発足，1997年ファシリティマネジャー資格を制定，発足させている．

一方，建築物および設備の総合的なマネジメントには，それらハードなものの管理に加えて，維持保全に従事する人々の労務管理まで含めたマネジメントが必要であり，それらに対応する形で，ビルオーナーの立場からのビル経営管理士，維持保全業からの設備総合管理技術者の二つの資格が1991年に発足している．

今後，ファシリティマネジャーのマネジメントのもとで，各種のマネジャー，技術者が協力して効率よく全体を運営することが期待される．

6.9.6 維持保全技術の今後の課題

現在使われている技術の改善，改良が進められると同時に現在不足していると考えられる技術の開発，確立が待たれるものを以下にあげる．

震災後の耐震安全性の診断や住宅の品質に関して遮音性能や空気環境の性能の測定など現在の技術では十分の測定可能とは言えない．そのため，既存の建築物の診断などのために，機能の状況，現況を使用状態のままでチェックできる技術の開発が待たれる．

また，建築物と設備のライフサイクル計画を立てようとする際，各部分の耐用年限に関する実際のデータや維持保全にかかわる修繕などの実記録が不足している．そのため，維持保全の実務の中からこれらのデータが効率よく集積できる仕組み

の確立が待たれる．

◎**参考文献**

1) 全国ビルメンテナンス協会：今日のビルメンテナンス(1999.12)．
2) 全国ビルメンテナンス協会：実態報告書No.30，(1999.12)．
3) 建築・設備維持保全推進協会：建築・設備維持保全体系整備目標(1992.11)．
4) 建築・設備維持保全推進協会，診断委員会設備小委員会：設備システム・機器および放棄の変遷(1995.6)．
5) 建築・設備維持保全推進協会：BELCA NEWS 10周年記念号(1999.5)．
6) 日本建築士会連合会：ひと・建築・まち40年(1991.9)．
7) 日本建築センター：30年の歩み(1996.3)．
8) Katsuyoshi Minemasa：Present Situation and Future Prospect of Life Cycle Management of Buildings and Facilities and Facility Management in Japan, Keynote speech at the CIB W70 Intl., Symposium,Rotterdam The Netherlands(1992.Oct)．

第7章
防災設計技術の変遷

7.1 防火試験法と防火材料

1999年12月号

鈴木　弘昭
建設省建築研究所基準認証研究センター長
現　ベル アソシエイツ主宰

7.1.1　はじめに

　防火に関して「性能的防火設計」とか「規制緩和」という言葉をしばしば耳にしたり，自分自身で使ったりして来た．前者は，建築防火について，ここ約1世紀の間に社会現象を通して試行錯誤的に発達し，多くの建築家や建築技術者の知識となり，一般にも広く理解されるようになった成果を，建築設計士の優れた能力でさらに自由に駆使して戴き，「安全で，経済的な建物を設計して戴こう」というものである．後者は，ここまで貿易が自由に，容易になり，世界経済が1つになりつつあるのだから貿易の自由化とともに「ものの考え方もグローバルにすべきであり，従って，各国の独自の規制もはずして世界全体が一つの経済圏になるようにすべきだ」という考え方に基づいている．

　1990年代頃までは，速度を増して変化しながらも各国の大都市でも国によって建物生活様式に多くの違いがあり，それぞれ大きな特徴があった．しかし1990年代以後は，どこの国々でも高層ビルが急速に立ち並び，世界中の人々が更に頻繁に行き交うようになって最新の大きなビルでは建築防火にとって，火事の特徴もその形態も国によっての違いでは無くなりつつある．

　本節では防火研究の粗筋と建築材料の防火性能基準の確立，防火性能評価と防火試験の出現・改良，これに伴って開発された防火材料等の経緯について20世紀の足跡を振り返り，21世紀への橋渡しとして記したい．限られた頁数の中で十分には説明できない点は別の機会に譲ることにして，ご容赦頂きたい次第である．

7.7.2　建築防火研究の流れ

　防火に関しては，消防防火のはしりとしてすでに奈良時代に貴族社会には一応の消火組織ができていたと聞くが，その後は顕著な発展はみられず江戸時代になって，八代将軍徳川吉宗によって"町火消し"の制度が確立し，現在の消防の原形が出来た．しかし，明治時代に入るまで，江戸では火事が頻発し，火災便覧[1]によれば，江戸時代の大火が79件記録されているが，実際は更に多く，100件近くに上ったといわれる．それなりの試行錯誤はあったものの建築防火，都市防火の著しい進展はみられず都市防火の概念は発達しつつあったが破壊消防にたよったところが多い．

　アメリカでは1606年にはバージニア州ジェームズタウンでスミスの指導の元で「燃えにくい住宅」の勉強が始められていたし[2]，1871年のシカゴ大火，1905年のサンフランシスコ地震による大火等を教訓として，19世紀末には耐火構造の概念が確立されていて，スプリンクラー設備も考え出され，建築防火に積極的に取り組んでいた．

　イギリスでも1666年のロンドン大火以来，都市防火に努め，建物を石造，れんが造にしたり，延焼拡大防止のためのグリーンベルトの発想が出来たりしており，大火を繰り返した日本のような記録は見当らない[3]．

　日本でも土蔵，塗屋等の防火工法は一部にはあったが，都市部の一般の庶民の町屋には多くはなかった．明治以降に各府県で屋根を不燃材料で葺くことが推奨されたため大都市では大火が激減した．明治の中頃，西洋の耐火構造の概念が一部の建築家の間で取り入れられ，研究が行われるようになったが，具体的に都市全体を考慮した都市防

火・市街地火災に関心が寄せられるようになったのは1906年のサンフランシスコ地震によって，大規模な市街地火災が発生し，現地調査を行った当時の東京帝大助教授の佐野利器（1889～1956）が「耐火性」に興味をもってからのことである．

また，防火の研究が顕著な成果をみるようになるのは，1933年に内田祥三（1880～1956）の指導[6,7]の元で行われた東京帝大構内での「木造家屋の火災実験」以降である．

東京帝大で実施された火災実験から，木造家屋は，「3分で着火，7分で屋根が燃え抜け，14分で下火」と，容易に壁や屋根が燃え抜けて，出火後の火災拡大，熱輻射による隣棟への類焼も早く，当時の消防隊が到着する頃にはすでに焼け落ちて下火になってしまうという結果が定量的な数値として得られた．

第2次世界大戦前の建築防火研究は帝大を主流[8,9]とした大学での研究が主体であったが，戦後は，建設省建築研究所，自治省消防研究所他，官庁の研究所が充実し，研究の中心的機関が大学から官庁の研究機関へと移って行った．

戦後，とくに，昭和30年代以降になると火災研究者も広い分野に多くの人材が活躍するようになるが，建物内の可燃物量とその燃焼時間について川越邦雄，関根孝，イギリスの P.H.Thomas らによって先導的に行われ，開口部の大きさ，高さ，幅等の関数として求められ，室火災の温度と継続時間の関係が導き出されて，建物躯体への要求耐火性能としてその根拠が明らかになった．この研究の後，建物のマクロな燃焼時間，耐火性能が容易に理解されるようになり，建築防火研究に顕著な業績を残した方々が多々出た．中でも亀井幸次郎・藤田金一郎・濱田稔（都市防火）[10,11,12]，川越邦雄・関根孝・斎藤光（耐火構造）[13,14,15]，戸川喜久二・神忠久・若松孝旺（避難・煙の流動）[16,17,18]，岸谷孝一，斎藤文春（防火材料）[19,20]等がそれぞれの分野で先導的な研究をされ，それぞれの分野の性能評価基準等を策定し，行政に反映させた指導者としての功績は大きい．

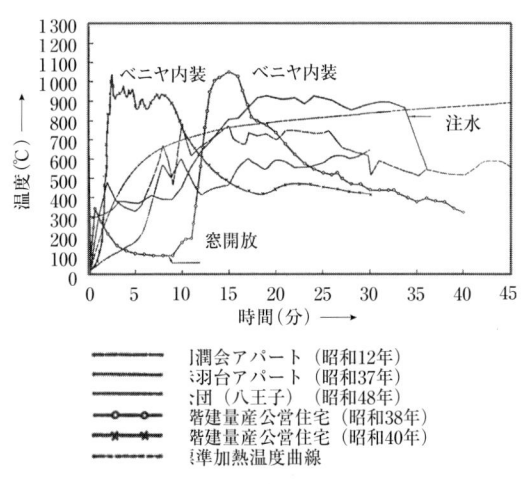

図-7.1.1　コンクリート住宅の火災の進行（実大火災実験）

また，昭和30年代以降，高度経済成長に支えられてビルがどんどん立ち並ぶようになると，ビル火災も頻繁に発生するようになり，ビル火災の対策のために，実際のビルを用いての多数の実大火災実験が行われた．実験に用いられた建物の多くは取り壊しビルが多かったが，新築中の高層ビルを使っての煙の流動実験が行われたものや，**図-7.1.1**に「火災の進行」[21]としてその1例を示すように実験目的に添って実験用建物を新築して火災実験を行ったことも多々ある．

7.1.3　建築防火基準と防火試験法の開発の流れ

建築防火に関する法規は，1923（大正12）年「市街地建築物法」にさかのぼるが，当時は特殊建築物の耐火構造に関する規則だけで，その後，1936（昭和11）年に学校，共同住宅，百貨店などの特殊建造物に対して，避難にかかわる項目が多く規制されることなった．

東大実験の成果から**図-7.1.2，図-7.1.3**[22]に示すように，木造建築物の火災時の輻射熱曲線が工学的に導き出され，戦後，日本工業規格（JIS）の防火加熱曲線として規格化された．また，1950（昭和25）年に建築基準法が公布されると，防火構造ならびに防火戸の耐火性能試験用にこれが採用され，延焼防止のための隣棟間隔の基準ができ，"不燃材料"，が定義された．ちなみに，市街地の，

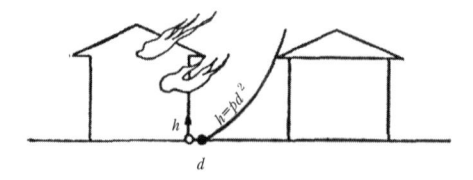

図-7.1.2　木造家屋炎上中の輻射

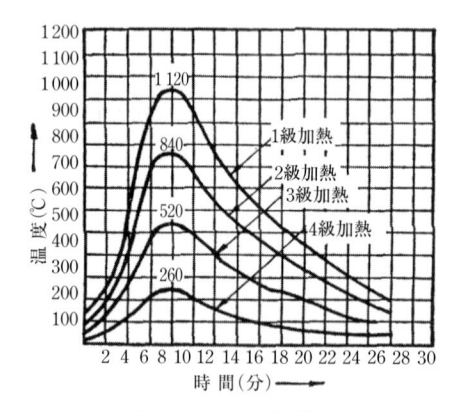

図-7.1.3　JIS加熱曲線

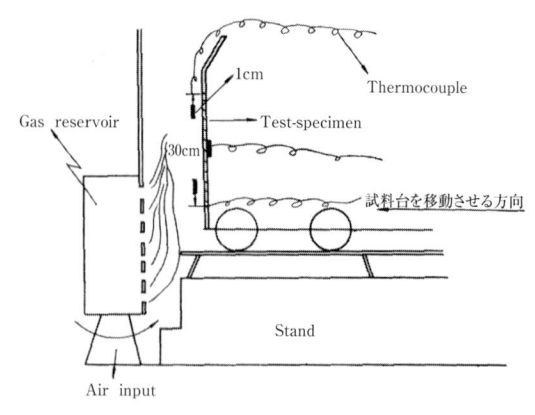

図-7.1.4　旧JIS A 1321小型対面加熱炉

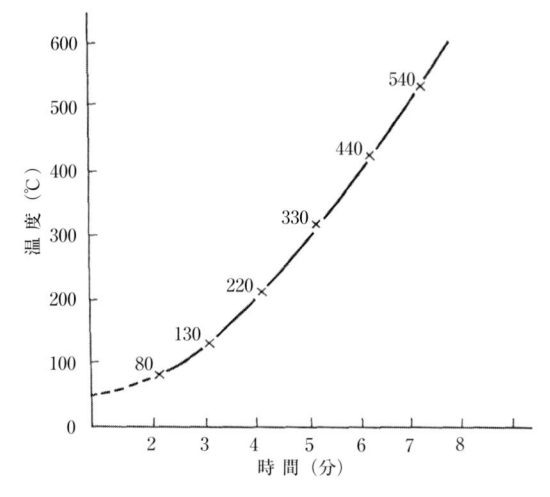

図-7.1.5　旧JIS A 1321による加熱曲線

所謂"防火建築帯"建設は1952（昭和27）年から始められたが，当初，1958年までの7年間で全国の防火建築帯総延長590kmの10％が準成された[12]．

その後，1959（昭和34）年の建築基準法改正で準不燃材料，難燃材料の規定ができ，JISの規格を取り入れて具体の性能評価基準とした．

1959（昭和34）年当時のJIS A 1321「建築物の内装材料および工法の難燃性試験方法」の試験装置は，高さ1.2m幅0.6m以上のプロパン炎，または都ガス炎に約60×90cmの試験体を曝すもので，図-7.1.4に示すように加熱側の炉が固定されていて，試験体を垂直に取り付けた台車を手押にて移動させた[23]．図-7.1.5に示す曲線を描くように手動でコントロールするので，試験担当者の熟練を要する試験法であった．

加熱時間は，難燃1級は15分，難燃2級は10分，難燃3級は7分として，3等級に分類され次の①～③で合否を決めていた．

① 試験体は，（中略）加熱後から30秒以上残炎がなく，2分以上火気が残存しないこと．

② 裏面温度が可燃材料の場合は，260℃以下であること．

③ 防火上有害と認められる溶融・変形・破損・脱落・発煙などがないこと．

表-7.1.1[24]に示すように昭和40年代には度重なる火災事故を経験して，建築材料の防火性能は出火の防止ならびに避難安全の確保の面から強化[25]されることになり，1969（昭和44）年8月23日「内装材料の準不燃材料および難燃材料の試験法」として建設省告示が公布され，次いで，1970年1月1日に「不燃材料の試験法」が公布された[26]．

一方，これまで引用されたJIS A 1321「建築物の内装材料および工法の難燃性試験方法」はJIS番号，表題はそのままに，その内容を建設告示の内容に改正した．

表-7.1.1 主なビル火災例[1]

出火年月日	出火時刻	名称	階数(地上/地下)	出火場所(出火階)	原因	死者数	負傷数	焼失面積(m²)
7.12.16	09:18	東京白木屋百貨店	7/2	売場(4)	クリスマスツリーでのショート	14	2	13140
28.10.17	07:40	東京有楽座	3/1	舞台(1)	電灯線のショート			660
31.5.5	17:35	仙台市丸光デパート	5/1	売場(1)	石油コンロ			1306
32.4.2	01:54	東京明治座	4/1	舞台(1)	オートトランスのショート			2323
33.2.1	16:20	東京宝塚劇場	5/1	舞台(1)	吹きボヤ	3	33	3719
36.2.27	02:50	名古屋市御園座	3/1	奈落(B1)	不明			1172
38.8.22	12:56	東京西武百貨店	8/2	売場(7)	殺虫剤の引火	7	11	10250
39.2.13	15:33	東京松屋百貨店	8/3	売場(5)	不明		2	3862
40.4.10	12:37	東京東急会館	9/2	売場(7)	不明		18	2754
40.10.1	11:26	滋賀県庁	4/1	ダクト室(2)	配線のショート	3	10	151
41.1.9	00:58	川崎市金井ビル	6/1	キャバレー更衣室(3)	たばこ	12		691
41.3.11	03:40	水上温泉菊富士ホテル	3/1	警備員室(1)	石油ストーブの転倒	30		1650
42.2.28	10:30	東大阪市石切ヘルスセンター	4/1	舞台(1)	暖房用オイルヒーター		1	6817
42.4.5	08:50	京都市国際ホテル	10/1	ダストシュート(1~2)	たばこ		12	262
43.2.25	06:30	湯河原温泉大伊豆ホテル	5/2	ボイラー室(B₂)	漏油着火	2	40	1200
42.11.2	02:30	有馬温泉池の坊満月城ホテル	5/0	サービスルーム(2)	不明	44	44	6950
44.2.6	21:00	磐梯熱海温泉磐光ホテル	4/0	大広間舞台控室(1)	ベンジン引火	31	38	15511
44.11.27	10:32	別府温泉鶴見園ホテル	5/1	大広間(1)	プロパンガスの着火	2	2	910
45.2.6	03:15	豊橋市豊栄デパート	7/1	スナックバー(B₁)	ガスコンロの消し忘れ		1	2320
45.9.10	04:00	宇都宮市福田屋百貨店	8/2	売場(B₁)	溶接火	2		12900
45.12.26	14:30	水戸市中央ビル	7/2	飲食店調理場(B₁)	排気筒の加熱	2	18	10476
46.1.1	22:05	姫路市国際会館	4/0	卓球場(3)	ゴミ箱(たばこ)	2		1844
46.5.12	01:22	千葉市田畑百貨店	8/3	屋外の木造小屋	不明	1		9380
47.2.25	06:30	白浜椿温泉椿グランドホテル	7/0	調理場(3)	不明	3	6	11120
47.5.13	22:27	大阪市千日デパート	7/1	売場(3)	マッチかたばこ	118	54	8800
48.3.8	03:21	北九州市済生会八幡病院	5/1	診療室(1)	線香	13	3	888
48.6.18	04:22	釧路市釧路オリエンタルホテル	6/1	ロビー(1)	配線のショート	2	27	868
48.9.25	06:00	高槻市西部ショッピングセンター	6/1	売場(B₁)	放火	6	3	28679
48.11.29	13:05	熊本市大洋デパート	9/1	階段室(2)	不明	103	125	13587

　建設省告示の改正には多くの試験法による燃焼性を比較検討するとともに，昭和30年代後半からの多くの実大火災実験の成果から火災拡大の現象を把握し，防火性能試験法に結びつけている．

　内装材料の防火性能は「火災初期にどのような性状を示すか？」を評価することを目的としており，防火性能を分類するためには，所謂"燃焼性試験"を行うが，実火災時に建築材料に期待する防火性能と，材料の性能を判定するための試験法によって得られた結果とは必ずしも一致しない．

　現行（1969年，1970年の改正以後）の防火材料の試験法（図-7.1.6，図-7.1.7）は，当時ISO/TC92「建築物の燃焼性能試験」で検討され，ほぼISO基準になろうとしていた矢先の試験法（表面試験法はイギリス，BS 476．基材試験法は例えばアメリカのASTME E 136であるが，ヨー

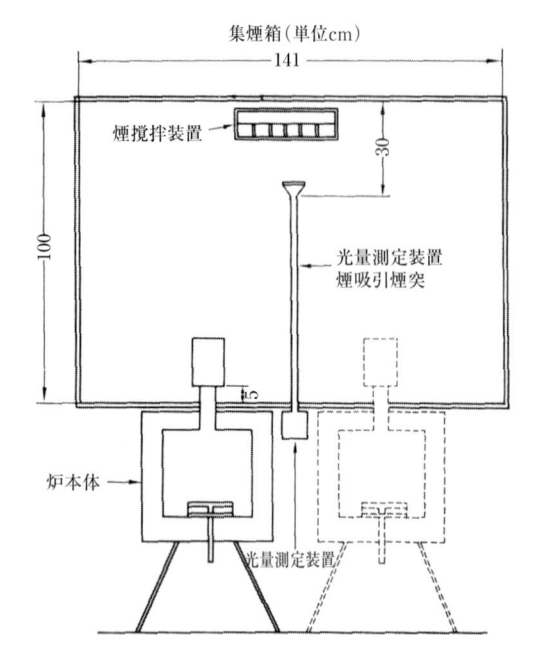

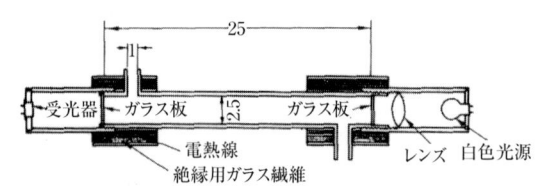

図-7.1.6 準不燃材料および難燃材料試験装置(表面試験装置)

ロッパ各国ではほとんど同じアイデアの試験法として使われていた)を採用し，煙の測定法を加えたものである．これには，各国の試験法を参考に，それぞれのメリット，デメリットが比較検討されたが，それぞれ一長一短あり，"万能な試験法"は見当たらなかったことと，試験法の国際化がすでに叫ばれる様になっていたため，ISO基準にもっとも可能性の高い状況にあるものの検討が進められていた経緯がある．本試験法（表面試験，基材試験）が採用されたのは国際的時流に乗ったことによるところが大きい．

一方，昭和40年代後半には，省エネルギーと絡んで断熱材料として発泡系プラスチックが多種，多量に開発されるようになり，これまでの防火性能試験法では実際の火災時の性状と大きく異なることの懸念から，「火災室での燃焼状況を再現して材料の燃焼性を評価すべきである」という気運が国際的にも高まっていた時期でもあって，実際の火災時の熱環境に近づけるために居室を想定し，かつ，材料の燃焼時の発熱速度を定量的に計測する技術がアメリカ・NBSのV.ババブラスカ[27]によって開発されていたので，これを取り入れて，1984（昭和59）年9月29日付官報（第19295号）

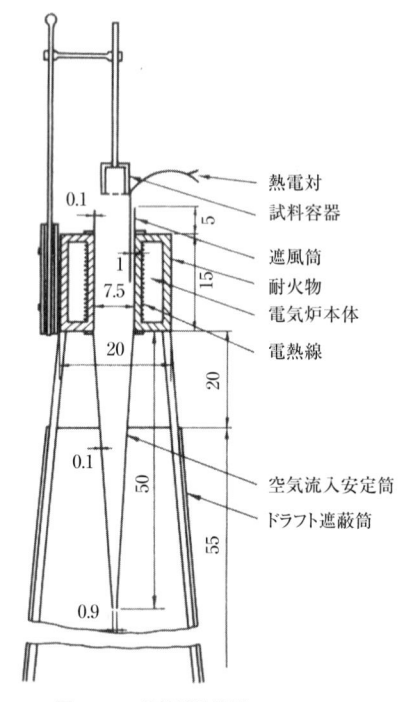

図-7.1.7 基材試験装置

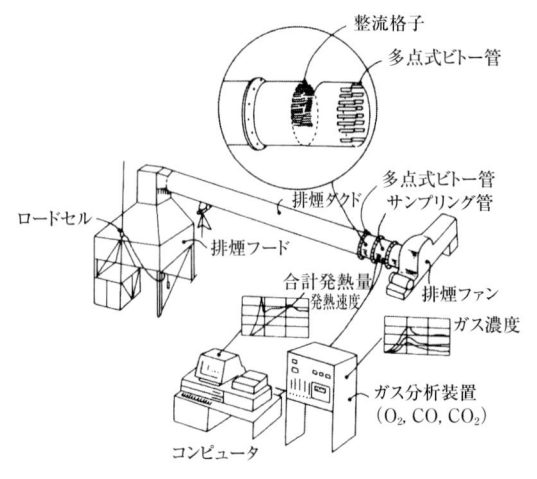

図-7.1.8 模型箱試験の外観

表-7.1.2 防火材料の試験方法要約

認定指定方法 \ 防火材料名			不燃	準不燃	難燃	準難燃
指定方法			建設省告示第1828号に定める基材試験および表面試験のそれぞれの試験に合格したもの	建設省告示第1231号に定める表面試験, 穿孔体験およびガス有害性試験, 模型箱試験に合格したもの	建設省告示第1231号に定める表面試験およびガス有害性試験に合格したもの	建設省告示第101号に定める試験に合格したもの(同告示第1231号の表面試験と同じ, ただし, 溶解, 亀裂, 発煙量を判定項目より除く)
基材試験	試験体		縦横 38～42mm 厚さ 47～53mm 3体			
	加熱時間		あらかじめ750℃(±10℃)に20分間以上安定させた炉内で20分間			
	判定		上欄の炉内温度よりも50℃を超えないこと			
表面試験	試験体		縦横それぞれ22cmで厚さは実際と同一のものを3体			
	加熱時間		標準加熱曲線で10分間	同左	標準加熱曲線で6分間	同左
	判定項目	試料排気温度	標準加熱曲線を超えないこと	試験開始後3分以内に標準温度曲線を超えないこと	同左	同左
		温度時間面積($td\theta$)	0	100以下	350以下	同左
		発煙量(C_A)	30以下	60以下	120以下	
		溶融	試験体の全厚にわたる溶融がないこと	同左	同左	
		亀裂	裏面に達する亀裂で幅が板厚の1/10以上のものがないこと	同左	同左	
		残炎	加熱終了後30秒以上残炎がないこと	同左	同左	同左
	その他		防火上有害な変形, 避難上著しく有害なガスの発生などがないこと			
穿孔試験	試験体			縦横それぞれ22cmで厚さは実際と同一のものを3体, ただし表面から裏面に貫通する内径25cmの孔を3個あけるものとする(試験体の受熱面の裏面に標準板を定着させるものとする)		
	加熱時間			標準加熱曲線で10分間		
	判定項目	温度時間面積($td\theta$)		150以下		
		発煙量(C_A)		60以下		
		残炎		加熱終了後90秒以上残炎がないこと		
ガス有害性試験	試験体			縦横それぞれ22cmで厚さは実際と同一のもの2体		
	加熱時間			標準加熱曲線で6分間, ただしマウス行動停止時間は加熱開始後15分間測定する		
	マウス			dd系またはICR系のメスで, 週令5, 体重18～22gを8匹		
	判定項目	マウス行動停止時間		標準材料(赤ラワン)におけるマウスの平均行動停止時間よりも試験体におけるマウスの平均行動停止時間が大きいこと		
模型箱試験	試験体			内径(縦×横×奥行)84×84×168cmの箱形試験体, 2体		
	加熱源			直径2cm, 長さ30cm, 2kgのクリフの燃焼時間(ほぼ15分)		
	加熱時間			15分間		
	判定項目	発熱速度		170KJ/sec以下		
		総発熱量		50 000KJ/15分以下		

注)　温度時間面積($td\theta$)とは, 試験体の排気温度曲線が, 標準温度曲線を超えている部分の面積をいう.
　　C_A:発煙係数　$C_A = 240\log_{10} I_0/I$　I_0:加熱試験開始時の光の強さ　I:加熱試験中の光の強さの最低値
　　屋根不燃材料としては改めて防火性能試験は行わない.

表-7.1.3 特殊建築物内の内装制限の変遷

年	事　項
1950年	建築基準法制定（不燃素材の定義等），（1936年に特殊建築物規則指定）
1959年	令12.4（344号）　○準不燃，難燃材料の規定 　　　　　　　　　○特殊建築物，無窓の居住の内装制限強化 告2543号　準不燃材料および難燃材料の指定（JIS A 1321による試験方法）
1961年	内装規制強化（百貨店，キャバレー，自動車車庫等）
1963年	特殊建築物の内装規制強化（高さ31mを越えるもの）
1964年	高さ31m以上の内装制限強化
1969年	告1986号　強化ポリエステル板，網入硬質塩化ビニール板でふいた屋根 内装制限強化　※避難路の準不燃材料以上 　　　　　　　　※特殊建築物の対象拡大 告3415号　準不燃材料，難燃材料の指定（発煙性状の明確化，34年告2543号廃止）
1970年	不燃材料の指定（政令で明文化） 特殊建築物等の内装強化（火気使用室，1.2m以下の壁も対象） 告1828号　不燃材料の指定（基材，表面試験による） 告101号　強化ポリエステル板等の屋根（防火性能を求めた39年告1986号廃止）
1973年	特殊建築物の内装制限強化（天井準不燃以上）
1976年	告1231号　準不燃材料および難燃材料を指定する告示の改正と毒性試験の追加
1984年	告1372号で告1231号　準不燃材料および難燃材料を指定する告示に模型箱試験を追加

によって，建設省告示第1372号が告示された．同告示では防火材料の試験法のうち，準不燃材料に対して図-7.1.8および表-7.1.2に示す「模型箱試験」が追加され，1985（昭和60）年6月1日より施行された．その結果，表-7.1.3に示すように内装制限が変遷したことになり，それまで準不燃材料として分類されていたものが準不燃材料に該当しなくなったものも多くあった．

しかし，「必要は発明の母」なる格言通り，プラスチック系断熱材料の品質が改良され，樹脂そのものの難燃化向上とともに複合材料として，防火性能を向上させる工夫がされた．例えば，イソシアヌレートとともにフェノールフォームを用いた断熱材が市場に多く出回ることになった．

7.1.4　防火材料の開発

戦後には木質系の建築材料に加えて，石綿スレート系の材料や，化学工業，高分子産業の発展に伴って美しく，加工がしやすく，しかも廉価の材料としてプラスチック系材料が急速な発展を遂げた．"ベニヤ板"と呼ばれ，"薄い単板（ベニヤ）"を積層した積層板はその品質が改良され良質の積層板になると同時に，表面をプラスチックで化粧すると，昭和30〜40年代としては立派な"新建材"となり，厚さ3mmにも満たない化粧合板が内装用仕上げ材として幅広く，多量に使われるようになった．

1970（昭和45）年頃まで順調な高度経済成長が続き，1974（昭和49）年の第1次，1978（昭和53）年頃の第2次石油ショックを経ながらも経済の安定成長時代に入り，建築材料も量から質へ，そして，間に合せの粗雑な材料からコストは低く，かつ，見栄えの良い材料が求められるようになり，コストパフォーマンスの要求が強くなって来た．生活水準が向上すると，「同じものをより安く」から「同じ価格でより高い性能」の材料へと要求が変って来た．

先の新建材の代表のようにもてはやされた化粧合板を始めとする多くのプラスチック系製品の普及は火災時に燃え易く，多量の煙を発生させることになり，多くの死亡事故の原因になる材料として非難が高まるようになった．そこで，「火災＝熱＋煙＋有毒ガス⇒死」の"巷の方程式"として煙および有毒ガスの問題が社会的に急浮上するようになり，昭和40年代以降は建築材料の難燃化[28),29),30)]と同時に，燃焼に伴って発生する有毒ガ

スの研究が盛んに行われた.

　防火材料の防火性能の評価基準を定量化し，不燃材料，準不燃材料，難燃材料の評価基準をつくり，試験法も整備してほぼ現在の体系となった.

　建築材料の火災時における防火性能の向上に関する研究も盛んに行われたが，商品コストの関係から，木質系は臭素，燐酸塩を主剤に配合された防火材料が主流を占めた[31]. プラスチック系材料では分子構造を改良して各種の難燃化プラスチックが出現しているが，所謂，防火建築材料となると，塩化ビニル系，イソシアヌレート系，フェノール系が多くのシェアを担うことになった.

　建築材料の性能向上と言えば，より高品質の要求から居住性，耐久性にも関心が高くなり，断熱性・防音・防湿・耐水等に対する耐久性，耐候性の研究も盛んに行われた.

　材料性能の個々の性能条件の要求が高くなると建築材料に研究者が設計の立場に立って「建築材料の求められる性能は何か？」ということになり，建設省建築研究所第2研究部が一丸となってプロジェクトを推進した「材料設計に関する研究」[32]が大成された.

　この研究は，材料に要求される個々の性能をグレーディングして，建物を設計する際，個々の建物に要求される条件をどのレベルで採用してその建物の要求性能を満足させるか？ という，言わば，材料に要求される性能設計法であった.

　研究結果は，一応"GOAL"を見たが，その成果が実際の建築物の設計に直に応用され，満足された設計ができたかどうかは定かではない.

　しかし，この材料設計の考え方は，ISO，CIB（国際建築研究情報会議）等，国際的にも高く評価された. この中の要求項目の一つに「火災に対して安全であること」という要求性能もあり，1〜10にグレーディングされている. 「防火に対して安全であること」という表現はその後，1985年にイギリスがこれまでの仕様書的建築基準（イギリスの防火基準はFire Prevention Actとして記されていた）を性能的基準に改正した時の表現が，正にこの表現で，安全を確保する手段は設計者に任された.

　建築物の壁面断熱工法には，建物の内装側を断熱する内断熱工法と，コンクリート造などの外壁のその更に外側に断熱材を施す外断熱工法がある. 通常の「内断熱工法」の場合はいわゆる"内装制限"で防火性能が要求されるが，「外断熱工法」の場合は隣棟間の類焼防止の上から"耐火性"が要求される. しかし，構造体がコンクリート造，ブロック造等を主体としているため，耐火性に富み，火災時にも構造体を通しての延焼拡大の可能性は小さい.

　断熱材，とくに有機質系断熱材はその"主構成材"に"空気"があり，この空気が"断熱"性能を発揮すると同時に，防火上はさまざまな影響をも及ぼす. すなわち，密閉された独立空間では内部空気の流動現象が無視できるが，連続空間，とくに空隙はその幅により，燃焼を助長させることもある.

　従って，工法（例えば，硬質ウレタンフォーム）によっては，何らかの形で壁体内で着火した場合，表面材からより燃焼拡大し易いことがある. 事実，プラスチック系の断熱材には「壁内燃焼」という隠れた弱点による火災事故もかなり報告された. とくに，これが個人住宅に用いられた時，外壁の表面をトタンで覆い，その内部側に，例えば，発泡硬質ウレタンや発泡イソシアヌレートといった断熱材を使って，何らかの原因で断熱材に火が点いて，気づかないうちに壁の中を徐々に燃えぬけ，庇のあたりから火が建物内部に入って住宅を炎上させたり，また，トンネルの壁面に「現場発泡」で断熱材を施工した後，他の工事の電気火花等が断熱材の中に入って，表面からはきわめてわかり難い状態のまま火種が大きく育ち，ある瞬間，一気に大きな火になる現象も発生した. 適度の難燃化が反って大きな火災事故に繋がり易い現象である[33].

　いろいろの角度から防火材料の研究が進み，先に記した通り，防火性能としては不燃材料，準不

燃材料，難燃材料，準難燃材料と分類されるが，塗り壁材や壁装材料のように表面の化粧層の燃焼性が下地材によって防水性能が変るものもあるので，化粧層が基材の性能を損ねないかどうかを評価した「基材同等材料」という項目もある．実際に防火材料を分類するとやや複雑で**表-7.1.4**[33]のように分類される．また，1999年2月現在で，日本建築センターの評定を得た防火材料は**表-7.1.5**の通りの数に上っている．

7.1.5 21世紀への架け橋

昭和50年代後半になると，建物火災に対する安全性の評価を，これまでの材料の防火性，構造の耐火性という個々の性能だけでなく，建物に居住する人の生命の安全性も重視して，

① 建物内の出火・燃焼拡大
② 建物構造の耐火性能
③ 避難安全性
④ 総合防火設計

という形で，建物全体に要求される性能と評価法，そして試験法が議論されるようになり，建設省建築研究所の総プロ（総合技術開発プロジェクト）として，1982（昭和57）年度より，官学民の協力により，5ヵ年に亘る大型共同プロジェクトが組まれ，防火安全設計法の骨子が確立された[34]．その成果は建築基準法第38条の認定を受ける必要のある超高層ビルや複合用途ビル等の評価の指針，評価基準として利用されるようになった．

しかし，上記の防火総プロだけでは一般の建築物への応用までには更に補完が必要で，各安全要素を仕様的に基準を定めてそれぞれを追加的にクリヤさせるのでは「合理性，居住性，経済性，等に不利益が生ずる」として，また更に，人命の安全および財産の保全を担保しながら自由度の高い設計ができるようにと防火設計法の更なる充実と，「性能的防火設計」ができるように，建設省の総プロ「防・耐火性能評価技術の開発」が平成6年度～10年度間実施され，その成果は，1998（平成10）年6月の建築基準法の改正（平成10年法律第100号）になり，2000（平成12）年5月に施行に至ることになった．

7.1.6 おわりに

20世紀に始まった建築防火の研究が一通りの体系だった成果と建築基準法の建築防火に係る法整備も一段落して新たなる21世紀への架け橋が掛かったことになる．21世紀には更なる建築空間の利用拡大に伴って，新たなる課題が発生するかも知れないが，災害に煩わされることのない発展的な課題であることを祈念する．

◎参考文献

1) 火災便覧：日本火災学会，理化書院(1955).
2) 平賀有希子：消防新聞 1999.9.25，消防新聞社(1999).
3) 日本火災史と外国火災史：日本消防新聞社(1940)，原書房(1977).
4) 内田祥三 他：木造家屋の火災実験に就いて，建築雑誌 昭和8年12月号(1933).
5) 内田祥三 他：木造家屋の火災実験に就いて 第2回，建築雑誌 昭和10年4月号(1935).
6) 内田祥三：火災の実験と研究についての思い出 (1) 火災，

表-7.1.4 防火材料の分類

区分 材料	法的な防火性能（表示方法）による分類	下地の防火性能との区分		取扱い上からの区分
		下地の防火性能に影響されない	下地の防火性能に影響される	
防火材料	不燃材料 不燃材料(屋根用) 準不燃材料 難燃材料 基材同等材料 壁装材料 準難燃材料 屋根不燃材料	不燃材料 不燃材料(屋根用) 準不燃材料 難燃材料 準難燃材料 屋根不燃材料	基材同等材料 壁装材料	通則的 個別的

表-7.1.5 防火材料の認定件数
1999年2月現在（日本建築センター資料より作成）

	個別認定	通則的認定
不燃材料	1915件	48件
準不燃材料	445	29
難燃材料	170	7
準難燃材料	117	2
基材同等材料	－	5

8，第1巻，日本火災学会(1951)．
7) 内田祥三：火災の実験と研究についての思い出 (2) 火災，1，第1巻，第3号，日本火災学会(1952)．
8) 内田祥文：建築と火災，彰国社．
9) 建築防火論，彰国社(1973)．
10) 藤田金一郎：例えば，建築防火工学原論(1969)．
11) 亀井幸次郎：建築防災と都市防災，オーム社．
12) 浜田稔：建築物防火制限の地域拡大の提唱，建設省建築研究所創立10周年記念号 (2) (1958)．
13) 川越邦雄：例えば，Charts for Estimating the Equivalent Fire Duration on the Standard Temperature-Time Curve, BRI Research Paper, 45(1971).
14) 関根学：例えば，Estimation of Fire Temperature-Time Curve in Rooms, 2nd Report, BRI Reserch Paper, 17(1964).
15) 斎藤光：例えば，Fire Resistance, Design for Steel Structures, BRI Reserch Paper, 53(1971).
16) 戸川喜久二：例えば，群衆研究と心理の問題，火災，31，Vol.8，日本火災学会(1958)．
17) 神忠久：火災時の煙の中での視認に関する研究（学位論文）(1974.10)．
18) 若松孝旺：例えば，Calculation of Smoke Movement in Buildings, Second Report, 46(1971).
19) 岸谷孝一：例えば，Study on injurious properties of combustion products of building materials at initial stage of fire, Journal of the Faculty of Engineering, University of Tokyo vol XXXI, No.1(1971).
20) 斎藤文春：建築材料の火災初期における燃焼発煙性状に関する研究，建築研究報告，No.83(Mar 1978)
21) 飯塚幸治，日本火災学会 編：実大火災実験，建築防火教材(1976)．
22) 改訂建築学大系21，建築防火論，彰国社．
23) 鈴木弘昭：有機質材料の火災性状の解析とその特性化，学位論文(1971)．
24) 建築防火教材：主なビル火災例，日本火災学会，工業調査会(1977)．
25) 岡本圭司：改正建築基準法令による特殊建築物等の内装制限について，建築防火，No.55，日本科学防火協会(1971.3)．
26) 井上俊之：準不燃材料を指定する告示の改正について，建築防災，日本建築防火協会(1984.11)．
27) Babrauskas,V.：例えば，National Bureau of Standards, Washington, D.C.,Technical Report, NBS182-2611(Nov 1982).
28) 喜多信之：プラスチックの燃焼性，工業調査会(1975)．
29) M.レーウィン他：高分子材料の難燃加工，地人書院(1977)．
30) 小西，平尾：難燃剤，奉書房(1972)．
31) 阿部寛：薬剤による木質材料の難燃化，工業材料，Vol.16, No.13, p.15, 1968.
32) 材料設計研究会：材料設計に関する研究，建築研究報告，No.64(Mar 1973)．
33) 鈴木弘昭：防火材料の燃焼性に関する研究，建築研究報告，No.99(Mar 1982)．
34) 建設省：建築物の防火設計法の開発，第1～4巻(1989.3)．

7.2 コンクリート

阿部 道彦
工学院大学建築都市デザイン学科

7.2.1 コンクリートとは

コンクリートは，図-7.2.1 に示すように，水，セメント，骨材，混和材料より構成される複合材料である．このうち，セメントと水を混合したものをセメントペーストという．以前はセメント糊（のり）といっていたが，のりであるから砂，砂利などの骨材を相互に接着する役目をもっている．セメントペーストに砂を混ぜたものをモルタル，モルタルに砂利を混ぜたものをコンクリートという．混和材料とは，モルタルやコンクリートの施工性や耐久性を改善するために使用されるもので，比較的少量混ぜるものを混和剤，やや多く使用するものを混和材という．前者はセメントの質量に対して数%以下で使用されるが，後者はセメントと同等以上使用されることもある．

砂や砂利などの骨材は通常化学的には安定である．このため，モルタルやコンクリートの性質は，基本的にはセメントペーストの質と量によって決定される．まず，質であるが，まだ固まらない（フレッシュ）セメントペーストは，セメントと水の化学反応（水和反応）により時間とともに固まって硬化体を形成する．そしてその強度は，水とセメントの比率，すなわち，水セメント比で決まる．セメントに対して水が多いと生成される組織が緻密なものにならず，強度は小さくなる．最近マスコミで話題になった加水，すなわちまだ固まっていない（フレッシュ）コンクリートにあとから水を加えることによりコンクリートの強度が低下するのは，水セメント比が大きくなるからである．また，水セメント比が小さいと硬化体の組織は緻密になり，雨水，空気，塩分などが外部から浸透してコンクリートや鉄筋に悪影響を及ぼすことを防ぐことができる．

次に量の話であるが，モルタルやコンクリートはこのセメントペーストに砂や砂利を混ぜたものである．これらの骨材の粒子の間を十分にセメントペーストが埋めてくれれば，セメントペースト量と骨材量の割合は強度にあまり影響しない．材料の価格では，セメントが骨材より高価なため，できるだけセメントペーストの量は少ない方がよい．

セメントペーストの量を少なくしたい理由は，あと2つある．1つはセメントの水和反応による発熱を抑えたいためである．部材の断面が小さい場合にはあまり問題とならないが，部材断面が大きくなってくると部材の中心は発生した熱によりかなりの高温になる．例えば，強度の高いコンクリートで1m角の柱などでは，中心部の温度が100℃近くになることさえある．そして柱の内外の温度差が大きいとひび割れの発生する原因になる．

いま1つはコンクリートが固まったあとの乾燥収縮を小さくしたいためである．砂や砂利は乾燥してもほとんど収縮しないが，セメントペーストは収縮する．水セメント比が同じ場合にはセメントペースト量が多いほど水も多くなり，乾燥収縮も大きくなる．そしてこれもひび割れの原因となる．前述した加水は強度低下とともに乾燥収縮の増大にもつながる．

一方，セメントペースト量が少ないと，コンクリートの流動性が低下し施工のしにくいものとなる．施工のしにくいコンクリートは，型枠の形状や寸法，配筋状態などによっては型枠の隅々までコンクリートが行き渡らないことがある．したが

って，コンクリートに要求される条件に応じてセメントペーストの量をいかに設定するかは良いコンクリート構造物を作る上できわめて重要なことといえる．

この他，コンクリートを構成する重要な要素に空気がある．とくに空気連行剤という薬（AE剤：Air Entraining Agent）は，コンクリート中に主として$100\mu m$以下の微細な空気泡を多数入れることにより，まだ固まらない（フレッシュ）コンクリートの施工性を改善したり，硬化したコンクリートの凍結融解の繰り返しによる破壊を防止したりすることに効果を発揮する．

コンクリートの構成は，コンクリートに要求される条件により異なるが，体積で表示するとおよそ図-7.2.2のようになり，空気＋セメントペーストで約3割，骨材で7割となる．コンクリートに関するさまざまな技術の発展は，図-7.2.3に示す強度，施工性および耐久性といった相反する3つの性質をいかにバランスさせるかをめぐって生じ，一般にはその順序でループ状に変遷してきたといっても過言ではない．以下，コンクリートの変遷について外観してみたい．

7.2.2 古代のコンクリート

冒頭述べたように，コンクリートはセメントをのりとして用いている．古代のセメントには，約5000年前，古代エジプトでピラミッドの建設に用いられた焼きセッコウ（$CaSO_4 \cdot 1/2H_2O$）がある．これを砂，水と混ぜてモルタルがつくられ，ピラミッドの石材をつなぐ目地として使用された．焼きセッコウは，現在では左官工事用のセッコウプラスターの原料として使用されている．

紀元前5世紀〜紀元4世紀の古代ギリシア，ローマ時代には，石灰石（$CaCO_3$）を焼いたもの（CaO）を消化した消石灰（$Ca(OH)_2$）がセメントとして使用された．消石灰は，水と練り混ぜた後，大気中の炭酸ガスと反応して炭酸カルシウム（$CaCO_3$）となり徐々に硬化していく性質（気硬性）がある．ローマ時代のコロセウムやパンテオンにはこの消石灰が用いられている．消石灰は，現在では左官工事用のしっくいの原料として使用されている[1]．

最近では中国甘粛省秦安県で5000年前の大型居住跡が出土しその床面は水硬性のセメント系材料を用いたコンクリートで築造されたと推測されている[2]．

7.2.3 近世のコンクリート

その後1000年以上にわたってみるべき進歩はなかったが，1756年イギリス人スミートンが消石灰に粘土を加えると水と反応して硬化する性質（水硬性）を発見した．これはローマンセメント

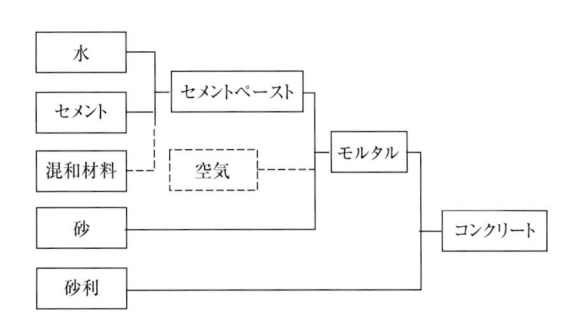

図-7.2.1 コンクリートの構成

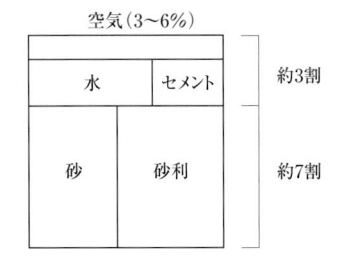

図-7.2.2 コンクリートの構成材料の体積割合

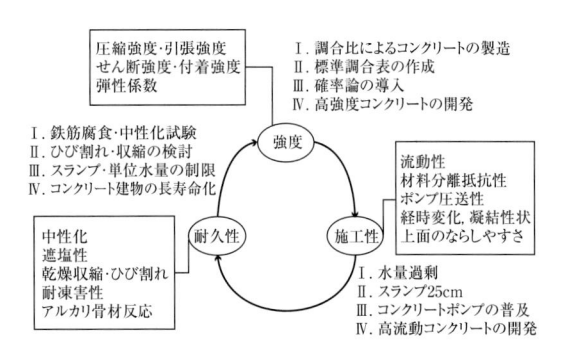

図-7.2.3 コンクリートの性質の3要素と変遷のループ

の製造のきっかけとなった．ローマンセメントの名称はイタリアの火山灰に似ていたところから付けられた．さらにフランス人ビカーは石灰石と粘土を細かく粉砕して混ぜたものを高温で焼成・粉砕することにより，水硬性で強度の高いセメントが得られることを発見し高品質のローマンセメントが得られるようになった．このローマンセメントを用いて1816年フランスにコンクリート橋梁が建設された．

7.2.4 近代のコンクリート

1824年にイギリス人のれんが積み職人のアスプディンは，現在のセメントの基礎となるポルトランドセメントの製造方法で特許を取り，コンクリート構造が普及していった．鉄筋コンクリート構造については，1867年にフランスの植木職人モニエが鉄網を芯とした薄いモルタルで植木鉢をつくり各国で特許を取ったのが始まりとされている．モニエはこの特許を橋梁などさまざまな構造物に発展させた．

最初の鉄筋コンクリートの建築物は，1871年にポルトランドセメントの製造が始まったアメリカで1875年にウィリアム・E・ワードがポートチェスターに建設したものとされている．1890年代以降は，フランスとベルギーで特許をとったフランソワ・エヌビクにより多数の鉄筋コンクリートの建築物が建設されることとなった[3]．

1916年にはドイツで鉄筋コンクリート標準仕様書が制定されるが，それに先立つ1900年初頭から，アナトール・ド・ドボ，アルバート・カーン，そしてオーギュスト・ペレといった建築家たちによる鉄筋コンクリート造の記念碑的建築物がつくられていく．さらにフランク・ロイド・ライト，ル・コルビュジェといった著明な建築家たちによって，鉄筋コンクリートはさまざまな作品に採用されることになり，19世紀後半から登場する鉄鋼およびガラスに次いで20世紀を代表する建築材料としての地位を確立していくことになる[3,4]．

7.2.5 日本のコンクリートの変遷

わが国では，明治維新（1868年）となる直前にセメントが海外から輸入された．明治になり，1875年に東京深川に最初のセメント工場が建設された．わが国最初の鉄筋コンクリート構造物は，1903年に京都市の琵琶湖疎水運河に架けられたメラン式弧形橋梁であるとされている．建築物としては，その翌年建てられた佐世保の壁構造のポンプ小屋や1906年神戸港和田岬に建てられた二階建ての東京倉庫などがあるが，これらはいずれも土木出身者の手によるものであった．鉄筋コンクリート造は初期には土蔵に替る耐火構造として評価されていたようで，倉庫・書庫・デパートなどの用途が多かったことはこのことを伺わせる．その後，1906年のサンフランシスコの地震を視察した佐野利器により鉄筋コンクリート造は耐震構造として認められるようになる[5,6]．

わが国のコンクリートの変遷を建築の材料の立場で強度，施工性，耐久性というループに基づいて区分すると表-7.2.1のようになる．なお，この区分にはややおおまかな部分があるため，厳密さに欠けるところがあることをあらかじめお断りしておく．

(1) 第Ⅰ期1904〜1928年

建築物にコンクリートが用いられ始めたころ，調合は，セメント，砂，砂利をかさ容積で1：2：4とか1：3：6で混ぜ，水は適当に加えるというものであった．当初は水の量を少なくして硬練りのコンクリートが用いられたが，その後極端に水の多い軟練りのコンクリートになった．当時はまだコンクリートの強度が水セメント比によって定まるということも認識されておらず，施工性のみ重視したかなり質の悪いコンクリートもつくられたようである．1923（大正12）年の関東大震災では，組積造の被害が甚大で，鉄筋コンクリート造の耐震性が証明されたといわれているが，コンクリートでも強度が低くて被害を生じたものがあった．このため，強度を確保するための研究が濱田稔らにより精力的に行われた．また，1907年

表-7.2.1 20世紀におけるわが国の建築分野のコンクリートの変遷の概要

期	西暦	主なできごと	強度	施工性	耐久性	環境負荷
I	1900	最初の鉄筋コンクリート造建物	調合比による製造	硬練りから極端な軟練りへ	鋼とコンクリートの耐久性試験	
	10					
	20	関東大震災				
	30	29年建築学会の標準調合表	水セメント比の導入	スランプ25cmまで許容		
II	40	大平洋戦争			ひび割れ・収縮の研究	
	50					
		53年度版 JASS 5 57年度版 JASS 5		AE剤の導入		
	60	東京オリンピック 65年度版 JASS 5	調合に確率論的手法	スランプ22cm コンクリートポンプ工法の普及	海砂問題	
III	70			スランプ21cm		
		オイルショック 75年度版 JASS 5				建築業協会の研究 廃棄物総プロ
	80				建築物の耐久性総プロ コンクリートの耐久性総プロ	
		86年度版 JASS 5		スランプ・単位水量の制限		
	90	バブル崩壊 リサイクル法 阪神大震災	高強度コンクリートの開発	高流動コンクリートの開発		副産物総プロ
IV	2000	97年度版 JASS 5 住宅の品質確保法			中性化に確率論的手法 マンション総プロ	

に開始された鋼とコンクリートの耐久性に関する20年試験の結果が1928年に発表されている．当時すでにこのような耐久性の試験が行われていたということは驚くべきことである．

(2) 第II期 1929～1956年

コンクリートの強度に関する研究成果を受けて，1929（昭和4）年，建築学会より標準調合表が発表された．1918年にアメリカのエイブラムスの唱えた水セメント比説を採用し，水セメント比に基づいて所要の強度を合理的に得る調合方法を示したものである．しかしながら，スランプは極端な軟練りである25cmまで認められており，強度は確保できるが乾燥収縮の大きなものであったと推測される．濱田の弟子である大野和男はこのころひび割れと収縮に関する研究を行っている．

(3) 第III期 1957～1987年

これまでの調合設計では，コンクリート強度の目標値は構造計算で用いる強度（設計基準強度）としていた．しかしながら，実際のコンクリート強度は目標値を中心にばらつくため，確率的には設計基準強度を上回るもの50%で，下回るもの50%となる．これは必ずしも適切な調合設計の方法ではない．このため，実際の強度の大部分が設計基準強度を上回るようにコンクリート強度の目標値を定める方法が1957年（昭和32）年の建築学会の仕様書に採用された．

高度経済成長により急激に建設工事が増加していくなか，1964（昭和39）年の東京オリンピックのころより，コンクリートポンプによる施工が普及していくが，当時はポンプの能力が不十分であ

ったこともあり，骨材事情の悪化，すなわち砂利から砕石への転換も伴って単位水量の多い極端な軟練りが用いられることとなった．また，除塩の不十分な海砂の使用や鉄筋に対するコンクリートのかぶり厚さの不足，さらにはアルカリ骨材反応という新たな劣化現象など，多くの耐久性上の問題を引き起こすこととなった．建設省（現 国土交通省）の総合技術開発プロジェクト（略称，総プロ）（1980～1984「建築物の耐久性向上技術の開発」，1985～1987「コンクリートの耐久性向上技術の開発」）を中心に，学協会および民間の研究協力を得て，コンクリートの耐久性を確保するためのさまざまな技術開発が行われ，1986（昭和61）年の建築学会の仕様書にはスランプの制限値，単位水量の制限値，設計で用いるかぶり厚さと最小かぶり厚さの明確化，単位水量を増加させることなく流動性を高める流動化コンクリート，コンクリート中の塩化物量，アルカリ骨材反応対策などが規定された．

(4) 第Ⅳ期 1988年～現在

耐久性に関する種々の研究が終了したことを受け，1988年より通常使用されているコンクリートの強度の2～3倍の強度をもつ高強度コンクリートに関する技術開発が開始され，それに用いる材料の開発や調合方法の検討が行われた．コンクリートの強度を高めるということは水セメント比を小さくする，すなわちセメント量を多くすることであり，結果として水飴のような粘りのある施工性の悪いコンクリートとなってしまう．このため，粘りを軽減するための材料の開発が行われた．とくに，ここで開発・改良された高性能AE減水剤という混和剤は，実際に施工可能な高強度コンクリートをつくる上で必須の材料となっている．また，シリカフュームや従来品より細かい高炉スラグ微粉末といった混和材も粘りを軽減し，かつ強度を高めるのに寄与した．

1993年からは締固めを要しない高流動コンクリートの技術開発が行われた．このコンクリートは締固めを行うための振動機を挿入することが困難な箇所や振動・騒音をきらう工事などに使用されるものである．これまでコンクリートの流動性を高めることが結果的に耐久性の低下につながることの多かったことを踏まえ，コンクリートの調合や性能について耐久性を確保するために多くの制限を設けている．材料面では，発熱量が少なく流動性のよいセメントや材料分離を抑制できる混和剤などが開発・改良された．

また，この頃地球環境保全のために提唱された資源循環型社会への対応方策の一つとして，建物の長寿命化が指向された．具体的には耐用年数100年を目標とするマンションの仕様の提案が，既往の学協会の指針等をベースにして行われた．また，民間でも耐用年数100年超える建物の仕様の提案が行われている．さらに，新築住宅を対象に「住宅の品質確保の促進に関する法律」に基づいて定められた「住宅性能評価基準」では，木造・鉄骨造・鉄筋コンクリート造に対して劣化の軽減（耐久性の確保に相当）に関する措置を3つの等級に分け，各等級に応じた仕様を示している．等級3は，3世代（おおむね75～90年）にわたって大規模な修理をすることのないことが図面および現場検査で評価されることとなる．

7.2.6 コンクリートの未来

ここ100年のコンクリートの歴史を，コンクリートの強度，施工性，耐久性という3つの軸で述べてきた．おそらくこれからもさらに高い強度のコンクリートが開発されるであろうし，施工性，耐久性にすぐれたコンクリートが実用化されていくであろう．また，特殊な機能を付与されたコンクリートも登場することとなろう．これらはどちらかといえばコンクリートの性質に関する問題である．コンクリートの性質ということで一つ付け加えるならば，コンクリートの耐火性の問題がある．鉄筋コンクリート造は耐火構造に指定されているが，コンクリートの含水率が高いと，加熱によって爆裂を生じることがある．そして，コンクリートの組織が緻密になるほど爆裂が生じやすく

なることが指摘されている．通常は建築物が供用されるまでにコンクリートが乾燥して含水率が低くなるが，条件によってはそのようにならないことも想定される．鉄筋コンクリート部材の耐火性の評価については部材の耐火性と同時にコンクリートの耐火性，とくに爆裂についてさらに検討される必要がある．

コンクリートの性質とはやや別の軸としてすでに20年以上前からその重要性が指摘されているものに，環境負荷性がある．この評価は非常に難しいが，コンクリートが21世紀を生き残っていけるかはいかに環境負荷の小さい材料となりうるかにかかっているかもしれない．環境負荷に関連する3つの項目について概説し本稿を閉めたい．

(1) 資源の消費

コンクリートは多くの資源を消費して製造されている．主なものは，セメントの原料である石灰石および骨材である．石灰石はわが国で数少ない自給可能な原料の一つとされていたが，確定可採粗鉱量は年間2億トンずつ採掘していくとあと50年程度であることが指摘されている．骨材についても大都市周辺ではすでに良質の河川産骨材は枯渇し，一部の地域で海砂の採取が禁止になったり，骨材の品質低下が指摘されている．骨材のうちコンクリート用には現在5億トン程度使用されていると推測されるが，石灰石と併せてわが国の年間の資源投入量23億トンの約1/4がコンクリートに使用されていることになる．この数値をみてもコンクリート分野における省資源がいかに重要であるかが理解できる．

(2) コンクリート塊の排出と再利用

国土交通省の建設副産物実態調査によると，2000年度のコンクリート塊の排出量は3 500万トンで，その多くは路盤用の骨材として再利用されている．路盤用の再生骨材は単に破砕しただけのもので元の骨材の周りにセメントペーストの多く付着したものであるが，最近ではコンクリート用を目的として高度な処理により元の骨材に近い品質の骨材を取り出す方法が実用化に向けて検討されている．ただし，コンクリート塊から元の骨材を100％回収できたとしても現段階では需要量の5％にも満たないため，骨材の再生は当面は資源問題の解決というより，廃棄物処分場の延命に寄与することとなる．

(3) 他産業廃棄物の受入れ

セメント産業は高炉スラグやフライアッシュ，廃タイヤなど多くの産業廃棄物を原料や燃料として受入れてきている．また，コンクリート用骨材として，高炉スラグ，フェロニッケルスラグ，銅スラグはすでにJIS化されているし，現在電気炉酸化スラグの骨材としての利用も検討されている．また，これ以外にもさまざまな産業廃棄物がコンクリート用への利用を目的としてもち込まれてきている．しかしながら，産業廃棄物とはいえ，いったんコンクリート用の材料として利用するとなるとそれなりの品質は要求されることになるが，一般に廃棄物を排出する側には，その品質管理や品質改善に対する意識が不十分で，結果的にそのしわよせはコンクリートを製造する側が蒙ることになる．また，このような産業廃棄物を利用したコンクリートを数十年後に解体して再利用する場合のことも十分考えておく必要があろう．

このように述べてくるとコンクリートの未来はあまり明るくないように思われるかもしれない．しかし，逆にコンクリートほどそのときどきの社会の状況を忠実に反映して発展を遂げてきた材料も少ない．かつて快適な生活空間の創出のために提唱された超々高層建築物，人工大地，大深度地下空間，海洋構造物，月面基地などの夢を，環境負荷の低減という課題を考慮しながら追求し続けることにより新たな道が開けてくると期待している．

◎参考文献

1) 桑原隆司：コンクリートの過去・未来，施工9月号別冊，pp.8-16(1996.9)．
2) 李最雄：世界最古のコンクリート，日経サイエンス，pp.74-84(1987.7)，または，浅賀喜与志 他：5000年前のセメントの再現について，セメント・コンクリート論文集，No.53, pp.205-212(2000.2)．

3) 大川三雄 他：近代建築の系譜, 彰国社, pp.152-157(1997).
4) コンクリート建築1900－2000, GA素材空間, 01, pp.46-109(2000.12).
5) 日本建築学会 編：近代日本建築学発達史, 丸善, pp.277-297(1972).
6) 村松貞次郎：日本近代建築の歴史, NHKブックス, pp.105-114(1977).

7.3 建築防災とガラス

吉田 倬郎
工学院大学建築学科

7.3.1 はじめに

ガラスは，コンクリートと鋼とともに，近代建築を成立させた基幹材料とされている．コンクリートと鋼が主要構造材料であるとともに，構造以外の外部にも多用されているのに対し，ガラスの用途は，主として開口部に限定されている．にもかかわらず，コンクリートと鋼に並びたてられているのは，工業製品として大量生産され，透明で耐久性に優れている点で，他の材料でこれに及ぶものがないことによっているといえる．しかしながらガラスには，割れるという弱点がある．また，割れた状態が，多くの場合鋭利な刃物に近いものとなって，きわめて危険である．これを避けるべく，ガラス自体の開発改良，ガラスの取り付け方の開発改良が盛んに行われてきている．ところがその一方では，建築における，高層化，大開口部や新たなデザインの追及がなされるなかで，ガラスが用いられる条件はますます過酷になってきている．本稿では，建築におけるさまざまな条件の中でのガラスの安全性確保に関し，基本的な考え方から，地震被害の事例に基づく考察について述べたい．また，従来は，ガラスの弱点のひとつとされていた防火性について，近年防火ガラス実用化されたことによって，逆に火災時の避難安全性確保にもささやかに貢献できるようになっていることにも触れたい．なお，建築に供されるガラスの種類の中で，本稿ではおもに板ガラスとその加工品を中心に述べたい．

7.3.2 ガラスにかかわる安全と防災
(1) ガラスにかかわる安全と防災の考え方

ガラスは私たちの身の回りに，さまざまな形で存在し，思い出したように割れる．割れたガラスが危険であることについての強い実感をもっているのは，私以外にも多数おいでのことと思う．

ガラスに関する安全というとき，割れたガラスが危険なものなのでガラスが割れるのを防ごうということが問題とされているといえる．考えてみると，そこには二つの内容が含まれていることに気が付く．ひとつは，割れたガラスの危険性に対する安全であり，もうひとつは，ガラスを割らないという問題である．

割れたガラスが危険であることは，年少者などを除けば広く周知のことである．割れたガラスに対し，安全を考えることは，もはや建築の問題というよりは生活そのものの問題であるように一見思われる．にもかかわらず，これを建築の問題として考えなければならない状況がさまざまにある．例えば，ガラスに人がぶつかってガラスが割れ，これで怪我をするという事故が少なくないようである．頻度こそ少ないが，高所のガラスが落ちれば，大騒ぎになる．これは，人身事故につながる場合を考えれば，重大なことであり，ガラスの落下防止は，建築高層部の開口部設計にとって，重要な課題である．

人為的な破壊や，鋭利なものの衝突などによる破壊は，ある程度みられるが，これをのぞけば，日常的にはガラスが破壊もしくは落下することはめったにないといってよい．しかしながら，私たちの生活はさまざまな災害に会う危険にさらされている．台風，地震は，ガラスの破壊や落下に繋がる災害としてよく知られている．台風時の強い風圧力や，地震時の建築の層間変位にいかに対応するかは，ガラスの安全性確保の根幹をなす課題

である．また，外周開口部のガラスでは，強い日射を受ける部分とそうでない部分の温度差によって生じる熱割れの問題への配慮も欠かせない．

日本の建築界ではあるいはなじみの薄い問題かもしれないが，防弾ガラスは，内部に安全空間を確保する上では欠かせないものである．日本の建築でも，重要人物の安全性確保が求められるものについては，防弾ガラスが用いられている．建築分野では防弾ガラスの使用は特殊な場合といえるが，割れにくいガラス，割れても飛散しないガラスは，安全ガラスとして建築でもひろく使用されている．

ガラスに関する安全防災というと，ガラスの破壊や落下の防止，割れたガラスや落下するガラスに対する安全の確保が主たる問題である．言い換えれば，ガラスは保護されるものであり，割れたガラスや落下するガラスは危険である，ということである．一般に安全ガラスとして用いられている合せガラスや強化ガラスなどは，積極的に安全防災に寄与するものというよりは，危険の程度を小さくするものとしてとらえるべきであるといえよう．

ガラスが積極的に安全防災に寄与する分野としては，防火戸を構成できることと，日本での用例は多くはないが防弾ガラスがある．このうち防火戸については，従来は網入り板ガラスがもっぱら用いられてきていたが，これに加えて防火ガラスが実用化されている．価格が高いものではあるが，今後，建築空間デザイン面で新たな可能性を拓くものとしての期待は大きい．

(2) ガラスの台風設計

日本は台風の常襲地である．また，超高層建築の上部の風圧力は地上近くに比べて格段に大きい．一方，超高層建築の上部であれば，眺望のよさを目一杯実現するべく，大きい開口部を設けたい．できれば，枠なども無いほうが良い．こうした相反する条件をうまく処理しなければならないが，現在の耐風圧設計に関する基準や方法としては，ガラス自体の強度の確保，ガラスの支持方法について，満足できる水準のものが設けられていると考えられる．台風などの強風時のガラスの問題は，むしろ飛来物による衝撃などである．

(3) ガラスの衝撃破壊

ガラスが割れるもっとも多い現象が，衝撃破壊であるとされている．その現象には，比較的大きいものの衝撃による曲げ破壊，硬くて鋭いものの衝撃による集中応力破壊，急速な温度変化で生じる内部応力による熱衝撃破壊がある．外部からの衝撃に対しては，ガラスの安全性は，割れないことに加えて，割れても鋭利な破片にならないこと，破片が飛散しないこと，さらには加撃物が貫通しないことが問題となる．

ガラスを割れにくくするには，同じ種類のガラスであれば厚さを大きくすれば良い．ガラス自体の強度を大きくしたものには，強化ガラス，合せガラス，倍強度ガラスがある．強化ガラスは，割れたときの破片が小粒で鋭利でないという特徴がある．これは破片が安全である点では優れている．一方，強化ガラスは一部でも傷がつくと全体が破損するため，日本ではこれを高層部に用いることに慎重である．破片が飛散しないこと，および，加撃物が貫通しないことという点からは，合せガラス，網入り板ガラスが優れている．

ガラスの衝撃破壊は，人為的に生じることが多いことも問題である．不注意や子供のいたずらによるものは未だしも，犯罪によるものはことが重大である．欧米では，防犯ガラス，防弾ガラスの規格が設けられており，日本でもこれに基づく試験による特性が示されたガラスが造られている．

(4) ガラスの熱割れ

窓ガラスの，直射日射があたる部分は温度が上昇して膨張するのに対し，サッシに飲み込まれている部分は，温度は上昇しない．このような状態で，日射があたる部分と周辺部の温度差が生じる．これによってガラスの周辺部に引張り応力が生じるが，ガラスのエッジ強度を越えてガラスが割れてしまう現象が熱割れである．熱割れが生じれば，日常生活の中で突然割れたガラスが落下してくる

こととなり，きわめて危険である．

この熱割れについては，熱割れ計算法が整備されており，これを適切に用いれば安全なガラスが実現できる．

(5) 地震とガラス

地震の被害にはさまざまなものがあるが，その中でもガラスの被害には独特のものがある．構造体の被害がみられない比較的軽い地震であっても，ガラスにはかなりの被害が生じる場合があり，外部開口部に多用されていることから，落下による危険が大きいのである．また，ガラスが割れる各種の現象の中では，大量の被害が生じる点でユニークであり，危険度が高いのである．

地震時におけるガラスにかかわる被害は，ガラス自体の破損と，割れたガラスの落下などによる被害の2つに分けられる．人体への危険は直接には後者によってもたらされるのであるが，これを防ぐために，割れても飛散しないガラスが使用され，落下したガラスが人体に危険をもたらさないような建築デザインがなされる．

ガラス自体の破損は，ガラスとその取り付け方の関係から生じるものと，飛来物や家具などの衝撃によるものとがある．前者については，ガラスの耐震性確保について，ガラスと建築の両分野が協力して，基準や設計法などの整備が進められてきている．後者については，内部空間の使われ方や外部環境との関連が大きく，ガラスと建築の関係の範囲では解決できない部分がある．

地震時における，ガラスとその取り付け方の関係の問題には，ガラスの保持の問題と，ガラスが取り付けられる枠は支持金物の変形への対応の問題があるが，きびしいのは後者である．地震時には，建築自体が変形し，それが枠や支持構造体を介してガラスに伝わり，ガラスの破壊につながるのである．

枠に収める取り付けは，もっとも多用されているガラスの取り付け方であるが，地震時に枠が面内面外に変形しても，ガラスに直接枠や付属金物が接触しないように，枠とガラスの間に十分なクリアランスを設けなければならない．とくに面内変形については，ガラスの許容変形量が小さく，エッジクリアランスが足りないと簡単に割れてしまう．

枠の変形とエッジクリアランスの関係については，ブーカムの計算式が用いられている．これは，**図-7.3.1**に示すように，長方形の枠が地震時に平行四辺形に変形し，平行四辺形の短いほうの対角線がガラスの対角線と一致するとき，ガラスが枠と接触して割れるとして，エッジクリアランスの値を計算している．これによれば，エッジクリアランスは，枠の変形量に比例した値となり，また，高さが小さいほど，幅は大きいほど大きくしなければならないことがわかる．

枠とガラスの間にクリアランスが必要であるといっても，日常的には安定した状態で保持されていなければならないが，従来多用されていた，一般にパテと呼ばれている硬化性シーリング材は，地震時に枠の変形がガラスに直接伝わるため，3階建て以上のはめ殺し窓では一定の条件の場合を除けば用いることができないとされており，一般にはこれに代って弾性シーリング材や不定形シーリング材が用いられている．

エッジクリアランスに影響が大きい枠の変形については，帳壁は高さ31mを越える建築物については1/150の層間変位に対して脱落しないこと，としている建設省告示が計算の有力な根拠となる．阪神淡路大震災でも，施行された後の年数が少ない金属カーテンウォールについては，枠とガラスの関係による被害はほとんどみられなかったが，現行の設計法や関係基準などは，おおむね満足できる水準にあるといってよい．

ガラスの取り付け方としては，枠に収めるものの他，従来から，地上部分にはガラススクリーンが多用されており，近年は，SSG構法，DPG構法を始めとする多彩な構法が用いられるようになってる．

ガラススクリーンは，ガラス相互の収まりに加えて，ガラスの支持機構や，ガラススクリーン周

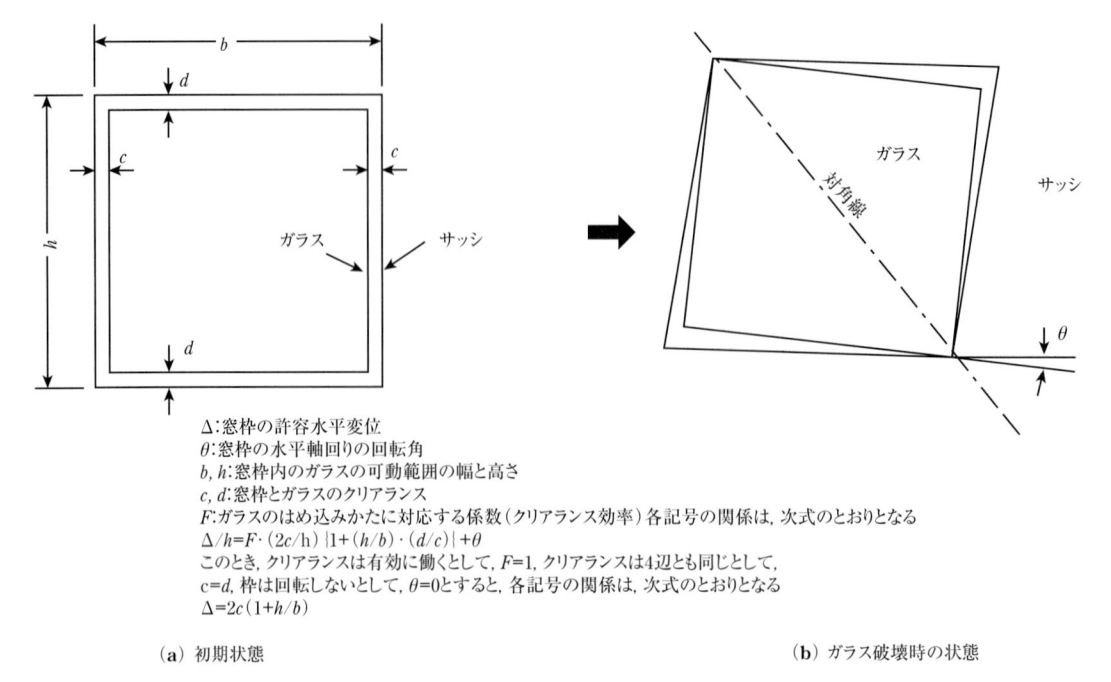

Δ:窓枠の許容水平変位
θ:窓枠の水平軸回りの回転角
b, h:窓枠内のガラスの可動範囲の幅と高さ
c, d:窓枠とガラスのクリアランス
F:ガラスのはめ込みかたに対応する係数（クリアランス効率）各記号の関係は，次式のとおりとなる
$$\Delta/h = F \cdot (2c/h) \{1+(h/b)\cdot(d/c)\} + \theta$$
このとき，クリアランスは有効に働くとして，$F=1$，クリアランスは4辺とも同じとして，
$c=d$，枠は回転しないとして，$\theta=0$とすると，各記号の関係は，次式のとおりとなる
$$\Delta = 2c(1+h/b)$$

(a) 初期状態 　　　　　　　　　　　　　　　　　　　　　(b) ガラス破壊時の状態

図-7.3.1 ブーカムによる，面内変形時における枠とガラスの関係式

囲の床や壁との関係が問題となり，逃げを十分取った耐震タイプのものもあるが，一般には地震時の一定以上の揺れには追従できないものが多いのが現状であろう．

SSG構法，DPG構法は，建築におけるガラスの用い方に新たな可能性を開いたものとして，大いに注目される．欧米などでひと足早く普及した後，わが国での使用例が増えているものである．これらの場合，地震への対応は，ガラスに直接変形をもたらさない形で行われている．

(6) 火災とガラス

一般のガラスは，熱に弱く火災時には割れやすいものとされている．従来は，ガラスが防耐火に積極的に貢献するのは，網入り板ガラスが乙種防火戸に用いられる程度であった．近年，耐火性遮熱性に優れたガラスが実用化され，特定防火設備とみなされる戸（旧甲種防火戸）や耐火間仕切壁に用いられるようになった．耐火間仕切りが透明なガラスのスクリーンで構成されることは，インテリアデザインの可能性を拓くとともに，火災時

の避難安全性の向上にも大きく寄与するものと考えられる．

7.3.3 阪神淡路大震災におけるガラスの被害
(1) 震災におけるガラスの被害の概要

阪神淡路大震災は，1995年1月17日午前5時46分頃に発生した．震源地は淡路島北端で，神戸市三宮や淡路島北部では震度7が観察され，鹿児島県から茨城県新潟県に渡るきわめて広い地域で体感されている．6000人以上の人命を失い，20万棟以上の建築が倒壊したという，未曾有の大惨事をもたらした地震であったことは，今なお記憶に新しい．ガラスの被害については，建築自体が全半壊したものについてはもはやガラスをとりたてて問題にすることはない．少なくとも，構造部分が修復可能なものであってこそ問題として意味がある．一方，構造部分や，ガラスが設けられている壁体に被害が無くてもガラスに被害がでた例は多いが，ガラスにとってはこちらのほうが問題が大きいと言える．震度4が観測された大阪では，建築本体の被害は無くてもガラスがたくさん破損

した例は多い．

震災の際のガラスにかかわる被害は，前述のように，ガラス自体の破損の問題と，破損したガラスによる危害の2つに分けてとらえられる．ガラス自体の破損は，建築本体の全壊半壊に伴うものは別にして，ガラスとその取り付け方の関係から生じるものと，飛来物や家具などの衝撃によるものとがある．阪神淡路大震災においては，ガラス自体の破損は，言うまでもなく無数にみられた．破損したガラスによる危害については，地震発生時刻が早朝であったことが幸いして，まとまった形のものはみられなかった．

(2) 外壁におけるガラスの被害

ガラスがもっとも多用されており，震災によるガラスの被害が多くみられたのが外壁である．また，割れたガラスの落下による危険が大きいのも外壁である．この外壁におけるガラスの被害の特徴を述べたい．

まず，外壁自体について，ガラスの被害との関係から幾つかの典型的なタイプを抽出し，おのおのにおけるガラスの被害にかかわる特徴を要約すれば，次のようになろう．

① ラーメン構造の耐力壁や壁構造の壁に独立窓（いわゆるポツ窓）が設けられている場合は，壁自体が破損しなければ，ガラスの被害には至らない．壁の破損が生じれば，ガラスの破損につながりやすい．

② ラーメン構造の柱梁の間に，非耐力壁が設けられ，これにガラス窓が設けられている場合や，ラーメン構造の柱梁の間の全面にガラスが設けられている場合などでは，ガラスに加わる面内変形が大きく，ガラス周囲の逃げが足りないと，ガラスは破損しやすい．

③ 横連窓で耐力壁などによる切れ目がないものの場合は，層間変位が相対的に増幅した形でガラスに働くこととなり，十分な逃げを設けていないと，被害を受けやすい．

④ 方立てが設けられている金属カーテンウォールなどでは，地震時の変位を吸収できる仕組みが効果的に設けられており，カーテンウォール全体として被害を免れたものが多かったといえる．

⑤ PCカーテンウォールの場合，カーテンウォールユニットに収められたガラスについては，変形をもたらす力は加わらない．しかしながらカーテンウォール本体については，質量が大きいため，一部脱落した例があり，地震によって倒れたあと壁面の暴れが残った例は多数みられた．

⑥ 一階に設けられたガラス壁，ガラススクリーンなどでは，地面の挙動に追従できず割れてしまって例が多くみられた．

次に，ガラスの取り付け方について，地震による被害との関係から特徴がみられるものを幾つか抽出し，以下に示す．

① 竣工後の年数が大きいもので多く採用されている．硬化性シーリング材で留めたガラスは，地震時の枠の変形に追従できず割れたものが多かった．

② 横連窓で，嵌め殺し部分と可動式の戸が構成する部分があるようなものの場合，逃げが大きい戸に設けられたガラスと，嵌め殺しガラスでは，被害に大きな差異がみられた．

③ 地上部分に多くみられた，大判ガラスを見付けの小さいフレームに収めたようなものについては，逃げが足りずに割れたガラスが多くみられた．

④ サスペンション支持やガラス方立て支持によるガラススクリーンは，自身の質量が大きく，地震時の足元の挙動が大きいことなどによって，割れたものが多くみられたが，耐震タイプのものや，足元の逃げが有効に設けられているもので，被害を免れた例もみられた．

⑤ 当時実績が少なかったDPG構法が一例被災したが，天井との取り合い部のガラスが若干枚割れていた．DPG構法自体は地震時の揺れに耐えたのであるが，DPGの支持構造が天井との取り合い部分で破損したようであった．一般

図-7.3.2 嵌め殺し部分のガラスが割れ可動部のガラスが割れなかった横連窓

図-7.3.3 ガラスに地震時の逃げが十分取られてなくほとんど割れてしまった例 ガラスが硬化性シーリング材で留められていたものと考えられる

図-7.3.4 大判ガラスと枠のクリアランスが十分でなく割れてしまった例

図-7.3.5 構造体には亀裂が入るほどの被害があるが，ガラスは割れていない例 枠と構造体の間に逃げが取れていたものと考えられる

図-7.3.6 施工中の全面ガラスの金属カーテンウォールの凹凸部のガラスが割れていた例 平部分に比べて逃げが足りなかったものと考えられる

に，取り合い部分はしばしば設計の盲点になりやすいが，今後に示唆を残した被災例といえよう．

(3) ガラスの二次災害

割れたガラスの中には，建築への取り付け方に起因するのでなく，内部の家具や破損物，あるいは外部からの飛来物による衝撃で割れたと考えられるものも多数みられた．建築への取り付け方に起因するガラスの被害が，技術的にはかなり回避しうるようになったといえる中で，ガラスの二次被害の防止は，建築内部の家具や物品の設け方や使い方とも関連する，今後の重要な課題のひとつ

図-7.3.7 PCカーテンウォールの被災例 PCカーテンウォールのほつ窓のガラスは無被害であるが、PCカーテンウォールは一部脱落しており、地震時の挙動によって暴れた状態になっている。一部に設けられた、全面ガラス張りの金属カーテンウォールのガラスは、ALC壁と取り合っている入り隅部分で割れていた

図-7.3.8 逃げが十分取られていて割れなかったガラススクリーン

図-7.3.9 天井との取り合い部分のガラスのみが一部割れたDPG

図-7.3.10 内部からの衝突物によって一枚だけガラスが割れた例

である．

7.3.4 むすび

本稿では，建築におけるガラスの安全と防災についての若干の考察を述べ，あわせて，阿阪神淡路大震災における建築災害の中のガラスの被災状況について紹介した．阪神淡路大震災は，ガラスも含めて，建築の多くの分野に貴重な教訓を残したことを，改めて感じている．ガラスが割れることは，ガラスにとっては被災であるが，割れたガラスはこととしだいによっては重大な加害者となる．被災の発生時刻が早朝であったため，ガラスが加害者となるような状況が最小限にとどまったことは，幸であったといえる．いずれにせよ，地震の強さ，建築自体の特性，ガラスの取り付け方などのさまざまな組み合せの中で，多様な被災状況がみられたことについては，これを今後に十分生かすことが関係者の重要な努めと考えている．

◎参考文献

1) 兵庫県南部地震における窓ガラスの被害状況調査報告書, 板硝子協会(1995).
2) 非構震部材の耐震設計指針・同解説および耐震設計施工要領, 日本建築学会(1985).
3) 建学工事標準仕様書・同化異説JASS 17ガラス工事, 日本建築学会(1991).

7.4 耐火構造

2000年2月号

佐藤 博臣
鹿島技術研究所先端技術研究部

7.4.1 はじめに

建築物に火災安全対策を施すことの目的は，日常火気に対しての出火防止，安全な避難や消防活動の保証など人命安全，火災拡大の防止や建物倒壊の防止などの財産保全，容易に延焼拡大しないなど敷地周辺への危害防止などに要約される．これらの目的を達成するための方法を仕様書的に規定したものが建築基準法や消防法などであった．これらは災害事例の教訓を基に徐々に充実してきたことは否めない．

2000年6月から防火技術・研究の蓄積を背景として，貿易障壁の撤去を意図した規制緩和の要請によって後述するような性能規定型建築基準法が施行された．耐火構造・耐火設計に関連しても性能設計が導入され，耐火性能検証法という言葉が施行令の中に表れ，その算出方法などは平成12年建設省告示第1433号に規定された．

本節では，どのような過程や技術的な背景を経て耐火構造と耐火設計が変遷してきたのかを，法規制，研究，構造に分けて紹介する．

7.4.2 耐火構造関連法規制の変遷

(1) 東京市建築条例案の耐火構造

「火事と喧嘩は江戸の華」と云われ，数多くの大火に見舞われた江戸時代から幾度となく防火令は出された．明治に入っても木と紙からなるわが国の家屋事情では大火は後を絶たず，東京市でも江戸時代と同様に路線防火と建物屋上制限からなる防火令を1881（明治14）年2月25日に公布した．この規制は既存建築物にまで遡及するきびしいもので，それなりの効果は一応認められ，既存遡及の猶予期限の1887年頃には大火は急激に減少したようである．

1888（明治21）年内閣は都市計画法の前身である市区改正条例を公布する一方，建築家妻木頼黄に建築条例案の作成を委嘱した．この条例案を審議するための委員会が1889年10月に設置され，ここに森鴎外も参加している．彼は，家屋の強度や火災予防を盛り込んだ建築条例の制定の必要性を強調しているがこの条例は実現しなかった．

日清・日露戦争後，東京や大阪等の大都市に人口が集中し，都市域が急膨張し，スラム化が増大するなど都市環境は悪化の一途を辿り，上記の防火令だけでは複雑化する都市の安全をコントロールすることができない状態となってきた．

そこで1906（明治39）年11月東京市長尾崎行雄は，明治政府が産業振興と富国強兵をもっぱらとし，建築法の制定に熱意を示さないことなどから，市独自の建築条例案の起草を建築学会（会長辰野金吾）に委託した．建築学会では曽禰達蔵委員長，中村達太郎副委員長のもとに12名の委員が6年余をかけて草案を作成し，1913（大正2）年に答申した．この草案の作成実務に，その後の防火研究の実質的端緒としての一連の木造家屋火災実験を行い，1950年に設立された日本火災学会の初代会長として活躍された内田祥三が参加している．草案の第4篇（第149条から203条）は防火に関して規定し，8章55条から構成されている．この第4章に防火区域，防火線路内の建物，第5章に準防火区域，準防火線路の建物について規定している．例えば，「防火区域，防火線路内の建物はすべて煉瓦，コンクリート，瓦，石盤その他建築局が認めた耐火材料で壁体を作り，屋根はすべて不燃質物（石，人造石，コンクリート，金属，

瓦，石盤その他建築局が認めたもの）で葺くべし．さらに，建物の建坪や階数によって2階以上の床を耐火構造にすべしとしている．また鉄骨造建物の壁体を支承する鉄柱，梁は厚さ3寸以上の耐火材料で被覆するべし．」などとし，さらに通割壁による区画の面積も300坪以内ごとに設けることも記載されているなど，用途地区制は盛り込まれてはいないが現代の法体系に通ずるところが多い．しかし，これらの努力は報われず，あくまでも地方警察命令による以外実行に移せないとされた．そこで建築学会では建築法制化の機運を盛り上げるべく1915年に建築条例実行委員会を立ち上げた．

建築家片岡安は都市計画や建築法の必要性を説き，1916（大正5）年に『現代都市の研究』を表し，上記の条例案の全文を掲載した．市街地建築物法の実現に尽力し，翌1917年には関西建築協会の理事長の立場で建築学会に対して合同での実現のための運動を呼びかけた．これに賛同した建築学会など4団体は1918年に政府に要請文を提出した．政府はこれを受けて同年春に都市計画調査委員会を設置した．委員会での検討を踏まえて1918年12月25日に帝国議会に市街地建築物法として提案され，この内務省令は翌年4月4日に公布された．

(2) 市街地建築物法の耐火構造

わが国最初の耐火構造についての法規制は，1920（大正9）年11月9日内務省令第37号制定の市街地建築物法施行規則第一条の〈用語の定義〉に現れる．まず13項に「壁体の耐火構造とは」とあり，以下18項まで「床または屋根の耐火構造とは」，「柱の耐火構造とは」，「階段の耐火構造とは」，「甲種防火戸とは」，「乙種防火戸とは」と続いて，それぞれの仕様を記述している．

この法令は指定された市街地のみに適用された限定的な規制（当初は東京，京都，大阪，神戸，横浜，神戸の6大都市のみ適用，その後1941年には一部適用市町村を含め177市，188町，11村へと拡大した．ただし1943年から1948年は法の適用は休眠状態であった．）で，施行令では市街地を住居地域，商業地域，工業地域の3地域に分けた上で，それぞれの地域内に建ててはいけない建物の用途や規模（人数など）を明示し，禁止している．しかし，この施行令の中では耐火構造と云う言葉は出ていない．なお，建物の高さを建物の構造種別と対応させて制限している．ここに記述された構造種別は煉瓦造建築物，石造建築物，木造建築物，木骨煉瓦造建築物，木骨石造建築物の5種類で，さらに石造に人造石造とコンクリート造を，木造には土蔵造を含んでいる．

防火壁については，施行規則の第29条に規定があり，「建築面積が200坪以上の建物には200坪以内毎に防火壁とすべし．ただし，外壁，床，屋根，柱及び階段が耐火構造の場合，または地方長官が用途上止むを得ず，もしくは土地の状況で特に支障がないと判断した場合はこの限りではない」としている．

また防火地区についての規定もあり，甲，乙2種類に分類し，甲種防火地区では「隣接道路や建物との関連で出入口を甲種防火戸とすること，建物の階数や建築面積によって，建築面積200坪以上で階数が2以上の建物，100坪以上で階数3以上の建物，階数4以上の建物は床，柱，階段を耐火構造とすること」などが要求されている．乙種防火地区には準耐火構造なる言葉と定義があり，80年を経て時代が巡って同じような記述があらわれていることは興味深い．ここに規定された耐火構造には，1950年に制定された建築基準法と同様に要求耐火時間の概念は導入されていない．しかし，川越邦雄らの見解では，「材料の種類や厚さなどから勘案して，現行法規の2時間耐火に相当する柱，壁および床，同30分耐火に相当する屋根ならびに階段の仕様が規定された」ようであると高野孝次博士は回顧している．梁については建物構造種別が限定されている理由からか東京市建築条例案では取り上げられていたにもかかわらず規定されていない．

当時の耐火構造の一例をあげれば，第一条15

項で柱に関して，煉瓦造，コンクリート造，RC造，鉄骨造に耐火的に有効な被覆をなしたもの，石造で地方長官（東京では警視総監）の承認したものなどで，壁については厚さ一尺以上の煉瓦造または石造，厚さ4寸以上のRC造，鉄骨造も前2者の規定によるとなっている．

市街地建築物法は，1919年4月から1950年11月16日政令第338号で制定された建築基準法施行令第107条（耐火構造）が効力を発揮するまでの約30年間に，法は1934年と1938年に大幅な改正が，施行令は8回，施行規則は10回改正されている．

この間の防火上の改正点は，1923年6月の特殊建築物耐火構造規則の施行（学校，劇場，集会場，旅館，工場，倉庫，病院などについて），1927年と1932年の特殊建築物の指定，1934年の防火戸，階段に関する規定，1939年の防火壁の構造，開口部の構造一部改正などである．1936年頃からの改正の要点は主に戦争の長期化による慢性的な資材不足によりやむなく火災安全のレベルを下げ，1943（昭和18）年戦時特例により多くの条文が停止したとのことである．

（3） 白木屋火災と防火区画

1932（昭和7）年12月16日午前9時18分に東京日本橋白木屋4階玩具売り場から発生した火災は，最上階の8階まで瞬く間に黒煙で包み約4000坪を焼失した．なお，7階の約100坪の余興場と8階の店員食堂には煙が侵入して危険な状態であったが消防隊の活躍によりほとんど無被害で消火できた．開店直後で客は少なかったものの従業員を含めて4階以上には各階平均180名計700名が存在し，人命の危機に瀕し，結果的には14名が死亡した．この建物は前年に竣工したばかりで延べ建築面積は1万坪，基準階面積約1000坪であった．当時としては最新適法建物であったが，防火面からみれば，階段室の一部に防火シャッターや防火戸が取り付けられている以外は階段やエレベータは防火上の区画はされていなく，スプリンクラーもまだない．ちなみに，1923年特殊建築物耐火構造規則では「百貨店で4階以上のものは耐火構造とすべし」となっているだけであった．

当時の防火上の常識は，都市大火を防ぐことであり，建物内部の火災延焼拡大防止や人命安全についてはそれほど配慮されていないことがこの例からもわかる．勿論，前述の東京市建築条例案では，火災の局所化を意図した防火壁の発想はあり，300坪を超える建物は300坪以内に耐火材料による防火壁を設置すべし，との提案もあった．また，市街地建築物法でも200坪以上の建物は200坪以内ごとに防火壁を設けることを規定した．しかし，いずれも外周を耐火構造とした場合には防火壁は設けなくてもよいとしている．

この火災と前年暮れのアパート火災は，それに先立って数年前から指摘され，法制化が急がれていた高層建物の弱点を顕在化させた．北沢五郎は建築雑誌（1933年8月号）で「百貨店，アパート建築規則及び高層建築物の防火避難設備に関する法規の制定について」で警察命令としての1933年警視庁告示213号について解説している．この命令にはじめて防火区画の概念が明確に現れた．すなわち，第2条1項の「床面積1500m²以内毎に防火戸またはこれに代わるべき適当なる設備をもって区画をなすべし．但し，特に支障なしと認めるものにありてはこの限りに在らず．」を解説して，当時東京には基準階面積が1500m²以上の百貨店が9つあることを示した上で，火災被害を局所化するために3000～5000m²は2区画，5000～7000m²を3区画，7000～9000m²を4区画に分割すれば適当と考え，それを表の形で規則に入れることを考えたが繁雑になることから，1500m²とし，弾力的に運用するとしている．区画を構成する方法についても厳密な意味での耐火効力がなくてもよい，とりあえず煙を防ぎ，延焼を防ぎ得れば良いといった程度と答えている．きわめて柔軟な対処であることが窺え，昨今の法規での面積区画の扱い（この面積区画だけは38条特認の対象からはこれだけ技術の進んだ現状にあっても打破できず，改正法でも手が付けられなかっ

た）とは雲泥の差である．

またその4項では階段，昇降機，エスカレータなどの出入り口開口部を防火戸などで区画することを規定している．ここでも，煙や火炎が急激に他の階へ拡がらない配慮がなされている．さらに，吹き抜けについても1～2階の吹き抜け以外は禁止している．さらにこの規則では上記以外に2方向避難のための階段，階段の直通性，階段幅員（現行とは異なり対象階頼上の床面積の合計$100m^2$につき3cmと規定），階段の構造，$10\,000m^2$以上にはスプリンクラーの設置等の条文もみられる．

(4) 特殊建築物規則や臨時防火建築規則での耐火構造

1936年に制定された特殊建築物規則では，菱田厚介の解説によれば，1923年の特殊建築物耐火構造規則は衛生上の方面に欠けたり，防災面でも不足があることから，学校，共同住宅，百貨店，自動車車庫の4用途に限って以下を規定したとしている．とくに避難階段を屋内，準屋内，屋外避難階段の3種類に分け，「屋内階段については耐火構造で区画し出入り口には自閉機構付き防火戸とすべきこと，学校については3階以上に教室がある場合，共同住宅では2階以上が$600m^2$を超える場合および3階以上に住戸がある場合，百貨店では3階以上に売り場がある場合は主要な壁，柱，床，屋根を耐火構造とすべし，また，百貨店で1 500m²以上の場合には1 500m²以内ごとに防火壁または防火戸で区画すべし」などとしている．共同住宅や百貨店については前述の1933年警察告示を反映させた．

その後，1948（昭和23）年臨時防火建築規則が戦後復興のために資金難・資材難の時代にあっても建築・都市防火上絶対に譲れない最後の一線として規定された．例えば，第12条に防火壁についての規定があり，「$600m^2$以上の建築物は$600m^2$以内毎に防火壁を設けなければならない」とし，耐火構造や不燃材料で構成した建物や用途（劇場，映画館，演芸場，展示場，公会堂，百貨店，屋内運動場など）上$600m^2$以上の室が必要な場合は適用を除外している．なおこの建設省令の適用範囲は市街地建築物法で指定されている地域であった．

(5) 建築基準法（建設省告示，日本工業規格を含む）での耐火構造

市街地建築物法が市街地のみを適用範囲としたのに対して，建築基準法は全国を対象とした．この1950（昭和25）年に新しく制定された法では，まだ要求耐火時間の概念は導入されていないが，法27条にて耐火構造とすべき建物を規定し，その上で施行令第107条において建物の階数や部位で必要な仕様条件を整理しはじめている．すなわち，現行の2時間耐火に相当するレベルと1時間耐火に相当するレベルの仕様が，柱，梁，壁，床について，それぞれに新しい構造仕様を前述の市街地建築物法施行規則に示されたものに追加させて，柱の小径，梁の幅，かぶり厚さ，被覆厚さ，肉厚などの寸法とともに規定された．1時間耐火相当の部分に関しては，建築物の最上階から数えて2つ目の階以上の部分または階数が4以下の建築物の柱または梁については，鉄骨造で厚さ5cm以上の鉄網コンクリートまたはモルタルで覆ったものを耐火構造と見なすとしている．なお，3時間耐火に相当する仕様は示されていない．また，白木屋火災で指摘され，警察告示に規定された竪穴区画はなぜか残念ながらこの制定では忘れられている．竪穴区画に関する規定がやっと復活したのは1969年の改正であった．

その後1952年5月31日の一部改正ののち，同日の建設省告示第714号（1959年12月23日廃止）による柱，梁の耐火構造の指定，1954年8月5日建設省告示第1305号（1956年6月6日廃止）の外壁帳壁の耐火構造の指定，1956年6月6日建設省告示第993号（1959年12月23日廃止）の壁，柱，床，梁の耐火構造の指定，1959年12月23日政令第344号による令第107条の改正，1959年12月23日建設省告示第2544号による耐火構造の指定と徐々に耐火構造は整備された．

1964年1月14日政令第4号によってはじめて現行のような建築物の部分と階数のマトリックス表の形で要求耐火時間が30分から3時間まで規定された．しかし，1964年1月16日建設省告示第42号の耐火構造の指定では3時間耐火の仕様は示されていない．その後の1964年7月10日建設省告示第1675号ではじめて軽量被覆による柱・梁などの構造に加えて3時間耐火の柱・梁が指定された．後述のような耐火試験装置の整備に呼応して，耐火構造の指定の方法がやっと確立したのが1965年4月6日の建設省告示第1193号で，耐火性能試験方法が告示の中に示された．さらに1969年5月31日建設省告示第2999号で現行と同様な耐火構造の指定方法が規定された．その後試験装置に関して云えば，大型化が進んだ．最近では実大に近い部材で耐火構造の弱点を確認できるように壁3m角，柱，梁3mなどの寸法での試験となっている．

一方，施行令第112条の防火区画に関し，1950年制定のものでは，1500m²を超える耐火構造または不燃材料で造られた建築物について1500m²以内ごとに耐火構造の壁または甲種防火戸で区画することとし，スプリンクラーを設備した建築物の部分や用途上やむをえない建物はこの限りではないとしている．1959年には，この項の規定は一段の拡充され，当初3項であったものが10項に増えている．建物用途のよって区画面積が500m²以内，1000m²以内などとなった．また外壁開口部のスパンドレルや庇の長さ，区画貫通部の防火性についても制限している．1961年の改正では，自動式スプリンクラー設備に加えて水噴霧，泡消火設備その他同等の設備が追加されている．1966年の法令集をみれば，この条は13項に増大し，11階以上の階の防火区画面積制限に関して使用内装材料の防火級別との関連で3項が追加している．1969年の改正では，竪穴区画の概念が導入され，階段，昇降路，ダクトスペースなどの区画とそれらに用いられる防火戸への自動閉鎖機構設置が規定され，15項に増えた．また，スプリンクラーなど自動消火設備を設置しても区画面積は倍読みしかできなくなった．それまでは絶対的な信頼を置いていたのが，どのような背景からか半減している．そして1973年の改正でおおむね現行のものとなったが，1997年の準耐火構造の規定により若干修正された．

1987年の改正では大規模木造建築物の緩和，準防火地域内の木造3階建の建築制限緩和などもあった．

(6) 1998年の建築基準法改正後の耐火構造

1998年6月12日に公布された「建築基準法の一部を改正する法律（平成10年法律第100号）」を受けて，政令・省令・告示が2年間にわたって段階的に順次改正された．とくに防火関連の性能規定化を含む改正は，2000年5月31日に制定公布され，2000年6月1日から実施に至った．

耐火建築物とすべき建築物については従来と同様に法第27条に用途・規模との関連で規定され，法第61条，62条における防火・準防火地域内の建設制限についても変更されていない．しかし，法第2条九—二イ（耐火建築物の定義）に性能規定が導入された．すなわち，耐火建築物の主要構造部は「耐火構造」に加え，「当該建築物の構造，建築設備及び用途に応じて屋内に発生が予測される火災による火熱に当該火災が終了するまで耐えること」，ならびに外壁開口部の延焼の恐れのある部分について「当該建築物の周囲において発生する通常の火災による火熱に当該火災が終了するまで耐えること」に関して政令で定める技術的基準に適合するものとされ，これによって選択肢が拡がった．「耐火構造」については法第2条七で，耐火性能（通常の火災が終了するまでの間当該火災による建築物の倒壊および延焼を防止するために当該建築物の部分に必要とされる性能をいう）に関して政令で定めた技術的基準に適合する（中略）構造などとしている．これを受けて施行令第107条の技術的基準では，建築物の階および部分ごとに，火災の種類と火熱が加えられる要求耐火時間，必要性能として非損傷性，遮熱性，遮炎性

などの性能が規定された．後者については施行令第108条の3一に耐火性能検証法により確かめられたものであること規定し，検証法に関する算出方法などの詳細は平成12年建設省告示第1433号で規定され，また，遮熱性に関連する可燃物燃焼温度については平成12年建設省告示第1432号にそれぞれ規定された．同じ第108条の3四で，防火区画（令第112条二，八，九に規定される面積区画，高層区画，竪穴区画）の開口部に設ける防火設備について規定し，その五で遮炎性を確認する技術的基準として防火区画検証法が規定された．防火区画検証法も前述告示第1433号に示された．ただし，竪穴区画などの開口部に設ける防火設備に関しては，遮煙性も要求される．遮煙性に関しては全館避難検証法を適用して避難安全上支障のないことを確認することで別途確かめることになる．ちなみに，避難検証法は階避難検証法と全館避難検証法があり，それぞれ詳細は平成12年建設省告示1441号，1442号を参照されたい．

いずれにしても，今回改正で導入された性能規定型の設計法は，すべての空間ごとに用途に応じた収納可燃物と内装材料の発熱量に基づいて，空間の開口条件など建築的な条件から燃焼形態を換気支配型燃焼か，燃料支配型燃焼かを考慮しつつ，火災継続時間を算出し，これと対象とする部材や工法の性能に基づいて求めた保有耐火時間を比較して保有耐火時間が勝っていることを検証するもので計算方法は単純ではあるが，膨大な作業数量となることは否めない．

その他準耐火構造，防火構造，防火材料などについても性能規定が同時に規定された．

これら性能設計の導入によって，耐火性能要求を満たす手段として，設計者は従来通りの仕様書的な規定によるルートA，簡略化した告示記載の方法によるルートB，従来の法第38条特認で用いていたような告示とは別途の高度な方法で安全を確認するルートCの三つの中から選べるようになった．それに伴って，自由度の増大と作業量の増大といった変化に加え，設計責任や説明責任ならびに利用者側の責任など安全達成への責任の明確化が要求される時代となった．これに関連してISO 9699による設計ブリーフなど，設計者とオーナー・利用者間の合意形成の重要性が建築学会でもリスクマネジメントとともに話題となってきている．

7.4.3 耐火構造・設計に関する研究の変遷
(1) 明治・大正の研究など

1860年代に構造用鋼の量産体制が確立されたことに伴い世界的に鉄骨建築物が隆盛期に向かった時期の1894年フランスから輸入された鉄材を用いてわが国最初の鉄骨造建物として秀英舎印刷工場が建設された．

この建物は，1910年に火災により焼失した．これに関して同年5月号の建築雑誌に「秀英舎の火災について」の中に「その設計よろしきを得ざる時は，火災において甚しき災害を来し，鉄骨家屋はその構造如何を問はず耐火構造なりと云ふ事の不可なるを知れり」との論評があり，はじめて耐火構造なる用語が文献に現れている．

もちろん，鉄骨が火災に対して弱点をもち，コルマン氏の実験結果を例示しつつ，鉄筋コンクリート構造のような何等かの不燃質の材料にて保護する必要のあることは，日比忠彦が建築雑誌に「鉄骨構造建築学」を1906年から1910年にかけて発表した際に，その第一報第5節「火災に対する鉄骨建築の保護」で指摘している．

また1906（明治39）年のサンフランシスコ地震とその後の都市火災を調査した佐野利器は建築雑誌（1906年6月号）に被災状況を報告しているが，その翌年石材，煉瓦などの小試験片による耐火度測定実験を行っている．これと同様な実験は1910年に大蔵省臨時建築部も実施したようである．しかし，この頃にはシカゴ大火などを教訓として耐火試験が導入され，整備された法規制のもとでさまざまな耐火構造や防災設備などの防火技術が建築物の中に導入していた欧米に比べれば大きな技術の差は認めざるを得ない．

関東大震災まで三井銀行本店をはじめとして次々と鉄骨建築は建設されるが，いずれも欧米の技術の踏襲で，特別に耐火試験を行ったという報告はない．

欧米におけるような可燃物の量や出火危険に基づいた建物内部での火災拡大や被害の低減を念頭においた耐火構造の概念はまったく導入されてはいない．例えば最先端の研究者佐野であっても，1909年に日本橋丸善を，外壁を帳壁とした鉄骨建築で設計しているが，鉄骨に耐火被覆を用いていない．

(2) 関東大震災の頃

1923（大正12）年9月1日の関東大震災は鉄骨建築の耐震・耐火上の諸問題を提起した．内藤多仲は建築雑誌（1924年1月号）「鉄骨構造災害」に「耐火被覆のない鉄骨部材の損傷がひどいこと，ラスモルタルや煉瓦で被覆した部材は火害は少ないが，耐震性を考慮すれば鉄骨煉瓦造は好ましくなくコンクリートで被覆することが有効である」と耐火被覆の重要性を指摘し，1925年の建築雑誌臨時増刊第468号論説で「100尺程度の鉄骨建築物にありては（中略），鉄骨を架構とし，なるべく筋違を施し鉄筋コンクリートを以って被覆し，（以下略）」と結論した．これらを受けて市街地建築物法施行規則は1924年6月改正では鉄骨構造の壁体に原則としてホロータイルの類の使用を禁止し，筋違・耐震壁の設置を強制した．この頃東大学の壁体加熱炉で各種壁体の加熱実験が実施されたようである．

これらのことを背景に鉄骨構造の建物は減少し，鉄骨鉄筋コンクリート造に移行し，長い戦争に巻き込まれての鋼材不足も相俟って終戦1945年に至った．

田辺平学は建築雑誌（1925年8月号）で「ドイツの材料試験所」と題して，セッコウ，煉瓦，鉄筋コンクリート造の建物の耐火性実験や鉄筋コンクリート柱の耐火実験結果を紹介し，理論と実験を一致させた防火研究の必要性を説いている．

(3) 1945年終戦後の耐火研究の変遷

戦後の防火研究は耐火建築物の焼けビル診断に始まった．これに関連した形で耐火建築物の耐火性の本格的な研究が着手したといえる．

耐火建築物内部の火災性状に関する研究は，1949年から10年余に亘って建設省建築研究所が実施した実大実験等が最初の話題となろう．のちに川越－関根の式として世界的にも先駆けた実用的な性状予測式がこれら一連の実験から導かれた．すなわち，空間条件，開口条件，可燃物量がわかれば，換気支配型火災とした場合の火災の継続時間と温度上昇の様子を逐次図表や解析的な計算で求め，耐火設計に要求耐火性能として引き渡されるものである．1970年代には建築物の外壁開口がガラスカーテンウォールとなって大きくなり，燃焼が燃料支配型を呈する場合もあるケースが多くなり，この予測式をベースとした両者の燃焼を逐次選択して火災性状を求める手法が筆者らにより実用化された．この成果は，コンピュータを駆使したゾーンモデルやフィールドモデルなどさまざまな火災性状予測手法が開発された今日になっても広く活用されている．

1960年代のはじめには横井鎮男による外壁開口部からの噴出火炎性状に関する研究も国際的に評価されるもので，スパンドレルや庇の防火上に必要な長さを定める基となった．

一方，構造部材の耐火性能に関する研究は，加熱試験炉の設置にしたがって発展した．1950年にわが国最初の耐火試験規格JIS A 1302「鉄筋コンクリート造，鉄骨鉄筋コンクリート造および鉄骨コンクリート造の防火被覆試験方法」が焼けビル診断の成果として制定された．標準加熱曲線は基本的にはASTM E119を使用し，加熱時間の長い順に1級，2級，3級加熱と呼称された．

1951年に建設省建築研究所に長さ3mの床・梁用加熱炉，1954年に東大に高さ1.5mの柱用加熱炉が設置されて，ほぼ各種部材の耐火試験ができる段階となって，1956年に建設省告示で壁，柱，床，梁の耐火試験方法が示された．1959年にJIS

A 1304「建築物の耐火構造部分の耐火試験方法」が制定され，標準加熱曲線としては上記の2級および3級加熱が使用された．その後1965年4月6日建設省告示第1193号による改正で，おおむね現行の試験方法に近い形となり，これと連動して同年にJIS A 1304も改正された．これらを経て，1969年5月31日建設省告示第2999号の耐火構造の指定方法が制定され，標準加熱試験による鋼材温度上昇などで耐火性能を評価する方法が定着した（平成12年5月31日建設省告示第1445号により廃止され，告示の上からは標準加熱曲線など耐火性能試験方法に関する記述は消えた）．なお，この間標準加熱曲線も下降曲線の取扱いに関連して50年，59年，65年とでは若干異なっていた．また，1964年7月10日建設省告示第1675号で仕様書的に要求条件を満たす耐火構造が指定され，これも1987年11月14日建設省告示第1925号で一部改正されたものの実用に供していたが今回の改正によりそれらは一度廃止され，同様な内容にて2000（平成12）年5月30日建設省告示第1399号として姿を変えて現在に至っている．

鉄骨構造の耐火性の研究関連では，実大部材による各種耐火実験が実施され，斎藤光博士などによってデータの蓄積が進められた．理論的にも藤井正一博士や若松孝旺博士による熱伝導・熱伝達計算で耐火被覆の厚さを求める方法も考案された．また，鋼材の高温特性や鉄骨部材の火災時の破壊機構，架構の熱応力などの解明も進み，これら成果を組み込んだ耐火構造計算の仕組も逐次整備され，この分野の研究は国際的にも最先端となった．この当時の事情については，建築雑誌1969年6月号「研究成果の建築設計への導入：川越邦雄，斎藤光，高野孝次」，ならびに建築技術1969年2月号「鋼構造の耐火設計：斎藤光」，4月号「耐火被覆と耐火設計：若松孝旺」，7月号「鉄骨柱の耐火試験：高野孝次」を参考とされたい．

(4) 1987年建設省総プロ以降

1981年から5年にわたって実施された建設省防火総プロ「建築物の防火設計法の開発」の（耐火設計法の開発部会）では，まず設計の原理，原則を整理した上で設計火災性状の予測計算法，設計火災による部材の温度上昇予測計算法，部材の変形・耐力の予測計算法が提案された．

さらに設計に必要となる鋼材の機械的高温特性，材料の高温熱定数，火災荷重などのデータも整備された．これらによって，上記の告示で指定された構造以外であっても法38条の建設大臣の特別認定によって比較的短時間で実用に供することができるようになり，さまざまな技術の実現を可能とした．

さらに1993年4月から5年にわたった建設省総プロ「防・耐火性能評価技術の開発」ではISOなど国際的な試験方法との調和の要求から，実火災時の特性と試験結果が対応できる防・耐火試験方法の開発が行われ，とくにこれまでは標準加熱曲線に沿った加熱下での鋼材温度などで合否を判定していた前記の試験方法から建物固有の条件に基づく想定火災の火災加熱曲線下で，かつ対象とする各部材が支持している荷重条件下で部材の座屈などがないことを確認する，いわゆる載荷加熱試験法の導入が提案された．

これらの研究成果を踏まえて規制緩和の一翼を担うべく性能規定を導入した火災安全設計を盛り込んだ1999年の法改正が実現し，2000年6月1日から実施された．

(5) 可燃物の実態調査の必要性

耐火性能設計のさらなる完成のためには，火災外力としての検討対象空間内部における可燃物の実態に関する調査が十分に行われることが望まれる．

たしかに，何回かの調査は実施された．筆者の知るだけでも，1973年の三井霞が関ビルでの調査，1976年の日本鋼構造協会の調査，1983，84年の上記建設省総プロでの調査，事務所や住宅に関する1987年の調査，1993年の住友ツインビル，幕張東京海上ビルの調査などがある．しかし，多くのデータは15年以上前の結果で現在のオフィスの状況とはパソコン，ローパーテションでの小間

仕切り等の点で異なり，プラスチック系の可燃物が多くなっており，初期火災安全設計用の可燃物と盛期火災安全設計用の可燃物に分けて考える必要が生じ始めた．また，荷重だけに着目して，可燃物の表面積や配置条件についてはそれほど整理されていないことも指摘できる．今回建築基準法改正における目玉の一つである火災成長率 α に関する説得性のあるデータの不足に不安を感じるのは筆者だけであろうか？

筆者は，1997年から住宅を対象として火災の初期だけではなく盛期にも空間内部での三次元的家具配置にかかわる多数の信頼性のあるデータが火災安全設計上に必要であるとの視点から調査を続け，報告している．何等かの簡便な調査方法が提案できればと考えている．

7.4.4 耐火構造に関する変遷

容積制限の採用と高さ制限の撤廃を骨子とする1963年の法改正とこれに続く1964年の施行令改正によって，建築構造部分の耐火性能を時間で級別する欧米と同様な体制が定着し，3時間耐火を要求する建物が増大するに及んで，本格的な耐火構造の研究・開発が活発に行われるようになった．これまで述べてきたように，それまでのわが国の耐火構造はコンクリートや煉瓦など重厚なものが中心であった．

1999年9月現在，以下に述べるような過程を経て，柱，梁，壁，床，屋根の耐火構造は，通則指定152種類，個別指定2748種類を数えている．そのうち，鉄骨構造の柱，梁の耐火被覆は通則指定96種類，個別指定1140種類で，それらは工法上成形板貼付け工法，吹付け工法，巻付け工法，合成工法（積層工法，メンブレン工法を含む），左官工法，打設工法に分類される．

(1) 1963年アメリカ耐火構造の文献調査

三井霞が関ビルを鉄骨造で構築する場合，耐火被覆の軽量化や変形への追随性，施工の容易性などが新しい課題として指摘された．

しかるに，1963年当時どのような材料・工法が先進国であるアメリカで採用されていたのであろうか？

岸谷孝一は，昭和39年建設技術研究補助金による研究「鉄骨部材の耐火被覆用としての軽量材料の現場施工に関する研究」の一環として，アメリカ Underwriter Laboratory Inc. が発行した1963年版の建築材料リストの柱，梁，床および天井，壁および間仕切りの耐火構造と Uniform Building Code の耐火被覆規定を全訳して報告書をまとめている．例えば，柱については，鉄骨をラスで巻き，蛭石やパーライトを骨材としたプラスターを塗布した中空被覆例が18例，鉄骨に接着剤を塗った後に鉱物繊維またはセメントとの混合物を吹き付けたもの9例，その他セッコウボードを数枚重ねたもの2例，梁については，中空タイプが29例，吹き付けタイプが33例，これ以外にメンブレン工法と呼ばれる吸音板やプラスターなどでシールドする方法31例などとしている．日本における超高層ビルに適用できそうな耐火構造を床や壁などを含めて約250例の耐火構造を紹介している．

これとは別に鹿島建設では，三井霞が関ビルの工事に先立って欧米9か国の超高層ビルを調査し，武藤清監修，超高層建築シリーズ「耐火被覆（鹿島出版会，1963）」で報告した．

(2) 霞が関ビルでの耐火被覆

通常の高さの建物においては，1964年建設省告示で指定されたパーライト/蛭石・プラスター/モルタル塗りや乾式吹き付け石綿が3時間耐火の工法として採用された．しかし，耐火被覆の吹き付けや塗り付けなどの現場作業は作業環境や周辺への粉塵の飛散，乾燥までの時間，施工の精度や速度など技術スキルが要求されるなどの問題があった．とくにモルタル系左官工法は亀裂の発生や施工速度などに難点があり，使用例は徐々に減った．

わが国最初の超高層ビルである三井霞が関ビル工事（1968（昭和43）年竣工）において，これらを解決する手段として石綿とセメントの水混練物

を工場で所定の寸法・厚さに成形し，現場で所定サイズに裁断し，水ガラス系の特殊耐火接着材ならびに先行して取り付けた捨貼りにカスガイや釘で対象とする鉄骨部位に貼り付ける工法，いわゆる石綿成形板工法をわが国独自の技術として開発・適用された．このビルでは，仕上げ性能を要求される部分には，この成形板やセッコウボードの上に蛭石プラスターを塗布した断面積層型の複合被覆も採用された．この成形板貼付け工法はその後高層ビルの標準的な工法として広く活用された．

もちろん，1970年代に入って石綿の発癌性が指摘されてからは，石綿の代りに岩綿を主体とした成形板として今日に至っている．また，これらは，仕上げ性に欠けたことから1970年頃にケイ酸カルシウム板が開発され，仕上げ性能を要求される部分に使い分けられている．その後，セッコウパネル，ALC，押し出しセメント板，炭素繊維補強コンクリート板などさまざまな素材による耐火パネルが開発された．

さらに霞が関ビル工事では，鋼製デッキプレートをコンクリート打設前に所定か所に捨て型枠として敷設し，作業の危険性を軽減させ，打設したコンクリート床版とで耐火構造を形成するいわゆる鹿島式デッキプレート耐火床工法を開発・適用した．この床構造は，耐火被覆を施してデッキプレートの形状を代えたり，デッキプレートを構造として使用する方法，天井材とのメンブレン工法などへと変化した．その後，1993年に鋼材倶楽部が連続支持あるいは単純支持合成スラブ工法として鋼板をロックウールなどで被覆しない工法などの通則指定を得，現在も広範囲に採用されている．

(3) 新宿や池袋の超高層ビル群を建設した時代

東京浜松町や神戸の世界貿易センタービルの建設を経て，1970年代に入ると東京新宿副都心や池袋に超高層ビル建設ラッシュが起きた．これらのビル建設に際して現場管理者から，従来の乾式石綿吹き付けでの施工精度，材料飛散，作業環境などの問題，新工法としての石綿やALC成形板の揚重や廃材処理の問題がなんとか改善できないかとの要請があり，モルタルポンプで管内搬送し，吹き付け施工する湿式吹き付けロックウール工法を1971年に開発した．とくに新宿国際電々建設に際して，エレベータコアの回り壁が従来のALC工法では揚重がたいへんであること，5mを超える階高をALCで施工することの困難さなどから，この材料を用いた湿式中空コア壁システムを1972～73年にかけて開発した．最初開発した材料はポンプ搬送性能を重視したためか，収縮亀裂が多数発生し，補修しながらの工事であった．また，灼熱の炎天下に現場の構内で大型の架構を組み，実物大の壁体を作成して層間変位に対する追随性の実験を行ったこと，工事が先行していた新宿京王プラザホテルでの高層階へのポンプ施工実験などが思い出される．1973年に着工し，1978年に竣工した池袋サンシャイン超高層ビルでは，大型ポンプを中継しての210mのポンプ圧送施工も行った．最大圧送圧力60kg/cm^{2}以内で，3m^3/時間の吐出量を確保し，順調に施工された．乾燥した耐火被覆材料は5階ごとのサンプリングによって強度，比重が均質であることも確認できた．

なお湿式中空コア壁システム工法はその後200万m^{2}以上の施工実績で今日なお採用されている．しかし，この工法の場合，工程の関係でカーテンウオールが先付けされ，窓ガラスが設置されると乾燥に十分な時間が必要となり，塗装などの仕上げ工程に影響を及ぼす．そこで同じ頃に開発されたのが，特殊石膏ボード15mm，ケイ酸カルシウム板13mm両面貼りの遮音性能にも優れた乾式中空耐火・遮音壁である．この工法はホテル客室の間仕切り壁として多数の実績を重ねた．その後1975年にはスチールファイバ混入パーライトモルタル50mm両面貼り工法の開発なども行った．

1969年に着工した京王プラザホテルの工事では，外壁PCコンクリート版と石綿成形板との合成耐火被覆工法を開発した．この工法は，外壁のコンクリートの耐火性能を活用し，耐火被覆を

1/3〜1/4程度低減するもので，当時の金額で数億円のコストダウンを可能にした．その頃の耐火試験では所定の加熱時間終了後鋼材温度がどこまで上昇するかを評価することになっていた．

加熱終了時に許容温度に十分余裕があり，祝杯を上げて返り，翌日問い合せると不合格であったことが結構あった．のちに評価方法が替ったと聞く．

合成耐火工法はその後多数のバリエーションが開発され，さまざまな外壁材料との組み合せられて今日に至っている．建築学会では1978年から委員会を設け，これらの工法をどのように評価し，類型化すればよいか継続審議し，1988年に第一報をまとめた．

合成耐火工法と云えば，同じ1970年頃には品川パシフィックホテル工事で，コンクリートを充填した鋼製梁にケイ酸カルシウム板25mを貼って3時間耐火の認定も取った．最近はやりのコンクリート充填鋼管耐火工法の先駆けであろう．

(4) 新しい空間や技術の要求に答えて

1983〜1988年には水酸化アルミニウム系の耐火材の開発を行った．これは石綿やロックウールなどの材料が鉄骨に付着しにくいことをノンアスベスト材料で耐火性能や吹き付け性能を損なうことなく改善したものである．これも当初は施工性に難点があり，開発に時間を要した．しかし，良好な接着性能を生かし，逆転の発想で鉄骨ファブリケータでの先行施工の可能性を歌い文句として販路を拡げた．

施工の省力化とそれほど良くはならない施工環境を問題視し，ロボット化施工の検討もこの頃平行して進められていたように記憶する．機械化施工で効率の良い箇所は人間も施工しやすい箇所で，柱や梁の取り合いなど複雑な箇所は機械にはなじまなく，結局はそれほど普及しなかったように思う．また，1987年頃には半湿式工法や先に述べたロックウール吹き付け工法の改悪版がでた．耐火被覆のコストを下げるために蛭石を増量材としたもので，付着性，飛散防止性，施工精度など に難点をもった．

1987年の法改正は，木造建築に燃え代設計を導入した．これによって集成木材などによる大断面の木造も耐火構造として評価されるようになり，これらの接合部の金具を耐火被覆するための簡便な方法やアトリウム空間などで軸組みを見せたい設計などの要請から欧米で定着している耐火塗料の開発が着目されはじめた．一部は船橋ららぽーとスキードームや出雲ドームなどに建設大臣の法38条による特別認定を受けて使用している．高温での発泡型耐火塗料が開発の中心であるが，鉄骨の形状によっては出隅や入隅などで一様な発泡が期待できず，亀裂などの弱点を生じる．これを改善するために耐火シート化する方法なども検討した．これに関連してセラミックファイバのブランケットを鋼材に巻付けて耐火被覆する方法も1989年頃から出現しはじめた．

1990年代前後には，コンクリート系にも変化がみられた．炭素繊維補強コンクリート部材や高強度コンクリートの出現で，爆裂などへの対応が研究の中心であった．ここ数年の学会での研究報告ではCFT（コンクリート充填鋼管）の特性についての研究事例が数多く報告され，耐火被覆なしや薄くした建物への施工実績も増えている．鋼材にも変化がみられ，高温特性を改善した耐火鋼が出現し，駐車場，線路上空駅舎，倉庫，伝統的建物改修などにCFTと使い分けられて活用されている．また，アルミやステンレスなどの部材の耐火性能を要求される部位への適用についても委員会が設置されて検討が進められたのもこの頃であった．

耐震設計にも変化がみられ，免震や制震など概念も出てきた．免震用耐火工法や制震用耐火工法などの開発も1990年代前半に始められた．前者のゴムで地震入力を低減させる方法を耐火建物の中間位置での柱頭へ導入した場合，火災加熱によってゴムに期待される構造耐力が損なわれることが懸念される．これを防止するために50カインの変形に追随しかつ耐火性能もあるセラミック系

のブランケット製の座布団を巻付ける方法を考案し，法38条特認で東京大森東伸ビルなどに組み込んだ．後者についても同様な対応で制震装置内の潤滑油など可燃部分の保護を行った．

同様に1990年代には，ガラスで2時間の間仕切り壁耐火構造ができれば，デパートなどでは避難上にも有効ではないかとの視点から開発を行った．95分程度の性能のものまでは高温時に無収縮の耐熱ガラス（商品名：ファイアライト）を利用することで可能とした段階に至ったが，法改正で甲種防火戸としてこの材料が認められたので，この開発は中断し性能設計の導入を待っている．

面積区画や竪穴区画など防火区画を形成する一般的な方法としては鋼製シャッターがある．数年前からこれを不燃製クロスに置き換えた軽量でコンパクトなシートシャッターが開発され，特別認定などで採用実績が増大してきている．

(5) 法38条特認による耐火設計の事例

1975年東京千代田区の東京堂千代田ビルの建設に際して，筆者は最初の耐火設計を行い，建物外周部の鉄骨架構とブレースを外壁PC板と前述の湿式中空耐火壁の片面とでメンブレン一体施工する方法を実現した．この外壁部分は各階倉庫の壁の一面をなしている．ここでの火災性状を求め，その火災加熱に湿式ロックウールの厚さを20，30，40mmとした構造がそれぞれ耐火1，2，3時間の性能と同等であることを計算と加熱試験により確認した．この当時は評定に多大な時間を要したことが思い出される．

1988年頃には大阪東京海上火災ビルの外部鉄骨架構の耐火被覆を軽減した．この頃になると評価方法が総プロの成果として明確になったため，認定に要する時間は大きく短縮された．その後，前述建設省防火総プロの成果と相俟って数多くのビルで耐火設計が行われた．東京台場フジテレビ本社ビルの2棟を結ぶ連絡通路などの耐火設計もその一例である．このほかバブル期に建った大型ビルの大半では，アトリウムに面した防火区画やシースルーエレベーターの防火区画の軽減，アトリウム頂部鉄骨の耐火被覆軽減なども行った．

紙面の都合で省略した鉄骨耐火被覆や耐火構造の詳細については，例えば，耐火被覆工法研究会編著「鉄骨造の耐火被覆工事，工法と施工，（彰国社，1995）」や建築技術（1995年6月号）特集「最近の鉄骨耐火構造」などを参照されたい．

7.4.5 まとめ

今回の建築基準法改正における耐火設計法の性能規定化への移行に至るまでに先人はどのような過程を経て，技術を発展させてきたのか，法制整備，研究，開発の3つの側面から概略100年の歴史を振り返ってみた．何分にも古い時代のことでもあり，極力原文に遡って調べたが，孫引きの部分も一部に含んでいる．間違いがあれば，筆者の責任であるのでどしどしご指摘いただきたい．

また，本来は7.4.4項を中心に筆者が携わった約30年間の耐火技術の変遷を記述する予定であったが，それまでの歴史を記録したいと考え，前段に紙面を取り過ぎた．7.4.4項の詳細については次の機会とする．

おわりに，この執筆に際して，貴重な資料と御助言を頂いた高野孝次博士に謝意を表したい．また，故 牟田紀一郎博士の学位論文もたいへん参考にさせていただいた．さらに牟田博士の蔵書の中にコピーが残っていた飯塚正三氏の「建築行政よもやまばなし」の連載記事（残念ながらどの雑誌にいつごろ掲載されたものか不明）もたいへん参考になった．ここにあわせて感謝の意を表したい．

新法の適用によって魅力的な技術が次々と出現することを期待したい．

7.5 煙流動と制御

若松 孝旺
東京理科大学理工学部建築学科教授

7.5.1 はじめに

1998（平成10）年6月に建築基準法が改正され，これに伴う関連政令・告示の改正が1999年5月に施行された．これによって，防排煙技術を含む火災安全技術に関しても，性能的技術基準や設計指針が示され，お世辞にも進んでいたとはいえないこの分野の技術が21世紀へ向けて大きな一歩を踏み出す契機になるものと期待されている．

ここでは，火災安全技術の中できわめて重要な役割を担っている防排煙技術について，その発端から今日の性能的技術基準が生れるまでの変遷を，とくに，関連する研究の端緒および技術基準の生い立ち等を中心に述べるとともに，今後に残された課題と今後への期待について私見を述べてみたい．

7.5.2 建築物の煙流動と制御に関する研究の端緒

都市大火は，わが国において，いわば，有史以来の大きな社会問題であり，都市の不燃化は，わが国の長年の宿願であった．図-7.5.1は，第二次大戦後に発生した大規模な都市大火の年次変化の状況を示したものである．この図が示すように，戦後の疲弊した日本の各地で頻発した都市大火は，1965（昭和40）年頃には下火になった．しかし，代って，この頃から，図-7.5.2に示すように，それまで防火上理想とされていた耐火建築物すなわちビルで多数の死者を出す火災が頻繁に発生し始めた．このことは，社会に大きな衝撃を与え，とくに，ビル火災での煙が大量死をもたらす元凶として建築・消防行政や関係研究分野で放置できない重大な問題として認識されるようになった．

建築物内の火災時の煙に関する研究は，こうした背景の下に，1965（昭和40）年頃から本格的に行われるようになった．このことは，上記のビル火災の頻発とともに，そのころ，超高層ビルの出現や高層ビルラッシュが始まり，高層ビル火災での発煙による被害に対する危惧や問題認識の高まりがあったことも要因としてあげられる．

こうした社会的背景の中で煙対策に関する研究が，建築研究所，消防研究所，東京消防庁，京都大学前田・寺井研究室，東京大学星野研究室，東京理科大学半田研究室など，いろいろな所で着手された．

当初，煙の流動性状や煙制御効果を調べるための大掛かりな実大実験が取り壊しビルを使って次々に行われた．1964（昭和39）年の横浜大運ビルでの実験は，階段前室に排煙口を設けるスモークタワーの排煙効果についての実験であったが，これが煙の流動と制御に関する研究の始まりとなった．1966（昭和41）年には，大阪電電ビルで同様なスモークタワーの実験が行われ，また，同年，東京海上火災ビルを用いて，煙の水平伝播性状および上階伝播性状，スモークタワー・排煙窓の排煙効果，加圧による煙制御効果に関する大掛かりな実験が行われた．

一方，建設省は，1967（昭和42）年度に日本建築センターに星野昌一先生を委員長とする「防煙基準委員会」を設置し，「防煙基準原案」の作成を委託し，同1968年3月にその報告書が提出された．しかし，この「防煙基準原案」は，その後生かされた形跡はない．同1969年頃開かれた同委員会で，突然，現行の建築法規（昭和46年1月1日施行）の排煙に関する「床面積1平方メートル

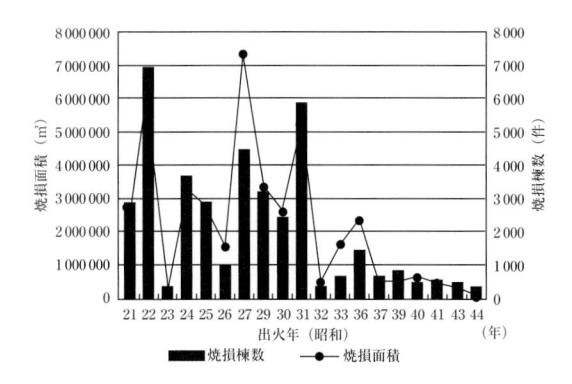

図-7.5.1 戦後の都市大火—焼損棟数と焼損面積

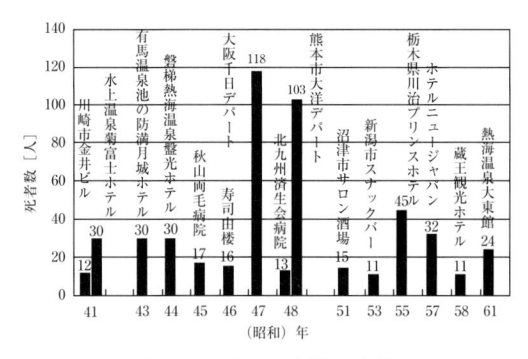

図-7.5.2 主なビル火災と死者数

当り1分間に1立方メートルの煙を排出する」という規定案が示された．これは，東京海上火災ビルの煙の水平伝播性状の実験結果を根拠とするものであると草案作成者から説明された．しかし，この実験は，火災室の周囲の窓をすべて閉鎖し，火災室で発生した煙をすべて中廊下に面する開口（出入口の扉が開放）から流出させて，中廊下における煙の水平伝播性状を調べるためのものであった．この実験の結果から，中廊下に流出した単位時間当りの煙量を火災室の床面積で割って，これを単位床面積・単位時間当りの発煙量とみなし，これに若干の安全率を掛け，数字を丸めて得た上記の煙量が火災室から煙の流出を防ぐのに必要な排煙量であると判断された．これが上記規定の根拠である．この時の法規改正の検討委員会で，同委員会の委員であった筆者は，この規定の根拠が適切でないので，再検討の必要があることを主張したが，受け入れられなかった．この規定が適

切でないことは，建築設計者をはじめ多くの人からも指摘され，建築界に波紋を投げた．しかし，当時は，煙に関する研究がスタートして間もないごろで，研究サイドから適切な代案を出すことができず，一方，行政サイドは，社会的要請から速やかにビル火災の煙対策を講ずる必要に迫られていたため，当時としては，やむを得ない仕儀であったともいえる．

さて，本題に戻すと，上記の各実験は，上述の研究機関の協力によって行われたものであるが，その各研究機関はこれらの実験の中で関心をもった課題についてそれぞれ独自の研究の展開を開始した．

煙の流動性状や制御効果は，建物内の空間が廊下やエレベータ・エスカレータ等の縦シャフトや窓・扉等の開口によって相互に，あるいは外気とつながっているため，建物全般にわたる気流性状の中でとらえなければならないことが認められた．筆者は，この課題すなわち建物内の煙流動性状の解析に1967（昭和42）年に着手し，同年中に煙の流動性状を予測するための計算モデルを作成した．この計算法を定常精算法と呼び，その後これを発展させて，1969（昭和44）年に煙制御効果を予測するための略算法を，また1972（昭和47）年に非定常精算法を導いた．

定常精算法は，後から導かれた他の2つの計算法の原形となるもので，外気条件，開口条件，熱的条件が一定で，建物内部の気流が定常状態を保つものと仮定して，建物のすべての空間をつなぐ気体の流路を電気回路網のアナロジーでネットワークに構成し，建物全体の煙と空気の流れを解くコンピュータモデルとして開発されたものである．このモデルは，流れ抵抗・静圧・流量を要素とする非線形連立方程式を逐次近似法によって解き，この結果得られた各部を流れる煙・空気の流量から，各空間で煙が瞬時に一様拡散するものと仮定して，煙と空気の混合比から建物内の各空間の煙やガスの濃度を算出するものである．

略算法は，火災階での煙制御効果を予測するこ

とを目的とするもので，火災階以外の建物空間の流れ抵抗を合成し，流路ネットワークを大幅に簡単化して行う手計算レベルの計算モデルである．一般の建物は空間構成あるいは流路構成が複雑であり，定常精算法では計算時間がとてつもなく長くなるので，実用上，簡便な計算法が必要とされる．こうした観点から略算法が導かれた．

非定常精算法は，定常精算法に熱計算を加えて，煙・ガスの流動性状だけでなく，火災によって生じる熱的性状の経時変化も計算で求める方法である．この計算モデルでは火災室での燃焼速度が重要な要素となるが，燃料支配の間は，燃焼速度は与条件として入力されるが，換気支配の間は，燃焼速度は気流計算から得られる火災室の換気量に基づいて計算する仕組みになっている．この計算法は，外気条件や開口条件などいろいろな条件の経時変化を入力して，建物内各空間における温度，静圧，空気・煙の流量，煙・ガスの濃度などの物理量の経時変化を出力するものである．この計算法では，定常精算法と同様に，火災階以外の一般の各空間（区画）で煙が瞬時一様拡散するものと仮定しているが，火災階の廊下など煙層の形成が予測されるところでは，2層ゾーンとして扱い，また，階段やエレベータなど縦シャフトについては，階層を空間単位（ゾーン）として扱っている．この計算法は，大阪千日前デパート火災，福岡済生会八幡病院火災など，多くの犠牲者を出した火災の煙流動性状の解析にも応用され，ビル火災の煙の挙動を理解する上で貴重な役割を果した．

建物内の煙流動性状の解明，その予測計算法の検証，階段加圧方式による煙制御効果の検討等を目的として，1968（昭和43）年に建築研究所内に5階建の実大排煙実験棟，1973（昭和48）年に7階建に増築）が建設され1975（昭和50）年頃まで数多くの実験が行われた．さらに，1971（昭和46）年に大阪千島市街地住宅の新築の共同住宅，1973（昭和48）年に厚生省旧庁舎，1975（昭和50）年に富国生命の取壊しビルを用いて，同様の目的の実験が行われた．

厚生省旧庁舎における実験は，1972（昭和47）年の大阪千日前ビル火災での煙の挙動を解明することを直接目的として，科学技術庁の特別研究調整費によって行ったものである．この実験以前に，同火災の煙の挙動や熱的性状を非定常精算法による数値実験で再現するなど解析がすでに行われていたので，同形算法の妥当性をこの実験で検証することが主目的であった．この実験は，さらに，階段加圧方式による煙制御の有効性を検討する目的ももっていた．階段加圧方式は，確かに階段を煙から保護する上で効果があることが実証されたが，一方，廊下と火災室間の扉がいずれも開放されていたため火災室へ大量の空気を供給することになり，火災室での燃焼を著しく助長する結果なった．このため，これ以降長年に亘って加圧方式の採用に強いブレーキがかかるようになった．しかし，新宿に建てられた初期の超高層建物2棟，すなわち，新宿野村ビルと新宿センタービルで，予測計算法を駆使した煙制御設計が行われ，建築基準法第38状に基づく建設大臣の許可により，部分的ではあったが加圧法を中心とする煙制御システムが採用された．

表-7.5.1は，以上の経過を一覧表にまとめたものである．

7.5.3 建築物の煙流動と制御に関する研究の展開[*]

建築物の火災安全対策の合理化のためには，実務的に使用可能な火災性状の工学的予測手法の開発が必須であることは，日米天然資源会議に防火専門部会が設けられた1976（昭和51）年以降，少なくとも日米の火災研究者の間で共通の認識として定着するようになり，この分野の研究は新たな展開を向かえた．これらは，建築研究所の田中哮義を中心に進められた．

---

[*] この項は田中哮義：「建築研究所50年」，p.166～168から引用した．

表-7.5.1 ビル火災・実大火災実験・煙研究の経過

年	ビル火災例（死者数）	実大火災実験	煙研究の内容
38	西武百貨店（7）		
39	銀座・松屋百貨店（0）東宝・仙台ビル（1）	横浜・大運ビル（煙の発生・流動・制御）	煙濃度測定法の開発
40	滋賀県庁・別館（3）		材料の発煙性の実験研究
41	川崎・金井ビル（12）水上菊富士ホテル（30）	大阪・電報局（煙制御）東京海上火災（流動・制御）	材料の燃焼・発煙性
42			煙の伝播の模型実験 煙流動計算法の開発（定常精算法の構築）
43	池の坊満月城（30）[防煙基準原案作成]	新宿・中央鉄道病院 建研・排煙実験棟	防煙対策・設計の考え方 階段加圧の実験・計算
44	磐梯・磐光ホテル（30）	建研・排煙実験棟	定常精算法の一般化 煙制御設計用略算法 前室における煙制御実験
45	水戸中央ビル（2）[建築基準法改正]	建研・排煙実験棟	煙水平伝播性状実験・解析 避難計算プログラム作成 煙制御設計・計画の考え方
46	和歌山寿司由楼（16）韓国・大然閣（163）	大阪千島市街地住宅	煙の流動・制御実験・解析（計算法の検証）
47	千日デパート（118）		非定常計算法の開発 千日ビル火災の解析
48	済生会八幡病院（13）大洋デパート（103）	厚生省庁舎 建研・排煙実験棟	非定常精算法の検証 千日ビル火災の鑑定
49			済生会病院火災解析 略算法のcase study 超高層ビルの煙制御
50		富国生命ビル	縦shaftによる排煙 全館加圧法給気量算定 略算法・精算法の検証
52	新宿野村ビル・新宿センタービル：「付蚊室加圧」38条認定		
55～	富国生命ビル（0）川治プリンス（45）：55年 ニュージャパン（32）：57年	実大火災実験棟（57年～）科学博パビリオン（60年）	2層ゾーンモデル開発 単室の煙層降下性状 ボイド空間の煙性状

(1) 二層ゾーン煙流動予測モデルの開発

まず，二層ゾーンの概念に基づく煙流動予測モデルが開発され，さらに，その改善が継続的に進められ，現在火災安全設計実務に頻繁に使用されている実用的予測手法にまで発展された．

このモデルは，火災室を始めとする火災の影響を受けたすべての建築空間内を，上部高温層と下部低温層に分けて，そのおのおのに対し質量やエネルギーの保存と移動に関する物理法則を適用することにより開発されたものである．この二層ゾーンモデルは，予測精度の向上および実務者の使用の便宜のために，建設省総合技術開発プロジェクト「建築物の防火設計法の開発」（1982（昭和57）～1988（昭和62）年）の中で改良整備され，同プロジェクトの成果の一環としてBRI2の名で発表された．これは，現在，国内の多くの建設会社，設計事務所，防災コンサルタント等，一般に普及し，建築基準法第38条に基づく建設大臣の許可を必要とする防災計画の検討等の実務において盛んに用いられている．このモデルが発表された前後は，ドーム球場，大規模展示場，アトリウム等大規模空間が盛んに計画される時期と重なった．このような空間における煙層の挙動や排煙効果を評価するのに二層ゾーンモデルは便利であったことも，このモデルが普及した大きな理由の一つであると考えられる．

(2) 煙性状の簡易予測モデルの開発

実際の設計実務では，最終設計案が固まるまでに多くの予備的試算が必要となることが考えられ，このためには，精度が若干荒くても簡便に見通しが得られるような計算式や図表が便利なことが多い．これらの簡易予測モデルは，コンピュータモデルに比較して精度や対象とできる条件の点では制約があるが，現象を支配する主要な因子やその影響の程度が一目して明らかな点で優れていることが少なくない．また，建築物の安全設計には多くの種々の予測法が必要となり，中には，もともとコンピュータモデルには馴染まず，計算式による以外ないものも存在する．このような設計実務の便を考えた簡易モデルの開発は，性能的火災安全設計法が本格的に運用され始めれば，重要

性が増すものと考えられる．下記のものはそのような観点から建築研究所で開発された簡易モデルの例である．

a．煙制御効果簡易予測モデル　無排煙または機械排煙される単室空間における煙層の非定常降下速度の予測式が開発された．これは，火災空間での出火後初期の煙層の降下速度に関する限りほぼコンピュータモデルと同程度の精度で予測できるものである．さらに，この簡易モデルを適用することにより，単室火災の場合の避難可能時間と火源の発熱速度，空間の面積および高さとの基本的な依存関係が明らかにされた．

また，自然排煙口や機械排煙設備が設けられた空間において定常的な燃焼をする火源がある場合の空間内の煙層の高さ，温度，圧力の予測式も作成された．その応用により，アトリウム空間など大空間における自然排煙口と給気口の煙制御上の効果が明らかにされた．

b．ボイド空間の煙性状　屋根をもたない井戸状の空間であるボイド空間をさまざまな形で有する建物は少なくないが，このような空間の煙の性状は，ゾーンモデルによる予測対象としてなじまず，また，フィールドモデルでも多大な時間を要するものである．これに対し，建築研究所では模型実験と相似則の検討により，ボイド空間に流入した煙の温度，空間内部に発達する圧力差，ボイド空間の底部に給気のための開口がある場合の流入空気量を，火源の発熱速度，空間の寸法の関数として予測する計算式を開発した．

7.5.4　建築物の煙流動と制御に関する研究の今後の展望

以上に述べたように，建築物の煙流動と制御に関する研究は，1965（昭和40）年頃から始められ，まず，実大実験による概要把握の後，予測計算法の基盤が構築され，次いで，様様な実務的な予測計算モデルが開発された．

1998年に建築基準法が改正され，1999年にそれに伴う新たな政令・告示が示され，これによって性能的火災安全設計法の実用化の第一歩が踏み出された．これに関する技術基準のうち，煙制御に関するものは，主に上記 **7.5.2** 項で紹介したいろいろな予測モデルが基盤となっている．今後，煙制御技術のみならず火災安全技術のすべての分野の研究は，今回の法令改正による性能規定化を契機として，性能基準や性能設計の発展・充実と火災安全設計の合理化を促進するため，広い範囲で一層活発化するに違いない．

7.6 住宅の防災

2000年8月号

菅原　進一
東京大学大学院工学系研究科

7.6.1　火災・防災について

火災安全に限定して防災という用語を使う場合は，建築と消防の両面から火災害を防止することを意味する．建築防火は，火災による人命および財産の保護を建築的措置によって図ることであり，以下のように分けられる．

- 出火防止：難燃材料などを用いて火災予防を図る．
- 拡大防止：内装や建具などを燃え難くし火災拡大を抑止する．
- 避難救助：避難階へ至るルートを人命に危険なレベルの火煙から保護する避難施設である廊下・付室・階段および排煙設備，さらに逃げ遅れた人が脱出できるタラップ，非常用進入口などを設ける．
- 延焼防止：火熱が拡散しないように防火性のある区画で囲う．通常は同一階内より階段室など縦穴区画の防火水準をより高くする．
- 耐力保持：火災でビルや住宅が容易に倒壊しないような構造・工法とする．

これらを総合的に考慮して法的には耐火建築物，準耐火建築物などが規定されており，部位では耐火構造，準耐火構造，防火構造，準防火構造に，材料では不燃材料，準不燃材料，難燃材料にそれぞれ区分されている．

消防防災は，火災等による人命および財産の保護を消防的措置によって図ることで，以下のように分けられる．

- 出火防止：火気の管理，衣類の防炎化などで出火を低減する．
- 拡大防止：カーテンや家具類に防炎製品・防炎物品などを使用し，消火器，スプリンクラー設備などにより火災の拡大を防ぐ．
- 避難救助：火災感知・警報設備，放送設備，非常電話，避難口・経路誘導灯，避難設備などを設置したり，防火管理を徹底して人命安全を図る．
- 延焼防止：屋内消火栓，本格消防活動などにより火災の拡大を防止する．

なお，消防分野では，各種災害の救助活動も含むため防火よりも防災という視点で安全のサービス業務を行っている．したがって，防火分野における住宅の防災の基軸は建築と消防双方の措置で構成されていることになる．

7.6.2　日本の住まい

住宅は生活史の舞台であり，その形態・構造は気候風土の反映である．熱帯多雨地域では高床・樹皮の家，乾燥地域ではアドベ・ヤオトン，遊牧地域では獣皮の家，森林地域ではログ，極地域では氷家などが住文化を形成している．温暖多雨地域で，森林が国土の大半を占める日本の住居は，木造軸組の構造として発達し，民家や数寄屋がその昇華形態である．換言すれば，伊勢神宮の20年式年造替に代表される白木文化は，日本固有の清潔感や無常観を醸成してきた．吉田兼好（1283?～1351?）は，「家の作りやうは，夏をむねとすべし．冬はいかなる所にも住まる．暑き比わろき住居は，堪えがたき事なり．……」（徒然草第55段）と簡潔に住居感を記し，鴨長明（1153～1216）は，「……都のうちに，棟を並べ，甍を争える，高き，いやしき，人の住まひは，世々を経てつきせぬものなれど，これをまことかと尋れば，昔しありし家は稀なり．或は去年焼けて今年

図-7.6.1 崩壊した住宅（阪神・淡路大震災）

作れり．……」（方丈記）と，住まいの変り易さを述べている．仏教では，地・水・火・風の四大元素でこの世が構成され，これらは災害を起す元でもあるとしている．日本では地震・火災・風水害は日常茶飯事であり，多くの軸組木造が破壊・再建されて来た．

住文化としてみると，新築・自然色・繊細さなどが好まれる反面，住まいは短命であると云う無意識的認識があるため，多くの市街地では簡素な新築が繰り返され，経済の高度成長以降は，土地の値上がりも伴い，それらが老朽化・スプロール化して今日に至っている．

7.6.3 市街地の大火

世界共通のことではあるが，人間の数や活動圏が拡がり邑や都が大きくなると大火が頻発し，それに合せて防火対策が考えられている．江戸八百余町の大火は，春一番や木枯らしの吹く時期に多発し，烈火を抑えるには空地を確保する以外に手はなく，火除け地や防火堤の構築，鳶火消しによる家屋の破壊が実施された．家屋の防火力が向上しないと，生半可な空地では大火を防げないので強風時に火元家屋（とくに，大規模木造建築物）の消火に失敗すれば，函館市大火（1934年）や静岡市大火（1940年）のようになる危険性が高く，降雨や崖地などの自然条件が大火抑止の頼みとなる．したがって，都市建設の目標の一つが不燃化，すなわち，建設に使う材料を窯業系や金属系のものとし，燃え草を低減することに重点がおかれた．

また，大火時に住宅の下見坂や源氏塀の隅角部に吹き溜った火の粉は，熾火のような高輻射源となりそれらを炎上させる．下見坂は，雨水による土壁の崩れを防ぐために張られるが，下地の荒壁は散り部に隙間があり防火力は余り期待できない．下見板は着火し易く，家屋が連続的に類焼して大火に至る原因ともなった．強風が吹き荒れた酒田市大火（1977年）の時はアーケードを火柱が走り延焼を速めた．

戦後における焼け野原からの脱皮は，終戦直後から活発に進められたが，街路の整備など都市の骨格造りに成功した都市は名古屋，仙台など10市に満たない．戦災復興計画を8月10日頃から密かに始めていた東京都は，理想的な計画をつくったが，ことごとく挫折した．被災者の応急生活を支援するため，市域の基幹部に乱立するバラックを容認したことも影響している．大火はビル建設や木造モルタル塗り住宅の普及が遅れた地方都市で頻発し，飯田市（1947），熱海市（1950），鳥取市（1952），岩内町（1954），能代市（1956），大館市（1956），魚津市（1956），加賀市（1969）などと続いた．その後，各都市も経済成長の恩恵を受け，防火力のある建物が増えたため，1976年の酒田市以降，大地震時を除けば大火は根絶したようにも思われる．

北海道南西沖地震（1993年）では，地震に伴う

図-7.6.2 焼失域の状況（酒田大火）

津波で市街地に漂った油や,乗り上げたRFP漁船が大火を助長した.阪神・淡路大震災（1995年）では,連続的に崩壊した老朽住宅が炎上して焼損域3万3000m²以上の大火が7件発生した.このような大震火災では,不燃化が進んでいれば延焼阻止に有効であったと考えられる.

7.6.4 集団から単体火災へ

経済の高度成長期以前は,ビルや防火木造で構成される耐火都市をつくる資力に乏しく,市街地大火発生の懸念は大いにあった.その後,建築基準法および都市計画法の制定（1950年）に基づく防災関連法として耐火建築促進法（1952）,防災建築街区造成法（1961）,都市再開発法（1969）などが逐次整備され街の防・耐火力向上に寄与した.1960年には所得倍増計画が発表され,経済が活況を呈するようになると,全国の市街地は,道路沿いにビルが連担し住宅にはセメントモルタル外壁が増加したため大火が起り難くなった.建築材料の種類や生産量も増え,1959年の建築基準法大改正により防火性能の指定の方法が制定され,建設大臣認定を取得した防火材料の主力が出揃った.法定の防火性能試験法は,有害な材料を排除することに貢献したが,プラスチックなどの有機質素材を芯とする複合材料の評価には,今日でも課題が多い.

都市化の波は地方にも広がったが,防火建材の普及で市街地に建つビルや住宅の外装不燃化が進展したので,延焼防止上の弱点は主にガラス開口部に限定されるようになった.一方,石油化学工業の進展により各種の合成高分子や合成ゴムが製品化され,火災安全の面で新たな対応が必要になった.プラスチックは油火災に似た燃焼性状を呈し濃煙を発するため,建物火災時における避難困難性が増す原因の一つとなった.プラスチックのほとんどは戦前に製品化されたが,生産量が爆発的に増加したのは1950年代後半からである.合板・プラスチックなどの可燃性建材の普及,およびアルミサッシなど建付けのよい新素材の登場で建物の気密性が向上して,煙がこもり易くなった.その影響で,「新建材火災」や「煙死」という新語が生れ,建物単体の火災事故に新たな形相を加えた.住宅では,内装仕上げ用にプリント合板（厚さ5.5mm程度,表面に印刷紙をラミネートしたもの）が,モダンライフの象徴として新興市民に好まれたが,薄手のため簡単に燃え抜けて燃焼拡大するため多くの焼死者を出した.表-7.6.1は,終戦前後のころからの防火・材料関連の主な出来事を整理したものである.

7.6.5 住宅火災の実態

住宅が集団的に燃える市街地大火が激減した理由を考えると,ビル火災による「かまど」型燃焼と類似した燃焼が市街地の多くを占める住宅でも起り,周辺域への噴出火災や輻射熱の放散がかなり限定されるようになったこと,および消防力が向上したことの2つがあげられる.

最近の住宅は,内壁・天井をセッコウボード・ロックウール吸音板,外装を窯業系サイディング材や軽量セメントモルタル塗仕上げとし,屋根を瓦・化粧亜鉛鉄板・人工スレートなどの不燃材料葺きとしているので区画化が進んだ反面,煙が籠もり易くなったと考えられる.

表-7.6.1 防火・材料関連年表

年	防火・材料関連の出来事
1940s	日本でのプラスチックの工業化 セルロイド（1904）,フェノール（1915）,塩化ビニル（1938）,スチレン（1941）,メタアクリル（1943）,メラミン（1943）,シリコン（1944）,ポリエチレン（1945）,FRP（1947）
1950	延焼の恐れのある部分,耐火構造,防火構造,不燃材料,耐火建築物（建築基準法公布）
1952	アルミサッシの工業化
1953	網入りガラスの製造
1955	プリント合板の生産
1959	簡易耐火建造物の判定（建築基準法改正）
1964	ロックウール吸音板の製造
1965	ALCの本格生産化
1966	ビニルタイル（JIS A 5705制定）
1969	耐火構造・防火材料の指定の方法,通則認定防火材料（壁装材料,木毛・木片セメント板,基材同等塗料など）
1970	内装制限,排煙設備（建築基準法改正）
1973	ケイ酸カルシウム板（JIS A 5418制定）

住宅火災の特徴を整理すると以下のようになる．

(1) 高齢者の死者数が増加傾向

住宅火災による放火自殺者を除く最近の平均死者数は950人前後である．割合でみると65才以上の高齢者が約50％，75才以上の後期高齢者に限定すると約35％であり，高齢者人口の増大につれその死亡割合も増加している．高齢者は在宅時間が長く，敏捷性に欠けるなど避難が困難な人が多い．

(2) 建物火災死の約85％が住宅火災で発生

住宅の構造別死者数の割合では，木造（防火造を含む）が約80％，階別では専用住宅の1，2階での死者発生の割合が約90％を占めている．全火災による死者数が約1200名（放火自殺者約650人を除く）であることも含め，木造住宅の火災による死者数がきわめて多い．防火対策の主な目的は，ビル火災等による同時多数死の防止のほか，年間の平均的死者数の低減にも求められ，住宅防火対策の成否がその鍵を握っていると云える．

(3) 住宅ストックは新築が70％

住宅火災による死者数が極めて多い理由として，建築物全数に占める住宅棟数が非常に多いこと，例えば，住宅とビルの延床面積ストック比率が約7/3であることもその理由と伝える．住宅総ストック戸数を最近の年間新築戸数で割った概略値は，日本が30年，米国が100年，英国が140年，フランス85年，ドイツ80年である．また，日本の住宅建築年代別ストック比率の大凡は，1945年築までが約5％，1946から1970年築までが約25％，1971年築以降が70％であり，新築の割合が高い．最近の住宅を主とする低層建築物の外周部は法的施策の普及もあり不燃化が進展し，内装もせっこうボード下地とした壁紙張りが普及したことで，住市街地大火が希有になった．一方，省エネルギー政策等による住宅の気密化は，構造種別に関係なく火災時における煙籠もりや他室での感知時間遅れのケースを増大させつつある．

(4) 死者発生のパターン

住宅の構造別死者割合の概数は，木造が70％，防火木造が10％，準耐火建築物が5％，耐火建築物が10％，その他5％であり，前2者の割合が全体の80％ときわめて大きい．死に至る理由を統計を通して百分率で整理すると以下のようになる．なお，数値はすべて概数で（ ）内はそれに占める高齢者の割合である．

- 火源別：出火源別の死者発生割合は，煙草が40（50）％，暖房器具が30（67）％，調理器具またはマッチ・ライターが10（100）％，灯明・ロウソクが5（100）％，電気器具が2（50）％である．
- 着火物別：着火物別の死者発生割合は，布団類が20（50）％，衣類が10（50）％，紙くず類が10（50）％，ガソリン・灯油，繊維類または建具類が5（40）％である．
- 出火室別：出火室別の死者発生割合の概要は，居間（寝室）が75（53）％，台所が10（50）％，廊下・階段2（50）％，その他5（60）％，不明2（50）％である．

(5) 火災拡大の特徴

消防白書によると，死者が発生した建物火災の焼損規模別割合は，全焼が40％，半焼が10％，部分焼が20％，ぼや・その他が30％である．高齢者の割合は算出していないがそれぞれの約半数を占めているものと考えられる．

- 構造別の隣棟延焼率：構造別の隣棟延焼率は，木造が約25％，防火造が約15％，準耐火造が約10％，耐火造が約5％となっている．
- 出火室の火災拡大：東京消防庁発行の火災の実態によると，出火室における初期拡大（立上がり）経路は家具・調度類が約10％で，家具・調度類＋天井が約20％，家具・調度類＋天井＋小屋裏が約10％，家具・調度類＋小屋裏が約2％，襖・カーテン・障子＋天井が約5％，襖・カーテン・障子＋天井＋小屋裏が約3％，壁＋天井が約15％，壁＋天井＋小屋裏が約5％，壁＋小屋裏が約2％，天井が約5％，

その他約20％となっている．立上がりでは家具・調度類が約45％，襖・カーテン・障子が約10％，壁が約25％である．なお，天井面における拡大が約65％を占めている．
- 隣室等への延焼：東京消防庁発行の火災の実態によると，延焼経路は開口部関係が約45％，壁の燃抜け等が約15％，小屋裏区画関連が約25％，その他約15％となっている．

(6) 住宅の実大火災実験

住宅が火に弱いことは，過去の幾多の大火で実証されて来ていたが，防火対策を科学化するためには，実際に実験をして総合的に現象を解析する必要があった．土蔵や煉瓦造は，大火防止に有効であることは自明であったが，一般住宅をこれらでつくるには，経済性や住文化の上で問題が多く，結局，裸木造の防火性能向上を図ることがもっとも重要で効果的であるとされた．その背景として，戦時下では防空対策が急務だったからである．

(7) 東京大学による実験

1933年8月に木造平屋建て（33m²，下見板張り，鉄板葺き）の火災実験が御殿下グランドで実施された．灯油3.6Lを散布し点火．6～8分で室温が約1100℃に達し，14分04秒で倒壊．［翌年］平屋2棟（33m²，57.8m²）を3m離し相隣延焼の検証実験．火源ローソク，室温平均885℃．1938年木造2階建て（89.1m²×2）を月島で実験．点火位置：［1回目］2階，［2回目］1階；最高温度1340℃を記録．これら一連の実験から「延焼の恐れのある部分」および「木造住宅標準火災温度時間曲線（1級）」が規定された．

(8) 建築研究所・東京理科大学による実験

1976年7月にツーバイフォー工法（枠組壁工法）の実大実験が東理大野田実験場で実施された．［1回目］公営型2階建て（20m²×2）；可燃物少量，20分窓ガラス投石破壊で実験続行．［2回目］一般型2階建て（40m²×2）；フラッシュオーバー（FO）時間（点火室10:45，2階扉開放寝室15:30，1階和室29:05），全体火勢衰退61:00．各室ごとにFOになるため周辺への延焼危険性が著しく低減する事を検証．

(9) 日本建築センター委員会による実験

1978年12月に枠組壁工法小屋裏付き2階建て連続住宅の実大火災実験を浦安で実施．［1回目］1階点火室掃出し窓の1/6，2階扉全部，および和室外窓を開放（FO時間；点火室2:30，2階和室5:00），消火14:30．［2回目］1階点火室窓の1/8，小屋裏窓1枚を開放，他の開口部は全部閉鎖（FO時間；点火室11:50，2階和室46:00，小屋裏17:30），100分で点火住戸の棟木落下し消火．開口部を閉鎖することが重要．

(10) 日本住宅・木材技術センター委員会による実験1

1979年1月に2階建て在来木造（1階55.43m²，2階33.64m²；瓦葺き，石綿セメント・ケイカル板張り外装，ラスボード下地繊維壁，化粧石膏ボード天井）を南砂にて実施．1階点火室窓の1/6開放．FO時間（点火室8:45），1階和室10:45，2階子供室13:00），全体火盛り15:00．1933年の東大実験と類似であるが，平均室温は全体に5分遅れの同様曲線となる．

(11) 日本住宅・木材技術センター委員会による実験2

1981年1月に平屋建て5棟（各棟15m²，防火外壁，押入れ・踏込み付き和室，屋根・内装；① 瓦葺き，天井2.7mm合板，壁ラス・プラスター15mm，② 瓦，難燃合板5.5mm，ラス・プラスター23mm，③ 鉄板葺き，パーライト板10mm，ケイカル板12mm，④ 鉄板，ロックウール吸音板15mm，⑤ 鉄板，石膏ボード12mm，タイプX石膏ボード12mm）を南砂で実施．FO時間；① 5:25，② 9:00，③ 10:20，④ 4:10，⑤ 26:40．発熱性小，断熱性小の内装仕上げとし，開口部の破損を防止することが有効である．

(12) 日本住宅・木材技術センター委員会による実験3

1986年1月に在来木造連続2階建て（1階61.88m²，2階47.44m²：人工スレート葺き，防火外壁，天井「セッコウボード9＋ロックウール吸

音板9」，和壁「ラス＋京壁塗り」，洋壁「セッコウボード9＋ロックウール吸音板9」）を潮見にて実施．FO時間（点火室17:45，ダイニング27:00，和室39:00），外周5m離隔の最大2W/cm²，39分頃．厚板の現し床・天井は防火力がある．含水率の多い塗り壁は室温上昇を抑える．真壁造でも大壁造と同様の防火性能を確保できる．

(13) 日本住宅・木材技術センター委員会による実験4

1987年1月に在来木造3階建て共同住宅（1，2階各98.5m²，3階84.47m²；人工スレート葺き，防火外壁，界壁セッコウボード12×2，天井「セッコウボード12，ケイカル板12」壁「ラスボード9＋京壁15，セッコウボード12」）を潮見にて実施．[1回目] 点火室窓の1/8のみ開放，FO時間（点火室10:00，2階和室60:00），1階35:00に躯体燃焼で再火盛り，消火60:00，[2回目] 点火室の窓1/8・ドア，和室ドア・窓，3階ドア・窓を開放，FO時間（点火室5:47，各室延焼18:00頃），フラッシュ戸閉鎖室は3～5分遅れ，点火室最高温度1163℃．熱気流の上昇ルートが形成されると火災拡大時間が2～3倍早くなる．

(14) 日本建築センター委員会による実験

1991年12月に枠組壁工法3階建て共同住宅（各住戸89.4m²，人工スレート葺き，防火外壁，内壁セッコウボード12×2，天井セッコウボード12×2＋ロックウール50，界壁セッコウボード12×2＋ロックウール50）を建研にて実施．点火室窓1/4のみ開放，FO時間（点火室6:00，1階和室19:00，1階洋室窓・2階和室床と窓を破壊60:00～80:00），躯体燃焼で再火盛り70:00頃，消防放水100:00頃の数分後1階南面の耐力減退のため崩壊．

(15) 日本建築センター阪神震災委員会による実験

1996年3月に地震火災時における木造3階建て共同住宅の防・耐火性能を究明するため，市街地火災を想定した実験が建研で実施された．ガスバーナと N-ヘプタンを燃料として実験住宅の受害性を観察・計測した結果，軒裏の防火性能をさらに高める必要がある，木質構造は長時間の放置火災で崩壊するのでその様態をさらに研究する必要があることなどが明らかにされた．

(16) その他の実大火災実験

鉱山社宅群を燃焼させ市街地火災時における火災の合流現象を検証した建設省・消防庁合同の佐賀関実験（1979年），プレハブ建築協会による木質系プレハブ住宅（1981年，江南），鉄鋼系プレハブ住宅（1984年，建研），3階建て鉄鋼系プレハブ共同住宅（1990年，新木場）などの実大火災実験が，軽構造関連で実施されたものである．

鉄筋コンクリート住宅では，都市不燃化を推進するために実施されたプレコン，プレミヤハウスなどをはじめRC造アパートの火災安全性を検証するために実施された同潤会アパート（1937年），赤羽台住宅公団アパート（1962年），千島市街地住宅（1973年），住宅公団住戸（1973年，八王子公団試験場），軽量コンクリートプレハブ（1979年，新宿）などの実大実験がある．

これらの実験結果から，区画性が明確なRC造，容易に燃え抜ける裸木造，その中間に位置する各種軽量構造住宅の火災時における室温の概略曲線をまとめると**図-7.6.3**のようになる．

7.6.6 住宅防災の課題

火災による死者の大半は，一般住宅の火災で発生している．これを低減する目安として，人口当りの年間死者数を百万分の一にするには，現在の

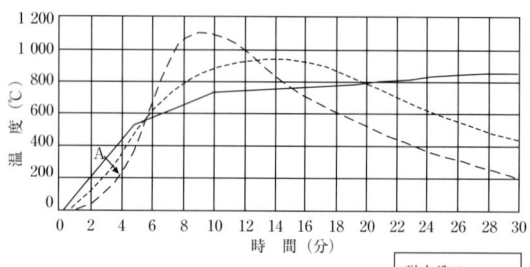

A:木造家屋火災の戸内温度時間曲線の基準
（1級:2級曲線は3/4,3級曲線は1/2）

耐火造：――
裸木造：－－－
木質造：‥‥‥

図-7.6.3 住宅の構造別火災温度曲線の概略

死者数を数百人のオーダーまで減らす必要がある．そのためには次の課題をクリアすることが不可欠であろう．

a. 防火目標　死者数の大半は，一般住宅の火災で発生しているので，これを低減する．目安として，人口当りの年間死者数を百分の一にするには，死者数を百の位まで減らす必要がある．現状では，住宅の防火対策でこの目標を達成しなければならない．そのためには，住宅用火災警報器の設置やメンテナンスの方法を研究し，ほぼ全世帯へ普及させるとともに高齢者を対象とした施策も推進する必要がある．

b. 住宅様態　住宅は戸建，長屋，重ね建，店舗併用，共同などに分類されるが，防火上は，戸建などの小規模住宅と団地・マンションなどの大規模集合住宅とに分けた設計手法を開発する必要があろう．

c. 防災投資　住宅は自己責任で管理するのが建前なので，近隣に迷惑を掛けないことを前提に，投資金額と安全性確保のバランスを各世帯の事情で決定する仕組みを整備する．ただし，人命の価値を含む安全投資システムは社会的認知を得るのが難しいとも思われる．

d. 火災予防　たばこ，灯油，レンジのガス，ろうそく等の身の回り火源の管理について，福祉介護分野などとの連帯で進める必要がある．また，ハンディーな消火器の開発を推進するなど身の回りで消火可能な方法を究明することも重要である．住宅総合情報盤は，各種センサーや電気機器などの集中管理に適しているが十分に普及しているとは云えない．また，電話を利用して遠隔操作で炊飯するなど過度に機械に頼る生活に防火上の問題はないか検討する必要がある．

e. 早期感知　ビル防火と同様に，予防に重点を置く対策が望ましく，逃げ遅れを低減するには住宅用火災警報器の普及を図る必要がある．非火災報を低減することは重要であるが，鳴動による各種生活行為に対する注意喚起も意義があると考えられる．高齢者の多い集合住宅では，非火災報でも消防隊が駆けつけてくれることで安心感が高まるとの意見も多い．

f. 拡大防止　内装防火設計および住宅用スプリンクラー設備システムなどについて研究を進める．

g. 放火対策　住宅火災でも放火対策が重要である．まちづくりにおける新しいコミュニティーの創生，建物周囲の整備，防犯・防災機能の適正装置などにより放火危険の低減に努める必要がある．

h. 防煙避難　一般住宅や小規模建物では逃げ遅れを出させないことが肝要である．1，2階で死者の大半が発生する理由の中に，暗闇や煙中で方向感覚を失うことが指摘されているので，これを防止する実践的方法を究明する必要もあろう．また，省エネルギー性や遮音性の向上で気密性が高まっているので，室内の可燃物が少量燃えただけで，COなどの有毒ガスや酸素の欠乏で短時間で意識不明になり，死に至るケースが増えている点に注意する必要がある．

i. 機能融合　ビル防火と同様に，施設や設備の機能を日常と火災時とでできるだけ融合させる．例えば，水道直結の住宅用スプリンクラー，電源直結の住宅用火災警報機，住宅防災情報の地域ネットワークへの連結などが考えられる．高齢者向けの住宅地計画では管理棟に防災福祉センターを設け，緊急事態に備えるシステムを構築することも肝要となろう．

7.7 消防用設備

2000年4月号

次郎丸 誠男
日本防炎協会理事長

7.7.1 はじめに

科学技術の進展等により，建築物は高層化し，大規模化し，複雑化してきているが，これに伴って火災の様相も大きく変化をし，建築防災対策についてもさまざまな観点から検討が加えられてきたが，その一つでもある火災を早期に発見し，通報し，火災を初期の段階で消火し，安全避難等に資する消防用設備についても，建築防災のニーズに応える形で開発され，改良されてきている．すなわち，**図-7.7.1**に示す火災の推移を考慮しながら建築物サイドにおける自主的な防災組織による火災対応から，消防機関による活動に至るまで消防用設備が充分に機能するように技術の進展がなされてきている．この消防用設備の種類も多く，火災の推移に関連して機能する消防用設備の役割も異なるが，ここではその代表的なものであるスプリンクラー設備および自動火災報知設備に関し，建築防災のニーズに応じて技術的にどのように変遷されていったかについて概略したい．

7.7.2 スプリンクラー設備

建築物火災が発生した場合，如何に早く火災または異常燃焼を検知し，かつ，初期の段階で消火または異常燃焼をストップすることが必要である．初期消火に効果的な消防用設備としては火災推移の段階でさまざまなものがあるが，初期段階で自動的に散水することにより消火するスプリンクラー設備もその一つであり，その効果は**表-7.7.1**に示すように世界的にも評価が高いものである．

このスプリンクラー設備が日本に輸入されたのが1887（明治20）年頃といわれており，設置した対象物は火災が発生すれば工場全体に及ぶといわれていた紡績工場等であった．さらに，大正時代には可燃物が多く，人命危険の高い百貨店等にも設置されるようになり，その設置数もしだいに

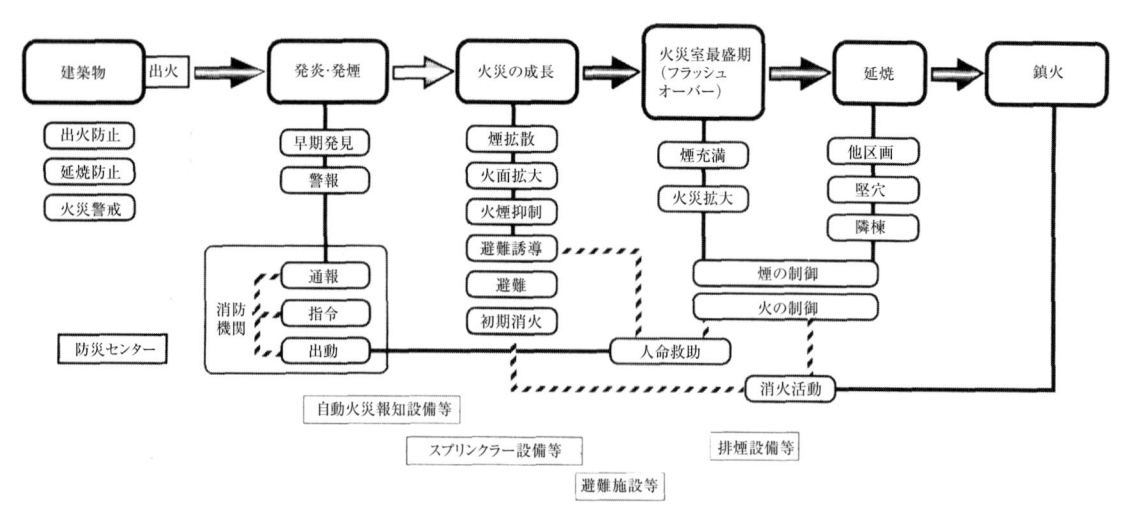

図-7.7.1 火災の推移と消防活動

表-7.7.1 消火用設備の活用状況（1989～2000年　東京消防庁管内）

使用または作動の状況	消火用設備			水噴霧消火設備等					屋外消火栓設備	動力消防ポンプ設備
	消火器具	屋内消火栓	スプリンクラー設備	泡消火設備	二酸化炭素消火設備	ハロゲン化物消火設備	水噴霧消火設備	粉末消火設備		
合計	21873	5439	1302	59	30	52	4	24	156	123
使用・作動した	7665	362	140	14	8	1	0	11	11	6
効果的に使用・作動した	5605	197	137	13	5	1	0	8	5	5
効果的に使用・作動しなかった	2060	165	3	1	3	0	0	3	6	1
延焼拡大した	1306	94	0	1	0	0	0	1	3	1
ぼやで止まった	754	71	3	0	3	0	0	2	3	0
使用・作動しなかった	6314	712	6	0	0	2	0	0	7	13
使用・作動する必要がなかった	7894	4365	1005	45	22	49	4	13	138	104
警戒されていない部分から出火した	0	0	151	0	0	0	0	0	0	0

注）　平成10年まで消火器具の欄にあった簡易消火器具の数は，平成11年の統計から削除されました．
［出典］火災の実態：東京消防庁予防部調査課 編集・発行，平成元年版～12年版

増加している．その後消防法令の制定・強化によりスプリンクラー設備等に関する技術的な基準も整備されたところである．一方建築物も法令の改正により，1964（昭和39）年には超高層建築物が出現するなど，建築物は大規模化，高層化するとともにホテル，デパート火災など大規模な建築物火災が発生し，多くの死傷者を出す大惨事が社会的な問題とされ，建築物防災対策の強化を余儀なくされた．

スプリンクラー設備は火災を自動的に感知し，散水することにより自動的に消火するものであるだけに，その効果が期待されるほか，建築物の構造や内装，建築物内の可燃物の種類や大小にも配慮しながら技術的な面での開発もなされている．スプリンクラー設備に係る技術的な変遷は，主としてスプリンクラー設備を構成するヘッドと流水検知装置に係る部分であろう．

まず，スプリンクラーヘッドでは，図-7.7.2に示すように火災の発生を感知する部分（ヒュージブルリンク，グラスバルブ等）と散水をする部分

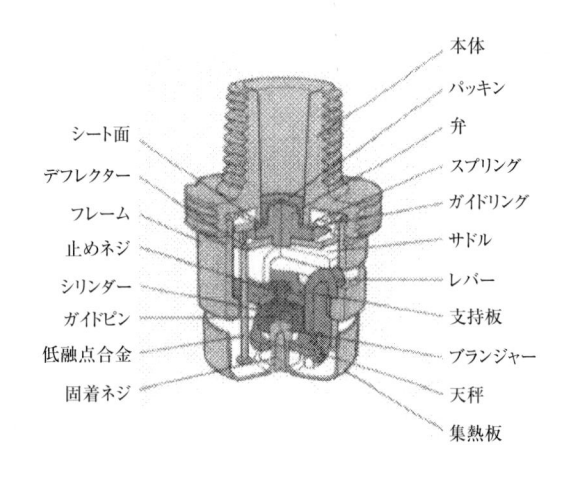

図-7.7.2　スプリンクラーヘッドの構造

（デフレクタ）である．前者はいかにして火災を早期に感知することができるように，また確実に作動し誤動作をしないようにするためのさまざまな技術開発がなされ，最近多くの建築物でみられるようなアトリウムや展示施設などのような高天

井部分でも対応のできるもの，地下街，ラック倉庫など防護対象物の種類等に応じて対処できるようにするために，ヒュージブルリンクなど火災感知部分の研究開発により，火災感知について高性能の機能を有するヘッドが開発され設置されてきている．また，建築物の工期を短縮，意匠等の課題で，例えば，システム天井等建築サイドのニーズにも対応できるように高性能ヘッドを使用すれば，ヘッドの設置間隔を拡げることができ，このような課題にも適切に対応できるように開発されている．後者については，如何にして消火対象物に有効に散水できるかという観点から技術開発されてきている．

例えば，**図-7.7.3**に示すように散水分布を幅広くかつ効果的に消火できるようにするには，床面での散水面積が広ければ良いのではなく，可燃物が置かれると予測される空間に有効に散水されるかということになる．

次に流水検知装置については，火災時に火災の発生を有効に報知することができるとともにヘッドから継続して散水することができるように設けるものであり，火災時に確実に作動することが必要である．流水検知装置にはいろいろなタイプのものがある．標準的なものとしては，温式流水検知装置が用いられているが，これについて種々技術的に改良がなされているものの，技術的な変遷ということでは特段取り上げる部分はない．

流水検知装置としては乾式流水検知装置と予作動式流水検知装置の技術的な基準が定められたことであろう．前者は，スプリンクラー設備が設置される環境が低温になるため配管内の水が凍結することにより，ヘッドおよび配管が破損することを防止するために用いるものであり，当該検知装置とヘッドの間は加圧された空気を充填し，火災による温度上昇を検知した場合は，速やかに当該検知装置の一次側間まで満たされている水を流水させることによりヘッドから散水し消火できるようにするものである．後者は，特殊な対象物に対し，火災をより早く検知するため感知器等を用い，ヘッドの作動だけでは散水しないシステムとし，誤作動対策がとれる流水検知装置とされている．このように，火災を早期にかつ確実に消火するために技術の開発が進められてきている．

7.7.3　自動火災報知設備

自動火災報知設備と公設消防通報設備の基準が1958（昭和33）年に統合され，その後，火災による被害の発生，あるいは，社会的要請の変遷とともに，その技術的な内容も変遷してきた．

火災感知器はおよそ**表-7.7.2**のように分類される．火災から発生する熱を感知する熱感知器，煙を感知する煙感知器，光線を感知する炎感知器である．熱感知器は温度そのものに着目する定温式と温度の上昇速度に着目する差動式に，煙感知器

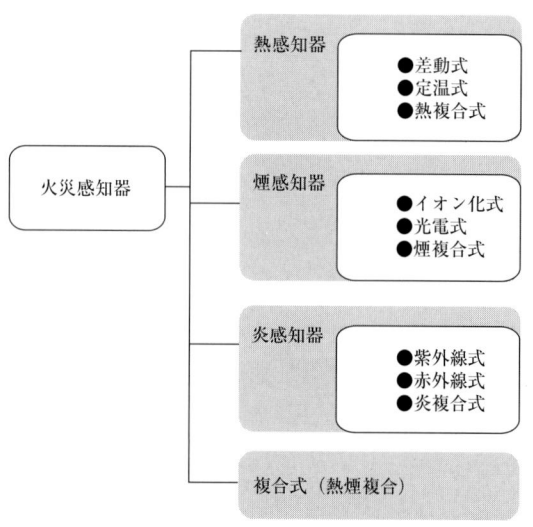

表-7.7.2　火災感知器の分類

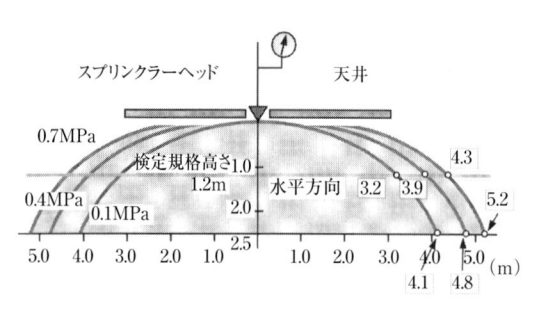

火災感知器	熱感知器	●差動式 ●定温式 ●熱複合式
	煙感知器	●イオン化式 ●光電式 ●煙複合式
	炎感知器	●紫外線式 ●赤外線式 ●炎複合式
	複合式（熱煙複合）	

図-7.7.3　スプリンクラーの散水分布

は煙粒子によるイオン電流変化をとらえるイオン化式と煙粒子による光の散乱あるいは減光をとらえる光電式に，炎感知器は紫外線式と赤外線式に，というように，感知の原理に従って，さらに分類されている．また，**表-7.7.2**中に示したように，こちらの感知原理の複数を組み合せた複合式のものも存在している．

他種類の火災感知器は，同時に登場したのではなく，火災への対応に関する要請と技術の進歩を反映し，登場した時期，また使われた時期に差異があり，当初は煙感知器の主流であったイオン化式煙感知器は，現在は非常に限られた場所でしか使われていないというような消長を経ている．

政省令および規格から眺めた火災感知器の変遷を一覧にしたものが**表-7.7.3**である．また，**表-7.7.4**にはこうした火災感知機の規格変遷の背景となった火災を一覧として示した．

1967（昭和42）年には火災報知機工業会が「工業会一型（光電式）」，「工業会二型（イオン化式）」が煙感知器の国産第1号として誕生し[1]，1969（昭和44）年の政令改正で煙感知器が法令上の感知器となった．これまでの期間は，熱感知器のみが火災感知器の時代だったわけである．煙感知器が登場した当初は製造コストの面で有利なイオン化式感知器が主流であり，光電式感知器は消費電力や光源の寿命などのいくつかの課題をもっていたこともあり普及では遅れをとった．

昭和40年代はじめの宿泊施設での一連の火災，昭和40年代半ばの複合用途ビル等での火災における被害発生をふまえ，宿泊施設などの該当する施設の消防設備規制の強化や遡及適用の実施が行われた．設置される対象施設の形態が多様化するに伴い，設置環境での感知器の作動の信頼性を確保するための，感知器の試験の基準についても整備が進められた．

1980（昭和55）年の静岡駅前ゴールデン街ガス爆発火災を契機として，ガス漏れ火災警報設備が登場する．1984（昭和59）年には規格に一連の非火災報対策が盛り込まれた．また，この頃から，情報電子機器に関連した技術が向上し普及したことを反映し，火災感知器を含む消防防災機器にもシステム化の考えがどんどんと取り入れられるようになり，1985（昭和60）年に「消防防災システム評価の方針」が明示されたこと，消防庁を中心とするシステム評価の体制整備につながっていく．

1991（平成3）年には炎感知器が登場する．炎感知器には，炎中の二酸化炭素が放射する4.3ミクロンの赤外線を検出する赤外線式のものと，炎

表-7.7.3　自動火災報知設備の変遷

年	ことがら
1958	自動火災報知設備と公設消防通報設備の基準の統合
1964	非火災報という言葉の登場．対策試験の明記
1969	イオン化式，光電式感知器の登場
	旅館，ホテル，病院などへの消防設備設置義務の強化と遡及適用蓄積式煙感知器
1972	蒸気浴場複合用途ビルの自動火災報知設備設置の基準の強化，遡及適用実施．煙感知器の気流速度低下（応答性向上），粉塵試験追加
1978	地階，無窓階の自動火災報知設備の設置義務強化
1981	ガス漏れ警報設備登場
1984	複合式感知器登場，防虫網の規定
1985	消防防災システム評価の方針
1986	消防法施行令32条の特例評価制度委員会発足
1991	炎感知器登場
1993	アナログ式感知器登場
1994	警報設備の音響警報に音声による警報が追加
小能規定化への取り組み	

表-7.7.4　自動火災報知設備の変遷に影響を与えた主な火災

年	主な火災（月日）
1966	水上温泉菊富士ホテル火災（3.11）
1968	有馬温泉・池坊満月城火災（11.2）
1969	郡山市磐光ホテル火災（2.5）
	新宿特殊浴場火災（3.29）
1970	水戸市中央ビル火災（12.26）
1971	和歌山市寿司由楼火災（1.2）
1972	大阪市千日前デパート火災（5.13）
1973	熊本市大洋デパート火災（11.29）
1976	東京サロン歌麻呂火災，沼津市らくらく酒場火災（12.26）
1978	新潟市スナックエル・アドロ火災（3.10）
1980	静岡駅前ゴールデン街ガス爆発火災（8.16）
	川治プリンスホテル火災（11.20）
1982	ホテルニュージャパン火災（2.8）
1986	熱川温泉大東館火災（2.11）
1987	東村山市松寿園火災（6.6）
1990	長崎屋尼崎店火災（6.19）

から放出される260nm以下の紫外線を捕捉する紫外線式があるが，いずれも，安価でかつ性能の安定した素子の製造技術の存在なくしては実用化できないものである．1993（平成5）年に登場するアナログ式感知器，従来の火災感知器では「作動する」，「作動しない」の何れかの動作に限られていたところを，より高度な情報処理を可能とする目的で温度などのアナログ情報を感知器から出力させるものであり，情報電子機器を前提としたシステム化の流れに沿うものである．

感知器の検定台数（1991（平成3）年度）をみると，熱感知器（661万台，うち，差動式441万台，定温式220万台），煙感知器（187万台，うちイオン化式2.5万台）で，感知器として使われているものはおおむね，差動式熱感知器，定温式熱感知器および光電式煙感知器の3種類であるといって良いことがわかる．当初は，価格面で有利であり普及したイオン化煙感知器であったが，非火災報が発生しやすく，放射性物質を用いていることによる保守管理上ある種の制約があるという弱点がある一方で，光電式煙感知器が発光ダイオードの使用による光源の長寿命化，間欠発光方式などによる小電力化，さらには回路製造コスト低減などの改良の結果，1984（昭和59）年に検定数で逆転し，現在では主流の煙感知器となった．

2000（平成12）年時点では，まだ，実用には至っていないものの，将来にむけて有望ないくつかの火災感知に関する技術開発が行われている[2],[3]．感知部に関連するものとしては，一酸化炭素，空気圧変動（音），画像，ガス（臭い）などを検出対象とした火災感知器である．また，複数の検出対象から得られた情報を情報処理することで，性格で早期な火災発見を目指すシステムも試作されており，消防法令の性能規定化の中で，将来的に火災被害軽減に貢献していくことが期待されている．

火災を発見するために熱や煙の発生に着目したところから現在の火災感知器がスタートし，多くの改良が加えられてきた．当初は火災発見の感度を上げることをめざし，その結果発報頻度が高くなるに伴い非火災報への対策をめざすようになったというのが，これまでの火災感知器の変遷の大きな流れであった．その結果，火災感知器は複雑化という1つの方向をたどってきたという側面がある．さらに「火災にという段階」に至るかどうか判断しにくい以上現象の段階で信号を取り出し必要な措置を講じることができるための，アナログ式感知器の開発も行われてきたところである．

今後を眺めるとき，火災を発見する技術は2つの相異なる方向に向かって進むのではないかと予想される．すなわち，「精確で高度な火災発見技術」「単純で簡便ではあるが使い易い火災発見技術」の2つの方向である．前者は，火事を発見するための新たな検出対象と新しいセンサーを探り，人間が何故正しく火災を判別できるのかについて改めて掘り下げる技術革新をめざす方向であり，後者は，火災発見の技術の基本はこれまでに確立されたものを用いながら，より使われやすく維持されやすい火災感知システムを探る技術普及をめざす方向である．この両方向への研究をバランス良く進めることが，まず踏み出すべき第1歩ではないだろうか．

火災被害者の多くが住宅火災で発生していることからも，まず，住宅に感知器が設置されなければならない．いくら性能の良い感知器であっても，設置されないことには有効に働き得るはずがないからである．火災感知器を設置することによる利益が，設置に要する投資を上回ることが，義務設置以外の場所に感知器が普及していくための必要条件であり，この分野での普及が望まれるゆえんである．

また，高齢化が進む中，火事をただ発見すればそれで良いというものではなく，発見した後どう対処するかが重要である．避難，救助，消火などに関する近接領域と連携し，統合的な火災安全策をシステムとして考えることが必要である．

◎**参考資料**

1) 田村他：光電式感知器―25年の歩みと将来動向調査―,消研輯報,第46号(1992).
2) 日本火災学会：火災感知システム小委員会報告書(1994).
3) 河関他：火点放射式簡易自動スプリンクラーの開発,消研輯報46(1992).

7.8 インテリジェント消防防災システム

宮坂 征夫
日本消防設備安全センター

7.8.1 はじめに

1980年代に「インテリジェント化」という言葉が情報通信の分野で使われ始め、それが建築分野にも使われ、やがて消防防災の分野においても、「インテリジェント消防防災システム」として用いられるようになったのは、1985年頃である。

防火対象物への消防用設備の設置および防火管理等についての消防法令における規制は、用途、規模、収容人員等ごとに画一的に運用されていたものであるが、建築物の大規模化、高層化、多用途化が進む内で、消防用設備について、それまでに存在しなかった新技術開発が進められるようになってきた。

このような新技術開発に伴う消防用設備を積極的に取り入れられるよう、自治省(現総務省)消防庁は、1985年10月に「消防防災システム装置の機能評価と消防用設備等の設置及び維持の技術上の基準の特例について」の予防課長通知を示し、消防法施行令第32条の特例運用の方向が示された。これを受けて、日本消防設備安全センター(以下「安全センター」という)に消防防災システム装置評価委員会(現「社会防災システム評価委員会」)を組織し、新技術開発による消防防災用設備等の性能面における評価を行うこととした。

翌1986年11月に「インテリジェント化の進展と消防防災システム」と題するシンポジュウムを開催し、同年12月に「消防防災システムのインテリジェント化の推進について」の消防庁次長通達が示され、設備・装置に関する新技術開発による消防用設備が中心であった制度が、単に法令による設備設置の規制のみによるものでなく、機器の機能に関するハード面および運用に関するソフト面から全体として一体的に機能する消防防災システムの構築に向けての行政的な方向性が示された。

その後、1997年に「総合消防防災システムガイドライン」が消防庁から示され、消防防災システムのインテリジェント化について今日に至っているものであるが、これらについて、安全センターが行っているシステム評価の事例をもとに初期段階から現在までの経緯、特徴的な内容について紹介する。

7.8.2 初期における消防防災システム

初期における消防防災システムのインテリジェント化の特徴は、新技術開発による消防防災用設備等の機能および設置に関するものである。

(1) 高天井・大空間における火災感知・消火システム

新技術開発による初めの評価は、1986(昭和61)年7月に行った東京ドームにおける火災感知・消火システムである。読売巨人軍の本拠地である後楽園球場がドーム形状の野球を主とする多目的利用の防火対象物として建設され、グラウンドおよび客席を一体とした「アリーナ」と称する部分に発生した火災について、火災から発する熱放射エネルギーを感知して火源を特定し、その火源に向って多量の水を放出する放水銃により消火するシステムである。

火源を特定し、放水銃の向きおよび圧力をすべて自動で制御し、放水の意志決定のみを人が行うシステムで、当時、高天井部分における火災の感知および消火に関する設備についての技術開発と

して高く評価された．

その後，高天井・大空間における火災感知システムとして火災における炎のゆらぎを感知して火源を特定する方式，光電式分離型火災感知器をX，Yの両方向に取付高さを変えて設置して火源を特定する方式等の技術開発がされた．

一方，高天井・大空間における消火システムとしては，放水銃，多量の散水能力を有する開放型ヘッドを用いる設備機器が開発され，感知システムと有機的に結合した火災感知・消火システムとして評価がされた．

この種システムは，消防法令では予想しない特殊な新技術，高度な消防防災システムとして特殊な空間，特殊な使用目的を有する防火対象物の特性を考慮したものとして評価されていたが，1996（平成8）年消防庁告示第6号「放水型ヘッド等を用いるスプリンクラー設備の設置及び維持に関する技術上の基準の細目」が示され，スプリンクラー設備の一部であるとされた．この間，安全センターがシステム評価として扱った防火対象物は，67件に及ぶ．

(2) 速動型スプリンクラーシステム

このシステムは，消防法施行令第12条に規定するスプリンクラー設備として位置ずけられるものである．

1991（平成3）年3月に，横浜市に計画された事務所および店舗を主要用途とする防火対象物のスプリンクラー設備として，熱応答速度が速く，かつ，少水量で消火が可能なヘッドを用いた設備である．このシステムは，防火対象物の用途部分ごとの火災荷重に着目し，実験により感知および消火の効果を検証して構築したものである．あわせて，システム構成機器についての常時監視機能をもたせ，日常における維持管理の信頼性を向上させた．

また，その後のシステム評価にみられる事例としては，建築の天井モジュールにあわせたスプリンクラーヘッドの配置，防護区画間をバックアップする相互補水システムを加えるなど，このシステムのバリエーションが広げられ，その有効性が評価された．

1996（平成8）年に消防法施行令および施行規則のスプリンクラー設備関係の規定が改正されるまでの間に，安全センターにおいてシステム評価を行った防火対象物の事例は，19件に及ぶ．

(3) 自動点検システム

自動火災報知設備を構成する機器間における自動点検システムは，従前から部分的の取り入れられていたが，一の防火対象物における水系消火設備のすべてについて自動点検システムを取り入れたシステムが1988（昭和63）年12月に評価がされた．

消防用設備等の点検に関しては，消防庁告示により点検基準が示され，点検資格者または消防設備士が6月ごとおよび1年ごとに点検を行うこととされているが，安全センターが評価したシステムは，これに加えて設備の状態を常時監視し，異常の早期発見，およびその対応を図るとしたもので，維持管理に関しての信頼性をもたせたものであるとして高く評価された．

以後，(2)で述べたシステムにおける自動点検，自動火災報知設備における常時状態監視機能を有するシステム等の評価事例があるが，現在では，大規模な防火対象物におけるシステム構築には，これらシステム評価の事例が積極的に取り入れられてきている．

(4) 情報処理および伝送系技術の発展とシステム構成

情報処理系および情報伝送系技術の発展により，これらの技術が防災システムにも活用されてきた．ビル管理システム情報および防災システム情報をひとつの装置で処理し，LAN構成の伝送系により情報を供用して搬送し，火災時においては，防災システム情報を優先して処理し，かつ，伝送するシステムである．

このシステムは，防災システムとビル管理システムとが相互間で活用を図るとともに，防災系，ビル管理系の情報を相方の監視分野で共有するこ

とができ，このことにより，迅速な防災対応を可能とした．また，情報処理系および情報伝送系を常時監視することにより，異常の早期発見を可能なものとして，その有効性が評価されたものである．

また，ホテル，店舗，事務所の用途を複合した防火対象物等においては，それぞれの用途部分で管理形態が異なる．このような複合用途防火対象における消防法令上での設備規制は，1棟単位で扱われることとなるが，防災情報の監視等に関し，管理形態ごとに完結させるとともに，防火対象物全体を管理する場所において全体の状態を統括的に把握するシステムが計画されてきた．区分所有の形態をなす防火対象物においては，防火管理体制もそれぞれ独立して組織されており，ハードなシステム面および運用に係るソフト面を一体とする総合的な防災システムの構築が，情報処理および情報伝送系技術の発展とともに，1987（昭和62）年頃から評価がされてきた．

(5) 活性化された避難誘導システム

自動火災報知設備，非常警報設備から発せられた信号を受信して，あらかじめ設定された動作をするものとして点滅型誘導音装置付誘導灯が開発されたことにより，避難誘導に関する活性化されたシステムが，1998（昭和63）年頃から構築されてきた．当初は，不特定多数の者が集まる地下街において計画されたが，その後，複合用途，大規模な空間を有する部分，事務所等に計画され，1996（平成8）年，大阪の地下街に計画された光走行式・先行音効果式とを組みあわせた避難誘導システムへと発展した．

(6) 新ガス系消火システム

1991（平成3）年ハロゲン化物消火設備・機器の使用抑制についての通知が消防庁から示され，ハロゲン化物消火剤に代る新しい消火剤（消火システム）としてイナージェン消火システムを機械室に設置する計画が1994（平成6）年にシステム評価がされた．

その後，1995（平成7）年にガス系消火設備等に係る取扱いについての通知が消防庁から示され，「ハロゲン代替ガス系消火設備」の適正な設置の確保を図るため，当該ガス系消火設備の設置場所の用途，使用形態，空間容積，設置方法，ガス系消火剤の消火性能・毒性・放出方法，維持管理について総合的な評価が行われることとなった．現在では，消火剤の種類がIG-541，IG-55，窒素ガス，HFC-227ea，およびHFC-23の5種類となり，設置場所の用途も通信機械室，駐車場，電気質等，10を数えている．

7.8.3 その後から現在における消防防災システム

1986（昭和61）年に安全センターがシステム評価を始めてから数年の間は，先にのべた「新技術開発による消防用設備等に係る消防法施行令第32条の適用対象」的な内容が主であったが，1993（平成5）年に「総合操作盤に関するガイドライン」を消防庁が示し，個々の防火対象物に設置される総合操作盤が当該防火対象物の規模，利用形態等を勘案しながらガイドラインに適合するか否かの評価を安全センターが行うようになった．

(1) 消防防災システム構築の指標

消防庁が総合操作盤に関するガイドラインを示した通知において，1986（昭和61）年12月に消防庁次長通知による消防防災システムのインテリジェント化を進める具体的な対象として，特定防火対象物で高さが60mを超えるもの，延べ面積が8万m²以上のもの，消防法施行令別表第1（16の3）項に掲げる防火対象物で延べ面積が1000m²以上のものおよび現行の消防法令で予想しない特殊な新技術による消防防災システムまたは高度な消防防災システムを設置する防火対象物について推進が図られることとなった．

このことに追従して，安全センターに設置した消防防災システム評価委員会において「大規模建築物等の消防防災システムに関するガイドライン」を同年11月に制定し，システム計画およびシステム評価の指標とした．

これにより，総合操作盤を中心として各種消防用設備等を有機的に結合したシステム，あるいは先きにのべたビル管理システムと防災システムとが相互利用，供用するシステムが計画されるようになってきた．

また，大規模建築物等における区分所有による防火管理の形態に追従し，かつ，総括的に管理するシステムが1996（平成8）年頃から計画されるようになってきた．

(2) 総合消防防災システム

1997（平成9）年3月に消防庁は，1993年に示した「総合操作盤に関するガイドライン」に基づき安全センターが総合操作盤として評価した実績を踏まえ，総合操作盤に係る基準として総合操作盤の構成，構造，機能，表示等に関する告示を制定し，消防法令上の制度的な位置ずけがされた．

また，同年9月には，これまでの安全センターが行った評価実績を踏まえ，総合消防防災システムを防火対象物の実状に則したものとして構築するための基本的な考え方，具体的な達成手段として「総合消防防災システムガイドライン」をとりまとめ通知された．以来，このガイドラインに沿った形で計画された総合消防防災システムが主流となっている．

(3) おわりに

1986年から2000年3月末までの間に安全センターがシステム評価を行った179件（概要評価を含む）を分析しインテリジェント消防防災システムの経緯について紹介した．

当初における高天井・大空間用に開発された火災感知消火システムおよび速動型スプリンクラーシステムは，ともに相当数の実績を有し，現在の消防法令上にその位置ずけがされた．また，自動点検システムは，消防用設備等の維持管理に関する信頼性の向上および合理性に寄与するところが大きく，活性化された避難誘導システムは，健常者はもとより，災害弱者の安全性に配慮したものとしてその活用が期待される．

さらに，大規模建築物に積極的に取り入れられるようになった総合消防防災システムは，システム設計の自由度が向上するとともに，防火安全性の向上に寄与するものであるといえる．

第8章
建築防災の施策とその周辺

8.1 防災関係建築法規の変遷と防災計画

2000年7月号

濱田 信義
濱田防災計画研究室

8.1.1 はじめに

　建築に防災計画という言葉が用いられるようになったのは「20世紀」という期間の中では比較的新しく、わが国でも超高層ビルが実現可能になった頃からであると思われる。建築物の火災安全というテーマ自体は古くから重要なものであったが、その内容は社会の要求や経済の動向に伴い、時代によって大きく異なっている。歴史的な視点でみるならば、それぞれの時代の建築法令防災関係規定は、そういった状況を反映していると言えるのではなかろうか。

　ここでは都市防火が重視された市街地建築物法の時代から、第二次大戦後の建築基準法制定、その後の幾たびもの法令改正から20世紀最期の大改正にいたる状況を概観し、その中で総合的防災計画の考え方がどのようにして誕生しどのように発展して行ったかを、いくつかの事例を紹介しながら解説する。

　旧建築基準法第38条を活用して規定条文にとらわれない斬新な建築空間を創出することに大きく寄与してきた防災計画の思想が、性能規定の導入を唱えた1998年の法令改正によってどのように変って行くか、21世紀への期待を込めて見守って行きたい。

8.1.2 都市防火重視の時代

　明治時代から東京や大阪などには建築に関する取締規則や条例はあったが、わが国の近代的建築法規は1919（大正8）年に公布され翌1920年12月から6大都市に適用されることとなった市街地建築物法に始まると言えよう。しかし、防災（防火）という観点からみると、この市街地建築物法では都市防火にもっとも重きが置かれていて、個々の建築物内部の防災については制定当初はほとんど問題視されていなかったようである。例えば、甲種・乙種の「防火地区」を指定しそこでの建築物の構造を規定しているが、外壁の耐火性、屋根の不燃性、開口部の防火対策などが主であり、防火区画や避難対策など単体としての防災規定は存在しなかった。

　同法の適用に際し、日本建築学会の主催で開催された講習会で、立案にかかわった内田祥三博士ら4人の講師による同法の解説が行われた。その内容は当時の学会誌に詳細に記録されている。その中で講師の1人、竹内六蔵氏は「わが国のごとく火災に対し抵抗力絶無である木造都市が一朝兵火の見舞いを受けたならば、いかに悲惨な最期を遂げるかは想像するに余りある」と述べ、「都市防備の必要」と「防火施設、すなわち都市における耐火構造建築物の強制」とを強調している[1]。

　その後昭和の初期にかけて、東京や大阪などの大都市の中心部では、オフィスビルや銀行、あるいは議事堂、大学など都市のシンボル的存在となる耐火造の建物が次々と建設された。また1932（昭和7）年の白木屋百貨店の火災を契機として、特殊建築物の防火・避難に関する規則も制定された。しかし都市の大部分を構成する住宅地や一般の市街地において、この法律の制定当時の理念がどれだけ実現したかは、20数年後の第2次大戦の空襲による各都市の壊滅的状況をみれば明らかである。

8.1.3 建築基準法と条文適合設計

　戦時中の特例による法規定の適用停止や戦後の

臨時建築制限などの混乱期を経て，1950（昭和25）年には建築基準法が制定された．戦後の新しい体制の中で，知事の認可から建築主事の確認へと建築の手続きが従来とは大きく変ることとなったが，規制の内容は市街地建築物法および特殊建築物規則などを下敷きにしたもので，条文の整備や適用の拡大がなされているものの，大筋ではこれらを踏襲したと言えるようである．

防災関連では，市街地建築物法第14条や特殊建築物規則に定められていた学校，共同住宅，百貨店，自動車車庫，劇場，映画館，集会場，公会堂，旅館，寄宿舎などの規定を整理統合し，特殊建築物として新たに定義してその防災・避難に関して政令で規定している[2]．

建築基準法令の防災関連規定は，その後何回となく改正・強化が図られてきた．単体規定のうち耐火構造関係を除いて，防火区画や避難に関する重要な項目だけを取り出してみても，制定後約20年間に次のように改正が重ねられている[3]．

1956（昭31） 令：直通階段の設置と歩行距離
1958（昭33） 令：防火区画貫通部の構造・ダンパ
1959（昭34） 法：特殊建築物等に関する技術的基準
　　　　　　令：規模・構造別の防火区画面積
　　　　　　令：特殊建築物等の内装制限
　　　　　　令：廊下幅
　　　　　　令：避難階段の設置
　　　　　　令：避難階段・特別避難階段の構造
　　　　　　令：物販店舗の階段幅・出口幅
1961（昭36） 令：内装制限の適用拡大
1964（昭39） 令：15階以上の部分の面積区画
　　　　　　令：15階以上は特別避難階段
1969（昭44） 令：スプリンクラー設置の面積控除1/2
　　　　　　令：階段・吹き抜け等（竪穴）の区画
　　　　　　令：防火戸の自動閉鎖
　　　　　　令：大規模建築物等に避難規定の適用拡大
　　　　　　令：階段歩行距離の重複1/2以下
　　　　　　令：内装制限の適用拡大・強化
　　　　　　令：地下街に関する基準の整備・強化
1970（昭45） 法：非常用エレベータの設置
　　　　　　法：排煙設備・非常用照明装置・進入口
　　　　　　令：非常用エレベータの構造
　　　　　　令：排煙設備の設置および構造
　　　　　　令：非常用照明装置の設置および構造
　　　　　　令：非常用の進入口の設置および構造
　　　　　　令：内装制限の規定の整備
1973（昭48） 令：防火戸の構造基準の整備・強化
　　　　　　令：階段の規定の整備・強化
　　　　　　令：内装制限の強化

このほかに耐火構造関係規定や集団規定まで加えると毎年のように行われてきた法令改正には，ビル火災の頻発という社会不安への対症療法的な目的と，技術の進歩による建築物の高層化・大規模化という新たな動向に対応する趣旨とが混在する．しかも法令条文の構成上，改正は個々の対策ごとに積み重ねられてきており，それらの相互関連は複雑極まりないものとなって行った．

とくに1969年と1970年の改正は防災設計に大きく影響するものであり，設計者にとっては何よりもまず改正内容を理解し，設計案をいかにしてそれに適合させるかが先決問題となった．当時一般には，規定がもつ防災上の意味を考えたり，よりよい代替策を提案するなどの余裕はほとんどなかったといってよい．

8.1.4 防災規定を先取りした超高層ビル

一方1960年代には，構造技術の進歩によってわが国でも超高層ビル実現の可能性が見えてき

た．当時の法令は建築物の高さが31m以下であることを前提としていたが，1961年に特定街区，次いで1963年には容積地区の制度が新設され，限られた場所ではあったがその高さ制限を突破する道も開けてきた．しかし単体としての規定は整備されていなかったため，構造だけでなく防災についても，超高層ビルの安全性に関してはほとんどが手探りの状態であったと言える．

このような状況の中，1963年には日本建築学会の建築計画委員会に高層建築小委員会が設置された．ここには吉武泰水，池田武邦，林昌二ほか，第一線で建築の計画・設計にかかわっていたメンバーが集まり，高層建築における防火や避難に関する議論を重ねることとなった．それまでは火災現象の研究者や消防関係者だけに限られていた防災問題が，これ以降建築計画や設計実務にかかわる人々の間で議論されるようになったことの意義は大きく，やがてその成果は実務者によって初期の超高層ビルの防災計画に活かされて行くようになる．

わが国初の超高層ビルである霞が関ビル（1968年完成）については別稿で詳しく紹介されているので，ここでは霞が関ビルに次いで東西に建設された，神戸貿易商工センタービル（1969年完成，略称KTC）と，東京・浜松町の世界貿易センタービル（1970年完成，略称WTC）の2つの超高層ビルについて，設計者である日建設計（筆者の元勤務先）の社内記録から当時の防災計画に関する状況を紹介する．

ほぼ同時期に設計された両ビル（KTCの方がやや小ぶり）は，基準階の外形がほぼ正方形で一見類似しているが，コア部分の平面形状が異なる．共通しているのはセンターコア形式を採用し，比較的小規模なテナント間仕切りにも廊下なしで対応しやすい計画としている点である．防災計画上からみると，2つの避難階段が同時汚染される危険や，間仕切りによってはテナントごとの2方向避難が困難になるといった弱点があるが，それを補うため両者とも建物の四隅にタラップ付きのバ

実寸法は柱芯々で36.9m

図-8.1.1　神戸貿易商工センタービル（KTC）基準階平面

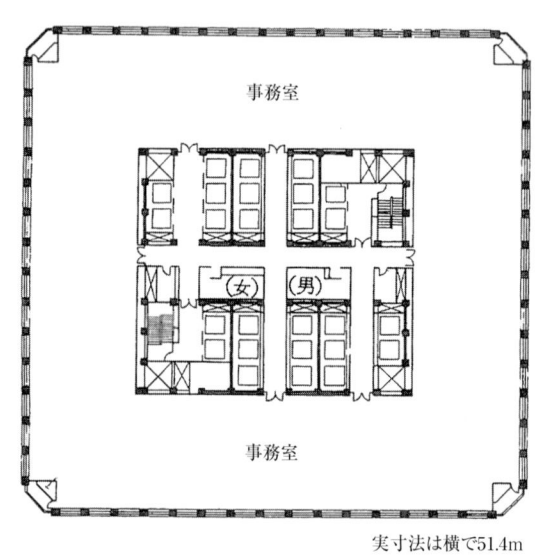

実寸法は横で51.4m

図-8.1.2　世界貿易センタービル（WTC）基準階平面

ルコニーを設けている．

当時の記録を読むと，法令が未整備な中で高層建築における安全のあり方を真剣な態度で追求し，行政・消防当局との折衝を重ねながら，いわば法令の規定を先取りする形で超高層ビルの防災対策を構築して行った様子がうかがわれる．いくつかの具体的な例をあげよう．

(1)　内装不燃化と可燃物量規制

法令ではスプリンクラーを設置すれば内装制限は適用されなかったが，出火防止対策を重視し，あえて準不燃または不燃の仕上げ材料を採用して

いる．また家具等も不燃化を図るため，テナントオフィス内の可燃物量規制の考え方を導入し，WTCでは40kg/m²以下という基準値を貸方基準に記している．

(2) 煙感知器の設置と防災センター

火災の早期覚知のため煙感知器を設置し防災センターにおいて集中監視を行うシステムは，この時期にはほぼ定着したようである．ただしWTCでは，煙感知器は「自主的に」設置したものであり，テナントの負担部分については1か所3万円もの予想外の出費を強いる結果になったと記録されている．

(3) 非常用エレベータ

消防隊専用のエレベータとして位置付けられ，消防当局の要求に従って設置された．WTCでは政令の公布以前であったため，仕様の詳細は当局との折衝によって定めたとある．KTCでは各階に給気付きの安全区画を備えたエレベータ1台を，WTCでは特別避難階段附室との兼用ロビーをもつ2台バンク2か所，計4台を設けている．

(4) 避難計算

当時は避難計算もまだ一般的にはその手法が確立しているとは言えない状況にあったが，KTCの防災計画には堀口三郎京大教授の指導による避難計算が示されている．これは基準階，最上階の展望室および地下商店街について，仮想出火点や避難経路などについて種々のケースを検討したもので，むろん手計算ではあるが緻密で納得性がある．しかも計算結果を示すだけではなく，その結果から個々の避難計画上の問題点を指摘し，平面計画の一部修正や，発煙速度の小さい内装材料を使用することと結びつけている点などは注目に値する．

8.1.5 防災計画書の作成と評定制度

1970年の基準法改正には，防災関係規定のほかにも大きな改正点があった．それまでの絶対高さ制限が廃止され，容積率制限が全面的に適用されるようになったことである．以後，敷地の条件さえ整えば原則的にどこにでも，超高層ビルの建設が可能となったのである．建設省（当時，以下同じ）ではこれに関して1972年に通達を出し，超高層ビルなど基準法第38条の大臣認定を取得しようとする場合には「防災計画書」の作成を義務付けることとなった．こうして超高層ビルの実現に伴って生れた建築防災計画は行政手続きの中に位置付けられ，その後も高層建築物の増加動向と密接に関連しながらしだいに定着して行った．

1980年には耐震設計の基準に関する政令が改められた．いわゆる「新耐震設計法」の導入である．これは単に構造の技術基準が変ったというだけではなく，防災計画の面にも大きな影響を与えるものであった．それまでは構造計算について個々に38条の大臣認定を必要としていた高層建築物のうち大部分が，特定行政庁で取り扱われることとなったからである．これは高層建築物がそれ以後急速に増加することを意味した．

これに対応して，1981年に建築指導課長通達「高層建築物等に係る防災計画書の指導について」が出され，高さが31mを超える建築物や大規模あるいは複合用途の建築物等（翌年一定規模以上のホテル，旅館等を追加）については，建築確認に際して特定行政庁が防災計画書の作成を指導することとなった．また，それまでは建設省（住宅局建築指導課）で直接に防災計画書の内容審査が行われていたが，これ以降は日本建築センターに設置された「建築防災計画評定委員会」でその内容が審査されることとなる．

この委員会での約20年間の評定件数は約4000件に達しているが，後半には一部の建築物について東京都および大阪府において別途に審査・評定が行われているから，それを加えれば防災計画書を作成し審査を受けた建築物は，全部でおそらく6000を超えるものと思われる[4]．

この「防災計画書」は通常次のように構成されている．

① 建築物の概要
② 防災計画基本方針

③ 火災の発見，通報および避難誘導
④ 避難計画
⑤ 排煙および消防活動
⑥ 管理・運営
⑦ 付図

すなわち，ここでは個々の防災対策がどのように計画されているかを問う以前に，建築物全体としての防災に関する基本方針を求めているのである．この防災計画評定の対象となる建築物は防災関係の法令規定に適合していることが前提であったが，このようにまず防災計画の基本方針を示すという点では，単に規定の条文に適合しているだけの設計とはその姿勢が根本的に異なる．しかしこのような考え方が当初から一般に定着していた訳ではない．このため総合的な防災計画の必要性から説いた教本「建築防災計画指針」が刊行（初版は1975年，その後数回改訂）されている．

この防災計画評定では，火災安全上たいへん重要ではあるが法令規定の条文には表現し切れないことがらについて計画内容を審査し，設計者への指導・助言が行われた．例えば，避難出口の位置や大きさは適切か，避難階段の配置はバランスがよいか，附室の面積は各階の在館者が一時待機するに十分か，などが避難計算という手段を通してチェックされた．また機械排煙のダクト系統やファン設置位置の修正，あるいは法令では義務付けられていないが設置した方がよい部分への防火区画の推奨など，「望ましい防災設計」への誘導がなされたことは，確認申請手続きの一環としてみれば余計なことであったかもしれないが，防災計画の思想を普及させる点ではきわめて有効であったと思われる．

余談になるが評定制度が始まった当初は，基本方針の中に示される区画図などもすべて単色で，線の種類や太さなどを工夫して表現されていた．その後コピー機の進歩・普及に伴い，しだいに計画書もカラフルなものになって行った．

8.1.6 38条大臣認定の防災計画への適用

旧建築基準法第2章第38条には「この章の規定又はこれに基く命令若しくは条例の規定は，その予想しない特殊の建築材料又は構造方法を用いる建築物については，建設大臣がその建築材料又は構造方法がこれらの規定によるものと同等以上の効力があると認める場合においては，適用しない．」と書かれていた．第2章は建築物の単体に関する規定の部分であり，運用次第ではオールマイティにもなり得る条文である．なお集団規定では，第3章第5節の防火地域に関する規定の適用除外として，第67条の2に38条を準用する旨の規定がある（この両者とも2000年6月施行の法改正により削除された）．

この規定は新しい建築材料や高層建築物の構造計算には数多く適用されていたが，防災計画に38条を適用した例は1980年代前半まではごく少なく，積極的に38条を活用して成功をおさめた

図-8.1.3 新宿NSビルのアトリウム見上げ

事例としては，新宿NSビル（1982年完成，日建設計）のアトリウム空間が最初であった．

当時は設計者がデザインや空間構成などに自由な発想をしたいと考えても，防災に関して法令の規定が詳細な仕様を定めていたため，それに抵触する設計の実現は容易ではなかった．火災に対する安全性を科学的に評価する方法が明らかになれば，種々の防災対策を組合せる中で自由度の高い設計が可能になる．建設省の総合技術開発プロジェクト「建築物の防火設計法の開発」は，このような目的から実施された．これは官・学・民の研究者・設計実務者を集め，1982年度から5年間にわたって行われた大規模な研究プロジェクトであった．

この成果として示された「総合防火設計法」は，出火・拡大防止，煙制御，避難，耐火設計の4つのサブシステムから構成される．この中で火熱や煙などの火災時の性状予測法が示されたことによって，その後多くの建築物が38条認定を取得するための道が開かれた．この成果を活用した防災設計は，日本建築センターに常設された「防災性能評定委員会」での審査・評定を受け，その後に建設大臣の認定を取得することとなるが，1987年以後認定件数は著しい増加傾向を示している．

一方この総プロとほぼ時期を同じくして，東京ドーム（1988年完成，設計は日建設計＋竹中工務店）の設計と建設が進められていた．東京ドームはわが国で初めての大規模空気膜構造であり，屋内野球場として5万人という多数の観客を収容する施設であるとともに，ときにはコンサートや展示会にも使われる多目的の施設である．

屋根は耐火構造ではないし，空気圧で支持される恒久的建造物などというものはそれまで存在しなかった．コンコースを含む内部の加圧空間には途中で遮る防火区画はない．また排煙設備も設けようがない．まさに「法令規定の予想しない建築材料および構造方法を用いる建築物」そのものであった．

大規模空気膜構造については，当時すでに関係

図-8.1.4 施工中の東京ドーム（内圧を高めて膜屋根を押し上げている）

業界と学識経験者による研究委員会でその安全性評価基準が策定されていた．しかし実際のプロジェクトでは，多くの具体的な課題の解決策を評価しなければならない．このため，建築センターに東京ドーム（当時は後楽園エアードームと呼ばれていた）の計画を評価する特別委員会が設置され，構造・防災・設備・維持管理の各面にわたって，建築設計の詳細な詰めの作業と並行して集中的に審査が進められたことが，当時の関係者の1人として懐かしく思い出される．

1993年からの5か年では建設省の新たな防火総プロ「防・耐火性能評価技術の開発」が実施され，防災設計における性能評価法がさらに一歩進むこととなった．

こうして防災計画に関する38条認定は，アトリウム空間・加圧防煙システム・耐火鋼などを中心に，1990年代に右肩上がりのカーブを描いて急増した．法令改正時点までの総件数は，おそらく2000に達しているものと推定される．

8.1.7 性能設計時代の始まり

建築基準法は1998年6月に大幅な改正が行われた．その要点として次の5項目が並べられている．

① 建築確認・検査の民間開放
② 建築基準の性能規定化等基準体系の見直し
③ 土地の有効利用に資する建築規制手法の導

入

④ 中間検査の導入

⑤ 確認検査等に関する図書の閲覧

これらの改正点の多くは改正法の公布と同時または1年後に施行されたが，技術基準に関する「性能規定化等建築基準体系の変更」については，公布の2年後，2000年6月に施行となった．そのポイントは，一定の性能さえ満たせば多様な材料，設備，構造方法を採用できる規制方式，すなわち「性能規定」の導入であるとされている．

防災関係では，耐火構造・不燃材料などについて従来は仕様で示されていたものが性能に関する技術的基準を規定する方式に改められたこと，「耐火設計法」が導入され計算で確かめられれば耐火被覆が軽減できるようになったこと，「避難安全性検証法」によって安全が確認できれば避難関係の規定を免れることができるようになったこと，などが主な点である．これらについては従来は防災計画上の必要があれば，独自に安全性の検証を行い38条の大臣認定を受けて実現させることが可能であった．しかし38条が削除されたため，以後は告示に定められた計算法に従って安全性を検証することとなった（該当する条文ごとに独自の検証法によって大臣認定を受ける道も残されてはいる）．

建前ではこの改正によって，従来は個別に建築センターの防災性能評定と大臣認定とを必要としたような法規の条文に抵触する内容の設計でも，告示による計算が成立しさえすれば確認の手続きだけで認められることになった．しかし実際に設計や申請の手間が軽減されたかは疑問である．

また性能規定が導入されたとはいえ，その内容についても建築学会の関係委員会などから疑問が出されている．とりわけ今回の改正ではその範囲が限られているため，性能規定が導入された条文を組合せただけで総合的な防災計画に基いた新らしい発想の建築空間が実現可能になるか，という課題は残されている．

ともあれ新建築基準法は動きはじめた．性能設計と称して「計算に頼る設計」の一般化が急速に進むに違いない．それが期待される技術の発展につながるのか，あるいは逆に技術開発の一時的な停滞を招くのか，すべては今後の法規運用にかかっている．

◎参考文献

1) 日本建築学会：建築雑誌414号(1921.4).
2) 大河原春雄：建築法規の変遷とその背景,鹿島出版会(1982.6).
3) 日本損害保険協会安全技術報告書95-8：建築物の耐震・防火性能を規定する法令の変遷(1996.3).
4) 佐藤博臣：建築物の防災計画と防災システム,日本火災学誌「火災」244号(2000.2).

8.2 戦後復興期における防災研究の一側面

2000年9月号

菊岡 倶也
建設文化研究所

8.2.1 はじめに

　第二次世界大戦後の建築防災研究において建設省建築研究所（現在はつくば市．独立行政法人建築研究所以下，建研という）が果した役割は大きい．前身は戦災復興院総裁官房技術研究所，建設院第二技術研究所で，同所では戦災で焼失したビル診断とともに火災や各種災害から建物を守る研究が行われたこと，敗戦で行き場を失った俊英の研究者たちが新しい職域として防災研究を志したこと，などによる．この時期，大学は復興未だしで建研は建築研究の牙城の観があった．

8.2.2 大蔵省営繕管財局建築研究室が源流[1]

　建研の前身は，戦前の大蔵省営繕管財局の建築研究室に遡る（さらに辿れば帝国議事堂の建設のために設けられた建築材料試験室にまで遡る）．
　1935（昭和10）年の頃，大蔵省の外局として建築の研究機関を創設しようという機運がおこり，設立予算案を作成して提出した．しかし軍部予算が優先されて葬られた．1939（昭和14）年度にもふたたび提出されたが，この時は内務省提出の防空研究所案と競合し時局の緊急性から防空研究所が認められた．研究所の設立を否認された大蔵省営繕管財局は，1942（昭和17）年12月に建築研究室（初代室長は萩一郎氏．二代室長は藤田金一郎氏）を設置した．
　「国立建築研究所」は戦前においてはついに実現せず戦後を迎えた．

8.2.3 第七陸軍技術研究所跡に拠を構える

　終戦直前に山梨県に疎開していた大蔵省建築所研究室の技官たちは，戦後，大久保の旧第七陸軍技術研究所跡にその夢を実現した．その間の事情についてはここでは省略しよう．終戦時という混乱期ゆえに出来たことである．
　大蔵省財務局との交渉や米軍への利用申請（敗戦以来，旧陸海軍施設は米軍の管轄下にあった）などを経て，建築研究所設立のための下地がつくられた．

8.2.4 戦災復興院総裁官房技術研究所，建設院第二技術研究所，建設省建築研究所と変遷

　政府は戦災地の恒久的復興対策のため内閣総理大臣の直属機関として戦災復興院を設立（1945（昭和20）年11月5日），大蔵省建築研究室は戦災復興院の目的と合致したので，「売り込んで」付属の技術研究所となった．1946（昭和21）年4月のことである．
　当時の研究課題が残されているが[2]，そのテーマに創設期の意欲が感ぜられる．
　やがて戦災復興院は建設院に衣替えをし，研究所は建設院第二技術研究所に組織換えした（第一技術研究所は旧内務省土木試験所）．次いで，建設院は1948（昭和23）年7月10日に建設省へ官制変更し，第二技術研究所は建設省建築研究所となった．総人員は58名でうち研究員は26名であった．以上がつくば市にある建研誕生までの経緯で，1948（昭和23）年当時の建築研究所分課規程[3]からその活動がわかる．

8.2.5 防災研究が主目的

　私は戦後の国土計画に大きな足跡を残されたもと国土事務次官の下河辺淳氏にインタビューをしたことがある[4]．インタビューの目的は，建研の

初期の頃に在職された氏からその頃のお話を伺うことにあった．氏は「建研全体としては，戦災復興ということが強く言われていたし，あの頃建築で言うと，耐火というか建物を火災からいかに防ぐかということと，耐震性をいかにするかというあたりが大きな与えられたテーマだったんじゃないでしょうか」と話された．氏にも研究所の方向はそのように映っていたようだ．

わが国における建築防災の研究は戦前においては大学において行われたが，「建研創設の当時は大学復興未だしの頃」[5]であった．

8.2.6 藤田金一郎氏の防災研究の意義と効果

初代所長に就任した藤田金一郎氏は「建築研究所の現況」と題するつぎの一文を当時の建設省の機関誌に寄せた．やや長いが引用しよう．

「我国の建築に関する災害（火災，風水害，虫菌害）は，毎年平均1千億以上（2次的損失を含む）にも達すると考えられ，国民一人当りの建築災害負担は年1250円（年平均所得33 000円の2.7％）にも及び，これが国家，国民の経済に加える荷重は尠からぬものがある．これに対し採るべき行政的措置が重要であり，又着々採られつつあるのではあるが，此の措置を有効，適切なものにするためには，建築の防災技術を進歩させることの必要も亦切なるものがある．住宅，事業場や都市の改善についても亦同様の事が云えるのであって，行政的措置と同時に，これを効果的にするための技術課題は山積している現状である．我が国年間の建築活動を1200億円，国民一人当り年1500円と推定すると，建築の設計や施工の合理化研究によって得られる国民経済上の利益の尠からぬものであることは想像に難くない．仮りに，災害の1/2を防止し，新建築費の10％を節約する研究を行い，これを普及するならば，災害予防工費を差引き年々国民経済の負担軽減は年一人当り，675円となり，国民全体で毎年600億の負担軽減ができる．早く解決すれば早く効果が出るから早期投資が望ましいのであるが，以上の研究に要する投資を年2億円，10年間で計20億円（現在の国庫よりの投資の約五倍の割合）とすれば，これによって，年々600億円を節約することになるから，如何に有利な投資であるかがわかる」[6]．

建設省の事務官は，「終戦から今日まで170万戸の住宅が新築されたが，各種災害によって生じる建物の損傷は約30万戸で国民の負担はまことに大きい」と書いた[7]．

このような状況を背景に，創世記の建研においては防災研究の推進が最重点課題となった．

この種の原稿としては，ここで建研が行った火災および耐震などの具体的な研究成果およびその評価について触れるところであろうが，筆者は防災の研究者ではないので関係文献のインデックスの一部を列挙してそれに変えさせていただくこととしたい[8]．それらに詳述されている．

8.2.7 むすび

創世記の建研の研究活動を振り返るときに想起されるいくつかのことがらがある．

それは大蔵省建築研究室ばかりでなく陸海軍の研究機関，内務省の防空研究所，その他外部機関から優秀な頭脳を集めることが出来たこと，それも建築系ばかりでなく航空学などを修めた人々が参加して耐震や建築基礎の問題に取り組んだことである．例えばわが国地震工学の権威であられた故 大崎順彦氏は東京大学工学部航空学科を卒業されて海軍航空技術廠に入り木製飛行機の構造力学的なフィージビリティスタディに取り組んでいたが，終戦を迎え郷里に引き込んでいたところを海軍航空技術廠で一時机を並べていた竹山謙三郎氏から誘いの手紙をもらい建研のスタッフとなったという[9]．

世界最初の大型起振機を設計し起振実験により多くの成果を得，また日本で最初の大型振動台を設計し原子炉の耐震実験を行った中川恭次氏（のち大林組技術研究所長）も海軍航空技術廠の出身で，航空学科出身の小泉安則氏（6代所長）は理論土質工学の大家となられた．このように建築専

攻以外の人々による建築研究の開拓は創設期の建研の特色であった．建築出身には川越邦雄氏らがおられた．寄り合い所帯であったが自由な雰囲気のなかで数々の成果が生み出された．

1949（昭和24）年度に日本建築学会賞が復活すると学会賞の受賞者が相次いだことも（1960（昭和37）年度は4名も受賞）建研の実力を世に示したひとつであった．これら創設期の研究は予算のきわめて乏しいなかでなされたことも特色である．

歴史から学ぶという言葉があるが，昨今のような転換期には創業の時代に立ち返ってその精神に学ぶことも意味あることであろう．

◎参考文献

1) 建研の創設期およびそれ以前の歩みは筆者が編纂をした"資料　草創期"（「建築研究所50年」1996年）をご覧いただきたい．
2) 同上，pp.335-337.
3) 同上，pp.345-346.
4) 下河辺淳さんに伺う，建築の研究，138号(1992.4).
5) 高山英華：創立20周年記念に寄せて，建築研究所20年のあゆみ(1966).
6) 藤田金一郎：建築研究所の現況，建設月報，(1951年1月号).
7) 下川定五郎：建築防災事業の緊急性，建設月報，(1949年6月号).
8) 例えば，建研の各年誌の類である，「建築研究所20年のあゆみ」，「建築研究所30年のあゆみ」，「建築研究所この10年のあゆみ」，「建築研究所50年」のほか関根孝：回想・焼けビルのことほか「建築の研究」78号(1990)．同：都市大火の研究・戦後15年間の諸断面「火災」239号(1999)に，草創期の研究報告である「建築研究所要報」の目次が「建築の研究」104号(1994)に掲載されており当時の研究成果がわかる．また建研内建設技術研究会 編：「建築の防災」丸善　1951年は，戦後の建築防災研究の総決算的内容になっている．
9) 大崎順彦：地に墜ちた人々　建築の研究117号(1996).

8.3 文化財建造物の防災100年

1999年8月号

清水 真一
文化庁建造物課
現 奈良文化財研究所

8.3.1 はじめに

文化財保護の歴史は，1897（明治30）年の古社寺保存法の制定以来一世紀を迎えた．この間，数多くの文化財建造物が火災，風水害，地震等の災害を被り，致命的なダメージを受けたものも少なくない．

世代を越えて伝えるべき文化財建造物にとって，災害は繰り返しやってくる存在であり，災害から学びながらその都度防災対策の充実が図られてきた．国指定建造物の代表的な災害例を取り上げながら，文化財保護行政における防災100年の歩みを振り返ってみる．

8.3.2 防火対策事始め

古社寺保存法が制定されてまもない1902（明治35）年1月には，祐福寺多宝塔（愛媛）が焼失し，災害により失われた指定建造物の初例となった．木造建築が大多数を占めるわが国にとって，火災への備えは防災対策の最優先課題であることから，東大寺や法隆寺ではすでに明治末から大正にかけて大規模な防火対策が実施されている．

1909（明治42）年から1912（大正元）年にかけての東大寺大仏殿の半解体修理は，我が国初の大規模な文化財修理として特筆されるものであるが，修理に併せて屋外消火栓のほか，鋳鉄管を堂内と下層屋根廻り（上層軒吹き上げ用）に引き込んだ当時として最新式のドレンチャー設備を設置している．

法隆寺でも，1912（明治45）年頃から消火設備の計画がなされ，1919（大正8）年3月には，衆議院で，法隆寺防火水道設備設備工事に関する建議案が可決されて実現の運びとなり，1922（大正11）年に法隆寺防災基本計画に着手，1924（大正13）年3月着工，1928（昭和3）年4月に消火設備が竣工した．裏山に堰堤を築いて貯水池を設け，東西両院境内に計90基の消火栓を設置している．

また，1927（昭和2）年には善光寺本堂（長野）でも檜皮葺の大屋根の修理に伴ってドレンチャーを設置している．

このように，最新の技術による本格的な防火設備を整えようとする考え方は早くから取り入れられていた．しかし，このような取り組みは昭和戦前までは特殊な場合に限られていた．1929（昭和4）年からの国宝保存法時代22年間には，戦災によるものを除いても18棟が焼失しており，毎年ほぼ1棟の割合で国宝が失われたことになる．防火対策の必要性は叫ばれながらも，明治以来の社寺経済の疲弊の中で急速に傷みが進行していた社寺建築を対象とする保存修理に追われ，防火対策にまでは手が回らない状態であった．

8.3.3 関東大震災

1923（大正12）年9月1日の関東大震災で，震源地に近い鎌倉では鶴岡八幡宮をはじめ多くの社寺建築に被害があり，全壊38棟，半壊29棟に及んだという．当時指定されていた建造物は，鶴岡八幡宮大鳥居，円覚寺舎利殿，建長寺仏殿・唐門・昭堂のいずれもが全壊状態であった．境内全域が壊滅的な打撃を受けた中で，指定建造物についてはいずれも震災後ただちに厳密な復原的調査に基づいて復旧できた．

円覚寺舎利殿を例にみると，軸部が前方に倒れて，その上に軒先以上が原形を保ったまま落下した．主屋の側廻りの柱や裳階の貫・台輪などの多

図-8.3.1 関東大震災で倒壊した円覚寺舎利殿（「国宝円覚寺舎利殿-修理調査特別報告書-」(1970年)より）

くは取り替えられたらしいが，組物，軒廻りなど精緻な加工を要する部材のほとんどを再用して復旧できた．

このような経験は，おそらく保存修理技術に対する自信と信頼を高めたが，一方では倒壊に対しては復旧可能との認識を生んだこと，民家など生活に密着した建造物については保護の対象としていない時代であったことから，補強等の耐震対策の必要性が痛感されるには至らなかったと考えられる．

8.3.4 空襲への備えと戦災

姫路城では，1934（昭和9）年6月の豪雨により西の丸渡り櫓が石垣とともに崩壊し，これを契機として戦後まで続く昭和大修理の始まりとなった．日米開戦前から場内に駐留する陸軍の意向もあり，空襲への備えとして城を擬装するために白壁を墨で塗りつぶす方法と，被覆する方法が検討され，後者の藁縄で編んだ網で壁体を包む方法が採用された．1942（昭和17）年5月には大天守および小天守からなる一画が覆われ，1943（昭和18）年12月には櫓・土塀を含むすべての建物が擬装された．また，翌年にはさらに城内に防火貯水池5か所を設けている．1945（昭和20）年には市街の大半は焼失し，城内にも三の丸，西の丸に焼夷弾が落下したが幸い建造物は無傷であった．

1943（昭和18）年12月，空襲の激化に備えて国宝・重要美術品の疎開・収蔵等が閣議決定された．姫路城と同様に戦前から昭和大修理が始まっていた法隆寺でも，五重塔と金堂を解体して部材を疎開させることとなった．法隆寺の大修理は1934（昭和9）年から開始していたが，1945（昭和20）年春から疎開に着手して，五重塔を初重の天井まで，次いで金堂を初重の尾垂木まで急ぎ解体して，残る部分に仮の屋根を掛けて擬装したところで終戦となった．

京都・奈良が空襲を免れたことは幸いではあったが，1945（昭和20）年には，浅草寺本堂（東京），名古屋城など全国で206棟が焼失，実に当時の国宝建造物の12％が失われた．そのほか31棟が被災しており，その復旧は容易ではなかった．

根津神社社殿（東京）を例にみると，1945（昭和20）年1月28日の空襲で，焼夷弾が本殿に命中，屋根野地を貫通して小屋裏内で止まり，小屋組伝いに幣殿，拝殿まで延焼したものと考えられている．このため，着弾後も，市街地の消火活動に追われこれが下火になる頃まで火災の発見が遅れたことが被害を大きくしたといわれている．

被災状況は，本殿がもっとも甚大であり，小屋組，天井，軒等が焼損落下する甚大な被害をもたらした．戦後，文化財保護委員会での検討の結果復旧が可能との見込みがたったことから，1946（昭和21）年10月から復旧工事に着手した．終戦

図-8.3.2 戦災により焼損した根津神社社殿（「重要文化財根津神社本殿幣殿拝殿修理工事報告書」(1959年)より）

後の混乱の中で食料や宿泊にも困難を来していた時期であり，焼損した社殿の調査，解体だけでも4年を要するなど，実に13年に及ぶ復旧事業が続けられた．

8.3.5 福井地震による天守倒壊

1948（昭和23）年6月28日，福井県丸岡を震源地として北陸一帯をおそった福井地震（北陸大震災）により，丸岡城天守が倒壊した．基盤と石垣が崩壊したことにより，建物が西北隅に転落した．散乱した部材の上に，最上層である第三層の屋根の一部がわずかに原形をとどめる状態であった．石垣上面の礎石で旧位置に残るものはわずかに1個にすぎない状態であったというから，台形の基盤が小山に化した様なすさまじい有様であった．

幸い延焼は免れたものの，ただちには復旧の見通しが立たなかったことから応急的に部材を格納し，1951（昭和26）年12月から復興に着手，1955（昭和30）年3月に竣工した．倒壊の際に部材の折損，裂傷，ねじれ，減失等の損傷を受けているばかりか，各部材を選別して旧位置を決定していく作業には困難を極めた．1940（昭和15）～1942（昭和17）年に解体修理を行った際の写真約130枚と，部材の木目，円味の有無，加工法，部材の向き具合等を対照して各部材の旧位置を決定していくものであり，巨大なジグソーパズルとなった．修理工事の記録をきちんと残しておくことの重要性が再確認されることにもなった．

天守倒壊の原因となった基盤を強化するためには，基盤上面から4.5mほど井桁型に掘り下げて鉄筋コンクリート造のフレームを構築し，建物の荷重はすべてこの人工地盤で受けるものとし，復旧した石垣積みには力が加わらないようにしている．天守石垣内部を人工地盤とする方法は，後に姫路城の修理にも取り入れられた．

8.3.6 法隆寺金堂焼損と文化財保護法の制定

1949（昭和24）年1月26日，法隆寺金堂が内部からの出火により焼損した．すでに述べたように上部はすでに解体されていたために被害は及ばなかったこと，1928（昭和3）年に完成していた消火設備が功を奏したことは幸いであったが，初重の軸組材は表面が炭化し，壁画は上塗りが素焼きのようになって壁から浮き上がった状態となった．剥落防止のための硬化処理を行い，土壁を切り外してふたたび収蔵庫内で組み立て，焼損したそのままの状態で保存することとし，金堂は初重を新補材に置き換えて復旧された．

金堂の火災は，1944（昭和19）年7月21日に斑鳩三塔のひとつ法輪寺三重塔が雷火により焼失して間もない時のことであり，文化財保護施策の充実についての世論が高まった．あたかも文化財保護法の制定に向けての準備が進められていた最中であり，金堂の火災は新法制定の気運をさらに高めるところとなった．

翌1950（昭和25）年5月には文化財保護法が公布されたが，7月2日には鹿苑寺金閣が放火により焼失した．一階南西部床から燃え上がり，三階が崩れ落ちて一・二階は軸組が著しく炭化した状態で焼け残った．もはや古材を再用して復旧することは不可能な状態となり，後に図面と古写真に基づいて同形式で再建された．

法隆寺金堂と金閣というわが国の代表的な文化財建造物における火災事故は，文化財の防災対策の重要性を改めて示したものであり，今日に至る防災対策の再出発点となった．

図-8.3.3 福井地震で倒壊した丸岡城天主（「重要文化財丸岡城天守修理工事報告書」(1955年)より）

1955（昭和30）年には，法隆寺金堂の火災があった1月26日を文化財防火デーに制定し，毎年この日を中心に全国各地で実践的な消火訓練が行われるようになった．また，1957（昭和32）年の同日には，当時の文化財保護委員会と国家消防本部によって「国宝および重要文化財などの防火措置実施心得」が取りまとめられ，火災診断の推奨や日常的な管理の在り方を示しており，消防機関との連携が進められた．

8.3.7 自動火災報知設備の設置義務

文化財保護法制定後に最初に本格化した防火対策は，早期発見のために必要な自動火災報知設備の設置であり，1950（昭和25）年には，奈良・京都市内の主要社寺約80か所にMM式火災報知器（消防機関に通報する自動火災報知設備）が設置された．

戦前にも，すでに1918（昭和7）年に浅草寺において自動火災報知設備の文化財建造物への効果を試験し，1919（昭和8）年に蓮華王院本堂（三十三間堂）に指定建造物として初めてこれを設置している．これが功を奏して1922（昭和11）年5月4日未明の本堂床下からの出火にいち早く警報を発したことから，床下の一部を焦がした程度で大事にいたらずに消し止められた．これが契機ともなって設備の有効性が改めて認識され，国庫補助による自動火災報知設備事業が進展していった．

1961（昭和36）年3月には，消防法施行令が公布され，重要文化財等への自動火災報知設備の設置が義務付けられたが，既指定のものには適用されておらず1966（昭和41）年7月には大徳寺方丈が放火により天井と障壁画を焼損して，文化財保護法制定後初の国宝建造物の火災事故となった．同年12月には消防法施行令の一部改正により既指定の文化財建造物にも自動火災報知設備が遡及適用（1969（昭和44）年10月1日施行）となり，自動火災報知設備の設置事業が重点的に進められた．1950（昭和25）年から1967（昭和42）年までの補助事業による年平均新設件数は10件に満たなかったものが，1968～1969年の2年で329か所に設置するなど急速に改善された．

8.3.8 落雷対策の充実

古代以来，境内でもひときわ高い塔をはじめ数多くの建造物が落雷により焼失したことが知られており，尾山神社神門（石川）では明治8年の建設当初から避雷設備を設けていたことが知られている．古社寺保存法が制定された1987（明治30）年には，早くも特別保護建造物に対する最初の防災工事として法隆寺金堂に避雷針を設置しており，1967（昭和42）年には同寺五重塔にも設置されている．

このように避雷施設は，自動火災報知設備と並ぶ防火対策の柱であったが，古社寺保存法および国宝保存法時代には，大鳥神社本殿（大阪），延暦寺横川中堂（滋賀），法輪寺三重塔（奈良）の3棟が雷火により焼失している．

文化財保護法制定後は，とくに1963（昭和38）年に姫路城，彦根城，相国寺と落雷事故が相次いでいる．相国寺本堂をみると，鬼瓦を止めていた銅線に落雷，屋根瓦200余枚を壊したばかりでなく，金属を伝って内部の釣灯籠，須弥壇，正面扉を毀損，また樋を伝って附属の玄関廊の大棟などに至るすさまじいものであった．

補助事業による避雷施設の新設件数は，1962（昭和37）年以前5か年では37件であったのが，1968（昭和38）年を境に重点的な整備が進められ，以後5か年ごとにみると75件，112件，160件と設置件数が急増しており，昭和50年代をもっておおむね全国的な整備が進み，雷火による火災や毀損事故は急減した．

8.3.9 総合防火対策を目指して

自動火災報知設備，避雷設備と並ぶ重要な防火設備として消火設備がある．文化財建造物は，公設消防の便が悪いところに立地するものが少なくないこともあり，被害を最小限に留めるためには

初期消火の体制を整えておくことが重要である．消火設備については，自動火災報知設備，避雷設備とセットで総合防災設備として設置を推進している．1972（昭和47），1973（昭和48）年には都道府県に補助金を交付して「文化財総合防災緊急調査」を実施し，その後の総合防災計画を推進していくための基礎資料となった．

しかし，消火設備については多大な経費を要することから短期間で全国的な整備を進めることは困難である．また，新規指定の増加や既存設備の改修への対応も求められることから，総合防災設備の達成率は，昭和54年に50％を越えたものの，その後は65％前後で推移している状況であり，文化財建造物所有者等に対するいっそうの支援体制が求められている．

1975（昭和50）年には文化財保護法の一部改正により伝統的建造物群保存地区制度が創設され，地区全体の防火対策が求められている．大規模な茅葺き屋根の合掌造が建ち並ぶ白川村荻町では1977（昭和52）年から1981（昭和56）年にかけて放水銃，消火栓を集落全体に配備したのをはじめ，各地で計画的に整備が進められている．

8.3.10 延焼防止対策

設備面以外の防火対策としては，山中など消防用車両の進入が困難なところに位置する建造物に対しては消防道路を設けたり，市街地などにあって延焼の恐れのある建造物に対しては火除地を設置することが有効である．

奈良の旧市街に囲まれた元興寺極楽坊では，1958（昭和33）年から指定建造物に隣接した建物を撤去して周囲に空地を確保する事業が行われ，火除地設定の初例となった．

また，山中や山裾に位置する文化財建造物も多く，林野火災への備えも必要である．近年では全国で年平均3 500件の林野火災が発生しているといわれ，大善寺本堂（山梨）では1993（平成5）年4月と1997（平成9）年3月に相次いで背後の山中で大規模な火災が発生した．とくに1997（平成9）年の火災は5日間に370haを焼損する大規模なものとなり，本堂背後80mに迫りようやく鎮火した．この経験を踏まえて防火設備を強化するとともに山中に防火帯を設置するなどの対策がとられた．

8.3.11 戦後の耐震対策

1952（昭和27）年7月，吉野地震により奈良の社寺に被害があった．十輪院本堂では，建物全体が西に大きく傾いて倒壊の危険が生じたが，それ以前から生じていた破損が著しかったことが大きな要因であった．日常的な維持管理や定期的な修理により健全な状態で維持しておくことの重要性を喚起するものであった．

伝統的な木造建築の耐震性については，戦前から法隆寺金堂の昭和大修理に伴い坂静雄に依頼して行われた一連の研究（柱の安定復元力，貫の耐力，壁土強度試験，内陣架構1/2模型の引き倒し抗力および復元力試験など）があって先駆的な業績として知られていたが，戦後この分野における科学的な研究は進展していなかった．

木造の文化財建造物に耐震補強を行った例としては，1972（昭和47）年から1976（昭和51）年にかけての金比羅大芝居（香川）の修理や，1974（昭和49）年の熊野神社長床（福島）の修理に伴って行われたのが早い例である．金比羅大芝居では芝居小屋としての大空間を有することから，また熊野神社長床は吹き放しで内法に壁がまったくない形式であることから，壁体内に構造用合板を用いるなどの補強が行われた．

このような特殊な場合を除けば，伝統的な木造建築は今日まで残り伝えられてきた事実が説得力をもっていたこともあり，その耐震性については経験的な信頼が寄せられていた．その後も，1978（昭和53）年6月の宮城沖地震や1983（昭和58）年5月の日本海中部地震により東北地方および北海道地方の一部で文化財建造物に軽微な被害があったが，信頼を大きく揺るがすものとはならなかった．このため，大規模な煉瓦造建築など特殊な

場合を除けば，耐震的な構造補強はほとんど行われずにいた．

8.3.12 阪神淡路大震災と耐震対策の見直し

しかし，1995（平成7）年1月17日の阪神淡路大震災では，文化財建造物の適切な活用事例として知られていた旧神戸居留地十五番館の倒壊など，重要文化財建造物116棟をはじめとする多くの文化財建造物に被害がおよび，町並保存地区内で住宅や公開の用に供している伝統的建造物にも被害を生じた．従来からの経験に基づいた漠然たる信頼に警鐘を鳴らすものであったし，安全性の確保について十分な対応を迫るものであった．

このため，1995（平成7）～1998（平成10）年度に「文化財建造物等の耐震性能の向上に関する調査研究」が行われ，1996（平成8）年1月には「文化財建造物等の地震時における安全性確保に関する指針」，1999（平成11）年4月には「重要文化財（建造物）耐震診断指針」が定められ，災害時における危機管理の在り方，耐震診断の方法，活用時や補強の際の留意事項等を示している．

この震災を契機に，保存修理の実施に際しては個別に耐震性能を検討して必要に応じて構造補強を行うことが通例となりつつある．しかし，伝統的な木造建築の耐震性については未だ解明されていないことが多く，今後とも科学的な調査研究を継続していく必要がある．

8.3.13 風水害と環境保全対策

1934（昭和9）年9月，室戸台風により園城寺新羅善神堂など近畿地区の指定建造物多数が，檜皮葺の屋根の損傷や，倒木による損壊などの被害を受けた．100棟を越える建造物に対して応急的な復旧が行われ，また，老朽化による傷みが進行していた場合など，災害を契機に本格的な修理を開始する事態となったものも少なくない．

このような災害をもたらした例には，1950（昭和25）年9月のジェーン，キジャ両台風，1961（昭和36）年の第2室戸台風，1966（昭和41）年の台風26号，57年8月の台風10号などがある．

また，集中豪雨による増水や地盤の緩みによる災害がある．1972（昭和47）年に全国各地をおそった7月豪雨では，京都地方気象台で9日から14日までの総雨量321.5mmを記録，日量189mmに及んだ12日には清水寺釈迦堂背後の崖が高さ約15m，幅約20mにわたって崩れ落ち，その土砂・樹木によって建物は一瞬のうちに倒壊した．翌日から約20日間にわたり土砂等の片付け，部材の搬出・整理，水洗い等の作業と復旧のための調査が行われた後，1975（昭和50）年5月に復旧した．併せて，背後の崖に擁壁工事が行われた．

1982（昭和57）年7月の長崎大水害では，中島川に架かる江戸時代以来の石橋群にも6橋が大方の部分を流出するなどの大きな被害があった中で，最古の石造アーチ橋として指定されていた眼鏡橋は，高欄や敷石の一部が流出したものの橋脚や基礎は無事であった．10年前に行われていた護岸根固め工事が功を奏したものであり，流出した石材125個の内95個が回収され，旧位置についての詳細な検討のもとに，不足部分を補足して復旧された．

このように，歴史的な建造物は自然の景勝を好んで立地したり，敷地の背後に急峻な山を背負っている場合が多いことから，風水害を被りやすい自然条件にあるものが少なくない．崖崩れや流水・倒木などによる，2次的な災害により損壊し

図-8.3.4 長崎大水害で損壊した眼鏡橋（「重要文化財眼鏡橋保存修理工事報告書」（1984年）より）

た建造物は少なくない．亀裂やねじれなどにより復旧時に再用できない部材も多く，文化財としての価値を大きく損なうことになる．災害を未然に防ぐためには，日ごろから建造物周囲の防災的な環境を整えておくことが重要である．

このような予防的な環境保全事業が予算計上されたのは1965（昭和40）年のことであり，以後，必要に応じて擁壁・排水施設等の整備が行われている．

8.3.14 近年の台風災害

1990（平成2）年9月の台風19号による集中豪雨では，桑原家住宅（岐阜）に背後の谷川から大量の土砂が大量に流入，宅地の過半を覆い，主屋の土間内にも押し寄せた．除去作業等と併せて，砂防堰堤，排水施設の整備などが行われた．

1991（平成3）年9月に列島を縦断した台風19号による強風で，厳島神社（広島）の能舞台・楽屋が全壊，修理工事中の備中国分寺五重塔（岡山）が素屋根とともに半壊するなど，全国各地の重要文化財建造物約150棟に被害があった．

また，1998（平成10）年9月の台風7号では，国宝重要文化財建造物約150棟に被害があり，強風による屋根の被害とともに，室生寺五重塔や延暦寺転法輪堂の屋根半壊などとくに倒木による被害が著しかった．室生寺五重塔では，杉の巨木が倒れ，各重の檜皮葺屋根や軒の北西部を損壊，また相輪の先端部が折れ曲がるなどの被害があった．

図-8.3.5 台風19号（平成3年）で倒壊した厳島神社能舞台と能楽屋（「国宝厳島神社本社本殿不明門ほか二十六棟保存修理工事報告書」（1996年）より）

周辺樹木は建造物と一体の歴史的風致を形成しており，防風林としての役割を果す場合があったり，自然環境保護の観点からもむやみに伐採することはできない．このため，林野庁の技術的協力を得て，緊急に周辺環境についての悉皆的な実態調査を実施した上で，1999（平成11）年1月から樹木医等の専門家による樹木診断と，伐採，枝払い，支持材設置，樹勢回復など関係者の合意が得られる手段を選択して危険木対策を開始している．

8.3.15 おわりに

文化財建造物保護100年の歩みは，災害の歴史とともに復旧と予防対策に努めてきた先人たちの歩みでもある．文化財的な価値や周囲の歴史的環境を損なうことなく防災対策の充実を図ることは容易ではなく，当該文化財建造物や立地環境の特性に応じた現地でのきめ細かな検討と柔軟な対応が必要であり，さまざまな分野の専門家を含めた関係者の連携が不可欠である．文化財として守り伝えていくためには，災害の記憶を忘れずに想像力を保ち続けること，また，具体的な対処の在り方について先人たちの知恵と工夫に学びながら，より適切な方策を追求していくことが必要であろう．このような意味で本稿が寄与できることを願っている．

◎参考文献

1) 西條孝之，中村雅治：重要文化財建造物と自動火災報知設備，火災報知機92～109号(1982.9～1986.12)；文化財建造物の建物種別ごとに自動火災報知設備の具体的な設置計画を紹介し，技術的な留意事項等を詳述する．
2) 藤村泉：文化財建造物防災のあゆみ，月刊文化財(1982.1～1982.2)；戦前編，戦後編に分けて，文化財保護行政における防火対策の歩みを詳述する．
3) 半澤重信，村田健一：木造建築物の防災ディテール，ディテール99号(1989.1)；伝統的な木造建築に対する火災報知設備，避雷設備，消火設備の設備計画を紹介しながら，防火設備全般に関する技術的な留意事項を示す．
4) 清水真一：文化財建造物の構造補強の考え方，建築防災237号(1997.10)；阪神淡路大震災を契機に，構造補強の理念と歴史，保護制度，技術面などさまざまな角度から構造補強の今後の在り方を探る．

8.4 東京の消防119年の歩み

2000年5月号

白井　和雄
元 消防博物館館長

8.4.1 はじめに

東京の消防は1999（平成11）年6月1日に，現在の東京消防庁の前身である「消防本部」が，内務省警視局のもとに創設されてから「119年」という記念すべき年を迎えた．

この119年の間に，社会・経済・産業・文化などの発展に伴い，消防が対象としている都市構造や建築様式などは大きく変革し，これにより火災などの発生要因もいろいろと変化している．

そこで本稿では，社会や災害の変革などに合せて取入れた消防制度や，関東大震災・空襲火災など，社会的に話題となった火災などについて紹介することとした．

8.4.2 明治前期

1867（慶応3）年10月14日，15代将軍徳川慶喜の大政奉還により，明治天皇のもとに新しい政府が生れ，数多くの制度等の改革が行われた．

明治維新の風は，百般の旧習を吹き飛ばし，わが国の政治・経済・文化は一大変革を遂げた．このような中で消防も，新しい消防制度等の創設期であり，近代化への揺籃期であった．

(1) 消防本部の創設

東京の消防事務の所管は明治維新以後，東京府，内務省警保寮，東京警視庁などと点々と移り変わっていたが，1880（明治13）年6月1日，内務省警視局のもとに創設された，「消防本部」の所管となった．

この時初めて今日の消防吏員にあたる，「消防職員（官）」が採用されるとともに，「消防本部職制」等が制定され，現在の東京消防庁の前身となる，公設の消防機関が誕生した．

消防本部は以後，「消防本署」，「消防部」と名称が変わり，1948（昭和23）年3月7日に自治体消防制度が誕生するまでの間は，警視庁に属していた．

(2) 消防分署の設置

消防本部誕生1年後の1881（明治14）年6月1日，現在の消防署の前身となる「消防分署」が，消防本部のもとに6分署設置された．

6分署は，消防第一分署（現在の日本橋消防署の前身・以下同じ），消防第二分署（芝），消防第三分署（麹町），消防第四分署（本郷），消防第五分署（上野），消防第六分署（深川）であった．この6分署は，2000（平成12）年6月1日，創設119年を迎えた．

8.4.3 明治後期

明治後期は，大日本帝国憲法の制定，国会の開設等，近代国家体制のもとで，重工業を中心とした産業振興に伴う資本主義経済の発達や，ロシアとの交戦等，日本の国威を世界に示した時期であった．

これら社会の動きの中にあって消防も，近代化への揺籃期を経て，機械化消防への黎明期を迎えた．

(1) 消火栓の誕生

東京における消火栓の設置は，明治20年代（1887～1896）の初めの頃から行われた．「改良水道工事（江戸時代の水道は，原水をそのまま給水していたが，明治の水道は原水を濾過し，江戸時代の木管の水道管を鉄管に代えて給水する工事）」と平行して行われ，1898（明治31）年11月

末に初めて誕生した．

(2) 蒸気ポンプの国産化

蒸気の力で放水する蒸気ポンプの輸入価格が，6000円と高額であったことから，1897（明治30）年の初頭に蒸気ポンプの国産化に着手し，試行錯誤の末，1899（明治32）年に国産化に成功した．

以後，蒸気ポンプが各消防署に増設されたことから，前に記した消火栓の設置と相俟って，吉原の大火（1911（明治44）年）や洲崎の大火（1912（明治45）年）を除き，以前のように多発していた大火は姿を消した．

図-8.4.1　蒸気ポンプと消防署員

(3) 救助はしごの採用

火災現場などで用いるはしご車の採用は，1903（明治36）年ドイツのリーブ社から，木鉄混合の救助はしご車を輸入したことが始まりで，現在のはしご車の前身となる．

8.4.4　大正期

大正期は，いわゆる大正デモクラシーといわれる時代で，政治的にも文化的にも一連の民主的改革要求運動が，活発に展開された時代で，関東大震災に代表される．

(1) 消防ポンプ車の採用

わが国における消防ポンプ車の採用は，1914（大正3）年3月20日から同年7月31日まで開催された，「大正博覧会」に消防ポンプ車が出展されたことが契機となり，この時横浜市と名古屋市が購入し，わが国で初めて使用した．

東京ではこれより3年後の1917（大正6）年，アメリカのラフランス社製の消防ポンプ車を1台購入した．これが警視庁消防部における，消防ポンプ車使用の始まりである．

(2) 公衆用火災報知器の設置

東京において初めて，公衆用火災報知器が設置されたのは1920（大正9）年で，日本橋区（現中央区）に設置された．

火災報知機は設置当初，「火災盗難報知機」と呼ばれていた．それは一般市民が火災または盗難，その他危急の事件に遭遇したり，それを覚知した場合，ただちに消防または警察に通報するための，発信機であったからである．その後，火災だけを通報する「火災報知機」という名称に変わった．

昭和40年代（1965～1974）に至り，一般家庭にも電話が普及したことから，火災報知機の利用率が低下したことから，撤去廃止計画が打出され，1974（昭和49）年12月火災報知機は街頭からその姿を消した．

(3) 関東大地震と消防力の強化

1923（大正12）年9月1日，関東地方はマグニチュード7.9の大地震に襲われ，東京は都心部，下町を中心に，死者・行方不明者9万7000人，焼失家屋22万1700棟など未曾有の被害が発生し，「関東大震災」と命名された．

この大震災に対して警視庁消防部は，すべての組織・機能を投入して立向ったが，通交障害，消火栓の断水，電話の杜絶などに加えて，火災の規模が余りにも大きかったため，初期の消火目的を

図-8.4.2　関東大震災で焼失した新橋駅

達成することができず被害が拡大した.

震災後ただちに,消防組織ならびに消防機械の増強に力を入れ,アメリカを中心に諸外国からポンプ車,はしご車等を次々と輸入し,震災後1年たらずで消防機械の強化が図られた.

8.4.5 昭和前期

1926(大正15)年12月25日,大正天皇の崩御により「昭和」と改元された.書経尭典の「百姓昭明,万邦協和」(国民の幸福と国際平和実現の意)からとられた「昭和」の年号は,そこに込められた願いとは裏腹に,急速に軍国主義の道をたどることになった.

(1) 電話「119番」の使用開始

1927(昭和2)年10月1日,今日消防の代名詞ともなっている「119番」の使用が開始となり,今日に至るまで火災・救急などの通報電話番号として用いられており,1987(昭和62)年には,11月9日を「119番の日」と定めた.

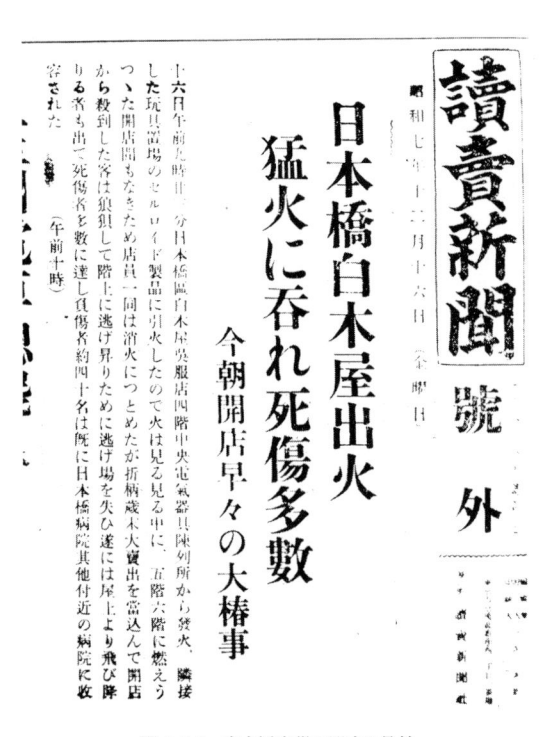

図-8.4.3 白木屋火災に関する号外

(2) 白木屋(元東急デパート日本橋店)火災

1932(昭和7)年12月16日,歳末大売出しと,クリスマスデコレーションに飾られた白木屋の4階玩具売場から出火し,売場に山積みにされていた,セルロイド玩具に燃え移り拡大した.

この火災は,東京の消防が初めて体験した,高層大規模建築火災で,焼損面積1万3141m²,死者14人,傷者67人の被害が発生した.

本火災を契機として,これら高層建物に対し防火戸の設置,避難階段の設置,スプリンクラーの設置や,防火・避難対策,火災防ぎょ法等について論じられた.

(3) 救急業務の開始

わが国における救急業務は,1933(昭和8)年に横浜市の横浜消防署が,次いで翌1934(昭和9)年に名古屋市の中消防署が,また同年12月には日本赤十字社東京支部が,それぞれ救急業務を開始した.

その後東京では救急事象が増加し,日赤東京支部の2台の救急車では対応できなくなった.このため警視庁消防部において救急業務を行うよう,原田積善会から6台の救急車が寄贈され,1936(昭和11)年1月20日,丸の内・品川・麹町・大塚(現小石川)・荒川・城東消防署において,今日消防業務の大きな柱の一つである,救急業務が開始された.

8.4.6 戦時期

1937(昭和12)年7月7日の蘆溝橋事件に端を発した日華事変は拡大し,太平洋戦争へと突入した.政府は,空襲による被害の軽減を図るため,建物や学童などの疎開を行った.

この時期の消防は,空襲火災からいかに国土を守るかという,「防空消防」に徹した.

(1) 防空消防対策

警視庁消防部においては空襲火災による被害の軽減を図るため,①「特別消防隊の設置(1942(昭和17)年10月1日,宮城「皇居」,大宮「東宮」御所,中央官庁等の重要建物を,空襲火災から護

るために設置).②年少消防官の採用(1943(昭和18)年8月1日,空襲火災に対応するため,多数の職員が必要となったことから,採用年齢を従来の20歳を17歳に引き下げた.この制度で採用された職員を「年少消防官」と呼んでいた).③供出消防ポンプの受入れ(物質の不足により,消防ポンプ車の生産台数は極度に低下した.このため不足を補う方策として,1944(昭和19)年3月,比較的空襲を受ける危険が少ないと予測された,青森・岩手・秋田・山形・宮城・福島・茨城・群馬・埼玉・千葉・富山・福井などの各市町村から有償,無償,貸与,譲渡によって,消防ポンプ車317台,手引ガソリンポンプ925台の供出を受けた)等の防空消防対策を講じた.

(2) 空襲による東京の被害

警視庁消防部では前記(1)で述べたように,さまざまの方策をもって空襲火災に対処したが,物量をもっての空襲で東京では,全焼家屋75万1520戸,半焼家屋4809戸,全壊家屋4281戸,半壊家屋6020戸,死者9万6112人,傷者7万990人,罹災者286万2222人という甚大な被害を受けた.

8.4.7 終戦・戦後

太平洋戦争によって莫大な人員と財力,さらには生産力を消耗したわが国は,戦後の政治体制を再建するため,政府は数々の施策を打出した.また,GHQ(連合国軍最高司令官総司令部)は,占領政策の一つとして,消防体制について各種関与してきた.その最たるものが,警察機構からの消防の分離であった.

(1) 駐留軍施設に対する火災予防業務の実施

終戦後間もなく,連合国軍の日本進駐が始まり,東京都内においても兵舎,旧日本軍関係建物,ビルディング,倉庫,劇場,個人住宅,港湾施設等が接収使用された.

しかし生活様式の異なる連合国軍関係者が,日本の家屋で生活するため火災発生危険が高く,火災が多発した.

このため火災予防対策の一つとして,1946(昭和21)年7月17日,GHQから警視庁消防部長に,「火災予防部の設置に関する覚書」が手交された.これを受けて消防部に予防課を,消防署に予防係を設置して,駐留軍関係施設,外国人一般住宅等に対する,火災予防査察等を実施した.現在,東京消防庁が行っている火災予防行政は,この時に始まる.

(2) 警察制度審議会における消防制度改革の審議

1947(昭和22)年4月22日に公布された,地方自治法等の施行に伴い,警察機構に包含されている消防を,いかにすべきか問題となった.

このため新しい警察制度を審議するために設けられた,「警察制度審議会」において,消防制度について審議された結果,「警察の一部門である消防は,その機構から完全に分離独立させるべきである」との答申がなされた.これを受けて,1948(昭和23)年3月7日に施行された「消防組織法」により,自治体消防制度が誕生することになった.

(3) 消防組織法と消防法の制定

新しい消防制度の誕生にあたって政府は,消防の組織法と実体法とを一本化した法律の制定を考えていた.

しかしGHQから,消防組織についてのみ言及した法律の覚書が手交され,「消防組織法」は,「警察法」と同時に施行する必要があるため,消防法と切離して,1947(昭和22)年12月23日に制定公布され,明治以来警察機構に包含されていた消防は,警察から分離独立することになった.

消防の実体法である「消防法」は,「消防組織法」とともに第1回国会に上程されたが,衆議院において審議未了となった.

第2回国会に再上程されて,1948(昭和23)年7月24日制定公布,同年8月1日施行された.消防法の制定により消防は,建築同意権,危険物施設の許認可権,立入検査権,是正命令権,火災原因調査権等,警察機構に包含されていた時と異なった権限をもつ,行政機関に生れ変わった.

(4) 東京消防本部の誕生

1948（昭和23）年3月7日，「消防組織法」の施行に伴い，消防は警察から分離して，市町村の責任において管理する，自治体消防制度へと移行した．

東京都においては，特別区を連合した区域における消防責任を果すため，東京都知事が管理する「東京消防本部」が，「東京消防本部等の設置に関する条例」に基づいて，1948（昭和23）年3月7日に誕生した．東京消防庁の誕生である．

同年5月1日，「東京消防本部」は「東京消防庁」と，「東京消防本部長」は「消防総監」と改称され現在に至っている．

図-8.4.4　東京消防本部の誕生

(5) 行政事務条例による火災予防行政の開始

東京消防本部においては，自治体消防のスタートにあわせて，火災予防行政を施行することになっていた．

しかし，前記(3)に記したように消防法の制定が遅れたため，法的根拠としての行政事務条例として，現在の「火災予防条例」の前身である，「公衆集会所の火災予防条例」および「危険物取締条例」を，1948（昭和23）年3月6日に制定公布して，火災予防行政を開始した．今日の火災予防行政の始まりである．

8.4.8　昭和後期

昭和30年代（1955～1964）に入ると，「神武景気」という経済の高度成長期を迎え，都内では特殊建築物や危険物施設が急増し，火災の様相も大きく変化をきたした．

40年代（1965～1974）には，経済成長に伴う公害問題と，日本列島改造論が土地ブームを呼び地価が高騰し，50年代（1975～1984）の終りから60年代（1985～1988）にかけて，終後政治の総決算として，行財政の改革が叫ばれるようになった．

(1) 火災予防対策委員会の設置

1955（昭和30）年の初頭，横浜市の「聖母の園火災（老人養護施設，2月16日，焼損面積3 036m²，死者99人）」や，「昭和女子大学火災（3月1日，焼損面積9 187m²，死者1人）」などの大規模火災が続発した．

これらのことを契機として，1955（昭和30）年9月29日，建築学者等の専門家による火災の工学的解明を行い，予防消防に反映させるため，消防総監の諮問機関として，「火災予防対策委員会」が設置された．本委員会は1972（昭和47）年11月20日，これを発展的に解消して，新たに「火災予防審議会」として発足し現在に至っている．

(2) 震災対策への取組み

東京消防庁が，震災対策に本格的に取組んだのは，1959（昭和34）年4月29日，前記(1)の火災予防対策委員会に「地震小委員会」を設置したことに始まる．

地震小委員会では，大震火災に関する事項を，約2年間にわたって調査・研究し，1961（昭和36）年7月31日，「東京都の大震火災被害の検討」と題する報告書に纏めた．報告書の内容は，新聞等のマスコミが大々的に取上げ，当時大きな反響を呼んだ．

これは東京消防庁が他の防災機関に先駆けて，震災対策に科学的に取組んだもので，他の防災機関が震災対策に着手する端緒となった．

(3) 宝組勝島倉庫爆発火災

1864（昭和39）年7月14日，品川区勝島1丁目の宝組勝島倉庫内の空地に野積みにしてあった，ドラム缶入り硝化綿から発火した爆発火災は，無許可で貯蔵されていたアセトン類の危険物を，次々と引火爆発させ，消防職員18人，消防団員1人の生命を一瞬にして奪うとともに，158人が重軽傷を負うという，わが国消防史上まれにみる大惨事となった．

東京消防庁は，会社ならびに関係者を消防法第10条第1項違反で東京地方検察庁に告発し，12年余にわたる裁判で，会社は罰金刑，関係者には執行猶予付きの懲役刑・禁固刑が確定した．

本火災を契機として，1965（昭和40）年消防法の一部が改正され，消防機関の危険物施設に対する，立入検査権と措置権等が拡充・強化されるとともに，施設関係者に対する自主保安体制の確立が義務付けられた．

(4) 航空隊の発足

第18回オリンピック東京大会（1964（昭和39）年10月10日から10月24日まで開催）は，東京の都市構造に大きな変革と発展をもたらした．とりわけ交通事情の悪化と高層建物の増加は，消防活動ならびに救急救助活動等に問題を提起し，また，広域災害や各種災害に対して機動性が求められてきた．

こうした背景をもとに，1966（昭和41）年11月1日，全国消防機関に先駆けてヘリコプタによる「航空隊」を設置し，翌1967（昭和42）年4月1日に運航を開始した．発足当時1機だったヘリコプタも今日では6機となり，消火ヘリや救急・救助ヘリとして活躍している．

(5) 婦人消防官の採用

昭和40年代（1965～1974）に至ると，都市構造は複雑多様化の一途をたどり，消防業務は震災対策の推進，自主防災組織の育成指導，防災思想の普及など，幅広い行政対応が要求されるようになった．

このような行政需要に対して，きめ細かな行政

図-8.4.5 婦人消防官の誕生

効果を上げるために，1972（昭和47）年4月1日，「婦人消防官」を採用し，男性とは異なったソフトさ，繊細さなど女性の特性を生かした行政サービスによって，都民指導の効果的推進を図ることとなった．

1992（平成4）年4月1日，東京都が行政用語で用いていた「婦人」を「女性」に変更することになったため，東京消防庁でも「婦人消防官」を「女性消防官」と改めた．

1994（平成6）年3月，「女性労働基準規則」の一部が改正され，女性の職域が拡大されたことに伴い，1994（平成6）年には「女性救急隊員」が，また，翌1995（平成7）年には「女性機関員」が誕生した．

(6) ホテル・ニュージャパン火災

1982（昭和57）年2月8日未明に発生した「ホテル・ニュージャパン火災」は，7，9，10階，塔屋部分など延べ4186m^{2}を焼損し，死者33人，傷者34人が発生するという大惨事となった．

東京消防庁は火災後ただちに「東京消防庁ホテル火災対策委員会」を設置して，東京都内の旅館，ホテルの一斉査察を実施し，法令違反の早期改修を図かり，表示マーク不交付対象の解消を図るとともに，消防法第5条に基づき，2階以上の使用停止命令を行った．

なお，出火責任に対する司法の判断は，東京地方裁判所から最高裁判所の上告棄却まで10年の歳月を経て，代表取締社長に禁固3年の刑が確定

した．

8.4.9 平成

1989（昭和64）年1月7日，昭和天皇の崩御に伴い，「昭和」は「平成」と改元された．「平成」という元号は，中国の古典（史記・書経）から引用したもので，「国の内外にも，天地にも平和が達成される」という意味が込められている．

しかし，「平成」という元号に込められた願いとは裏腹に，住専問題や金融機関の連続倒産等，日本経済は長い停滞期に入り，また，阪神・淡路大震災やオーム真理教事件等が発生して，日本全体が暗く困難な時期にある．

(1) 救急処置の拡大と高度処置救急隊の誕生

欧米諸国における救急業務には，すでに1970年代からドクターカー制度や，パラメディック制度が導入され，救命率の向上が図られていた．

東京消防庁においては，1990（平成2）年4月23日，東京消防庁救急業務懇話会から「呼吸・循環不全に陥った傷病者の救命率を高めるためには」，救急処置の範囲を拡大（鉗子による異物除去，経鼻エアウェイによる気道確保，自動式心マッサージ機による胸骨圧迫心マッサージ，半自動式電気的除細動器による心室細動の除去，聴診器・咽頭鏡・血圧計による観察）すべきであるとの答申を受けた（9項目）．

これと同じような時期に，自治省（現総務省）・厚生省（現厚生労働省）などにおいても，救命率を高めるための対応策として，救急隊員で一定の教育訓練を受け，国家試験に合格したものが高度な応急処置を行う「救急救命士」制度が，1991（平成3）年8月15日に施行された「救急救命士法」によって設けられた．

1992（平成4）年7月1日，第1回救急救命士国家試験に合格した「救急救命士」が同乗し，前記の拡大9項目および特定行為（① 心肺停止状態に陥った傷病者に対し，半自動式除細動器を用い電気的刺激を与え正常なリズムに戻す処置，② 乳酸化リンゲル液を用いて静脈の流れを確保する処置，③ 呼吸停止状態の傷病者に対し，気道を確保する処置など）を行うことができる救急隊として，「高度処置救急隊」74隊が運用を開始した．

1993（平成5）年12月1日，すべての救急隊に救急救命士の配置が完了し，全国の消防機関に先駆けて全救急隊が，高度処置救急隊となった．

(2) 災害時支援ボランティア制度ならびに消防救助機動部隊の創設

1989（平成元）年10月17日，米国サンフランシスコで発生した「ロマ・プリータ地震」で，市民と防災機関が連携して，被災者の応急救援や災害復旧活動を行ったことが，大きな注目を集め高い評価を得た．

東京消防庁ではこれらのことを契機として，震災時の消防活動を支援するボランティア制度の導入について検討を行い，1994（平成6）年9月1日から試験的に，各方面内に1消防署計9署で，「災害時支援ボランティア」の育成を開始した．

試験的運用を開始して間もない1995（平成7）年1月17日，死者6430人，傷者4万3773人を出す「阪神・淡路大震災」が発生し，全国から多数のボランティアが駆付け，被災者に対する支援や復旧作業で大活躍した．

これらのことを受けて，1995（平成7）年7月10日，「東京消防庁災害時支援ボランティア制度」を正式に導入した．活動内容は，応急救護活動，災害時情報収集活動，消火活動の支援，救助活動の支援等である．

同じく阪神・淡路大震災を教訓として，通常の消防力では対応が困難な救助事象に対処するため，高い機動性を有した大型重機（① 救助用重機「パワーショベル」，② 道路啓開用重機「クレーン車・ブルドーザ」，③ 遠距離大量送水装置「スーパーポンパ」）を装備した，「消防救助機動部隊（ハイパーレスキュー）」が創設され，1996（平成8）年12月17日運用を開始した．

(3) 消防ロボットの開発

近年発生する災害は，石油コンビナート火災，航空機火災，地下街火災，洞道火災など，消防隊

員の接近困難な災害が数多く発生している．これらの消防活動から消防職員の安全を確保するため，消防のロボット化が図られている．その中のいくつかを紹介する．

① 遠隔操作式消火装置（愛称ジェットファイター）：洞道火災や地下街火災で，消防隊員が進入困難な火災の消火手段として開発．

② 水中検索装置（愛称ウォーターサーチ）：水難事故で，天候，深度，障害物等のため，消防隊員が活動困難な場合等に，水（陸）上からの遠隔操作により，要救助者の水中検索を行う手段として開発．

③ 救出ロボット（愛称ロボキュー）：テレビカメラ，濃煙内撮像装置，可燃性ガス測定装置，障害物検知装置を装備し，遠隔装置により，消防隊員に代って救助活動を行う手段として開発．

8.4.10 まとめ

首都東京は，都市化の進展と生活様式の多様化・高齢化・少子化の進行により著しく変化し，発生する災害も一段と複雑・多様化の傾向を示している．

これらのことからあらゆる災害事象等を想定して，消防組織や装備のあり方等について考察がなされている．このような中で，火災による犠牲者のうち，高齢者が占める割合が高いことから，火災安全システムの設置促進や，住宅用火災警報器等の設置普及が進められ，また，航空消防体制においても2000（平成12）年4月から，24時間体制で運航されることになった．

8.5 応急危険度判定(1)
——判定法の制定から実行まで

1995年6月号

岡田 恒男
東京大学生産技術研究所
現 芝浦工業大学工学部

8.5.1 まえがき

今,筆者の手元に2つの冊子がある.日本建築構造技術者協会の機関誌「Structure」の今年の1月号と,名古屋の国連地域開発センターが発行した「被災建物の応急危険度判定システム関する国際セミナー」の報告書(英文)である.前者には,「地震直後の(Structure)応急危険度判定」と題する筆者の特別寄稿が収められている.応急危険度判定の歴史,方法の概要,問題点などを述べ,いざという場合の構造技術者の協力を呼びかけたもので,阪神・淡路大震災の直後に刊行されたものである.

後者は,阪神・淡路大震災の前日,すなわち,1月16日に筆者が座長となり,大阪で開催された国際セミナーの報告書である.このセミナーでは,応急危険度判定に関する米国,中国,フィリピン,および,日本の現状が報告され,その必要性,効果などが再認識された.日本からは,建設省住宅局建築物防災対策室長(当時,現 熊本県)の磯田氏,および,千葉大学の村上教授より,① 判定法はすでに1985年に開発された,② 1992年には静岡県,および,神奈川県で判定士の制度が発足した,③ 判定士の制度を全国に普及するために,関東・東海地方の担当者連絡会議が1993年に建設省に設置された,④ 1993年釧路沖地震,および,1994年三陸はるか沖地震の際に試行された,などの現状が報告された.

セミナーが終って12時間後に関西で第大惨事が待ちかまえているとは知る由もない.しかも,19日には担当者連絡会議が東京で,20日には神奈川県の判定士の講習会が,25日には東京都の行政担当者を対象とした応急危険度判定の説明会と目白押しに関東で予定されていたところであった.

1月17日の朝,淡路島,神戸などでの被害が続々と報道され始めた頃には,手遅れであったかとの思いが強かったが,今では,いろいろと機運が高まっていた時期であったからこそ建設省を始めとする関係機関の対応が素早く行われたといって良いのかとも思える.しかしながら,準備不足のために種々の混乱,不手際があったことは否定できない.今回の阪神・淡路大震災の反省に立って,判定の仕組みの修正,判定士制度の普及,などの検討が必要である.阪神・淡路大震災への適用については別項に述べられるので,ここでは,応急危険度判定の考え方,歴史,などについて述べることとする.

8.5.2 応急危険度判定とは

応急危険度判定は,余震による二次災害を防ぐために地震発生後できるだけ迅速に行われる被災度の判定である.このような判定は,過去には,行政担当者,建築士,学識経験者などによりそれぞれ独自の判断で個別に行われてきた.しかしながら,このような判定を独自に行うのはそう簡単ではない.経験と直感で被災建物の安全,あるいは,危険を短時間に判定しなければならないからである.災害の規模が小さいときは個別の判定でよいが,災害の規模が大きくなると判定が必要な建物の数も多くなる.おそらく従来の個別対応では間に合わなくなるであろう.このような考えより,震後の被災建物の危険度の判定をあらかじめ用意されたマニュアルにより,トレーニングされた技術者により組織的に行うシステムの必要性が

1980年頃より認識され始めた．

　表に示したようにイタリア南部地震でこのような試みが試行されたことがきっかけとなり，わが国でも被災度判定法の研究が開始され，1985年にその案が提案された．同年のメキシコ地震でわが国の方法が試行されその有用性が確認された．1991年に日本建築防災協会で刊行された被災度判定基準は1985年の提案に基づいており，この提案は1989年に米国で開発された応急危険度判定法にも参照されている．

　わが国の被災度判定法は次のような考えに基づいている．すなわち，経験の深い専門家の判断をできる限りマニュアル化し，マニュアルにより訓練された技術者であれば，ほぼ同じ基準で判断できるようにする．このための危険度の判定は2段階に分ける．① 地震の直後に余震に対する2次災害の防止，（人命安全）を目的として，危険度を危険（立入り禁止），要注意（立入り注意），安全（調査済み，立ち入り可能）の3段階に分類する「応急危険度判定」と，② 地震直後の対策が一段落した段階で，復旧のために被災の程度を，倒壊，大破，中破，小破，軽微，無被害の6段階に区分する，「被災度区分判定」である．応急危険度判定は人命安全，かつ，迅速を第一の目的とするので，判定はやや安全側になされ，危険と判定された建物でも復旧が可能な場合もある．また，危険建物の選定だけでなく，当面の使用が可能な建物を選定する事も重要な目的としている．したがって，復旧の可否の判断，あるいは，復旧工事の程度の判断のためには第二段階の被災度区分判定が必要である．なお，技術者による応急危険度判定を更に靱性に行うために，まず，建物所有者などが自己診断を行い，その結果により技術者に応急危険度判定を要請する方法も静岡県では考案されている．

8.5.3　今後の問題点

　わが国において，応急危険度判定が組織的に行われたのは今回の阪神・淡路大震災が始めてである．阪神地区においてはその制度ができていなかったせいもあり，問題点も多く指摘されている．詳しくは後の節に記述されているが，筆者がとく

表-8.5.1　被災度判定の歴史

年	地震名	内容	国・地域
1980	イタリア南部地震	応急危険度判定の試行	（イタリア）
1981		総プロ「震後建築物の復旧技術の開発」	（日本）
1983	日本海中部地震	浪岡病院の復旧	（日本）
1985		応急危険度判定，被災度区分判定の原案	（日本）
1985	メキシコ地震	上記原案を適用	（JICA日本チーム）
		応急危険度判定の開発開始	（米国）
1987	ウィティア・ナロウ地震（ロスアンゼルス）	応急危険度判定の試行	（米国）
1989		応急危険度判定基準（ATC-20）	（米国）
	ロマプリエータ地震（サンフランシスコ）	応急危険度判定の適用	（米国）
1991		被災度判定基準および復旧技術指針	（日本建築防災協会）
1992		判定士制度の発足	（静岡県，神奈川県）
		自己診断シートの作成	（静岡県）
1994	ノースリッジ地震（ロスアンゼルス）	応急危険度判定の実施	（ロスアンゼルス市，サンタモニカ市）
1994	三陸はるか沖地震	被災度判定の試行	（八戸市）
1995	兵庫県南部地震	応急危険度判定の実施	（神戸市他）

に気づいたことを若干示しておく．

① 全国各都道府県に被災度判定士の制度を設ける必要がある．② 災害規模が大きい場合には被災地の判定士は活動が制限されるので，近隣からの応援体制を確立しておく必要がある．③ 判定士の責任と権限を明確にしておく必要がある．④ 応急危険度判定は迅速に行われなければならないので，行政の責任で民間の判定士のボランティアとしての支援の下に組織的に大規模に展開する必要がある．しかしながら，被災度区分判定は作業量が多く，業務の色彩が強くなるので，ボランティア判定士に頼るには限界がある．したがって，応急危険度判定と被災度区分判定は別のシステムを考える必要がある．⑤ 応急危険度判定の結果についての行政の責任と権限を明確にしておく必要がある．⑥ 応急危険度判定結果と被災証明との関係を明確にしておく必要がある．⑦ 被災度判定についてあらかじめ所有者など市民の理解を得ておく必要がある．

応急危険度判定を行わなければならないような災害が生じないような事前の対策を充分行っておくのが第一である．その上で，万が一に備えて判定制度の準備をしておく．このような対策を一刻も早く全国的に確立する必要がある．こんなことを痛感させられて阪神・淡路大震災である．

8.6 応急危険度判定(2)
——阪神・淡路大震災における支援本部の活動

1995年7月号

大屋 道夫
神奈川県住宅供給公社常務理事
(応急危険度判定支援本部団長)
東海興業更生管財人代理兼取締役
(兵庫県南部地震建築物応急危険度判定支援本部団長)

8.6.1 阪神・淡路大震災の発生

阪神・淡路大震災は，1995(平成7)年連休明けの1月17日早朝発生し，死者5400余名，負傷者約3万5000名，住宅被害約19万棟という関東大震災以来の甚大な被害をもたらした．

私(当時 神奈川県庁・現 東海興業)は，阪神・淡路大震災における被災建築物の応急危険度判定支援のため1995(平成7)年1月23日から2月4日まで，大阪府庁内に設置された「兵庫県南部地震建築物応急危険度判定支援本部」に派遣され，判定支援活動に携わった．また私の後任として森民夫氏(当時建設省住宅局・現長岡市長)が2月14日まで派遣された．

応急危険度判定の第1段階は，震災直後の1月18日から22日まで緊急に実施され，目視により明らかに危険な建築物を判定，立入禁止の表示が応急的に行われた．

私が担当したのは，これに続く第2段階の判定作業で，1月22日から2月9日までの間に，延べ5068名の判定士により4万6610棟の共同住宅を判定した．震災直後の混乱の中で，交通手段も宿泊施設も食事も飲料水もそして調査シートすらも不足がちな不自由ななかで，全国各地から派遣された判定士の方々は文字通り「ボランティア精神」で，早朝から長距離を移動し夜遅くまで判定活動にご尽力頂いた．

		共同住宅	戸建	オフィス等
非常体制	第1段階—行政対応 □使用禁止の貼紙(黒紙)	4階以上 (1月18日—22日)	✕	4階以上 (1月18日—22日)
	第2段階—行政・14団体・民間対応 □行政は応急危険度判定(赤・黄・緑) □民間は巡回相談等	行政対応 応急危険度判定支援本部 (1月23日大阪府庁内に設置) 〔大阪府庁新分館2号館2階〕	民間14団体対応 (建築士会・事務所協会・業協会・学会等) 被災度判定体制支援会議 建築巡回相談員 (ボランティア) (1月27日大阪事務所設置) 〔大阪建築会館6階〕	民間企業対応
	第3段階—14団体・民間対応 □判定後の補修相談等			
通常体制	第4段階—通常の体制 □行政・民間による対応	通常の建築士業務(行政サービス・民間の営業行為)による対応		

図-8.6.1 被災建築物に対する支援体制

8.6 応急危険度判定(2)−阪神・淡路大震災における支援本部の活動

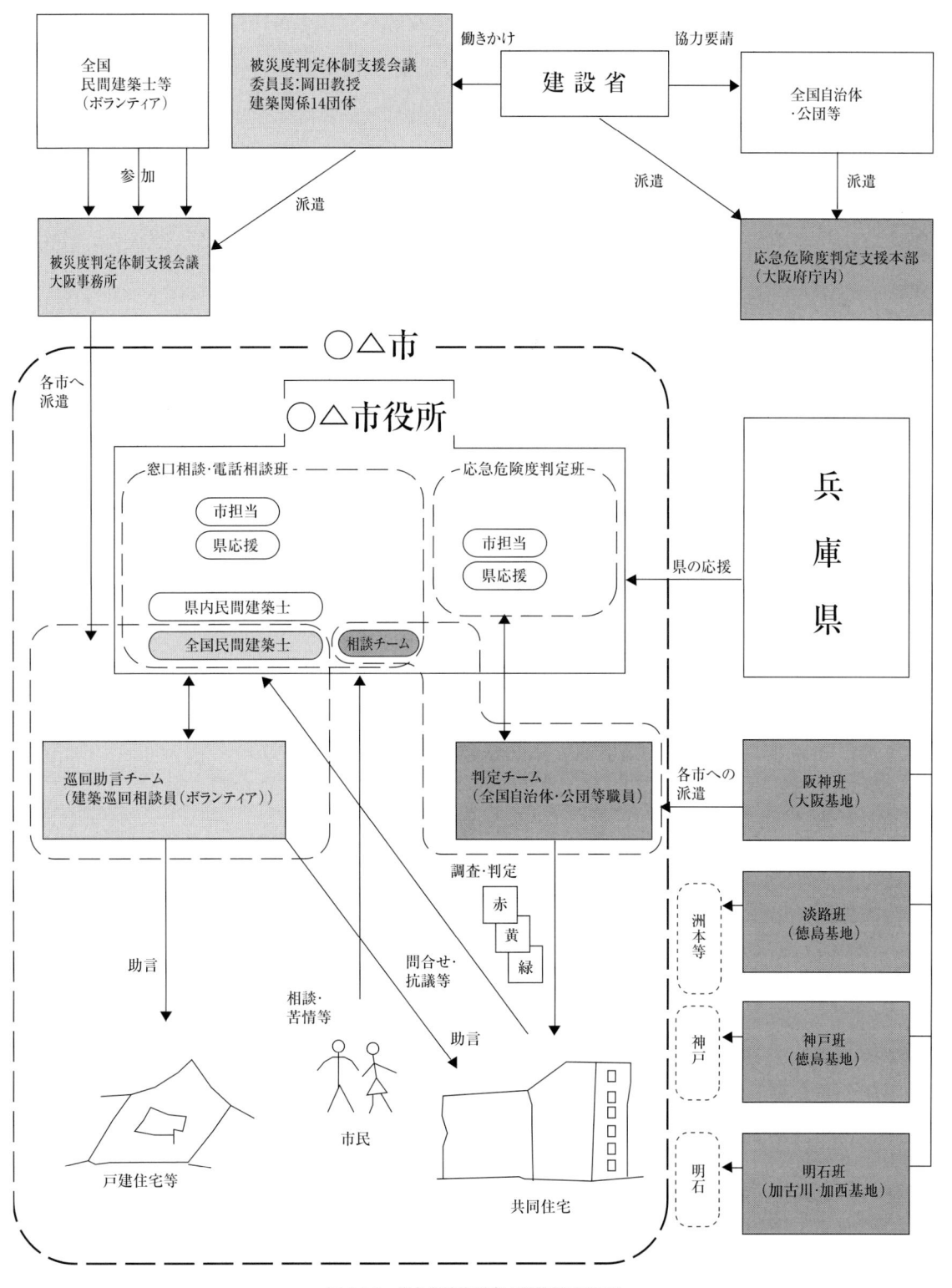

図-8.6.2 応急危険度判定支援体制モデル図

535

また，地元自治体の方々には自らも被災され日々の生活も困難な中で，数多くの判定士を受け入れ，地域住民とのパイプ役となってご奮闘頂いた．

8.6.2　被災建築物に対する支援の基本方針

被災建築物に対する支援の考え方は**図-8.6.1**に示すとおりであった．

第1段階は，前述のとおり，明らかに危険な主として4階建以上の大規模建築物について緊急に判定を実施した．第2段階は，共同住宅については自治体等の建築技術職員が応急危険度判定を行い，戸建住宅については建築士会等の民間14団体がボランティア活動として被災度を判定した．第3段階は，主として民間団体により判定後の補修相談等に対応した．第4段階は，おおむね通常の体制で，行政サービスや民間の営業活動により建築物の復旧，都市の復興に対応する．なお，住宅以外のオフィスや工場等については，民間企業等で独自に対応してもらう．

以上の基本的な考え方のもとに，各組織が役割を分担して判定の実施，補修の相談等当面の緊急事態に対応することとした．

8.6.3　応急危険度判定支援体制

第2段階の応急危険度判定支援体制のモデルを**図-8.6.2**に示す．

建設省（現国土交通省）は，兵庫県および関係

平成7年1月25日
（PM12:20）

兵庫県南部地震
建築物応急危険度判定支援本部

1. 本部:大阪府庁新分館2号館2F　第2会議室

TEL　06-941-0351（内4305）
（直通）06-942-4516／942-4517／944-9078
FAX　06-944-9079

2. 本部員

団　長:	大屋　道夫　030-23-49210		神奈川県住宅供給公社
副団長:	森田　雅文（要員調整）（研修調整）		建設省　関東地建　企画部
副団長:	松井　輝雄（県市·団体調整）（研修調整）		建設省　東北地建　営繕部
副団長:	上之薗隆志（研修）（判定指導）（写真）		建設省　建築研究所　企画部
幹　事:	平野　吉信（企画）（連絡調整（除要員·研修））（報告書）		建設省建築研究所第1研究部
	井関　和朗（企画）（日誌）（写真）		住宅·都市整備公団　東京支社
	春原　匡利（県市調整）		東京都　都市計画局　多摩東部建築指導事務所
	長田　喜樹（県市調整）（研修）（記録）		神奈川県　都市部　県営住宅建設課
	相原　正昭（団体調整）（記録）		横浜市　建築局　建築部
	渋谷　信明（団体調整）（研修）		静岡県　都市住宅部　建築課
	本田　寿信（本部事務局）		大阪府　建築部　住宅建設課
	林　　栄次（本部事務局）		大阪府　建築部　営繕室
	前田　栄治（連絡）		大阪府　建築部　開発指導課
	近藤　直樹（連絡）（団体調整）		大阪府　建築部　建築指導課
	近藤　和雄（連絡）（県市調整）		大阪府　建築部　営繕室

3. 応急危険度判定現地調査団

①神戸班　対象都市:神戸市
基　　地:徳島市　皆楽園ホテル　（TEL 0886-23-3333）（FAX 0886-22-7426）
責 任 者:石原　晃彦〔建設省　建設大学校〕（無線 030-31-42606）

②阪神間班　対象都市:芦屋市、西宮市、尼崎市、伊丹市、宝塚市、川西市
基　　地:大阪府庁新分館2号館2F第2会議室　（TEL 06-942-4517）（FAX 06-944-9079）
責 任 者:田中　淳〔住宅·都市整備公団　住宅都市試験研究所〕（無線 030-23-49221）

③淡路島班　対象都市:淡路島
基　　地:徳島市　ホテル白水園　（TEL 0886-22-9165）（FAX 0886-22-9346）
責 任 者:中西　浩〔建築技術普及教育センター〕（無線 030-31-42916）

④明石班　対象都市:明石市
基　　地:加古川市みとろ苑　（TEL 0794-28-2323）（FAX 0794-28-3548（緊急時のみ））
加西市　松鶴楼　（TEL 0790-47-0030）（FAX 0790-47-1022）
責 任 者:篠田　純一〔神奈川県都市整備課〕（無線 040-34-60004）

図-8.6.3　応急危険度判定支援本部の構成

市町村の要請に基き，全国自治体や住宅・都市整備公団（現都市基盤整備公団）等に建築技術者の被災都市への派遣を依頼した．一方，建築士会等民間14団体は「兵庫県南部地震被災度判定体制支援会議」を設置し，民間ボランティア建築士を各市へ派遣した．各市役所は，これら行政の判定士，民間のボランティア建築士を活用して，市内の被災建築物の危険度判定，復旧相談等に対応した．

8.6.4 応急危険度判定支援本部の構成と役割

応急危険度判定を至急かつ円滑に実施するため，被災地に至近の大阪府庁内に応急危険度判定支援本部を設置した．

本部員は，建設省，建築研究所，住宅・都市整備公団，東京都，神奈川県，静岡県，横浜市そして大阪府等の職員十数名から構成（**図-8.6.3**参照）された．神奈川県，静岡県，横浜市は当時すでに判定士制度を有していたということでとくに参加して頂いた．この支援本部のもとに全国から連日300名前後の建築技術職員を派遣して頂き，判定活動に従事して頂いた．

支援本部の業務は，これら判定士の派遣依頼，各市への割振り，研修の実施，判定シート・資料等の配布，自転車の確保等の諸手配，判定活動全般の企画・調整・連絡等であった．被災現地での判定活動と同様，本部も連日修羅場のような忙しさであり，体調をくずした人も何人かいた．

8.6.5 応急危険度判定活動の概要

応急危険度判定は，1月22日から2月9日まで，延べ5068名の判定士により4万6610棟の共同住宅について実施された．このうち，危険（赤）が6476棟（13.9％），要注意（黄）が9302棟（20.0％），調査済（緑）が3万832棟（66.1％）であった．

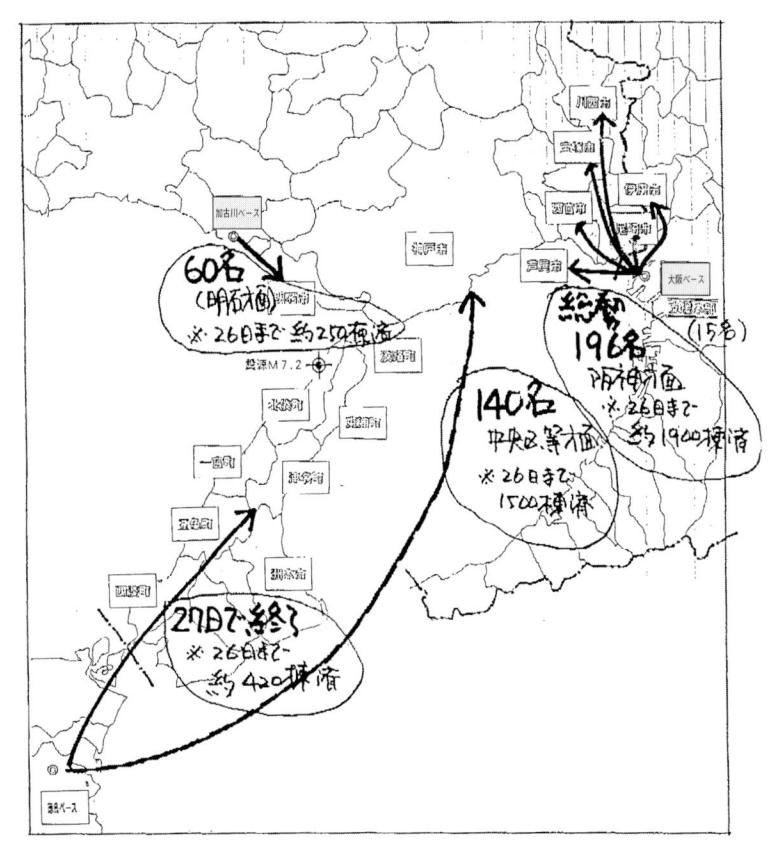

図-8.6.4 1月28日の応急危険度判定支援活動状況

図-8.6.5 建築物の応急危険度判定を実施

応急危険度判定活動は，**図-8.6.4**に示すとおり大阪，徳島，加古川の3つの基地から阪神間班（大阪基地），神戸班，淡路班（以上徳島基地），明石班（加古川基地）の4つの班により行われた．このうちとくに徳島基地から神戸市内に派遣された方々は，毎日朝早く起きてフェリーでの長時間往復等たいへんご苦労された．

8.6.6　阪神・淡路大震災の経験を活かして

阪神・淡路大震災の発生はまさに驚天動地の出来事であり，応急危険度判定支援本部の2週間は実に貴重な経験であった．

当時私は，この阪神・淡路大震災の貴重な経験を思い出にしてしまうのではなく，今後いつ起きるかもしれない，いつ起きてもおかしくない次の大震災に対処すべく日ごろから準備を積み重ねていく必要がある．とくに応急危険度判定はその有効性が実証され，多くの市民の支持・評価を得たと考えられ，今後，神奈川，静岡以外の県においても「判定士」が制度化され，お互いの支援体制のネットワークづくりが早急に推進されることを強く念願していた．

その後，1996（平成8）年4月には「全国被災建築物応急危険度判定協議会」が設立され，着実に充実発展し今日に至っていることはまことに心強い限りである．最後に改めて阪神・淡路大震災犠牲者の方々のご冥福をお祈りするとともに，応急危険度判定活動に全国各地からご参加頂いた官民の建築技術者およびお世話頂いた地元自治体の関係各位に厚くお礼，感謝申し上げたい．

8.7 応急危険度判定(3)
── 阪神・淡路大震災における支援会議の活動

1995年7月号

山東　和朗
日本建築士会連合会専務理事
現 日本膜構造協会専務理事

8.7.1　はじめに

　今回の阪神・淡路大震災は，大都市地域の直下型地震という，かって経験のない事態に直面したため，社会的に大きく影響を残した．

　とくに，一部には大規模地震の警告もされていたようではあるけれども，全国的にみれば比較的地震災害の少ない地域として意識され，行政や地域住民，あるいは，各種の技術者の中でも十分に地震に対する防御が行われていたかという点になると，結果論にはなるが，問題がなかったとはいえない状況にあったのではないだろうか．たまたま，地震の生じたのが，早朝であったことから社会的な活動はまだ開始されていなかったという不幸中の幸はあったとしても，死者5000名余，建物の倒壊等が30万棟という被害を生じ，地震に対する防災体制については先進国であったという幻想はあえなくついえ去ったといえよう．

　しかし，震度7という自然の猛威に対して，地元住民の方々が平静に対処されたことや，他の地域の人々が，組織的に，あるいはボランティアとして，活躍されたことは，被害を最小限に食い止めたともいえるし，やや風化しはじめていた東海地震やその他の震災対災をあらためて見直す動きがでてきたことは，重要なことであり，被災された多くの方々に対しても，その被害を受けられたことや貴い人命がうしなわれたことに対して唯一我々が，答えられることがらであろうと考えられる．

　建築の分野においても，1月17日の午後，建築関係者の諸団体が14団体，建築省の呼びかけに応じて，応急に危険度判定を支援する体制を造り，大阪に本部を設けて，1月27日から2月27日までの1ヵ月間，被災地の建物，主に戸建て住宅であるが，巡回相談を行った．いずれにせよ，初めてのことではあり，多くの課題はあったが，以下述べるように，被災直後の状況把握や被災者の方々の人心安定に寄与することができたと思っている．幸いにして，余震等の二次災害等も生ぜず，交通機関の不通等きびしい条件の中で，活躍された多くの建築士の方々にお礼を申し上げるとともに，各地の防災体制が，これを契機に整備されることを心から望むものである．

8.7.2　支援会議の発足と事前の準備

　今回の活動が基本的には，ボランティア活動として行われたことは，後に述べるように種々の問題提起がなされたとしても，やはり建築士および建築に携わる分野において，社会的なステップを一つ昇ったように思える．

　けれどもそのスタートはやはり建設省の呼びかけにあったことは，そのこと自体をとやかくいう訳ではないがこのような体制に主導的な立場をとれる機関が民間になかった事態を示すものであり，その後この為に会議がもたれたことは，社会的に我々の責務として，積極的に推進して行くことが必要であろう．

　しかし，とにかくも建築関係の14団体が震災当日の午後に集合して，ただちに支援会議をスタートさせた．

　その構成は**表-8.7.1**のとおりである．なお，現在では，日本建築設備安全センターと日本昇降機安全センターが合併されたため，正確には13団体となっている．

　委員長には，東京大学生産技術研究所（当時）

表-8.7.1　兵庫県南部地震被災度判定支援会議構成

委 員 長	東京大学生産技術研究所	教　授	岡田恒男
副委員長	千葉大学工学部学部建築学科	教　授	村上雅也
委　員	日本建築センター	理　事	吉田正良
	日本建築技術教育普及センター	常務理事	宮地謙一
	日本建築士会連合会	専務理事	山東和朗
	日本建築士事務所協会連合会	専務理事	川端繁夫
	日本建築学会		野口留治
	建築業協会		西向公康
	新日本建築家協会	専務理事	中田　亨
	日本建築防災協会		菊池志郎
	日本建築構造技術者協会	常務理事	野間道生
	日本建築設備安全センター（当時）		東　繁
	日本昇降機安全センター（当時）	常務理事	羽生利夫
	住宅生産団体連合会		滝沢清治
	建築・設備維持保全推進協会	専務理事	蔵　真人
	建築研究振興協会		佐藤慶一

注）所属当時．

の岡田恒男教授に，副委員長には千葉大学工学部建築学科の村上雅也教授に御就任を願った．

　当初は，支援会議の活動は会議名のように被災度判定体制を支援することとし，被災建築物の復旧方法等のアドバイス等も受ける予定であった．

　また建築士等の派遣については，日本建築士事務所協会連合会，日本建築士会連合会の会員である各地の建築士会，新日本建築家協会，住宅生産団体連合会，建築業協会，日本建築構造技術者協会および建築研究振興協会から建築士の人々に働きかけることとした．

　重要なことは，従来からこの分野の技術については，とくにレベルの統一等が行われてなかったため，すでに先行している静岡県・神奈川県等の「応急危険度判定士」のマニュアル等を参考にして，実際上は，実際に活動される建築士に臨機応変に対応していただくことにしたこと．

　さらには，実際にできるだけ現地に近いところに本部を設け，さらに被災地の中に前線基地を設けて拠点とすること等であった．

　しかし，この方針で実際に活動を開始し，とりあえず要員を大阪に派遣して準備を開始したが，これには多くの困難を生じた．それらを以下あげると，

① 今回規模の災害になると，被災地の中に前線基地を設けることは不可能である，

② 情報がほとんど得られないために，どのように被災地にアプローチするかが方法がなかったこと．とくに，大阪に本部を置いた場合，具体的には神戸市の三宮駅付近より以西については，現場に震災直後には，到達できたとしても実際の活動ができない状態にあったこと，

③ ボランティア活動の本来的な性格からは，これらの活動は支援会議自体の判断で行われるべきであったが，実際上，土地勘がないことや，住民との対応について行政側との連絡を欠かすことができないこと，

④ 時期的に被災者は，精神的な打撃が大きく，その日その日の生活に追われていて，技術的に助言等を受け入れる状況ではなかったこと，

⑤ 兵庫県が独自に県下の建築関係団体に種々の支援を依頼して居りその措置との混乱を生じかねなかったこと，

である．

　そこで，大阪建築会館に日本建築センターと大阪府建築士会の御努力によって，とりあえず事務所を設置し大阪府庁内に設置された行政側の支援チームや，被災各市の関係窓口と協議の結果，

① 支援会議としては，行政サービスとして行われた危険度判定が行われなかった戸建て住宅を中心に活動を行うこと，

② 一応危険度判定を受けた建物のうち比較的

表-8.7.2　支援会議大阪事務所構成

本 部 長	大阪府建築士会	会長	白石　静二
副本部長	大阪建築事務所協会	副会長	徳田二美郎
	新日本建築家協会	近畿支部長	泉沢　哲史
	大阪府建築士会	副会長	宮崎　八郎
	日本建築構造技術者協会	理事	矢野　克巳
	住宅生産団体連合会		東郷　武
駐 在 員	大阪府建築士会	専務理事	小鳩　宏
	大阪府建築士会	常務理事・事務局長	渡辺　亨
	大阪建築事務所協会	事務局長	梅辻　洋三
	大阪市建築士事務所協会	事務局次長	岩田　武
	大阪市建築士事務所協会	事務局課長	西野　晴彦
	新日本建築家協会近畿支部	事務局長	出利　葉孝
	住宅生産団体連合会		滝沢　清治
	建築業協会		寺田　靖
事 務 局	大阪府建築士会	事務局事業1課長	植村　哲可

注）所属は当時

8.7 応急危険度判定(3)－阪神・淡路大震災における支援会議の活動

```
┌─────────────────────┐
│     兵庫県南部地震        │
│  被災度判定体制支援会議     │
│    建築巡回相談員         │
└─────────────────────┘

┌─────────────────────┐
│     兵庫県南部地震        │
│  被災度判定体制支援会議     │
│    建築巡回相談員         │
└─────────────────────┘

┌─────────────────────┐
│     兵庫県南部地震        │
│  被災度判定体制支援会議     │
│    建築巡回相談員         │
│                     │
│ 大阪市中央区農人橋2-1-10 大阪建築会館6階 │
└─────────────────────┘
```

図-8.7.1 建築物の応急危険度判定を実施

小規模のもののフォローを行うこと，が中心的な業務となった．

この間，東京において，活動に必要な印刷物，ステッカー等（**図-8.7.1**）の準備を行い，大阪に送付した．これについては日本建築防災協会に多大の協力を得たことを感謝する次第である．

8.7.3 支援会議の活動と成果

前節のような経過を経て，1995（平成7）年1月27日，丁度地震後10日を要したが，実際の活動に着手した．

すでに述べたように，大阪に本部を設置した為と，地元の建築士の方々が独自に活動を開始していたこともあって，必ずしも各地域で同じように行われた訳ではなく，その地域に応じた形になっているが，基本的には，主に戸建て住宅の巡回相談の形で行われている．

また，被災地の住民には，ほとんど周知徹底する方法が少ないため，各地の市役所や区役所に集った住民からの依頼を中心としている．

表-8.7.3 派遣建築士の活動結果

(1) 1月27日から2月末に活動を最終的に終えるまでに，派遣建築士の活動の延べ人員実績は次の通りである．

・建築家協会（JIA）	1743人
・建築士会	1007人
・事務所協会	1459人
・住団連	598人
・構造技術者協会（JSCA）	185人
・建築研究振興協会	11人
・建築業協会（BCS）	453人
・建築学会	108人
合　計	5564人

(2) 相談件数の実績

巡回相談報告集計表

地区		担当団体	処理件数(a)	相談員数(b)	(a)/(b)（一人あたりの処理件数）
神戸市	灘　区	JIA	3448	737	4.7
		建築学会	4	2	2.0
		建築士会	4	2	2.0
	東灘区	JIA	3335	1006	3.3
		建築学会	300	82	3.7
	北　区	建築士会	342	102	3.4
	須磨区		82	26	3.2
	垂水区		25	7	3.6
	中央区		68	36	1.9
	長田区		1806	243	7.4
（小　計）			9414	2243	4.2
西宮市		住団連	2996	402	7.5
		建築学会	239	24	10.0
芦屋市		JSCA	994	196	5.1
		住団連	1784	196	9.1
伊丹市		建築士会	4772	342	14.0
川西区			824	249	3.3
宝塚市		BCS	2467	453	5.4
（小　計）			14076	1862	7.6
兵庫県（伊丹，川西市を除く）		事務所協会	7445	1459	5.1
合　計			30935	5564	5.6

また，ほとんどの活動にたづさわった建築士の方々は，わずかに動いている交通機関を利用したあと現地に到着するためには，徒歩になり時間的にはたいへんな労力を必要とすることになった．後半自転車の提供があり，このような点も今後の活動のノウハウとして貴重なものとなろう．

ボランティア活動は全国各地，とくに近畿，中国，四国，中国の建築士の方々によって行われているが，災害時の混乱で，大阪本部が確認しているのはその一部にすぎないがその他，全国的に整備が行われた．

541

支援会議自体の活動は，2月27日に一応終了した．その結果は，**表-8.7.3**のとおりである．繰り返して述べるように，この数字は大阪本部に連絡があったものに限られているので，もっと多くの建築士が活動していることを是非御承知おき願いたいところである．

1月27日から2月27日の1か月で支援会議の活動を限ったのは，後に述べるように，建築士という技術的な資格をもった人々のボランティア活動であるため，それがボランティア活動としての範囲をできるだけきびしく考えたためであり，かつこれも今後の課題の一つであろう．

いずれにせよ約5500名以上の建築士が，約3万棟の建物について巡回相談を行っている．

8.7.4 支援会議の活動をふりかえって

以上のように，支援会議の活動は多くの建築士や関連する分野の方々の厚意によって，とくに大きな事故もなく，一応終了することができた．

しかし，現在この活動を改めてふりかえってみると，いくつかの問題が解決される必要があり，その点で今回の阪神・淡路大震災は，技術的な問題の他に，建築士がどのように関与すべきか，たいへん大きな問題を残していったように思う．

そこで，種々課題はあろうがおおむね次の5つになるのではないかと考える．

第1に，今回のように建築士が建築について大規模にボランティア活動をした場合，その範囲をどのように考えるかである．建築士が個人として無報酬で種々の相談に応ずることは社会的に必要なことであるし，また今回に限らず常にこのような場面に合うことは増加していくことは十分に考えられる．しかし，それがさらに進んで技術的な評価とか，具体的な復旧方法にまで入ると，建築士としては，その責任もあるため「業」として行わなければならないところがでてくる．となれば，やはり地元の状況や建築士等との関連をどのように整理するか，逆にいえば，ボランティアとしてはどこまでやれるかについて，現状ではほぼ整理されているがさらに十分に検討すべきものと考えられる．

第2に，巡回相談においても，あるいは行政からの要請に基づくとしても，被災度についての一定のレベルの判断ができることが必要になる．これは災害時には間に合わないことは当然であり，平常時において，種々の手段を講じて，建築士の基礎的な知識や判断としてくりかえし訓練して行かなければならない．

第3に，建築物に関連するボランティア活動は，個人的なレベルで行うのは，災害が大きくなる程無理である．おのおののボランティアが十分に活動するためには，それをバックアップする組織，必ずしも恒久的なものでないとしても，が必要である．このような組織は当然ある部分行政との情報交換，相互協力がなければならないし，あまり何度もあっては困ることではあるが，楚々域的な整備が早急に行われることが緊急である．

第4に，ボランティア活動といっても，建築物についての相談等は必ず何らかの技術的な責任がともなう．とくに震災直後の場合，建物を外部から目視で判断することしかできないため，詳細に調査することなく何らかの回答を居住者等に行わなければならない．そのような場合，例えば今回の場合でも罹災証明書との関連や，復旧方法との斉合性などまず完全に実施することは，不可能である．そのような状況で行った相談，助言等がどのように影響するか，また，ボランティアであれば，行政庁等からの要請等があれば別として，個人の責任で処理しなければならないことが生ずる．個人々々の善意の行為が必ずしも生かされない場合がでてくることも予想せざるを得ず，この面でのなんらかの裏付け，例えば第3に述べたようなボランティアのバックアップ機関をどう位置づけるか慎重に考えなければならない．

第5に，現場でボランティア活動を行う人々にとっては，かなりの危険がある．この点について，他のボランティア活動については，社会福祉等の場合一応制度化されているが，建築の分野でもで

きる限り早く措置を講ずることが必要であろう．

また第4で述べたようにボランティア活動の結果が，その相手に何らかの損害を与えたような場合，他のボランティア活動の保険では対象にしている例もあるが，建物についても考えておかなければならない．

いずれにせよ，今回の震災はくりかえしていえば多くの教訓を残して行った．しかし，建築士が積極的かつ組織的に活動したのは初めてであり，多くの方々の貴重な御盡力に心から敬意と感謝を献げたい．

また，阪神・淡路にかかわらず三陸はるか沖地震等たまたま被害が少ない為にかくれた恰好になった災害についても，災害は常に生ずることを心して今後積極的に対応して行きたい．

最後になったが，関係された沢山の方々に改めて敬意を表するとともに感謝申し上げる．

『建築防災』連載特集「20世紀の建築防災——災害と技術」掲載号一覧

＊ タイトル，執筆者，掲載号，本書掲載ページの順
連載時のタイトルと一部変更している場合があります

第Ⅰ編　災害とその教訓

第1章　地震災害
- 1.1　関東地震(1)——大震災を引き起こした強震動(1923年)　武村　雅之　1999/9
- 1.2　関東地震(2)——建物被害の記録(1923年)　武村　雅之　2000/9
- 1.3　鳥取地震とその被害(1943年)　芳賀　保夫　1999/7
- 1.4　東南海地震・南海地震とその被害(1944・1946年)　飯田　汲事　2000/4
- 1.5　福井地震とその被害(1948年)　坂本　功　1999/10
- 1.6　新潟地震(1)——地震と液状化現象(1964年)　若松加寿江　1999/7
- 1.7　新潟地震(2)——建築物の被害(1964年)　広沢　雅也　2000/8
- 1.8　十勝沖地震と鉄筋コンクリート造建物(1968年)　岡田　恒男　2000/12
- 1.9　宮城県沖地震とその被害(1978年)　柴田　明徳　2000/4
- 1.10　阪神・淡路大震災(1)——木造の被害とその教訓(1995年)　大橋　好光・坂本　功　1995/11
- 1.11　阪神・淡路大震災(2)——RC造の被害とその教訓(1995年)　広沢　雅也　1995/11
- 1.12　三陸沿岸の津波被害とその対策　牧野　稔　新掲載

第2章　気象災害
- 2.1　室戸台風と第2室戸台風とその被害(1934・1961年)　桂　順治　1999/12
- 2.2　洞爺丸台風とその被害(1954年)　村松　照男　1999/7
- 2.3　伊勢湾台風とその被害(1959年)　牧野　稔　1999/10
- 2.4　豪雪と建物の雪害　苫米地　司　2000/11

第3章　火災
- 3.1　白木屋火災(1932年)　高野　公男　1999/8
- 3.2　千日デパート火災(1972年)　鈴木　隆雄　1999/9
- 3.3　ホテルニュージャパン火災(1982年)　沖塩荘一郎・塚田　幹夫　2000/11
- 3.4　長崎屋尼崎店火災(1990年)　室崎　益輝　1999/10
- 3.5　デパート火災　吉田　克之　1999/8
- 3.6　ホテル・旅館火災　矢代　嘉郎　2000/3
- 3.7　劇場建築の防災理念　本杉　省三　2000/12
- 3.8　大規模木造建築火災　長谷見雄二　1999/10
- 3.9　ガス爆発・中毒事故　小林　恭一　1999/9
- 3.10　統計からみた戦後の火災　関沢　愛　2000/2
- 3.11　ビル火災の記録　飯野　雅章　2000/6
- 3.12　火災事故調査　北後　明彦　2000/10

第4章　都市大火
- 4.1　関東大震災における火災(1923年)　塚越　功　2000/9
- 4.2　函館の大火史と都市形成　根本　直樹　1999/7
- 4.3　能代大火(1949年)　能代市総務部総務課　1999/7
- 4.4　酒田大火(1976年)　齋藤　正弘・小野　直樹　1998/11
- 4.5　都市大火と復興　熊谷　良雄　1999/12
- 4.6　空襲火災　長谷見雄二　1999/11

第Ⅱ編　建築防災の歩み
第5章　構造設計技術の変遷
5.1	耐震構造に関連する技術・基準の変遷	石山　祐二	2000/10
5.2	耐震診断・耐震改修法の開発	村上　雅也	2000/6
5.3	耐震診断の発展と今後の展開	岡田　恒男	1995/5
5.4	耐風設計基準の変遷	大熊　　武	2000/2
5.5	木造構法の原点	杉山　英男	2000/7
5.6	鉄骨造建物の変遷	平野　道勝	2000/10
5.7	鉄筋コンクリート構造の耐震設計技術の発達	青山　博之	2000/10
5.8	SRC構造の設計技術とSRC規準の変遷	南　　宏一	2000/12
5.9	地盤・建築基礎技術の20世紀－回顧と点描	吉見　吉昭	2000/11

第6章　建築技術開発の動向
6.1	同潤会アパートの防災性	大月　敏雄	2000/5
6.2	東京タワーの構造設計	田中彌壽雄	1999/7
6.3	東京オリンピック・大阪万国博覧会の構造設計と安全技術	川口　　衛	2000/11
6.4	霞が関ビル(1)──超高層ビルの耐震設計技術の発展	長田　正至	2000/4
6.5	霞が関ビル(2)──建設当時の防災計画	村田麟太郎	1999/9
6.6	東京都における防災都市づくりの軌跡	江平　昭夫	1999/8
6.7	膜構造技術の発展と防災	石井　一夫	2000/5
6.8	制震・免震技術の発展	和泉　正哲	2000/3
6.9	建築物の維持保全技術の現状と展望	峰政　克義	2000/8

第7章　防災設計技術の変遷
7.1	防火試験法と防火材料	鈴木　弘昭	1999/12
7.2	コンクリート	阿部　道彦	2001/5
7.3	建築防災とガラス	吉田　倬郎	2000/5
7.4	耐火構造	佐藤　博臣	2000/2
7.5	煙流動と制御	若松　孝旺	2000/6
7.6	住宅の防災	菅原　進一	2000/8
7.7	消防用設備	次郎丸誠男	2000/4
7.8	インテリジェント消防防災システム	宮坂　征夫	2000/7

第8章　建築防災の施策とその周辺
8.1	防災関係建築法規の変遷と防災計画	濱田　信義	2000/7
8.2	戦後復興期における防災研究の一側面	菊岡　倶也	2000/9
8.3	文化財建造物の防災100年	清水　真一	1999/8
8.4	東京の消防119年の歩み	白井　和雄	2000/5
8.5	応急危険度判定(1)──判定法の制定から実行まで	岡田　恒男	1995/6
8.6	応急危険度判定(2)──阪神・淡路大震災における支援本部の活動	大屋　道夫	1995/7
8.7	応急危険度判定(3)──阪神・淡路大震災における支援本部の活動	山東　和朗	1995/7